中國國家圖書館藏西域文書

漢文卷

下

榮新江　張志清　主編

中華書局

下編

研究編

目　録

唐代于闐史新探

——和田新發現的漢文文書研究概説

榮新江

2005年以來，中國國家圖書館善本部陸續獲得一些來自和田地區的漢文、于闐文、梵文、藏文文書。2010年，新成立的中國人民大學博物館也獲得一批捐贈，從内容上來看，也是來自和田的漢文、于闐文、梵文、粟特文等語言所寫的文書。從其中的漢文文書内容來看，兩處收藏的文書有一定的關聯，同時也和斯坦因（M. A. Stein）、彼得羅夫斯基（N. F. Petrovsky）、斯文・赫定（S. Hedin）等所得英、俄、瑞典收集品中的和田出土漢文文書彼此相關。筆者三十多年前在張廣達先生指導下研究于闐史，並一起整理研究海外收藏的和田出土漢文文書[1]。三十多年後的今天，終於又有了這樣多的新發現，可以大大推進我們對西域于闐國史、唐朝與于闐關係以及唐朝統治西域的軍事體系與羈縻州制度等課題的研究。

一、文書的年代

和田出土漢文文書的年代，不僅可以爲我們解讀文書的内涵提供重要幫助，而且首次出現的唐朝年號也是唐朝勢力進入于闐王國的主要標誌。因此，漢文文書的年代上限一直是學者希望弄清的一個問題。

過去，池田温先生在研究麻札塔格（Mazar Tagh）出土《于闐某寺支出簿》（編號M.T.b.009）時，依據平岡武夫復原的唐代曆表，對比文書中的大小月記録，判定此帳簿是唐開元九年（721）十月至十年正月間的支用帳曆[2]。池田先生的考證是可以信賴的，但前提是開元九年時的于闐漢文文書採用的是唐朝的曆日，這一點目前還不能够完全證明，所以池田先生的結論仍然是屬於一種合理的推論。

---

1 相關研究成果彙集在張廣達、榮新江《于闐史叢考》，上海書店出版社，1993年；增訂本，中國人民大學出版社，2008年。

2 池田温《麻札塔格出土盛唐寺院支出簿小考》，《段文傑敦煌研究五十年紀念文集》，世界圖書出版公司，1996年，214—216頁。

在已經發表的20世紀上半葉和田地區出土的文書中，明確記録的最早的年份是“開元十八年三〔月〕”，見Hedin 22于闐語佛教文獻的背面[1]。隨後是麻札塔格出土的M.T.0114（Or.8212/1530）號文書，有“開元廿六年六月十三日”的時間記載[2]。1998年，和田地區博物館的艾再孜·阿布都熱西提先生刊佈了四支漢語于闐語雙語木簡，其漢文部分的紀年是開元十五年[3]。在近年中國國家圖書館陸續收藏的文書中，也有一批漢語和于闐語對照書寫的雙語木簡，共35支，是于闐國税收的記録，漢語部分的紀年是“開元十年（722）”[4]。在中國人民大學博物館收藏的和田出土漢語文書中，有兩件字跡極其難識的文書，其中一件上有兩種文書疊寫在一起，其中一篇文書的尾部，有“延載貳年臘月　日典□□牒”，其中的“載”、“年”、“月”、“日”都用武周新字。延載二年爲公元695年。同一面上的另一篇文書上，有于闐地名“坎城”，所以可以確定這件延載二年的文書也是于闐當地的文書。我們知道，唐朝在顯慶二年（657）消滅了西突厥阿史那賀魯的勢力，西突厥各部及其所控制的西域各國領地劃入唐朝的版圖，唐朝正式掌握了包括于闐在内的西域各國的宗主權。翌年，唐朝把安西都護府自吐魯番盆地的交河城遷到龜兹國都（今庫車），下設龜兹、于闐、焉耆、疏勒四鎮[5]，把唐朝的軍事鎮防系統推行到塔里木盆地，以期牢固掌握西域的腹心。但唐軍兵力不足，安西四鎮在吐蕃及西突厥餘部的聯兵夾擊下，在唐蕃間數度易手。長壽元年（692），唐將王孝傑率軍收復安西四鎮，並採取了一項重要的措施，即徵發漢兵三萬人鎮守四鎮地區[6]，纔比較穩固地控制了四鎮地區。“延載二年”的紀年正是大批唐軍開始在于闐等西域地區鎮守的反映，表明唐朝的文書制度，如紀年方式、文書形制、武周新字等，也隨之進入于闐王國。

新出文書中的紀年，與20世紀上半葉發現的文書一樣，更多的是大曆、建中、貞元的年號，年代在8世紀後半葉。

二、文書所見的于闐地理

文書中提到了一些于闐的地名，較多的是傑謝（Gaysāta）、六城（kṣa au）、拔伽（Birgaṃdara）、質邏（Cira）、神山等，從所記文書起草或收文的地點來看，這些文書主要來自丹丹烏里克（Dandan Uiliq）和老達瑪溝（Old Domoko）地區，和20世紀初西方探險家

---

1 H. W. Bailey, *Khotanese Texts*, vol. IV: Saka Texts from Khotan in the Hedin Collection, Cambridge University Press, 1979, p. 129.

2 郭鋒《斯坦因第三次中亞探險所獲甘肅新疆出土漢文文書——未經馬斯伯樂刊佈的部分》，甘肅人民出版社，1993年，42頁。

3 艾再孜·阿布都熱西提《和田地區發現漢文、于闐文雙語木簡》，《新疆文物》1998年第3期，104頁。

4 Rong Xinjiang and Wen Xin, “Newly Discovered Chinese-Khotanese Bilingual Tallies”, *Journal of Inner Asian Art and Archaeology*, III, ed. J. Lerner and L. Russel-Smith, 2009, pp. 99-118; 榮新江、文欣《和田新出漢語—于闐語雙語木簡考釋》，《敦煌吐魯番研究》第11卷，上海古籍出版社，2009年，45—69頁。

5 關於安西府初遷龜兹及四鎮設立年代，據張廣達《唐滅高昌國後的西州形勢》，《東洋文化》第68號，1988年，87—89頁；又張廣達《文書、典籍與西域史地》（張廣達文集），廣西師範大學出版社，2008年，136—139頁。

6《舊唐書》卷一九八《西戎傳》，中華書局，1975年，5304頁。

發現文書的地點基本相同。其中也提到神山（麻札塔格，Mazar Tagh），但一般都是從神山寄來的信件或報告。

新出文書對於唐代于闐羈縻州的建置和于闐王國的疆域、地理等方面的研究，都提供了新的材料。

《新唐書》卷四三下《地理志》載："毗沙都督府，本于闐國，貞觀二十二年（648）內附，初置州五，高宗上元二年（675）置府，析州爲十。領州十。闕。"[1]英國所藏和田出土《唐大曆三年（768）三月毗沙都督府六城質邏典成銑牒》（M.9.a/Or.6405）後署"六城質邏刺史阿摩支尉遲信"名，可知六城質邏一帶是于闐國的一個羈縻州。筆者曾在探討于闐國羈縻州的時候採用"質邏州"的說法[2]，但吉田豊教授則擬作"六城州"[3]。今天，我們在中國國家圖書館藏和田出土文書BH1-1《唐建中七年（786）（？）于闐某倉欠糧簿草》第6行，看到"六城刺史信"的記録，不僅確認了"尉遲信"的讀法，也說明這個州的名稱應當是"六城"，質邏應當是州治所在[4]。

《新唐書》卷四三下《地理志》"四鎮都督府"條後記有"河西内屬諸胡"十二州，其中有"豬拔州"的名字[5]。王小甫教授正確地指出這十二州應在安西四鎮地區，而不是狹義的"河西"，但他把豬拔州放在疏勒都督府的範圍裏[6]。幸運的是，我們在中國國家圖書館藏和田新出文書BH1-1《唐建中七年（786）（？）于闐某倉欠糧簿草》第25行和BH1-2《唐大曆九年（774）（或十年）于闐鎮守軍倉勾徵帳草》第18行上，看到"豬拔州"的名字：

BH1-1第23—27行：

23　一百一十五石九斗三升六城欠 所由没達門

24　　　　　廿六石三斗三升青　八十石小　九石六斗粟

25　二百廿一石九斗六合豬拔州 所由可左慈　勿地悌

26　　　　　五十八石九斗二升二合青　一百六十二石九斗七升四合粟

27　　　　　卌二石青　卌二石小　九十二石粟

BH1-2第17—22行：

17　一千一百六十七石八斗五升　稅粮欠後債納

18　　五百一十七石□□（八斗），豬拔州 所由桑門悌　藺能悌

---

1 《新唐書》卷四三下《地理志》，中華書局，1975年，1134頁。

2 榮新江《關於唐宋時期中原文化對于闐影響的幾個問題》，《國學研究》第1卷，北京大學出版社，1993年，405頁。

3 吉田豊《コータン出土8—9世紀のコータン語世俗文書に關する覺え書き》［神户市外國語大學研究叢書第38册（2005）］，神户市外國語大學外國學研究所，2006年，89頁，注8；漢譯見榮新江、廣中智之譯《有關和田出土8—9世紀于闐語世俗文書的札記（二）》，朱玉麒主編《西域文史》第3輯，科學出版社，2008年，81頁。

4 關於質邏爲六城州州治的說法，見吉田豊《コータン出土8—9世紀のコータン語世俗文書に關する覺え書き》，40、47—48頁；廣中智之譯《有關和田出土8—9世紀于闐語世俗文書的札記（一）》，《敦煌吐魯番研究》第11卷，上海古籍出版社，2009年，177頁；文欣《于闐國"六城"（*kṣa au*）新考》，朱玉麒主編《西域文史》第3輯，科學出版社，2008年，121頁；朱麗雙《唐代于闐的羈縻州與地理區劃研究》，《中國史研究》2012年第2期，73頁。

5 《新唐書》卷四三下《地理志》，1134—1135頁。

6 《唐・吐蕃・大食政治關係史》，北京大學出版社，1992年第1版；此據新版，中國人民大學出版社，2009年，239—240頁。

19　　　　　　　　　　一百一十七〔石〕八斗青麥　三百石小麥
20　　　　　　　　　　一百石粟
21　　　　　六百卌五石二斗五升，六城 所由突騎施 張庭剛
22　　　　　　　　　　二百廿九石二斗五升小 四百一十五石粟

兩處的豬拔州都是和六城處於帳曆的同一級別上，相互對應，表明是同一級別的，兩者都是于闐國的羈縻州，而且表明豬拔州可能與六城毗鄰，在于闐國的東境[1]。

《新唐書》卷四三下《地理志》“安西入西域道”記：“于闐東三百里有坎城鎮，東六百里有蘭城鎮。……于闐東距且末鎮千六百里。”[2]這裏保存的是賈耽所撰《皇華四達記》的佚文。賈耽是貞元年間（785—805）的宰相，其所據當是唐朝開元、天寶時期的官府檔案。“坎城鎮”的名字見於上述帶有武周新字的文書，表明是長壽元年以後最早設立的于闐地方軍鎮之一，扼守東西往來的通道。前人已經比定坎城爲《大唐西域記》的“媲摩城”[3]，這點也得到Hedin 24漢語于闐語雙語文書的證明[4]。五代高居誨《于闐國行程記》中提到于闐東境的“紺州”[5]，俄藏敦煌文書Дx.2148（2）+Дx.6069（1）《于闐天壽二年（964）弱婢祐定等牒》有“紺城”，所指都是“坎城”[6]。由“紺州”一名，仍然依稀透露出坎城所在的地區原本是于闐的一個羈縻州。

《大唐西域記》記貞觀末期玄奘的回程：自于闐王城東行三百餘里有大荒澤，由此更東行三十餘里爲媲摩城，有媲摩川，自媲摩川東入沙磧，行二百餘里至尼壤城[7]。這裏的尼壤城，過去一般認爲指漢代的精絶國，即今民豐縣北沙漠中的尼雅遺址[8]。由於古尼雅遺址最遲在5世紀初已經廢棄[9]，或以爲尼壤當在今民豐縣（舊名尼雅）[10]。于闐語專家指出，《西域記》中的尼壤在唐代于闐語文書中寫作Nīña，其地或在今民豐（即尼雅）[11]。吉田豊進一步推測，這個尼壤/Nīña可能就是《新唐書》所記的“蘭城”[12]。近年，李吟屏先生根據他在和田地區所見新出文書中有“藺城”一名的記録，懷疑《新唐書·地理志》的“蘭城”即“藺城”之

---

1 朱麗雙《唐代于闐的羈縻州與地理區劃研究》，78頁。
2 《新唐書》卷四三下《地理志》，1150—1151頁。
3 王北辰《古代西域南道上的若干歷史地理問題》，《地理研究》第2卷第3期，1983年，37頁；文欣《中古時期于闐國政治制度研究》，北京大學歷史學系碩士論文，2008年，90—92頁。
4 H. W. Bailey, *Khotanese Texts*, IV, pp. 135-138.
5 《新五代史》卷七四《四夷附録·于闐》，中華書局，1974年，917—918頁。
6 圖版見《俄藏敦煌文獻》第8册，上海古籍出版社，1997年，144—145頁。録文見張廣達、榮新江《十世紀于闐國的天壽年號及其相關問題》，此據作者《于闐史叢考》（增訂本），292—293頁；解説見榮新江《綿綾家家總滿——談十世紀敦煌于闐間的絲織品交流》，包銘新主編《絲綢之路·圖像與歷史》，東華大學出版社，2011年，43—44頁。
7 季羨林等《大唐西域記校注》，中華書局，1985年，1025—1030頁。
8 水谷真成譯注《大唐西域記》第3册，平凡社，1999年，451頁；季羨林等《大唐西域記校注》，1030頁。
9 于志勇《尼雅遺址的考古發現與研究》，《新疆文物》1998年第1期，62頁。
10 王北辰《古代西域南道上的若干歷史地理問題》，37頁。
11 H. W. Bailey, *Khotanese Texts*, IV, p. 149; P. O. Skjærvø, “An Account Tablet from Eighth-Century Khotan”, *Bulletin of the Asia Institute* 15 (2001 [2005]), p. 7.
12 吉田豊《コータン出土8—9世紀のコータン語世俗文書に關する覺え書き》，18—19頁；廣中智之譯《有關和田出土8—9世紀于闐語世俗文書的札記（一）》，161—162頁。

誤[1]。陳國燦先生隨後也同意這種説法[2]。最近，這一問題由參加中國國家圖書館和中國人民大學博物館藏文書整理的朱麗雙博士圓滿解決，根據對音規則，可以將“藺城”比定爲Nīña/Nīna；而不論是20世紀初葉和田出土的漢文文書中，還是近年發現的和田出土文書裏，都不見“蘭城”的記載，却在多件文書中出現了與之形態十分相近的“藺城”。她的結論是，漢語文書的“藺城”對應於于闐語文書的Nīña，也就是玄奘所記于闐東境的尼壤城，而《新唐書》所記于闐“蘭城”爲“藺城”之誤[3]。誠爲的論。

三、文書所見于闐對外的交通道路

新出文書的一些内容或提到的地名，有助於我們討論于闐對外的交通道路，特别是從于闐向北經神山直到撥換的道路，以及神山與傑謝之間的通道。

《新唐書》卷四三下《地理志》“安西入西域道”條引賈耽《皇華四達記》云：“自撥換南而東，經崑崗，渡赤河，又西南經神山、睢陽、鹹泊，又南經疎樹，九百三十里至于闐鎮城。”[4]神山即今麻札塔格，在和田正北和田河西岸，山體綿延向西，迄今山頂最東端仍屹立着唐代古堡，俯視和田河，守衛着沿河西岸南北往來的交通道路。公元9世紀初吐蕃佔領于闐後，這裏仍然是吐蕃軍隊駐守的重鎮，因爲吐蕃與回鶻汗國隔塔里木盆地南北對峙，沿和田河的道路是當時最便捷的南北交通道路，因此，唐代延續下來的神山堡對於吐蕃的于闐鎮防體系尤爲重要。這裏出土了大量藏文軍事文書，就是吐蕃軍隊活動的反映，在這些藏文文書中，神山音譯爲Shing shan[5]。

在唐朝時期，神山之地不僅設有軍事堡壘——“神山堡”[6]，也是一所重要的館驛所在，稱“神山館”[7]。過去，我們從現藏德國柏林亞洲藝術博物館的和田出土漢文文書《唐于闐鎮神山等館支糧曆》（編號MIK III-7587），得知神山以北還有四所館驛，即草澤館、欣衡館、連衡館、謀常館，總名之爲“神山已北四館”[8]。謀常館又見於麻札塔格出土的M.T.0628號文書，有“謀常監館二人糧”殘字[9]。從德藏文書所列四館的順序，謀常館當在最北邊。中國人

1 李吟屏《發現於新疆策勒縣的四件唐代漢文文書殘頁考釋》，《西域研究》2007年第4期，18—19頁。

2 陳國燦《唐安西四鎮中“鎮”的變化》，《西域研究》2008年第4期，21頁。

3 朱麗雙《唐代于闐的羈縻州與地理區劃研究》，80—82頁。

4《新唐書》卷四三下《地理志》，1150頁。

5 F. W. Thomas, *Tibetan Literary Texts and Documents Concerning Chinese Turkestan*, II, London, 1951, pp. 198-199, p. 219；楊銘《吐蕃簡牘中所見的西域地名》，《新疆社會科學》1989年第1期，87—94頁；收入作者《吐蕃統治敦煌研究》，新文豐出版公司，1997年，209—222頁。

6 見張廣達、榮新江《8世紀下半葉至9世紀初的于闐》，作者《于闐史叢考》（增訂本），242頁。

7 M. T. 096（Or. 8212/1535）《唐附至神山館狀》，圖版及録文見沙知、吴芳思（F. Wood）編《斯坦因第三次中亞考古所獲漢文文獻（非佛經部分）》第2册，上海辭書出版社，2005年，205頁。2004年李吟屏先生刊佈一件據傳發現於和田策勒縣達瑪溝鄉的文書也提到了“神山館”，李吟屏《近年發現於新疆和田的四件唐代漢文文書殘頁考釋》，《西域研究》2004年第3期，88—89頁。

8 見《吐魯番古寫本展圖録》，朝日新聞社，1991年，圖版7及解説（池田温執筆）；榮新江《于闐在唐朝安西四鎮中的地位》，《西域研究》1992年第3期，59頁。

9 H. Maspero, *Les documents chinois de la troisième expédition de Sir Aurel Stein en Asie Centrale*, London, 1953, p. 187, pl. XXXV；沙知、吴芳思編《斯坦因第三次中亞考古所獲漢文文獻（非佛經部分）》第1册，上海辭書出版社，2005年，187頁。

民大學博物館藏新出文書中有一件糧食帳，其中提到謀常館，更重要的是還有“崑崗”的名字，這個名字見於上引賈耽《皇華四達記》，是從撥換南行于闐的第一個重要地方。兩者似乎是一個地方，但崑崗在赤河（今塔里木河）以北[1]，如果這裏所用的糧食也是由神山堡所提供的話，那就是一個很有意思的問題了。可惜文書太殘，不得其詳。

有的學者推測，唐朝時神山堡與傑謝之間有要道相通[2]。我們曾據俄藏和田出土文書（Дx.18917）《唐貞元四年（788）五月傑謝百姓瑟□諾牒爲伊魯欠負錢事》提到的傑謝百姓伊魯“見在神山路探候”，進一步論證神山堡和傑謝鎮之間道路的存在，並認爲這條路在唐朝時稱作“神山路”[3]。新出文書爲我們提供了關於兩者間道路的更多的證據。中國人民大學博物館藏《唐某年十二月十二日李旺致楊副使書狀》，李吟屏先生在和田工作時曾看到照片，並據以校録發表[4]，可能受條件限制，録文多誤，現將我們整理小組的録文揭示如下：

1 朝夕冬末，惟

2 副使所履清泰，旺不易前見，去日憑勾覓

3 少事，承垂情，並有手尾。今使傔人往，收檢信

4 到，早發遣，幸也。各居一局，言款不由，企望

5 之情，日增勞積。謹因韓惣管次，附狀。不具。謹狀。

6 十二月十二日神山知堡官攝經略副使押牙將作監李旺狀通

7 楊副使[記室]

8 薩波悉略[油麻二斗]李湊[油麻一斗六升 緤花兩秤]紇羅捺[緤花三秤]

9 勃特桑宜[緤花三秤]桑宜没[兩秤] 毛勃捺[三秤] 楊副使[四秤]

10 史押官[兩秤] 韓睦[兩秤] 李珎[四秤] 已上計花廿五秤

11 油麻三斗六升。附送粗氈襪。至須檢領。謹封□

（餘白）

發信者李旺是神山堡的知堡官，帶有很高的攝官“經略副使”和兼官“將作監”，其實際身份只不過是一名節度使下屬的押衙，所兼、攝的官職在中晚唐已經階官化。收信人楊副使，不得其名。但送禮的清單中有“薩波悉略”，其名又作“思略”、“斯略”，都是于闐文Sīdaki的音譯，見於多件于闐語文書，是傑謝鎮處理行政事務的地方胥吏，至少在大曆十七年（782）至貞元四年（788）間，他是傑謝鎮的薩波，負責行政管理和税收工作[5]。又，紇羅捺應當即俄藏和田文書（Дx.18926 + SI P 93.22 + Дx.18928）《唐大曆十六年（781）傑謝合

1 譚其驤主編《中國歷史地圖集》第5册，中國地圖出版社，1982年，63—64頁。

2 侯燦《麻札塔格古戍堡及其在絲綢之路上的重要位置》，《文物》1987年第3期，63—75頁。

3 張廣達、榮新江《聖彼得堡藏和田出土漢文文書考釋》，《敦煌吐魯番研究》第6卷，北京大學出版社，2002年；此據作者《于闐史叢考》（增訂本），273頁。陳國燦先生以爲“神山路”當指撥换與于闐間的官道，見所撰《唐代的“神山路”與撥換城》，新疆龜兹學會編《龜兹學研究》第3輯，新疆大學出版社，2008年，9—19頁。但伊魯爲傑謝（丹丹烏里克）的百姓，如果往神山（麻札塔格）以北的神山路探候，似乎於里程和派役制度都難講通，所以其説尚須更有力的證據纔能成立。

4 李吟屏《近年發現於新疆和田的四件唐代漢文文書殘頁考釋》，85—86頁。

5 張廣達、榮新江《8世紀下半葉至9世紀初的于闐》，作者《于闐史叢考》（增訂本），255—256頁。

川百姓勃門羅濟賣野駝契》中的保人“紇羅捺”[1]，他的名字又見於俄藏和田文書（Дx.18927）《唐建中六年（785）十二月廿一日傑謝百姓紇羅捺納駝麻抄》，身份是“傑謝百姓”[2]。這些都證明李旺的這封信是寫給傑謝鎮的楊副使，並隨信帶給傑謝的一些頭面人物禮物，其中既有漢軍首領，也有胡人官吏。文書中提到“今使傔人往”，“謹因韓惣管次”，表明這次是有韓總管的般次要前往傑謝，讓傔人帶上書信和禮品。

在同組文書中，還有一封書信的封皮，因爲封皮已經打開，所以下面的文字是拼合後的結果：

1 謹　　通　　米使特進左右　　神山知堡官押牙將作監李　旺　謹封

寄信人是同一個神山知堡官李旺，收信人則是米姓的“使”，因爲其檢校官是很高的“特進”，所以可能是鎮守使之類的人物。

此外，還有中國人民大學博物館藏《唐神山堡牒傑謝鎮爲筋腳急疾事》，都是從神山到傑謝的文書，這些文書不可能從神山往南再東行、北行到傑謝所在的沙漠深處，只能是從神山直向東行到達傑謝。

作爲唐朝安西四鎮之一的于闐，與北面的撥換、龜兹（安西），西面的疏勒以及東面的且末，都有着頻繁的往來，交通路綫應當是十分通暢的。國家圖書館新獲文書中，有《唐于闐鎮守軍勘印曆》（BH1-8），其殘存文字如下：

（前缺）

1　牒□

2　牒右軍爲准前事

3　牒左軍爲准前事

4　牒三軍爲領知祀弩事

5　牒疏勒鎮守軍爲勘銅鉤事

6　牒上經略使爲請銅鐵事

7　　右貳拾叁道典令狐亨判官王珉，勘

8　　印珉。

9 三日

10　牒安烏鶻達干爲請行文事

11　牒伊索爲同前事　牒毗沙府爲勘圖事

12　　右叁道典令狐亨判官王珉，勘印珉。

13 四日牒修（？）賢（？）家人歲諾爲給行文安西事

--（紙縫）

14 牒蘇阿俱爲給撥換且（？）末行文事

15 牒撥換守捉爲同前事

1 張廣達、榮新江《聖彼得堡藏和田出土漢文文書考釋》，作者《于闐史叢考》（增訂本），281頁。
2 張廣達、榮新江《聖彼得堡藏和田出土漢文文書考釋》，作者《于闐史叢考》（增訂本），282頁。

16 □給安西行文事

17 □人造兵曹房事

18 □失火依牒處分□

19 □□□□

（後缺）

這裏有于闐軍鎮發文給疏勒鎮守軍、給〔四鎮〕經略使、撥換守捉事，也有爲給人行文（通行證）往安西、撥換、且末事，這件開元天寶年間的文書記載的只是于闐鎮兩三天内發送文書的目録，充分顯示出于闐鎮與周邊地域的密切聯繫[1]。

四、軍政系統與賦税制度

張廣達先生曾經指出："唐朝在天山南北、葱嶺東西設立羈縻州府，並立原來首領或國王爲刺史或都督，目的顯然在於使各自民族首領處理各自的民政。然而，自長壽以來，在各羈縻州府所在地又設統率漢軍兵馬的鎮守使。這就在設有當地民族的都督或刺史的地方，又有節度使派來的節度副使、鎮守使的存在。這樣，一些地方就出現了一種胡漢結合的軍政體制。"[2]和田新出文書對於探討唐朝軍事系統與于闐王國行政系統的關係，以及六城地區的各級行政建制以及軍事防禦系統，都提供了强有力的幫助。

《唐于闐鎮守軍勘印曆》記有"牒毗沙府爲勘圖事"。這裏的"勘圖"，很可能是指勘驗地圖的意思。按照唐朝制度的規定，地方州府所官修的圖經，每三年要上中央政府，此即《唐六典》卷五職方郎中條所説"凡地圖委州府三年一造，與板籍偕上省"。地圖的勘驗是一項重要的軍政事務，但于闐王國對於本國的山河形勢、行政區劃、古蹟故事等，要較鎮守軍清楚，所以于闐鎮守軍牒毗沙都督府爲一起來勘驗地圖，表明兩者在處理軍政事務時的協調行動。

文書中有各級軍事單位相互之間的往來牒狀，如大曆十年（775）四月某兵曹典爲當界諸賊路堡鋪防備吐蕃入侵的牒文，有傑謝鎮爲報當界賊路平安的狀，有都遊弈使爲修木栅給傑謝鎮的帖，還有傑謝鎮爲軍事防禦等事宜給屬下所由的帖文等。這類文書較多，可以舉《唐某年三月十五日傑謝鎮知鎮官王子遊帖》（BH1-5）爲例：

1 傑謝鎮　　帖都巡楊光武

2 當界賊路等

3 右爲春初雪消山開，復恐外寇憑

4 陵，密來侵抄。帖至，仰當界賊路，

5 切加遠探候，勿失事宜。似有踈

---

1 詳參文欣《和田新出〈唐于闐鎮守軍勘印曆〉考釋》，沈衛榮主編《西域歷史語言研究集刊》第2輯，科學出版社，2009年，111—123頁。

2 張廣達《唐滅高昌國後的西州形勢》，作者《文書、典籍與西域史地》，149—150頁。

6　　失，軍令難捨，三月十五日帖。

7　權知鎮官左武衛大將軍王子遊。

此外，在從唐朝内地徵發來的正式軍隊外，文書中還見有“團結蕃兵”的名單（BH1-10），分馬軍和步軍，從人名來看，都是當地的胡人。

因爲漢文文書主要是唐朝鎮守軍的遺留物，所以其中有關民政的材料不多，這些方面更多地在于闐語文書中有所記載，不過，我們也見到有關於傑謝鎮的屯軍與百姓分水種地而渠水不够的狀文。一些雙語文書可以看到當地胡漢雙軌的管理體制，如段晴教授刊佈的中國國家圖書館新獲漢語于闐語雙語人名表（BH1-15），記録了五個村落共近三十人的名字和丁中狀況[1]，似是一種派役用的名單，其中有“殘”（殘疾人）的注記，往往是和安排特別的色役有關。筆者與文欣共同發表的開元十年、十五年雙語木簡，應該屬於于闐王國基層的納税憑證，納税者爲胡人，收税者爲漢人，其用漢文、于闐文書寫，表明開元年間唐朝統治勢力已經深入到于闐的基層胡人社會，參與當地賦税的徵收。有一件十分珍貴的户口名録，以“載”記年歲，年代在天寶年間，上有官印，但性質如何，尚待考釋。

《新唐書·地理志》七下羈縻府州條序云：“唐興，初未暇於四夷，自太宗平突厥，西北諸蕃及蠻夷稍稍内屬，即其部落列置州縣。其大者爲都督府，以其首領爲都督、刺史，皆得世襲。雖貢賦版籍，多不上户部，然聲教所暨，皆邊州都督、都護所領，著于令式。”[2]但是，敦煌寫本《天寶十道録》分别記載了安西四鎮的户數，表明官府製作的《十道録》反映出開元末年，唐朝國力强盛，安西都護府所轄四蕃府的貢賦版籍已上於户部[3]。聯繫到上面所引于闐鎮守軍牒毗沙都督府勘驗地圖事，似乎説明開元、天寶之際，安西四鎮的版籍和地圖都上於中央政府。

五、漢文化的傳播

這些漢文寫本中，有一些可能是從于闐王城寄到地方的書狀，另有一些是普通官人的往來書信，還有一些是寄信的信封，甚至寫信的範本書儀。

此外，還有一些儒家典籍、佛典、習字的寫本，包括《孝經》《僧伽吒經》《大般涅槃經》、《觀世音菩薩勸攘災經》一卷、《蘭亭序》習字，印證了漢文化流行於當地的情況。

《〈觀世音菩薩勸攘災經〉一卷》（BH1-11）是在唐天寶、至德年間及稍後的十數年之内産生於龜兹一帶的佛教疑僞經，屬於傳貼性質的讖記類文本，與敦煌寫本中保存的中原地區流行的《佛圖澄所化經》《大慈如來告疏》《勸善經》《新菩薩經》《救諸衆生一切苦難經》

1　段晴《關於古代于闐的“村”》，朱鳳玉、汪娟編《張廣達先生八十華誕祝壽論文集》，新文豐出版公司，2010年，581—604頁。英文本見Duan Qing, “Bisā- and Hālaa- in a New Chinese-Khotanese Bilingual Document”, *Journal of Inner Asian Art and Archaeology*, III, ed. J. Lerner and L. Russel-Smith, 2009, pp. 65-73.

2　《新唐書》卷四三下《地理志》，1119頁。

3　録文據吴震《敦煌石室寫本唐天寶初年〈郡縣公廨本錢簿〉校注并跋》，《文史》第13輯，1982年，97—98頁。定名據榮新江《敦煌本〈天寶十道録〉及其價值》，唐曉峰等編《九州》第2輯，商務印書館，1999年，125頁。

《定光佛預言》類似。該經曾經流行於西域地區，並傳到絲路南道的于闐[1]。

最有意義的是《蘭亭序》的文本，中國人民大學博物館藏卷GXW0112號僅存開頭六字，即“永和九年歲癸”，不知何故没有繼續書寫，但文字與我們所見的通行的帖本一樣，也是頂着葉邊書寫，視其文字大小和紙張的空白長度，其格式也和其他《蘭亭序》帖本相同，第一行爲13字。無獨有偶，同上博物館藏卷GXW0017號習字殘片，有“永和九歲”字樣，應當也是《蘭亭序》的文字，可惜下面殘缺。承史睿先生的提示，這件殘片的下半在國家圖書館新獲和田文書當中（編號BH3-7v），兩件可以上下綴合，“歲”字可以拼合爲完整的一個字，下面尚有“在癸丑”及三個“在”字。後一“在”字顯然是誤寫，所以没有再往下寫，留有餘白。由於有了這樣的材料，可以證實2002年張廣達先生與筆者合撰《聖彼得堡藏和田出土漢文文書考釋》時未敢斷定出土地的Дx.18943-1《蘭亭序》抄本，也是和田出土物。這個寫本行間間隔均勻，當是臨帖的結果。特別值得稱道的是，這個《蘭亭序》的抄本，文字極其有力，可見所據原本頗佳，而書者也有相當水準。結合前人在敦煌文書中發現的《蘭亭序》摹本，説明《蘭亭序》並非像傳世史料和現代書法界的流行看法那樣是被封於昭陵而唐人不得寓目，而是在唐朝時期就已經傳播廣遠。《蘭亭序》在西域于闐王國的發現，説明最具中國文化代表意義的這篇傑作，已經傳寫到流沙西極的遥遠邊陲，表明傳統文化的西漸于闐[2]。

（原載呂紹理、周惠民主編《中原與域外：慶祝張廣達教授八十嵩壽研討會論文集》，臺灣政治大學歷史學系，2011年，43—55頁。）

1 林世田、劉波《國圖藏西域出土〈觀世音菩薩勸攘灾經〉研究》，樊錦詩、榮新江、林世田主編《敦煌文獻、考古、藝術綜合研究——紀念向達先生誕辰110週年國際學術研討會論文集》，中華書局，2011年，306—318頁。

2 參看榮新江《〈蘭亭序〉在西域》，《國學的傳承與創新——馮其庸先生從事教學與科研六十週年慶賀學術文集》，上海古籍出版社，2013年，1099—1108頁。

于闐：從鎮戍到軍鎮的演變

孟憲實

一

于闐是唐朝安西四鎮之一，但是安西四鎮始建於何時，傳世史料言之鑿鑿是唐太宗貞觀時期。如《舊唐書・西戎傳》龜兹條記爲“太宗既破龜兹，移置安西都護府于其國城，以郭孝恪爲都護，兼統于闐、疏勒、碎葉，謂之四鎮”[1]。也有學者同意此説[2]。但新資料證明此説有誤，因爲安西都護府最初設於西州，而直到高宗之初都没有移至龜兹，也就無所謂四鎮[3]。直到顯慶三年（658），因爲前一年蘇定方平定阿史那賀魯，纔在五月“徙安西都護府於龜兹”，而正月剛剛建立的龜兹都督府，以前龜兹王布失畢兒子素稽爲龜兹王兼都督[4]。此時，四鎮的體制纔圍繞安西都護府而建立起來。

四鎮建立了，但很快遇到吐蕃勢力的挑戰。《舊唐書・龜兹傳》記載道：

> 其後吐蕃大入，焉耆已西四鎮城堡，並爲賊所陷。則天臨朝，長壽元年，武威軍總管王孝傑、阿史那忠節大破吐蕃，克復龜兹、于闐等四鎮。自此復於龜兹置安西都護府，用漢兵三萬人以鎮之。既徵發内地精兵，遠逾沙磧，并資遣衣糧等，甚爲百姓所苦。言事者多請棄之，則天竟不許。[5]

安西四鎮常駐漢兵，始於武則天統治唐朝的長壽元年（692），而此前四鎮的軍事情況其實並不十分清楚，而“焉耆已西四鎮城堡，並爲賊所陷”一語，可以證明四鎮是有城堡這類軍事設施的。但是，唐朝在四鎮的軍事存在一定是有限的，此前曾有過放棄和多次危機，

---

1 《舊唐書》卷一九八《龜兹傳》，中華書局，1975年，5304頁。

2 陳國燦先生撰寫《中國大百科全書》“安西四鎮”條寫道：貞觀“二十二年，唐軍進駐龜兹國以後，便將安西都護府移至龜兹國都城，同時在龜兹、焉耆、于闐、疏勒四城修築城堡，建置軍鎮，由安西都護兼統，故簡稱安西四鎮”。《中國大百科全書・中國歷史》（縮印本），中國大百科全書出版社，1994年，5頁。

3 參見榮新江《新出吐魯番文書所見西域史事二題》，《敦煌吐魯番文獻研究論集》第5輯，北京大學出版社，1990年，339—354頁。

4 此事，傳世史書多有記載，此處引據《資治通鑑》卷二〇〇，中華書局，1957年，6309頁。

5 《舊唐書》卷一九八《龜兹傳》，5304頁。關於王孝傑復四鎮，《資治通鑑》置此事於元年冬十月，6487—6488頁。

至少無法與長壽元年以後的存在程度相提並論。

唐朝邊防的軍鎮化，有一個逐漸發展的過程，而最初邊防的軍事防禦體系，是繼承前朝而來的鎮戍體制[1]。鎮的長官爲鎮將，副官爲副將，戍的長官稱戍主，副長官爲戍副。根據《唐六典》的記録，“鎮將、鎮副掌鎮捍防守，總判鎮事”，“戍主、戍副掌與諸鎮略同”[2]。鎮與戍都有上中下三等之分，上鎮的鎮將，正六品下，中鎮將、下鎮將，品階等下一階。上戍之主，正八品下，下戍之主，正九品下。除了上戍有戍副一人，中下戍無副官。《唐六典》在“上鎮”條的注釋中記爲：“魏有鎮東、鎮西、鎮南、鎮北將軍之名，晉、宋已後皆因之。隋有鎮將、鎮副，皇朝因之。”[3]根據《新唐書·百官志》的記載：“防人五百人爲上鎮，三百人爲中鎮，不及者爲下鎮。”[4]于闐即使屬於上鎮，這樣的鎮兵數量也是太有限了。長壽元年以後的四鎮駐兵，無論是兵額的數量還是軍官的級別，以及軍事許可權，都不是最初鎮戍體制可以比擬的[5]。

于闐確定爲四鎮之一，同時開始了與唐廷的羈縻關係。根據《册府元龜》的記載：“上元二年（675）正月，以于闐國爲毗沙都督府，分其境内爲十州，以于闐王尉遲伏del（闍）雄爲毗沙都督，擊吐蕃有功故也。”[6]從這段行文看，給予于闐王以都督之職是一種獎賞，而這種都督府的羈縻州性質是毋庸置疑的。根據《新唐書·地理志》的記載，“突厥、回紇、党項、吐谷渾之别部及龜兹、于闐、焉耆、疏勒、河西内屬諸胡、西域十六國隸隴右者，爲府五十一，州百九十八”[7]。于闐的一府十州，自然在這個範圍之内，“毗沙都督府，本于闐國，貞觀二十二年（648）内附，初置州五，高宗上元二年置府，析州爲十。領州十。闕”[8]。可惜，《新唐書》所記毗沙都督府所屬十州名稱缺失[9]。這裏，所謂貞觀二十二年内附，初置五州，很可能是顯慶三年的事，而十州無疑則是上元二年的事。毗沙都督府的建立，無疑是于闐與唐廷羈縻關係發展的重要一環，並成爲後來關係發展的基礎。

《新唐書》記載的很清楚，毗沙都督府隸屬安西都護府。羈縻都督府與中央政府的關係相對鬆散，“唐興，初未暇於四夷，自太宗平突厥，西北諸蕃及蠻夷稍稍内屬，即其部落列置州縣。其大者爲都督府，以其首領爲都督、刺史，皆得世襲。雖貢賦版籍，多不上户部，然聲教所暨，皆邊州都督、都護所領，著于令式”[10]。根據劉統的研究，羈縻府州的領導人，

---

1 參見菊池英夫《唐代邊防機關としての守捉・城・鎮等の成立過程について》，《東洋史學》第27卷，1964年，31—57頁。

2 李林甫等撰《唐六典》卷三〇“三府督護州縣官吏”條，陳仲夫點校，中華書局，1992年，756頁。

3《唐六典》卷三〇，755頁。

4《新唐書》卷四九《百官志》，中華書局，1975年，1320頁。

5 薛宗正認爲四鎮没有過鎮戍體系階段，直接就是軍鎮體系。薛宗正《唐安西四鎮的置廢》，收入《中亞内陸大唐帝國》，新疆人民出版社，2005年，388—399頁。

6《册府元龜》卷九六四《外臣部·册封二》，中華書局，1960年，11341頁。于闐王擊吐蕃，孟凡人認爲是咸亨二、三年的事。見《隋唐時期于闐王統考》，《西域研究》1994年第2期，43—60頁。

7《新唐書》卷四三下《地理志》，1119頁。

8《新唐書》卷四三下《地理志》，1134頁。

9 劉統《唐代羈縻府州研究》，根據《高居誨行紀》等，考證出于闐羈縻州有紺州、安軍州、銀州、盧州、湄州、玉州、新福州等。西北大學出版社，1998年，179—180頁。

10《新唐書》卷四三下《地理志》，1119頁。

要接受中央朝廷的璽印、告身等符信，並派遣一些漢人官吏前往都督府參與管理，以便於與朝廷的文書往來[1]。但是，當安西四鎮平均有六千多兵卒駐扎在于闐境内的時候，原有的軍政體制是不能不有所變化的。

長壽元年，四鎮進駐三萬漢兵，是四鎮軍鎮化的重要關節點。從唐朝的軍事體制而言，于闐從原來的鎮戍體制轉變爲軍鎮體制。安史之亂爆發之前，于闐王尉遲勝曾經到過中原朝覲，“玄宗嘉之，妻以宗室女，授右威衛將軍、毗沙府都督還國”[2]。可見，此時于闐王的毗沙府都督頭銜依舊，並没有新頭銜。歸國之後，尉遲勝會同安西節度使高仙芝擊破薩毗播仙，“以功加銀青光禄大夫、鴻臚卿，改光禄卿，皆同正”，所加都是中央官銜。“至德初，聞安禄山反，勝乃命弟曜行國事，自率兵五千赴難。國人留勝，以少女爲質而後行。肅宗待之甚厚，授特進，兼殿中監”。尉遲勝至中原，官階有所提升，但是朝廷希望他回歸于闐的時候，還是要任命他爲“驃騎大將軍、毗沙府都督、于闐王”的。直到貞元初，尉遲勝弟弟尉遲曜請求讓于闐王位給尉遲勝的兒子尉遲鋭，朝廷同意，然後任命尉遲鋭“爲檢校光禄卿兼毗沙府長史”[3]。雖然因爲尉遲勝的堅持，他的兒子尉遲鋭並没有返回于闐，但是他的“毗沙府長史”之任命，還是能够説明于闐王兼任毗沙府都督是十分固定的。

尉遲勝在中原的時候，于闐王國是由他的弟弟尉遲曜負責。乾元三年（760），“以于闐王尉遲勝弟守左監門衛率葉護曜爲太僕員外卿，仍同四鎮節度副使，權知本國事。以勝至德初領兵赴國難，因堅請留宿衛，故有是命”[4]。因爲此時尉遲曜是“權知本國事”，屬於代行國王之職，没有毗沙府都督的頭銜，但却增加了一個“四鎮節度副使”的頭銜，應該是爲了與四鎮節度使的協同配合。廣德時（763—764），朝廷拜尉遲勝“驃騎大將軍、毗沙府都督、于闐王，令還國”。但是尉遲勝堅辭，並“請以本國王授曜，詔從之”。至此，尉遲曜應該獲得了唐朝毗沙府都督、于闐王的正式册命。而唐朝貞元初準備讓尉遲鋭返國接掌于闐國的時候，任命尉遲鋭爲毗沙府長史，當時的毗沙都督一定就是尉遲曜。此事，《悟空入竺記》有明確的記録，他從天竺歸國，於貞元四年（788）到達于闐，説當時于闐國王是尉遲曜，于闐鎮守軍使是鄭琚[5]。所以，于闐國作爲唐朝的羈縻府，始終以毗沙都督府的名義與唐朝中央保持最基本的關係，即使是在于闐的駐軍已經軍鎮化之後。

于闐國王總是兼任毗沙府都督，而作爲羈縻州，它的上級是十分清晰的，那就是安西都護府。雖然羈縻州的管理要比中原正州寬鬆，都督、刺史可以世襲，貢賦版籍也可以不上户部，但皆受邊州都督、都護所領，這是“著于令式”的，即有着明確的法律根據。安西都護府統領四鎮，其執掌《唐六典》有描述：“都護、副都護之職，掌撫慰諸蕃，輯寧外寇，覘候姦譎，征討攜離。長史、司馬貳焉。”[6]羈縻府州接受都護府的統領，是包括軍事行動在内

1 劉統《唐代羈縻府州研究》第三章《羈縻府州的制度與管理》，31—55頁。
2《舊唐書》卷一四四《尉遲勝傳》，3924頁。
3 以上引文，俱出《舊唐書》卷一四四《尉遲勝傳》，3925頁。
4《舊唐書》卷一九八《于闐傳》，5306頁。
5《大正新修大藏經》第51卷，大藏出版株式會社，1928年，980頁。
6《唐六典》卷三〇，755頁。

的，如軍事力量的調動等等[1]。安西都護府與羈縻府的隸屬關係清楚，又是唐朝行之有效、具有實際效用的法律關係，所以這個組織關係是不可或缺的，是最重要的組織系統保證。同時，這個關係也是我們理解四鎮體系的一個重要方面。

二

長壽元年唐朝以三萬漢兵駐守四鎮，西域軍事形勢發生重大改變，而軍事體系上就是啓動了軍鎮化的方向[2]。從此以後，唐朝在于闐的漢兵駐扎常態化，一直到貞元時期[3]。《舊唐書·地理志》記載安西都護府，"管戍兵二萬四千人，馬二千七百疋，衣賜六十二萬疋段"[4]。平均而計，每鎮擁有六千人的軍隊。

大量漢軍入駐，改變的首先是西域的軍事力量，雖然中原爲此付出巨大代價，但其意義重大不可低估。安史之亂發生後，《資治通鑑》記述道："邊兵精鋭者皆徵發入援，謂之行營，所留兵單弱，胡虜稍蠶食之。數年間，西北數十州相繼淪没，自鳳翔以西，邠州以北，皆爲左衽矣。"[5]胡三省注曰："史言唐所以失河隴。"這從一個側面證明唐朝邊疆駐兵的正面價值。

唐朝在四鎮大量駐兵，到底引發了什麼變化，王小甫先生認爲："我們不妨把武威軍視爲唐朝軍制在西域由行軍轉鎮軍的開始。這可能表明，在派遣武威軍時，朝廷對此前的西域政策已有所反省，決心派漢軍鎮守四鎮。"[6]這裏所謂的鎮軍，就是軍鎮化的開始。武則天延載元年（694）二月，《通鑑》記載"碎葉鎮守使韓思忠破泥熟俟斤等萬餘人"[7]。對此，王小甫評論道："在所有有關延載元年西域戰事的記載中都已經有了碎葉鎮守使韓思忠，這是見於載籍最早的安西四鎮鎮守使，可以肯定是在王孝傑復四鎮以後設立的。"[8]無疑，這是正確判斷。

同樣屬於武則天時期的一件資料，證明疏勒鎮稱鎮軍大使。張鷟的一則判文，先介紹背景，爲"疏勒鎮軍大使、左驍衛將田慎狀稱，安西路遠，沙磧極深，國家鎮遏，甚爲勞弊，一住十年，死亡殆盡，欲益反損，請停四鎮"。就此，張鷟對田慎的觀點進行了批判[9]。此事，薛宗正先生認爲是聖曆元年（698），但不知所據[10]。推測起來，此事應該屬於武則天時期，

1 參見劉統《唐代羈縻府州研究》第四章《羈縻府州對唐朝的義務和貢獻》，56—59頁。

2 榮新江先生已經十分明確地提出並論證了這個觀點，見所撰《于闐在唐朝安西四鎮中的地位》，《西域研究》1992年第3期，58—59頁。

3 參見張廣達、榮新江《〈唐大曆三年三月典成銑牒〉跋》，原載《新疆社會科學》1988年第1期，收入《于闐史叢考》（增訂本），中國人民大學出版社，2008年，106—117頁。

4《舊唐書》卷三八《地理志》，1385頁。《資治通鑑》卷二一五記載相同，6847頁。《通鑑》此處，胡注往往説明每處駐軍人數，而安西四鎮却没有交代，當因資料缺乏而略。

5《資治通鑑》卷二二三，7146—7147頁。

6 王小甫《唐·吐蕃·大食政治關係史》，北京大學出版社，1992年，114頁。

7《資治通鑑》卷二〇五，6493頁。

8 王小甫《唐·吐蕃·大食政治關係史》，115頁。

9 張鷟撰，田濤、郭成偉校注《龍筋鳳髓判》卷三，中國政法大學出版社，1996年，128頁。《全唐文》卷一七四，上海古籍出版社，779—780頁。

10 薛宗正《唐安西四鎮的置廢》，《中亞内陸大唐帝國》，388頁。

與《舊唐書》"言事者多請棄之，則天竟不許"的記載有所契合。韓思忠是碎葉鎮守使，而田慎在疏勒鎮的職務也相似，屬於軍事使職，稱作"鎮軍大使"。

于闐駐軍的長官，通常情況下就是鎮守使。《沙州圖經》卷三"張芝墨池"條所記開元四年九月，敦煌縣令趙智本勸張芝家後代重新修葺墨池，其中"遊擊將軍守右玉鈐衛西州蒲昌府折衝都尉攝本衛中郎將充于闐鎮守使敦煌郡開國公張懷福"就是參與者之一[1]。張懷福是所見較早的一位于闐鎮軍長官[2]。根據楊炎《四鎮節度副使右金吾大將軍楊公神道碑》，楊和"自武衛將軍四鎮經略副使，加雲麾將軍兼于闐軍大使。……又遷金吾大將軍四鎮節度副使"[3]。楊和擔任的于闐軍大使，類似田慎的"疏勒鎮軍大使"，應該是于闐鎮守使的敬稱。

悟空歸國，《悟空入竺記》提及四鎮的軍政負責人，于闐王尉遲曜，鎮守使是鄭琚；疏勒國王是裴泠泠，鎮守使是魯陽；焉耆國王龍如林，鎮守使楊日祐；龜兹國王白環，四鎮節度使、安西副大都護郭昕[4]。這種記録的對應性應該是明確的，即以四鎮的國王與最高軍事指揮官相對應，表明悟空遍訪四鎮的最高領袖或者是受到當地最高軍政領袖的接待。四鎮鎮守使先於四鎮（安西）節度使而存在，這是四鎮軍鎮化的第一階段。

下一階段是解決安西與四鎮的軍事關係問題。安史之亂後，于闐存在一個四鎮節度副使，《舊唐書・于闐傳》記載乾元三年（760），"以于闐王尉遲勝弟守左監門衛率葉護曜爲太僕員外卿，仍同四鎮節度副使，權知本國事"。《通鑑》的記載時間更具體[5]。必須注意的是，當尉遲曜接受這個四鎮節度副使的時候，依然是權知國事，不過代理國王職務而已，當時真正的國王依然是尉遲勝。于闐王的任命一定要與"毗沙都督"相聯繫，從這個角度説，毗沙府都督的頭銜要比四鎮節度副使的頭銜重要，只有真正的于闐王纔有資格同時獲得毗沙府都督的頭銜，而代理國王可以擁有四鎮節度副使的頭銜。上文已經提及的尉遲鋭的情況也能説明此問題[6]。最新發現的中國人民大學博物館藏和田出土漢文殘文書，是一件下級給上級的請示報告，殘留最後一行尚屬完整，爲"沙府長史、節度副使、驃騎大將軍、殿中監尉遲甯狀上"。其中，沙字前殘缺，當爲"毗沙"而損一"毗"字。節度使當是四鎮節度使的簡稱。這位尉遲甯，是毗沙府長史、節度副使，將軍號是驃騎大將軍，顯然是于闐的大人物。但是，他還不是毗沙府都督，説明還不是于闐王。根據尉遲鋭的情況看，這位尉遲甯應該是于闐王的接班人，最大的可能就是尉遲曜的太子。

這些資料説明，安西都護府與毗沙都督府傳統關係繼續保持的同時，四鎮或安西節度使與于闐又發生了新的聯繫。安西或者四鎮節度使是鎮守使的上級，節度副使與鎮守使一樣屬於

1　唐耕耦、陸宏基編《敦煌社會經濟文獻真蹟釋録》第1輯，書目文獻出版社，1986年，17頁。
2　《沙州圖經》寫張懷福職務時，作"于闐録守使"，"録"之繁體與"鎮"字有形近之處，所以菊池英夫先生校對爲"于闐鎮守使"，參見所撰《西域出土文書を通してみたる唐玄宗時代における府兵制の運用》（上），《東洋學報》第52卷第3號，1969年，37—38頁注釋10。學界皆同意菊池英夫的看法。張廣達、榮新江《〈唐大曆三年三月典成銑牒〉跋》，《于闐史叢考》（增訂本），112頁。
3　《文苑英華》卷九一七，中華書局，1966年，4829頁。
4　《大正新修大藏經》第51卷，980頁。郭昕的頭銜這裏有省略。
5　《資治通鑑》卷二二一，7090頁。
6　以上引文，俱出《舊唐書》卷一四四《尉遲勝傳》，3925頁。

節度使的屬官，這是一種新型的軍事系統與組織，與原來的毗沙都督府與都護的關係並不相同。根據《唐會要》的概括，“安西四鎮節度使，開元六年（718）三月，楊（湯）嘉惠除四鎮節度使、經略使，自此始有節度之號。十二年以後，或稱磧西節度，或稱四鎮節度。至二十一年十二月，王斛斯除安西四鎮節度，遂爲定額”[1]。武則天時期，四鎮確立的鎮守軍系統，但還没有更上級的節度使，而到開元時期，四鎮確立了節度使的體系，安西的軍鎮化體系建設完成。

于闐存在的節度副使，現在所知的資料多屬於安史之亂以後的。于闐王子或者代理國王同時兼任四鎮節度副使，現在已知兩例。至於楊和也當過鎮守軍使，後升職爲四鎮節度副使，與此有所不同。其一，楊和是漢官，與于闐王族不同。其二，楊和擔任的都是軍事職務，擁有統兵權。不論尉遲曜還是尉遲甯，即使有節度副使之任，但是没有統兵權是可以肯定的。其實，節度副使協調駐軍的種種工作，尤其是協助解決後勤供應等問題，這是完全可以理解的。但是，于闐的軍事長官，穩妥一點説最高軍事指揮官，一定非鎮守使莫屬[2]。

開元六年，“安西都護領四鎮節度、支度、經略使，副大都護領磧西節度、支度、經略等使”[3]。《新唐書·方鎮表》的這個記載如果可信，那麽是第一次安西都護與四鎮節度使實現了權力的一體化。前文提及《四鎮節度副使右金吾大將軍楊公神道碑》記楊和天寶中“自武衛將軍四鎮經略副使，加雲麾將軍兼于闐軍大使。……又遷金吾大將軍四鎮節度副使”。請注意這裏的“經略副使”頭銜，是與《方鎮表》中“安西都護領四鎮節度、支度、經略使”有所對應的。根據《唐六典》的記載：“諸軍各置使一人，五千人已上置副使一人，萬人已上置營田副使一人。”[4]安西節度使所轄兵力當然在萬人以上，他自己的頭銜除了安西副大都護以外，還有安西節度使、安西支度使、安西經略使，也許還應該有安西營田使。景雲元年（710）唐朝“置河西節度、支度、營田等使”，胡三省注曰：“唐制：凡天下邊軍，皆有支度使，以計軍資糧仗之用。節度不兼支度者，支度自爲一司；其兼支度者，則節度使自支度。凡邊防鎮守轉運不給，則開置屯田以益軍儲，於是有營田使。”[5]安西節度使還可以擁有多名副使，比如楊和就是經略副使，還應該有支度、營田副使。根據《舊唐書·封常清傳》，封常清在天寶十一載（752）安西節度使王正見去世後，被任命爲“安西副大都護，攝御史中丞，持節充安西四鎮節度、經略、支度、營田副大使，知節度事”[6]。説明安西節度使確有營田使之職。

比較而言，經略使負責的是軍事事務，而營田使當然是後勤事務。現有資料證明，唐朝軍隊在于闐確有營田，根據中國人民大學博物館藏和田出土文書《傑謝作上鎮守軍狀爲床和田苗等用水事》（編號GXW0167），這一點看得很清楚。傑謝鎮屬於于闐鎮守軍下屬，他們因爲農業用水問題發生困難而狀上鎮守軍，因爲原來鎮守軍指示要與百姓共同使用某處的水灌溉農田，

1 《唐會要》卷七八節度使條，上海古籍出版社，1991年，1690頁。
2 開元五年，于闐王尉遲朓約突厥諸國叛，被安西副大都護杜暹討斬，能够説明軍權的重要性。參見《新唐書》卷一二六《杜暹傳》，4421頁。
3 《新唐書》卷六七《方鎮表》四，1864頁。
4 《唐六典》卷五，158頁。
5 《資治通鑑》卷二一〇，6660—6661頁。
6 《舊唐書》卷一〇四《封常清傳》，3208—3209頁。

結果用水産生不足問題。曾以爲是渠道問題，修理之後依然無效，田苗已經開始受損。因爲擔心“年終課不充”即考課不能完成任務，特别報告給鎮守軍，請上級指示。于闐國的繼承人能够擔任四鎮節度副使，升任于闐王後這個職銜依然保留，很懷疑他的所謂副使就是營田副使之類。

國家圖書館藏一件和田出土漢文文書《唐于闐鎮守軍勘印曆》[1]，能够證明于闐鎮守軍的很多問題，如鎮守軍的更基層的軍隊建制。第6行是“牒上經略使爲請銅鐵事”，明確用上行文書的詞彙。此經略使其實就是安西（或四鎮）節度使的一個頭銜，銅鐵事一定是跟武器有關，是經略使負責的軍事事務，而鎮守軍要上報請示，文欣已經有研究。但第11行“牒毗沙府爲勘圖事”就是一個平行文書的方式，商量“勘圖”的事。榮新江先生論證于闐鎮在四鎮中，地位僅次於龜兹，千真萬確[2]。于闐王兼任安西節度副使，是于闐地位重要的一個重要證明。雖然這件文書的具體時間難以確定，甚至也不能確定此時于闐是否存在于闐王族擔任的安西節度副使，但是既然鎮守軍牒上經略使，那麽可以肯定，即使有這麽一位王族安西節度副使，顯然也是非軍事事務的負責人。既然鎮守軍直接上報經略使，顯然就不需要請示同在于闐的副使了，説明于闐的副使不管軍事。

安西節度使是四鎮鎮守使的上級，同屬於軍事使職系統。安西都護是羈縻府州的上級，屬於早期體制的延續，在分工上偏重行政。就于闐的情況而言，軍事系統與安西節度使對接，聽令於安西節度使的當地最高軍事當局是于闐鎮守使，而與安西都護府對接，聽從安西都護府調遣的是毗沙都督府。因爲有很多漢兵駐扎于闐當地，後勤保障工作相當繁重，這既與軍事部門有關，也與民政部門相關，所以毗沙都督府與鎮守軍的協同合作必不可少。但是，就總體的權力而言，相對於偏重民政的都護、羈縻府而言，節度使、鎮守軍系統反而是後來居上。

于闐從鎮戍到軍鎮的演變，主要是指軍事系統，就民政而言，原有的羈縻府州與都護府系統還是很好地保持下來。這其實是整個四鎮地區的狀況，非于闐所獨有。現在掌握的資料以于闐最爲豐富，所以這裏不得不以于闐爲核心例證進行討論。

三

根據最新的出土資料證明，至晚到安史之亂發生以後，于闐當地的軍事控制進一步强化，整個于闐都受制於軍事及其系統的影響，甚至于闐的當地軍人，也併入鎮守軍系統之中。國家圖書館所藏一件來自新疆和田的漢文文書，藏號BH1-10，是十分罕見的重要資料。如何理解這件文書，不僅對於瞭解唐後期于闐地區的軍事政治狀況有積極意義，對於安西四鎮的理解，也不無參考價值。

首先，録文如下：

---

1 參見文欣《和田新出〈唐于闐鎮守軍勘印曆〉考釋》，沈衛榮主編《西域歷史語言研究集刊》第2輯，科學出版社，2009年，111—123頁。

2 榮新江《于闐在唐朝安西四鎮中的地位》，58—59頁。

（前缺）

1 □□

2 應得團結蕃兵總

3 馬軍：十郎 瑟勞養 勃達仰 阿悉朗

4 賀悉達黎 勿日没

5 步軍：莽曉 烏北 裴仁捺 逋西 摩剬

6 桑遇黎

7 右被□□□▭

（後缺）

這件文書雖然有殘損，提供的信息却十分重要。首先，這是一件軍事文書，是當地駐軍向上級軍事單位彙報有關軍隊動向的報告。最後一行“右被……”云云，根據唐代西域的文書，應該是根據上級指示所進行的軍事安排，具體内容就是把已經聚集的蕃兵進行了軍事派遣，其中隸屬於馬軍的共五名蕃兵，隸屬於步軍的也有五名蕃兵。所謂蕃兵，就是當地于闐人。因爲文書有殘損，是否名單不全不能判讀，現在只能就文書所提供的内容進行討論。

第2行“總”字後應有一個數字，即總體人數，可惜殘缺了。然後分别是馬軍和步軍的名單。值得注意的是，蕃兵名單前“馬軍十郎”和“步軍莽曉”的理解。因爲缺少參考的資料，我們難免要有所推斷。“十郎”很明顯是個漢人的名稱，他很可能是這個馬軍建制的軍官。相應的，莽曉應該是步軍建制的軍官。用“十郎”判定“莽曉”的身份是考慮文書馬軍、步軍的對稱性，否則難以理解。不過，若莽曉也是蕃兵的話，也並非不可理解。因爲具有標題意義的第2行標明是“蕃兵”，而“十郎”又不該是蕃兵的名字。在現有條件下，我們的理解肯定是有局限的。

唐朝的軍隊有馬軍、步軍之分，即騎兵與步兵之分。對於戰士而言，是分配到馬軍還是步軍，從《唐六典》的記載來看，應該是根據個人素質，“其善弓馬者爲越騎團，餘爲步兵團”[1]。唐朝的馬軍和步軍，最基本的戰鬥隊組織是五十人的隊，隊下再分火，即十人爲一火。從已知吐魯番文書的情況看，行軍出征，確有以隊爲單位的文件。阿斯塔那83號墓出土的文書《唐先天二年（713）隊副王奉瓊牒爲當隊兵見在及不到人事》和《唐通當隊兵死亡、抽調、見在牒》都是當隊上報本隊人員情況。前者隊副王奉瓊，隊頭氾成素，後者的隊頭是氾猫子，他們的報告都是本隊人員狀況，有的被抽調，有的没有來，有的死亡，等等[2]。

本件文書，十郎和莽曉都不是書寫人，如果他們確實是隊頭的話，他們也不過是被上級單位指定爲接收新的蕃兵戰鬥人員的單位而已。文書最後一行“右被□□□”，應該是文書書寫單位指明來自上級的新兵分配指示，如此這般執行而已。殘缺的字，第一字懷疑是“鎮”字。或許就是鎮守軍、鎮守將，等等。那麼這個文書的書寫單位主體，很可能是常見的傑謝鎮文件，根據上級的指示，把新入伍的蕃兵分别分配給相關的馬軍和步軍。

1 《唐六典》卷五，156頁。《六典》此處是説明衛士的分工，對於所有唐朝軍隊，這個原則應該是普遍適用的。

2 唐長孺主編《吐魯番出土文書》肆，文物出版社，1996年，7—10頁。

唐朝有一種特殊的軍隊稱作“團結兵”，《唐六典》有所提及[1]。學界研究，以日本日野開三郎爲代表，但他的研究有泛化團結兵的傾向[2]，比較而言，還是方積六先生的研究觀點比較可信[3]。團結一詞，如果認定爲名詞，很容易理解爲團結兵，但如果理解爲動詞，則是選調、集合之類的詞義。這件文書中，“應得團結蕃兵總”一句，是否可以把“團結”理解成名詞呢？第一，唐代的團結兵在《唐六典》修撰之時尚存在，但後來普遍鎮兵化，且《唐六典》没有提及西域的團結兵。第二，從整個文書來看，這些于闐兵是被納入當地的四鎮兵馬隊伍中的，並不是獨立成軍的，而團結兵一般理解爲獨具特色的一個兵種[4]。所以，此文書中的“團結蕃兵”，重心是蕃兵，團結只是動詞，即新徵召的蕃兵。本件文書中的“團結蕃兵”雖然不是團結兵，但歷史價值却是極高的，因爲這件文書毫無疑問地證明，于闐軍鎮的兵員，不僅有漢兵，也有蕃兵。這對於我們原來相關的知識，是一個新的填補。

唐朝在西域發揮中堅作用的軍事力量就是四鎮的漢兵。與此同時，于闐也應該有自己的軍隊。《舊唐書・于闐傳》記載道：“于闐國，西南帶葱嶺，與龜兹接，在京師西九千七百里。有勝兵四千人。”[5]長壽元年之前，于闐王國屬於四鎮之一，但主要靠自己的軍事力量維護安全。而四千人的兵力，略顯不足。唐高宗麟德二年（665）三月，“疏勒弓月引吐蕃侵于闐。敕西州都督崔知辯、左武衛將軍曹繼叔將兵救之”[6]。説明于闐的兵力有限，無法抗擊外來進攻，唐朝只好從西州（今新疆吐魯番）調兵赴援。唐玄宗天寶十四載（755）安史之亂爆發，唐朝面臨空前危機。于闐王尉遲勝，“至德初，聞安禄山反，勝乃命弟曜行國事，自率兵五千赴難”[7]。尉遲勝作爲于闐國國王，率兵五千人趕赴國難，用實際行動表達了對於唐朝的忠誠。而在西域，唐朝的漢軍和當地蕃兵依然在共同努力，保家衛國。

就于闐的政治體制而言，軍鎮化的影響也是存在的。榮新江先生根據敦煌本《天寶十道録》中記載的四鎮户口數（于闐毗沙府是4787户），證明安西四鎮的户口是上報户部的，並非《新唐書》所説的“貢賦版籍，多不上户部”。唐朝顯然對當地社會經濟的控制更强化了[8]。文欣通過《唐于闐鎮守軍勘印曆》中的第11行“牒毗沙府爲勘圖事”分析，也得出同樣的結論。對此，本文討論的團結蕃兵文書，從軍事角度又提供了新證。

《唐大曆三年三月典成銑牒》是件和田出土的漢文文書[9]，内容是傑謝百姓雜差科的問題。傑謝百姓是當地的于闐人，他們原來屬於傑謝居民，因公差事到了六城，本來所有的差科

1 《唐六典》卷五，157頁。
2 參見日野開三郎《大唐府兵制時代に於ける団結兵の稱呼とその普及地域》，《史淵》61，1954年，1—26頁；又載《東洋史論集》第1卷，175—200頁。《大唐府兵制時代の団結兵に就いて》，《法制史研究》5，1955年；又載《東洋史論集》第1卷，201—254頁。
3 方積六《關於唐代團結兵的探討》，《文史》第25輯，1985年，95—108頁。
4 筆者的博士學位論文《唐前期軍鎮研究》專設一章《略論團結兵》，可供參考。北京大學，2001年。
5 《舊唐書》卷一九八《于闐傳》，5305頁。《新唐書・于闐傳》同。
6 《資治通鑑》卷二〇一，6344頁。參見榮新江《新出吐魯番文書所見西域史事二題》，《敦煌吐魯番文獻研究論集》第5輯，339—354頁。
7 《舊唐書》卷一四四《尉遲勝傳》，3924頁。
8 榮新江《敦煌本〈天寶十道録〉及其價值》，唐曉峰等編《九州》第2輯，商務印書館，1999年，116—129頁。
9 參見張廣達、榮新江《〈唐大曆三年三月典成銑牒〉跋》，《于闐史叢考》（增訂本），106—117頁。

都已經納足，結果又出現了新的“小小差科”，因爲他們人與糧食分爲兩地，無法完成，希望寬限到秋天一定納足。另外，還有要去傑謝取糧食問題。最可注意者，兩件事情百姓都以“胡書”的方式上報給“鎮守軍”，鎮守軍翻譯之後，“使”給出判文即指示，允許延放到秋天“一切並放者”，允許去傑謝搬運糧食“任自搬運者”。典是鎮守軍的文書書寫者，名字叫“成銑”。那麽鎮守軍使的指示誰去執行呢？文中清楚地説明是“所由者”，即地方基層的負責人。而文書最後一行是“六城質邏刺史阿摩支尉遲信”，但文書似乎未完，下文也無從得知。百姓差科事情由鎮守軍負責，而所由者很可能就是六城質邏刺史，這反映了怎樣的地方軍政體制呢？鎮守軍不是簡單地通過羈縻府系統獲取物資或者人力資源，竟然會直接對當地百姓的差科做出決定。文書中對於“使”的判文十分重視，因爲那其實就是來自鎮守軍的命令[1]。六城質邏刺史，應該正是接受命令的一方，而六城質邏，應該是于闐毗沙都督府十州之一。如果這件文書反映的于闐狀況是普遍的，那麽鎮守軍在于闐的地位就顯而易見了。它已經成爲于闐地區最核心的權力機構。

如何概括于闐這種地方軍政體制呢？或許，用羈縻府的軍鎮化是恰當的。龐大的軍事力量進駐地方，不僅在一般社會生活的層面上給地方帶來許多影響，更會促進地方政治體制的變化。因爲軍事問題涉及國防安全和國家大局，所以常常成爲一個時代諸多問題的重中之重。唐朝軍鎮體制在邊疆地區的成長，都是伴隨着戰争而完成的。唐長孺先生曾經把節度使概括爲軍區[2]，更準確的概括恐怕是戰區，而節度使就是一個地區的戰時司令。《唐六典》在介紹天下八節度之後寫道“若諸州在節度内者，皆受節度焉”[3]，這就是説，軍隊出征，所轄地方給予配合是有制度或傳統依據的。因爲這種狀況持續時間較長，一個新的地方軍政體制就成長起來，用歐陽修《新唐書》的説法就是“及府兵法壞而方鎮盛，武夫悍將雖無事時，據要險，專方面，既有其土地，又有其人民，又有其甲兵，又有其財賦，以布列天下”[4]。這就是天寶諸節度的問題。所謂武夫悍將，是特指安禄山、史思明這樣的人，至於四鎮的軍事將領，是保衛邊疆的功臣，決不可以悍將形容。但是，軍鎮化的體制演變，在四鎮還是發生了，至少我們在于闐看得比較清楚。這説明，邊疆地區的軍鎮化確實存在體制性的因素，是長期駐軍制帶來的必然後果，而西域正經歷着整個唐朝都在經歷的過程[5]。

（原載《北京大學學報》2012年第4期，120—128頁）

1 關於這件文書及其具體概念的解釋，張廣達、榮新江先生的研究最可信賴，請參考。見《于闐史叢考》（增訂本），106—117頁。

2 唐長孺《唐代軍事制度之演變》，《武漢大學社會科學季刊》復刊第9卷第1號，1948年，98—125頁。

3 《唐六典》卷五，158頁。

4 《新唐書》卷五〇《兵志》，1328頁。

5 參見筆者另文《唐代前期的使職問題研究》，吴宗國主編《盛唐政治制度研究》，上海辭書出版社，2003年，176—211頁。

和田新出《唐于闐鎮守軍勘印曆》考釋

文　欣

一

近年來，新疆和田地區陸續出土了一些唐代文書，其具體的出土地點多不甚明確，只能大致知道出自和田地區。2005年，中國國家圖書館收藏了這批文書，筆者隨榮新江教授受命整理這批文書，現謹就其中的一件（BH1-8），略加考察，希望有助於深化對唐代于闐鎮守軍的認識。首先録文如下：

（前缺）

1　　牒□

2　　牒右軍爲准前事

3　　牒左軍爲准前事

4　　牒三軍爲領知祀弩事

5　　牒疎勒鎮守軍爲勘銅鉤事

6　　牒上經略使爲請銅鐵事

7　　　右貳拾叁道典令狐亨 判官王珉勘

8　　　印珉

9　三日

10　　牒安烏鶻達干爲請行文事

11　　牒伊索爲同前事　牒毗沙府爲勘圖事

12　　　右叁道典令狐亨判官王珉勘印珉

13　四日牒修（？）賢（？）家人歲諾爲給行文安西事

---（紙縫）

14　牒蘇阿俱爲給撥換且（？）末行文事

15　牒撥換守捉爲同前事

16　　□[給]安西行文事

17　　□□人造兵曹房事

18　　□□失火依牒處[分]□

19　　　□□□□

（後缺）

按，文書背縫押“三百九十，珉”，並鈐印一方，印文漫漶難識。整件文書書寫潦草，部分文字暫時難以識讀，另外每條記事右側均有墨筆勾畫。

二

《唐六典》卷一尚書都省條載：“凡施行公文應印者，監印之官考其事目，無或差繆，然後印之；必書於曆，每月終納諸庫。”[1]本件文書就是“監印之官”勘考應用印之公文後所書。

敦煌發現的《唐開元十五年（727）九月（？）北庭瀚海軍勘印曆》（S.11453H）記[2]：

1　　　　　□牒中軍爲同前事

2　牒前軍爲同前事。牒右一軍爲同前事。

3　牒左一軍爲同前事。

---背縫押“一百六十五道”

4　　右貳拾壹道。典馬仁，官樂瓊。勘印貳拾

5　　壹道。瓊。

（中略）

11 四日：

（下略）

上録和田出土文書與這件瀚海軍的勘印曆在格式上非常類似。從内容上判斷，文書應出自于闐的某級軍政機構。長壽元年（692）以後，于闐鎮守軍之下，有守捉、城、鎮、戍、堡等各級軍事機構[3]。本文書所出自的機構直接與疏勒鎮守軍、經略使、毗沙府公文往還，故不會是于闐鎮守軍的下屬機構，而應該就是于闐鎮守軍本身。與上引瀚海軍勘印曆同類的《唐開元十五年十二月瀚海軍兵曹司印曆（甲）》（S.11459G、S.11459E、S.11459D）首行載，“兵曹司開元十五年十二月印曆”[4]，孫繼民先生即據此將其定爲上述名稱[5]。而于闐軍勘印曆很有可能也屬於于闐鎮守軍下屬某曹。但正如《瀚海軍兵曹司印曆》所示，雖由兵曹司負責勘印，但勘印曆所記公文的收發機構則是瀚海軍。這件和田所出勘印曆中公文的收發機構

1 《唐六典》，中華書局，1992年，11頁。

2 《英藏敦煌文獻》第13册，四川人民出版社，1995年，278頁。録文參考孫繼民《敦煌所出瀚海軍兩組軍事文書試釋》，《敦煌吐魯番所出唐代軍事文書初探》，中國社會科學出版社，2000年，215—216頁。

3 榮新江《于闐在唐朝安西四鎮中的地位》，《西域研究》1992年第3期，58—59頁。

4 《英藏敦煌文獻》第13册，295頁。

5 孫繼民《唐代瀚海軍文書研究》，甘肅文化出版社，2002年，36頁。

也是于闐鎮守軍。故此，我們將本件文書定名爲《唐于闐鎮守軍勘印曆》（以下簡稱《勘印曆》）。

《勘印曆》本身没有紀年，也没有記録可以直接推知紀年的事件，這裏只能對其時間作一些推測。現在所知的于闐出土漢文文書有紀年者，最早的爲開元九年（721）至十年，最晚的爲貞元十四年（798）[1]。本件文書的時間大體也應該在此範圍之内，或距離不遠，最早應該在開元時期。《勘印曆》第6行載“牒上經略使爲請銅鐵事”。除此條外，本件其餘各條均稱“牒”，而非“牒上”，可見此處的“經略使”是于闐鎮守軍的上級機構，應即“四鎮經略使”。本件勘印曆有印鑒押署，是唐代正式的公文書，其用詞應該比較嚴謹。所以此處“經略使”的出現，是判斷文書年代的重要依據。

據吴廷燮《唐方鎮年表》、吴玉貴《唐安西都護府史略》附表2《安西都護年表》、郁賢皓《唐刺史考全編》[2]並參考其他材料，檢出關於“四鎮經略使”的記載，製表如下：

表1：史籍有關“四鎮經略使”的記載

年代	人物	職務	資料來源
長安（701—704）年間	?	四鎮經略使	《新唐書·西域傳》上
神龍二年（706）	郭元振	驍騎大將軍兼安西大都護四鎮經略使金山道大總管	《兵部尚書代國公贈少保郭公行狀》,《全唐文》卷二三三
景龍三年（709）	周以悌	宕岷州刺史四鎮經略使右屯衛將軍西平縣開國男賜特進	《唐周曉墓誌》[3]
景龍三年後	張玄表?	〔四鎮經略〕大使真定郡公張〔玄〕表	張君義驛馬文書[4]
景龍三年	薛思楚?	檢校（經略）副使雲麾將軍□□縣開國	張君義公驗[5]
開元三年（715）	郭虔瓘	右羽林大將軍兼安西大都護四鎮經略大使上柱國太原郡開國公	《唐大詔令集》卷六三,《全唐文》卷二五三
開元六年	湯嘉惠	四鎮節度經略使	《唐會要》卷七八
開元年間[6]	高仙芝	四鎮經略副使（下略）	《全唐文》卷二五二,《文苑英華》卷四百一
開元年間	阿史那獻	招慰十姓兼四鎮經略大使（下略）	《全唐文》卷二五〇,《文苑英華》卷四一七

1 張廣達、榮新江《八世紀下半至九世紀初的于闐》,《唐研究》第3卷，北京大學出版社，1997年，344—345頁。

2 吴廷燮《唐方鎮年表》，中華書局，1980年，1240—1251頁；吴玉貴《唐安西都護府史略》,《中亞學刊》第2輯，中華書局，1987年，124—135頁；郁賢皓《唐刺史考全編》，安徽大學出版社，2000年，515—526頁。

3《隋唐五代墓誌匯編》陝西卷第4册，天津古籍出版社，1991年，30頁。參陳曉捷、穆曉軍《唐周曉墓誌讀考》,《文博》2000年第4期，77—80頁；劉安志《敦煌所出張君義文書與唐中宗景龍年間西域政局之變化》,《魏晉南北朝隋唐史資料》第21輯，武漢大學文科學報編輯部，2004年，269—295頁。劉安志先生考證認爲周以悌任四鎮經略使至遲也在景龍三年初。

4 參大庭脩《敦煌發見の張君義文書について》,《ビブリア》第20號，1961年，2—13頁；劉安志上引文，278—279頁。

5 大庭脩上引文，2—13頁。

6《授高仙芝右羽林大將軍制》爲蘇頲所撰。頲卒於開元十五年，故仙芝爲四鎮經略副使必在此前。下條阿史那獻亦如此。

續表

年代	人物	職務	資料來源
開元年間[1]	郭子儀	北庭副都護兼四鎮經略副使（下略）	《金石萃編》卷九二《郭氏家廟碑》
天寶中（約750）	楊和	自（左）武衛將軍、四鎮經略副使	《全唐文》卷四二二，《文苑英華》卷九一七
天寶十一載（752）	封常清	安西副大都護，攝御史中丞，持節充安西四鎮節度、經略、支度、營田副大使	《舊唐書·封常清傳》

由上述可見，四鎮經略使設立的時間在武周時期至開元、天寶年間，尤其集中在武周後期到開元前期，安史亂後則再未見四鎮經略使的設置。參考上述于闐漢文文書的時間斷限，《勘印曆》的時間應在開天年間。雖然安史之亂後和田文書多次出現“攝經略副使”的情況[2]，但安史亂後的攝官非實際職務，應當是階官化的結果，與本文書的經略使絶不相同。所以，從本文所記于闐鎮守軍爲銅鐵事而上四鎮經略使的情形看，只能是開元、天寶時代的事。此外，《勘印曆》記載的“經略使”、“毗沙府”、“疏勒鎮守軍”等稱號均相當規範，且格式與開元十五年的瀚海軍勘印曆幾乎完全一致，顯示從北庭到于闐，唐代文書制度均有良好貫徹，亦旁證其時間在開天年間。

三

以下對本件于闐軍勘印曆中出現的一些專有名詞做一些簡要的解釋。

第2行“右軍”：結合第3行之“左軍”，第4行之“三軍”可知，此時于闐鎮守軍下轄三軍，另一軍應該爲“中軍”。

斯坦因在和田麻札塔格所獲文書M. T. 0130（Or. 8212/1516）殘存以下文字[3]：

1 □廿六日　　　□
2 　　三軍狀爲鐵□
3 　　　重會入處[分]□
4 　　王尉遲珪狀□
5 　　　廿七日判□

第2行的“三軍”，亦應指于闐鎮守軍轄下的三軍。很明顯，《勘印曆》的開頭與上引《唐開元十五年九月（？）北庭瀚海軍勘印曆》（S.11453H）開頭十分類似。雖然兩件文書均殘缺，

1 《郭氏家廟碑》碑陰列郭子儀所歷官爵，據兩《唐書》本傳，其中任安北副都護橫塞軍使在天寶八載，而任北庭副都護充四鎮經略副使在此之前。其間，子儀的任職情況爲“又除左威衛中郎將轉右司禦率兼安西副都護，改右威衛將軍同朔方節度副使，改定遠城使本軍營田使，又加單于副大都護東受降城使左厢兵馬使，又拜右金吾衛將軍兼判單于副都護”。可見歷時應不短，故推測子儀任北庭副都護充四鎮經略副使應在開元時。穆渭生將任該職時間推測爲開元二十年，見所著《郭子儀評傳》，三秦出版社，2000年，13、261頁。

2 李吟屏《新發現於新疆洛浦縣的兩件唐代文書殘頁考釋》，《西域研究》2001年第2期，58頁；李吟屏《近年發現於新疆和田的四件唐代漢文文書殘頁考釋》，《西域研究》2004年第3期，85頁。雖然文書本身沒有紀年，但根據互見人名，可以判斷其時間在安史之亂以後。

3 沙知、吴芳思《斯坦因第三次中亞考古所獲漢文文獻（非佛經部分）》第2册，上海辭書出版社，2005年，196頁。

使人無從得知“前事”爲何，但這件事涉及軍鎮轄下的全部或大部分“軍”，應該是比較重大的事件。值得注意的是這件事發生的時間。在《勘印曆》中，時間在“三日”前，很可能是二日，而在這件瀚海軍勘印曆中，則在“四日”前，很可能是三日，兩者均在月初，兩處所言可能爲類似事務。孫繼民先生判斷瀚海軍勘印曆的時間是開元十五年的九月[1]，或可作爲本件于闐軍勘印曆的參考。

第4行“領知祀弩事”：此處漫漶不清，據字體讀作“知祀弩”，然尚不得其解。

第5行“疏勒鎮守軍”：由此可見長壽元年後安西四鎮的正式名稱是“某某鎮守軍”，簡稱鎮或軍[2]。

第10行“安烏鶻達干”：此爲一人名，姓安，名烏鶻達干。其姓屬粟特系統，而名則明顯是突厥語，與Дx.18925《唐某年正月六城都知事牒爲偏奴負税役錢事》[3]中之“安達漢”類似。安烏鶻達干向于闐鎮守軍申請行文，與下文中的伊索、修（？）賢（？）家人歲諾和蘇阿俱等類似。

第10行“行文”：通行證，過所。吐魯番阿斯塔那509號墓所出《唐開元二十一年（733）西州都督府案卷爲勘給過所事》載有如下文字[4]：

69 岸頭府界都遊弈所　　　　狀上州

70 　安西給過所放還京人王奉仙

71 　　　右件人無向北庭行文，至酸棗戍捉獲，今隨狀送。

72 　無行文人蔣化明

73 　　　右件人至酸棗戍捉獲，勘無過所，今隨狀送。差遊弈

74 　　　主帥馬静通領上。

由以上兩例可知，“行文”指通行證，或即指“過所”。吐魯番阿斯塔那29號墓所出《唐垂拱元年（685）康義羅施等請給過所案卷》中提到其請過所的理由時説：“但羅施等並從西來，欲向東興易，爲在西無人遮得，更不請公文（下略）。”[5]“在西無人遮得”，説明垂拱時唐在西州以西還没有設立給、勘過所的機構[6]。

1 孫繼民《唐代瀚海軍文書研究》，16頁。

2 參菊池英夫《節度使制確立以前における“軍”制度の展開》（續編），《東洋學報》第45卷第1期，1962年，53—57頁；榮新江《于闐在唐朝安西四鎮中的地位》，56—58頁。

3 張廣達、榮新江《聖彼得堡藏和田出土漢文文書考釋》，《敦煌吐魯番研究》第6卷，北京大學出版社，230頁。

4《吐魯番出土文書》肆，文物出版社，1996年，288頁。

5《吐魯番出土文書》叁，文物出版社，1996年，346頁。

6 程喜霖先生認爲：“垂拱元年四鎮處於南北夾擊的形勢，官軍窮於對付吐蕃的進攻，關禁鬆弛，無力治安，這樣羅施等人在四鎮境内既無人盤查，也就没有向安西都護府申請過所。”（《〈唐垂拱元年（685）康尾義羅施等請給過所案卷〉考釋》，《魏晉南北朝隋唐史資料》第11輯，武漢大學出版社，1991年，239—250頁）但四鎮受到南北兩面夾擊是從垂拱二年開始的，垂拱元年僅有北庭、西州受到北面東突厥的威脅。這件文書時間在垂拱元年四月，其時四鎮還在唐朝控制之下，吐蕃勢力還没有進入（參筆者《吐魯番新出唐西州徵錢文書與垂拱年間的西域形勢》，《敦煌吐魯番研究》第10卷，上海古籍出版社，2007年，131—163頁）。“關禁鬆弛，無力治安”的原因並非戰亂，而是垂拱年間四鎮還没有大規模漢軍駐守，軍鎮守捉的鎮守體系尚未建立，每鎮至多數百漢兵（參榮新江《于闐在唐朝安西四鎮中的地位》，56—58頁），唐朝根本還無力建立起一套勘給過所的機構。

2004年李吟屏先生刊佈一件據傳發現於和田策勒縣達瑪溝鄉的文書[1]，今轉録如下：

1 □□□□安□驢二十頭□

2 □□得行文赴安西□

3 □過神山館□

4 □命□□

5 □日勿

這件文書殘存甚少，但結合本件13行“牒修（？）賢（？）家人歲諾（？）爲給行文安西事”，可以推測此件文書應該是某人得行文往安西，却在神山館發生某種變故時使用的文書[2]。這説明，在這件文書和《于闐軍勘印曆》製作的時代，安西四鎮地區已經改變了“無人遮得”的狀況，開始普遍給、勘過所。一般來説，“凡度關者，先經本部本司請過所，在京，則省給之；在外，州給之”[3]，與之不同的是，四鎮地區給過所的機構不是羈縻都督府，而是所在地的鎮守軍；而下級的守捉、鎮、戍、堡等就承擔了勘驗過所的任務[4]。從于闐鎮守軍給過所活動的頻繁、規範來看，這件文書處在開、天時期可能性也比較大。

第11行“毗沙府”：即毗沙都督府。《新唐書·地理志》七下載毗沙都督府“本于闐國，貞觀二十二年（648）内附，初置州五，高宗上元二年（675）置府，析州爲十”[5]。《舊唐書·地理志》三所載略同。

第13行“家人”：在唐代“家人”一詞既可以指家屬，又可以指奴婢、部曲等家中的依附人口[6]。從此處的語境來看，所指應該是依附人口。整句稱“牒修（？）賢（？）家人歲諾（？）爲給行文安西事”，其中“家人”前兩字漫漶不清，這裏試讀作“修（？）賢（？）”；其後“歲”字大致可以確定，但是“諾”則也只是猜測。“修（？）賢（？）”和“歲諾（？）”均是人名，而至少“歲諾（？）”應該不是漢人。“家人”也見於其他和田地區出土的唐代文書，如麻札塔格出土的《唐于闐某寺支出簿》中就多次提到了“家人”[7]。

第13行“安西”：原指安西都護府，也兼指安西都護府的駐地。在顯慶三年（658）之後，安西都護府駐龜兹[8]，故此時的“安西”即指龜兹。

第14行“且（？）末”：此處文書殘缺，第一字不能肯定。但由於其與撥换並列，應該爲一地名。審其殘筆，頗似“且”字。按，隋大業五年（609）平定吐谷渾置且末郡。隋末

1 李吟屏《近年發現於新疆和田的四件唐代漢文文書殘頁考釋》，83—90頁。

2 他走的應該就是由于闐經神山館、草澤館、欣衡館和謀常館等“神山已北四館”，經撥换守捉，達安西之路。參榮新江《于闐在唐朝安西四鎮中的地位》，59頁。

3 《唐六典》，196頁。參程喜霖《唐代過所研究》，中華書局，2000年，59—90頁。

4 程喜霖《唐代過所研究》，117—133頁。

5 《新唐書》卷四三下《地理志》，中華書局，1975年，1134頁。

6 浜口重國《唐王朝の賤人制度》，東洋史研究會，1966年，355—371頁；楊際平《唐代的奴婢、部曲與僮僕、家人、净人》，《中國史研究》1996年第3期，53—63頁。

7 池田温《中國古代籍帳研究》，東京大學出版會，1979年，348—349頁。

8 張廣達《唐滅高昌國後的西州形勢》，《東洋文化》68，1988年，69—107頁。此據《西域史地叢稿初編》，上海古籍出版社，1995年，144—147頁。

地入吐谷渾。高宗上元三年（676），更名播仙鎮，屬沙州[1]。《新唐書》卷四〇《地理志》四載："于闐東界有蘭城、坎城二守捉城。西有葱嶺守捉，有胡弩、固城、吉良三鎮。東有且末鎮。西南有皮山鎮。"[2]則播仙鎮又改名爲且末鎮，隸屬于闐鎮守軍。其與于闐之間有人員往來是很正常的事，故此處暫讀作"且末"。

第15行"撥换守捉"：《新唐書》卷五〇《兵志》："唐初，兵之戍邊者，大曰軍，小曰守捉，曰城，曰鎮，而總之者曰道。"[3]撥換今地在新疆阿克蘇，雖然僅爲一守捉，但因處於龜兹、于闐、疏勒、碎葉的交通樞紐之上[4]，地位很重要。中宗景龍二年（708）突騎施酋長娑葛自立爲可汗，"發兵五千騎出安西，五千騎出撥換，五千騎出焉耆，五千騎出疏勒，入寇"[5]。娑葛以同樣兵力進攻安西、焉耆、疏勒和撥換，可見撥換駐軍數量一定相當大，它可能是安西地區除四鎮之外，地位最爲重要的下級軍事機構。

其餘部分需要解釋的詞語，將在下文展開論述。

四

《勘印曆》記載事務繁多，説明此時于闐鎮守軍與上級的四鎮經略使、同級的疏勒鎮守軍以及下級的且末鎮、撥换守捉間均有往來。其中第5行"牒疎勒鎮守軍爲勘銅鉤事"，第6行"牒上經略使爲請銅鐵事"尤其值得注意。此處的"經略使"爲四鎮經略使，駐地在安西即龜兹。

《漢書·西域傳》下載："龜兹國……能鑄冶，有鉛。"[6]

《水經注》卷二《河水》，引《釋氏西域記》："屈茨（即龜兹），北二百里有山，夜則火光，晝則（日）但煙。人取此山石炭，冶此山鐵，恒充三十六國用。"[7]

《隋書·西域傳》載："龜兹國……饒銅、鐵、鉛……；疏勒國……土多稻、粟、麻、麥、銅、鐵……。"[8]

《大唐西域記》載："屈支國……土産黄金、銅、鐵、鉛、錫。"[9]

可見，自漢至唐，龜兹地區産銅、鐵是中原王朝的普遍認識，這也爲考古學的發現所證實。李肖先生指出："在古龜兹國地域範圍的今阿克蘇地區，共發現礦冶遺址36處，其中13處爲采煉鐵的遺址，21處爲采煉銅的遺址，既煉銅、又煉鐵的1處。"[10]

1 S.367《沙州伊州地志》，見唐耕耦、陸宏基編《敦煌社會經濟文獻真蹟釋録》第1輯，書目文獻出版社，1986年，39頁。
2 《新唐書》卷四〇《地理志》，1048頁。
3 《新唐書》卷五〇《兵志》，1328頁。
4 參《新唐書》卷四三下《地理志》賈耽所記"安西入西域道"。
5 《舊唐書》卷九七《郭元振傳》，中華書局，1975年，3047頁。
6 《漢書》卷九六下《西域傳》，中華書局，1962年，3911頁。
7 《水經注疏》，段熙仲、陳橋驛點校本，江蘇古籍出版社，1989年，108—109頁。
8 《隋書》卷八三《西域傳》，中華書局，1973年，1851—1852頁。
9 季羨林等《大唐西域記校注》，中華書局，2000年，54頁。
10 李肖《古代龜兹地區礦冶遺址的考察與研究》，《新疆文物》2003年3—4期，16—26頁。

與此相反，訖至唐代關於于闐的記載裏，並沒有發現于闐産銅、鐵的痕跡[1]。而似乎也沒有這方面的考古發現[2]，至今和田地區銅、鐵礦的發現都很少[3]。

上引《水經注》稱龜兹冶鑄的鐵器可以“恒充三十六國用”，説明龜兹地區鐵礦儲量是比較豐富的。而此“三十六國”泛指西域緑洲諸國[4]，大體即相當於唐朝的安西四鎮地區。如此豐富的金屬礦藏，很早就被龜兹國用於兵器的製造。《漢書・陳湯傳》載：“夫胡兵五而當漢兵一，何者？兵刃朴鈍，弓弩不利。今聞頗得漢巧，然猶三而當一。”[5]此處所指爲烏孫，但大體體現了西域兵器製造的整體水準，雖然“頗得漢巧”，仍不能與“漢兵”抗衡。然而，漢晉時期，西域鎮守的漢軍即有使用當地生産工具、兵器的記録，見於樓蘭出土漢文木簡[6]，王國維先生認爲這可能是樓蘭、龜兹地區所産的鐵製造的兵器[7]。《晉書・吕光載記》記吕光攻龜兹國，“胡便弓馬，善矛矟，鎧如連鎖，射不可入，以革索爲羂，策馬擲人，多有中者”[8]，説明此時龜兹國所造兵器已經達到了很高水準。可見，不論在礦藏數量上，還是兵器品質上，龜兹地區都具備成爲唐朝安西四鎮兵器製造中心的條件。這在以往出土的唐代文書中已經有了一些反映。

庫車出土漢文文書記載[9]：

1　鋼壹阡斤　行綱涼州明威鎮兵曹武鳳祥　典龍

2　右得涼州牒稱得朔方軍興晨（？）

3　□　鋼□□

陳國燦、劉安志兩位先生據此指出：“龜兹冶煉之鋼鐵，也支援着中原内地的需要，這應是不争的事實。”[10]

如果説這件文書由於殘破嚴重，所記尚頗曲折，那麽，本文所討論的文書中于闐軍“牒上（四鎮）經略使爲請銅鐵事”、“牒疎勒鎮守軍爲勘銅鉤事”的記載，則比較清楚地證實了于闐鎮守軍的武器，至少有部分是來自富藏銅鐵的龜兹、疏勒地區。張澤咸先生指出，“唐代地域遼闊，京師而外，還在其他重要地區設置軍工作坊”，並舉代宗大曆七年（772）

1《梁書》卷五四《諸夷・西北諸戎傳》載：“〔于闐〕國人善鑄銅器。”（中華書局，1973年，814頁）但未必産銅。參余太山《兩漢魏晉南北朝正史“西域傳”所見西域諸國的物産》、《兩漢魏晉南北朝正史“西域傳”所見西域諸國的農牧業、手工業和商業》，分載《兩漢魏晉南北朝正史西域傳研究》，中華書局，2003年，284—312、339—363頁。

2 于闐出土文物的情況，請參新疆文物考古研究所《和田地區文物普查資料》，《新疆文物》2004年第4期，15—39頁；廣中智之《和田考古發現與文物收藏情況》，朱玉麒主編《西域文史》第1輯，科學出版社，2006年，295—304頁。

3 參《新疆通志》第41卷《鋼鐵工業志》，新疆人民出版社，1999年；《新疆通志》第42卷《有色金屬工業志》，新疆人民出版社，2005年；于田縣地方志編纂委員會編《于田縣志》，新疆人民出版社，2006年，131—133頁。

4 伊瀨仙太郎《中國西域經營史研究》，巖南堂書店，1968年，30—35頁。

5《漢書》卷七〇《陳湯傳》，3023頁。

6 如“胡鐵小鋸”（L.A.III.i.(x), 343頁；L.A.VI.ii.0186, 433頁）；“胡鐵大鋸”（L.A.V.x.014, 363頁）。“胡斧”（L.K.1, 524頁）等。見侯燦《樓蘭漢文簡紙文書集成》，天地出版社，1999年。

7《流沙墜簡》，中華書局，1993年，188頁。

8《晉書》卷一二二《吕光載記》，中華書局，1974年，3055頁。

9 Éric Trombert, Ikeda On et Zhang Guangda, *Les Manuscrits Chinois de Koutcha, fonds Pelliot chinois de la Bibliothèque nationale de france*, Paris: Bibliothèque nationale, 2000, p.99, pl.114.

10 劉安志、陳國燦《唐代安西都護府對龜兹的治理》，《歷史研究》2006年第1期，48頁。

詔“揚、洪、宣等三州作坊，往以軍興，是資戎器”，證明“江淮要州設有軍器作坊”[1]。相比江淮地區，四鎮距長安更加遥遠，且道路艱難，轉輸所耗必定更大；而送往迎來，對西域諸國也是很大的負擔[2]，這往往成爲罷廢四鎮的理由[3]。因此在龜兹、疏勒地區設立軍器作坊，供四鎮之用，就很容易理解。與此類似的是，在安史亂後，西域阻絶之時，龜兹地區自鑄錢幣，現在所知，流通已及於焉耆、于闐[4]。可見龜兹地區作爲安西首府，利用其豐富礦産，在軍事、財政兩方面支持四鎮的正常行政運行，由漢至唐，龜兹地區常被選爲經營塔里木盆地的中心，其金屬礦藏的豐富，應該是原因之一。

而于闐在四鎮中地位僅次於龜兹[5]，在接受龜兹地區物資的同時，也有物資和人員的輸出。黄文弼先生在拜城克孜爾明屋所獲文書記[6]：

（前缺）

1 磧行軍押官楊思禮請取☐

2 闐鎮軍庫訖被問依☐

3 更問

（後缺）

“磧”字旁有倒乙符號，黄文弼先生推測其爲“磧”字前爲“西”，則楊思禮爲“磧西行軍押官”，第2行首字前應爲“于”，即“于闐鎮軍庫”。此文書出自拜城克孜爾石窟，屬於龜兹境内，磧西行軍亦應在龜兹，故此文書體現了從于闐到龜兹的物資流動。而庫車蘇巴什古城出土文書“一十人于闐兵”[7]，則體現了于闐到龜兹的士兵流動。

可見，龜兹和于闐之間的軍事物資交流是雙向的，在從龜兹輸入銅、鐵的同時，于闐也向龜兹地區提供軍事物資和人員。安西四鎮之間的物資、信息、人員的交流十分頻繁，每個鎮軍内部的事務雖繁雜但仍有序地進行。本件《勘印曆》背縫押“三百九十”，説明文書使用的數量十分龐大，其背後軍政事務運行的數量與效率，當不難想見。

五

《新唐書·地理志》七下羈縻州條序云[8]：

---

1 張澤咸《唐代工商業》，中國社會科學出版社，1995年，69頁。

2 焉耆的情況相當典型，《新唐書·西域傳》上載：“武后長安時，以其國小人寡，過使客不堪其勞，詔四鎮經略使禁止傔使私馬、無品者肉食。”（6230頁）

3 參伊瀨仙太郎上引書“安西四鎮的廢棄論”一節，419—427頁。

4 王永生《“大曆元寶”、“建中通寶”鑄地考——兼論上元元年（760）後唐對西域的堅守》，《中國錢幣》1996年第3期，3—11頁；F. Thierry, “On the Tang Coins Collected by Pelliot in Chinese Turkestan (1906-1909)”, *Studies in Silk Road Coins and Culture. Papers in honour of Professor Ikuo Hirayama on his 65th birthday*, ed. by K. Tanabe, J. Cribb and H. Wang, Kamakura, 1997, pp. 149-179.

5 參榮新江《于闐在唐朝安西四鎮中的地位》，59—62頁。

6 黄文弼《塔里木盆地考古記》，科學出版社，1958年，95—96頁。

7 黄文弼《新疆考古的發現》，《考古》1959年第2期，78頁。

8《新唐書》卷四三下《地理志》，1119頁。

唐興，初未暇於四夷，自太宗平突厥，西北諸蕃及蠻夷稍稍内屬，即其部落列置州縣。其大者爲都督府，以其首領爲都督、刺史，皆得世襲。雖貢賦版籍，多不上户部，然聲教所暨，皆邊州都督、都護所領，著于令式。

貢賦版籍，不上户部，這是唐代羈縻府州與中央關係的重要原則，也是羈縻州與正州最重要的區别之一[1]。于闐作爲毗沙都督府，也應該遵循此原則。然而，在開元天寶時期，在史籍中却看到了包括于闐在内的四鎮羈縻都督府的人口數字的記載：

《通典》卷一七四安西府條載[2]：

安西府……户一萬一千一百六，口六萬三千一百六十八。

敦煌本《天寶十道録》[3]：

安西　京七千五百，都八千三百。供……　　無縣，管蕃府四

龜兹都督府　户四千九百七十四。在安西城内。無本。

于闐毗沙府　户四千七百八十七。安西南二千里。無本。

焉耆府　户一千一百六十七。……。無本。

疏勒府　户一千八百六十。安西二……二月敕新置。無……

榮新江先生認爲："(《天寶十道録》)所記總數爲一萬二千四百八十八户，較《通典》卷一七四所記天寶末一萬一千一百六的户口數還要多，反映了開元末年唐朝國力强盛，安西都護府所轄四蕃府的貢賦版籍已上於户部。"[4]這兩組精確的人口統計，顯示開元、天寶年間，唐朝對於四鎮的基層人口有着比較清楚的掌握。這一點亦爲考古材料所旁證。近年，中國國家圖書館新入藏開元十年漢—于闐雙語木簡三十五枚，而新疆策勒縣達瑪溝亦出土類似的開元十五年雙語木簡四枚[5]。對於這兩批木簡，榮新江先生同筆者有另文考釋[6]，此處僅引一件，略見一斑。

國圖藏15號（BH3-118）：

正：拔伽伊里喪宜，送粟壹拾壹碩捌斗。開元十

背：年八月廿八日，典何仙，官張並、相〔惠〕。

于闐語轉寫：|| *birgaṃdarajä īrasaṃgä gausä hoḍi kūsa 11 ṣṣaṃga 8 ṣṣau marṣi salya* ||

于闐語譯文：拔伽人伊里喪宜於ṣṣau官Marṣi'年交粟11kūsa，8ṣaṃga。

---

1 當然，《新唐書》原文爲"貢賦版籍，多不上户部"，也就是説，不能排除例外情況。《舊唐書·地理志》劍南道松州下都督府條載："據天寶十二載簿，松州都督府，一百四州，其二十五州有額户口，但多羈縻逃散，餘七十九州皆生羌部落，或臣或否，無州縣户口，但羈縻統之。"（1699頁）可見羈縻州中也存在"有額户口"的例子。參高明士《隋唐天下秩序與羈縻府州制度》，《中華民國史專題論文集》（第五屆討論會），"國史館"，2000年，255—293頁。

2 《通典》，中華書局，1988年，4559頁。

3 録文據吴震《敦煌石室寫本唐天寶初年〈郡縣公廨本錢簿〉校注并跋》，《文史》第13輯，1982年，97—98頁。定名據榮新江《敦煌本〈天寶十道録〉及其價值》，唐曉峰等編《九州》第2輯，商務印書館，1999年，116—129頁。

4 榮新江《敦煌本〈天寶十道録〉及其價值》，125頁。

5 艾再孜·阿布都熱西提《和田地區發現漢文、于闐文雙語木簡》，《新疆文物》1998年第3期，104頁。

6 Rong Xinjiang and Wen Xin, "Newly Discovered Chinese-Khotanese Bilingual Tallies", *Journal of Inner Asian Art and Archaeology*, III, ed. J. Lerner and L. Russel-Smith, 2009, pp. 99-118.

伊里喪宜爲于闐人的漢語譯名，他在開元十年八月二十八日交納給典何仙等官員小麥三碩貳斗。從木簡的形態來看，應該屬於較爲基層的納税憑證，其用漢文、于闐文書寫，納税者爲胡人，收税者爲漢人，顯示了開元年間唐朝的統治勢力已經不僅限於鎮守軍之内和毗沙都督府的上層，而是深入了于闐的基層胡人社會，並參與當地賦税的徵收。有了這樣深入的控制，精確瞭解當地人口纔有了必要和可能。

與此相關的是，《勘印曆》第11行載："牒毗沙府爲勘圖事。"毗沙府即毗沙都督府，都督例由于闐王兼。于闐鎮守軍牒毗沙都督府爲勘圖事，説明此勘圖活動由毗沙都督府負責。然而，毗沙都督/于闐王是于闐的最高行政機構，若此次"勘圖"是于闐本地範圍的活動，則不應由于闐鎮守軍牒文通知，而且，于闐本地使用于闐文，這一命令完全可以由于闐王以于闐文下發。"勘圖"事出現在漢文公文中，本身就暗示此事應該不是毗沙都督府轄下的活動，而應該來自層級更高的機構，這一點值得仔細討論。

辛德勇先生指出："'十道圖'、'十道録'之類都是朝廷綜合各州郡圖經而編製的總圖經——僅取文字部分，即成十道録之類；圖文並取，即成十道圖之類。"[1]龜兹、于闐、焉耆、疏勒出現在《天寶十道録》中，且有人口數的記載，其根據可能就是圖經。

《唐六典》卷五職方郎中條載：

凡地圖委州府三年一造，與板籍偕上省。

《勘印曆》中所記的"勘圖事"與此很接近。地圖的製作常常是在以前的地圖上修改，"勘圖事"的"勘"字，不指新製，而指勘合，用法正合，圖經即在此地圖的基礎上編纂[2]。值得注意的是，地圖是與版籍一起"上省"的，毗沙都督府受命勘圖，是否是與于闐本地的"版籍"一起，上交中央尚書省呢？參考《通典》和《天寶十道録》對於于闐人口的精確記録，以及上引榮新江先生的相關研究，不能不説，這種可能性是存在的。

上報人口、基層徵税、受命勘圖，凡此種種，都説明開天時期唐朝對安西四鎮所在的四個羈縻都督府的統治有加强的趨勢。而本文所論的《勘印曆》顯示，這種趨勢産生的主要原因之一，就是四鎮的大規模駐軍。

上引敦煌本《天寶十道録》編纂於開元二十三年至二十五年間，天寶元年至二年書寫[3]。《通典》所記爲天寶末年事。則在開元、天寶年間，唐朝在西域統治達到極盛之時，安西四鎮的總户口爲一萬稍多，人口六萬多。而長壽元年駐扎在四鎮的士兵就有三萬人，到了天寶初年還有兩萬四千[4]。而且，有跡象表明，這些駐四鎮的士兵，有攜帶家眷的情況[5]。這樣大量的漢人進入，使得安西四鎮胡漢人口結構發生急劇變化，其所在地的羈縻都督府形成一種不

1 辛德勇《唐代的地理學》，載李孝聰主編《唐代地域結構與運作空間》，上海辭書出版社，2003年，445頁。

2 辛德勇上引文，443頁。

3 布目潮渢、大野仁《唐開元末府州縣圖作成の試み——敦煌所出天寶初年書寫地志殘卷を中心に》，《唐宋時代の行政、經濟地圖の作制研究成果報告書》，1981年，39—64頁。

4 《資治通鑑》卷二一五天寶元年正月壬子條載："安西節度撫寧西域，統龜兹、焉耆、于闐、疏勒四鎮，治龜兹城，兵二萬四千。"(《資治通鑑》，中華書局，1956年，6847—6848頁)

5 參《唐建中三年（782）七月健兒馬令莊舉錢契》、《唐建中三年（782）閏正月行官霍昕悦便粟契》，分載沙知上引書下册314、318頁。

同於一般羈縻府州的的統治結構。正如張廣達先生所説："唐朝在天山南北、葱嶺東西設立羈縻州府，並立原來首領或國王爲刺史或都督，目的顯然在於使各自民族首領處理各自的民政。然而，自長壽以來，在各羈縻州府所在地又設統率漢軍兵馬的鎮守使。這就在設有當地民族的都督或刺史的地方，又有節度使派來的節度副使、鎮守使的存在。這樣，一些地方就出現了一種胡漢結合的軍政體制"[1]；王小甫先生也指出，駐軍與否是四鎮羈縻都督府與一般的羈縻府州之間最重要的區别[2]。

通過以上對本件文書的討論可以看出鎮守軍的存在如何具體影響羈縻府州運作：首先，龜兹—撥换—于闐的道路上有大量的唐朝公文往還，其中不但包含鎮守軍系統内的軍事性事務如"勘銅鉤事"、"請銅鐵事"，也一定包含其他的行政性事務。四鎮地區的守捉、鎮、堡等多設於交通要道，鎮防體系與交通體系重疊甚至合一[3]，這保證了交通的流暢，使得羈縻都督府與唐朝中央以及各都督府之間的聯繫加强；其次，唐朝軍事機構的存在使得唐朝對於當地胡人政權基層的控制成爲可能；再次，駐軍引起的人口結構變化又促進了當地文化與漢文化的交流[4]。

綜上，唐朝在開天時期對於四鎮羈縻都督府的控制已經相當深入，這是否暗示唐政府在四鎮統治形態的變化？四地的羈縻性質有何改變？這件新出文書提出的問題，值得我們進一步討論。

（原載沈衛榮主編《西域歷史語言研究集刊》第2輯，科學出版社，2009年，111—123頁）

1 張廣達《唐滅高昌國後的西州形勢》,《西域史地叢稿初編》，157—158頁。

2 王小甫先生將唐朝對西域的統治分爲三個層次，分别是伊、西、庭三州的州縣制；安西四鎮的羈縻制及安西四鎮外的其他羈縻府州。將後兩者分開的標準即是否有鎮守軍。(《唐·吐蕃·大食政治關係史》，北京大學出版社，1992年，7—9頁）

3 比如現藏德國柏林印度藝術博物館的《唐于闐諸館人馬給糧曆》中所記"神山已北四館"，應即處在神山堡往撥换守捉的道路上，而神山本身既是館又是堡，體現了鎮防體系與交通體系的關係。參榮新江《于闐在唐朝安西四鎮中的地位》，59頁；侯燦《麻札塔格古戍堡及其在絲綢之路上的重要位置》,《文物》1987年第3期，63—75頁。新出明鈔本《天聖令》卷二四《廄牧令》後附唐令第32條（宋家鈺先生復原爲唐開元《廄牧令》第31條）云："諸道須置驛者，每三十里置一驛。若地勢阻險及無水草處，隨便安置。其緣邊須依鎮戍者，不限里數。"（天一閣博物館、中國社會科學院歷史研究所天聖令整理課題組校證《天一閣藏明鈔本天聖令校證（附唐令復原研究）》，中華書局，2006年，403、518頁）令文提到驛在"緣邊須依鎮戍"，證實了在邊地鎮防體系與交通體系的合一。

4 參榮新江《關於唐宋時期中原文化對于闐影響的幾個問題》,《國學研究》第1卷，北京大學出版社，1993年，401—422頁。

新見唐代于闐地方軍鎮的官文書

榮新江

近年來，中國國家圖書館、中國人民大學博物館陸續獲得一些捐贈，主要是來自和田地區的漢文、于闐文、梵文、藏文文書。新發現的文書主要集中在坎城和傑謝地區，是各個不同等級官府之間的各種往來公文，爲我們瞭解唐朝鎮守軍的各級機構之間，它們與于闐王國各級地方行政部門之間的公文往來提供了信息。這裏舉幾件涉及處理預防吐蕃等敵對勢力入侵于闐的官府文書。

《唐某年三月十五日傑謝鎮知鎮官王子遊帖》（BH1-5）：

1 傑謝鎮　　帖都巡楊光武

2 　當界賊路等

3 　　右爲春初雪消山開，復恐外寇憑

4 　　陵，密來侵抄。帖至，仰當界賊路，

5 　　切加遠探候，勿失事宜。似有疎

6 　　失，軍令難捨，三月十五日帖。

7 　權知鎮官左武衛大將軍王子遊。

這是權知（臨時負責）傑謝鎮的鎮官、左武衛大將軍王子遊，給“都巡”楊光武的帖文，時間是某年的三月十五日。此時已經是季春時節，山雪融化，道路通行。爲了防止外寇前來侵擾，偷襲抄掠，王子遊下帖讓“都巡”楊光武，給所管當界内各條“賊路”上的軍事據點下令，派人到遠處探候，不得有失。如果有了疏失，那就軍法處置。

在唐代的政治運作中，節度使府、州縣乃至軍府、軍鎮等官署都曾廣泛使用“帖”這種下行文書來指揮公事。雷聞《唐代帖文的形態與運作》一文整理過有關帖的研究史[1]，這裏暫且借用他的總結：早在1960年，内藤乾吉就注意到吐魯番文書中的幾件帖文殘片，如大谷1038《唐西州天山府下校尉高堅隆團帖》等[2]；此後，唐長孺在解説《木蘭詩》中“昨夜見軍

1 《中國史研究》2010年第3期，89—116頁。

2 内藤乾吉《西域發見の唐代官文書の研究》，《西域文化研究》第三《敦煌吐魯番社會經濟資料》（下），法藏館，1960年，27—29頁。

帖”一語時，追溯了“帖”字的本意，並指出：“帖作爲一種文書形式在南北朝時罕見，而在唐代却普遍行用。”他還提示了吐魯番阿斯塔那出土的幾件初唐縣帖[1]。中村裕一也介紹了敦煌、吐魯番兩地出土的數件帖文，並簡要分析了兩地帖文在格式上的差異[2]。坂尻彰宏則討論了敦煌文書的牓文與“帖”的關係[3]。2007年，樊文禮、史秀蓮發表《唐代公牘文“帖”研究》一文[4]，雖未能注意到前人的研究，且對出土文書注意不够，但其將堂帖與府帖、州帖、縣帖結合起來討論，可謂頗具慧眼。2007—2008年，赤木崇敏利用敦煌吐魯番文書討論唐代前半期地方官府的文書行政時，對帖文也有所涉及[5]。2009年，荒川正晴又重點討論了新疆庫車、和田等地出土的唐代帖文原件，揭示羈縻制下帖文在物資徵發方面的功能[6]。

新出文書爲唐代公文書之一帖文在西域地區的行用，提供了又一例證。

更有進者，是帖文所説的事項，還可以繼續探索。中國人民大學博物館藏GXW0191號，有《唐傑謝鎮上守捉狀爲巡探事》如下：

1 傑謝鎮　　　　　　　　狀上

2 　當界賊路三月下旬

3 　　右得行官陳玉詮[等]貳人狀，稱：奉帖令至邊

4 　　界已來巡探，羅截□（得）知動静，迴日速報[者。謹]

5 　　依。至削計寧（？）已來，[探]候羅截，亦無動静。所領

6 　　筋脚，並平安□□，□□具狀録申守捉

7 　　聽裁者。謹録〔狀上。〕

8 牒 件 狀〔如 前，謹 牒。〕

9 　　　　　　　　　　　　　　　□[毛卜生] 牒

牒文中比較明顯的缺字，已推補如上。最後一行爲單獨碎片，不確定能否與本件綴合，“毛卜生”的讀法，是根據與此件關係密切的GXW0126號文書上的文字。

這件牒文是傑謝鎮向上級單位的報告，説明三月下旬探巡當界賊路情況。其中説到，接到行官陳玉詮等二人的狀報稱，接到帖令——應當就是上述《王子遊帖》或同類的帖文，要求到邊界地帶巡探。羅截是尋找等候之意，説的是在邊界地帶巡查守望，回來時迅速予以報告。陳玉詮等二人謹依帖文之令而行，遠至削計寧（？）以來各處賊路，偵察巡探，没有發

1 唐長孺《〈木蘭詩〉補證》，見《唐長孺社會文化史論叢》，武漢大學出版社，2001年，243—245頁。
2 中村裕一《唐代公文書研究》，汲古書院，1996年，143—145頁、262—265頁。
3 坂尻彰宏《敦煌牓文書考》，《東方學》第102輯，2001年，49—62頁。
4 樊文禮、史秀蓮《唐代公牘文“帖”研究》，《中國典籍與文化》2007年第4期，8—12頁。
5 赤木崇敏《歸義軍時代敦煌オアシスの税草徵發と文書行政》，《待兼山論叢》（史學篇）41號，2007年，27—53頁；《唐代前半期の地方文書行政——トゥルファン文書の檢討を通じて》，《史學雜誌》第117編第11號，2008年，75—102頁。
6 荒川正晴《唐代中央アジアにおける帖式文書の性格をめぐって》，土肥義和編《敦煌·吐魯番出土漢文文書の新研究》，東洋文庫，2009年，271—291頁。此文附録有《帖式文書一覽表》，收入了庫車、和田、吐魯番出土的帖文。

現什麼動静。其所率領的人馬（筋脚，筋代指馬，脚代指人[1]），也都平安無事。傑謝鎮將陳玉詮等人狀文録下，申報給上級守捉，聽取裁決，聽候下一步如何做的指示。文書上有印痕，是正式的官文書。

從内容上看，這件牒文所録的陳玉詮等人的狀，説的就是接到上述王子遊帖文命令後的行動。這個羅截探候的結果，由傑謝鎮再上報到上一級的守捉那裏。這個守捉，很可能是坎城守捉，也就是距離傑謝最近的上一級軍事單位。

以上兩件都未及年代，中國人民大學博物館藏GXW0171+GXW0126號《唐大曆十年（775）四月兵曹典成公暉牒》或許與上面的帖文、牒狀有關，其文字如下：

1 兵曹

2 　當界諸賊路堡鋪等

3 牒奉處分：訪聞焉耆賊軍未解，吐蕃寄情[2]，慮

4 有曜兵，密來此界劫掠。事須散牒所由，切加提

5 撕，以備不虞。謹以牒陳，謹牒。

6 　　　　　　大曆十年四月　日典成公暉牒

7 　　　　十三日□行□

（後缺）

這裏的“兵曹”，可能是于闐軍的兵曹，也可能是節度副使屬下的兵曹。“兵曹”下面省略了收件者的名稱。兵曹的典（吏人）成公暉牒文的主題是關於所管界内各處賊路上的堡、鋪等機構，兵曹奉上級吩咐，因爲打聽到敵人軍隊尚未解焉耆之圍，吐蕃對塔里木盆地南緣的于闐也寄有期望，所以于闐方面考慮到吐蕃可能會有“曜兵”[3]，偷偷來到于闐界内劫掠。此事應當分散告之當界賊路上的堡、鋪等機構的責任者（所由小吏），讓他們務必加以提防，以備不虞。時間是大曆十年四月，時間上似留存有朱印痕記，據後面官員判詞的時間，是四月十三日[4]。

按，上面兩件文書説到某年三月，于闐還没有發現賊人的蹤跡。這件文書透露出大曆十年（775）四月時，于闐北境有了敵情。一方面是焉耆被賊軍包圍，一方面是吐蕃有可能來偷襲于闐。漢文史料所記焉耆龍姓王朝的最後一王，是《悟空行記》提到的龍如林[5]，時在788年前後。此前焉耆地區没有什麼特别的戰事，大曆十年時吐蕃尚在河西走廊征戰，十一年攻克瓜州，並進圍沙州，但一直没有强攻，直到貞元二年（786）纔迫使沙州投降。吐蕃

1 畢波《和田新發現漢語、胡語文書所見“筋脚”考》，榮新江、朱玉麒主編《西域考古·史地·語言研究新視野——黄文弼與中瑞西北科學考查團國際學術研討會論文集》，科學出版社，2014年，339—347頁。

2 “寄”字不敢確定，或釋爲“多”。“多情”二字也頗難理解，或言“性情多變”。

3 “曜兵”，或言即“耀兵”。按，古文中常見“曜兵”，惟多作動詞，指炫耀兵力。

4 類似文書的相關研究，參見李吟屏《發現於新疆策勒縣的唐代漢文文書殘頁考釋及研究》，《西域研究》2009年第2期，76—82頁。

5 《悟空入竺記》，《大正新修大藏經》卷五一，大藏出版株式會社，1928年，980頁。

軍隊由此向西，貞元六年（790）曾一度佔領北庭，但經過拉鋸戰，最終被回鶻擊敗[1]。吐蕃軍隊一路向西，纔有可能與焉耆接觸。因此，大曆十年時圍焉耆的賊軍，似乎不是吐蕃。這也説明，吐蕃之進入于闐的道路，仍不排除從東面的石城（若羌）、且末而來，因此于闐所要防備的賊路，多在東面一綫。本文書可能是于闐軍的兵曹發給坎城守捉下轄的"當界諸賊路堡鋪等"。從時間上講，這件《成公暉牒》無論和上述《王子遊帖》、《唐傑謝鎮上守捉狀爲巡探事》是否一組文書，它們都是傑謝鎮保留的官府文書。

此外，還有一些相關文書斷片，也抄録如下。中國人民大學博物館藏GXW0126《毛卜生牒》：

1 〔傑〕謝鎮

2 　當界賊路四月十□

3 　　右件[2]押官□

4 　　羅截並□□請

5 　　處分□上

6 　牒件狀〔如前，謹狀。〕

7 　　　□

8 　　　　□□（衛）率毛卜生牒

9 　□□□□

（後缺）

這是由六個殘片拼成的文書，有些部分還不太能够確定。如果這個綴合文書可以成立，則這個牒文應當是傑謝鎮在接到上級通報後，對下轄單位的轉達，稱四月十幾日，于闐界内賊路需要加强巡探，以下殘缺過甚，大概是如有違示，軍法處置一類的話。

另外，相關的文書殘片還有中國人民大學博物館藏GXW0083《唐殘帖》：

1 帖傑謝賊路行官□□

2 　右檢上件□

（後缺）

這裏提到傑謝地區賊路負責巡探的人員行官，和上面《唐傑謝鎮上守捉狀爲巡探事》中引録的行官狀文相呼應。

中國人民大學博物館藏GXW0223《唐殘牒爲吐蕃事》：

1 　　　□□

2 　吐蕃賊五十騎□

3 牒被都守捉□

1 森安孝夫《增補：ウィグルと吐蕃の北庭争奪戰及びその後の西域情勢について》，流沙海西奬學會編《亞洲文化史論叢》3，山川出版社，1979年，226—299頁；T. Moriyasu, "Qui des Ouigours ou des Tibetains ont gagne en 789-792 à Bes-baliq? ", *Journal Asiatique*, 269, 1981, pp. 193-205。

2 此二字被墨漬所蓋。

4 □表收狀稱□

5 □□□□□

表明吐蕃賊軍的到來，總共五十騎。文書發文單位不明，但文書中提到“都守捉”，應當是傑謝鎮上級坎城守捉的更上級，因此發文單位很可能是較之級别稍高的機構。在提到“五十騎”處有紅色印章殘跡，第一個字爲“毗”，印文可能是“毗沙都督府之印”，則此或爲毗沙都督府給都守捉發的行文。文書時間當在四月下旬，其時已經偵探到吐蕃賊軍有五十騎兵。

在上引和田出土的于闐軍鎮之間或地方羈縻州官府與唐朝駐守軍之間的往來文書中，可以看出有些用詞並非一般的詞彙，而是唐朝官文書中特有的用詞，這裏舉兩個例子。

1. “賊路”

《通典》卷一五七《兵典》一〇記：

> 諸軍馬擬停三五日，即須去軍一二百里以來，安置爟烽，如有動静，舉烽相報。其烽並於賊路左側逐要置，每二十里置一烽應接，令遣到軍。其遊弈馬騎，晝日遊弈候視，至暮速作食，喫訖，即移十里外止宿，慮防賊徒暮間見烟火，夜深掩襲捉將。其賊路左右草中，著人止宿，以聽賊徒，如覺來，報烽烟家，舉烽遞報軍司：如覺十騎以上，五十騎以下，即放一炬火，前烽應訖，即滅火；若一百騎以上，二百騎以下，即放兩炬火，準前應滅；賊若五百騎以上，五千騎以下同，即放三炬火，準前應滅。前烽應訖，即赴軍，若慮走不到軍，即且投山谷，逐空方可赴軍。如以次烽候視不覺，其舉火之烽即須差人，急走告知。賊路既置爟烽，軍内即須應接。又置一都烽，應接四山諸烽。其都烽如見烟火，急報大總管，云“某道烟火起”，大總管當須嚴備，收拾畜生，遣人遠探。每烽令别奏一人押，一道烽令折衝、果毅一人都押。[1]

這裏雖然是講行軍中軍馬停駐時的安排，邊防地區直面賊衆，當地的軍鎮守捉烽燧也同樣要在賊路佈防，方式應當與此一致，規定十分仔細，于闐地區位於沙漠地帶，不一定都有烽燧，但走報、應接的方式應當是一樣的。顯然，“賊路”不是普通的道路，而是指賊人可能前來偷襲的道路。

《通典》卷一五二《兵典》五記：

> 土河，於山口賊路，横斷道，鑿闊二丈，深二尺，以細沙散土填平，每日檢行，掃令淨平，人馬入境，即知足跡多少。[2]

土河是一種防禦設施，也是設置在山口賊路，就是在山口賊路經過的地方，挖一個寬二丈，深二尺的坑，用細沙土填平，如果有人馬經過，可以看足跡情形，推測隊伍的多少。這和《王子遊帖》説到“雪消山開”，要在“當界賊路”加以遠探，正相符合。

2. “巡探”、“探候”

《通典》卷一五七《兵典》一〇又云：

---

1 《通典》卷一五七，中華書局，1986年，4029—4030頁。

2 《通典》卷一五二，3901頁。

諸軍營隊伍，每夜分更，令人巡探。人不得高聲唱號，行者敲弓一下，坐者扣三下，方擲軍號，以相應會。當營界探，周而復始。擲號錯失，便即決罰。當軍折衝、果毅，並押鋪宿，盡更巡探，遞相分付；虞候及中軍官人，通探都巡。[1]

這是講行軍隊伍在夜裏扎營時，要有人分更巡探，圍繞軍營巡探，周而復始。進入到節度使體制下的鎮軍時期，像于闐周邊的軍鎮、守捉，夜裏也是要有巡探。而且遇到非和平時期，白天也要派人出巡賊路，往遠處探候。

《册府元龜》卷九九二《外臣部·備禦門》還有一個具體制書保存下來：

（開元）十六年（728）三月丁未制曰："隴右河西，地接邊寇。雖令團練士卒，終須常戒不虞。如聞吐蕃尚聚青海，宜令蕭嵩、張志亮等審察事勢，倍加防禦，當須畜鋭，以逸待勞。其當賊路，其要害軍縣處，須量加兵馬，任逐便通融處置。仍揀擇有幹略人檢校，明爲探候，動静須知。主將已下，若捉搦用心事無不理者，當加重賞，如廢官慢盜式遏乖所者，必寘嚴憲。仍曉示，使各勉職，以副所委。"[2]

于闐所處的西域地區，與隴右、河西一樣，都是地接邊寇的。所以要在正當賊路之處，增加兵馬，以探候敵方動静。如果有任何疏漏，則當重罰。雖然是從朝廷下達的制書，但涉及到具體的防範措施，就是於賊路探候，這和上引于闐出土文書所見到的情形一致。

《武經總要》卷一五《行軍約束》稱：

凡探候得賊事宜，并與鄰道主將密相關報。[3]

這説明探候如果偵查到敵人的情形，還需要立刻向相鄰地區的主將通報，以便協同對敵。

由此也可以知道，于闐文書中的"巡探"、"探候"這些詞彙，是唐朝官府文書中包含確切含義的用詞，其背後隱含着一系列的制度運作。

唐朝對於賊路巡探的規定，我們曾經在吐魯番出土文書中見到鮮活的例子。比如唐開元二年（714）西州蒲昌府文書中，就有很多"長探"的記載，即長期擔任探候的人[4]。美國普林斯頓大學葛思德圖書館藏《唐西州高昌縣下武城城牒爲賊至泥嶺事》，提供一個典型的例子：

（前缺）

1 高昌縣　　　牒武城城

2 牒：今日夜三更，得天山縣五日午時狀稱：得曷畔戍主張長年

3 等狀稱：今月四日夜黄昏得探人張父師、侯君洛等二人口云：

4 被差往鷹娑已來探賊，三日辰時行至泥嶺浴（谷）口，遥見山頭

5 兩處有望子。父師等即入柳林裏藏身，更近看，始知是人，見兩

6 處山頭上下，始知是賊。至夜黄昏，君洛等即上山頭望火，不見

7 火，不知賊多少。既得此委，不敢不報者。張父師等既是望子，

---

1 《通典》卷一五七，4031—4032頁。

2 王欽若等編《宋本册府元龜》，中華書局影印，1989年，4000頁下—4001頁上。

3 曾公亮、丁度撰《武經總要》卷一五，《中國兵書集成》3，解放軍出版社、遼瀋書社，1988年，758頁。

4 日比野丈夫《唐代蒲昌府文書の研究》，《東方學報》（京都）第33册，1963年，267—314頁。

（後缺）[1]

文書上鈐有“高昌縣之印”。陳國燦據文書中“張父師”名與其他文書印證，推測本文書寫成於顯慶元年（656）十二月之前不久。這件文書形象地描述了探候人員探賊的經過，與上述《通典》所記制度規定，一一暗合。

本文介紹了幾件和田地區新出土的8世紀下半葉于闐地方軍鎮往來的文書，我們從中可以得知在處理地方軍情時，從唐朝駐守軍的最高機構于闐軍向下級發送公文的綫索：

于闐軍——都守捉——（坎城）守捉——

（傑謝）鎮——都巡、堡鋪押官——行官、探子

通過這樣的系統，唐朝鎮守軍的政治命令得以層層下達。

從現存的于闐地方由上而下的官文書來看，不僅牒狀、帖文的文書格式與敦煌、吐魯番保存的唐朝正式州縣官府文書完全一致，而且用詞也都相同，表明于闐當地雖然是西域胡國，但與中原政權運作密切相關的軍政系統文書已經“唐朝化”，與中原内地幾無區别。

更進一步來看，本文所集中討論的有關賊路、探候的幾件文書表明，于闐軍鎮系統的一套防禦體制和做法，完全是按照唐朝制度和令敕文書的規定來運作的，因此，至少從8世紀中葉開始，于闐當地不僅文書表達的格式、用詞已經“唐朝化”，其内涵也和唐朝内地是一致的。

由於目前見到的于闐語和漢語雙語文書較少，我們不清楚透過這些制度而行使的政治權力是否也達到當地的土著居民，Hedin 24是難得的雙語文書，是毗沙都督府某個官衙的典發送給六城地區相關吏人（所由）的牒[2]，這似乎透露出，在唐朝統治于闐的最後年歲裏，這種文書制度及其承載的政治權力已經滲透到了于闐的地方社會。

附記：祝總斌先生是我們1978年入學後北大魏晉南北朝史的中堅，亦曾撰寫《高昌官府文書雜考》一文，支持剛剛成立的中國古代史研究中心，文載中心編《敦煌吐魯番文獻研究論集》第2輯，北京大學出版社，1983年，465—501頁；收入祝總斌《材不材齋史學叢稿》，中華書局，2009年，407—436頁。這篇大文以雄厚的傳世文獻爲基礎，對吐魯番出土文書中的高昌郡、高昌國時期的幾種官府文書做了透徹的解説，是研究高昌官文書的開拓之作，對於敦煌吐魯番官文書的研究，具有指導性的意義。筆者曾捧讀再三，獲益匪淺。今奉祝先生九十大壽，謹以唐朝官府文書爲題，奉獻小文一篇，感謝先生教導之恩。

（原載北京大學歷史學系、北京大學中國古代史研究中心編《祝總斌先生九十華誕頌壽論文集》，中華書局，2020年，366—378頁，收入本書時有修訂。）

---

1 J. O. Bullitt, “Princeton’s Manuscript Fragments from Tun-Huang”, *The Gest Library Journal*, III.1-2, 1989, p. 17, pl. 9；陳國燦《美國普林斯頓所藏幾件吐魯番出土文書跋》，《魏晉南北朝隋唐史資料》第15輯，武漢大學出版社，1997年，109—112頁。

2 榮新江《漢語—于闐語雙語文書的歷史學考察》，新疆吐魯番學研究院編《語言背後的歷史——西域古典語言學高峰論壇論文集》，上海古籍出版社，2012年，20—21頁。

于闐國“六城”（*kṣa au*）新考

文 欣

研究古于闐國史，其地理的研究是不能忽視的方面。根據傳世史料我們可以大致勾勒于闐國疆域的盈縮變遷，但是對於于闐國内部的地理，尤其是地方行政的情況，則主要只能依靠出土文獻來構建。本文即擬對于闐國史上的一個著名地名“六城（于闐語*kṣa au*[1]）”作一解説。由於現存和田地區出土的于闐語、漢語世俗文書中的很大部分實際上都是來自“六城”地區，對於這個重要地理概念的分析，能够增加我們對於于闐國地方行政的認識，並爲進一步研究古于闐國社會的各方面提供必要的基礎。唐代的于闐國是絲綢之路南道西部的大國，疆域甚爲遼闊。但我們所掌握的材料，却主要來自于闐東部和北部的幾個較小的區域内。本文限於對“六城”的討論，而除此之外，Phema即坎城守捉和麻札塔格（Mazar Tagh）即神山（于闐語Gara）都在出土文書中大量出現，其地理位置、行政建制和相互關係同樣需要進一步研究[2]，這樣纔能期望得到對於古于闐國地方行政地理情況較爲全面的認識。

一、關於“六城”的研究史

在近代，和田地區本有“六城”之説，徐松《西域水道記》中就記載：“（和闐）地有六城，曰額里齊，曰哈喇哈什，曰玉隴哈什，曰克勒底雅，曰齊爾拉，曰塔克。”[3]自從霍恩雷

---

1 這裏引用的*kṣa au*是晚期于闐語形式。*kṣa*（六）的早期于闐語形式是*kṣata*，而*au*的早期于闐語形式是*āvū*。所以*kṣa au*的早期于闐語形式應該是**kṣata āvū*。但是由於這個短語僅出現於和田出土的世俗文書中，而這些文書的語言已經發展到晚期于闐語（或者如P. O. Skjærvø所説的“中期于闐語”形式，參“Khotan, An Early Center of Buddhism in Chinese Turkestan”, *Collection of Essays 1993. Buddhism across Boundaries - Chinese Buddhism and the Western Regions*, eds. E. Züricher, L. Sander et al., Taiwan, 1999, pp. 287-288, n. 39.），設想中的這個短語的早期于闐語形式從未真正出現過，因此本文討論時直接引用其晚期于闐語形式。

2 對於這兩個地點的初步研究，見筆者《中古時期于闐國政治制度研究》，北京大學歷史學系碩士論文，2008年，90—95頁。

3 徐松著，朱玉麒整理《西域水道記（外二種）》，中華書局，2005年，66頁。

(A. F. R. Hoernle)刊佈馬繼業(G. Macartney)得自和田丹丹烏里克遺址的漢文文書以來[1],文書中出現的"六城"一詞就得到了學者的重視。由於近代"六城"之説的影響,最初這個詞被視爲指稱整個于闐地區[2]。在討論Hedin雙語文書的漢文部分之時,霍古達(G. Haloun)首先指出"六城"首長爲刺史,其級别應該是一個州[3]。這糾正了以往對於"六城"和近代記載聯繫的錯誤,是理解"六城"含義的重要進步。1987年,張廣達、榮新江兩位先生在《〈唐大曆三年三月典成銑牒〉跋》一文中[4],首次對六城中的每個城都作出了具體的比定,他們的結論是進一步研究的重要基礎,以下列表説明:

表1:"六城"的組成(張廣達、榮新江)

語言	于闐文	漢文	藏文
1	Cira	質邏	Ji-la
2	Phema	媲摩＝坎城	Kam-śeṅ
3	Phaṃña	潘野	Pho-ña
4	Birgaṃdara		Be-rga-hdra
5	Āskvīra		'O-rgu

1992年,李吟屏在張廣達、榮新江的基礎上進一步辨析了唐代和近代和田"六城"概念的區别[5]。1994年,沃洛比耶娃-捷夏托夫斯卡婭(M. I. Vorobyova-Desyatovskaya)發表專文研究"六城"問題[6]。她廣泛收集于闐語文書中相關的記載,對於"六城"的構成、規模及其與其他于闐語文書中常見地名的關係做了詳細的研究。文章認爲"六城"和Cira爲同一地區,而"六城"和傑謝(Gaysāta)則是不同地區,在此基礎上,她進一步論證"六城"即Cira是一個較小的緑洲,應該包括Phaṃnā、Tcina、Pa'、Viṃgūla、Jīvva和Ysāda六地。但是,英藏《唐大曆十六年(781)二月六城傑謝百姓思略牒》文書中明確提到"六城傑謝百姓思□"[7],"思□(略)"即Sīḍaka自稱來自"六城傑謝",這毫無疑問證明了傑謝是"六城"的一部分,而"六城"當然也不僅指質邏。而且她認爲Hedin 16號文書中提到Cirāṃ Naṃdaka(Cira人Naṃdaka),Hedin 19號提到Cira Haskdarmä兩人,根據Or.11252/2

1 A. F. R. Hoernle, "A Report on the British Collection of Antiquities from Central Asia, Part II", *JASB* LXX.1 (1901), Extra No.1, pp. 22-24, pl. III.

2 É Chavannes, "Chinese Documents from the Sites of Dandān-uiliq, Niya and Endere", Appendix A to *Ancient Khotan*, Oxford, 1907, p. 522, n.5.

3 H. W. Bailey, *Khotanese Texts, IV: Saka Texts from Khotan in the Hedin Collection*, 1st ed., Cambridge, 1961; repr. 1979, p. 177.

4 此文首先用法文發表,見"Sur un manuscrit chinois découvert à Cira près de Khotan", *Cahiers d'Extrême-Asie* 3, 1987, pp. 77-92. 中文本見《〈唐大曆三年三月典成銑牒〉跋》,《新疆社會科學》1988年第1期,60—69頁;此據作者《于闐史叢考》,上海書店出版社,1993年,143—144頁。

5 李吟屏《關於和田的"六城"》,《新疆文物》1992年第3期,94轉89頁。

6 M. I. Vorobyova-Desyatovskaya, "Топоним'Шесть деревень' по хотаносакским деловым документам I тыс. н. э. из Восточного Туркестана", *Петербургское востоковедение* 6, 1994, pp. 395-414; 英文本見"The Toponym 'Six Villages' according to Khotanese Business Documents", *La Persia e l'Asia centrale. Da Alessandro al X secolo*, Roma, 1996, pp. 171-178. 此處討論據其英文本。

7 Or.8210/S.5864《唐大曆十六年(781)二月六城傑謝百姓思略牒》,載沙知、吴芳思(F. Wood)編《斯坦因第三次中亞考古所獲漢文文獻(非佛經部分)》第2册,上海辭書出版社,2005年,313頁。

號文書，其中的Naṃdaka來自Birgaṃdara地區的Mattiśkā地方，而Haskadarmi來自Vīmgula地方，因此“Cira不是一個單獨的村名，而是表示一個綠洲或地區”[1]。然而于闐語文書中人名數量很多，如果没有其他堅實的理由，就不能僅依靠名字相同而比定爲一人。而且，即便這種比定是正確的，那麽説明Birgaṃdara地區的Mattiśkā地方應該屬於Cira即六城之中，爲何她所確定的“六城”又不包括此地呢？因此她論證的基礎，即將“六城”與質邏（Cira）比定，而將“六城”與傑謝（Gaysāta）視爲不同地區是不能成立的。雖然沃洛比耶娃-捷夏托夫斯卡婭文中也提出了一些有見地的看法，比如她特别强調Phema是一個被稱作*kanthā*（城）的區域，因而不會是六個*au*之一，但她的論證過程還存在很多問題，對此熊本裕先生有很全面詳細的反駁（見下）。總之，她對於六城的比定，以及在這種比定基礎上做出的種種推論是難以成立的。

熊本裕在他對於和田出土的于闐語世俗文書的概觀性研究中，專闢一節討論“六城”問題[2]。他對沃洛比耶娃-捷夏托夫斯卡婭的研究提出了强烈的批評，認爲她完全忽視了與于闐文文書同時出土的重要的漢文文書，而且她對于闐文文書的解讀也存在很大的問題。同時，他也認爲張廣達、榮新江的看法是没有經過具體論證的。但是他自己却没有提出新的見解，而是對這個問題的討論作出了類似方法論上的質疑[3]：

> 欲一一坐實如片治肯特（Penjikent）或别失八里（Bišbalïq）這樣古老的地名注定是徒勞的。需要指出的是，“六城（*kṣvā auvā*）”常常作爲整體出現，然而*au*（晚期于闐語形式）的稱號從未和Birgaṃdara、Gaysāta、Āskūra和沃洛比耶娃-捷夏托夫斯卡婭指爲“六城”的地名連用，也没有被用來指稱這些地名。這可能説明這一稱號在當時已經不再具體指六個地名的集合了。

熊本裕審慎的態度無疑是值得重視的，他在這篇文章中提出的很多觀點也是可取的。但是，在這段討論中，有明顯的錯漏之處，使得他的結論難以成立。熊本裕將六城和片治肯特及别失八里比較，但是没有任何證據可以證明六城是一個非常古老的名詞，這完全是他的推測。從現有文書來看，一般認爲時間較早的幾件于闐語木函文書中没有出現*kṣa au*（六城）的説法，雖然其事務常常涉及的就是同一地區[4]。這很可能説明這時“六城”的説法還没有出現或者没有得到廣泛的使用。另一方面，吐蕃統治于闐時期，雖然和田當地于闐語文書中還有使用*kṣa au*的例子，但同一地區出土的藏文文書中却没有對應于闐語、漢語“六城”的詞彙出

1 Vorobyova-Desyatovskaya, “The Toponym ‘Six Villages’ according to Khotanese Business Documents”, p. 173.

2 H. Kumamoto, “The Khotanese Documents from the Khotan Area, with an Appendix by Saito, Tatuya”, *Memoires of the Research Department of the Toyo Bunko*, 54, 1996, pp. 43-50.

3 *Ibid.*, p. 48.

4 參Or.9268a (P. O. Skjærvø, *Khotanese Manuscripts from Chinese Turkestan in the British Library. A complete catalogue with Texts and Translations*, with contribution by U. Sims-Williams, British Library Publishing, 2002, corrected repr. 2003, pp. 66-68), Or.9268b (*ibid.*, pp. 68-69), IOL Khot Wood 1 (*ibid.*, pp. 557-559), R. E. Emmerick, “A New Khotanese Document from China”, *Studia Iranica* 13:2, 1984, pp. 193-198 + pl. XIV；段晴、王炳華《新疆新出土于闐文木牘文書研究》，《敦煌吐魯番研究》第2卷，北京大學出版社，1997年，1—12頁。

現[1]，而敦煌出土的大致屬於于闐國重新獨立以後時期的于闐語文書中也没有使用“六城”的例子。也就是説，現有的出現六城的文書時間集中在唐朝統治時期到吐蕃統治前期。而且在吐蕃統治時期，似乎也只是于闐人還沿用這個名稱。值得注意的是，可能屬於六城的幾個個别的地名都借入藏語文書，但是作爲集體名詞的“六城”一詞却迄未發現。這似乎暗示“六城”的稱呼大概是在唐朝統治時期開始出現，在吐蕃統治時期逐漸失去意義，最終不再被使用了。

另外，熊本裕認爲*au*的稱號從未和Birgaṃdara、Gaysāta、Āskūra和沃洛比耶娃-捷夏托夫斯卡婭指爲“六城”的地名連用，也是不能成立的。在英藏Or.9268a號文書中，我們就看到了*birgaṃdara auva*的例子，確切無疑地説明Birgaṃdara一地應爲*au*[2]。而在中國國家圖書館新近收藏的一件木函文書中，首次出現了*gayseta auva*（在Gaysāta au之中）的記載[3]，可見，著名的Gaysāta即傑謝（丹丹烏里克）也是一個*au*。

最近，吉田豊先生對“六城”問題提出了新的看法，在總結了前人的相關討論之後，他説：“關於這一點，很有趣的是Дx.01461，根據最近發表的原文轉寫，在Āskuīra的Sīgū命令手下Birgamdara、Pa'、Phanya、Gaysāta的*spāta*和*pharṣa*他們來‘這裏’，即Āskuīra。這五個地名加上有名的Cira（質邏）的話，確實是六個村。我認爲Cira作爲六城地區的首府設有官衙，而且有從中央派遣的知事級別的官僚。‘六城質羅’或‘質羅六城’這些表現形式，是否與Cira作爲首府有關。作爲六個村的名録，近於張廣達、榮新江的名録，但不包括Phema。Phema通常稱爲*kaṃtha*‘城郭，町’，似乎是破格的待遇。這六個是否構成‘六城’的‘六’呢?”[4]吉田豊的看法很有見地，他通過俄藏的Дx.01461號文書看出這幾個地方都

1 對此有一條史料需要澄清。M.Tagh b.i. 0048號藏文木簡背面第二欄文曰（轉寫引自王堯、陳踐《吐蕃簡牘綜録》，文物出版社，1986年，133號，B2）：

1. mkhar pa drugi ded sna / li khrom seng de

2. la gthad

3. mchis na nya zho ba srang（此行倒書）

托瑪斯（F. W. Thomas）譯作“Sent to the Khotanī Khom(Khrom ? Khos ?)-śe-dad as chief of the six city-officers (or men). Is in the street Ba-zho-ña”（*Tibetan Literary Texts and Documents concerning Chinese Turkestan*, *Part II: Documents* (Oriental Translation Fund, New Series XXXVII), 1951, London, p. 168），其中*mkhar pa dru*譯作six city-officers (or men)，是指六位城裏的官人（或人），而非“六城”；王堯、陳踐在《吐番簡牘綜録》中譯作“卡爾巴六個（斥候）的交接牌交與于闐人沖木桑，在商瓦曉聶地方”（48頁）。可見，雖然兩家在這件文書翻譯中多有不同看法，但他們均將此處*mkhar pa dru*視爲六個人，而非“六城”的地名。劉忠、楊銘兩位先生對托瑪斯書的漢譯本《敦煌西域古藏文社會歷史文獻》（民族出版社，2003年）中譯作“送六城（Mkhar-pa-dru）頭目（或男子）于闐人孔謝得。由巴雪列（Ba-zho-nya）街區發出”，把托瑪斯英譯中的chief of the six city-officers（六個城官之首）理解成了“六城首領”，似乎有所偏差。

2 *Khotanese Manuscripts from Chinese Turkestan in the British Library*, p. 67.

3 見段晴《于闐語高僧買奴契約》，《敦煌吐魯番研究》第11卷，上海古籍出版社，2009年，11—27頁。

4 吉田豊《コータン出土8—9世紀のコータン語世俗文書に關する覺え書き》（神户市外國語大學研究叢書第38册（2005）），神户市外國語大學外國學研究所，2006年，47—48頁，注66。漢譯文引自吉田豊著、廣中智之譯、榮新江校《有關和田出土8—9世紀于闐語世俗文書的札記（一）》，《敦煌吐魯番研究》第11卷，上海古籍出版社，2009年，177頁。

有*spāta*和*pharṣa*官[1]，應該是屬於同一等級，進而推測Birgamdara、Pa'、Phanya、Gaysāta、Āskuīra和Cira一起組成所謂“六城”。但是由於他的這個觀點只是在注釋中順帶提出，未及充分的論證，而且他也謙虛地認爲“漢文史料的‘六城’與于闐語的對應詞*kṣa auve*指什麼地方的問題，並未解決”[2]。因此吉田豊的看法也還需要進一步證實。筆者下文對這個問題進行比較詳細的討論，最終的結論證實了吉田豊所提示的觀點，並對其做出了補充。

二、“六城”的構成

從其本意上來説，“六城”地名的出現，即將六個不同地區合稱的行爲，其背後一定暗示某種劃分行政區的歷史進程。而如上文所述，筆者認爲“六城”這個詞不是如熊本裕認爲的那樣是一個古老而漸漸失去本來含義的地名，而很可能在唐朝統治時期纔出現。在唐朝統治于闐的時期，我們確實看到了重新劃分行政區的行爲：

《新唐書》卷四三下《地理志》載毗沙都督府“本于闐國，貞觀二十二年（648）内附，初置州五，高宗上元二年（675）置府，析州爲十”[3]。這條史料記載貞觀内附時即分爲五州，榮新江先生對此提出了質疑[4]，但是上元時分爲十州，則没有疑問。可見，唐朝對于闐國進行羈縻統治的一個重要措施，就是將于闐國本身的行政地理按照唐朝的制度重新組合。那麼“六城”名稱的出現，是否即是這種重新組合的結果呢？

在M. 9. a/Or. 6405號文書中，我們看到“六城質邏刺史阿摩支尉遲信”的稱號，這説明如霍古達早已指出的，在漢語官文書的語境裏，六城是一個“州”。這裏尉遲信名字的“信”字書寫得較爲潦草，張廣達、榮新江兩位先生推測其爲“信”字。現在，中國國家圖

1 這件文書的全文及譯文如下（見H. Kumamoto, “Sino-Hvatanica Petersburgensia II”. 文章來自熊本的網站，網址是http://www.gengo.l.u-tokyo.ac.jp/~hkum）：

1. || sīgū tta parī ---- birgaṃdara pa' phanya gayseta spāte pharṣe vara khu tta ra pīḍaki hīṣṭä ttinī

2. vā bvaittä mara āskuīra hiysda himīrau

譯文：

1. Sīgū下令：Birgaṃdara、Pa'、Phaṃnā、Gaysāta處的薩波、破沙，當此文書到達之時，

2. 速騎乘來此Āskura之處。

2 吉田豊《コータン出土8—9世紀のコータン語世俗文書に關する覺え書き》，40頁。

3 《新唐書》，中華書局，1975年，1134頁。

4 榮新江《關於唐宋時期中原文化對于闐影響的幾個問題》，《國學研究》第1卷，北京大學出版社，1993年，417頁注9。榮先生懷疑兩《唐書·地理志》的記載有誤，是有根據的。但是筆者認爲，中華書局本此處的標點可能有誤。我們對比兩《唐書》的記載，《舊唐書·地理志》作“其王伏闍信，貞觀二十二年入朝。上元二年正月，置毗沙都督府，初管蕃州五。上元元年，分爲十。在安西都護府西南二千里”（中華書局，1975年，1648頁）；《新唐書》如本文正文所引。這樣標點，不僅兩《唐書》記載不一致，《舊唐書》本身也自相矛盾。筆者認爲，《舊唐書》此處應點作“上元二年正月，置毗沙都督府。初管蕃州五，上元元年，分爲十”；《新唐書》應作“貞觀二十二年内附。初置州五，高宗上元二年置府，析州爲十”。也就是説，“初管蕃州五”和“初置州五”都是在提及上元時期分十州時追述的語句，應從下文而不能從上文。這樣，兩者間的矛盾就僅僅是《舊唐書》將分十州的時間放在上元元年，而《新唐書》則將置毗沙府分十州都放在上元二年。根據《舊唐書·高宗本紀》和《資治通鑑》，改于闐國爲毗沙都督府並分之爲十州的時間在上元二年正月，一件這樣規模較大的行政事務需要較長時間完成，因此分十州的命令可能在上一年底已經下達了，所以《舊唐書》將其視作上元元年事。而《新唐書》在修訂這條記載時，大概受了《舊唐書·高宗本紀》的影響，將置毗沙府、分十州視爲同一事務的兩個部分，就都記載在上元二年了。

書館新入藏的一批和田出土的漢文文書中出現了“六城刺史信”的記載，證實了兩位先生的解讀，也進一步證明了六城的行政級别爲州級。從邏輯上來講，集合名稱“六城”會作爲地名出現，一定是因爲本來就有六個較小的區域，而且若無特殊原因，本來也没有必要將六個各有其名的地區合稱“六城”。若如熊本裕所説，則“六城”的名稱反而比屬於這個區域的六個城的名稱還要古老，這是難以理解的。所以，“六城”一詞的出現，是和唐朝在于闐國的羈縻統治緊密相關的。當唐朝將于闐國劃分爲若干州時[1]，將原有的六個較小的地區合併起來作爲一個州，稱爲“六城州”。只有在這樣的歷史背景之下，我們纔能對“六城”作出正確的理解。

當然，即便知道了“六城”名稱出現的原因，探索六城具體的組成却還是存在困難。于闐語世俗文書中出現了大量的地名，必然屬於不同的等級，如何在這些地名中找到這六個地名呢？顯然，在對于闐國行政層級没有正確的認識之前，要得到恰當的結論是困難的。2007年11月4日，北京大學段晴教授提交給第三届“北京論壇”的一篇論文，爲解決這個問題提供了綫索[2]。段晴先生通過對一件中國國家圖書館藏漢語于闐語雙語文書的解讀，發現在于闐文中一般認爲表示“家”的*bisā*一詞，有另一層含義，即對應於漢語的“村”。在這個新發現的啓發下，榮新江教授和筆者在研究國家圖書館藏的一批漢語于闐語雙語木簡時，初步建立了于闐國基層政治結構及其與唐朝機構的對應關係，先轉引如下[3]：

表2：于闐國的基層政治結構

于闐文	漢　文	
au	鄉	城
bisā	村	坊

如上所引，“六城”的于闐文寫法是*kṣa au*（一般在文書中出現的是其依格形式kṣvā auvā，意爲“在六城”），也就是説，這六個“城”都屬於鄉一級。這個推測得到北京某氏收藏的一件和田出土文書的證實，文書末尾第7行云：

7　　貞元七年七月　日傑謝鄉頭没里惟（或曜）思牒

筆者認爲，這裏的“鄉頭”相當於于闐語裏的*auva-haṃdasta*[4]。傑謝即Gaysāta，其在唐朝行政體系中的級别爲“鄉”，可以類推，其他屬於“六城”的五個地區應該亦爲“鄉”。值得注意的是，在我們現在看到的關於安西地區唐朝羈縻統治下的府州的史料中，雖然見到了“鄉”、“村”、“城”、“里”、“坊”等建制[5]，却從未發現有“縣”出現，陳國燦、劉安志兩位

1　據上引《新唐書・地理志》，唐朝先將于闐國劃分爲五個州，後來又進一步劃分爲十個州，“六城”州在其中的哪一次出現，現在還難以確定。

2　Duan Qing, “*Bisā-* and *hālaa-* in a Chinese-Khotanese Bilingual Documents”, *Journal of Inner Asian Art and Archaeology*, III, ed. J. Lerner and L. Russel-Smith, 2009, pp. 65-73.

3　Rong Xinjiang and Wen Xin, “Newly Discovered Chinese-Khotanese Bilingual Tallies”, *Journal of Inner Asian Art and Archaeology*, III, ed. J. Lerner and L. Russel-Smith, pp. 99-118; 中文本見《敦煌吐魯番研究》第11卷，上海古籍出版社，2009年，45—69頁。

4　參筆者《于闐國官號考》，《敦煌吐魯番研究》第11卷，121—146頁。

5　參榮新江《關於唐宋時期中原文化對于闐影響的幾個問題》，401—424頁。

先生在研究唐代龜兹時也指出了這一點[1]。“縣”的缺少，可能是唐朝羈縻州體制中的一個重要的問題，其牽涉頗廣，此處不能展開討論，只需要指出，唐朝建立在于闐國的地方行政體系中，“鄉”之上即是“州”。由於*au*指鄉，則將六個*au*結合起來組成的行政區劃，自然就是“州”了。

這裏需要對這些地名的漢譯名作出一點説明。漢文中的“六城”其實不是于闐文*kṣa au*的準確譯法，因爲*au*的意思基本是指一個普通的居民聚落，而没有“城”所暗含的有城牆等含義。一般在西文中，*au*一詞被譯作village[2]，而相關的*auya*即*au*之人也就被譯作villager，而較*au*更小的*bisā*段晴先生譯作halmet。這兩個詞在現代漢語的翻譯中常常不加區分而通譯作“村”。但是在唐朝統治下的于闐國，*au*被對應作“鄉”，而*bisā*被對應作“村”，當*au*在“*kṣa au*”中出現時，這個短語又被譯作“六城”。實際上，“城”在于闐文中更加準確的對應詞彙應該是*kanthā-*[3]，所謂*kṣa au*，譯作“六城”，實際上就是“六鄉”，是六個“鄉”組成的一個州。下文爲敘述方便起見，仍沿用“六城”這個唐朝的舊稱，但需要注意其與如坎城之類真正具有城防意義的“城”之間的區别。

要證明一個地名屬於“六城”（*kṣa au*），首先要證明這些地名的級别是一個*au*。如上文指出的，直接被稱爲*au*的地名只有Birgaṃdara和Gaysāta，另外*phamnāja auvya*（Phaṃnā鄉民）的説法也證明Phaṃnā應該是一個*au*。Or.11252/5號文書中提到了*cirąña auya*，但cirąña的第一個音節出自施傑我（P. O. Skjærvø）教授的復原[4]，如果他的復原可信的話，那Cira應該也就是一個*au*。

另外，auva-haṃdasta即“鄉頭”是一個auva的重要官員[5]，既然這個官員屬於一個*au*的級别，那麽和這個官員連稱的地名，應該也是一個*au*了。這種例子有很多，分别提到了*āskūrī haṃdastä*[6]、*gaysāta (auva) haṃdasta*[7]、*phaṃnāji auva haṃdasta*[8]。這樣，我們就大致確定了五個*au*，即Cira、Birgaṃdara、Gaysāta、Phaṃnā和Āskūra。這五個地名中的三個，還在漢文文書中於“六城”之後出現，分别是“六城質邏”（Cira）[9]、“六城傑謝”（Gaysāta，出處見上文）和“六城潘野”（Phaṃnā）[10]，這更加證明了其屬於六城地區。還有一個地名Pa’雖然在文書中没有直接稱作au，但是通過其出現的位置和使用的方式，其屬於和上述五個地名相同級别的au應該是没有問題的，對此下文還將詳細討論。

---

1 劉安志、陳國燦《唐代安西都護府對龜兹的治理》，《歷史研究》2006年第1期，35—37頁。

2 H. W. Bailey, *Dictionary of Khotan Saka*, Cambridge, 1979, p. 46.

3 *Ibid*., p. 51.

4 *Khotanese Manuscripts from Chinese Turkestan in the British Library*, p. 88.

5 參筆者《于闐國官號考》。

6 Or.11344/12 (*Khotanese Manuscripts from Chinese Turkestan in the British Library*, pp. 113-114).

7 Or.12637/16.1a (*ibid*., p. 125); Hedin 26 (*Khotanese Texts*, IV, pp. 38, 140); SI P 94.14 (R. E. Emmerick, & M. I. Vorob’-ëva-Desjatovskaja. *Saka Documents, Text Volume* III, 1995, London, pp. 100-101); SI P 94.22 (*ibid*., pp. 103-104); SI P 103.12 (*ibid*., pp. 139-140); SI P 103.45 (*ibid*., p. 154).

8 Hedin 12 (*Khotanese Texts*, IV, pp. 28, 102).

9 Or.6405 (M.9.a)《唐大曆三年（768）典成銑牒》，《斯坦因第三次中亞考古所獲漢文文獻（非佛經部分）》第2册，331頁。

10 Hedin 16, *Khotanese Texts*, IV, p. 173.

Or.11252/2號文書對於確定“六城”所指具有關鍵的意義。茲引用如下[1]：

1. || miṣḍāṃ ǵyastäna parau - cira kṣvā auvā piṣkalä tvā salī
仁慈之神下令：六城質邏地區今年
2. jsāra-haurā hvaṃḍä biśna 53 paṃñe hvaṃḍye ttāguttāṃ haudi śeṃgāṃ ṣaṃgna
納糧人共53。吐蕃人下令，每人以七升之斗
3. jsārä pastä 11 kūsa 9 ṣaṃga - biśna jsārä himi 600[ ]
納糧11石9斗。總計630石
4. [ ] 7 ṣaṃga - 225 kūsa 4 ṣaṃga rrusa
7斗。（其中）青麥225石4斗、
5. 18] 4 kūsa ganaṃ || 221 kūsa 3 ṣaṃga gau'sä || hauda hvaṃna
小麥184石、粟221石3斗。七人
6. [ḍä cir] ąna tti śų̄mä gau'sä haurīdä biśną gau'sä himi 83 kūsa 3 ṣaṃga
來自**Cira**〔鄉〕，僅納粟。所納粟總計83斗3升
7. [ ] visarrjāṃ 52 || vīṃgulą̄ña haskadarmä 29 || jīvvā khąṣṭarāṃ
Visarrjāṃ（年）52、Vīṃgula〔村〕人Haskadarma（年）29、Jīvvā〔村〕人Khąṣṭarāṃ
8. [ ] 2 || ysāḍą̄ña hvrrīviḍtä pūra vismadatta
[ ] 2、Ysāda〔村〕人Hvrrīviḍta之子Vismadatta
9. [ ] 34 || sividattä 35 || hvaṃḍä 46 tti jsārä drrai pila haurīdä
[ ] 34、Sividatta（年）35。46人納三pila之糧
10. [ ] himi 547 kūsa 4 ṣaṃga ṣa' 4 kūsa 9 ṣaṃga rrusa ||
[ ] 計547石4斗。是4石9斗青麥
11. [ ] na || 3 kūsa gau'sä || 225 kūsa 4 ṣaṃga rrusa || 200
[ ] 3石粟、225石4斗青麥、200
12. [ ] 4 kūsa ganaṃ || 138 kūsa gau'sä ||
[ ] 4石小麥、138石粟
13. birgaṃdara mattiśką̄ña ṣanīrakä 34 || ṣanīrakä 24 || vidarrjāṃ 20
Birgaṃdara〔鄉〕Mattiśka〔村〕人Ṣanīraka（年）34、Ṣanīraka（年）24、Vidarrjāṃ（年）20、
14. namaubudä || dumesalą̄ña hunakä || sahadattä || suhadāysä || suhīkāña
Namaubuda、Dumesala〔村〕人Hunaka、Sahadatta、Suhadāysa、Suhīka〔村〕人
15. īrasaṃgä || spą̄ñi virgāṃ || mattiśką̄ña naṃdakä || || śāṃdattä || śudeva
Īrasaṃga、Spai〔村〕人Virgāṃ、Mattiśka〔村〕人Naṃdaka、Śāṃdatta、Śudevadatta
16. dattä || sąmadattä pūrä daraukä || bikinąña ṣanīrä || khau
16a. spāña sīlāṃ

1 *Khotanese Manuscripts from Chinese Turkestan in the British Library*, pp. 85-86.

16b. mādāśi

Sąmadatta之子Darauka、Bikina〔村〕人Ṣanīra、khau官Spai〔村〕人Sīlāṃ、Mādāśa

17. ____ pa' sūlyąña sudattä || kharajsajsä || puñaudā || sude || suda-

____ **Pa'**〔鄉〕粟特〔村〕人Sudatta、Kharajsajsa、Puñaudā、Sude、Sudatta

18. ____ ura puñiśela śī'laṃ || altāṃ || svarrjāṃ || makalä || vasade || maṃ

____ ura[1] Puñiśela〔村〕人Śī'laṃ、Altāṃ、Svarrjāṃ、Makalä、Vasade、Maṃñe

19. maysdakä || ba'sävī suhadāysä || puñide || phaṃña spąñi sividattä ||

Pu' ysdaka、Ba'sa人Suhadāysa、Puñade、**Phaṃnā**〔鄉〕Spai〔村〕人Si Vidyadatta、

20. sęnilä || ysevịdtä || khaukuląña sudattä || buttakąña kharamurrai

Sęnila、Ysevịdta、khau官Kūla〔村〕人Sudattä、Buttaka〔村〕人Kharamurrai

這件文書最重要的意義是使我們明確看到“六城州”中不同地名間的層級關係。施傑我將此處的Mattiśka、Dumesalāṃ、Suhīka、Spai等詞均理解爲人名，認爲如mattiśkąña ṣanīrakä的結構意思是“Mattiśka之子Ṣanīraka”。但是，從第16行sąmadattä pūrä daraukä（Sąmadatta之子Darauka）的例子我們可以知道，在表示某人之子時應該直接用*pūra*（兒子）一詞，至少同一件文書中不應出現兩者截然不同的用法。而且這幾個詞有些也見於其他文書，作爲地名出現。可見，這幾個詞在本件文書中是表示地名[2]，birgaṃdara mattiśkąña ṣanīrakä即指Birgaṃdara地區的一個名叫Mattiśka地方的人Ṣanīraka，這明顯包含了兩個行政層級[3]。如上文所述，于闐國此時地方上有*au*和*biśā*兩個層級的行政機構。而Birgaṃdara是一個*au*（鄉），則Mattiśka應該就是一個*bisā*（村）[4]。這件文書中類似的兩個地名連用的情況保存完整的共有三處，其中位置在前的地名分別是Birgaṃdara、Pa'和Phaṃnā。這恰好是我們上文中指出的屬於*au*的地方。而第5至6行記載：7人來自Cira，7至9行則羅列人名。雖然文書殘缺，我們現在只能看到五個人的名字，但是很顯然，這些人就是來自Cira地區的。其中提到了Vīṃgula人Haskadarma、Jīvvā人Khąṣṭarāṃ和Ysāda人Hvrrīvịdta之子Vismadatta。這說明Vīṃgula、Jīvvā和Ysāda是Cira之下的行政單位，如此，則Cira應該也是*au*，而Vīṃgula、Jīvvā和Ysāda則爲*bisā*。這與上文通過不同文書中的用詞得出的結論是一致的。

本件文書明確指出收取“六城”地區的税糧，説明這裏提到的地名都應該屬於“六城”地區。繳納税糧者共53人。從現存的部分來看，來自Cira的爲7人；Birgaṃdara爲17或18

---

1 筆者最初試圖將此處復原作Āskura。但從圖版可見（圖版見International Dunhuang Project網站，網址：http://idp.bl.uk/database/oo_scroll_h.a4d?uid = 4983087847; recnum = 13796; index = 1），由於整個字母位置較爲偏下，包含的u音節是ku的可能性似乎不大，而且這個地名出現時一般作依格Āskvīra或者主格Āskūra，主格形式第二個音節中應該是長音ū而非短音u，因此暫不能將其與Āskūra聯繫起來。不過從文書書寫地名的格式來看，這裏可能是一個較高一級的地名。這個地名中可能包含-ura的部分，這似乎和現在所知道的六城中地名不合；當然，由於這一行前部大致還殘缺三個音節，高一級的地名書寫在更前方的可能性也是存在的。

2 此點Bailey已經指出，參H. W. Bailey, *The Culture of the Sakas in Ancient Iranian Khotan*. New York, 1982, p. 47.

3 此點熊本裕先生已經指出，參“The Khotanese Documents from the Khotan Area”, p. 45.

4 這裏注出“鄉”、“村”僅僅是爲了敘述清楚。這件文書本身屬於吐蕃統治時期，當時應該已無鄉、村之説法，目前只好暫借鄉里的稱呼。

人[1]；Pa’爲5人；地名殘缺某地爲9人；Phaṃnā爲5人，共計43或44人。顯然，文書仍有殘缺。鑒於文書記載了“六城”中的五個的地名及來自其地的人名，殘缺的部分記載“六城”中的另一個地方即Gaysāta的可能性是存在的。

根據上文所引的于闐語和漢語中地名層級對應的關係。這裏的五個較大地方即爲*au*（鄉），而其之下的較小區域即爲*bisā*（村）。以下可以列出從上引文書所見的地域歸屬的情況。

表3：Or.11252/2號文書所見“六城”之構成

鄉/au	村/bisā
Cira	Vīṃgula，Jīva，Ysāda
Birgaṃdara	Mattiśka，Dumesala，Suhīka，Spai?，Bikina?[2]
Pa’	Sūlya[3]
?	Puñiśela，Ba’sä
Phaṃnā	Spai?，Kūla，Buttaka

上引這件文書所見兩個層級之間的對應關係，可以由其他文書加以證明和補充。Or.11252/24是一件類似的勞役文書，僅殘存兩行如下[4]：

1. / x svā ṣṭi hvaṃḍi birgaṃdara mattiśkāña vidarrjāṃ || sūhīkąña

2. || phaṃnāji kāśaki || u yaudari || āskvīra gūmaji vidyade

這件文書和上件格式類似，其中提到了Birgaṃdara處Mattiśka人Vidarrjāṃ，Sūhika人某，和上件文書所記一致，而且還補充了屬於Āskūra地區的Gūma一地[5]。

另外，國家圖書館新入藏的雙語木簡文書證明，Ustāka是Birgaṃdara屬下的一個村[6]。這可以幫助我們理解其他的于闐文文書。英藏Or.12637/56.1a-d號（原編號Dumaqu 0141）包括四個文書殘片，其中較爲完整的a片正面有漢語于闐語的雙語文書，和段晴先生刊佈的新出文書頗爲相似[7]；背面則和本文討論更加相關，兹引其背面文書如下[8]：

2. x || spąñi saṃgakä || gumesalāña vi x ma

Spai〔村〕人Saṃgaka、Gumesala〔村〕人Vi-

3. 40［x?］x chau kąña kharrnakä 30 || saṃga［k］ä 40

1 第17行前部殘缺，若此處有一個名字，則爲18人，否則爲17人。

2 據Or.11344/6 (*Khotanese Manuscripts from Chinese Turkestan in the British Library*, p. 110)號文書，則此地或在Cira屬下？另一種可能是這件文書中的Cira是“六城”地區的統稱。

3 Or.12637/23 (*Khotanese Manuscripts from Chinese Turkestan in the British Library*, p. 132)證明此地是一個村。

4 *Khotanese Manuscripts from Chinese Turkestan in the British Library*, p. 97.

5 此地又見中國國家圖書館新入藏的木函契約文書，參段晴《于闐語高僧買人契約》。

6 Rong Xinjiang and Wen Xin, “Newly Discovered Chinese-Khotanese Bilingual Tallies”, pp. 99-118.

7 小口雅史《前號拙稿〈ベルリン・吐魯番コレクション中のコータン人名録（Ch 3473）をめぐって〉補訂》，《法政史學》第68號，2007年，113—119頁發表了這件文書正、背面的圖版和漢文録文。正面漢文部分提到了“村”字，雖然文書殘缺，村名没有保存下來，但是正面文書中直接記載“村”的存在，也是對背面于闐語文書中涉及“村”一級行政單位的推測的有力旁證。

8 *Khotanese Manuscripts from Chinese Turkestan in the British Library*, p. 141.

40，Chaukāṃ〔村〕人Kharrnaka〔年〕30，Saṃgaka〔年〕40

4. x x x ustākajä 'īresa 30

Ustāka〔村〕人Īresa〔年〕30

這個小殘片提到四個地名Spai、Gumesala、Chaukāṃ和Ustāka。除了Chaukāṃ情況不明之外，另外三個都屬於Birgaṃdara地區。由段晴先生刊佈的新出文書可以知道，這種類似的文書可能也是和勞役或軍事徵發有關，該文書中涉及的地名都是*bisā*（村）。Or.12637/56.1a-d號文書中的Ustāka則有明確記載是*bisā*（村）[1]，如此則此件文書殘片中的地名應該都是Birgaṃdara鄉屬下的村。上引Or.11252/2號文書中在Birgaṃdara和Phaṃnā屬下均載有稱爲Spai的地方，Or.12637/56.1a-d號名籍證明Birgaṃdara屬下確實有Spai，如果上件文書所記無誤，則可能Phaṃnā屬下有一個同名的地方。

另外，Or.11252/34號文書記載村民上書爲往中堡（*haṃdara prū*）探查之事，其中提到了來自Cira的七個人的名字，然後記載來自Āskūra的共15人、來自Phaṃnā和Pa'的共17人，來自Birgaṃdara的共若干人[2]。這幾個地名同時出現，也顯示具有相同的行政等級。實際上，現有的于闐文文書中如這兩件文書能對上表作出補充的還有一些，但難以一一備引。爲簡明起見，以下再列一表，以其他材料補充、證明的部分，或者提出的相關問題，均出注説明：

表4："六城"之構成

鄉/*au*	村/*bisā*
Cira	Vīṃgula, Jīva, Ysāda
Birgaṃdara	Mattiśka, Dumesala[3], Suhīka, Spai, Bikina, Ustāka[4], Chaukāṃ, Śirgula[5], Kaṃśara?[6]
Pa'	Sūlya
Āskūra	Gūma[7]
Phaṃnā	Spai?, Kūla, Buttakāṃ
Gaysāta	Mūpadatta[8], Sābaka

1 Or.12637/13 (*Khotanese Manuscripts from Chinese Turkestan in the British Library*, p. 123).

2 *Khotanese Manuscripts from Chinese Turkestan in the British Library*, pp. 101-102.

3 Or.12637/12.1 a-b,d-f (*ibid*., p. 123)納錢帳，記載Saloka在Birgaṃdara地區收錢的數量和納錢人。其中提到了Dumesala地區的Virṣa。另參IOL Khot Wood 1 (*ibid*., pp. 557-559)。

4 Or.12637/12.1 a-b, d-f (*ibid*., p.123)納錢帳，記載Saloka在Birgaṃdara地區收錢的數量和納錢人。其中提到了Ustāka地區。

5 Or.12637/21.3a (*Khotanese Manuscripts from Chinese Turkestan in the British Library*, p. 131)爲王子攝政某年Birgaṃdara地區納稅糧人名單，其中提到了Śirgula人Puñaraṃ。

6 這個地名在SI P 103.46號文書（*Saka Documents*, *Text Volume* III, pp. 154-155）中出現，提到該處之*chaupaṃ*官，根據拙文《于闐國官號考》所論，*chaupaṃ*官是*bisā*（村）一級的官員，則該地應爲一個*bisā*。而同件文書中又提到Ustāka和Mesala（或爲Dumesala之誤？），説明Kaṃśara亦應屬於Birgaṃdara地區。

7 Or.11252/24 (*Khotanese Manuscripts from Chinese Turkestan in the British Library*, p. 123)。在Hedin 19 (*Khotanese Texts*, IV, p. 33)中與Askūra並列。

8 Or.6396/2 (*Khotanese Manuscripts from Chinese Turkestan in the British Library*, p. 8)是*spāta* Sīḍaka（薩波思略）與村民一道負擔王稅（*rrvī thaṃga*）的文書，其中提到了當地負擔賦稅的丁男有41人，半丁（*hālaa-*，包括老、小）12人，其中來自Mūpadatta的丁男18人、半丁7人；來自Sābaka的丁男23人，半丁5人。由於薩波思略是傑謝薩波，這兩地也應屬於傑謝。

這樣，我們就大致確定了“六城”之所屬。另外，文書中還有大量不能確定其歸屬和層級的地名[1]，需要等待新材料的出土，纔能進一步具體討論。

三、“六城”簡況及地理位置的推測

以下繼續對這六個地名在文書中出現的情況逐一作簡要討論，主要試圖確定其地理位置，並進一步驗證上文的結論：

1. Cira（質邏）

Cira常常出現在*cira kṣvā auvā*的表達方式中[2]，漢文文書中除了“六城質邏”外[3]，還存在“質邏六城”的說法［Дx.18940（1）］，但這並不表示六城屬於質邏，或者六城即質邏，而是如熊本裕所説，應該是受到于闐文cira kṣvā auvā（六城中之質邏）語序的影響[4]。由於Cira又單獨出現，而“六城”也和其他地名連用，因此Cira和*kṣvā auvā*的含義是不同的。在Or.11252、Or.11344兩組文書中，我們看到多次送糧食往Cira[5]、Cira人收税[6]、某人往Cira[7]、來自Cira的命令[8]，以及在Cira的官府[9]的記載。這一方面説明Cira是“六城”的首府，在當地有官府，常從Cira往他處下令，繳納的糧食要上繳往Cira，服役的民丁也常常要去Cira。另一方面，這兩組文書中這樣頻繁地提到Cira的文書發來本地，也使我們可以肯定，兩組文書的出土地老達瑪溝雖然屬於古代的六城州地區，但一定並非其首府Cira。那麽Cira位置何在呢？我們没有這方面的具體材料，但是Cira作爲首府的身份，暗示其位置應該和現在的和田地區大部分地方行政區首府一樣，處在主要的道路上，而在“六城”所包含的地區，經過的主要道路應該就是從于闐國都向東的絲路南道幹道。如果古代幹道和現代公路距離不遠的話，Cira就應該在今天的策勒縣治和達瑪溝鄉治之間或附近區域。現在“策勒”的地名，應該就是源自于闐語中的Cira。

2. Birgaṃdara（拔伽）

Or.11252和Or.11344兩組文書中包括幾件服役之人的名表，在某些人名之前，有時會

---

1 Kavārma (Or.11252/8), Ysana, Kākīja (Or.11252/16, Ysana亦見Hedin 32), Sīhai (Or.11252/35), Sude (Or.11344/1), Baka (Or.11344/11), Namauya (Or.12637/18), Khāhya (Or.12637/21.2a-c), Chau Kāṃ (Or.12637/55), Sargīsa? (IOL Khot 2/1), Pajūma (IOL Khot 2/1), Saṃthara? (IOL Khot 2/2), Aśnesala (IOL Khot 41/1), Huttukyumām, Tsau ksi’ hi, Ttulajsa(?), Gara Khrraysūm, Gūmamda, Cata Nalaña (Nala), Khanara (IOL Khot 46/5 戍防文書), Makala (IOL Khot 49/1), Kaspakā (IOL Khot 51/1), Budatta? (IOL Khot 52/5), Kurrcāta? (IOL Khot 53/3 + IOL Khot 53/4), Saka, Naumkas, Gaysnas? (IOL Khot 54/1), Ārma (OIOL Photo 392/57 T. O. 46), Tcina (Hedin 16.6), Mud#a (Hedin 32), Erma (Hedin 36, 或即Ārma), Mamgali?, Abīyāgīri, Salā, Mulaki? (Hedin 42鎮守文書), Besana (Hedin 50), Pava (Hedin 59, Hedin 71).

2 Hedin 13 (*Khotanese Texts*, IV, p. 29), Hedin 21 (*ibid*., p.34), SI P 136.1 (*Saka Documents, Text Volume* III, p. 160), Or.11252/30 (*Khotanese Manuscripts from Chinese Turkestan in the British Library*, p. 99), Or.11344/4 (*ibid*., p. 109).

3 《斯坦因第三次中亞考古所獲漢文文獻（非佛經部分）》，331頁。

4 “The Khotanese Documents from the Khotan Area”, p. 48.

5 Or.11252/17 (*Khotanese Manuscripts from Chinese Turkestan in the British Library*, p. 95).

6 Or.6396/1 (G.1) (*ibid*., pp. 7-8), Or.11252/4 (*ibid*., pp. 87-88).

7 Or.11344/6 (*ibid*., p. 110).

8 Or.11252/21 (*ibid*., pp. 96-97).

9 Or.11252/9 (*ibid*., pp. 90-91).

提到一些地名，説明這些人來自某地。由於兩組文書内容上非常相關（如有多件由*spāta*官Sudārrjaṃ發給*pharṣa*官Saṃdāra的令文），可以肯定是出自接近的區域。從這些地名來看，一方面提到所有的屬於六城的六個地方，另一方面還提到一些更小的地名如Śirgula、Sūhika[1]、Ustāka[2]、Mattiśka[3]、Kūla[4]、Spai[5]、Bikina[6]等，多數屬於Birgaṃdara地區。這説明這兩組文書應該就出土於Birgaṃdara地區，上文能恢復出的Birgaṃdara鄉（*au*）的村數量最多，也主要因爲這批文書就出自Birgaṃdara鄉。對於這兩組文書的出土地，張廣達、榮新江推測在老達瑪溝一帶[7]。對此問題，王冀青先生有專文研究，細緻地考察了這批文書的來源，就其出土地，他基本同意張、榮兩位的看法[8]。施傑我的《英國圖書館藏新疆出土于闐語文書目録》引用英國駐喀什領事舍里夫（G. Sherriff）在1931年3月20日給英國博物館的L. D. Barnett的書信，其中提到編號Or.11344的文書出土自達瑪溝[9]，這證實了以上幾位學者的推測。如此，則斯坦因所謂的Domoko即老達瑪溝遺址，大致應該就是Birgaṃdara的所在地。

3. Pa’

這個地名没有直接被稱作*au*，但是從上文所引材料來看，它出現的位置和*au*級别的地名一致，因此，應該也是*au*。值得注意的是，上引Or.11252/2號文書中所載*pa’* sūlyą̄ña *sudatta*即“Pa’處粟特人Sudatta”。sūlyą̄ña的出現，説明在Pa’之地有粟特人的存在，而且若比擬同件文書中birgaṃdara mattiśką̄ña ṣanīrakä（Birgaṃdara鄉Mattiśka村人Ṣanīraka）的格式，則此處的sūlyą̄ña應該也是指村一級行政級别的名稱。而在Or.12637/23號文書中，我們發現“*sūlī biśa*”一語，應釋作“粟特村中”，正印證了此處的推測[10]。這種“粟特人村”可能與吐魯番、敦煌及絲綢之路沿綫很多地方都存在的粟特人聚落類似[11]。以往于闐的文獻中只提到過個别的粟特人，且學者間對於其應該作“粟特人”還是“商人”解釋尚有不同意

---

1 Or.11252/13 (*Khotanese Manuscripts from Chinese Turkestan in the British Library*, p. 93), Or.11344/13 (*ibid*., p. 114).

2 Or.11252/14 (*ibid*., pp. 93-94).

3 Or.11252/30 (*ibid*., p. 99).

4 Or.11252/34 (*ibid*., pp. 101-102), Or.11252/39 (*ibid*., p. 104), Or.11344/3 (*ibid*., pp. 107-108).

5 Or.11252/36 (*ibid*., pp. 102-103).

6 Or.11344/3 (*ibid*., pp. 107-108).

7 《關於和田出土于闐文獻的年代及其相關問題》，《于闐史叢考》，86頁。

8 王冀青《英國圖書館藏“舍里夫文書”來源蠡測》，《敦煌學輯刊》1994年第1期，89—104頁。在該文之後，王先生還翻譯了一篇《喬治·舍里夫傳》，也可參看。

9 見*Khotanese Manuscripts from Chinese Turkestan in the British Library*, p. lxii.

10 Pa’鄉的粟特村則大體應該在達瑪溝一帶，而Or.12637/23號文書出自麻札塔格（Mazar Tagh）遺址。同出自麻札塔格的Or.12637/25號文書既提到了Gara（山，即指麻札塔格），也提到向Pa’處的阿摩支下令，可見Pa’處與麻札塔格有公文的往來。由於Or.12637/23號文書在關鍵處殘缺，我們很難判斷粟特村出現的語境，所以此處提到的粟特村和Or.11252/2號文書中的粟特村之間的關係還不能完全確定。

11 E. G. Pulleyblank, “A Sogdian Colony in Inner Mongolia”, *T’oung Pao*, 41, 1952, pp. 317-356；池田温《8世紀中葉における敦煌のソグド聚落》，《ユーラシア文化研究》1，1965年，49—92頁；姜伯勤《敦煌・吐魯番とシルクロード上のソグド人》，《季刊東西交涉》第5卷第1、2、3期，1985年；榮新江《西域粟特移民考》，馬大正等編《西域考察與研究》，新疆人民出版社，1994年，157—172頁；榮新江《西域粟特移民聚落補考》，《西域研究》2005年第2期，1—11頁。

見。“粟特人村”的發現支持將*sūlī*釋作“粟特人”，並證明了粟特人聚落在于闐的存在[1]。

4. Āskūra

值得注意的是，在斯坦因收集品中出自Mazar Toghrak遺址的文書中，這個地名三次出現，均用依格，即表示“在Āskūra”[2]。其中較爲完整的一件即編號爲IOL Khot Wood 24/1的木簡簡文如下[3]：

1. ą̄skūrī ṣṣanīraka āysaṃ hauḍä

譯文：Āskūra人Ṣṣanīraka納糜

該遺址出土文書數量不多，且非常殘破，文書中提到的地名除了Āskūra以外只有一個叫做Kaspakā的地方[4]。而在這些文書中Āskūra三次出現，應該不是巧合。上件文書中涉及的交納糧食的活動一般在當地進行，因此我們可以猜測，Āskūra或許就在Mazar Toghrak遺址附近，而Kaspakā則可能是Āskūra地區的一個村莊。不過，由於斯坦因發現於同一遺址的幾支漢文木簡上提到了“屋悉貴”，即屬於Birgaṃdara轄下的Ustāka[5]，而木簡涉及的是較爲基層的行政事務，其出土地應該距離木簡原來使用的地區不遠。吉田豊在首先正確比定出漢文文書中的地名“屋悉貴”相當於Ustāka的基礎上，提示Ustāka位於現在的Mazar Toghrak的可能性[6]。但是由於Birgaṃdara處於老達瑪溝遺址附近是比較肯定的，其下轄的Ustāka亦應屬於這一地區。這個問題現在還不能完全解決，因此將Āskūra置於Mazar Toghrak周圍也只能作爲一種可能性提出。

2008年初，筆者隨榮新江先生一行前往和田考察。1月26日下午，到達策勒縣城南的麻札托格拉克（Mazar-Toghrak）遺址。當地老鄉倒過來稱呼作“托格拉克麻札”。現在僅有簡陋的清真寺、一處廢棄不用的麻札和一片古老的胡楊樹[7]。

5. Phaṃnā（潘野）

Hedin 16號文書漢文部分記載“六城潘野”，于闐文對應文字作“kṣvā auvā phaṃña”。這證實了Phaṃnā屬於六城之一。但是，對於此地相當於現在具體的位置，却難以在文書中找到準確的答案。Or.9268a號木函文書，提到pharṣa（破沙）Bara和Braṃgala將Phaṃnā地區池塘裏的水賣給Birgaṃdara人Yagura[8]。Phaṃnā有池塘這一點在Or.11344/9號文書中

1 參Rong Xinjiang, “Further Remarks on Sogdians around the Tarim Basin”, *Exegisti monumenta. Festschrift in Honour of Nicholas Sims-Williams* (Iranica 17), eds. W. Sundermann, A. Hintze and F. de Blois, Wiesbaden: Harrassowitz Verlag, 2009, pp. 399-416.

2 IOL Khot 43/1 (*Khotanese Manuscripts from Chinese Turkestan in the British Library*, p. 273); IOL Khot 43/5 (*ibid.*, p. 273); IOL Khot Wood 24/1 (*ibid.*, p. 565).

3 *Khotanese Manuscripts from Chinese Turkestan in the British Library*, p. 565.

4 IOL Khot 51/1 (*ibid.*, p. 286).

5 É. Chavannes, *Les documents chinois découverts par Aurel Stein dans les sables du Turkestan oriental*, Oxford, 1913, p. 218, pl. XXXVII.

6 吉田豊《コータン出土8—9世紀のコータン語世俗文書に關する覺え書き》，39頁。

7 參朱玉麒、姚崇新、榮新江《2008年和田考察行程日志》，朱玉麒主編《西域文史》第3輯，科學出版社，2008年，127—152頁。

8 *Khotanese Manuscripts from Chinese Turkestan in the British Library*, pp. 66-68.

也提到了[1]。在Or.11252和Or.11344兩組吐蕃時代的文書中，來自Phaṃnā處的幾個人（Si Vidyadatta[2]、Suhadatta[3]、Kāśaka[4]、Kūcalai[5]、Sūradatta[6]）常常出現在服役的名單裏，人名前均指出是Phaṃnā之人。這些人中的Si Vidyadatta[7]、Suhadatta[8]又出現在Hedin文書中，也被稱作Phaṃnā之人。而在俄藏、英藏大體出自丹丹烏里克即Gaysāta（傑謝）的文書之中，Phaṃnā的地名僅分别出現一次[9]。由於Phaṃnā人賣水給Birgaṃdara人，Phaṃnā似乎應該在Birgaṃdara的上游，即南邊，也就是説Phaṃnā與Birgaṃdara的距離較之與Gaysāta的距離更近，這和文書中地名出現的次數似乎也比較符合。另外，文書中有時將來自Phaṃnā和Pa’的人置於一起記録，稱爲“來自Phaṃnā和Pa’之人”[10]，這似乎説明兩地相距應該不遠。

6. Gaysāta（傑謝）

Gaysāta即著名的丹丹烏里克遺址。這是我們瞭解比較深入的地區之一。榮新江先生有專文研究這一地區[11]，此不贅述。只需要指出一點，即傑謝在地理位置上似乎與大致位於達瑪溝地區的“六城”中的其他五個地方距離較遠。張廣達、榮新江先生早已指出：“至於位於其北部偏西的傑謝，孤懸於北方的沙漠邊緣，作爲六城地區的前哨，在軍政編制上，應屬六城州管轄。”[12]我們在文書中看到的情況是，一些涉及徵收税役的文書中，對象大概爲六城，却常常只有五城或四城出現[13]。這或許就是因爲傑謝位置較遠，雖然建制上屬於“六城”，但實際行政運作中常常具有獨立性。

這樣，我們大致推測了六城所包括的六個區域的位置，較爲確定的三個地名從南到北應該分别是Cira、Birgaṃdara和Gaysāta。Āskūra可能在Cira以南；Phaṃnā可能在Birgaṃdara附近不遠處（可能在南邊）；老達瑪溝和丹丹烏里克之間還有比較遠的距離，Pa’或者就在

---

1 *Khotanese Manuscripts from Chinese Turkestan in the British Library*, p. 112.

2 Or.11252/9 (*ibid*., pp. 90-91), Or.11252/14 (?) (*ibid*., pp. 93-94).

3 Or.11252/10 (*ibid*., p. 91), Or.11252/27 (?) (*ibid*., p. 98), Or.11344/1 (*ibid*., pp. 104-106), Or.11344/3 (*ibid*., pp. 107-109).

4 Or.11252/24 (*ibid*., p. 97).

5 Or.11252/34 (*ibid*., pp. 101-102).

6 Or.11344/1 (*ibid*., pp. 104-106).

7 Hedin 10 (*Khotanese Texts*, IV, p. 27).

8 Hedin 16 (*ibid*., p. 30).

9 SI P 103.36 (*Saka Documents, Text Volume* III, p.150), IOL Khot Wood 3 (*Khotanese Manuscripts from Chinese Turkestan in the British Library*, p. 560).

10 Or.11252/35 (*Khotanese Manuscripts from Chinese Turkestan in the British Library*, pp. 101-102).

11 榮新江《丹丹烏里克的考古調查與唐代于闐傑謝鎮》，《新疆文物》2005年第3期，31—35頁；《唐代于闐の歷史的環境》及《ダンダンウイリクの考古學的調查と研究（1896—2002年）》，載《日中/中日共同丹丹烏里克遺跡學術調查報告書》，日中共同ダンダンウイリク遺跡學術調查隊，2007年，13—60頁。

12 張廣達、榮新江《〈唐大曆三年三月典成銑牒〉跋》，《于闐史叢考》，144頁。

13 如上文所引Or.11252/2，以及Or.11252/37 (*Khotanese Manuscripts from Chinese Turkestan in the British Library*, pp. 103-104)、Hedin 13 (*Khotanese Texts*, IV, pp. 29, 204-206)。Or.11252/37號文書時間在某王36年。此王一般認爲即Viśa’ Vahāṃ（尉遲曜），則他治下的第36年就是802年（貞元十八年），此時唐朝勢力已經退出于闐。這件文書涉及“六城”中除Gaysāta之外的其他五個地方。值得注意的是，文書將這些地方的人稱作’auvā hvaṃḍi（au中之人），而非kṣvā auvā hvaṃḍi，即略去了數字“六”。這可能反映了吐蕃統治時期，唐朝設立的“六城州”建制逐漸被廢棄的過程。行政的强制失去之後，距離可能較近的其他五地組成一自然的行政區，與Gaysāta聯繫減少，在這種情況下，“六城”的名稱也就逐漸消失了。

此處。所謂“六城”，包含了一個南北向狹長的地區。這樣的行政區劃方式顯然是由當地緑洲的地理條件所決定的。斯文・赫定（Sven Hedin）在對於丹丹烏里克的考察中認爲，該地的水源應該是克里雅河；斯坦因則認爲丹丹烏里克的水源既不是玉龍喀什河，也不是克里雅河，而是兩者之間的，澆灌着策勒、固拉合瑪和達瑪溝緑洲的某個水源[1]；亨廷頓（E. Huntington）在考察達瑪溝地區之時，證實丹丹烏里克遺址古代的水源不是克里雅河[2]；而黄文弼先生則直接指出達瑪溝遺址是由“達摩川水”（按即達瑪溝河）灌溉，並且“原達摩川北流，通過舊達摩戈（按即達瑪溝）北面古址，流至旦當烏利克（按即丹丹烏里克）古址，入古于闐河，以後斷流僅流至舊達摩戈以北而止”[3]。由於出土關於六城文書的主要遺址基本都位於達瑪溝河流域，我們可以推測曾經灌溉丹丹烏里克的水源就是現在達瑪溝河的前身。這幫助我們理解，唐朝之所以將這幾個距離相當遠的地區置於一個“州”的行政區劃之下，正是因爲這六個地點在同一條河的流域，所謂“六城州”應該基本上就是指達瑪溝河沿岸的地區。斯坦因在《古代和田》中對和田地區的行政區劃做出了以下的觀察：“在整體經濟結構依賴灌溉的地方，行政區劃自然應該適應渠道的分佈。因此，爲便税收與行政，和田緑洲被劃分爲幾個狹長的行政區，每個行政區都依附於主要的渠道。正如許多渠道本身無疑已年代久遠，這些現在被突厥語稱爲‘Ming’（千户）的，在一位‘Ming-bāshī’（千户長）或伯克（Bēg）的管理之下的行政區，很可能在古代已有其對應建制。”[4]我們初步探討“六城”各個地點地理位置的結果，説明這六個地區應該大致分佈在達瑪溝河沿岸的一個南北向的狹長灌溉區之中，證實了斯坦因的推測。在唐朝時期，這個狹長的地區被歸入“六城州”，作爲于闐國十個羈縻州之一；而直到現在，同樣的區域仍然被歸入同一行政區劃，即和田地區的策勒縣。而策勒作爲這一地區的首府，和Cira作爲六城的首府也是一脈相承的。

（原載朱玉麒主編《西域文史》第3輯，科學出版社，2008年，109—126頁）

1 *Ancient Khotan*, pp. 286-288.

2 E. Huntington, *The Pulse of Asia. A Journey in Central Asia Illustrating the Geographic Basis of History*, Boston - New York, 1907. 此據漢譯本《亞洲的脈搏》，新疆人民出版社，2001年，112—130頁。

3 《塔里木盆地考古記》，科學出版社，1958 年，47頁。

4 *Ancient Khotan*, p. 131.

唐代于闐的羈縻州與地理區劃研究

朱麗雙

《新唐書》卷四三下《地理志》七下載："毗沙都督府，本于闐國，貞觀二十二年（648）内附，初置州五，高宗上元二年（675）置府，析州爲十。領州十。闕。"[1]復於同卷邊州入四夷道路部分記載了于闐地區的守捉、城、鎮、堡等軍防設置[2]。不過，對於這十個州的名稱，史書缺載。而從出土文書來看，有關軍防設置的記載似亦未臻完善。筆者近年整理有關于闐的藏文文獻並參加榮新江教授主持的對中國國家圖書館新入藏的和田出土漢文文書的整理工作。管見所及，對于闐十州及其軍防設置略加申述。不當之處，敬請專家指正。

一、六城

"六城"，于闐語作kṣa au，見於和田出土的多種漢文、于闐文文書。有關"六城"及其組成，自20世紀初以來迭經討論，現已比較明朗。應該説第一次正確地指出六城爲毗沙都督府屬下十州之一的是夏倫（G. Haloun）。雖然他没有詳細論證六城的組成，但認爲它應當包括質邏、潘野和桀謝在内。他還指出六城長官爲刺史，位置可能在今策勒—固拉哈瑪—達瑪溝（Chira-Gulakhma-Dumaqu［=Domoko］）緑洲一帶[3]。其後對六城研究作出巨大貢獻的是張廣達和榮新江兩位先生，他們在討論《唐大曆三年（768）三月典成銑牒》時，首次指出桀謝當作傑謝，于闐語作Gayseta（Gaysāta的依格形式），同時結合藏文《于闐國授記》（*Li yul lung bstan pa*）的相關記載對六城的具體組成進行了比定，認爲六城由Cira（質邏；Tib. Ji la）、Phema（媲摩=坎城；Tib. Kam sheng）、Phaṃña（潘野；Tib. Pho nya）、Birgaṃdara（Tib. Be rga 'dra）、Āskvīra（Tib. O rgu）和Gayesta（傑謝）組成，其地在老達瑪溝及其以西的緑洲地區[4]。

---

1 《新唐書》卷四三下《地理志》，中華書局，1975年，1134頁。

2 同上，1150—1151頁。

3 H. W. Bailey, *Khotanese Texts*, IV, London: Cambridge University Press, 1969, pp. 176-177.

4 張廣達、榮新江《〈唐大曆三年三月典成銑牒〉跋》，原載《新疆社會科學》1988年第1期，60—69頁；此據作者《于闐史叢考》（增訂本），中國人民大學出版社，2008年，108—111頁。

近年吉田豐綜合利用英譯于闐語世俗文書，對六城的組成提出新看法，認爲由Cira、Pa'、Phanya（=Phaṃña）、Birgaṃdara、Āskuīra（=Āskūra）和Gaysāta組成，較之以張廣達、榮新江兩位先生的比定結果，這個組合多了Pa'，但排除了Phema。吉田豐並指出其中Birgaṃdara可能對應於漢文"拔伽"，而Cira則爲六城地區的首府所在，設有官衙[1]。這一觀點由文欣從鄉里制度的角度進一步發揮落實，證明無誤。文欣還具體論證了每個"城"（au）之所在及其屬下的村（bisā），認爲六城基本上分佈在達瑪溝河沿岸南北走向的狹長灌溉區中，所轄區域大致與今和田地區策勒縣同[2]。筆者按，其中Phaṃña/潘野在德格版（sDe dge）和卓尼版（Co ne）《于闐國授記》中作Pho nya，北京版、那塘版（sNar thang）和金汁寫本（dGa' ldan/Golden）作Pha nya[3]；Āskūra（依格形式作Āskvīra）所對應的藏文O rgu亦爲德格版和卓尼版《于闐國授記》的用語，北京版、那塘版和金汁寫本作O sku[4]，兩處均當以後者爲是。

綜合以上，"六城"是由六個城（au，相當於唐朝行政體制中的"鄉"）組成的一個地區名稱，包括Cira（質邏；Tib. Ji la）、Birgaṃdara（拔伽；Tib. Be rga 'dra）、Pa'、Āskūra（Tib. O sku）、Phaṃña（潘野；Tib. Pha nya）和Gaysāta（傑謝）。城的名稱都是胡語，表明它們是于闐國故有的城，而非唐朝制度引入後的新建置。其中Pa'和Gaysāta/傑謝不見於目前已知的藏文文獻和文書，似乎表明它們在吐蕃統治時期已經廢棄。從《唐大曆三年三月典成銑牒》所記傑謝百姓"蒙差使移到六城"的記録推測[5]，當8世紀末吐蕃到來之時，傑謝一帶可能已經不再是城（au）一級的行政區劃，可能已經不屬於六城，而且可能已經不適宜人畜在那裏生活了。

《唐大曆三年三月典成銑牒》後署"六城質邏刺史阿摩支尉遲信（？）"名，唐制"刺史"爲一州之長官，這裏的尉遲信（？）無疑是羈縻州的首領。榮新江教授曾對此加以論證，但行文用"質邏州"名[6]，吉田豐擬作"六城州"[7]。考慮到在于闐語、漢語文書中，"質邏"是

---

1 吉田豐《コータン出土8—9世紀のコータン語世俗文書に關する覺え書き》，神户市外國語大學外國學研究所，2006年，40、47—48頁；漢譯見廣中智之譯《有關和田出土8—9世紀于闐語世俗文書的札記（一）》，《敦煌吐魯番研究》第11卷，上海古籍出版社，2009年，177頁。

2 文欣《于闐國"六城"（*kṣa au*）新考》，朱玉麒主編《西域文史》第3輯，科學出版社，2008年，109—126頁。另外，沃洛比耶娃-捷夏托夫斯卡婭對"六城"的構成提出全新的解釋，但業經熊本裕全面批駁。見M. I. Vorobyova-Desyatovskaya, "The Toponym 'Six Villages' according to Khotanese Business Documents", in *La Persia e Asia centrale. Da Alessandro al X secolo*, Roma, 1996, pp. 171-178; H. Kumamoto, "The Khotanese Documents from the Khotan Area, with an Appendix by Saitô, Tatuya", *Memoires of the Research Department of the Toyo Bunko* 54 (1996), pp. 43-50.

3 金汁寫本《丹珠爾》（*bsTan 'gyur*）第三品法相乘部（rgyu mtshan nyid theg pa'i skor）之書翰部（spring yig gi skor）nge函，182卷，葉566a5；另見R. E. Emmerick, *Tibetan Texts concerning Khotan*（以下簡稱*TTK*）, London: Oxford University Press, 1967, p. 72.

4 金汁寫本，葉566a5；另見Emmerick, *TTK*, p. 74.

5 張廣達、榮新江《〈唐大曆三年三月典成銑牒〉跋》，107—108頁。

6《關於唐宋時期中原文化對于闐影響的幾個問題》，《國學研究》第1卷，北京大學出版社，1993年，405頁。

7 吉田豐《コータン出土8—9世紀のコータン語世俗文書に關する覺え書き》，89頁，注8；漢譯見榮新江、廣中智之譯《有關和田出土8—9世紀于闐語世俗文書的札記（二）》，朱玉麒主編《西域文史》第3輯，科學出版社，2008年，81頁。

一個具體的城（au），而“六城”指一個地區，州名當以“六城”爲宜，“六城質邏刺史”的寫法表明質邏是六城州的州治所在[1]。事實上，上述文書中的“六城質邏刺史阿摩支尉遲信（？）”名，現在可以從中國國家圖書館藏和田出土文書BH1-1《唐建中七年（786）（？）于闐某倉欠糧簿草》第6行得到印證，此處寫作“六城刺史信”，兩處的“信”顯然爲同一人，這不僅可以確認“信”字的讀法，也説明刺史信所刺州的名稱是“六城”。

二、西河州、*東河州、*河中州

麻札塔格出土《唐開元九年（721）十月至十年正月于闐某寺支出簿》第57行記：“廿二日，出錢捌伯文，付西河勃寧野鄉厥彌拱村叱半薩董，充家人悉勿吉良又科着税。”[2]一方面，文欣指出，鄉對應於于闐語au，村對應於bisā，參照漢文文書“六城質邏”、“六城傑謝”等例子，此處的“勃寧野鄉”前面的“西河”當是“州”級[3]。另一方面，荒川正晴和吉田豊指出，在于闐，州下有城，城内設坊；城外爲鄉，鄉下爲村。也就是説，于闐在州的下面没有縣的建置[4]。由此可見，這件文書所謂“西河勃寧野鄉厥彌拱村”云云，“西河”在行政級别上當是“州”。還可注意的是，《新唐書》卷四三下稱“于闐西五十里有葦關，又西經勃野，西北渡繫館河，六百二十里至郅支滿城，一曰磧南州”[5]。斯坦因疑葦關在札瓦庫爾干（Zawa Kurghān）戍堡[6]。今札瓦鄉在墨玉（Kara kash）縣西南24里處，筆者於2010年10月前往和田考察時，曾在札瓦鄉東風水庫旁見一烽火臺，夯土結構，似爲唐代遺物。另據《高居誨行記》：“……曰緑玉河，在城西二十里；曰烏玉河，在緑玉河西七里。”[7]烏玉河即今喀拉喀什河（Kara kash），流經今墨玉縣城東，從于闐都城至烏玉河27里，從今墨玉縣至札瓦鄉24里，兩者相加，正是51里。看來，今札瓦烽火臺一帶或許是唐代于闐葦關遺址之所在。西河州如以于闐城西27里處起向西延伸，則葦關之西的勃野當可比定爲文書所述西河州的勃寧野鄉。

西河州似也可從麻札塔格出土的藏文文書M.Tagh.b.i.0048（IOL Tib N 1854）得到印證。這是一支木簡文書，正背面分前後兩段各寫三行文字，共敘述5件事，内容似爲傳遞某種命

---

1 吉田豊《コータン出土8—9世紀のコータン語世俗文書に關する覺え書き》，40、47—48頁；文欣：《于闐國“六城”（*kṣa au*）新考》，121頁。

2 沙知、吴芳思（F. Wood）編《斯坦因第三次中亞考古所獲漢文文獻（非佛經部分）》（以下簡稱《漢文文獻》）第2册，上海辭書出版社，2005年，324—329頁。文書定名據池田温《麻札塔格出土盛唐寺院支出簿小考》，敦煌研究院編《段文傑敦煌研究五十年紀念文集》，世界圖書出版公司，1996年，207—225頁。

3 文欣《中古時期于闐國政治制度研究》，北京大學歷史學系碩士論文，2008年，94頁。

4 荒川正晴《クチャ出土〈孔目司文書〉考》，《古代文化》第49卷第3號，11—12頁；吉田豊《コータン出土8—9世紀のコータン語世俗文書に關する覺え書き》，161頁，注80。

5 《新唐書》卷四三下《地理志》，1150頁。

6 A. Stein, *Ancient Khotan*, I, Oxford, 1907, p. 98; 巫新華等譯《古代和田》，山東人民出版社，2009年，104頁。

7 張世南撰，張茂鵬點校《游宦紀聞》卷五，中華書局，1997年，46頁。

令。現據托瑪斯刊佈的圖版及IDP網站提供的照片，將其中4件事轉寫如下[1]：

1) shel chab 'og ma'i tshand la li bcu gnyis gyi ded sna li smad la gthad / (以下倒寫) tshard shi ro nya

2) shel chab gong ma'i tshan la li bdun gyi ded sna li bun dar ma la gthad / (以下倒寫) tshar has go nya na mchis /

3) shel chab dbus gyi tshan la li dgu'i ded sna / bar ma ro nya'i li shir de la gthad /

4) mkhar pa dru'i ded sna / li khom(s?) she dad / la gthad / (以下倒寫) srang ba zho nya na mchis

按引文中的Shel chab 'og ma、Shel chab gong ma和Shel chab dbus三詞，字面上的意思分别是下玉河、上玉河和玉河中部，其中上、下玉河業經學者比定爲喀拉喀什河和玉龍喀什河（Yurung kash）[2]。藏文文獻常以上方指西部，下方指東部，所謂上玉河，即西玉河；所謂下玉河，即東玉河。再比照上引漢文文書“西河勃寧野鄉”的記載，則西玉河和東玉河可分别簡稱爲西河和東河。至於這件藏文文書中的tshan(d)字，楊銘將它與吐蕃統治敦煌時期部落（sde）屬下的“將”（tshan）等同[3]；武内紹人認爲其意爲單位（unit）或團體（group），此處可能是徵税或服役的最小單位[4]。這兩個觀點值得商榷。敦煌藏文文書確如兩位所説，但于闐和敦煌不一定相同，從這件文書的用例來看，tshan/tshand似可與漢文的“州”比對。文書此處所述的各位頭領不一定如武内先生所説指東河和西河等各tshan(d)的頭領，而是每句話後面的地址即各tshar(d)（鄉）或srang（坊）的頭領。也就是，前面的東河和西河等爲一個大的行政單元，後面的Shi ro nya和Has go nya等爲其屬下的行政單元，前者稱tshan(d)，後者稱tshar(d)或srang。武内先生論證tshar(d)相當於唐朝鄉里制度中的“鄉”，srang相當於坊[5]，對此筆者完全贊同。再比照上文所引漢文文書的記載，東河和西河等各tshan(d)的行政級别自然只能是州了。事實上，武内先生本人也認爲，這裏所述的玉龍喀什河東之地、喀拉喀什河西之地和兩河中間之地很可能爲三個州（prefecture）[6]。當然藏文文書産生於吐蕃統治于闐時期，很難説彼時于闐仍有州的建置。但是，如果説吐蕃對于闐大致延續了唐朝的區域劃分，只是對於這一層行政級别的專名，吐蕃以tshan/tshand來表示，當不會有大誤。這反過來表明，在唐朝統治于闐時期，西河、東河和河中三地很可能是毗沙都督府所屬的三個州。又由於喀拉喀什河和玉龍喀什河古今河道未有大變，則西河州（喀拉喀什河以西）當

1 圖版見F. W. Thomas, *Tibetan Literary Texts and Documents concerning Chinese Turkestan*（以下簡稱*TLTD*）, III, London: The Royal Asiatic Society, 1955, pl. XIX. 轉寫和譯文參見Thomas, *TLTD*, II, 1951, pp. 167-169; T. Takeuchi, “*Tshar*, *srang*, and *tshan*: Administrative Units in Tibetan-ruled Khotan”, *Journal of Inner Asian Art and Archaeology* 3/2008, Brepols, 2009, pp. 145-146.

2 G. Uray, “The Old Tibetan Sources of the History of Central Asia up to 751 A. D.: A Survey”, in J. Harmatta ed., *Prolegomena to the Sources on the History of Pre-Islamic Central Asia*, Budapest: Akadémiai Kiadó, 1979, pp. 290-294; Takeuchi, “*Tshar*, *srang*, and *tshan*”, pp. 145-146.

3 楊銘《將（*Tshan*）》，載作者《吐蕃統治敦煌研究》，新文豐出版公司，1997年，275頁。

4 Takeuchi, “*Tshar*, *srang*, and *tshan*”, pp. 145-146.

5 Ibid., p. 146.

6 Ibid., p. 146.

與今和田地區墨玉縣轄境大致不差，東河州（玉龍喀什河以東）大概在今洛浦（Lop）縣一帶，而河中州當在兩河的中間，即今和田縣轄區。

Shel chab 'og ma、Shel chab gong ma和Shel chab dbus三詞也見於《于闐國授記》所述于闐建國傳説的部分，《授記》大致稱于闐先祖地乳（Sa nu）王子和耶舍（Ya sha）大臣最初在西河（Shel chab gong ma）'Di nya鄉下部的Hang gu dzo地方會面，然商談未妥，尋諸干戈。後經毗沙門天（Tib. rNam thos kyi bu; Skt. Vaiśravaṇa）和功德天女（Tib. dPal gyi lha mo; Skt. Śrī Devī）調解，雙方遂歸於好，商定地乳王子之從者漢人，住在東河（Shel chu 'og ma）至奴盧川（mDo lo）、坎城（sKam sheng）之間；大臣耶舍之從者天竺人，住在西河至杜瓦（Du rya）、固城（Kong sheng）之間；河中（Shel chu dbus）地區則由竺漢臣民雜居混處[1]。作爲教法史類作品，《于闐國授記》難免摻糅傳説的成分，但其中地名似可作爲信史。比如上引藏文文書稱西河州7個于闐人的頭領Bun dar ma在Has go nya鄉，《授記》的Hang gu dzo當可與Has go nya比對，只是大概在轉抄過程中發生了些許訛變。另一方面，從《授記》的敘述來看，顯然西河的地理範圍包括Hang gu dzo在内，這反過來表明我們上文的考證不誤。順便言及，《授記》關於于闐建國時期的三個地理區劃，或許就是于闐國固有的地理區劃。唐朝的羈縻州從五州到十州，可能是在這個傳統地理區劃基礎上的繼續和細分。

至於文書中的mKhar pa dru一詞，托瑪斯譯作six city[2]，武内譯作six town，但又稱此指于闐都城[3]。按于闐都城一般認爲在今和田西南二十餘里的約特干（Yotkan）村[4]，位於喀拉喀什河和玉龍喀什河的中間地帶，也即在文書所説的Shel chab dbus（河中）之地。如此，mKhar pa dru自不應指于闐都城，此詞意爲“六城”，筆者認爲當指老達瑪溝一帶出土文書中的六城，即上節所論證的六城州。如是，這件藏文文書可翻譯如下：

1）致東河州12個于闐人之頭領于闐人sMad，［在］Shi ro nya鄉。

2）致西河州7個于闐人之頭領于闐人Bun dar ma，在Has go nya鄉。

3）致河中州9個于闐人之頭領、Bar ma ro nya［鄉］之于闐人Shir de。

4）致六城頭領于闐人Khom(s?) she dad，在Ba zho nya坊。

綜合以上並結合段晴、榮新江、文欣等學者對于闐語及漢語于闐語雙語文書的研究，下面表列于闐各級行政結構名稱的漢語、于闐語和藏語對照[5]，今尚未明者，以問號表示：

---

1 Thomas, *TLTD*, I, 1935, pp. 101-102; Emmerick, *TTK*, pp. 18-21. 有關其中專名的漢藏比定，請見本文下面討論。

2 Thomas, *TLTD*, II, p. 168.

3 Takeuchi, "*Tshar*, *srang*, and *tshan*", p. 146.

4 季羡林等校注《大唐西域記校注》，中華書局，2008年，1010頁。

5 Duan Qing, "*Bisā-* and *Hālaa-* in a New Chinese-Khotanese Bilingual Document", *Journal of Inner Asian Art and Archaeology* 3/2008 [2009], pp. 65-73（中文見段晴《關於古代于闐的“村”》，朱鳳玉、汪娟編《張廣達先生八十華誕祝壽論文集》，新文豐出版公司，2010年，581—604頁）；榮新江、文欣《和田新出漢語—于闐語雙語木簡考釋》，《敦煌吐魯番研究》第11卷，上海古籍出版社，2009年，62頁（英文見Rong Xinjiang and Wen Xin, "Newly Discovered Chinese-Khotanese Bilingual Tallies", *Journal of Inner Asian Art and Archaeology* 3/2008 [2009], pp. 99-118）。

漢語	于闐語	藏語
州	?	tshan(d)
城 / 鄉	au	mkhar / tshar
坊 / 村	bisā	srang / ?

三、豬拔州

《新唐書》卷四三下在緊接着四鎮都督府條後記有“河西内屬諸胡”十二州[1]，王小甫教授正確地指出，這十二州應不出安西四鎮地區[2]。十二州之一的豬拔州見於國家圖書館新入藏的和田出土漢文文書BH1-1《唐建中七年（786）（？）于闐某倉欠糧簿草》和BH1-2《唐大曆九年（774）（或十年）于闐鎮守軍倉勾徵帳草》，文書尚在整理之中，這裏僅引其中的相關文字如下：

BH1-1第23—27行：

23 一百一十五石九斗三升六城欠，所由没達門。

24 廿六石三斗三升青、八十石小、九石六斗粟。

25 二百廿一石九斗六合豬拔州，所由可左慈、勿地悌。

26 五十八石九斗二升二合青、一百六十二石九斗七升四合粟。

27 卌二石青、卌二石小、九十二石粟。

BH1-2第17—22行：

17 一千一百六十七石八斗五升，税粮欠後債納。

18 五百一十七石□□（八斗），豬拔州。所由桑門悌、薗能悌。

19 一百一十七〔石〕八斗青麥。三百石小麥。

20 一百石粟。

21 六百卌五石二斗五升，六城。所由突騎施、張庭剛。

22 二百廿九石二斗五升小。四百一十五石粟。

我們看到，豬拔州和六城並提，而且BH1-2號文書提示兩地所交納糧食的數量亦大致相當，可見兩地在行政級别上應當相同。

另，藏文《無垢光所問經》（*Dri ma med pa'i 'od kyis zhus pa*）是藏文大藏經所收有關于闐的五部教法史類作品之一，其中記觀音菩薩言：“名爲蘇蜜（dNgar ldan）之悦意〔城〕（Yid du 'ong ba）、豬拔城（Phag gis mtshon pa'i grong khyer）和故城（grong khyer rNying pa）此三城，直至佛陀教法住世、一切僧伽得到供養且佛陀之迦毗羅（Ka pi la）窣

1 《新唐書》卷四三下《地理志》，1134—1135頁。

2 《唐·吐蕃·大食政治關係史》，北京大學出版社，1992年第1版；此據中國人民大學出版社，2009年，239—240頁。

堵波安在，將不會毁滅。”[1]按“蘇蜜城”見於《于闐國授記》和《于闐教法史》，即于闐都城[2]；“故城”所指不明，敦煌莫高窟瑞像榜題中有“于闐故/古城瑞像”[3]，兩者或可勘同；至於Phag gis mtshon pa'i grong khyer，phag意爲豬，mtshon pa有標誌、表記之意，grong khyer意爲城，合起來可譯作“豬拔城”，當是豬拔州的主要城邑，或即州治所在。

可惜的是，由於資料所限，我們對豬拔州的地理方位不得而知。從上述文書來看，它與六城並列，故或許與六城州毗鄰，位於于闐國東部地區。

四、坎城與蘭城

以上我們考證了毗沙都督府屬下的5個州，至於另外5個州，目前只能略作推測。筆者懷疑其中至少有一個州在六城的東面，即玄奘所記的媲摩和尼壤地區。據《大唐西域記》，于闐王城東三百餘里爲大荒澤，由此更東行三十餘里爲媲摩城，有媲摩川，自媲摩川東入沙磧，行二百餘里至尼壤城[4]。王北辰和文欣曾將媲摩川比定爲今于田縣的克里雅河（Keriya），這是非常有見地的認識[5]。復據《新唐書》卷四三下：“有寧彌故城，一曰達德力城，曰汗彌國，曰拘彌城。于闐東三百九十里，有建德力河，東七百里有精絶國。……又于闐東三百里有坎城鎮，東六百里有蘭城鎮。”[6]又《新唐書·西域傳》上：“于闐東三百里有建德力河，七百里有精絶國；河之東有汗彌，居達德力城，亦曰拘彌城，即寧彌故城。皆小國也。”[7]一些學者據方位距離而認爲媲摩城可比定爲寧彌故城，並是《史記》之扜罙、《漢書》之扜彌、《後漢書》之拘彌、《洛陽伽藍記》之捍麼[8]。另外，“達德力”城和“建德力”河僅一字之差，而繁體的“達”字和“建”字相近，兩字當形近而誤。王北辰並認爲“達”應作“建”，似可接受。他還指出，從《大唐西域記》和《新唐書》所記里程推之，則建德力河當即媲摩川，也就是今克里雅河；建德力城當即媲摩城，位於建德力河/媲摩川東側[9]。對此筆者完全贊同。

媲摩和坎城皆見於于闐語文書，作Phema和Kaṃdva。近年段晴教授和文欣的研究表明，媲摩是一個較大範圍的地域名稱，同時是這個地域内的一座城，而坎城爲其屬下的一

1 《無垢光所問經》，德格版《甘珠爾》經部（mdo sde）ba函，57卷，葉217b7—218a1；那塘版《甘珠爾》經部pa函，59卷，葉351a1—3。參見Thomas, *TLTD*, I, p. 187。

2 參見拙稿《敦煌藏文文書P.t.960所記于闐佛寺的創立——〈于闐教法史〉譯注之一》，《敦煌研究》2011年第1期，84頁。

3 張廣達、榮新江《敦煌“瑞像記”、瑞像圖及其反映的于闐》，原載《敦煌吐魯番文獻研究論集》第3輯，北京大學出版社，1986年，69—147頁；此據作者《于闐史叢考》（增訂本），185、220、222頁。

4 季羡林等校注《大唐西域記校注》，1025—1030頁。尼壤，《大慈恩寺三藏法師傳》作泥壤，餘略同。孫毓棠、謝方點校，中華書局，2008年，124頁。

5 王北辰《古代西域南道上的若干歷史地理問題》，《地理研究》第2卷第3期，1983年，37頁；文欣《中古時期于闐國政治制度研究》，90—91頁。

6 《新唐書》卷四三下《地理志》，1150—1151頁。

7 《新唐書》卷二二一上《西域傳》，6236頁。

8 水谷真成譯注《大唐西域記》第3册，平凡社，1999年，448頁；季羡林等校注《大唐西域記校注》，1029頁。

9 王北辰《古代西域南道上的若干歷史地理問題》，36—37頁。參見譚其驤主編《中國歷史地圖集》第5册，中國地圖出版社，1982年，63—64頁。

個地名[1]。文欣還據于闐語文書Or.12637/14.1指出，在唐朝統治進入于闐以前，媲摩是一個普通的居民區，當唐朝鎮守軍駐扎于闐以後，選取媲摩作爲軍事駐地，並據當地的一個地名Kaṃdva而將此地立爲“坎城守捉”[2]。如此説來，在媲摩地區，唐朝軍隊就駐扎在坎城（Kaṃdva），此處既設守捉，又設鎮[3]，坎城一名亦隨之載於唐朝史册及和田出土的漢文文書，而媲摩則更多地保存在于闐語文書中[4]。藏文文獻也記有媲摩，《牛角山授記》（*'Phags pa ri glang ru lung bstan pa*）述：“如來瑞像名垢朗（Ki'u lang）者將來，於東方媲摩（Phye ma）城住，守護邊境。”[5]Phye ma當來自于闐語Phema。不過此地在藏文文獻中更多的是寫作Kham sheng[6]，亦作Kam sheng[7]或sKam sheng[8]。這個詞可能來自于闐語Kaṃdva，並受漢語稱此地作“城”的影響，當然也可能直接來自漢語“坎城”。順便言及，《牛角山授記》以媲摩而非坎城來稱呼這個地區並以之爲于闐東境，這與玄奘以尼壤城爲于闐東境的敘述很不相同。看來，《牛角山授記》的完成當早於玄奘時代。媲摩城今不見於和田出土的漢文文書，但却保存在敦煌所出的“瑞像記”和莫高窟的瑞像榜題上。對此張廣達和榮新江兩位先生已有專論，此不贅述[9]。另《高居誨行記》：“（自仲雲界）又西，渡陷河，伐檉置水中乃渡，不然則陷。又西，至紺州，紺州，于闐所置也，在沙州西南，云去京師九千五百里矣。又行二日，至安軍州，遂至于闐。”[10]紺州，學者一般把它比定爲坎城[11]。俄藏Дx.2148(2)+Дx.6069(1)《于闐天壽二年（964）弱婢祐定等牒》有“紺城”，即指“坎城”[12]。從五代時留下的“紺州”，似表明坎城所在的地區原係一州。

玄奘所記于闐國東境的尼壤城，也作尼攘或泥壤，過去一般認爲指漢代的精絶國，即今民豐縣北沙漠中的尼雅遺址[13]。也有不同的意見，比如王北辰認爲當在今民豐縣（舊名尼

1 文欣《中古時期于闐國政治制度研究》，90—92頁；段晴《薩波Vaisa之牒所隱括的社會變遷》，劉紹剛、侯世新主編《新疆博物館新獲文書研究》，中華書局，2013年，88頁。

2 文欣《中古時期于闐國政治制度研究》，92—93頁。Or.12637/14.1的于闐語轉寫和翻譯見P. O. Skjærvø, *Khotanese Manuscripts from Chinese Turkestan in the British Library*（以下簡稱*Khotanese Manuscripts*）, London: The British Library, 2002, p. 124.

3 參見榮新江《于闐在唐朝安西四鎮中的地位》，《西域研究》1992年第3期，58頁。

4 有關Phema的于闐語文書，參見文欣《中古時期于闐國政治制度研究》，91—92頁。

5 《牛角山授記》，德格版《甘珠爾》經部ah函，76卷，葉227a1—2；那塘版《甘珠爾》經部a函，76卷，葉346a5—6。參見Thomas, *TLTD*, I, p. 24, n. 6.

6 《于闐教法史》第83、98—106行。照片見IDP網站，録文參見Emmerick, *TTK*, pp. 88-90.

7 《于闐教法史》第111—112行（録文參見Emmerick, *TTK*, p. 91）；《于闐國授記》，德格版《丹珠爾》書翰部nye函，173卷，葉180b2、188a2。

8 《于闐國授記》，德格版，葉176a2。

9 《敦煌“瑞像記”、瑞像圖及其反映的于闐》，201頁。按敦煌所出的“瑞像記”和莫高窟的瑞像榜題上同樣有坎城瑞像。見該文，200—201頁。

10 《新五代史》卷七四《四夷附録・于闐》，中華書局，1974年，917—918頁。

11 榎一雄《仲雲族の牙帳の所在地について》，原載《鈴木俊教授還曆記念東洋史論叢》，山川出版社，1964年；此據《榎一雄著作集》第1卷，汲古書院，1992年，160頁，注8；長澤和俊《高居誨の于闐紀行について》，原載《東洋學術研究》第16卷第4號，1977年；後改名《高居誨の于闐紀行》，收入作者《シルクロード史研究》，國書刊行會，1979年；此據鍾美珠譯本《絲綢之路史研究》，天津古籍出版社，1990年，590—591頁。

12 榮新江《綿綾家家總滿——談十世紀敦煌于闐間的絲織品交流》，包銘新主編《絲綢之路・圖像與歷史》，東華大學出版社，2011年，42—44頁。

13 水谷真成譯注《大唐西域記》第3册，451頁；季羨林等校注《大唐西域記校注》，1030頁。

雅）[1]。近年隨着人們對于闐語文書認識的深入，前一種比定逐漸受到學者的質疑。在老達瑪溝地區出土的于闐語文書中，經常可以見到一個地名Nīña，例如于闐語文書Hedin 59敘述，薩波（spāta）Vimaladattä從媲摩（Phema）得到命令，復下達至勿日桑宜（Vaśa'rasaṃgä），需向Nīña薩波提供馱畜一頭[2]。Nīña還見於于闐語文書Hedin 37、38、52、61、65和近年新刊佈的兩件木板文書[3]，内容基本上是有關六城向該地提供馱畜、糧食等事。那麼，Nīña到底在何處呢？貝利和施傑我認爲在今尼雅（即民豐），施傑我並指出可能即玄奘所記的泥壤城[4]。吉田豊同樣認爲，由於古尼雅遺址據考在4世紀時已經廢棄，而這些赫定文書的年代却是在8世紀後半葉，因此兩者不能勘同，與其將Nīña比定爲古尼雅遺址，不如在今天的尼雅（即民豐）附近來尋找。他還推測這個尼壤/Nīña可能是唐書所記的“蘭城”[5]。然而，由於“蘭城”發音和尼壤/Nīña差别較大，這個推測未成定論。

近年，李吟屏根據他在和田地區所見新出文書中有“藺城”一名的記録，懷疑《新唐書·地理志》的“蘭城”即“藺城”，“蘭”字爲“藺”字之誤[6]。其後，陳國燦也同意這種説法[7]。值得注意的是，不論是20世紀初葉和田出土的漢文文書中，還是國家圖書館和中國人民大學博物館近年入藏的和田出土文書裏，都不見“蘭城”的記載，却在多件文書中出現了與之形態十分相近的“藺城”[8]。由此，筆者認爲李吟屏的看法可以成立。

更有進者，“藺”的中古音作lǐěn，爲來母、臻韻[9]。據敦煌漢藏對音材料，來母和泥母可以互通[10]，如此可以將“藺城”比定爲Nīña/Nīna。至於尼壤，郭錫良構擬中古音作ni nzǐaŋ[11]，nzǐaŋ看似與ña不完全對應，但是正如貝利（H. W. Bailey）早已指出，以-ang結尾的漢語譯成于闐語時，常脱落韻尾輔音-ng而成爲-ā，例如于闐語chā對應於漢語“丈”；于闐語cā對應於漢語“張”[12]。近年和田出土的漢語于闐語雙語文書則表明，在翻譯于闐語母音-i或-a時，漢語可能增加韻尾輔音，例如于闐語Araukāṃñi，漢語作“阿勞拱壤”；于闐語Suttīnāṃña，漢語作“速底囊”[13]，也就是説，對於于闐語ñi和ña，漢語分别以“壤”和“囊”譯之。可見在當時，是可以用漢語“尼壤/攘”來對譯于闐語Nīña/Nīna的。

1 《古代西域南道上的若干歷史地理問題》，37頁。

2 Bailey, *Khotanese Texts*, IV, p. 161.

3 Bailey, *Khotanese Texts*, IV, pp. 149, 157, 164, 166; P. O. Skjærvø, “An Account Tablet from Eighth-Century Khotan”, *Bulletin of the Asia Institute* 15 (2001 [2005]), p. 7; 文欣《新疆博物館藏木板于闐語糧食支出帳考釋》，朱玉麒主編《西域文史》第9輯，科學出版社，2014年，85—108頁。

4 Bailey, *Khotanese Texts*, IV, p. 149; P. O. Skjærvø, “An Account Tablet from Eighth-Century Khotan”, p. 7.

5 吉田豊《コータン出土8—9世紀のコータン語世俗文書に關する覺え書き》，18—19頁；漢譯見廣中智之譯《有關和田出土8—9世紀于闐語世俗文書的札記（一）》，161—162頁。

6 《發現於新疆策勒縣的四件唐代漢文文書殘頁考釋》，《西域研究》2007年第4期，18—19頁。

7 《唐安西四鎮中“鎮”的變化》，《西域研究》2008年第4期，21頁。

8 中國國家圖書館藏和田文書BH1-1、BH1-2等；中國人民大學博物館藏和田文書25、52正、54（暫編號）。

9 郭錫良《漢字古音手册》（增訂本），商務印書館，2010年，380頁。

10 高田時雄《敦煌資料による中國語史の研究》，創文社，1988年，298頁；周季文、謝後芳《敦煌吐蕃漢藏對音字彙》，中央民族大學出版社，2006年，33、39、107頁。

11 郭錫良《漢字古音手册》（增訂本），129、401頁。

12 H. W. Bailey, “Irano-Indica II”, *Bulletin of the School of Oriental and African Studies* 13.1 (1949), p. 133.

13 段晴《關於古代于闐的“村”》，584頁。

從文書内容分析，人大博物館藏漢語文書52號正面雖殘，但不難推測是講從質邏攤市毛袋、扳索等物品運送蔺城。如上所述，質邏爲六城的首府所在，Hedin 59于闐語文書的勿日桑宜，正是六城質邏屬下的一位小吏[1]，文書内容也是講質邏向Nīna提供馱畜。可見漢語和于闐語文書所記事情相似。這從一個側面表明我們將蔺城比定爲Nīña不誤。

綜上所述，漢語文書的“蔺城”對應於于闐語文書的Nīña，並是玄奘所記于闐東境的尼壤城，而《新唐書》所記于闐“蘭城”爲“蔺城”之誤。在唐朝統治進入于闐以前，這裏便是于闐國東境之關防所在[2]。唐朝軍防力量進入之後，因仍于闐國之舊，在此設蔺城鎮，所轄區域可能與古精絶國相仿，只是大爲偏南而已。從這裏向西，經移杜堡、彭懷堡，二百餘里至坎城守捉[3]。蔺城和坎城之間路途遥遠，唐朝是否曾在此地設州呢？據玄奘記載，尼壤城“周三四里，在大澤中。澤地熱濕，難以履涉。蘆草荒茂，無復途徑。唯趣城路，僅得通行，故往來者莫不由此城焉。”[4]顯然環境十分惡劣，自是不宜作物生長，所以常需六城地區提供生活物資。如此看來，這裏也許僅有軍事系統的鎮，並無州的建置，而是附屬於坎城地區。

五、固城、吉良與皮山

《新唐書》卷四三下記于闐“西二百里有固城鎮，西三百九十里有吉良鎮”[5]。這兩個地名亦出現在多種藏文文獻中。如《于闐國授記》最後一部分敘述于闐各地的伽藍和僧伽數目，其中講道：“自吉良（Gyil kyang）至固城（Kong sheng）與杜瓦（Du rya），城堡内外，包括各鄉（tshar），大伽藍約十五，每户〔供養〕的小佛堂和没有施主的小佛堂及窣堵波計……二部僧伽，包括家人（las rkyen pa）和擁有私産者（sgos 'tsho）在内，共計九百六十三人。”[6]相似記載亦見於《于闐教法史》第111行：“自吉良（GyIl yang）至固城（Ko sheng）和杜瓦（Dur ya），比丘、比丘尼二者共約五百三十。”[7]綜合兩處記載，無疑Gyil kyang對應於GyIl yang，Kong sheng對應於Ko sheng，而Du rya對應於Dur ya。據筆者研究，《于闐國授記》成立於9世紀上半葉吐蕃統治于闐時期[8]，早於《于闐教法史》，故本文此處引用將其排在《于闐教法史》之前。但在另一方面，《于闐教法史》乃敦煌藏經洞所出，保存了早期專名詞的書寫形態；而《于闐國授記》僅有晚出的藏文大藏經本，抄寫年代自是大大地晚於《于闐教法史》，而且很可能在傳抄過程中使一些專名詞發生訛轉。我們從下文的考證中可以感受到這一點。

---

1 吉田豊《コータン出土8—9世紀のコータン語世俗文書に關する覺え書き》，51—53頁；漢譯見榮新江、廣中智之譯《有關和田出土8—9世紀于闐語世俗文書的札記（二）》，80—81頁。
2 季羡林等校注《大唐西域記校注》，1010頁。
3《新唐書》卷四三下《地理志》，1151頁。
4 季羡林等校注《大唐西域記校注》，1030頁。
5《新唐書》卷四三下《地理志》，1151頁。
6 德格版，葉188a4—5。譯文參見Thomas, *TLTD*, I, pp. 135-136; Emmerick, *TTK*, pp. 74-75.
7 録文參見Emmerick, *TTK*, p. 91; 譯文參見Thomas, *TLTD*, I, pp. 322-323.
8 拙文《〈于闐國授記〉的成立年代研究》，朱玉麒主編《西域文史》第9輯，科學出版社，2014年，109—119頁。

對於《于闐國授記》的Gyil kyang，托瑪斯指出可比定爲今和田地區皮山縣西南的克里陽（Kilian）[1]；另一方面，王小甫教授考訂克里陽是唐代吉良鎮所在之地[2]。又據敦煌漢藏對音材料，吉良可分别擬音作藏文kyir和lyang[3]，*Kyir lyang、Gyil yang、Gyil kyang和克里陽（Kilian），讀音相近，方位相合，自可勘同無疑。

復據托瑪斯，上引文中Du rya或Dur ya，地在今皮山縣東南的杜瓦鎮（Duwa）[4]。

至於Ko sheng，也見於麻札塔格出土文書M. Tagh a. iv. 00153[5]，又見於《牛角山授記》，作Ko sheng或Ku sheng[6]。最初托瑪斯推測Ko sheng或Ku sheng爲今皮山縣治固瑪（Gūma）[7]。後來蒲立本（E. G. Pulleyblank）認爲Ku sheng可以比定爲《唐書》的固城[8]。再後張廣達和榮新江兩位先生指出Ko sheng或Ku sheng當指固城[9]。對此筆者完全贊同，以下謹略加疏證，是爲兩位先生做注。首先從發音考慮，上文已經論及坎城的藏文作Kam/Kham/sKam sheng，故漢文“城”字可對應於藏文sheng；“固”，高田時雄擬切韻音作ko³，河西音作ku³ [10]，蒲立本擬早期中古音作kəʰ，晚期中古音作kuə[11]，郭錫良擬中古音作ku[12]。從而可見，藏語的Ko/Ku sheng和漢語的“固城”發音基本相近，只是藏文在成立或傳抄過程中可能受到中原音或河西音的不同影響。《于闐國授記》的Kong sheng可能就是在傳抄過程中發生衍誤，致使Ko字多出後加字nga。其次從地理方位來看，上引《新唐書》卷四三下述固城位於于闐西二百里，藏文文獻所記的Ko sheng也是在于闐西境，《牛角山授記》：“如來瑞像名樂源（bDe ba'i 'byung gnas）[13]者將自具善（bDe ba can）城堡來，在西面固城住，守護邊境。”[14]

綜合上述，Ko/Kong sheng即固城。另從里程考慮，固城當在今皮山縣境内，位於杜瓦鎮和克里陽鎮之間的某處，是否即今皮山縣治固瑪（Gūma）？筆者認爲固瑪一名可能保存了過去地名的某種遺留，但從里程考慮，似在其東部的桑株（Sanju）河流域更爲合理。又，于闐語文書中有地名作Gūma，文欣主要據其中的Or.11252/24認爲Gūma爲Āskūra屬

1 F. W. Thomas, “The Language of Ancient Khotan”, *Asia Major*, first series, II, 1925, pp. 259-261; Idem, *TLTD*, I, p. 135, n. 13; Emmerick, *TTK*, p. 95.

2 王小甫《唐·吐蕃·大食政治關係史》，105頁。

3 周季文、謝後芳《敦煌吐蕃漢藏對音字彙》，24、33頁。

4 F. W. Thomas, “The Language of Ancient Khotan”, pp. 260-261; Idem, *TLTD*, I, pp. 102, 135, 318; 西安地圖出版社編製《新疆維吾爾自治區地圖册》，西安地圖出版社，1998年，59頁。

5 T. Takeuchi, *Old Tibetan Manuscripts from East Turkestan in the Stein Collection of the British Library*（以下簡稱*Old Tibetan Manuscripts*）, Tokyo: The Centre for East Asian Cultural Studies for Unesco, The Toyo Bunko; London: British Library, 1997-1998, no. 203. 圖版見卷1，106頁；轉寫見卷2，67頁。

6《牛角山授記》，德格版，葉226b7；那塘版，葉346a4。參見Thomas, *TLTD*, I, p. 24; Emmerick, *TTK*, pp. 87-91.

7 Thomas, *TLTD*, I, p. 318, n. 3.

8 Emmerick, *TTK*, p. 94.

9《敦煌“瑞像記”、瑞像圖及其反映的于闐》，200頁。

10 高田時雄《敦煌資料による中國語史の研究》，310頁。

11 Edwin G. Pulleyblank, *Lexion of Reconstructed Pronunciation in Early Middle Chinese, Late Middle Chinese, and Early Mandarin*, Vancouver: UBC Press, 1991, pp. 54, 111.

12《漢字古音手册》（增訂本），149頁。

13 bde ba'i 'byung gnas，梵文作 Sukhākarā（Lokesh Chandra, *Tibetan-Sanskrit Dictionary*, New Delhi: International Academy of Indian Culture and Aditya Prakashan, 2001, p. 405）。托瑪斯還原作Puṇya-saṃbhava (*TLTD*, I, p. 24).

14 德格版，葉226b7；那塘版，葉346a3—4。參見Thomas, *TLTD*, I, p. 24。

下的村[1]，仔細分析這件文書，似乎不一定如此："……在拔伽者：Mattiśka之子Vidarrjāṃ，Suhīka之子伊里桑宜（Īrasaṃga），來自潘野的Kāśaka與Yaudara；來自Gūma的Vidyade在Āskura。"[2]由於于闐語人名大量重複，這裏的某某人之子或注明某人的出處"來自潘野"、"來自Gūma"云云，當是起區別人名的作用，比如拔伽的Kāśaka來自潘野，這並不表明潘野爲拔伽屬下的村，我們以上已經論證潘野爲六城之一，在行政級别上和拔伽相等。同理，Āskura的Vidyade來自Gūma，也不表明Gūma爲Āskura屬下的村。若仔細分析另一件文書Hedin 19，Gūma和Āskura當是並列關係："Gūma的Vidarrjāṃ交納23尺布，Āskvīra的Vasade交納18尺布。"[3]考慮到Gūma不論從發音還是形態上都與藏文Ko/Ku及今固瑪基本一致，筆者懷疑指固城。和Gūma相近的于闐語還有Gūmaṃda，見IOL Khot 46/5："來自Gūmaṃda的Sāmade……"[4]文書大概寫於吐蕃統治時期，可惜已殘，我們只能從形態上推測Gūmaṃda所指或與Gūma相同。

于闐固城以瑞像著稱，我們上面引用的《牛角山授記》即是一例，另《于闐教法史》第82行："六尊化身鑄像自天竺而來於固城之城門住。"[5]固城瑞像還見於敦煌所出"瑞像記"S. 2113："釋迦牟尼佛從舍衛國（Śrāvastī）騰空於固城住"、"結迦宋佛（Krakucchandha）亦從舍衛國來在固城住"、"伽你迦牟尼佛（Kanakamuni）從舍衛國騰空而來在固城住"[6]。相似内容的榜題也見於莫高窟第72、76、231窟等，除以上三種瑞像外，尚有"迦葉佛（Kāśyapa）從舍衛□騰空於固城住瑞像"（231窟）等[7]。

上引藏文《于闐國授記》和《于闐教法史》將固城與吉良、杜瓦放在一起敘述其伽藍和僧伽數目，看來，這三地應是一個更大區域的組成部分。當然唐朝統治時期是否亦然，目前難以斷下結語。無論如何，如果説這裏有一至兩個州的建置，似無不可。

于闐西南三百八十里有皮山城，西南七百里有凍凌山[8]。關於皮山城和凍凌山的具體地望，我們尚不清楚。《新唐書》卷四〇"安西大都護府"條下記于闐"西南有皮山鎮"[9]。皮山城和皮山鎮或在一處。譚其驤主編《中國歷史地圖集》第5册"隴右道西部"將皮山鎮置於今皮山縣治[10]，鍾興麒認爲在今皮山縣城西南35公里的皮西那（Pishna）鄉政府駐地皮什南

1 《于闐國"六城"（*kṣa au*）新考》，120頁。

2 Skjærvø, *Khotanese Manuscripts from Chinese Turkestan in the British Library*, p. 97.

3 Bailey, *Khotanese Texts*, IV, p. 120.

4 Skjærvø, *Khotanese Manuscripts from Chinese Turkestan in the British Library*, p. 279.

5 録文參見Emmerick, *TTK*, p. 87; 譯文參見Thomas, *TLTD*, I, p. 318；王堯、陳踐譯注《敦煌吐蕃文獻選》，155頁。固城，王、陳譯作"歌相"。

6 《敦煌"瑞像記"、瑞像圖及其反映的于闐》，174頁。

7 *Grottes de Touen-Houang carnet de notes de Paul Pelliot: Inscriptions et Peintures Murales*, III, Paris: Collège de France, 1983, p. 25;《敦煌"瑞像記"、瑞像圖及其反映的于闐》，第217—221頁。按孫修身主編《敦煌石窟全集》12《佛教東傳故事畫卷》收第72窟一尊瑞像，榜題作"伽你釋迦牟尼佛從舍衛國來在固城"，"伽你釋迦牟尼佛"應即瑞像記中的"伽你迦牟尼佛"，孫修身先生稱是"結跏宋佛"的另一名稱，似誤。香港商務印書館，1999年，114頁。

8 《新唐書》卷四三下《地理志》，1150頁。

9 《新唐書》卷四〇《地理志》，1048頁。

10 譚其驤主編《中國歷史地圖集》第5册，63—64頁。

（Pishinan）村[1]。按《漢書・西域傳》稱于闐“西通皮山三百八十里”[2]，所記里程與《新唐書》卷四三下記載的皮山城完全一致，看來，唐代的皮山城/鎮乃是延續了漢代皮山國的地望。但一稱在于闐之西，一稱在于闐西南。如上所述，《新唐書》卷四三下記于闐西三百九十里有吉良鎮，若皮山在于闐之西，則是唐朝在僅差十里之地設置兩鎮，似不可能。又據《魏書・西域傳》：“蒲山國，故皮山國也。居皮城，在于闐南。……其國西南三里，有凍凌山。”[3]徐松懷疑“在于闐南”爲“在于闐西”之訛[4]，岑仲勉認爲此句奪“西”字，而“其實應作西北”[5]。筆者認爲，《漢書・西域傳》于闐“西通皮山”大概指皮山國，結合《新唐書》記載，皮山國的都城皮山城仍當以在于闐西南三百八十里爲是，唐時在此設鎮。斯坦因認爲今木吉（Moji）、木奎拉（Mokuila）至皮山一帶爲漢代皮山國的一部分，或可接受[6]；鍾興麒稱皮山國的都城皮山城在今皮山縣治固瑪，此説本自白鳥庫吉，似需商榷[7]。自皮山城/鎮西南行三百餘里有凍凌山，《魏書》稱凍凌山在皮山“西南三里”，“西南”二字所示的方位正與《唐書》相合，而“三里”或爲“三百里”之誤[8]。自皮山城/鎮至凍凌山，地方頗廣，唐朝似應在此設置一州。檢《新唐書》卷四三下“河西内屬諸胡”州中有“蒲順州”，是否即皮山城/鎮所在之州呢？

六、神山

《新唐書》卷四三下：“自撥換南而東，經崑崗，渡赤河，又西南經神山、睢陽、鹹泊，又南經疎樹，九百三十里至于闐鎮城。”[9]這一組地名中最引人注意的是神山，即今墨玉縣北沙漠中紅白山東端毗鄰和田河的麻札塔格，于闐語作Gara[10]，藏語作Shing shan。有關神山的于闐語文書並不多見，但相關的藏語文書有三十餘件之多[11]。從漢語文書來看，神山不僅是唐朝軍防體系中的一個戍堡[12]，還可能是一個鄉。下面兩件文書出自麻札塔格：

（一）M. T. 0634《唐貞元六年（790）館子王仵郎抄》[13]：

---

1 《西域地名考録》，國家圖書館出版社，2008年，697頁。
2 《漢書》卷九六上《西域傳》，中華書局，1962年，3881頁。
3 《魏書》卷一〇二《西域傳》，中華書局，1974年，2264頁；《北史》卷九七《西域傳》同，中華書局，1974年，3210頁。
4 徐松撰，朱玉麒整理《漢書西域傳補注》，中華書局，2005年，416頁。
5 岑仲勉《漢書西域傳地里校釋》，中華書局，2004年，84頁。
6 A. Stein, *Ancient Khotan*, I, p. 103；巫新華等譯《古代和田》，109頁。
7 岑仲勉《漢書西域傳地里校釋》，86頁；鍾興麒《西域地名考録》，697頁。
8 岑仲勉《漢書西域傳地里校釋》，85頁。
9 《新唐書》卷四三下《地理志》，第1150頁。
10 Bailey, *Khotanese Texts*, IV, p. 93.
11 Thomas, *TLTD*, II, pp. 198-212.
12 Hedin 24號文書的漢文部分有“神山堡”之語。見張廣達、榮新江《8世紀下半葉至9世紀初的于闐》，原載《唐研究》第3卷，北京大學出版社，1997年，339—361頁；此據作者《于闐史叢考》（增訂本），242頁。
13 編號又作Or.8212/709，照片見IDP網站。録文參見陳國燦《斯坦因所獲吐魯番文書研究》，武漢大學出版社，1997年，507頁；沙知、吴芳思編《漢文文獻》第1册，188頁。

（前缺）

1　善政坊羅勃帝芬神山鄉（?）馬料青麥□

2　斗。貞元六年十月四日，館子王仵郎抄。

3　宜貨坊楊師神山□□料青麥壹□

4　　□年十月四日，館子□

（後缺）

（二）M. T. 0627《唐羯陵捺等殘文書》[1]：

（前缺）

1　悉□卅（?）三（?）　□卬捺十（?）□

2　桑拱野村羯陵捺卌□□

3　瑟蘇蘭若付師□

（後缺）

可惜第一件文書在第1行"神山"後面的字上有塗抹的墨道，致使辯識不易，此處録文據沙知先生。若神山確實爲鄉，則當有居民在彼生產生活。"善政坊"和"宜貨坊"很可能便是神山鄉上屬機構即某州的州城裏面的坊，第2件文書的桑拱野村也可能在神山鄉附近。不過這些都是推測，而且由於資料限制，這個州的名稱，我們也不得而知。麻札塔格出土于闐語文書IOL Khot 54/2（M.T.c.0018）繫年在尉遲Kīrtta王統治第4年，並是刺史阿摩支（*tcīṣī* āmāca）*ṣṣau*官Viśa'raka所管年[2]。考慮到刺史爲一州之行政長官，榮新江教授曾據此論證這件文書的出土地即唐代的神山爲一個州[3]。不過這件文書的年代較晚，大概在吐蕃統治于闐時期[4]，又據文欣研究，在唐朝統治結束之後，"刺史"一名雖還在使用，但已經不是具體的執事，而是成爲一種類似加官的稱號了[5]。因此我們仍然無法確知神山所在的地區爲一個州。

神山一道溝通于闐和安西四鎮的首府龜茲之間的聯繫，地理位置十分重要，唐朝在這裏設館，稱神山館[6]。神山以北尚有四館，業經榮新江教授勾輯出來，分别是草澤館、欣衡館、連衡館和謀常館[7]。謀常還與崑崗一起出現在中國人民大學博物館藏和田文書GXW0217正面：

（前缺）

1　廿五日□□□

1　編號又作Or.8212/723，照片見IDP網站。録文參見陳國燦《斯坦因所獲吐魯番文書研究》，524頁；沙知、吴芳思編《漢文文獻》第1册，195頁。

2　Skjærvø, *Khotanese Manuscripts from Chinese Turkestan in the British Library*, pp. 290-291.

3　《關於唐宋時期中原文化對于闐影響的幾個問題》，405頁。

4　榮新江《唐代于闐史概説》，中國新疆文物考古研究所、日本佛教大學尼雅遺址學術研究機構編著《丹丹烏里克遺址——中日共同考察研究報告》，文物出版社，2009年，13頁。

5　《于闐國官號考》，《敦煌吐魯番研究》第11卷，129頁。

6　M. Tagh. 096《唐附至神山館狀殘片》（Or.8212/1535）。照片請見IDP網站；録文參見沙知、吴芳思編《漢文文獻》第2册，205頁。

7　榮新江《唐代安西都護府與絲綢之路——以吐魯番出土文書爲中心》，新疆龜茲學會編《龜茲學研究》第5輯，新疆大學出版社，2012年，159—160頁。

2　一人路糧，面五升□

3　謀常館。閏十月五日，昆□

4　同日，崑崗請都□

5　三斗。　十六日，都□

6　十七日，都□

（後缺）

這件文書已殘，但不難看出是一份給糧曆。從第5、6行所記“十六日”、“十七日”來看，第3行的“五日”當作“十五日”。看來，崑崗和謀常都在于闐管轄範圍。《新唐書》卷四三下謂“自撥換南而東，經崑崗，渡赤河”云云，撥換即今阿克蘇，赤河即今塔里木河[1]，若先經崑崗再渡赤河，則是崑崗還在塔里木河的北面。于闐轄境遠至塔里木河以北，似不太合理。復查《太平寰宇記》卷一五六“安西大都護府”條下記：“又從撥換正南渡思渾河，又東南至崑崗、三乂等守戍一十五日程，至于闐大城約千餘里。”[2]思渾河爲赤河的主要支流之一，流經撥換城[3]。或許《新唐書》的記載有誤，當是先渡赤河，再經崑崗？

神山在吐蕃統治于闐時期仍是防備北方游牧民族的一個重要戍堡，斯坦因在這裏挖掘到大量藏文文書。從這些文書來看，這裏有一個城（mkhar pa）[4]，有吐蕃的官員節兒（rtse rje）駐守[5]，並配有吐蕃人財政官（mngan）和于闐人財政官（li mngan）[6]。

七、胡弩與奴盧

《新唐書》卷四三下記于闐“南六百里有胡弩鎮”[7]。據王小甫教授考證，“胡弩”爲Korum的音譯，今作“昆侖”，並是10世紀波斯佚名作者《世界境域志》（*Ḥudūd al-‘Ālam*, 372/982-983年成書）第11節第9條所記的Tūsmat：“此地從前爲漢人所有，現在被吐蕃人佔據。這裏有隸屬於吐蕃可汗的軍隊。”地在由桑株達阪（Sanju dawān）向南翻越昆侖山以後的賽圖拉（Shahīdula）一帶，這裏自古以來是和田通西藏的交通要道[8]。

于闐東南部尚有奴盧川，藏文作mDo lo，亦作To la[9]，托瑪斯和恩默瑞克均認爲To la是mDo lo的當地名稱[10]。上文在討論于闐西部的固城、吉良等地時曾引《于闐國授記》的一段敘述，《于闐國授記》對奴盧川也有相似記載：“奴盧川（mDo lo）和名迦（Me skar）方面，

1　譚其驤主編《中國歷史地圖集》第5册，63—64頁。

2　樂史撰，王文楚等點校《太平寰宇記》，中華書局，2007年，第7册，3000頁。

3　譚其驤主編《中國歷史地圖集》第5册，63—64頁。

4　如M. Tagh. 0410、M. Tagh. 0501和M. Tagh. b. i. 0097. 見Thomas, *TLTD*, II, p. 207; Takeuchi, *Old Tibetan Manuscripts*, nos. 37, 78, 249.

5　如M. Tagh. 0501和M. Tagh. b. ii. 0052. 見Thomas, *TLTD*, II, p. 208; Takeuchi, *Old Tibetan Manuscripts*, nos. 78, 276.

6　如M. Tagh. 0487和M. Tagh. a. iii. 0062. 見Thomas, *TLTD*, II, p. 209; Takeuchi, *Old Tibetan Manuscripts*, nos. 59, 152.

7　《新唐書》卷四三下《地理志》，1150—1151頁。

8　王小甫《唐·吐蕃·大食政治關係史》，37—38頁。

9　《于闐教法史》第38行（録文參見Emmerick, *TTK*, p. 89）;《于闐國授記》，德格版，葉175b4。

10　Thomas, *TLTD*, I, p. 100, n. 6; Emmerick, *TTK*, p. 97.

大伽藍四，每户〔供養〕的佛堂和没有施主的小佛堂逾百，僧伽約有二十。”[1]Me skar，《于闐教法史》作Myes kar[2]，此詞在《于闐阿羅漢授記》（*Li yul gyi dgra bcom bas lung bstan pa*）兩次出現，一作Mye skar，一作mDo lo mye skar，但法成譯《釋迦牟尼如來像法滅盡之記》均作“奴盧川”[3]。按《僧伽伐彈那授記》（*dGra bcom pa dge ’dun ’phel gyi lung bstan pa*）敘述當于闐佛法衰落時，衆僧伽離開于闐前往吐蕃所行的路綫，是先渡過東河（Shel chu ’og ma），即今玉龍喀什河，來到Me skar，在此居留三個月，爾後走上mDo lo之路，此後山谷連綿，衆僧伽於牧區寺院（’Brog dgon pa）迷失方向，幸得毗沙門化身爲白犛牛引路，最後他們到達吐蕃薩毗（Tshal byi，今若羌）之境[4]。從而可見，mDo lo和Me skar當位於于闐國的東南方向，而Me skar則在mDo lo的西北或北邊。從語音上考慮，在敦煌漢藏對音材料中，對於藏文’do字，漢譯作“奴”；藏文lo字，漢譯作“盧”[5]，mdo和’do僅前加字不同，mDo lo自可與“奴盧”比對；而Me skar/Myes kar/Mye skar與“奴盧”從發音上講完全不通，若據敦煌漢藏對音材料，似可擬作“名迦”[6]，但法成同樣將其譯作“奴盧川”，其中原因，筆者推測是Me skar/Myes kar/Mye skar爲奴盧川的行政機構所在之地。這種行政區劃和行政機構所在地的本土稱謂不同而漢譯相同的情況並非孤例。比如在近年發現的兩組有關于闐六城拔伽地區税收的漢語于闐語木簡中，一組木簡對於漢譯地名“拔伽”，于闐語有時用Birgaṃdara，有時用Ustāka；另一組木簡的于闐語Birgaṃdara則對應於漢語“屋悉貴”。從發音上考慮，自然是Birgaṃdara當對應於拔伽，而Ustāka對應於屋悉貴。爲什麽會出現這種不一致情況呢？研究者認爲，這是因爲Birgaṃdara是一個au/鄉，而Ustāka是其下的一個bisā/村，所以不論于闐語記載某人來自Birgaṃdara還是Ustāka，漢語均記載來自拔伽（Birgaṃdara）[7]。以上的考證自然十分正確，不過仍有可以推進之處。筆者認爲很可能，因爲屋悉貴村（Ustāka）是拔伽鄉（Birgaṃdara）的行政機構所在之地，所以漢語記載纔把來自屋悉貴的人直接稱作來自拔伽。

奴盧川和名迦均不見於唐代漢文文獻的記載，我們此處所引爲吐蕃時期的資料，所以很難説唐朝是否曾在此地設州。

小　結

以上我們據漢語、藏語和于闐語材料考察了于闐毗沙都督府屬下的十個州。其中六城經過一個世紀以來學者的爬梳，其構成和方位皆非常明確。西河州由於有漢藏文材料的比對，

---

1 德格版，葉188a4—5。譯文參見Thomas, *TLTD*, I, p. 135; Emmerick, *TTK*, p. 73.

2 《于闐教法史》第56、100、104行。録文參見Emmerick, *TTK*, pp. 84, 90.

3 拙稿《〈于闐阿羅漢授記〉對勘與研究》，《張廣達先生八十華誕祝壽論文集》，632頁。

4 德格版《丹珠爾》書翰部nye函，173卷，葉163b4—164b5。參見Thomas, *TLTD*, I, pp. 58-60. 按相似記載也見於《于闐阿羅漢授記》，見拙稿《〈于闐阿羅漢授記〉對勘與研究》，629—635頁。

5 周季文、謝後芳《敦煌吐蕃漢藏對音字彙》，107、134頁。

6 同上，87、117—118頁。

7 榮新江、文欣《和田新出漢語—于闐語雙語木簡考釋》，62—63頁。

當亦無誤。東河州和河中州雖是推測，但比照以西河州，似可成立。豬拔州由於出現在新出和田漢文文書中，自是十州之一無疑，只是對於其地望尚不得而知，或即另外尚不明確的五個州之一。這五個州，筆者推測一在東部坎城和蘭城一帶；西部吉良鎮和固城鎮所在的地區有一或兩個州；西南以皮山城/鎮爲中心有一個州；北部以神山爲中心有一個州；另外一個州在南部或東南部。當然由於資料未備，這些僅是推測。尚祈博雅君子，有以教之。

（原載《中國史研究》2012年第2期，71—90頁）

于闐國官號考

文　欣

于闐的國王是國家的首領，在國王之下，還有各種大小不一的官吏，與國王共同構成這個緑洲社會的國家機構。在現存的于闐語、漢語、藏語等的于闐國時期的史料中，學者們已經勾稽出一些官號[1]。早期的研究主要是判斷這些官號所屬語言的種類，並對其作出詞源學（etymological）的考察。吉田豐先生則對這些官號做了較爲系統的歷史方面的分析，釐清了一些官號之間的層級關係，如下表所示[2]。

表1：吉田豐對於于闐官制的劃分

行政單位	唐朝軍隊	于闐國	莊園
國家	鎮守軍	于闐王	
		宰相	
州		州知事（tsīṣī āmāca）	
	守捉		王領；王子、貴族、寺領
市、村落（鄉）	鎮	薩波spāta	
		auva-haṃdasta	
		pharṣa	
		mūra-haṃga	
鄰保組織（村）		叱半chaupaṃ，stāṇaḍa	
一般居民		一般百姓	寺户等半隸屬民

吉田先生的研究建立起了于闐國官吏層次的框架，但或許限於體例，對各個官吏的具體職掌未及申論，而且他已經指出的一些問題，也不無可商之處。以下筆者試圖在這方面進行

1　H. W. Bailey, *The Culture of the Sakas in Ancient Iranian Khotan*. New York, 1982, pp. 12-14; P. O. Skjærvø, *Khotanese Manuscripts from Chinese Turkestan in the British Library. A complete catalogue with texts and translations*, with contribution by U. Sims-Williams, British Library Publishing, 2002, corrected repr. 2003, p. lxxvii. 不過貝利找出的回鶻文和藏文官號多數並不屬於于闐國，而是在敘述甘州回鶻和吐蕃官人時使用的。

2　吉田豊《コータン出土8—9世紀のコータン語世俗文書に關する覺え書き》［神户市外國語大學研究叢書第38册（2005）］，神户市外國語大學外國學研究所，2006年，148頁。

一些研討。本文討論僅限於于闐國"本土"的官號[1]，唐朝和吐蕃借入于闐國的官號，僅在必要時涉及，詳細的研究在此不能展開。

以往對於于闐語文書年代的研究比較集中在有紀年文書的絶對年代的討論，多少忽視了數量更大的無紀年文書。但實際上，這些文書中雖然没有明確年代，但仍保留下各種蛛絲馬跡，探討其大致的年代並非不可能。吉田豐先生顯然注意到了這個重要的問題，他在沃洛比耶娃-捷夏托夫斯卡婭對於于闐語文書分組的基礎上，進一步將文書分爲三組，並提出在這較爲肯定的三組之前或之後應該各有一組文書。這樣就將和田出土的于闐語文書大致分爲五組[2]。以下用表格表示他的分組。

表2：吉田豐對於和田出土文書的分組

分組	時間	屬於本組的文書	出土地點
第0組	5、6世紀?	木函文書	
第1組	永泰三年（767）前後	Hedin收集品中的木簡	達瑪溝
第2組	Viśa Vāhaṃ統治時期（767—802⁺）	Petrovsky收集品、Stein收集品中的一部分	丹丹烏里克
第3組	吐蕃統治于闐初期	Hedin收集品（除木簡外）；Or.11252、Or.11344兩組	達瑪溝
第4組	吐蕃統治于闐初期	Stein收集品中的一部分	麻札塔格

這是綜合文書内部人名、地名等的對應關係以及文書出土地點等信息作出的結論，主要針對没有紀年的文書，使很多本來難以定年的文書有了大致的時代範圍，這對於歷史研究的重要性是不言而喻的。本文對很多具體問題的討論，就參考了吉田先生對於文書的分組。

一、āmāca，漢譯"阿摩支"

āmāca（阿摩支）一詞來自梵語āmātya，指國王的近侍大臣[3]。這個稱號是于闐文官號中僅有的見於漢文傳世史料者。《册府元龜》卷九六四載開元十六年（728）册封于闐、疏勒國王文云[4]：

〔開元〕十六年正月封于闐阿摩支知王事右武衛大將軍員外置同正員上柱國尉遲伏師〔戰〕爲于闐王……又封疏勒阿摩支裴安定爲疏勒國王。

向達先生指出："大約隋唐間疏勒、于闐臣屬突厥，故其國王以諸侯自稱耳。"[5]疏勒國王自稱阿摩支，史有明文[6]，但于闐王是否稱阿摩支，則僅有此處之孤證，還是需要討論的問題。

---

1 此處的"本土"大致指的是唐代統治之前于闐國已經出現的官號，當然這些官號也有各自不同的來源。在于闐國這個多種文化交融的地區，所謂"本土"只是一個階段性的概念。

2 吉田豐《コータン出土8—9世紀のコータン語世俗文書に關する覺え書き》，49—66頁。

3 H. W. Bailey, *Khotanese Texts, IV: Saka Texts from Khotan in the Hedin Collection*, 1st ed., Cambridge, 1961; repr. 1979, p. 62.

4 《册府元龜》，中華書局，1960年，11344頁。

5 《唐代長安與西域文明》，三聯書店，1957年，30頁，注24。

6 《新唐書》卷二二一上《西域傳》上載："疏勒……王姓裴氏，自號'阿摩支'。"（中華書局，1975年，6233頁）

《册府元龜》載封于闐王事發生在開元十六年，在三年前，“于闐王尉遲眺陰結突厥及諸胡謀叛，安西副大都護杜暹發兵捕斬之，更爲立王”[1]。這裏所說的“更爲立王”，指的應該就是後來被封爲于闐王的“尉遲伏師〔戰〕”。從《册府》所載稱號可知，他在這三年時間裏的身份應該是“知王事”，也就是説不是國王，至少從唐朝角度來看並非唐朝册封的正式的于闐王。而“阿摩支”正是他在“知王事”時期的稱號，我們不能證明他在正式即位後仍然沿用這個稱號，也就無法斷言這是于闐王使用的稱號。

事實上，從于闐當地流行的佛典和其他佛教色彩濃厚的文獻中，我們可以找到多處提到阿摩支的例子。最具有代表性的，可能就是阿育王的輔臣阿摩支Yaśa[2]。在藏文《于闐國授記》（*Li-yul lung-bstan-pa*）中，也記載了多處阿摩支的例子[3]。這些于闐當地的文獻中記載的阿摩支無一例外都是指輔政大臣，而從未被用來指稱于闐王。由阿摩支這種具有濃厚傳説色彩的大臣輔佐，説明在于闐國人的想象中，于闐王的形象可以比擬傳説中的阿育王或迦膩色迦王。顯然，他不應該被稱作“阿摩支”。在世俗文獻中，阿摩支也大量出現，一般被認爲是較爲高級的官員，也不被用來指稱于闐王。

我們看到，在大多數情況下，阿摩支都不是一個單獨的官名，而只是官名的一部分。張廣達、榮新江兩位先生指出阿摩支“可以作爲一種榮譽稱號而不是實際官職來理解”[4]，是可以成立的。只有在時間較早的文書中，纔有āmāca向spāta官發號施令的記録，其涉及的事務主要是賦税徵收[5]。然而，我們也不能據此認定當時的阿摩支是有具體職掌的官職，這些文書只能説明當時以“阿摩支”稱呼這些官員，而他們很可能還有其他的具體官職。

在大致屬於唐朝和吐蕃統治于闐時期的文書中，阿摩支則較少單獨出現，而常常和其他稱號連用。其中最常見的稱號組合就是“hiyaudi āmāci ṣau”[6]。hiyauda一詞貝利（H. W. Bailey）先生譯爲主人[7]，認爲來自hivya/hiya（自己的）一詞[8]。這個詞可能表現了于闐社會當時最基本的特徵之一，即非常普遍地存在依附人口。事實上，此時的塔里木盆地周邊的緑洲國家中可能普遍存在大量依附人口，並成爲唐朝本土的奴婢的來源[9]，唐朝僧人和軍隊進入于

1 《資治通鑑》卷二一二，中華書局，1956年，6769頁。

2 于闐文的《阿育王傳説》見P.2789，123—212行；P.2958，1—120行；IOL Khot 198/2（*Khotanese Manuscripts from Chinese Turkestan in the British Library*, p. 439）。

3 R. E. Emmerick, *Tibetan Texts concerning Khotan* (London Oriental Series 19), London, 1967, pp. 64-65, 70-71.

4 張廣達、榮新江《〈唐大曆三年三月典成銑牒〉跋》，《新疆社會科學》1988年第1期，60—69頁；此據《于闐史叢考》，上海書店出版社，1993年，148頁。

5 Hedin 48（*Khotanese Texts,*IV, pp. 45,154）、Hedin 66（*ibid*., pp. 49,167-168）、Hedin 67（*ibid*., pp. 49,168）、Hedin 69（*ibid*., pp. 49,169）。這些文書均屬於吉田豊先生所分之第一組文書。參吉田豊《コータン出土8—9世紀のコータン語世俗文書に關する覺え書き》，50—54頁。

6 Or.6401/1.3 (G.1) (*Khotanese Manuscripts from Chinese Turkestan in the British Library*, p. 19); Or.11252/18(*ibid*., p. 96), IOL Khot 42/1? (*ibid*., p. 271); IOL Khot 42/3? (*ibid*., p. 272); IOL Khot 46/6 (*ibid*., p. 279); IOL Khot 177/3? (*ibid*. p. 394); OIOL Photo 392/57 T. O. 20 (*ibid*., p. 581); Hedin 2 (*Khotanese Texts,* IV, pp. 21-22, 61-67); SI P 95.4 (R. E. Emmerick & M. I. Vorob'ëva-Desjatovskaja, *Saka Documents, Text Volume* III, London, 1995, p. 106); SI P 103.10 (*ibid*., pp. 138-139).

7 H. W. Bailey, *Dictionary of Khotan Saka*, Cambridge, 1979, p. 483.

8 *Khotanese Texts,*IV, p. 62.

9 程喜霖《唐代公驗與過所案卷所見的經濟資料——部曲奴婢》，《中國社會經濟史研究》1986年第2期，59—70頁。

闐國後，也大量驅使當地人爲奴[1]。這一點關係甚大，此處不能展開。hiyauda一詞，可能即表示奴隸主。Hedin 3 verso文書中，六城薩波（spāta）、刺史和村民等稱于闐王爲hiyaudi[2]，反映了王權的某些特性。阿摩支常常和hiyauda連用，説明擔任阿摩支的人常常擁有依附人口。Hedin 18號文書對於瞭解阿摩支的地位有重要的意義。兹引用如下[3]：

1. 33mye kṣa̜ṇä ttāṃjirä māśtä 29mye haḍai ṣa' samauca ttye pracaina
2. cu vā ṣṣau cviṃdūna parau ā sä kṣvā auvā hamīḍa ṣṭāṃ spaśarä ulä ginīrau
3. nva pravanai hvaṃḍi himya 52 rrāṃdi hīya māśavīrā himya
4. 15 paśāta haṣṭa cāṃ ṣṣī gyastä hīya u yauvarāyä gyastä
5. hīya paśāta himya 10 cu haubarai hīya u dvīyāṃ a̜mācāṃ
6. hīya paśāta himya 13 biśna haṃba'ca hvaṃḍä himya
7. sa. 8 kṣvā auvā stānaḍa himāri kṣa

譯文：王治下三十三年Ttuṃjāta月廿九日。下此文書因ṣṣau官人Cviṃdu下令稱：六城須共買一駝，據户籍有丁五十二人；國王家人十五人；長史并太子家人十人；haubarai官并兩āmāca官家人十三人。共計一百零八人。六城stānaḍa官六人。

這件文書中的“長史”某人帶有gyasta的稱號，是王家之人[4]，而yauvarāyä gyastä指太子[5]。看來āmāca官的地位較兩者爲低，很可能未必是王家之人。在漢文文書之中，稱阿摩支之人有被稱作尉遲某，應該屬於王族者[6]，亦有不稱尉遲者[7]。可見稱阿摩支者應該並非國王或太子之類地位最高之人，而是王族中地位稍低者以及王族之外的貴族。這件文書告訴我們，于闐國自國王以下，都有“家人”[8]，和白丁相對。而阿摩支作爲常常帶有hiyaudi稱號的階層，確實擁有大量依附人口。

另外，“hiyaudi āmāci ṣau”稱號中的ṣṣau也值得討論。Hedin 2號文書中一位喪夫婦人向hīyaudä a̜mācä ṣṣau官Śattuṃ（即阿摩支尉遲信）上書訴請關於亡夫欠債之事。Śattuṃ在下達處理命令時却僅使用ṣṣau稱號，説明在牧民理政之時，他是以ṣṣau官的形象出現的，也

---

1 唐朝在于闐建立的漢人寺院中存在有于闐當地的奴婢的例子，見《唐于闐神山某寺支用帳曆》中記載的“家人”悉末止、盆仁挽、勿悉滿和悉勿吉良（沙知、吴芳思編《斯坦因第三次中亞考古所獲漢文文獻（非佛經部分）》下册，上海辭書出版社，2005年，325—329頁）以及《唐某年八月廿七日護國寺處分寺家人帖》中提到的護國寺的家人（同上，315頁）。而唐朝軍人驅使于闐奴隸的情況，則在中國國家圖書館新入藏的幾件涉及稅收的漢文文書中有集中體現。

2 *Khotanese Texts*, IV, p. 23.

3 *Ibid*., pp. 32, 117-119.

4 參筆者《中古時期于闐國政治制度研究》，北京大學歷史學系碩士論文，2008年，31頁。

5 *Khotanese Texts*, IV, p. 61.

6 Or.8212/702《唐大曆七年（772）羯摩師納緤花布抄》（沙知、吴芳思編《斯坦因第三次中亞考古所獲漢文文獻（非佛經部分）》，上册，184頁；下册，331頁），Or.6405（M.9.a）《唐大曆三年（768）典成銑牒》（同上，下册，331頁）。

7 Or.8210/S.5864《唐大曆十六年（781）二月六城傑謝百姓思略牒》（同上，下册，313頁）。此處作“阿磨支”。

8 吉田豊指出，“māśavīra和paśāta詞義不能完全肯定，但是其與普通的納稅者相對，應該是某種依附人口”（“On the Taxation System of Pre-Islamic Khotan”, *Acta Asiatica*, 94, 2008, p. 109）。故此處將māśavīra和paśāta譯作“家人”。對於“家人”在唐朝時的含義，見浜口重國《唐王朝の賤人制度》，東洋史研究會，1966年，355—371頁。

就是説，在這三個稱號之中，ṣṣau是屬於官僚系統的稱號。

在吐蕃統治時期，阿摩支的地位似乎開始降低，Or.12637/25提到Pa'地方之āmāca，這個地方的行政等級應該是*au*（鄉）[1]；Or.11252/38號文書提到“ąmāci sūlīna”，或許指Suli村[2]的阿摩支。在于闐文和藏文的文書中，都可以看到稱阿摩支的吐蕃大人[3]，這説明阿摩支開始擴展到被吐蕃人使用。阿摩支地位低下的情況，到了10世紀，似乎没有改變。這一點可以從《佛本生讚》（*Jātakastava*）的前言中的第7、8兩節看出[4]：

7. miṣḍā gyastä hīya gyastūña trrivarga
jsīna āysdaḍä kāṣṭa 'ī u padāḍa:
ssa bistä paśa' avaśä drrūnai 'īye
biśī sūha brūna-pajsamya byo byau tsīde
8. gyaśtä rrīna rrįspuraka haṃtsa hamīḍa
parvālyo hva hva āysdaḍa himāṃde
mistä tcaisyānä gyastä hīya pārysā ąmāca hamīḍa
śira dīra myąnya biśä kṣīrva hvąṇḍä

譯文：7. 願神主神聖生命之三方面被守衛、保護、維持，經一百二十個秋天願他健康、充滿榮耀、精進不止。8. 願守護者保護神后、王子，及宰相、神之奴僕阿摩支、上、下、中等人，國中衆人。

在10世紀于闐國的材料中“宰相”是經常出現的[5]，其地位不會很高，此處阿摩支被稱作“gyastä hīya pārysā”（神之奴僕），即國王之奴僕，地位低於宰相，和吐蕃時期以來的發展是符合的。值得注意的是所謂“上、下、中等人”的表述，等級社會的特色顯露無遺。

總之，阿摩支首先是一種稱號，代表在傳説中輔佐國王的大臣。阿摩支常常和hiyaudi和ṣṣau的稱號同時加於一人，帶有“hiyaudi āmāci ṣau”稱號的人構成了于闐國的高級貴族官僚階級。他們不但是奴隸主（hiyaudi），是最高等級的官吏（ṣṣau），還是帶有神化色彩的輔政大臣（āmāca）。這個階層的存在，體現了于闐社會的很多最根本的特性，如大量依

1 此地應該是所謂“六城”之一，參吉田豊《コータン出土8—9世紀のコータン語世俗文書に關する覺え書き》，47—48頁；筆者《于闐國“六城”（*kṣa au*）新考》，朱玉麒主編《西域文史》第3輯，2008年，109—126頁。

2 同上。

3 Or.12637/17 (*Khotanese Manuscripts from Chinese Turkestan in the British Library*, p. 126); F. W. Thomas, *Tibetan Literary Texts and Documents concerning Chinese Turkestan, Part II: Documents* (Oriental Translation Fund, New Series XXXVII), London, 1951, pp. 191-198.

4 M. J. Dresden, “Jātakastava or ‘Praise of the Buddha's Former Births’”, *Transactions of the American Philosophical Society* NS. 45:5, 1955 (repr. Philadelphia 1962), p. 422.

5 Or.8210/S.2469，1行（*Khotanese Manuscripts from Chinese Turkestan in the British Library*, p. 26）；李枉兒帛書（吉田豊《コータン出土8—9世紀のコータン語世俗文書に關する覺え書き》，35頁）；P.5538，9行（*Khotanese Texts,* II, p. 126）；P.2786，221行（*ibid.*, p. 100）；Or.8212/186，b1行（*Khotanese Manuscripts from Chinese Turkestan in the British Library*, p. 59）；《佛本生讚》（*Jātakastava*），第8節（M. J. Dresden, “Jātakastava or ‘Praise of the Buddha's Former Births’”, p. 422.）。另外P.2026v《于闐班上監供養佛像等》漢文文書後雜寫有陰宰相、韓宰相、秦宰相、李宰相、□宰相、劉宰相、翟宰相、馬宰相等，《法藏敦煌西域文獻》第1册，上海古籍出版社，1995年，212頁。這雖然未必是于闐國官員的真實反映，但也説明當時于闐國人對於“宰相”使用之濫。漢文中的于闐宰相又見P.2704、P.2812等。

附人口的存在，以及國家制度對於傳説的比附等等。對於這些方面的内容，需要進行專門的研究。

二、haubarai

從上引文書中可以看到，haubarai官的地位似與āmāca相仿佛。似乎也是某種擁有大量依附人口的貴族。Or.11252.4號文書中也提到兩位haubarai官的依附人口[1]。而另一件文書中則提到haubarai下令，説明帶有這種稱號的人似乎也作爲官員發揮作用。但是關於這個稱號的材料太少，難以深入討論。嚴格來説，haubarai和阿摩支一樣，都不是真正的“官員”，而只是“貴族”。

三、ṣṣau，漢譯“知事（？）”

和上述兩個稱號更多可能是貴族身份的象徵不同，ṣṣau這個稱號應該肯定是指一類官職。提到ṣṣau官的文書大致可以分爲兩類，一類是ṣṣau官出現在紀年的部分，稱爲“ṣṣau官某人之年”（ṣṣau … salya），另一類是ṣṣau官出現在文書的其他部分。對於前者，吉田豊做了全面的搜集和研究[2]。他將漢語文書中提到的六城刺史“信”比定爲于闐語文書中的ṣṣau Śattuṃ。由於“六城刺史信”即ṣṣau官Śattuṃ，而且刺史和ṣṣau都常常出現在“某官之年”的説法中，可以推測，ṣṣau和刺史在行政級别方面是接近的。

對於這種“某官之年”的紀年方式所表達的涵義，筆者認爲可能是某種官員輪流負責的制度。《唐大曆三年（768）典成銑牒爲傑謝百姓雜差科及人糧事》載“六城質邏刺史阿摩支尉遲信”。現在國家圖書館的新收藏中也出現了“六城刺史信”，這件文書提到建中六年（785）的紀年，則“信”任“六城刺史”的時間應該在其前後，也就是説，在上件《成銑牒》之後的十七年。是否刺史信在這十七年的時間裏一直擔任六城州的刺史呢？對此現在還不能做出肯定的回答。由於和田當地的文書大多數都出自所謂“六城”地區，我們知道的ṣṣau官和刺史也主要來自這個地區。以下在吉田豊《コータン出土8—9世紀のコータン語世俗文書に關する覺え書き》的基礎上，增補一些材料，將現在已知的有紀年的關於ṣṣau和刺史的記載排列如下，以便下文的討論：

表3：關於ṣṣau和刺史的紀年文書

絶對紀年	于闐文紀年	漢文紀年	用語	出處
	Viśa Sīhya元年		ṣṣau gunaka salya	IOL Khot Wood 1
	17		ṣau vidyadatti salya	Or.9268b

1 *Khotanese Manuscripts from Chinese Turkestan in the British Library*, p. 87.

2 吉田豊《コータン出土8—9世紀のコータン語世俗文書に關する覺え書き》，83—86頁。

續表

絶對紀年	于闐文紀年	漢文紀年	用語	出處
	1		ṣau hviṃdūṃ salya ṣau aśauka	SI M 33
	Viśa' Dharma		śe'yye ṣau hviṃdū salya	Or.9268a
	Yauvarāya		ṣau hviṃdū salya	Or.12637/21.3
768	Viśa' Vāhaṃ王2年	大曆三年	六城質邏刺史阿摩支尉遲信	Or.6405
770?	4		ṣau śāṃda-	SI P 93.1
771?	5		ṣau śāṃdatti salya	Or.6398/2
772		大曆七年	刺史阿摩支尉遲□	Or.8212/702
774	8		ṣṣau vidyadattä salya	Hedin 26
775	9		ṣṣau ṣṣacū salya	SI P 103.40
777	11		tsīṣīyāṃ salya	Or.6932/2
778	12		tsīṣīyāṃ śe'na salya	SI P 103.6
779	13		tsīṣīyāṃ tcūrmye salya	Hedin 29
779	13		tsīṣīyāṃ tcūrmye salya	Or.12637/20
782	16		ṣṣau ṣṣacū salya	SI P 103.49
783	17		ṣṣau ṣacū salya	Or.6395/2
784?	18		ṣṣau Khattīna; āmācä ṣṣau śattāṃ	SI P 103.11
785		建中六年	六城刺史信	新出文書
786	20		dädye ṣṣau vädyadattä	Or.6397/1
787?	21		ṣau ṣṣacū salya	Hedin 4
801?	35		tsīṣī spāta sudārrjaṃ	Hedin 1
801?	35		tsīṣī spāta sudārrjaṃ	Hedin 13
801?	35		tsīṣī spāta sudārrjaṃ	Or.11344/4
	Viśa' Vāhaṃ		ṣṣau ṣanīra	Or.6393/2
	Viśa' Kīrtta, 4		tcīṣī āmāca viśa'raka salya	IOL Khot 54/2

ṣṣau官Śattūṃ出現在某王18年文書（SI P 103.11）裏，一般認爲這位國王應該就是尉遲曜（Viśa' Vahāṃ）。而國圖藏新出文書提到六城刺史信的文書也提到建中六年，據張廣達、榮新江先生的對於Viśa' Vahāṃ年代的研究[1]，兩者相差僅一年，這不僅證實了吉田先生的對於Śattūṃ即尉遲信的比定，也進一步肯定了張、榮兩先生的年表。

從上表可以看出，刺史和ṣṣau官似乎有交替出現的現象。尤其是某王（應即Viśa' Vahāṃ）11年到13年之間，沒有關於ṣṣau的記載，而全都稱爲“刺史某年”。這也進一步證實刺史和ṣṣau的地位接近。而從最後幾欄所列的屬於吐蕃統治時期的Hedin 1、Hedin 13、Or.11344/4和IOL Khot 54/2的例子可以看出，在唐朝統治結束之後，似乎ṣṣau官出現的例子

1 張廣達、榮新江《八世紀下半至九世紀初的于闐》,《唐研究》第3卷，北京大學出版社，1997年，351—354頁。

就很少了，而刺史的稱號還在被使用，但是已經不是作爲具體的執掌，而是成爲一種類似“加官”的稱號了。身爲spāta官（ṣṣau的下級）的Sudārrjaṃ得以加上刺史的頭銜，在唐朝統治時期是難以想象的。

IOL Khot Wood 1、Or.9268a、Or.9268b三件是木函文書。其中出現ṣṣau官某人之年的記載，說明這種制度在較早的時期就已存在。而SI M 33、SI P 103.11、Or.8211/1473等文書中都提到了兩個ṣṣau官，由於這些文書應該均來自所謂“六城”地區，這些文書說明同一年裏在這個區域内的ṣṣau官可能多於一位，也就是說，雖然我們現在能從所謂“ṣṣau官/刺史某年”中推測其所指的年份，但由於同時存在多個ṣṣau官，而且一個ṣṣau官還可能在不同時期任職，這種表述方式在當時于闐語文書的使用中實際上并不具有紀年的意義，而應該是表示管轄之權責，正因爲如此，與“ṣṣau官/刺史某年”常常同時出現于闐王的紀年。正是因爲ṣṣau官同一區域内同時不止一位，而刺史在固定區域内同時只能有一位，所以在當年管理者爲ṣṣau官時，要明確指出他的名字，而若當年管理者爲刺史，則只用指出刺史所管年就可以了。對於ṣṣau官和刺史所管年的具體含義，于闐語文獻中的salya-bāyi[1]即“某年之主”一詞大致可表示[2]。SI P 103.49號文書中，提到了當時是ṣṣau官Ṣṣacū之年，但又提到一個叫做Vaśa'rapāña於auva-haṃdasta（鄉頭）官Sīḍaka之年（auva-haṃdasta sīḍaka salya）納糧食之事[3]。auva-haṃdasta（鄉頭）是比較低級的官員，一件文書中出現兩次“某官之年”的説法很顯然地證明了，這裏的salya（年）不是用來紀年，而只能是指某人的管轄關係。這樣，我們對於“ṣṣau官/刺史某年”就應該理解爲“ṣṣau官/刺史所管某年”，而擔任此中管轄任務之人，應該就被稱作“salya-bāyaa”。中國國家圖書館新入藏的一件文書（BH1-25）爲此提供了新的材料，兹引如下：

（前缺）

1. □□娑用青小六十石餘。石斗即合分付今年知事阿□□

2. □恐後妄相推注，請与（？）判命。請處分，謹牒。

3. 廣德二年九月　日傑謝百姓璧□□

4. □分付新□事

5. □□□□□

（後缺）

這件文書非常殘破，提供的重要信息有兩條，一是在和田出土的漢文文書中首次見到了“廣德”年號，説明于闐知道此時的唐代年號；一是和本文更加相關的第1行最後的“分付今年知事阿□□”。阿某應該是從于闐語翻譯的人名，或者類似“阿摩支”的稱號。那麽這裏的“今年知事”是否就是salya-bāyaa一詞在漢文中的對譯呢？bāy-是帶領、引導的意思，

1　Or.11252/21, *Khotanese Manuscripts from Chinese Turkestan in the British Library*, p. 96; OIOL Photo 392/57 T. O. 34, *ibid.*, p. 581.

2　此點已爲貝利所注意，參“Kusanica”, *Bulletin of the School of Oriental and African Studies*, XIV.3, 1952, p. 424.

3　*Saka Documents, Text Volume* III, p. 156.

bāyaa即由此詞而來。salya-bāyaa和“今年知事”在詞義上的對應相當嚴密，而且“今年知事”並非唐朝官制中固有的表達方式，《唐六典》中提到“知事”時均作爲動詞[1]。如此時人習見且非正式官職稱號的詞彙，正適合來翻譯外來官職，因此筆者認爲salya-bāyaa和“今年知事”是可以對應的。

這樣，于闐語文書中出現“ṣṣau官/刺史某年”的説法，即表明當年的“知事”是該ṣṣau官或時任刺史之人。那麽我們能否進一步認爲ṣṣau官在漢文中的對譯就是“知事”呢？俄藏Дx.18925號文書《某年正月六城都知事牒爲偏奴負税役錢事》提供了重要的信息：

1. □里（？）胡書偏奴共負錢八十千文
2. □傑謝所由欠上件税役錢，餘□
3. □急，遂取族落安達漢□
4. □索錢，欲往共債主相隨□
5. □被彼鎮官遮截，伏□
6. □鎮同爲徵索發遣，請處分。
7. 〔牒件狀〕如前。〔謹〕牒。
8. 正月　日，六城都知事□

對於這件文書的内容，張廣達、榮新江兩位先生做了詳細的解釋[2]，此不贅述。只想着重討論這件文書的署名，即“六城都知事”。

“六城”是唐朝在于闐國設立的一個州[3]，其長官爲刺史。如上文所論，ṣṣau官和刺史都常出現“某官之年”的用語之中，其地位應該接近，也就是説，ṣṣau官應該也大致屬於州級，其與刺史之不同主要在於一個州可能有多個ṣṣau官。這裏稱“六城都知事”，其一説明“都知事”一職的級别如張、榮兩先生所説，應爲“州之行政官”[4]，其二説明“知事”有多個，而以“都知事”爲首[5]。這兩點和ṣṣau官的特點一致。再參考上文salya-bāyaa和“今年知事”的對應關係，似乎可以推測，ṣṣau官在漢文材料中的對應者就是“知事”，而當年負責管理該地區，並且被用於“ṣṣau官某人之年”中的那位ṣṣau官，應該就是“都知事”。恩默瑞克（R. E. Emmerick）和沃洛比耶娃-捷夏托夫斯卡婭（M. I. Vorobyova-Desyatovskaya）將salya-bāyaa與麻札塔格出土寺院文書中的“直歲”對應[6]，混淆了世俗官制與寺院僧官制度，是不能接受的。

對於ṣṣau官的性質，Or.8211/1473（Har.061）號文書提供了重要的信息，現引如下[7]：

1 如卷三〇提到“親王爲牧，皆不知事，職務總歸於尹，亦漢氏京尹之任也”。李林甫等撰，陳仲夫點校《唐六典》，中華書局，1992年，741頁。

2 《聖彼得堡藏和田出土漢文文書考釋》，《敦煌吐魯番研究》第6卷，北京大學出版社，2002年，230—232頁。

3 *Khotanese Texts,* IV, p. 177.

4 《聖彼得堡藏和田出土漢文文書考釋》，232頁。

5 如都虞候、都押衙等，其下均管理多位虞候、押衙。參嚴耕望《唐代方鎮使府僚佐考》，載《唐史研究叢稿》，新亞研究所，1969年，177—236頁。

6 *Saka Documents, Text Volume* III, p. 14.

7 *Khotanese Manuscripts from Chinese Turkestan in the British Library*, pp. 40-41.

正面：

1.|| tta buri hvaṃdä cu ṣau aśaukä hīvya ūtca nāṃdä || branaṃdä dayaṃ ganaṃ kūsa 30 || 'īrvapųñä ganaṃ kūsa 10 2|| śāysajaṃgä ganaṃ kūsa 7 kha 5

2. || mą̄mattī ūtci 2 ganaṃ kūsa 60 || bākakä ganaṃ kūsa 20 2 kha 5 || śūranä ganaṃ kūsa 10 5 || ayaśä ganaṃ kūsa 7 kha 5

3. || māsa ganaṃ kūsa 30 || vilä ganaṃ kūsa 30 || daṃbą̄ saṃgapuñä kūsa 7 kha 5

譯文：以下人丁收ṣau官Aśauka之水：Branaṃdä Dayaṃ小麥30石；Īrvapųñä小麥12石；Śāysajaṃgä小麥7石5斗；Mą̄mattī水二；小麥60石；Bākakä小麥22石5斗；Śūranä小麥15石；Ayaśä小麥7石5斗；Māsa小麥30石；Vilä小麥30石；Daṃbą̄ Saṃgapuñä 7石5斗。

背面：

1./tti vā ṣau ysākadä hīvya ūtca nāṃdä || saṃganaṃdä ganaṃ kūsa 10 5 || kharakä ganaṃ kūsa 30

2. saṃgadattä ganaṃ kūsa 7 kha 5 || 'īrvapųñä ganaṃ kūsa 30 || 'īrasaṃgä ganaṃ kūsa 30 5 kha 5

3. braṃgalä ganaṃ kūsa 7 kha 5 || virsa vipuladattä kūsa 30

譯文：以下人丁收ṣau官Ysākada之水：Saṃganaṃdä小麥15石；Kharakä小麥30石；Saṃgadattä小麥7石5斗；Īrvapųñä小麥30石；Īrasaṃgä小麥35石5斗；Braṃgalä小麥7石5斗；Virsa Vipuladattä 30石。

這件文書計糧食數量使用kha的單位，其時間可能較早，應該在唐朝的影響大規模的進入之前[1]。其内容大致應該是這些人使用了ṣṣau官Aśauka和Ysākada的水，因而繳納一定的糧食作爲回報。這説明ṣṣau官擁有水利的管理和分配權，這在于闐國這樣的緑洲社會中，無疑是最爲重要的權力之一。如上文所説，帶有“hiyaudi āmāci ṣau”稱號之人可能既是奴隸主，也是高官，而如本件文書所顯示的，ṣṣau官又掌握水利資源。既擁有奴隸，又擁有水源，我們似乎有理由推測，這些高級官僚貴族們應該也是大的土地所有者。

在唐朝統治時期的文書中，尤其是俄藏出自丹丹烏里克遺址的文書中出現了多次ṣṣau官的記載，其中ṣṣau官不僅出現在“ṣṣau官某年”的用語之中（見上表），也直接參與實際事務的管理，如徵錢[2]、徵布匹[3]、徵發和安排勞役[4]、買牛（？）[5]、解決經濟糾紛[6]等。尤其是如SI P 103.10號文書，前四行是spāta官Sīḍaka向ṣṣau官的上書，而後四行是ṣṣau官的回復，清楚

1 Rong Xinjiang and Wen Xin, "Newly Discovered Chinese-Khotanese Bilingual Tallies", *Journal of Inner Asian Art and Archaeology*, III, ed. J. Lerner and L. Russel-Smith, 2009, pp. 99-118. 漢文本見榮新江、文欣《和田新出漢語—于闐語雙語木簡考釋》，《敦煌吐魯番研究》第11卷，上海古籍出版社，2009年，45—69頁。

2 SI P 94.24 + SI P 93.6（*Saka Documents, Text Volume* III, pp. 104-105），SI P 103.11（*ibid*., p. 139），SI P 103.37（*ibid*., pp. 150-151）.

3 SI P 103.34（*ibid*., p. 149）.

4 SI P 103.13（*ibid*., p. 140），SI P 103.38（*ibid*., p. 151）.

5 SI P 95.4（*ibid*., p. 106）.

6 SI P 103.10（*ibid*., pp.138-139）.

地顯示了ṣṣau官和其下級spāta官之間的互動[1]。顯然，在這一時期，ṣṣau官是spāta官之上主要的行政官員。

在吐蕃統治時期，ṣṣau官仍然繼續在文書中出現[2]，但值得注意的是，如上表所示，"ṣṣau官某年"的説法從未出現在吐蕃統治時期的文書裏。這可能暗示此時于闐國地方官制的重要變化，這點與spāta官的職掌相關，將在下一小節深入討論。

值得注意的是，在敦煌出土的大體爲10世紀的于闐語文書中，ṣṣau這個稱號還是常常出現[3]。貝利根據敦煌出土的材料分析，認爲ṣṣau官具有較高的身份[4]。但由於文書性質所限（大多並非官文書，ṣṣau只是作爲某人的稱號出現），我們對於其職掌有何變化，難以做出判斷。

四、spāta，漢譯"薩波"

spāta一詞來源於spāda-pati，意爲"將軍"[5]。而在現有的于闐文文書中，它似乎已經丢失了這個意思。從數量上來説，spāta是于闐語文獻中出現次數最多的官名[6]，曾經被稱作spāta的人有不下四十個。由於spāta官在于闐官吏體制中處於樞紐地位，因此，以下不憚繁瑣，具體討論與幾位spāta官相關的文書，希望這樣不但能辨清spāta官的地位、職掌，也可以增進我們對於以這些spāta官爲主角的幾組于闐文文書的認識。

首先是在Hedin收集品的木簡文書中出現較多次的spāta官Vimaladata、Budadatta和Ṣīlā。這些文書屬於吉田豊《コータン出土8—9世紀のコータン語世俗文書に關する覺え書き》所分之第一組，主要包括Hedin收集品中時間大致在永泰三年（767）左右的木簡文書[7]。這組文書的中心人物是Vaśi'rasaṃga。三位spāta官均以向Vaśi'rasaṃga發號施令的身份出現。其中Vimaladata多單獨出現，而Budadatta和Ṣīlā常同時出現。這些文書可以按照命令的流程分爲以下幾組：

表4：圍繞spāta官Vimaladatta、Budadatta和Ṣīlā的公文流程

文書流程	出處及事務
Spāta Vimaladatta→Vaśi'rasaṃga	Hedin 33：徵錢；Hedin 44：徵錢；Hedin 55：徵錢；Hedin 73：徵錢

1 Hedin 2（*Khotanese Texts,*IV, pp. 21-22, 61-67）和SI P 103.37（*Saka Documents, Text Volume* III, pp. 150-151）也是這一類的文書。

2 Or.11252/18（*Khotanese Manuscripts from Chinese Turkestan in the British Library*, pp. 95-96）、Or.11252/30（*ibid.*, p. 99）、Or.11252/32（*ibid.*, pp. 99-100）、Hedin 16（*Khotanese Texts,*IV, pp. 30-31）、Hedin 19（*ibid.*, pp. 32-33）。以上文書屬於吉田豊《コータン出土8—9世紀のコータン語世俗文書に關する覺え書き》所分的第三組，大致屬於吐蕃統治時期。

3 IOL Khot S.1(Ch.0042)（*Khotanese Manuscripts from Chinese Turkestan in the British Library*, pp. 480-481）, IOL Khot S.13(Ch.00269)（*ibid.*, pp. 508-509）, P.2025（*Khotanese Texts,* II, p. 79）, P.2027（*ibid.*, p. 79）.

4 H. W. Bailey, "Irano-Indica", *Bulletin of the School Oriental and African Studies* XII.2, pp. 327-328.

5 *Dictionary of Khotan Saka*, p. 436.

6 據筆者統計出現spāta的文書超過百件，此不一一徵引。

7 吉田豊《コータン出土8—9世紀のコータン語世俗文書に關する覺え書き》，50—54頁。

續表

文書流程	出處及事務
Spāta Ṣīlā→spāta Budadatta→Vaśi'rasaṃga	Hedin 36: 徵錢; Hedin 39: 徵錢; Hedin 41: 徵錢; Hedin 53: 徵牛; Hedin 68: 徵錢、布
Spāta Budadatta→Vaśi'rasaṃga	Hedin 38: 徵麻; Hedin 49: 徵錢; Hedin 63: 徵錢?
唐朝鎮守軍→spāta Vimaladatta→Vaśi'ra -saṃga	Hedin 45, 徵布
Phema（坎城守捉）→spāta Budadatta→Vaśi'rasaṃga	Hedin 47, 徵麻; Hedin 54, 徵麻
āmāca官→spāta Vimaladatta→Vaśi'rasaṃga	Hedin 48, 徵錢、布等雜物; Hedin 66, 徵鐵、銅等, Hedin 67, 徵布
中堡（haṃdara prū）→spāta Vimaladatta→Vaśi'rasaṃga	Hedin 51, 徵棉布
尼壤（Nīna）→spāta Vimaladatta→Vaśi'rasaṃga	Hedin52, 徵牛; Hein 65, 徵馱畜
Phema/坎城守捉→spāta Vimaladatta→Vaśi'rasaṃga	Hedin 56, 徵鐵[1]; Hedin 59, 徵衣裝; Hedin 60, 徵錢
Phema/坎城守捉→spāta Vimaladatta→Budadatta	Hedin 58, 徵袋子
尼壤（Nīna）→spāta Devaka→spāta Vimaladatta→Vaśi'rasaṃga	（徵錢）
ṣau Ṣīla→spāta Vimaladatta→Vaśi'rasaṃga	Hedin 71: 徵馬皮
spāta Vimaladatta→Budadatta	SI P 139.2: 徵布

Vaśi'rasaṃga的身份文書没有明言，由於他所承接的命令全部都是來自spāta官，也就是説，他的職位應該低於spāta。吉田豐先生推測Vaśi'rasaṃga是一位叱半[2]，這當然是非常可能的，但是我們也不能完全排除他是一位auva-haṃdasta或者pharṣa的可能性。由這些例子可以看出，在一個區域内可能有多個spāta官互相配合，他們承接唐朝軍隊或者上級官員如āmāca和ṣṣau官的命令，再下達於更低級的官吏。另外，spāta官Vimaladatta和spāta官Ṣīla又出現在傑謝spāta官Sīḍaka有關的文書中[3]，顯示了Hedin文書所出的地點（應即拔伽Birgaṃdara）和spāta官Sīḍaka所在的傑謝（Gaysāta）[4]之間有密切的公務往來。

在吉田豐《コータン出土8—9世紀のコータン語世俗文書に關する覺え書き》所分之第二組出自丹丹烏里克（Dandan Oiliq）遺址的文書中，思略（Sīḍaka）無疑是居於中心位置的人物[5]。思略（Sīḍaka）擔任spāta官是在唐朝統治時期[6]。他在大曆十六年第一次出現在我們的材料中[7]，這時他還是六城傑謝地區的一介百姓，而在下一年即Viśa' Vāhaṃ治下16年（782）則稱爲auva-haṃdasta[8]。他首次作爲Gaysāta spāta（傑謝薩波）出現是在Viśa' Vāhaṃ

1 此件文書僅稱守捉，而未稱Phema，但根據文意推測這裏的守捉所指應爲Phema，即坎城守捉。
2 吉田豐《コータン出土8—9世紀のコータン語世俗文書に關する覺え書き》，53頁。
3 SI P 103.26（*Saka Documents, Text Volume* III, p. 146）; SI P 94.6（*ibid.*, pp. 97-98）.
4 拔伽和傑謝的行政級别都是au（鄉），詳參拙文《于闐國"六城"（*kṣa au*）新考》。
5 吉田豐《コータン出土8—9世紀のコータン語世俗文書に關する覺え書き》，54—57頁。
6 關於他的生平和相關的文書，見張廣達、榮新江《八世紀下半至九世紀初的于闐》，350—351頁。
7《唐大曆十六年（781）二月六城傑謝百姓思略牒爲典驢換丁不得乞追徵處分事》，載陳國燦《斯坦因所獲吐魯番文書研究》（修訂本），武漢大學出版社，1997年，540—541頁。
8 SI P 103.49（*Saka Documents, Text Volume* III, p. 156）.

治下19年（785）[1]。從他擔任spāta官時的文書來看，他曾經手過納布匹[2]、交送糧食[3]、承擔王稅（rrvī thaṃga）[4]、尋找牲畜[5]、追索錢財[6]和服國役（kṣīrū kīrä）[7]等事。于闐語文書和漢語文書中所記載的職掌是大體一致的。以下同樣列出和他相關的文書流程。

表5：圍繞spāta官Sīḍaka的公文流程

文書流程	出處及事務
ṣau Phvaiṃ-hvuhi→spāta Sīḍaka	Or.6394/1(M.9)：納布；SI P 94.24 + SI P 93.6：徵錢
spāta Sīḍaka→spāta Visade	Or.12637/21.1a：徵收牲畜等
坎城守捉兵馬使[8]→spāta Tturgäś→spāta Sīḍaka	IOL Khot Wood 3：徵馬、馱畜等事務
ṣau Ṣṣanīraka→spāta Sīḍaka	SI P 103.10：徵勞役
ṣau Śarạsa→spāta Sīḍaka	SI P 103.13：徵勞役
唐朝官員→阿摩支→Japāṇaka→spāta官Īrvapuña→spāta官Sīḍaka	SI P 136.1：徵收羊皮爲冬衣
薩波思略→唐朝官員	Дх.18923：尋驢

由於這組文書很可能就是Sīḍaka個人所藏，也就是説，是他收到的官文書，因此，和上組不同，這組關於spāta官的文書基本上都是到spāta爲止，而没有更下級别的紀録。

從表列文書來看，spāta官主要從ṣṣau官處接受命令，唐朝軍隊的命令有時直接下至spāta官，有時由别官（āmāca，可能還有ṣṣau）轉達。這説明ṣṣau官是spāta的直接上級，而唐朝官員也有向spāta下令的權力。和spāta官Sīḍaka相關的文書中也出現了其他的幾位spāta官，如Ṣṣanīraka[9]和Tturgäśī[10]。前者曾以spāta官的身份向還在擔任auva-haṃdasta官的Sīḍaka下令[11]，説明他任spāta在Sīḍaka之前。而在SI P 103.10號文書中，又有ṣṣau官Ṣṣanīraka給spāta官Sīḍaka的令文。我們知道Sīḍaka經過了比較清楚的由auva-haṃdasta官升至spāta官的

---

1 Or.6397.2（*Khotanese Manuscripts from Chinese Turkestan in the British Library*, pp. 9-10）.

2 Or.6394/1（*ibid.*, p. 5）、Or.6396/1（*ibid.*, pp. 7-8）.

3 Дх.18919r《大曆十七年（782）閏三月廿九日韓披雲收領錢抄》（張廣達、榮新江《聖彼得堡藏和田出土漢文文書考釋》，《敦煌吐魯番研究》第6卷，北京大學出版社，2002年，227頁）。

4 Or.6396/2（*Khotanese Manuscripts from Chinese Turkestan in the British Library*, p. 8）.

5 Or.12637/21.1a（*ibid.*, p. 128）、Дх.18923《貞元四年（788）五月傑謝百姓瑟□諸牒爲伊魯欠負錢事》（張廣達、榮新江《聖彼得堡藏和田出土漢文文書考釋》，229—230頁）。

6 SI P 94.24 + SI P 93.6（*Saka Documents, Text Volume* III, pp. 104-105）、SI P 103.10（*ibid.*, pp. 138-139）、Дх.18917《某年傑謝首領薩波思略牒爲尋驢事》（張廣達、榮新江《聖彼得堡藏和田出土漢文文書考釋》，225頁）。

7 SI P 103.13（*Saka Documents, Text Volume* III, p. 140）.

8 這個詞的比定是由吉田豊先生做出的。參吉田豊《コータン出土8—9世紀のコータン語世俗文書に關する覺え書き》，17頁。

9 Or.6394/2 (M.9)（*Khotanese Manuscripts from Chinese Turkestan in the British Library*, pp. 5-6）, Hedin 74?（*Khotanese Texts*, IV, pp. 50, 171-172）, SI P 103.15（*Saka Documents, Text Volume* III, p. 141）, SI P 103.34（*ibid.*, p. 149）, SI P 103.35（*ibid.*, pp. 149-150）, SI P 103.39（*ibid.*, pp. 151-152）, SI P 103.40（*ibid.*, p. 152）, SI P 103.41（*ibid.*, pp. 152-153）, SI P 103.42（*ibid.*, p. 153）, SI P 103.44（*ibid.*, p. 154）.

10 Or.6401/2.2 (G.1)（*Khotanese Manuscripts from Chinese Turkestan in the British Library*, pp. 19-20）, IOL Khot Wood 3（*ibid.*, p. 560）, SI P 103.27（*Saka Documents, Text Volume* III, p. 146）, SI P 103.29（*ibid.*, p. 147）, SI P 103.44（*ibid.*, p. 154）.

11 Or.6394/2(M.9)（*Khotanese Manuscripts from Chinese Turkestan in the British Library*, pp. 5-6）, SI P 103.39（*Saka Documents, Text Volume* III, pp. 151-152.）, SI P 103.42（*ibid.*, p. 153.）, SI P 103.45（*ibid.*, p. 154）.

過程，如果兩位給Sīḍaka發出的命令的Ṣṣanīraka是同一人的話，那麼就可以看出Ṣṣanīraka是從spāta升至ṣṣau官的。這樣，至少在唐朝統治時期，我們大致可以看到于闐的官制中出現了一種較爲整齊的等級觀念和升遷制度，即：

auva-haṃdasta→spāta→ṣṣau

雖然現在的材料中有Sīḍaka兼任spāta和auva-haṃdasta的例子[1]，但這種遷轉的序列與官職的高下還是很清楚的。

另外，筆者隨榮新江教授一行於2008年初赴和田考察時，曾在和田地區博物館見到兩件未刊的于闐語文書，也涉及到spāta官Sīḍaka，其中一件是契約，另一件是ṣau官Phvai-hvuhi下給Sīḍaka的令文，這是spāta官接受ṣṣau官命令的又一個例子。另外，中國國家圖書館藏BH1-17號的文書是一個漢人吕珎用于闐文寫給spāta官Sīḍaka的令文。段晴教授目前正在整理這些文書，我們期待着她的成果[2]。

在吐蕃統治時期的文書中，spāta官繼續扮演重要的角色。這一時期我們現有文書中出現次數較多的spāta官是Sudārrjaṃ。他主要出現在Or.11252和Or.11344兩組文書中，屬於吉田豊《コータン出土8—9世紀のコータン語世俗文書に關する覺え書き》所分的第三組[3]。

表6：圍繞spāta官Sudārrjaṃ的公文流程

文書流程	出處及事務
吐蕃官人?→spāta Sudārrjaṃ→pharṣa Sāṃdara	Or.11252/4：徵牲畜、糧食；
質邏村民（狀上）→spāta Sudārrjaṃ	Or.11252/5
spāta Sudārrjaṃ→pharṣa Sāṃdara	Or.11252/6：餐務事；Or.11252/16：納麥?事；Or.11252/25：餐務事；Or.11252/35：入城、餐務事；Or.11344/3：修路；Or.11344/5：買馬?；Or.11344/7：入城?；Or.11344/12：不明；Hedin 3 recto + Hedin 5：徵錢
bulāni rMamä Śi'rä→spāta Sudārrjaṃ→?	Or.11252/7：納糧食、芝麻
thaiṣī bulāni rMamä Śi'rä→spāta Sudārrjaṃ→pharṣa Sāṃdara?	Or.11252/12：徵人爲餐務事
吐蕃官人→spāta Sudārrjaṃ→auva-haṃdasta	Or.11252/18：帶人入城
節度→spāta Sudārrjaṃ→?	Or.11252/19：納糧食、芝麻
于闐王（miḍāṃ gyasta）→spāta Sudārrjaṃ→pharṣa Sāṃdara	Or.11252/21：納布
Sudārrjām (spāta) →Darauka	Or.11252/32：用水
某人（狀上）→hiyaudi spāta Sudārrjāṃ	Or.11344/6
Śvarabhadra→spāta Sudārrjaṃ	Or.11344/12：送酒？
于闐王（miḍāṃ gyasta）→spāta Sudārrjaṃ→pharṣa Sāṃdara?、auva-haṃdasta Sudatta、Pa'地之Sudatta	Or.11344/17：不明

1 Or.6395/1(M.10)（*Khotanese Manuscripts from Chinese Turkestan in the British Library*, pp. 6-7）.

2 和田地區博物館藏契約文書的研究見段晴、和田地區博物館《和田博物館藏于闐語租賃契約研究——重識于闐之“桑”》，《敦煌吐魯番研究》第11卷，上海古籍出版社，2009年，29—44頁。

3 吉田豊《コータン出土8—9世紀のコータン語世俗文書に關する覺え書き》，57—60頁。

續表

文書流程	出處及事務
mūra-haṃgāṃ→[1]spāta Sudārrjaṃ→pharṣa Sāṃdara	OIOL Photo 392/57 T. O. 34：徵錢
Mulaki（狀上）→hiyauda, tsīṣī, spāta Sudārrjaṃ	Hedin 11：料理水渠
spāta Sudārrjām→spāta Vīsa	Hedin 11：料理水渠
于闐王（miḍāṃ gyasta）→spāta Sudārrjaṃ→spāta Vidyadatta、pharṣa Sādara、商人等	Hedin 20：入城
Vagiva家人→Sudārrjā (spāta)	Hedin 57：請錢？

從這些記載這位spāta官的文書可以看出，大體上來説，spāta官延續了在唐朝統治時期的主要職掌。吐蕃的駐軍也如唐朝軍隊一樣常常直接下令給spāta官。值得注意新變化有兩點，第一，spāta官Sudārrjām加上了hiyauda（地主）和刺史等稱號，説明唐朝時期的職事官刺史在吐蕃時期以加官的形式出現。從Hedin 1[2]、Hedin 11號文書可以看出，加上了刺史稱號的spāta官地位高於一般的spāta官。第二，給這位spāta官下達令文者發生了變化。從上舉唐朝統治時期的例子可以看出，下達令文給spāta官，也就是較spāta官高一級的官員，雖然有直接由國王下令的例子[3]，但主要是阿摩支和ṣṣau官。而在吐蕃統治時期，則没有見到阿摩支和ṣṣau官給spāta官下令的例子，而多次出現了于闐王下令給spāta的情況。上文已經提到，吐蕃統治時期没有ṣṣau官知某年事的情況，salya-bāya的職責有時被更低級的pharṣa官承擔起來[4]。兩者結合起來，就容易看出，吐蕃統治時期以ṣṣau官爲代表的高級官員的權力弱化的趨勢。在這種情況下，spāta更多地承擔了以往ṣṣau官的任務。上文已經指出，ṣṣau官尤其是加阿摩支和hiyaudi稱號的ṣṣau官基本代表了于闐國的高級貴族官僚。而吐蕃統治時期，這一群體的影響力無疑大大弱化了，其表現一方面在於阿摩支稱號更加廣泛的使用，一方面表現在ṣṣau官知某年事制度的消失。吐蕃統治時期雖然保留了于闐王，但王權非常低下[5]，這和本節所論于闐國高級貴族官僚階層的没落是相呼應的。

五、auva-haṃdasta，漢譯“鄉頭（？）”

從auva-haṃdasta這個名稱本身就可以看出，它是一個au中的官職[6]。由於au在漢語有時對應爲“城”[7]，張廣達、榮新江兩先生曾將此詞對應爲敦煌、吐魯番漢文文書中常見的“城

1 此處的箭頭只表示徵錢的信息從mūra-haṃgāṃ傳遞給spāta Sudārrjaṃ，而不是指mūra-haṃgāṃ給spāta Sudārrjaṃ“下令”。

2 在這件文書中，tsīṣī spāta官Sudārrjāṃ收領的布匹數量比普通的spāta官多，似乎説明其地位較高。

3 SI P 103. 42（*Saka Documents, Text Volume* III, p. 153）.

4 Or.11252/21（*Khotanese Manuscripts from Chinese Turkestan in the British Library*, pp. 96-97）, OIOL Photo 392/57 T. O. 34 (Domoko A4)（*ibid.*, pp. 581-582）.

5 參筆者《中古時期于闐國政治制度研究》第一章。

6 *Khotanese Texts*, IV, p. 103.

7 如*kṣa au*即對應“六城”，參*Khotanese Texts*, IV, p. 72.

主”[1]。現在，根據國家圖書館藏的雙語木簡並聯繫其他材料，可以證明au對應唐朝的行政級別應該是“鄉”[2]。因而auva-haṃdasta的漢譯應該和“鄉”有關。下面這件文書對此提供了新鮮的材料，其文末年代署名部分如下[3]：

貞元七年七月　日傑謝鄉頭没里惟（或曜）思牒

由於傑謝在行政級别上是一個au（鄉），因此這件文書中的“鄉頭”與auva-haṃdasta一詞非常符合，應該就是這個于闐語詞彙在當時的對應漢譯。

從字面意思上來看，auva-haṃdasta應該是一個au之首領。但是，文書中記載的實際情況却往往並非如此。由上文對於spāta的討論可知，Gaysāta（傑謝）spāta（薩波）思略是當地地方事務的主管官員，因而一個au真正的首領可能是spāta，而auva-haṃdasta則是spāta的下屬，地位相對更低，張廣達、榮新江先生將其視爲“色役”的看法是值得重視的[4]。現存的文書中關於auva-haṃdasta最集中的材料還是關於Sīḍaka（思略）的，以下列表説明：

表7：圍繞auva-haṃdasta官Sīḍaka的公文流程

文書流程	出處及事務
Spāta ṣṣanīraka→auva-haṃdasta Sīḍaka	Or.6394/2(M.9)：徵錢
Cā Kṣahi Thākä Ttyena→張順將軍（cāṃ tcyaṃ-kunä）→auva-haṃdasta Sīḍaka	SI P 103.14：徵收兔子
Spāta ṣanīraka→auva-haṃdasta Sīḍaka	SI P 103.39：關於前往尼壤?
于闐王→Spāta ṣanīraka→auva-haṃdasta Sīḍaka	SI P 103.42：徵税
Spāta ṣanīraka→auva-haṃdasta Sīḍaka	SI P 103.45：徵收羊皮等雜物

由上表可見，auva-haṃdasta收到的命令主要是來自spāta官的，這充分證明spāta是auva-haṃdasta的直接上級。但是也出現了一次直接由唐朝將軍張順下令的例子。這可能是由於這件文書出土自丹丹烏里克遺址，該處在唐朝統治時期是駐有唐朝軍隊的傑謝鎮的緣故。

六、pharṣavata（也作pharṣa），漢譯“破沙”

貝利先生認爲pharṣa意指“法官”，來自於古伊朗語詞根*fras-*“問”[5]。這在文書中找到了證明。在Or.9268a和IOL Khot Wood 1兩件關於某種經濟糾紛的文書中，均出現了pharṣa官，兩件文書均書於木函。前者屬Viśa' Dharma王治下某年，内容關於pharṣa官Bara和Braṃgala與Yagura以及Birgaṃdara村民之間用水的糾紛，其中函蓋下側c6至c7行載：

ṣi' gvārä hamgrīma ā vye pyaṃtsä pharṣa chuṃgula u pharṣa vikrāṇtadattä

1　張廣達、榮新江《八世紀下半至九世紀初的于闐》，350頁。

2　榮新江、文欣《和田新出漢語—于闐語雙語木簡考釋》，《敦煌吐魯番研究》第11卷，45—69頁。值得指出的是，從吐魯番的材料來看，唐代西州“城主”即鄉一級的吏（參看徐暢《敦煌吐魯番出土文獻所見唐代城主新議》，《西域研究》2008年第1期，90—92頁），則auva-haṃdasta即便不能直接譯作城主，其含義與城主也可能是類似的。

3　本件文書出自一處私人收藏。

4　張廣達、榮新江《八世紀下半至九世紀初的于闐》，350頁。

5　*Dictionary of Khotan Saka*, pp. 260-261.

譯文：此案置於衆人及pharṣa官Chuṃgula和pharṣa官Vikr̄ạntadatta之前。

後者屬Viśya Sīhya王治下元年，内容關於pharṣa官Visauna購買依附人口，其中函内底部6至8行載：

ṣä' gvārä aurīṣṭa spāta visalä ą̄na ye u aurīṣṭa pharṣa śirārrjāṃ u aurīṣṭa biśuṃ haṃgramajā 'auyāṃ

譯文：此案置於spāta官Visala和pharṣa官Śirārrjāṃ及所有衆人之前。

從文書的情境來看，這種置於某某之前的用語大致表示公證的意義。韓森（Valerie Hansen）指出，這裏的衆人可能與古代印度從吠陀時代即已出現的sabhā組織類似[1]。值得注意的是，這兩件文書都屬於Viśa' Vāhaṃ王之前的國王時期，可見在此時，pharṣa的地位尚比較高，擔任的可能確實是類似法官的職責。

另外，在Viśa' Vikrraṃ王十四年的一件文書中，提到了pharṣa mahakä piṣkala（破沙官Mahaka屬地）[2]。這説明pharṣa擁有一定的土地，可能也有依附其上的人口。這在其他的文書中也找到了證明。Hedin 16.26是一件雙語文書，其文曰[3]：

kṣā auvā pharṣa sudarana dīna vidarjū thau hauḍe 20 3 chā

六城破沙宋闥下勿闥踵納進奉絁紬貳丈叁尺，巳年十二月二日，判官富惟謹薩波深莫抄行

霍古達（G. Haloun）在爲貝利的《于闐語文書集（四）》所寫的附録中研究了這件文書的漢文部分，但是對於“下”字，他指出意義不明[4]。其實如貝利指出的，“下”對應dīna[5]，指家僕之類的依附人口。“某甲下某乙”即指“某甲之家僕某乙”。在國圖新出文書中出現了“王下莎悌”的記載，應即指于闐王之家僕莎悌。這説明破沙官也有依附人口。

在本篇開始處所引用的吉田豊先生所列官員表可以看出，他將pharṣa置於auva-haṃdasta之下，但還是處於于闐國的官吏系統之内。但是，我們在考察相關的漢文、于闐文文書時，却難免對吉田先生的看法産生疑問。國圖藏的一件新出文書（BH3-2）載：

1. 開元廿四年正月八日，傑謝百姓破沙桑□□爲
2. 負官甲仗錢，交無出處，今於坎城鎮將雷
3. 邊，共取□□□拾柒箇，共得錢捌佰叁拾文。其布
4. 限至今夏□内還希足，其布□□□□□□□

這件文書中提到“傑謝百姓破沙桑□”，説明這位于闐人桑某雖然是破沙，但在漢文文書中，仍被視爲“百姓”。吐魯番文物局所藏和田出土漢文文書中有一件也提到了“破沙”，兹引如下[6]：

1 見她對*Khotanese Manuscripts from Chinese Turkestan in the British Library*的書評（*Journal of the American Oriental Society*, New Haven - Ann Arbor, 124:2, 2004, p. 381）。

2 *Khotanese Manuscripts from Chinese Turkestan in the British Library*, p. 124.

3 *Khotanese Texts*,IV, pp. 31, 175.

4 *Ibid*., p. 177.

5 *Ibid*., p. 109.

6 榮新江、李肖、孟憲實主編《新獲吐魯番出土文獻》，中華書局，2008年，359頁。

1. 　　　百姓□[ ]
2. 　問見　百姓史[ ]
3. 　　　百姓弥悉□年六[ ]
4. [ ]□被問見在百姓，今得破沙蘇越門胡書狀稱□

（後略）

此處的破沙蘇越門是在接到“被問見在百姓”的公文之後以胡書狀上唐朝官員的。這似乎也暗示蘇越門是百姓之一，只不過在百姓中具有較高的地位。“百姓”這個詞在和田出土的漢語文書中多次出現，其含義是清楚的，大致是指没有官職，但也並非奴婢的普通民户。從思略（Sīḍaka）的生平我們可以看出，他在大曆十六年（781）的漢文文書中被稱爲“百姓”，而在下一年即Viśa' Vāhaṃ治下16年（782）的于闐語文書中則稱爲auva-haṃdasta。在其後的漢語和于闐語文書中，他便以官員身份出現，在漢語文書中再也没有被稱爲百姓，在于闐語文書中也基本總是表明官職。這充分説明“百姓”一詞嚴格限於不是官吏之人。

而另一方面，在于闐文文書中，我們又看到了似乎不同的情况，在SI P 94.6號文書中，傑謝的斯略（Gaysātaji Sīḍakä）爲其子出家之事上書，上書對象名叫Īrvamāña，他被稱作“ṣṣau hiyaudi pharṣa”[1]。由於Sīḍaka的出現，我們基本可以判斷這件文書是唐朝統治時期的文書。由上文的討論可以知道，ṣṣau是和刺史相當級别的官員，而他也被稱作pharṣa。可見，至少在唐朝統治時期，上至ṣṣau官，下至普通百姓，都可被稱作pharṣa/破沙。從上文所論可知，唐朝統治時期于闐語文書中顯示了清楚的auva-haṃdasta→spāta→ṣṣau的官員遷轉序列，三種官制的使用是排他的，從不同時出現在同一個人的身上。而pharṣa無法被置於這個序列之中。而且，從上文所列關於spāta官的前兩個表中我們也可以看出，在唐朝統治時期pharṣa官没有出現在我們見到的官文書的流程中。因此，至少在唐朝統治時期，pharṣa這個稱號很可能不同於ṣṣau、spāta、auva-haṃdasta等具有明確地位的官號，而只是民間的一種稱號，可能仍和較早時期一樣，還是類似法官的角色。

然而，在吐蕃統治時期，情况似乎出現了很大的變化。除了上引幾件于闐文文書之外，還有一大組吐蕃統治時期關於pharṣa官Sāṃdara的文書[2]，他和spāta官Sudārrjaṃ之間常常有文書往還。從這些文書來看，pharṣa似乎和auva-haṃdasta一樣，成了spāta官的一個普通下屬，負責處理各種事務，如徵收牛[3]、食物[4]、錢[5]、雜物[6]；徵用勞役[7]；繳納布帛[8]、組織居民入

1 *Saka Documents, Text Volume* III, pp. 97-98.
2 主要是Or.11252、Or.11344兩組中的文書以及Hedin收集品中的文書。
3 Or.11252/4（*Khotanese Manuscripts from Chinese Turkestan in the British Library*, pp. 87-88）.
4 Or.11252/6（*ibid*., p. 89）; Or.11344/11（*ibid*., p. 113）.
5 Or.11252/16（*ibid*., pp. 94-95）; Or.11252/17（*ibid*., p. 95）; Or.11252/21（*ibid*., pp. 96-97）; OIOL Photo 392/57 T. O. 34(Domoko A4)（*ibid*., pp. 581-582）; Hedin 3r + Hedin 5（*Khotanese Texts,* IV, pp. 22, 67-71）.
6 Or.11252/8（*Khotanese Manuscripts from Chinese Turkestan in the British Library*, p. 90）.
7 Or.11252/12（*ibid*., pp. 92-93）; Or.11252/37（*ibid*., p. 103）.
8 Or.11252/30（*ibid*., p. 99）; Hedin 1（*Khotanese Texts,*IV, pp. 21, 53-61）; Hedin 12（*ibid*., pp. 28, 102-103）; Hedin 13（*ibid*., pp. 29, 104-106）.

城[1]；修路[2]、買馬[3]等。pharṣa還以*par sha*的形式出現在古藏文的文書中，武内紹人先生認爲pharṣa在一件藏文契約（Hedin 3）中仍扮演法官的角色[4]。但是實際上，如果我們參考其他中古時期的契約文書，就可以明白，在契約中一般不會有“法官”之類的官員出現。而且此人在這件文書上也畫指印，武内先生也指出，“古藏文契約中很少見法官之類官員畫指印的情況”[5]。可見，此時的pharṣa應該不是“法官”，而只是一個一般的低級官吏。其在契約中出現是表明此人爲pharṣa，應該僅僅代表一種身份。

當然，這種變化也可能和我們現在看到的文書的性質有關。由於唐朝統治時期的文書是以由auva-haṃdasta升任spāta的Sīḍaka爲中心，而吐蕃統治時期的文書則是以pharṣa官Sāṃdara爲中心的。可能兩組文書本來就是分别兩人的收藏，自然以各自爲中心，這樣第一組文書就較少對於pharṣa的記載，而第二組文書也較少提到auva-haṃdasta。不過，從上文的分析，我們似乎還是可以看出兩種職務的不同。auva-haṃdasta只是一般的管理au的官員，而pharṣa有時有法官的職能。在唐朝統治時期，pharṣa似乎不是一個正式的官職，其在民間的“法官”的職能或許還保持着。而在吐蕃統治時期，pharṣa更常扮演的角色，則是類似auva-haṃdasta的spāta以下的低級官員了。

七、chaupaṃ，漢譯“叱半”

對於和田出土漢文文書中的“叱半”一詞，沙畹早已指出是一個低級官吏[6]，池田温先生曾將其比定爲于闐文文書中的spāta一詞[7]。但如上文所述，spāta的對應漢譯應該是“薩波”。吉田豊先生檢出于闐文文書中的chaupaṃ一詞，認爲是“叱半”原語[8]，而且他還進一步將于闐文中的chaupaṃ和在庫車都勒都爾阿護爾（Douldour-aqour）遺址出土的漢文文書中的“處半”[9]、突厥語中的*čupan*、大夏語中的*σωπανο*、拜占庭史料中的*ζουπανος*等聯繫起來。由於在幾乎所有的材料中這個詞都表示低級官員的意思，因此吉田先生認爲它們是同源的，可能來自嚈噠語（Hephtalite）[10]。

---

1 Or.11252/35（*Khotanese Manuscripts from Chinese Turkestan in the British Library*, p. 102）; Hedin 20（*Khotanese Texts,*IV, pp. 33-34, 121-125）.

2 Or.11344/3（*Khotanese Manuscripts from Chinese Turkestan in the British Library*, pp. 107-109）.

3 Or.11344/5（*ibid.*, p. 110）.

4 T. Takeuchi, “Three Old Tibetan Contracts in the Sven Hedin Collection”, *Bulletin of the School of Oriental and African Studies* LVII, 3, 1994, p. 584.

5 同上。

6 É. Chavannes, *Les documents chinois découverts par Aurel Stein dans les sables du Turkestan oriental*, Oxford, 1913, p. 221, note 7.

7 池田温《麻札塔格出土盛唐寺院支出簿小考》,《段文傑敦煌研究五十年紀念文集》，世界圖書出版公司，1996年，219頁。

8 吉田豊*Sino-Iranica*,《西南アジア研究》第48號，1998年，45頁。

9 É. Trombert, *Les Manuscrits Chinois de Koutcha, fonds Pelliot chinois de la Bibliothèque nationale de france*, Paris: Bibliothèque nationale, 2000, pp. 49-50, 131.

10 Y. Yoshida, “Some Reflections about the Origin of *čamūk*”, 森安孝夫編《中央アジア出土文物論叢》，朋友書店，2004年，132—134頁。

從于闐文的材料來看，叱半確如吉田豊所説，是低級的官員。筆者只能進一步指出一點，即這個官員是和村（bisā）的建制結合在一起的。Or.12637/13號文書中，提到了*ustākajāña biśa chau pam arsa-*[1]，可以譯作“屋悉貴村叱半Arsa-”；在SI P 103.46號文書中，chaupaṃ之前的地名（Ustāka，Khaṃśaraṃ，Mesalā）也都是村級[2]。麻札塔格出土《唐于闐神山某寺支用帳曆》（Or.8211/969~972）有“西河勃寧野鄉厥彌拱村叱半薩董”的記載[3]。而近年和田地區發現的四支雙語木簡的漢文部分也提到了“屋悉貴叱半”[4]。可見chaupaṃ所屬爲村級是比較肯定的。

八、thamgaurāṃ、mūrahaṃga

以上兩個官職由於性質相近，在此一併討論。

于闐語中的thaṃga指税收[5]、mūra指錢[6]。吉田豊則認爲thaṃga是指一種以錢幣交納的人頭税[7]，若如此，以上兩種稱呼都是指一種税收官。關於thaṃgaurāṃ的材料較少，SI P 103.17號契約提到潘野（Phaṃnā）收thaṃgaurāṃ官Kāśaka作爲知見人[8]，潘野（Phaṃnā）應屬“六城”之一[9]，而這件契約涉及Sīḍaka，應該是在傑謝（Gaysāta）完成的。潘野的收税官來到傑謝並成爲契約的知見人，可能是因爲契約的内容涉及所應繳納的賦税錢。

關於mūrahaṃga的材料稍多，但均很殘破[10]。内容稍微清楚的是OIOL Photo 392/57 T. O. 34號文書[11]，記載spāta官Sudārrjāṃ接到mūrahaṃga的要求之後，下令pharṣa官Sāṃdara要求徵錢。另外Or.6398/4（M.3）號文書提及ciṃga mūrahaṃga（漢收税官）[12]、SI P 101.1提到mūrahaṃga haṃdara-prū（中堡收税官）[13]，在SI P 103.37我們熟悉的斯略（Sīḍaka）還曾擔任mūrahaṃga[14]。但是，筆者不太同意吉田豊先生所説的斯略在升任spāta前擔任mūrahaṃga的説法[15]。這兩個稱號應該並非固定的官職，而只是一種臨時的差遣。另外，這兩個官職雖在

1 *Khotanese Manuscripts from Chinese Turkestan in the British Library*, p. 123.

2 詳見《于闐國“六城”（*kṣa au*）新考》。

3 沙知、吴芳思編《斯坦因第三次中亞考古所獲漢文文獻（非佛經部分）》下册，329頁。

4 艾再孜·阿布都熱西提《和田地區發現漢文、于闐文雙語木簡》，《新疆文物》1998年第3期，104頁。但其録文有誤，没有録出“叱半”二字。參榮新江、文欣《和田新出漢語—于闐語雙語木簡考釋》，《敦煌吐魯番研究》第11卷，45—69頁。

5 *Dictionary of Khotan Saka*, pp. 147-148.

6 *Ibid.*, pp. 336-337.

7 “On the Taxation System of Pre-islamic Khotan”, p. 103.

8 *Saka Documents, Text Volume* III, p. 142.

9 參吉田豊《コータン出土8—9世紀のコータン語世俗文書に關する覺え書き》，47—48頁。

10 對這個詞含義的分析，參R. E. Emmerick, “Khotanese *mūrahaṃga* and other *haṃgas*”, in: *Persia e l'Asie centrale da Alessandro al X secolo, in collaborazione con l'Instituto Italiano per il Medio ed Estremo Oriente, Roma, 9-12 Novembre 1994* (Atti dei convegni Lincei 127), Rome, 1996, pp. 113-121.

11 *Khotanese Manuscripts from Chinese Turkestan in the British Library*, p. 581.

12 *Ibid.*, p. 11.

13 *Saka Documents, Text Volume* III, p. 126.

14 *Ibid.*, pp. 150-151.

15 “On the Taxation System of Pre-islamic Khotan”, p. 105.

現有的文書中出現十餘次[1]，但其中屬於吐蕃統治時期的僅有上引OIOL Photo 392/57 T. O. 34號一件。這或許暗示他們負責的于闐國徵錢稅收的某種變化。

小 結

本文比較系統地討論了于闐國的幾個主要官職。由於材料殘破、語言難解，相關研究也很不深入，對於于闐國中的很多其他官職，如parramai[2]、hāruva[3]、khau[4]、stā̧naḍa[5]等，我們還不能確切知道他們的含義。因此以上的研究只是非常初步的。

在逐個梳理的8、9世紀于闐國的官職之後，我們可以大致勾勒一下于闐國的官僚制度。在于闐王之下是稱爲āmāca（阿摩支）的貴族，這個稱號可能不代表某個具體的官職，因而常常加於其他官吏的稱號之上同時使用，尤其是“hiyaudi āmāci ṣau”的稱號，代表了于闐社會中的官僚貴族階層。haubarai可能也指類似的貴族。較爲純粹的職官中，現在所知地位最高的是ṣṣau（知事）官，管理相當於唐朝劃分的一個州的區域，每個州有數名ṣṣau官，在唐朝統治時期，其中每年有一人擔任salya-bāyaa之職，在文書中稱爲ṣṣau官某人之年，此人在漢文中可能稱爲“都知事”，和刺史的地位接近。有時唐朝任命的刺史也擔任salya-bāyaa之職。于闐王的命令多由āmāca或者ṣṣau傳達給更低級的官員。在吐蕃統治時期，ṣṣau官等高級官員出現權力弱化的趨勢，ṣṣau官擔任salya-bāyaa的情況似乎消失了，于闐王直接下令給中低級官員的情況更加常見。ṣṣau官之下是spāta（薩波）官。他管理的範圍大致是一個au（鄉）。spāta官承上啓下，地位異常重要。因此不論在唐朝還是吐蕃統治時期，這個官職都是文書中的主角。在spāta之下的有auva-haṃdasta（鄉頭）和pharṣa（破沙），兩者的職能

1 Or.6395/1 (M.10)（*Khotanese Manuscripts from Chinese Turkestan in the British Library*, p. 6）, SI P 103.17, Or.6398/4 (M.3)（*ibid*., p. 11）, Or.6401/1.3 (G.1)（*ibid*. p. 19）, Or.8212/1717（*ibid*., p. 64）, IOL Khot Wood 21（*ibid*., p. 565）, OIOL Photo 392/57 T. O. 34（*ibid*., pp. 581-582）, SI P 97.1（*Saka Documents, Text Volume* III, p. 113）, SI P 98.8（*ibid*., p. 118）, SI P 99.8（*ibid*., p.121）, SI P 101.1（*ibid*., p. 126）, SI P 101.21（*ibid*., p. 130）, SI P 101.31.2（*ibid*., p. 132）, SI P 103.12（*ibid*., pp. 139-140）, SI P 103.37（*ibid*., pp. 150-151）, SI P 103.41（*ibid*., pp. 152-153）, SI P 103.43（*ibid*., p. 153）, SI M 11.1（*ibid*., pp. 177-178）.

2 Or.6393/2 (M.9)（*Khotanese Manuscripts from Chinese Turkestan in the British Library*, pp. 4-5）, Or.6397/1 (G.1)（*ibid*., p. 9）, Or.9268b（*ibid*., pp. 68-69）, IOL Khot Wood 1（*ibid*., pp. 557-559）.

3 Or.6394/1 (M.9)（*ibid*., p. 5）, Or.6396/1 (G.1)（*ibid*., pp. 8-9）, Or.11344/4（*ibid*., p. 109）, Hedin 3v（*Khotanese Texts*, IV, pp. 23, 71-74）, Hedin 13（*ibid*., pp. 29, 104-106）, Hedin 16（*ibid*., pp. 30-31, 106-109）.這個詞一般譯作“商人”，但是從其在文書中出現的位置和方式來看，似乎也常常負責某種稅收，作爲“商人”理解顯然是有問題的。

4 khau只出現在吐蕃統治時期的賦役文書中，意義不明，或爲藏語借詞？其出現在賦役文書中，說明帶有這一稱號的人也要承擔吐蕃統治者所分派的賦役。現有材料中冠以khau稱號的人有四位，分別爲Si Vidyadatta（Or.11252/9; Or.11252/10; Or.11252/31; Or.11252/34; Or.11344/1; Or.11344/3）、Sudatta（Or.11252/2; Or.11252/34; Or.11344/3）、Ṣanīra(ka)（Or.11252/32; Or.11252/39; Or.11344/1）和Sīlāṃ（Or.12637/77.1.）。其中Si Vidyadatta又見於Or.12637/38，爲āśi'ri（即ācārya阿闍梨），可否說明khau的含義？

5 貝利先生認爲這個詞來自藏文的*ston-bla*上師（*Khotanese Texts*,IV, p. 119）。Skjærvø亦將Or.8121/162號中的此詞譯作“teacher”（*Khotanese Manuscripts from Chinese Turkestan in the British Library*, pp. 49），但是從其他世俗文書（Hedin 18, *Khotanese Texts*, IV, pp. 32,117-119; Hedin 21, ibid., pp. 34, 125-126; Or.11252/15, *Khotanese Manuscripts from Chinese Turkestan in the British Library*, p. 94）中來看，似乎這個詞表示的是一種低級的小吏，因此吉田豊先生將他和chaupaṃ并列。兩說孰是，還需要進一步的研究。

不同，在唐朝統治時期auva-haṃdasta是spāta的直接下級，有時升任spāta，而pharṣa則可以加於各個等級的人，似乎並非嚴格意義上的官員。在吐蕃統治時期，auva-haṃdasta和pharṣa一起，成爲spāta的下級官員。在這兩個官吏之下，還有bisā（村）級主要負責收稅的叱半（chaupaṃ）。另外臨時負責某類收稅的官員則被稱作thaṃgaurāṃ和mūrahaṃga。

回顧文章開始處所引的吉田先生的研究，就可以看出，吉田先生對於各個官號的地位高低以及其與地方行政層級間的對應關係的結論是基本成立的。但是由於要將這一複雜的問題用簡明的方法表示，也就難免忽視各個官號在這幾百年間的變化。比如將“宰相”置於國王之下，就不符合9世紀及之前的于闐國的情況；āmāca基本上是身份的象徵而非真正的官員，pharṣa的地位和職能在不同時期顯然有所變化；pharṣa、auva-haṃdasta和mūrahaṃga之間的關係也並非如表列一般直接明白。實際上，本文中所出現“官吏”，包括了貴族的尊稱、真正的官職以及臨時的徵召，而且這三者互相之間的關係也常常是模糊的。總體看來，8、9世紀于闐國官僚體系比較簡單，官吏數量不多，職掌也主要集中在收稅以及一些軍事事務。至於此時于闐國和唐朝以及吐蕃制度的交流，還有10世紀于闐國的官僚制度，則有待以後進一步的研究。

（原載《敦煌吐魯番研究》第11卷，上海古籍出版社，2009年，121—146頁）

和田新出漢語—于闐語雙語木簡考釋[1]

榮新江　文　欣

一、木簡外觀與內容簡介

2005年以來，中國國家圖書館陸續收藏了一批漢語—于闐語雙語木簡。木簡共35支，是開元十年（722）于闐國税收的記録。此前，1998年，艾再孜・阿布都熱西提在《新疆文物》刊佈了另外四支雙語木簡的漢文部分[2]。這組木簡與國圖所藏木簡非常類似，時間在開元十五年。吉田豊注意到了後一組木簡[3]。但《新疆文物》中的漢文録文有一些錯誤，圖版也不够清晰。我們在2008年初於和田地區考察時，又得到了這組木簡的較爲清晰的照片，爲便研討，這裏將兩組木簡同時刊佈。

在這些木簡上，除了雙語的記録之外，還有或深或淺的刻痕，代表所交納糧食的數量。在深刻痕上都有墨點，每有十條深刻痕，則第十條塗成黑色。這顯然是爲了方便計數。通過和雙語簡文的比對可知，深刻痕對應糧食單位碩（于闐語作*kūsa*），淺刻痕則對應斗（于闐語作*ṣaṃga* / *kha*）。在古代中亞，帶有刻痕的計數木簡的使用是很普遍的，類似的大夏語（Bactrian）木簡也有發現[4]。而在中國中原地區，乃至敦煌、吐魯番，都没有發現過這種木簡。在8世紀這些地區早已主要使用紙張作爲記録媒介，因此于闐國使用計數木簡應該是中亞傳統的表現。

木簡所登載的信息，即包含在雙語簡文和刻痕中。漢文部分從木簡的一面自上而下書

1　本文英文本刊*Journal of Inner Asian Art and Archaeology*, III (special issue on Khotan)。我們非常感謝北京大學段晴教授對於本文作者之一的文欣在于闐語方面的教導，她還通檢了本文于闐語部分的轉寫和翻譯，指出了若干錯誤。哈佛大學的P. O. Skjærvø教授指出了本文英文初稿中部分于闐語轉寫的錯誤，並補充了若干注釋（本文以POS標示）。

2　艾再孜・阿布都熱西提《和田地區發現漢文、于闐文雙語木簡》，《新疆文物》1998年第3期，104頁。

3　吉田豊《コータン出土8—9世紀のコータン語世俗文書に關する覺え書き》［神户市外國語大學研究叢書第38册（2005）］，神户市外國語大學外國學研究所，2006年，109—110頁。

4　關於中亞地區使用計數木簡的一般情況以及大夏語木簡的考釋，請參Nicholas Sims-Williams, “Bactrian Tallies”, *Chomolangma, Demawend und Kasbek, Festschrisft für Roland Bielmeier*, 2008, pp. 1-30。

寫，然後在另一面繼續自上而下書寫。木簡上有深刻痕處都没有書寫文字。于闐文部分則横向書寫在漢文部分的下方，當漢文已經佔滿木簡正背時，則書寫在木簡的側面。第一組第14號木簡是個例外，這支木簡四面均被修平，簡文書寫在相連的兩個面上。從刻痕和文字登載的位置可以知道，木簡上首先刻上深淺不一的刻畫，然後書寫漢文，最後書寫于闐文。每支木簡頂端都有一個孔，應該是用來將木簡繫在裝糧食的袋子上。在第24、35和36號木簡上還有殘留的繩子，而第二組的四支木簡在最初發現之時是用一根繩子繫在一起的[1]。

木簡記載的糧食是于闐本地人所交納的。在第二組中，納糧者名字的漢語部分帶有“吡半”的稱號。于闐語部分没有“吡半”的對應詞，但吉田豊考證這個詞在于闐語中的形式是 *chau paṃ*[2]，代表一種低級官吏，其職責主要就是將基層收繳的糧食送給于闐國或者唐朝于闐鎮守軍的更高級官員[3]。

在收糧的過程中，唐朝基層官員發揮了關鍵的作用。兩組木簡上均有唐朝官員的簽署，分别是“典”和“官”。此處的“官”是“判官”的省稱，判官一詞也借入于闐語，形式爲 *phani-kvani*[4]。在唐朝的官僚體系中，判官高於典，而在木簡上，典的簽名在判官之前。從字體上來看，顯然漢語簡文的主要部分是由“典”書寫的，而“官”僅在簡文最後署名，以使木簡所記生效。在第一組木簡上，有兩位判官署名，其字體非常潦草，以下録文僅是初步的試讀。

在漢語部分書寫完畢之後，于闐語部分由某書手書寫。總體上來説，于闐語部分和漢語部分可以大致對應，而個别不能對應的情況也説明于闐書手可能對漢語的記録並不完全瞭解。

這兩組木簡的價值之一，在於其年代古老。它們是我們現有的和田地區出土的時間最早的紀年漢語文書之一[5]，説明唐朝在開元年間就已經深入于闐國當地的税糧徵收活動。

1 艾再孜·阿布都熱西提《和田地區發現漢文、于闐文雙語木簡》，104頁。

2 參Y. Yoshida, “Some Reflections about the Origin of *camuk*”, in T. Moriyasu ed. *Aspects of International Trades and Cultural Exchanges as Seen from the Textual and Remains Unearthed from Central Asia*, Osaka, 2004, p. 133。漢語“吡半”見É. Chavannes, *Les documents chinois découverts par Aurel Stein dans les sables du Turkestan oriental*, Oxford, 1913, p. 207（2、13行）。庫車地區的都勒都爾·阿護爾（Douldour-aqour）遺址出土的漢文文書中有“處半”的稱號出現，見É. Trombert, *Les Manuscrits Chinois de Koutcha, fonds Pelliot chinois de la Bibliothèque nationale de france* (avec la collaboration de Ikeda On et Zhang Guangda), Paris: Bibliothèque nationale, 2000, p. 49。于闐語的形式 *chau paṃ*見SI P 103.46 (R. E. Emmerick, & M. I. Vorob'ëva-Desjatovskaja, *Saka Documents, Text Volume* III, London 1995, pp. 154-155)；SI P 103.49 (*ibid.*, pp. 156-157)和Or.12637/13 (P. O. Skjærvø, *Khotanese Manuscripts from Chinese Turkestan in the British Library. A complete catalogue with texts and translations*, with contribution by U. Sims-Williams, 2002, British Library Publishing [corrected repr. 2003], p. 123)。

3 此點沙畹早已指出，參Chavannes, *Les documents chinois découverts par Aurel Stein dans les sables du Turkestan oriental*, p. 221, note 7。

4 參Hedin 16, H. W. Bailey, *Khotanese Text* IV, Cambridge, 1961, p. 108; SI P 95.11, *Saka Documents, Text Volume* III, p. 108.

5 張廣達、榮新江《八世紀下半至九世紀初的于闐》,《唐研究》第3卷，1997年，344—345頁羅列了1996年以前見到的紀年漢文文書，可參考。

二、録文、轉寫與翻譯

第一組木簡由於入藏國圖不久，仍處於修復、編號的過程之中，因此没有確定的編號。而第二組木簡則是私人收藏，亦無編號。因此以下的録文、轉寫與翻譯是按照時間先後順序排列的，漢文部分加標點。

第一組：

1.漢語：

正：拔伽不遶俱，送小麥叁碩貳斗。開元十年八月四日，典

背：何仙，官張並、相惠。

于闐語：

|| *istākajä puñekulä ganaṃ hauḍä kūsa 3 ṣaṃga 3 ṣau marṣi salya* ||

于闐語翻譯：

Ustāka處的Puñekula在ṣau官Marṣa’所管年送小麥3 *kūsa*（碩），3 *ṣaṃga*（斗）。

注：于闐語小麥數量多一斗。

2.漢語：

正：拔伽勃邏道才，送小麥柒碩。開元十年八月四日，典

背：何仙，官張並、相惠。

于闐語：

birgaṃdara bradāysai ganaṃ hauḍi kūsa 7 ṣau marṣä salya

于闐語翻譯：

Birgaṃdara處的Bradāysaa在ṣau官Marṣa’所管年送小麥7 *kūsa*（碩）。

3.漢語：

正：拔伽伊里喪宜，送小麥貳

背：拾碩壹斗。開元十年八月五日，典何仙，官張並、相惠。

于闐語（書於木簡左側）：

birgaṃdara īrasaṃgä ganaṃ hauḍi kūsa 20

于闐語翻譯：

Birgaṃdara處的Īrasaṃga在送小麥20 *kūsa*（碩）。

注：于闐語小麥數量少一斗。

4.漢語：

正：拔伽不遶俱，送青麥伍碩柒斗。開元十年八

背：月六日，典何仙，官張並、相惠。

于闐語（書於木簡左側）：

|| *istākajä puñekulä rrusa hauḍä kūsa 5 ṣaṃga 7 ṣau marṣi salya* ||

于闐語翻譯：

Ustāka處的Puñekula在ṣau官Marṣa'所管年送青麥5 *kūsa*（碩），7 *ṣaṃga*（斗）。

5.漢語：

正：拔伽伊里喪宜，送青麥貳拾陸碩。開元

背：十年八月六日，典何仙，官張並、相惠。

于闐語（書於木簡左側）：

birgaṃdara īrasaṃgä rrusa hauḍi kūsa 26

于闐語翻譯：

Birgaṃdara處的Īrasaṃga送青麥26 *kūsa*（碩）。

6.漢語：

正：拔伽本搦，送青兩碩壹斗。開元十年八月七日，典何仙，官

背：張並、相惠。

于闐語：

|| *istākajä bāṃḍakä rrusa hauḍä kūsa 2 ṣaṃgä 1 ṣau marṣi' salya* ||

于闐語翻譯：

Ustāka處的Bāṃḍaka在ṣau官Marṣa'所管年送青麥2 *kūsa*（碩），1 *ṣaṃga*（斗）。

7.漢語：

正：拔伽勿悉莽，送青麥壹碩壹斗。開元十年八月八日，典何

背：仙，官張並、相惠。

于闐語：

|| *birgaṃdarajä visma rrusa hauḍä kūsä 1 ṣaṃgä 1 ṣṣau ma*

marṣi salya ||

于闐語翻譯：

Birgaṃdara處的Visma在ṣau官Marṣa'所管年送青麥1 *kūsa*（碩），1 *ṣaṃga*（斗）。

注：*marṣi*中的*ma*在第二行又錯誤地重複書寫。

8.漢語：

正：拔伽賀悉捺，送小麥叁碩貳斗。開元十年八月九日，典何

背：仙，官張並、相惠。

于闐語：

birgaṃdarajä haskadattä ganaṃ hauḍi kūsa 3 ṣaṃga 2 ṣo marṣi salya

于闐語翻譯：

Birgaṃdara處的Haskadatta在ṣau官Marṣa'所管年送小麥3 *kūsa*（碩），2 *ṣaṃga*（斗）。

注：在木簡邊緣*ṣau*常簡寫作*ṣo*（POS）。

9. 漢語：

正：拔伽阿亮隅，送青麥壹碩貳斗。開元十年八月廿二日，典何仙，官

背：張並、相惠。

于闐語：

birgaṃdara aryaṃgulä rrusa hauḍä kūsi 1 kha 2

于闐語翻譯：

Birgaṃdara處的Aryaṃgula送青麥1 *kūsa*（碩），2 *kha*（斗）。

10. 漢語：

正：拔伽桑□，送青麥捌斗。開元十年

背：八月廿二日，典何仙，官張並、相惠。

于闐語（書於木簡右側）：

birgaṃdara saṃgatä rrusa hauḍi kha 8

于闐語翻譯：

Birgaṃdara處的Saṃgata送青麥8 *kha*（斗）。

11. 漢語：

正：拔伽勿悉朗，送青麥肆碩。開元十年八月廿二日，典何仙，

背：官張並、相惠。

于闐語：

birgaṃdara visaraṃ rrusa hauḍi kūsa 4

于闐語翻譯：

Birgaṃdara處的Visaraṃ送青麥4 *kūsa*（碩）。

12. 漢語：

正：拔伽勿悉朗，送小麥叁碩陸斗。開元十年八月廿二日，

背：典何仙，官張並、相惠。

于闐語：

birgaṃdara visaraṃ ganaṃ hauḍi kūsa 3 kha 6

于闐語翻譯：

Birgaṃdara處的Visaraṃ送小麥3 *kūsa*（碩），6 *kha*（斗）。

13. 漢語：

正：拔伽悉木那，送送床壹碩捌斗。開元十年八月廿八日，

背：典何仙，官張並、相惠。

注："送"字錯誤地重複書寫。

于闐語：

|| *birgaṃdarajä sumauna āysaṃ hoḍä kūsä 1 ṣṣaṃga 8 ṣau marṣi*

salya ||

于闐語翻譯：

Birgaṃdara處的Sumauna在ṣau官Marṣa'所管年送床1 *kūsa*（碩），8 *ṣaṃga*（斗）。

14. 漢語（在相接的截面上書寫）：

截面I：拔伽悉那木，送粟捌斗。開元十年八月廿八日，典何仙，

截面II：官張並、相惠。

注：悉那木的"那木"間有倒文符號，應讀作"悉木那"。

于闐語：

|| *birgaṃdarajä sumauna gau'sä hauḍä ṣaṃga 8*

ṣo marṣä salya ||

于闐語翻譯：

Birgaṃdara處的Sumauna在ṣau官Marṣa'所管年送粟8 *ṣaṃga*（斗）。

注：可能因爲*bi*之下地方不够，因此*ṣau*寫成了*ṣo*（POS）。

15. 漢語：

正：拔伽伊里喪宜，送粟壹拾壹碩捌斗。開元十

背：年八月廿八日，典何仙，官張並、相〔惠〕。

于闐語（書於木簡右側）：

|| *birgaṃdarajä īrasaṃgä gausä hoḍi (hauḍi) kūsa 11 ṣṣaṃga 8 ṣṣau marṣi salya* ||

于闐語翻譯：

Birgaṃdara處的Īrasaṃga在ṣau官Marṣa'所管年送粟11 *kūsa*（碩），8 *ṣaṃga*（斗）。

注：行邊的*hauḍi*寫成了*hoḍi*。

16. 漢語：

正：拔伽伊里喪宜，送床壹碩伍斗。開元十年八月廿八

背：日，典何仙，官張並、相惠。

于闐語（書於木簡右側）：

|| *istākajä aryaṃgulä āysaṃ hauḍä kūsä 1 ṣa ṣaṃga 5 ṣo marṣi salya* ||

于闐語翻譯：

Ustāka處的Aryaṃgula在ṣau官Marṣa'所管年送床1 *kūsa*（碩），5 *ṣaṃga*（斗）。

注：*ṣaṃga*中的*ṣa*錯誤地重複書寫。

17. 漢語：

正：拔伽勃邏道才，送床柒碩壹斗。開元十年九月三日，典何仙，官

背：張並、相惠。

于闐語：

|| *istākajä bryadāysai āysaṃ hauḍä kūsa 7 ṣaṃgä 1 ṣṣau marṣi salya* ||

于闐語翻譯：

Ustāka處的Bryadāysaa在ṣau官Marṣa'所管年送床7 *kūsa*（碩），1 *ṣaṃga*（斗）。

18. 漢語：

正：拔伽勃邏道才，送粟壹碩伍斗。開元十年九月三日，

背：典何仙，官張並、相惠。

于闐語：

|| *istākajä bryadāysai gausä hauḍä kūsä*

1 ṣaṃga 5 ṣau marṣi' salya ||

于闐語翻譯：

Ustāka處的Bryadāysaa在ṣau官Marṣa'所管年送粟1 *kūsa*（碩），5 *ṣaṃga*（斗）。

19. 漢語：

正：拔伽薩夢那，送床貳斗。開元十年九月三日，典何

背：仙，官張並、相惠。

注："薩"字不確定。

于闐語：

|| *birgaṃdarajä sumauna gausä hauḍä ṣaṃga 2*

于闐語翻譯：

Birgaṃdara處的Samauna在ṣau官送粟2 *ṣaṃga*（斗）。

注：此處漢語和于闐語糧食名稱不能對應。

20. 漢語：

正：拔伽裴捺，送青麥叁碩叁斗。開元十年九月五日，典

背：何仙，官張並、相惠。

于闐語：

ustākaji puñadatti rrusa hauḍi kū[sa 3] kha 3

于闐語翻譯：

Ustāka處的Puñadatta送青麥3 *kūsa*（碩），3 *kha*（斗）。

21. 漢語：

正：拔伽本搦，送床壹碩伍斗。開元十年九月七日，

背：典何仙，官張並、道相惠。

注："道"書於"並"之下，"相惠"倒書於其下方。

于闐語：

|| *istākajä bāṃḍakä gau'sä hauḍä kūsä*

1 ṣṣaṃga 5 ṣau marṣi' salya ||

于闐語翻譯：

Ustāka處的Bāṃḍaka在ṣau官Marṣa'所管年送粟1 *kūsa*（碩），5 *ṣaṃga*（斗）。

注：此處漢語和于闐語糧食名稱不能對應。

22. 漢語：

正：拔伽裴捺，送粟壹碩柒斗。開元十年九月七日，典何仙，官張

背：並、相道惠。

于闐語：

|| *istākajä puñadattä gau'sä hauḍä kūsä 1 ṣṣaṃga 7 ṣṣau marṣi' salya* ||

于闐語翻譯：

Ustāka處的Puñadatta在ṣau官Marṣa'所管年送粟1 *kūsa*（碩），7 *ṣaṃga*（斗）。

23. 漢語：

正：拔伽伊里喪宜，送粟玖碩。開元十年九月七日，典何仙，官張

背：並、相惠。

于闐語（書於木簡右側）：

|| *istākajä īrasaṃgä gausä hauḍä kūsa 9 ṣṣau marṣi' salya* ||

于闐語翻譯：

Ustāka處的Īrasaṃga在ṣau官Marṣa'所管年送粟9 *kūsa*（碩）。

注：書手省略gausä下的小勾，可能是因爲没有空間了（POS）。

24. 漢語：

正：拔伽□□，送床壹碩柒斗。開元十年九月

背：八日，典何仙，官張並、相道惠。

于闐語：

|| istākajä virśa āysaṃ hoḍä kūsä 1 ṣaṃga 7 ṣau marṣä salya ||

于闐語翻譯：

Ustāka處的Virśa在ṣau官Marṣa’所管年送床1 *kūsa*（碩），7 *ṣaṃga*（斗）。

注：Vi*rśa*的第二個字母不確定（POS）。

25. 漢語：

正：拔伽阿兩隅，送粟貳碩叁斗。開元十年九月十九日，典何仙，官

背：張並、相道惠。

于闐語：

birgaṃdara aryaṃgulä gau'si hauḍi kūsa 2 kha 3 mūtcacajä māśtä ṣau marṣa salya

于闐語翻譯：

Birgaṃdara處的Aryaṃgula在ṣau官Marṣa’所管年Mūtcaca月送粟2 *kūsa*（碩），3 *kha*（斗）。

26. 漢語：

正：拔伽阿兩隅，送青麥肆斗。開元十年九月十九日，

背：典何仙，官張並、相道惠。

于闐語：

aryaṃgulä

于闐語翻譯：

Aryaṃgula。

27. 漢語：

正：拔伽伊里喪宜，送床拾碩。開元十年九月十九日，典何仙，

背：官張並、相道惠。

于闐語：

@ birgaṃdara īrasaṃgä āysaṃ hauḍi kūsa 10 ṣau marṣä salya mūtcacaji māśtä

于闐語翻譯：

Birgaṃdara處的Īrasaṃga在ṣau官Marṣa’所管年Mūtcaca月送床10 *kūsa*（碩）。

28. 漢語：

正：拔伽賀悉鷄捺，送粟壹碩叁斗。開元十年九月廿日，典何

背：仙，官張並、相道惠。

于闐語：

|| *haskadati birgaṃdara*

于闐語翻譯：

Birgaṃdara處的Haskadatta。

29. 漢語：

正：拔伽不你俱，送粟肆斗。開元十年九月廿三日，

背：典何仙，官張並、相道惠。

于闐語：

puñekulī

于闐語翻譯：

Puñekula。

30. 漢語：

正：拔伽賀捺，送床壹碩肆斗。開元十年九月廿四

背：日，典何仙，官張並、相道惠。

于闐語：

haskadati birgada

于闐語翻譯：

Birgaṃdara處的Haskadatta。

31. 漢語：

正：拔伽賀悉捺，送青麥壹斗。開元十年九月

背：廿四日，典何仙，官張並、相道惠。

注："惠"字倒書。

于闐語：

haskadati birgada

于闐語翻譯：

Birgaṃdara處的Haskadatta。

32. 漢語：

正：拔伽裴捺，送小麥貳斗。開元十年九月廿四日，典何仙，官

背：張並、相道惠。

于闐語：

|| *istākajä puñadattä ganaṃ hauḍä ṣṣaṃga 2 ṣau marṣi salya* ||

于闐語翻譯：

Ustāka處的Puñadatta在ṣau官Marṣa'所管年送小麥2 *ṣaṃga*（斗）。

33. 漢語：

正：拔伽伊里喪宜，送粟壹碩捌斗。開元十年九月廿四日，典何仙，官張

背：並、相道惠。

注：此處"粟"字爲"床"字所改。

于闐語：

|| *istākajä īrasaṃgä gau'sä hauḍä kūsä 1 ṣṣaṃga 8 ṣau marṣi' salya* ||

于闐語翻譯：

Ustāka處的Īrasaṃga在ṣau官Marṣa'所管年送粟1 *kūsa*（碩），8 *ṣaṃga*（斗）。

34. 漢語：

正：拔伽勃亮道才，送粟壹碩叁斗。開元十年九月廿六日，典

背：何仙，官張並、相道惠。

于闐語：

@ istākajä bryadāysai gau'sä hauḍä kūsä 1 ṣaṃga 3 ṣau marṣä' salya

于闐語翻譯：

Ustāka處的Bryadāysaa在ṣau官Marṣa'所管年送粟1 *kūsa*（碩），3 *ṣaṃga*（斗）。

35. 漢語：

正：拔伽伊里喪宜，送粟陸斗。開元十

背：年□月十日，典何仙，官張並、相惠。

于闐語（書於木簡左側）：

gau'sä

于闐語翻譯：

粟。

第二組：

36. 漢語：

正：屋悉貴吒半伊里桑宜，納小麥肆斗。開元十五年九月十一日，

背：典劉德，官李賢賓。

于闐語：

birgaṃdara śudaṃgulä rrusa kha 4 śyeye ṣau hviṃdū salye

于闐語翻譯：

Birgaṃdara處的Śudaṃgula在ṣau官Hviṃdū所管第二年送青麥4 *kha*（斗）。

注：此處漢語和于闐語糧食名稱不能對應。

37. 漢語：

正：屋悉貴叱半一里桑宜，納青麥柒斗。開元十五年九月十三

背：日，典劉德，官李賢賓。

于闐語：

birgamdara [udaCgul?rrusa kha 7 [yeyye cau hviCdk sal[y]e

于闐語翻譯：

Birgaṃdara處的Śudaṃgula在ṣau官Hviṃdū所管第二年送青麥7 *kha*（斗）。

38. 漢語：

正：屋悉貴叱半桑俱（？），納小麥伍斗。開元十五年九月廿四日，典劉德，官

背：李賢賓。

于闐語：

birgaṃdara śudaṃgulä ganaṃ kha 5 śyeyye ṣau hviṃdū salye

于闐語翻譯：

Birgaṃdara處的Śudaṃgula在ṣau官Hviṃdū所管第二年〔送〕小麥5 *kha*（斗）。

39. 漢語：

正：屋悉貴叱半伊里桑宜，納粟陸斗。開元十五年十月十日，典劉

背：德，官李賢賓。

于闐語：

śidaṃgulä spā — śūresa

于闐語翻譯：

Śidaṃgula給（？）薩波Śūresa

注：參M.T. i.0028 [Mazar Toghrak][1]中的*ṣau śūresa* (POS)。

1 IOL Khot 51/1, Skjærvø, *Khotanese Manuscripts from Chinese Turkestan in the British Library*, p. 286.

三、注釋

爲便進一步討論，將木簡中包含的主要信息列表如下：

表1：基本信息

第一組：開元十年								
	地名		納糧人名		日期		糧食[1]	
	漢語	于闐語	漢語	于闐語	月	日	種類	數量
1	拔伽	Ustāka	不邌俱	Puñekula	8	4	*ganaṃ*	3.3 *kūsas*
2	拔伽	Birgaṃdara	勃邏道才	Bradāysaa	8	4	*ganaṃ*	7 *kūsas*
3	拔伽	Birgaṃdara	伊里喪宜	Īrasaṃga	8	5	*ganaṃ*	20 *kūsas*
4	拔伽	Ustāka	不邌俱	Puñekula	8	6	*rrusa*	5.7 *kūsas*
5	拔伽	Birgaṃdara	伊里喪宜	Īrasaṃga	8	6	*rrusa*	26 *kūsas*
6	拔伽	Ustāka	本搠	Bāṃḍaka	8	7	*rrusa*	2.1 *kūsas*
7	拔伽	Birgaṃdara	勿悉莽	Visma	8	8	*rrusa*	1.1 *kūsa*
8	拔伽	Birgaṃdara	賀悉捺	Haskadatta	8	9	*ganaṃ*	3.2 *kūsas*
9	拔伽	Birgaṃdara	阿亮隅	Aryaṃgula	8	22	*rrusa*	1.2 *kūsa*
10	拔伽	Birgaṃdara	桑□	Saṃgata	8	22	*rrusa*	0.8 *kūsa*
11	拔伽	Birgaṃdara	勿悉朗	Visaraṃ	8	22	*rrusa*	4 *kūsas*
12	拔伽	Birgaṃdara	勿悉朗	Visaraṃ	8	22	*ganaṃ*	3.6 *kūsas*
13	拔伽	Birgaṃdara	悉木那	Sumauna	8	28	*āysaṃ*	1.8 *kūsa*
14	拔伽	Birgaṃdara	悉木那	Sumauna	8	28	*gau'sa*	0.8 *kūsa*
15	拔伽	Birgaṃdara	伊里喪宜	Īrasaṃga	8	28	*gau'sa*	11.8 *kūsas*
16	拔伽	Ustāka	伊里喪宜	Aryaṃgula	8	28	*āysaṃ*	1.5 *kūsa*
17	拔伽	Ustāka	勃邏道才	Bryadāysaa	9	3	*āysaṃ*	7.1 *kūsas*
18	拔伽	Ustāka	勃邏道才	Bryadāysaa	9	3	*gau'sa*	1.5 *kūsa*
19	拔伽	Birgaṃdara	薩夢那	Samauna	9	3	*gau'sa*	0.2 *kūsa*
20	拔伽	Ustāka	裴捺	Puñadatta	9	5	*rrusa*	3.3 *kūsas*
21	拔伽	Ustāka	本搠	Bāṃḍaka	9	7	*gau'sa*	1.5 *kūsa*
22	拔伽	Ustāka	裴捺	Puñadatta	9	7	*gau'sa*	1.7 *kūsa*
23	拔伽	Ustāka	伊里喪宜	Īrasaṃga	9	7	*gau'sa*	9 *kūsas*
24	拔伽	Ustāka	□□	Virsa	9	8	*āysaṃ*	1.7 *kūsa*
25	拔伽	Birgaṃdara	阿兩隅	Aryaṃgula	9	19	*gau'sa*	2.3 *kūsas*
26	拔伽		阿兩隅	Aryaṃgula	9	19	*rrusa*	0.4 *kūsas*
27	拔伽	Birgaṃdara	伊里喪宜	Īrasaṃga	9	19	*āysaṃ*	10 *kūsas*
28	拔伽	Birgaṃdara	賀悉鷄捺	Haskadatta	9	20	*gau'sa*	1.3 *kūsa*

1 按，本欄根據于闐語部分作成，漢語極個別地方有不一致的記載，已經在録文附注中説明。

續表

第一組：開元十年								
	地名		納糧人名		日期		糧食	
	漢語	于闐語	漢語	于闐語	月	日	種類	數量
29	拔伽		不你俱	Puñekula	9	23	*gau'sa*	0.4 *kūsa*
30	拔伽	Birgada[ra]	賀捺	Haskadatta	9	24	*āysaṃ*	1.4 *kūsa*
31	拔伽	Birgaṃda[ra]	賀悉捺	Haskadatta	9	24	*rrusa*	0.1 *kūsa*
32	拔伽	Ustāka	裴捺	Puñadatta	9	24	*ganaṃ*	0.2 *kūsa*
33	拔伽	Ustāka	伊里喪宜	Īrasaṃga	9	24	*gau'sa*	1.8 *kūsa*
34	拔伽	Ustāka	勃亮道才	Bryadāysaa	9	26	*gau'sa*	1.3 *kūsa*
35	拔伽		伊里喪宜			10	*gau'sa*	0.6 *kūsa*

第二組：開元十五年								
	地名		納糧人名		日期		糧食	
	漢語	于闐語	漢語	于闐語	月	日	種類	數量
36	屋悉貴	Birgaṃdara	伊里桑宜	Śudaṃgula	9	11	*rrusa*	0.4 *kūsa*
37	屋悉貴	Birgaṃdara	一里桑宜	Śudaṃgula	9	13	*rrusa*	0.7 *kūsa*
38	屋悉貴	Birgaṃdara	桑俱（？）	Śudaṃgula	9	24	*ganaṃ*	0.5 *kūsa*
39	屋悉貴		伊里桑宜	Śidaṃgula	10	10	*gau'sa*	0.6 *kūsa*

1.地名

木簡記載的税收活動發生在兩個地點，漢名分别是拔伽（中古音*bɛ:t gia*）和屋悉貴（中古音*ʔəwk sit* kuj^h）[1]。這兩個名字在其他和田出土的漢文文書中已經見到。在斯坦因發現於達瑪溝地區的麻札托格拉克（Mazar-Toghrak）遺址的幾支木簡上提到了屋悉貴[2]，而拔伽也見於斯文・赫定收集品中的一支木簡[3]。在本文這兩組木簡中，第一組漢語地名都是拔伽，而于闐語則有的使用Birgaṃdara，有的使用Ustāka。第二組中，于闐語Birgaṃdara對應漢語屋悉貴。從發音來看，顯然Birgaṃdara應該對應拔伽，而Ustāka對應屋悉貴[4]。但爲何此處雙語地名不能完全對應呢？

在于闐語的材料中，Birgaṃdara一般被認爲是所謂“六城”之一[5]，或者至少也是處於

1 中古音引自E. G. Pulleyblank, *A Lexicon of Reconstructed Pronunciation in Early Middle Chinese, Late Middle Chinese and Early Mandarin*.Vancouver: UBC Press, 1991。

2 Chavannes, *Les documents chinois découverts par Aurel Stein dans les sables du Turkestan oriental*, p. 218, pl. XXXVII.

3 瑞典人種學博物館41. 33. 52。參張廣達、榮新江《關於和田出土于闐文獻的年代及其相關問題》，《東洋學報》第69卷第1/2號，1988年，75—76頁，圖2。

4 此點已經由吉田豊指出，參Y. Yoshida, “Review of P. O. Skjærvø, *Khotanese Manuscripts from Chinese Turkestan in the British Library*”, *Kōbeishi gaikokugodaigaku ronsō* 神户外大論叢, 55.7, 2004, p. 29；吉田豊《コータン出土8—9世紀のコータン語世俗文書に關する覺え書き》，51、53頁。

5 Zhang Guangda and Rong Xinjiang, “Notes a propos d'un manuscrit chinois decouvert à Cira de Khotan”, *Cahiers d'Extrême-Asie* 3, 1987, p. 82. M. I. Vorobyova-Desyatovskaya, “The Toponym ‘Six Villages’ according to Khotanese Business Documents”, *La Persia e l'Asia centrale. Da Alessandro al X secolo*, Roma, 1996, pp. 171-178也對同一問題做了討論，但是她的觀點大多難以成立，參H. Kumamoto, “The Khotanese Documents from the Khotan Area, with an Appendix by Saito, Tatuya”, *MRDTB* 54, 1996, pp. 27-64。

"六城"地區，如果"六城"不被認爲指代六個確定的地點的話[1]。而本文刊佈的新材料似乎並不能使我們對這個地名有更確切的認識。六城問題牽扯較廣，此處不能展開，僅就與木簡相關的問題做出討論。

我們認爲，此處地名不完全對應的現象，正反映了于闐國地方行政制度中一個被以前研究忽視的問題，即不同等級地名之間的區別。最近，北京大學的段晴教授刊佈了一件漢語—于闐語雙語文書，爲我們探索這個問題提供了綫索。她的研究表明，一般認爲意義爲"房屋、家庭"的于闐語詞彙*bisā-*和漢文的"村"對應，還有表示"村子"的含義[2]。

在一件于闐語的錢（*mūra*）帳中，於*tti buri birgaṃdara salokä mūri nāti*（此爲Saloka在Birgaṃdara收錢）的總計之下，記録了一個來自Ustāka地方名叫Māmattī之人交納了426文錢[3]。這件文書清楚説明，Ustāka是Birgaṃdara地區的一部分。另一件編號爲Or.12637/13的文書殘存了*ustākajāña biśa chau pam arsa-*的記載。Skjærvø教授將這段文字翻譯爲"The Ustākian Biśa, Chau Pam (and) Arsa(?)"[4]。可見他把*biśa*視作人名。但是一般來説，于闐語中官稱總是出現在人名之前，因此他的翻譯不無問題。現在，根據段晴教授的新發現，*biśa*應該就是*bisā-*的位格（locative）形式，意思是"在……村"。因此這段文字應該譯爲"屋悉貴村叱半Arsa-"[5]。

在研究六城問題時，熊本裕先生曾經指出："需要指出的是，六城（kṣa au）常常作爲整體出現，然而au（晚期于闐語形式）的稱號從未和Birgaṃdara、Gaysāta、Āskūra和沃洛比耶娃-捷夏托夫斯卡婭（Vorobyova-Desyatovskaya）指爲'六城'的地名連用，也没有被用來指稱這些地名。這可能説明這一稱號在當時已經不再具體指六個地名的集合了。"[6]然而，證以于闐語文書，熊本先生的這段討論似不能成立。Or.9268a號文書有*birgaṃdara auva*的文字，意思是"在Birgaṃdara的au中"[7]，而在同一件文書中，還有*phamnāja auvya*的記載，意爲"Phaṃnā的au之人"。在其他文書中，Birgaṃdara的居民也被稱作*birgaṃdaraja auya*（Birgaṃdara的au之人）[8]。可見，Birgaṃdara無疑是被稱作au的，而且應該也屬於六城（kṣa au）之一。

這樣，我們知道Birgaṃdara是一個*au-*，而Ustāka是一個*bisā-*。這兩個詞之間的關係如何呢？唐朝的地方行政體系在這方面可以提供一些參考。《唐六典》卷三載："百户爲里，五

---

1 Kumamoto, "The Khotanese Documents from the Khotan Area", pp. 43-50.

2 Duan Qin, "*Bisā-* and *Hālaa-* in a New Chinese-Khotanese Bilingual Document", *Journal of Inner Asian Art and Archaeology*, 3, 2009, pp. 65-73.

3 Or.12637/12.1 a-b, d-f, Skjærvø, *Khotanese Manuscripts from Chinese Turkestan in the British Library*, p. 123.

4 Skjærvø, *Khotanese Manuscripts from Chinese Turkestan in the British Library*, p. 123.

5 類似的情況在雙語的Hedin 16號文書中也可以見到。這件文書中，于闐語*kṣvā auvā phaṃña suhadatti u kharamurrai tcinaji* 的對應漢語是"六城潘野娑捺、可里没來"，地名*tcina*没有對應的漢語，潘野同時表示 Phaṃña和Tcina。參*Khotanese Text* IV, pp. 30, 173。

6 Kumamoto, "The Khotanese Documents from the Khotan Area", p. 48.

7 Skjærvø即如此翻譯（*Khotanese Manuscripts from Chinese Turkestan in the British Library*, p. 67）。

8 Or.8212/1720, Skjærvø, *Khotanese Manuscripts from Chinese Turkestan in the British Library*, p. 64; IOL Khot. Wood I, inside of cover tablet, line a4, *ibid.*, p. 557.

里爲鄉。兩京及州縣之郭内分爲坊，郊外爲村。里及村、坊皆有正，以司督察。"[1]在斯坦因發現於和田以北的麻札塔格（Mazar Tagh）遺址的一件《唐于闐神山某寺支用帳曆》中，記載了"市城政聲坊叱半勃曜諾"、"市城安仁坊叱半虵蛇蜜"和"西河勃寧野鄉厥彌拱村叱半薩董"[2]。唐朝制度中村和坊等級相同，而此處的"叱半"這個小吏在村和坊之後使用，和唐制是符合的。上文已述，"村"在于闐語中的對應詞是*bisā-*。則于闐語中的*bisā-*應該也和村、坊在同一等級。上文所引文書（Or.12637/13）提到屋悉貴村（*ustākajāña biśa*）叱半，進一步證明了叱半在這一等級地方的存在，其作用不妨與漢文中"村、坊皆有"的"村正"、"坊正"相比。

在唐朝地方制度中，村的上級是鄉。由於Ustāka是一個*bisā-*，即村，而它也屬於Birgaṃdara地區。則我們就有理由推測行政等級是*au-*的Birgaṃdara應該是一個"鄉"。對此我們没有直接的證據，但是在北京的一個私人收藏的和田出土漢文文書中，我們碰巧發現一條珍貴的記載，即"傑謝鄉頭没里曜思"。傑謝對應於于闐語的Gaysāta，已經爲學界公認，而Gaysāta和Birgaṃdara一樣，其行政等級也是*au-*[3]。此處文書提到傑謝鄉頭，可見傑謝在唐朝行政體系中是一個"鄉"。這樣，我們找到了將*au-*和"鄉"對應的進一步的證明。而由於kṣa au在漢文文書中對應"六城"，則*au-*和"城"應該也是同一等級。上文討論所得，可用表格表示如下：

表2：于闐國的基層政治結構

于闐語	漢　文	
au	鄉	城
bisā	村	坊

由此，我們可以推測兩組木簡中人名地名不完全對應的原因。Birgaṃdara和Ustāka是接近的兩個地方。而Birgaṃdara也指一個包含了Birgaṃdara、Ustāka和其他一些地方的更大的區域。Birgaṃdara是一個au/鄉，而Ustāka是其下的一個bisā/村。因此在第一組木簡中，不論于闐語所寫此人屬於Birgaṃdara還是Ustāka，漢語記載均將其統稱作來自拔伽（Birgaṃdara）。實際上，從于闐語部分來看，一位叫Bradāysaa之人在2號木簡中被稱作來自Birgaṃdara，而在17、18和34號木簡中則被稱作來自Ustāka；Īrasaṃga在3、5、15和27號中來自Birgaṃdara，而在23和33號中來自Ustāka；Aryaṃgula在9和25號中來自Birgaṃdara，

1　李林甫等撰，陳仲夫點校《唐六典》，中華書局，1992年，73頁。

2　M.T.b.009. Chavannes, *Les documents chinois découverts par Aurel Stein dans les sables du Turkestan oriental*, pp. 207-209；池田温《中國古代籍帳研究——概觀·録文》（東京大學東洋文化研究所報告），東京大學出版會，1979年，348—349頁；沙知、吴芳思《斯坦因第三次中亞考古所獲漢文文獻（非佛經部分）》，上海辭書出版社，2005年，325、327和329頁。

3　Gaysāta的au之人（*gaysātaja auya*）見於Or.6395/2 (Skjærvø, *Khotanese Manuscripts from Chinese Turkestan in the British Library*, p. 7)；SI P 103.38 (*Saka Documents, Text Volume* III, p. 151)和Hedin 26 (*Khotanese Text* IV, pp. 38-39, 140-141)。另外Gaysāta的*auva-hamdasta*官（SI P 94.14 [*Saka Documents, Text Volume* III, pp. 100-101], SI P 94.22 [*ibid.*, pp. 103-104], SI P 103.39 [*ibid.*, pp. 151-152], SI P 103.42 [*ibid.*, p. 153], SI P 103.45 [*ibid.*, p. 154]，等等）也説明這一點。

而在16號中來自Ustāka。可見，這些人都被認爲既來自Birgaṃdara也來自Ustāka。這進一步證明Ustāka屬於Birgaṃdara。而在第二組文書中，雖然于闐語部分地名是Birgaṃdara，而屋悉貴叱半伊里桑宜應該也是Birgaṃdara地區之人（事實上他很可能就是第一組文書中的伊里喪宜）。但是如上文所述，叱半的官職不論在漢語還是于闐語材料中都是和bisā/村一級地名連用，是這個等級的官員，因此漢語中只稱“屋悉貴叱半”，而不能稱“拔伽叱半”。

2.人名

在第一組中，除了16號之外（這件文書漢語部分是伊里喪宜，而于闐語部分是Aryaṃgula，根據其他文書可知，“伊里喪宜”對應的于闐語應該是Īrasaṃga，而Aryaṃgula對應漢語是“阿兩隅”/“阿亮隅”，可見此處應該是書寫訛誤），漢語和于闐語的人名都可以對應，這對於研究于闐語和漢語當時的語音提供了新的材料。

在第二組中，漢語人名“一/伊里桑宜”出現三次，而“桑俱（？）”出現一次。于闐語部分人名是Śudaṃgula，似乎可以和“桑俱（？）”對應。顯然，這組文書的漢語和于闐語書手之間信息溝通有些問題。

除此以外，這兩組文書中的人名還有其他方面的歷史價值。如Skjærvø指出的，在IOL Wood 1和Urumuqi 1兩件木函上記載的四件文書中，三件Viśa' Sīhya和Viśa Dharma王治下時期的文書都是同一人即*ka'rä*（書手）Khuradatta所寫，處理的是Birgaṃdara地區的法律事務[1]。而在這幾件文書中提到的人名裏，至少有四個人，即Īrasaṃga、Bradāysaa、Puñadatta和Virsa都見於本文討論的兩組木簡。由上文所述，即便被稱作來自Ustāka之人也同時屬於Birgaṃdara地區，則兩組木簡和木函的關係就非常值得考慮。不過當然，這也只是一種推測，還需要進一步研究來證明。

第一組文書中提到ṣau官Marṣa'。在Hedin 16號文書中，我們看到Marṣa'這個人名漢文轉寫作“末士”。但是Hedin 16號中此人帶有spāta的官稱，在于闐國的行政體系之中，其等級低於ṣau。而且根據張廣達、榮新江所建立的于闐語文書紀年體系，這件文書時間應該在801年[2]，幾乎是第一組文書的八十年之後，因此兩處的Marṣa'不是同一人。

我們最初對於第二組文書中提到ṣau官的名字的解讀有誤，P. O. Skjærvø教授指出了正確的讀法，即Hviṃdū，並提示Or. 9268a提到*viśa' dharmä ... śe'yye ṣau hviṃdū salya*[3]，即他管理下的第二年，而Or. 12637/21.3a（*salī 1 ṣi' kṣuṇä yauvarāyä gyastä ttye scye / ṣau hvimdū salya*）[4]可能指他管理下的第一年。此外，我們還能找到另一條類似的材料SI M 33（*ṣau hv[i] mdū salya*）[5]。ṣau官被用在于闐語文書的紀年部分裏[6]，是于闐國政治體系中的一種地位較高的

1 P. O.Skjærvø, “Kings of Khotan in the Eighth Century”, *Histoire et cultes de l'Asie centrale préislamique, sources écrites et documents archéologiques. Actes du colloque international de CNRS (Paris, 22-28 novembre 1988)*, eds. P. Bernard & F. Grenet, Paris, 1991, p. 262.

2 張廣達、榮新江《八世紀下半至九世紀初的于闐》，345—346，354頁。

3 Skjærvø, *Khotanese Manuscripts from Chinese Turkestan in the British Library*, p.67.

4 *Ibid.*, p.131.

5 *Saka Documents, Text Volume* III, p.222.

6 吉田豊《コータン出土8—9世紀のコータン語世俗文書に關する覺え書き》，83—86頁。

官員，其人數不會很多。因此第二組文書中的Hviṃdū很可能就是其他幾處提到的Hviṃdū。由於第二組文書時間是開元十五年（727），Or.9268a中提到的Viśa' Dharma王在位時間可能也就在同時。

3.量詞

從兩組木簡可以明確知道，于闐語*kūsa-*[1]對應漢語“碩”（即“石”）而*ṣaṃga-*和*kha-*均對應漢語“斗”。Skjærvø指出*ṣaṃga-*和*kha-*不同時出現[2]，由木簡可知，其原因應該就是這兩個詞所指的量度是一致的。由於于闐語*śiṃga-*一般被認爲來自漢語“升”，參考唐制，我們可以建立其于闐語重量制度如下[3]：

1 *kūsa* = 10 *kha* = 10 *ṣaṃga* = 100 *śiṃga*

而*kha-*和*ṣaṃga-*指代同一量度的原因值得進一步討論。Bailey認爲*kha-*和印度詞彙*khāra-*同源[4]，而認爲*ṣaṃga-*是伊朗詞彙[5]。然而在尼雅出土的佉盧文犍陀羅語文書中，*khi-*一詞表示較小的重量單位[6]，如果*kha-*和它同源，則*kha-*和*ṣaṃga-*的區別可能就是使用時間的不同。*kha-*是塔里木盆地南沿自3世紀、即大部分佉盧文書書寫的時代便開始使用的一個量詞，而*ṣaṃga-*時間較晚。以下羅列兩個量詞在于闐語紀年文書中出現的情況，以進一步討論這一假設。

表3：于闐語紀年文書中的*kha-*和*ṣaṃga-*

時間	*ṣaṃga*	*kha*	文書編號	出處
Viśya Vikrram year 14		√	Or.12637/14.1	*Khotanese Manuscripts from Chinese Turkestan in the British Library (= Catalogue)*, p. 124
722年	√	√	本文第一組文書	
727年		√	本文第二組文書	
Viśa' Vahāṃ year 7	√		Hedin 26	*Khotanese Text* IV, pp. 38-39, 140-141
Viśa' Vahāṃ year 15	√		SI P 103. 49	*Saka Documents, Text Volume* III, p. 156
Viśa' Vahāṃ year 17	√		Or.6392/1(M.9) Hoernle 1	*Catalogue*, p. 3
Viśa' Vahāṃ? year 20	√		Or.6396/1(G.1)	*Catalogue*, pp. 7-8
Viśa' Vahāṃ? year 20	√		SI P 103.23	*Saka Documents, Text Volume* III, pp. 144-145
Viśa' Vahāṃ? year ?		√	Or.6393/2(M.9)	*Catalogue*, pp. 4-5

1 *kūsa-*被認爲是伊朗詞彙，參H. W. Bailey, *Dictionary of Khotan Saka*, Cambridge, 1979, p. 64。

2 Skjærvø, *Khotanese Manuscripts from Chinese Turkestan in the British Library*, p. lxxvi. 不過個別的例外也存在，參IOL Khot 38/5 (*ibid.*, pp. 263-264)和IOL Khot Wood 32 (*ibid.*, p. 568)。

3 乙種吐火羅語，即唐朝安西四鎮之一的龜兹當地的語言中，也有類似的借自唐代制度的十進制度量制度，參G.-J. Pinault, “Aspects du bouddhisme pratiqué au Nord du désert du Taklamakan, d'après les documents tokhariens”, *Bouddhisme et cultures locales. Quelques cas de réciproques adaptations*. Actes du colloque franco-japonais (Paris, septembre 1991), ed. F. Fumimasa & G. Fussman, Paris, EFEO, 1994, p. 93。

4 Bailey, *Dictionary of Khotan Saka*, p. 70.

5 Bailey, *Dictionary of Khotan Saka*, p. 406.

6 T. Burrow, *A Translation of the Kharoṣṭhī Documents from Chinese Turkestan (= James G. Forlong Fund XX)*. London, 1940, No. 25 (p. 6); No.140 (p. 25); No. 154 (p. 28) 等。此點已經由吉田豊指出，參《コータン出土8—9世紀のコータン語世俗文書に關する覺え書き》，91頁，注28。

續表

時間	*ṣaṃga*	*kha*	文書編號	出處
Unknown king year 4	√		SI P 93.1	*Saka Documents, Text Volume* III, p. 90
Unknown king year 7	√		IOL Khot Wood 14	*Catalogue*, p. 559
Unknown king year 7 Year of the Hare	√		IOL Khot 157/5	*Catalogue*, pp. 352-353
Unknown king year 7	√		IOL Khot 177/2	*Catalogue*, p. 393
Unknown king year 15		√	IOL Khot 201/1	*Catalogue*, p. 442
Unknown king year 21	√		Hedin 4	*Khotanese Text* IV, pp.23-24, 74-79
Year of Cock	√		SI M 1	*Saka Documents, Text Volume* III, pp. 174-175

由上表可以看出，雖然大體上兩個詞的使用似乎有先後的順序，而且屬於吐蕃統治時期的文書中幾乎只使用*ṣaṃga-*[1]，但是兩者却並不是有明確的時間界限。

這兩個詞的另一點不同是其與其他量詞配合使用的情況。*ṣaṃga-*常常和更小單位*śiṃga-*連用，而*śiṃga-*從不與*kha-*連用。事實上，在使用*kha-*的例子裏，似乎没有出現任何較之更小的單位。例如IOL Khot Wood 58號文書中，3.5 *kha*用*kha* 3 1/2而非*kha* 3 *śiṃga* 5來表示[2]。這似乎也和上文推測的*kha-*年代較早相合，因爲*śiṃga-*只在唐朝統治時期纔廣泛出現。

在研究《耆婆書》(*Jīvaka-pustaka*)時，Emmerick認爲*ṣaṃga*和*śiṃga*之間的换算關係是1 *ṣaṃga* = 4 *śiṃga*[3]，這一結論也爲Skjærvø所接受[4]。但是，Emmerick的結論其實和他的論證有矛盾，因爲他已經指出2.5 *śiṃga* = 1 *prastha*的關係已經在《耆婆書》的5、8、18、33、39、50和61號藥方中證實，因此他又指出“*śiṃga*等同*prastha*”[5]就不能接受了。于闐語世俗文書中的其他很多例子也和Emmerick的結論相抵觸[6]。由於*śiṃga*之前所記的數字有7和8的例子，因此不論在一般世俗文書還是醫藥文獻中，認爲其是十進制是非常合理的[7]。

另外，于闐語中還有另一個量詞*thaṃga*，如吉田豊教授所説，是漢語“秤”借入于闐語的詞彙[8]。而Emmerick指出，*ṣaṃga*、*śiṃga*和*thaṃga*在《耆婆書》中大量出現，却完全不

---

1 吉田豊試圖將和田出土的于闐語世俗文書分組(《コータン出土8—9世紀のコータン語世俗文書に關する覺え書き》，49—66頁)。他所分的第三組屬於吐蕃統治時期，包括部分Hedin文書、Or.11252和Or.11344三部分。這些文書中僅使用*ṣaṃga*。

2 在IOL Khot Wood 63號文書中有2 *khe* 9的記録，Skjærvø譯作2 (*ṣaṃgas*) 9 *khas* (*Khotanese Manuscripts from Chinese Turkestan in the British Library*, p. 572)。但是，即使我們認爲前一個數字的量詞省略，也應該補充爲2 (*kūsas*) 和9 *khas*。于闐語中量詞一般在數詞之前，但是也有不少反例，如IOL Khot 173/10、IOL Khot Wood 14、IOL Khot Wood 26、SI P 95.6等。因此2 *khe* 9表示2.9 *kha*的可能性也不能完全排除。

3 R. E. Emmerick, “Contributions to the Study of the *Jīvaka-pustaka*”, *BSOAS* XLII.2, 1979, p. 240.

4 Skjærvø, *Khotanese Manuscripts from Chinese Turkestan in the British Library*, p. lxxvii.

5 Emmerick, “Contributions to the Study of the *Jīvaka-pustaka*”, p. 240.

6 1 *ṣaṃga* 5 *śiṃga* (Or.11252/34, Skjærvø, *Khotanese Manuscripts from Chinese Turkestan in the British Library*, pp. 102-103); 2 *ṣaṃga* 5 *śiṃga* (Or.12637/24, *ibid.*, p. 133); 2 *ṣaṃga* 8 *śiṃga* (IOL Khot 52/4, *ibid.*, p. 288); 1 *ṣaṃga* 5 *śiṃga* (IOL Khot 52/4, *ibid.*, p. 288); 3 *ṣaṃga* 7 *śiṃga* (IOL Khot Wood 33, *ibid.*, p. 568).

7 Hedin 4號文書中提到的*ceṃgāṃ ṣṣaṃgna*(漢*ṣaṃga*, *Khotanese Text* IV, pp. 23-24, 74-79)可能就指這種度量體系。但*ṣaṃga* 的量值可能也不完全固定，如Or.11252/2中就有*haudi śeṃgāṃ ṣaṃgna*(七*śiṃga*之*ṣaṃga*, Skjærvø, *Khotanese Manuscripts from Chinese Turkestan in the British Library*, pp. 85-86)的記載。

8 吉田豊《コータン出土8—9世紀のコータン語世俗文書に關する覺え書き》，156頁，注20。

見於《醫理精華》(*Siddhasāra*)[1]。現在我們可以確定，這三個量詞都和漢語有密切關係，這裏無法全面討論這個複雜的問題，只需要指出一點，即這種現象的存在爲我們討論兩部醫典是在什麼時代和情況下書寫的提供了新的綫索。

4. 穀物名稱

這兩組木簡中提到了四種糧食作物的名稱，在《于闐塞語詞典》中，Bailey將它們比定如下[2]：

āysaṃ: millet, *Panicum miliaceum*

ganaṃ: wheat

gau'sa: millet, *Panicum italicum*

rrusa: barley

他的看法爲後來的學者大致接受。吉田豊在其基礎上進一步修正爲*ganaṃ* = 小麥，*rrusa* = 大麥，*gau'sa* = 粟，*āysaṃ* = 穈，*aśparaji jsāra* = 青麥[3]。現在，有了雙語文書的幫助，我們可以將他的結論進一步改訂如下：

āysaṃ: millet 穈 *Panicum miliaceum*

ganaṃ: wheat 小麥 *Triticum aestivum*

gau'sa: millet 粟 *Setaria italica*

rrusa: highland barley 青麥 *Hordeum vulgare var. nudum*

由於床(*āysam*)和粟(*gau'sa*)種類接近，外觀類似，當時的書手有時會混淆兩者，如19和21號木簡所見，漢語“床”和于闐語的*gau'sa*對應起來了。但是在33號木簡中，漢語部分的書手將原來寫的“床”改成了“粟”，而該件于闐語部分正是*gau'sa*。這説明雖然兩種作物有時會被混淆，于闐人在仔細檢查之後還是能够發現兩者的不同，以及漢語和于闐語中正確的糧食名稱對應關係。因此，雖然木簡中出現了若干書手的錯誤，以上的對應關係仍然是成立的[4]。

(原載《敦煌吐魯番研究》第11卷，上海古籍出版社，2009年，45—69頁)

1 Emmerick, “Contributions to the Study of the *Jīvaka-pustaka*”, p. 237.

2 Bailey, *Dictionary of Khotan Saka*, pp. 20, 79, 91, 367.

3 吉田豊《コータン出土8—9世紀のコータン語世俗文書に關する覺え書き》，156頁。

4 感謝Skjærvø教授指出這幾支木簡中漢語和于闐語糧食名稱的不對應問題。

和田出土大曆建中年間税糧相關文書考釋

慶昭蓉　榮新江

衆所周知，敦煌吐魯番出土唐代文書常見“税錢”“税草”“税柴”等語，“税糧”一語則極罕見，在唐代典籍中也難以尋得蹤跡。我們目前能够掌握到的材料顯示，這個詞語似只出現於安西四鎮一帶。到了元代，税糧成爲國家賦税的名稱，類似制度延續至清代，對此陳高華《元代税糧制度初探》等研究已有專論[1]。本文針對的乃是唐代安西四鎮的“税糧”與相關問題，在時間上與元代税糧制尚有差距，而元代税糧之命名是否遠紹唐人遺緒，我們另撰文索考，不在本文討論之限。

糧食是唐代主要税收項目之一。除了丁租及諸庸調折納物，唐代前期的地税（義倉税）就曾經交互以據地取税（畝納2升）、按户出粟的形式出現，並吸收爲後來兩税制度中的夏秋税斛斗。《唐六典》還記載了唐代前期對無田賈商户税取的糧食[2]：

> 上上户税五石，上中已下遞減一石，中中户一石五斗，中下户一石，下上七斗，下中五斗，下下户及全户逃並夷獠薄税，並不在取限。

然而我們在意的是“税糧”這個罕見的名稱，而且上引規定説明“夷獠薄税，並不在取限”，學界也通常認爲羈縻州原則上不納賦税，或者賦税方式與正州有别。《通典》即云[3]：

> 諸邊遠州有夷、獠雜類之所，應輸課役者，隨事斟量，不必同之華夏。

那麼磧西地區的安西四鎮作爲唐帝國西陲胡漢雜處的軍事重地[4]，如何徵税便成爲需要仔細思考的問題了。

---

1 陳高華《元代税糧制度初探》，《文史》第6輯，中華書局，1979年，113—125頁。又，宋詩不乏“税糧”一稱，如北宋林逋《贈胡明府》一詩有“爲收牌印教村僕，偶檢圖書見古方。微足税糧人更静，却揩吟策立秋廊”等語（《全宋詩》卷一〇七，北京大學出版社，1991年，1223頁）；宋末元初方逢辰則曾賦《頌徐大可爲六縣減免税糧得請》（《全宋詩》卷三四五七，北京大學出版社，1998年，41195頁）。林逋詩之“税糧”對“吟策”，句法上可視爲一道詞語；至於方逢辰詩題，倘非作者晚年所定或編纂者後加，則“税糧”在南宋似已成時人習語。

2 《唐六典》卷三，中華書局，1992年，84頁。句讀微有更易。

3 《通典》卷六，中華書局，1988年，109頁。

4 本文中的“磧西”指唐代安西都護轄區，尤指龜兹、焉耆、疏勒、于闐地境。相關討論參見劉子凡《瀚海天山：唐代伊、西、庭三州軍政體制研究》，中西書局，2016年，272—283頁，尤見277頁。

一、“税糧”蹤跡

“税糧”一語罕見唐代資料，却發現於磧西文書。衆多例證中，最早刊佈的是霍恩雷（A. F. Rudolf Hoernle）在1897年《中亞寫本的又三批收集品》發表的一件戈德福雷（S. H. Godfrey）搜購文書[1]，英國圖書館現行編號Or. 6408/2（G.1, H.4），沙知、吴芳思（Frances Wood）合撰圖録題名爲《唐奴等納新税糧床抄》[2]。按沙知、吴芳思圖録説明，此抄乃戈德福雷於1895年派駐拉德克期間，通過阿富汗商旅搜集而得，出自庫車附近[3]。而照霍恩雷在《英國中亞古物收集品報告（二）》描述，此件據説出土於庫車近郊某城址[4]。2008年秋，慶昭蓉在巴黎高等實驗研究院（École Pratique des Hautes Études）學習期間，注意到此件文書有于闐語，疑此件其實來自和田地區[5]。同時，據此件文書及1958年托庫孜薩來遺址出土《唐某年（8世紀）龜兹白向宜黎租蒲桃園契》（新疆博物館藏）[6]，提出“税糧”爲唐代安西四鎮税務專詞的可能性，並比定龜兹語（吐火羅B語）寺院經濟文書中的不明名詞*śwelyāṅk*、*śwaiylyāṅk*即此詞音寫，姑譯爲“tax (paid in) cereal”，性質爲以糧食繳交的某種税。從龜兹人能够準確音寫出中古漢語税糧發音的現象來看，磧西文書出現的“税糧”一語極可能代表唐朝制度，否則龜兹人完全可以用表示“税”（龜兹語*pauśye*）與“糧”（龜兹語*śātre*）之類的普通名詞來形容。結合遺址狀況、遺址出土文書内容並予以綜合判斷之後，慶昭蓉將“税糧”音寫語的出現，視爲多數德藏克孜爾石窟出土以及法藏都勒都爾·阿護爾遺址（今夏克吐爾遺址）出土紙質龜兹語寺院帳曆繫年於安西（大）都護府時期的關鍵性證據之一[7]。

2007年，于闐文物專家李吟屏刊出一件有關税糧的文書，稱之爲C11並命名作《唐貞元

---

1 A. F. R. Hoernle, “Three Further Collections of Ancient Manuscripts from Central Asia”, *Journal of the Asiatic Society of Bengal*, vol. 66, part I., No. 4, 1897, pp. 230-231.

2 沙知、吴芳思《斯坦因第三次中亞考古所獲漢文文獻（非佛經部分）》第2册，上海辭書出版社，2005 年，334頁。早期録文見王冀青《英國圖書館東方部藏“霍爾寧搜集品”漢文寫本的調查與研究》，《蘭州大學學報》1991年第1期，145—146頁；郭鋒《斯坦因第三次中亞探險所獲甘肅新疆出土漢文文書——未經馬斯伯樂刊佈的部分》，甘肅人民出版社，1993年，73頁。

3 同上注。搜購輾轉經過見王冀青《霍恩勒與國際“龜兹學”的起源——紀念“庫車文書”發現120週年》，新疆龜兹學會編《龜兹學研究》第5輯，新疆大學出版社，2012年，587—620頁，尤見其文602—605頁。

4 A. F. R. Hoernle, “A Report on the British Collection of Antiquities from Central Asia. Part II”, *Journal of the Asiatic Society of Bengal*, vol. 70, 1901, Extra No. 1, p. 26.

5 Ching Chao-jung, *Secular Documents in Tocharian: Buddhist Economy and Society in the Kucha Region*. Dissertation Thesis, École Pratique des Hautes Études, 2010, p. 136, n. 24. 並參見Ching Chao-jung and H. Ogihara, “On the Internal Relationships and the Dating of the Tocharian B Monastic Accounts in the Berlin Collection” ,《内陸アジア言語の研究》第25號，2010年，pp. 75-141, esp. p. 109，n. 80.

6 即T. Yamamoto and O. Ikeda, *Tun-huang and Turfan Documents Concerning Social and Economic History*, vol. III, Contracts, (A). Tokyo: The Toyo Bunko, 1987, p. 166所收No. Add. 18。並參看榮新江《所謂“Tumshuqese”文書中的“gyāźdi-”》，《内陸アジア言語の研究》第7號，1992年，11—12頁；慶昭蓉《吐火羅語世俗文獻與古代龜兹歷史》，北京大學出版社，2017年，75頁。

7 Ching Chao-jung, *Secular Documents*, pp. 135-137. 慶昭蓉《庫車出土文書所見粟特佛教徒》，《西域研究》2012年第2期，65—66頁；慶昭蓉《吐火羅語世俗文獻與古代龜兹歷史》，94—95、135、165頁；慶昭蓉《融通文理，一以貫之：二十世紀初期魏思納（Julius Wiesner）庫車、和闐出土古紙研究撮述》，《敦煌學》第36期，2020年，575—610頁，尤見594—595頁注脚52；其文再版於鄭阿財、汪娟主編《張廣達先生九十華誕祝壽論文集》，新文豐出版公司，2021年，785—832頁，對應注脚爲811—812頁，注52。

六年十月叱半史郎税糧籍帳》，彼時文書尚未充分舒卷[1]。此件後入藏中國國家圖書館，編作BH1-3號。嗣後榮新江協助整理國家圖書館、中國人民大學博物館等單位收集的和田地區出土文書之際，也注意到多件文書帶有“税糧”字樣，它們大多涉及貞元六年（790）前後于闐傑謝鎮倉事務。此外，一件私人收藏的《唐貞元七年（791）七月傑謝鄉頭没里曜思牒》也提到税糧，榮新江初步録文運用於文欣《中古時期于闐國政治制度研究》[2]，稍後張銘心、陳浩正式發表[3]。

文欣《中古時期于闐國政治制度研究》提出，包括英藏Or.11252/2、Or.12637/21.3a等多件于闐語文書均與税糧有關，並根據Or.11252/2所示納糧人名單肯定吉田豊關於六城具體含義的推測[4]，也就是唐代于闐六城地區爲質邏（Cira）、拔伽（Birgaṃdara）、Pa'、Āskūra、潘野（Phaṃnā）與傑謝（Gaysāta，即丹丹烏里克遺址）六地[5]。不過，文欣探討的Or.11252/2乃吐蕃下令課徵糧食的紀録，其内容本身未出現“税糧”的于闐語音寫詞，只提及“糧食”（于闐語*jsāra*）與“納糧者”（*jsāra-haurā*）。亦即文欣2008年前後撰文時使用“税糧”概念含義較廣，不但包括貞元年間唐朝鎮守軍向于闐課徵者，也包括吐蕃向于闐税取之糧食[6]。

與此同時，榮新江、文欣刊佈了國家圖書館新獲和田出土開元十年、十五年漢語—于闐語雙語納糧條記[7]，可以與沙畹刊佈者綜合考察[8]。這些木簡未見“税糧”字樣，但它們是已知和田地區出土的時間較早的紀年漢語文書之一，説明在開元年間，唐朝就已經深入于闐國當地的税糧徵收活動[9]。該文所用“税糧”一詞亦取廣義而言，屬於研究者客觀概念的陳述，並

1 李吟屏《發現於新疆策勒縣的C8號至C11號唐代漢文文書考釋及研究》，《新疆師範大學學報》第28卷第4期，2007年，11—16頁。參見榮新江《和田出土文獻刊佈與研究的新進展》，《敦煌吐魯番研究》第11卷，上海古籍出版社，2009年，6頁。

2 文欣《中古時期于闐國政治制度研究》，北京大學歷史學系碩士論文，2008年，70頁；節録於文欣《于闐國官號考》，《敦煌吐魯番研究》第11卷，2009年，138頁。有鑒於這兩篇研究，此件在上頁注5揭慶昭蓉2010年博士論文、與荻原裕敏合撰文二注中列爲磧西出土漢文書所見“税糧”第三例。

3 張銘心、陳浩《唐代鄉里制在于闐的實施及相關問題研究——以新出貞元七年和田漢文文書爲中心》，《西域研究》2010年第4期，1頁。陳國燦《庫車出土漢文文書與唐安西都護府史事》，《龜茲學研究》第5輯，150頁亦觸及。

4 “六城”是于闐毗沙都督府東北一個州的名字，傑謝在六城範圍内，參見張廣達、榮新江《聖彼得堡藏和田出土漢文文書考釋》，《敦煌吐魯番研究》第6卷，北京大學出版社，2002年，231—232頁。吉田豊之進一步考訂載所撰《コータン出土8—9世紀のコータン語世俗文書に關する覺え書き》，神户市外國語大學外國學研究所，2006年，40頁，惟其順序略有不同。

5 文欣《中古時期于闐國政治制度研究》85頁、87頁注5。並參見文欣《于闐國“六城”（*kṣa au*）新考》，朱玉麒主編《西域文史》第3輯，科學出版社，2008年，118頁、120頁注56。

6 Or.11252/2年代尚乏充分考證。倘從文欣觀點出發（《于闐國“六城”（*kṣa au*）新考》124頁注100），那麼既然該件面向六城地區的税收未明確税及傑謝，只具體提到質邏、拔伽、Pa'、潘野等地名，則根據英國圖書館藏M.9《唐大曆三年毗沙都督府六城質邏典成銑牒》，我們認爲它應當屬於多數傑謝居民業已從傑謝鎮一帶撤出後的吐蕃佔領于闐時期。

7 榮新江、文欣《和田新出漢語—于闐語雙語木簡考釋》，《敦煌吐魯番研究》第11卷，上海古籍出版社，2009年，45—69頁；Rong Xinjiang and Wen Xin, “Newly Discovered Chinese-Khotanese Bilingual Tallies”, *Journal of Inner Asian Art and Archaeology*, vol. 3, 2009, pp. 99-118.

8 Éd. Chavannes, *Les documents chinois découverts par Aurel Stein dans les sables du Turkestan oriental*, Oxford: Clarendon, 1913. 最新釋録見荒川正晴撰、田衛衛譯《英國圖書館藏和田出土木簡的再研究——以木簡内容及其性質爲中心》，朱玉麒主編《西域文史》第6輯，科學出版社，2011年，35—48頁。

9 榮新江、文欣《和田新出漢語—于闐語雙語木簡考釋》，46—47頁。

非主張當時唐代于闐業已充分建立了以“税糧”二字爲名的制度。

那麽,“税糧”源起爲何?龜兹人口中的“税糧”到底是怎樣的一種税,又由什麽機構課徵?

2010年10月,慶昭蓉進入北京大學歷史學系博士後流動站,其後在北大中國古代史研究中心西域讀書班整理國家圖書館、中國人民大學博物館新藏和田出土漢文文書的過程中,承擔了“税糧”文書進一步釋録與資料分析。其間,我們曾在西域讀書班上會讀這些材料並製作一份工作用録文。2013年春季,在龜兹石窟題記資料的提示下,一份較精確的7—8世紀龜兹王統繫年方案得以産生[1]。它導出的重要結果之一,是税糧制在龜兹實施的時期早於安史之亂(755年12月16日—763年2月17日)。因爲在這個方案下,現存龜兹語資料中最早出現“税糧”一詞的文書是法藏都勒都爾·阿護爾遺址出土Nāśmi王五年(755)文書,支出於該年六月至十二月期間[2]。既然學者不應貿然假定現存文書所見龜兹語税糧字樣的最早年份恰好就是制度頒行的那一年,只能視其爲下限,那麽最合理的推測是,税糧是一種開、天之際産生的,在磧西地區因地制宜的特殊制度。它既非唐前期正州之租庸調制,亦不屬建中兩税法——儘管我們不否認在建中年號的改易傳到磧西的同時,當地軍府也得知了税政之革新,並在某種程度上予以吸收、實行之可能性。磧西税糧制度的發軔、形成與轉化,是我們分析資料時面臨的中心課題。

2010年迄今,倏忽十年有餘。在長期研究過程中,我們愈來愈感到税糧制是研究磧西行政、社會、經濟的鎖鑰之一,涉及唐代經營西北的重大決策與歷史轉折。爲充分展現研究設想與思維,我們擬以此文開篇,抽絲剥繭,以新出和田出土漢文文書的基礎整理爲始,分成數篇論文討論,同時另撰論文,以更加綿密的方式闡明磧西税糧的淵源及其歷史背景,懇請各方專家指正。

二、和田地區涉及“税糧”制度的四組漢文書

中國國家圖書館(簡稱國圖)、中國人民大學博物館(簡稱人大博)藏和田出土文書保存的税糧資料彼此關聯。在這裏,我們所説的“税糧”不再是客觀分析時概括斛斗税取的泛泛之詞,也不涉及宋代或元代税糧,而正是針對以此二字爲名的唐代磧西特有制度。兹選輯四組密切涉及這項制度的和田出土文書,按年代順序表列如下(表1)。它們很可能都出土於丹丹烏里克(唐代傑謝),體現了該制度在唐後期于闐地區的形態:

---

1 慶昭蓉《龜兹石窟現存題記中的龜兹國王》,《敦煌吐魯番研究》第13卷,上海古籍出版社,2013年,387—418頁,收録於趙莉、榮新江主編,朱玉麒等撰《龜兹石窟題記·研究論文篇》,中西書局,2020年,並有所補訂;亦參見慶昭蓉《吐火羅語世俗文獻與古代龜兹歷史》,117—145頁。

2 録文初刊於Georges-Jean Pinault, “Aspects du bouddhisme pratiqué au Nord du désert du Taklamakan, d’après les documents tokhariens”, in: F. Fukui 福井文雅 and G. Fussman (eds.), *Bouddhisme et cultures locales. Quelques cas de réciproques adaptations. Actes du colloque franco-japonais (Paris, 23-27 septembre 1991)*. Paris: École Française d’Extrême-Orient, 1994, pp. 85-113,惟彼時未能解決難字*śwelyāṅk*。後慶昭蓉據原件稍微修訂録文於博士論文177—179頁並翻譯之。

表1：和田地區涉及“稅糧”制度的四組漢文書

序號	編號	文書題目	備注
A-1	國圖BH1-2（第1—40行）	《唐大曆九年（774）（或十年）于闐鎮守軍倉勾徵帳草》	年份參見第31行
A-2	國圖BH1-26	《唐大曆十年（775）傑謝百姓日懃泥等納欠大曆七年稅斛斗抄》	
B	人大博GXW0166:2	《唐建中三年（782）傑謝鎮狀稿爲合鎮應管倉糧帳事》	正背面合併命名
C	國圖BH1-1	《唐建中七年（786）（？）于闐某倉欠糧簿草》	
D-1	國圖BH1-2背	《唐貞元六年（790）十月、十一月于闐傑謝鎮倉糧食入破帳曆稿》	全卷總稱
D-1a	國圖BH1-2背（第1—2行）	《唐貞元六年（790）十月十七日傑謝鎮倉出納條記》	潦草
D-1b	國圖BH1-2背（第3—7行）	《唐貞元六年（790）十月十八日傑謝鎮判官李奉玠交傑謝鎮倉糧帳草》	李奉玠爲承辦者與檢查者之一，衛惟悌疑似另一名檢查者
D-1c	國圖BH1-2背（第8—13行）	《唐貞元六年（790）〔十月〕十八日魏將軍宅喫用曆》	魏忠順、衛惟悌簽名
D-2	國圖BH2-32	《唐貞元六年（790）十月十八日傑謝鎮供節度隨身官安庭俊糧食憑》	魏忠順、衛惟悌簽名
D-3	國圖BH1-5	《唐某年三月十五日傑謝鎮知鎮官王子遊帖》附《傑謝鎮倉見交應管倉糧帳草》	帳草倒寫於《王子遊帖》之末
D-4	人大博GXW0168背	《唐貞元六年（790）十月廿二日傑謝鎮倉算叱半史郎等交稅糧簿稿》	寫於《唐傑謝鎮狀稿爲當鎮應交得甲仗具隻等事》背面
D-5	國圖BH1-3	《唐貞元六年（790）十月廿二日傑謝鎮倉算叱半史郎等交稅糧簿》	
D-6	國圖BH1-2（第41—42行）	《唐貞元六年（790）（？）十月廿三日支九月、十月糧條記》	書寫者疑爲李奉玠或其同僚
D-7	人大博GXW0169	《唐貞元六年（790）十月廿八日傑謝鎮牒稿爲當鎮應交稅糧事》	上報者應爲判官李奉玠或其同僚。此稿左側粘接《唐傑謝鎮狀稿爲當鎮應交得甲仗具隻等事》一紙
D-8	國圖BH1-1背	《唐貞元六年（790）冬季于闐傑謝鎮官健預支人糧、馬料簿》	李奉玠爲支糧官健之一。文書帶有魏忠順、衛惟悌二人簽名
D-1d	國圖BH1-2背（第14—15行）	《唐貞元六年（790）十一月傑謝鎮倉糜破曆》	
D-9	人大博GXW0167背	《唐某年（貞元年間？）于闐傑謝鎮倉糧入破帳草》	正面爲《唐傑謝作狀上傑謝鎮軍爲床和（糜禾？）田苗等事稿》，又倒寫某人致五郎書狀稿

A、B、C、D四組按年代進行區分，分别代表大曆年間、大曆過渡至建中時期（磧西地區仍爲大曆期間，直至建中三年七月獲知改元爲止）、建中年間以及貞元年間。其中，《唐某年三月十五日傑謝鎮知鎮官王子遊帖》已發表於榮新江《新見唐代于闐地方軍鎮的官文

書》[1]，《唐傑謝作狀上傑謝鎮軍爲床和（疑通“穈禾”？）田苗等事稿》發表於劉子凡《傑謝營田與水利——和田新出〈傑謝作狀爲床和田作等用水澆溉事〉研究》[2]。在中國國家圖書館、中國人民大學博物館以及各國收藏品中，還有一些在性質、年代或人名、地望方面可以與上面四組文書結合討論者，然而爲求簡明起見，本文着重處理A、B、C三組，旁及其他有關文書。這三組合起來看，其年代從大曆七年（772）迄至建中七年（786），此時正當于闐尉遲曜在位期間。

三、國圖BH1-2《唐大曆九年（774）（或十年）于闐鎮守軍倉勾徵帳草》考釋

本件文書長127cm，高29cm，由四張紙黏合而成。兩面均有文書，内容、年份相異，背面貞元六年（790）文書留待後續文章處理。正面文書也分兩部分，較早書寫的第1—40行擬名爲《唐大曆九年（774）（或十年）于闐鎮守軍倉勾徵帳草》；最後第41—42行看來涉及貞元六年傑謝一帶軍糧管理者之隨手記録，擬名爲《唐貞元六年（790）（？）十月廿三日支九月、十月糧條記》，它當與背面文書爲一組，不妨總稱爲《唐貞元六年（790）十月、十一月于闐傑謝鎮倉糧食入破帳曆稿》，此暫且不論。

兹先將文書釋録如下：

（前缺）

1 □□[五]十一石

2 □□[一]石，張俊芝

3 □□[董]明達。九石，實

4 □□一石六斗，大寺盆舒

5 □□五石，上官英茂。廿石

6 □□[斗]，劉天寶。八石、小布四箇

----

7 □□□[3]阿拱多。四石，勃延蕩。五石，

了 悉

8 莎那。廿石五斗，毛乳勿地捺[4]。七石五斗，勿婁章。四石，毛乳

9 莎那。一十六石，渴左慈。二石，蘇捺。三石，煞你鉦多。四石，安發没。

10 卅石，没悉羯、王庭子。廿三石一斗，奴魯失里娑。二石，翟漳。

---

1 北京大學歷史學系、北京大學中國古代史研究中心編《祝總斌先生九十華誕頌壽論文集》，中華書局，2020年，368頁。此文的日文本見《新發現の唐代コータン地方軍鎮關係官文書》（白玉冬譯），《内陸アジア言語の研究》第33號（特集：ユーラシア東部地域における公文書の史的展開），2018年，1—10頁。

2 《新疆大學學報》2012年第5期，70—76頁。

3 似爲一圈銷的“女”字或“多”字。

4 “毛乳”旁有似“了”勾劃。“乳”與“勿”字間有潦草文字似爲“悉”，似應插入“勿地捺”前。“勿”上有一朱點，字旁又有一墨點。

11 五石一斗，莎悌。已上吕仙妻徑軍陳狀。牒下，竪在人上。五十六石五斗，

12 吕仙除在人上外欠。又一十五石，吕仙妻。

（空一行）

13 六斗一升，勿拱。 八石三斗，不要那。 四斗，僧文門那宜板。

14 三斗五升，大寺瑟昵。 五石，毛乳薩波勿吉良。

（空一行）

15 一十四石四斗五升青。 四百六十七石九斗小。

16 二千四百一十二石六斗八升粟。

17 一千一百六十七石八斗五升，税粮欠後債納。

18 五百一十七石□□（八斗），豬拔州。[1] 所由桑門悌、蔺能悌。

19 一百一十七［石］八斗青麥[2]。 三百石小麥。

20 一百石粟。

- -

21 六百卌五石二斗五升，六城。 所由突騎施、張庭剛。

22 二百廿九石二斗五升小。四百一十五石粟。

23 七百六十八石，田子。 所由任季峰、張清平等，徵納有挾名。

24 一百九十二石青。一百九十二石小。三百九十四石粟。

25 九百五十九石五斗九升三合，貸便廻造欠。

26 六石，王恕。九石，韓曙。二石，唐庭曜。一十石，翟滰。六石，

27 似先卿。三石三斗三升，孟仙。文門來捺、盆能捺。各五斗七升。

28 廿石，韓曙等便與王四將。五石二斗，蘇捺。一百卌二石，秦璨，

29 作課欠。九十三石，前守捉似先卿。已上韓曙竪。二百一十石

30 五斗八升，前守捉陸卿。二百六十四石四斗二升，没悉羯。

31 大曆七年税。專徵官趙玘。

（空二行）

32 卌六石青麥。二千七百八十一石八斗二升粟。

33 九十三石七斗三升。[3]

- -

34 二千八百一十七石八斗二升，坎城倉交。

35 卌六石青麥。 二千七百八十一石八斗二升粟。

1 由19、20行加總可見，“五百一十七石”後面應復原“八斗”二字。

2 脱一“石”字，録文以括注補充。

3 此行加注墨色淺，大小、墨色與第40行相同，疑同時添寫。

36　　　　　　二百一十七石八斗粟，傑　　謝　　鎮　　交。

37　　　　　　四百三石八斗一升七合粟，蘭　城　交，准米二百卌二石二斗九升。

38　　　　　　二百卌四石四斗，徵債官卿陸翔牒稱，徵得質邏野

39　　　　　　　窖。專徵陸卿、判官許晟、典劉天寶。

40　廿三石三斗粟。　　　十六石三斗入窖。

這件文書筆致笨拙，數額、格式亦時有差池，可見只是草稿，或者説正在處理中的帳目資料。在分項説明其結構及具體統計關係前，先提綱挈領説明這件帳簿最主要的提示所在。

據我們觀察，這件文書似可分爲兩大部分:（一）現存第一至第三紙，即第1—32行（不含寫在第三、四紙騎縫上的第33行）;（二）現存第四紙，即第34—39行。兩部分均出於同一人手筆——我們姑且稱爲某甲——却很可能由另一人（某乙）拼貼而成。某乙大概就是寫在第三、四紙騎縫（第33行）以及第四紙將近尾端（第40行）之人，其筆墨較淡而枯，筆跡則秀麗得多。多年之後，有可能就是這位某乙在第四紙之餘白部分記下貞元六年（？）的糧食支用（即第41—42行），並使用背面登記貞元六年的各種糧食進出。我們認爲，此人有可能便是貞元六年十月前後在傑謝十分活躍的判官李奉玠，但爲謹慎起見，本文仍稱某乙。

某乙拼貼兩份帳簿的用意，似乎在於勾徵于闐鎮守軍轄下諸倉匯繳的糧食及其逋懸欠糧。其拼貼跡象在於第32行與第35行雷同，並且正好就是第34行明記的坎城倉所交糧食，可是第35行起頭却明顯比第32行低二字。如果是某甲在同一時間點連續謄寫的結果，這種做法令人感到難以理解。按唐朝記帳格式，最高層級爲總計，每低一格或二格記下一層級帳目，以此類推。第32行與第35行文字全同，而起始高度不同，這提示了一種可能性，即第三、四紙取自製作時刻稍有不同的資料。縱觀前三紙，先不論殘去倉帳最開頭還經過幾層統計，單就現存文字排列而言，可以推擬某甲製作的資料存在四個層次，第一級爲第17、23、25行，幾乎齊高；第二級爲第18、21、26行等，約比第一級低一至二字；第四級爲第19—20、22、24行等，通常比第二級低五至六字左右（因爲“一”“二”等數字字形甚扁）。介於第二、四級者在文書現存部分看似只有一行，即第三紙尾端的第32行，而此行前面留白約二至三行。要是假定位於第四紙的第34行（坎城倉交）、第36行（傑謝鎮交）與第一紙現存第一級對齊而同級（例如第23行之“田子”）[1]，那麽第32、35行亦不妨算成同級，也就是我們可以視第32行爲一份較瑣碎而文字較局促的帳目的第三級；第35行來自另一份字距較疏闊的總帳的第三級；因爲在第四紙上，第35行正好低於第34行（第一級）四個字。儘管第36行以後屬於計帳即將結束的雜項，字距並不總是均一，但是我們不妨想象，第四紙前頭本來要是還有于闐地區各大倉廪匯交的糧食總計與分色斛斗，其帳目的格式與佈局應該與第34、35行看起來差不多。

這個現象提示我們，現存文書前三紙可能全部屬於同一座倉廪上報的文書。其總結，也

1　據照片隨付比例尺並使用Adobe Photoshop 的尺規工具計算，第34、36行距第四紙的完整上緣約3.1cm；第17行（税糧欠後債納）距第二紙的完整上緣約3.14cm；第23行（田子）距第三紙的完整上緣約3.13—3.14 cm。雖然攝影鏡頭下的尺寸也許略有歪曲，這些文字在格式上應當可以看成齊高，即均距上邊1寸又稍微多一些。

就是該倉彙報或匯交上司（我們懷疑即于闐鎮守軍之主倉）的糧食按色交割數額，即青麥若干、小麥若干，等等，相當於第三級，它就寫在第32行。它恐怕與第四級，即叱半等下屬實交到該倉的按色統計糧食中間，還經過一層清點、加減或折扣的程序。換句話説，在某乙接手處理帳目階段，來自“傑謝鎮”“蘭城”“質邏野窖”糧食順利交割完畢，點收入窖，但“坎城倉”以前諸倉帳目不清，因此某乙往前粘上某甲遞交的一份各倉納糧細目，以便清點、追徵。其差池可能便寫在第33行：某乙初步點算後，發現該倉實際上交的糧食與呈報者差了93.73石，故有必要細查舛謬。

在此前提下，我們先分析第四紙上某甲書寫的内容，列表如下（表2）。爲便於比對數據，帳面文字即使未計升合數者，也補上“零”作爲其位數：

表2：國圖BH1-2正面第四紙計帳内容分析（單位：石）

行數	分級	性質	總數	具色
34—35	第一級	坎城倉交	2817.820	青麥：36.000 粟：2781.820
36	第一級	傑謝鎮交	粟：217.800	粟：217.800
37	第一級	蘭城交	粟：403.817	米：242.290
38—39	第一級	徵得質邏野窖	244.400	未記

已知蘭城在于闐王國最東邊，坎城、傑謝、質邏應當都在六城州範圍内。其中，傑謝位於沙漠深處的丹丹烏里克，坎城可能在策勒縣北面烏尊塔提一帶，質邏當在今策勒北[1]。第四紙計帳範圍既然超出六城州地境，某甲、某乙任職的軍倉層級無疑較高，其管轄範圍很可能横跨整個于闐。

第34—35行坎城倉交糧，乍看之下數字彼此吻合（2817.82＝36＋2781.82），稍後分析；第36行傑謝鎮交糧少，唯有粟一色；第37行蘭城交糧亦僅粟一色，其精細至合的403.817石疑乃242.29石米按通行折變率（粟一石折米六斗）所倒推之數字，實際點交的可能是米（$242.29 \div 0.6 = 403.81\dot{6} \approx 403.817$）。

第38—39行是徵債官陸翔在徵討欠糧途中的意外之喜：他在質邏徵收到一所無人野窖後，看來立即發牒文上報，牒文署名者及後續搬運糧食的負責人應即陸翔（陸卿）、判官許晟、典劉天寶[2]。某乙在第40行寫下的23.3石粟、16.3石入窖，疑似由某乙本人清點窖糧後認爲尚可供用的部分，回造爲米入窖（16.3 ÷ 23.3 = 0.6996）。其粟米折變之所以高達七成，

1　張廣達、榮新江《〈唐大曆三年三月典成銑牒〉跋》，原載《新疆社會科學》1988年第1期，第60—69頁；此據作者《于闐史叢考》（增訂本），中國人民大學出版社，2008年，108—111頁；朱麗雙《唐代于闐的羈縻州與地理區劃研究》，《中國史研究》2012年第2期，71—90頁。

2　陸翔官名、人名間綴“卿”字，像是比較親密的尊稱，其人當爲某甲同僚。本件及下舉國圖文書BH1-1頻出之“似先卿”（複姓似先）當亦出於類似用法。其同僚應當還有一位“白卿”，疑BH1-1第14行之白卿傔渴娑即此人之傔，第28行白卿奴渴踵即此人之奴。這令我們聯想到Дx.18920《唐大曆十四至十五年（779—780）傑謝百姓納脚錢抄》發抄者之一是衛尉卿白某（張廣達、榮新江《于闐史叢考》（增訂本），228頁）。雖然兩者未必是同一人，但這提示我們“卿”字有可能是衛尉卿（從三品）等檢校官的省稱，而大曆年間不少軍官都獲授類似官職。至於陸翔是否就是前守捉陸卿尚不能確定，因爲也有其他同姓者，如陸英俊（BH1-1/36）。

或許是因爲穀米外殼積久腐蝕而變薄，或陳粟缺水鬆脆而不宜過度去殼。

前三紙之帳目本質，亦是諸色糧食收入，但也列出欠項。爲説明其結構，我們大致分項、分級如下。其中"分色"一欄，係移録上述所謂第四級之欄位所登記按色計量數字而來：

表3：國圖BH1-2正面第一至三紙計帳内容分析（單位：石）

序號	行數	性質	帳面總計	分色	實質加總
ⅠA	1—12	前缺	前缺		
		（空一行）			
ⅠB	13—14	缺記	缺記		--
		（空一行）			
Ⅰ	15—16			14.450青 467.900小 2412.680粟	2895.030
Ⅱ	17—21	税糧欠後債納	1167.850	（豬拔州） 117.800青 300.000小 100.000粟 （六城） 229.250小 415.000粟	1162.050
Ⅲ	23—24	田子	768.000	192.000青 192.000小 394.000粟	778.000
Ⅳ	25—31	貸便廻造欠	959.593	缺記	

要是依循我們對於前三紙全屬坎城倉細帳之假設（即豬拔州的糧也調撥坎城倉），那麽先不論959.593石欠糧回收情況如何，僅第Ⅰ—Ⅲ項之分色相加，便應有324.25石青麥（14.45＋117.8＋192）、1189.15石小麥（467.9＋300＋229.25＋192）、3321.68石粟（2412.68＋100＋415＋394）。而第34行顯示，坎城倉實際上交到其上級倉的糧食看來只有36石青麥、2781.82石粟，這究竟怎麽回事？

爲此，首先可以指出的一項特殊巧合是，坎城倉第Ⅰ—Ⅲ項總計應交小麥扣除六城州進項（467.9＋300＋192＝959.9），與第Ⅳ項"貸便廻造欠"之959.593石如此相近。這令我們不得不考慮，當年剛收攏的小麥幾乎馬上貸借罄盡或者送去回造了[1]。假設如此，那麽坎城倉交糧至少還缺288.25石青麥（324.25－36）、539.86石粟（3321.68－2781.82），大致呈一比二的關係，其欠缺或臨時用途也許就是第31、32行間懸而未寫的部分，或者寫在現存第Ⅰ項的更前面（例如前年虧空之類），這恐怕便是某乙意欲追究之處。

對於這Ⅰ—Ⅳ項的細帳與内部邏輯，不妨先從形式最簡單的第Ⅲ項田子開始解析。田子，指該司（應爲坎城守捉）出租轄下田畝所獲地子，例如守捉田、鎮戍田等官田以及屯田

1　實際上搬運小麥至磑碾而繳回麵粉等産品的過程即有利潤可撈，不過這並非本文重點，兹不廣論。

之佃租。帳目清楚，且大致呈比例關係，可推測其田地一年兩收，地力頗爲均匀，一半面積春種青麥、秋收粟，另一半面積春種小麥、秋收粟。可是第23行之總和與第24行細目不一致。乍看之下，第24行的394石粟乃384石筆誤（768－192－192＝384），況且384石恰爲192石之兩倍。不過還有一種可能性，即第23行之768石（第一級）屬於當年地子收入之預估，第24行（第四級）則是實際收穫量據比例徵收所得，故數字稍有出入。第23行小字注“所由任季峰、張清平等，徵、納有挾名”，不妨理解爲任季峰、張清二人把青、小、粟作了均等（平等），顯示這筆進項先徵而後納，並且另備有一份清楚的細帳，詳記各筆田子的應徵者及實際繳納者名氏。可見即使第24行含有誤算，這項田子應已走完收租及繳納入倉的程式。

第Ⅱ項之“税糧欠後債納”亦屬納糧入倉之進項，乃“債納”（責納）先前積欠税糧而來。對某甲而言，所謂“債”的概念恐怕亦指涉第38行“徵債官”所徵之債，那麼理論上不只包括逋懸未繳的税糧，也包括貸便糧食等各種欠糧。其中，從豬拔州責納而來的懸欠税糧，第18行缺字可據第19、20行復原爲“八斗”（117.8＋300＋100＝517.8）。可是顧及六城責納所得加總也有瑕疵，即第21行之645.25石與第22行差一石（229.25＋415＝644.25），“八斗”之復原只是推擬。豬拔州、六城兩筆互加又添一層誤差。亦即第17行之二地統計較之第18、21行之實際總和，大約少了4.8石（517.8（？）＋645.25＝1163.05（？）≠1167.85）。

整本帳簿中，這類數字出入甚多，某甲的文字却清清楚楚，幾乎没什麼塗改。我們認爲這種情況揭示兩種可能性：

（壹）某甲謄自某個數值錯漏甚多的底本而没有加以覆核。

（貳）此帳雖然並不完善，但眉目分明。亦即在各項收入裏，首行率先寫出的總計，即上面我們所説的“第一級”，是坎城倉或者其上級倉預算之收入；“第二級”是各地胥吏上報之徵得收入（如第18、21行，分别由豬拔州、六城〔州〕所由提報），其後抬頭明顯偏低的按色具數（即第15—16、19—20、22、24行等我們擬劃分爲第四級者），則是確實貯入坎城倉之斛斗數，當由坎城倉交到上級倉。預算收入與實際入倉糧食，須與所由或專官提報的交糧簿合參，因爲實際徵糧、貯糧時，大概會遇到種種緣故而導致數額、名色異動。第Ⅱ項只載所由姓名與各色糧食具數，未詳舉欠糧者名單，看來豬拔、六城二州的先欠税糧已大致責納完畢，無須再徵。而這個情況也暗示了，從這兩個州課徵而來的百姓税糧，應當轉運到坎城倉裏。

有了這樣的設想，再回來看殘缺的第Ⅰ項。此項實收總計達2895.03石（＝14.45＋467.9＋2412.68），不僅比坎城倉點交的2817.82石略高，也遠超田子收入。這項帳目與六城地區人士關聯密切，因爲不少人物與下舉國家圖書館藏BH1-1所涉者重合，而正如本文稍後解釋的，BH1-1出現的不少人與六城地區地緣關係强烈。兹將兩份糧帳共同出現的人物表列如下（表4），以便説明（圓括號中的數字表示所在行數）：

表4：國家圖書館藏BH1-2、BH1-1所見人名比對

BH1-2所見人名	BH1-1所見人名
張俊芝(2)	張俊芝(15、30)
莎那(8)/毛乳莎那(8—9)	河東莎那(8)
毛乳勿地捺(8)	外仏勿地捺(7)
莎悌(11)	王下莎悌(8)
吕仙(11、12)	吕仙(21、37)
大寺瑟昵(14)	瑟昵(3)，弥姐奴瑟昵(15)
王恕(26)	王恕(20)
唐庭曜(26)	唐庭曜(9)
似先卿(27、29)	似仙卿(20)
前守捉陸卿(30)，專徵陸卿(39)	陸卿(19、36)

個别胡名也許涉及同名而不同户、不同地之人，所謂“陸卿”亦不排除有同姓者。第8行之毛乳勿地捺，右側有墨點、有“了”字，以及疑似“悉”字之渴筆加注。“勿”字正中央有朱點。鑒於于闐人名中亦有勿悉開頭者，如國圖BH1-2背面《唐貞元六年（790）十月十七日傑謝鎮倉出納條記》開頭即提到勿悉捺，在此不易確定其用意是將“勿地捺”更正爲“悉地捺”抑或“勿悉地捺”，還是説“悉”單純表示勾帳者業已知悉之意，這裏且不多作推論，暫時仍録作“勿地捺”。儘管如此，兩件文書的總體關聯絶非偶然。其中，倘若莎悌其人即BH1-1所見“王下莎悌”，“王下”也許意指毗近王城或王家莊園的地段，並且“大寺瑟昵”（BH1-2第14行）的“大寺”以及“毛乳”等地名不在我們通常見到的傑謝或六城地區的地名當中，第14行還表明毛乳有薩波，因此我們考慮毛乳也許是于闐某州之一鄉，同行所見“大寺”或亦屬同一州。

顯然，第Ⅰ項有别於第Ⅱ項之“税糧欠後債納”及其後諸項。它關涉但不限於六城，應是另一種涵蓋層面廣泛的糧食收入。乍看之下，第12行寫着“吕仙除在人上外欠”，猶如聲明其懸欠而未納，但仔細觀察可以發覺第6行之“八石、小布四箇”更像是某人用八石以及四個小布折納了某種欠款。倘若是此人尚欠四個小布，似乎没有必要登記於倉糧帳。這暗示第Ⅰ項逋懸的物資不限於糧食或小布，還可能是錢或其他物資，滯納者乃責令以糧食代納，待考。

無論如何，如果第Ⅰ項也意味着某種追債所得，不妨認爲這部分收入幾乎構成坎城倉上交糧食的主體，尤其是粟的部分。第11—12行意味着吕仙除了之前交納過自己名下帳目的欠額（“在人上”，故“若干石，吕仙”應曾出現於BH1-2之前殘部分），還交還了另一筆相當於56.5石糧食的帳務。接着他的妻子也以15石糧食交了自己名下欠帳。不妨推測，平常出外與胡漢人士交往、寫條據的是吕仙，在家幫忙管帳、抓總的是妻子，所以纔出現“吕仙妻徑軍陳狀”的説明：看來，她是替夫君向某軍府陳狀説明情況，甚至通過某軍告狀——此處“徑”字是照我們所見到的字形而録，寫的亦有可能是“經”——而她的意見獲得採納，於是某軍司發下牒文，責令主事官員加以處理。某甲同一句小字説明中所謂“豎在人上”之“豎”，用法類似於今日之“列”（按：傳統計數習慣爲“豎行横列”），基本含義是各人所欠數額都寫在（列在）其人名的前面，同行之“五石一斗，莎悌”即是，餘以此類推。

類似用法曾出現於法國國家圖書館藏P.3664（+P.3559）《天寶十三載敦煌郡常平倉勾徵帳》第63行所見“豎入應在”一句，即該段所敘孟某去職之後的欠款，被列入該倉之應在帳目，我們將另文詳析。兹將第Ⅰ項所見人名、數額表列如下。其中“///”表示屬於紙卷前、後、上緣殘去部分，無考；“—”表示帳面没有提及；數額一欄凡是數額部分有缺，無法確認是否完整時，以“］”表示上殘部分，以“x”表示下殘部分，並補上升合數值以便對齊、計算。

表5：國圖BH1-2正面計帳第Ⅰ項（第1—16行）人名、數額分析

行數	地名	〔身份〕人名	數額（石）	勾注、圈銷等符號
1	///	///	］51.000	
2	—	張俊芝	］1.000	右側有墨點
3	—	董明達	///	右側有墨點
3—4	—	實▭	9.000	
4—5	大寺	盆舒▭	］1.600	
5	—	上官英茂	］5.000	
5—6	///	///	20.xxx	
6	—	劉天寶	］.xx0	右側有墨點
6—7	///	///	8.000	小布四箇 折納或兼納?
7	///	▭□阿拱多	///	
7	—	勃延蕩	4.000	
7—8	—	莎那	5.000	
8	毛乳	勿地捺	20.500	右側有墨點、有“了”字，以及疑似“悉”字之渴筆加注。“勿”字正中央有朱點
8	—	勿婁章	7.500	
8—9	毛乳	莎那	4.000	右側有墨點
9	—	渴左慈	16.000	
9	—	蘇捺	2.000	
9	—	煞你鈺多	3.000	
9	—	安發没	4.000	
10	—	没悉羯、王庭子	30.000	
10	—	〔奴〕魯失里娑	23.100	
10	—	翟漳	2.000	右側有墨點
11	—	莎悌	5.100	
11—12	—	吕仙：除在人上外欠	56.500	
12	—	吕仙妻	15.000	
		（空一行）		
13	—	勿拱	0.610	

續表

行數	地名	〔身份〕人名	數額(石)	勾注、圈銷等符號
13	—	不要那	8.300	
13	—	〔僧〕文門那宜板	0.400	
14	大寺	瑟昵	0.350	
14	毛乳	〔薩波〕勿吉良	5.000	

不易決定第I項帳目的最初底本製作者是誰（不排除正是吕仙夫妻），從其若干事目帶有墨點，並且還出現了現存文書唯一的朱點及“了”字，可以認爲這項正是某乙想重點稽查的部分。理論上，就一份倉廩總帳而言，第Ⅰ項收入之前還可以有其他來源收入：就坎城倉而論，便不妨有屯課、當年税糧（而非先欠税糧），等等。第1—12行數額缺乏大致公約數（見上表5），且多寡懸殊，可以認爲這是“貸便廻造”以外，另一種形式的官、民欠糧，比如用作種子貸糧，以及官眷、人民、牲畜食料等用途，非單純放貸或回造之用，所以各色糧食都有涉及。

最後回過頭來，表列第Ⅳ項（第25—31行）反映的“貸便廻造”欠糧（欠小麥？）名簿如下：

表6：國圖BH1-2正面計帳第Ⅳ項（第25—31行）人名、數額分析 （單位：石）

行數	〔身份〕人名	具數	勾注等符號
26	王恕	6.000	
26	韓曙	9.000	
26	唐庭曜	2.000	右側有墨點(?)
26	翟漳	10.000	
26—27	似先〔卿〕	6.000	
27	孟仙	3.330	右側有墨點
27	文門來捺	0.570	
27	盆能捺	0.570	
28	韓曙等便與王四將	20.000	
28	蘇捺	5.200	
28—29	秦璨，作課欠	142.000	右側有墨點
29	前守捉似先卿	93.000	“石”與“三”字間有倒乙符號
29—30	前守捉陸卿	210.580	右側有墨點
30	没悉羯	264.420	
30	（大曆七年税）	缺記	

從王恕直到没悉羯，斛斗數總計772.670石，與第一級總計之959.593石相差186.923石。這部分所欠缺的可能正是尚未回報的“大曆七年税”追徵結果，也許是專徵官趙玘尚未歸來，或尚未整理好這筆專徵款項的帳簿。爲何“大曆七年税”會放在“貸便廻造”一項之末，並且未提供數額，令人感到不易解釋。我們猜測，或許這意味的是大曆七年税收所得小

麥立即被貸便、回造而產生的欠額部分遲遲無人填補，故而某甲等待派遣出去的專徵官歸來時據實際徵得糧食申報，留白不寫。

實際上，關於本文書的年代，內容僅第31行“大曆七年稅”可資綫索。可是它明顯與第Ⅱ項之“稅糧欠後債納”彼此區隔。假設“大曆七年稅”之“稅”泛指各種稅，包括稅糧、稅（役）錢等物資，而決定以糧折納，則它看來像是尤爲懸遠的一筆積欠，所以纔需要特派專徵官加以追討。那麽第Ⅱ項涉及的積欠稅糧，便可能是大曆八年左右的稅糧，而文書製作年代則可能是大曆九年或十年。國家圖書館BH1-26《唐大曆十年（775）傑謝百姓日勲泥等納欠大曆七年稅斛斗抄》便屬於這類追徵例證，文字如下：

（前缺）

1 ［　　］傑謝百姓日勲泥□［　　］

2 ［　　］□納欠大七年稅［　　］

3 ［　　］□㪷大曆十年［　　］

4 　　　　　　判官［　　］

（後缺）

看來傑謝百姓日勲泥遲至大曆十年纔終於交納大曆七年的稅，其繳納形式採用斛斗。據英國圖書館藏M.9《唐大曆三年（768）毗沙都督府六城質邏典成銑牒》，其年傑謝百姓多遷到六城其他地區，莊稼、收成還在傑謝，產生了搬遷、運輸問題，一時不得安生[1]。也許正是因爲這樣的變故，導致六城地區的稅糧出現較嚴重的拖欠情況。有鑒於這個例子，國圖BH1-2的年代下限不妨設置爲大曆九年或十年。

因此，本件文書似可進一步擬題爲《唐大曆九年（774）（或十年）于闐鎮守軍倉勾徵帳草》。更仔細一點地説，這份帳草只是某乙準備的一份内部文件，並且恐怕纔剛開始清點，因爲現存朱點只有一點，墨點也遠遠不全面。帳目之先後原則，可能是按照實際入倉順序逐筆登記。如果現存前三紙確實屬於坎城倉部分的帳目，那麽僅貸便回造的欠糧一項便未徵齊，追徵大曆七年稅一案更加停滯不前。帳上的“坎城倉”與“蘭城”似分别指坎城鎮倉或坎城守捉倉，以及蘭城鎮倉或蘭城守捉倉[2]。要是這樣的見解大致不差，那麽我們還可以指出一個可能性，即準備其年于闐鎮守軍倉糧食收入帳目底本之某甲（即某乙取用的第四紙），同時也掌握了一份坎城倉的較細帳目（第一至三紙），可是他看來並没有把坎城倉的帳目結算清楚就上報了。這是否意味着于闐鎮守軍的一座主要倉儲就位在坎城，甚至與坎城守捉或坎城鎮的倉窖同貯呢？這個問題將留待本文最後再做討論。

最後再討論一下負責收納糧食的官吏。豬拔州、六城的稅糧欠後債納，以及田子的徵收，由所由負責實施，所由即衙門中的當事吏人。貸便回造欠糧，似乎主要由韓曙負責，職位尚不清楚；大曆七年欠稅的追徵，由專徵官趙玘負責，這應當是針對此項欠糧專設的官

1　參看張廣達、榮新江《〈唐大曆三年三月典成銑牒〉跋》，《于闐史叢考》（增訂本），106—117頁。

2　除已刊資料外，坎城守捉可參考人大博GXW0062；坎城鎮：人大博GXW0076；蘭城守捉：人大博GXW0064。待考。按守捉亦有倉，見人大博GXW0166:1。

員，從本件文書所見繁雜地名來看，這名專徵官大概是行官，疑似由于闐鎮守軍直接派出。最後質邏野窖的徵收，除了專徵官陸卿外，還有判官許晟和典劉天寶。

唐朝建立節度使體制以後，判官是節度使下面節度副使、行軍司馬之後的重要僚佐，《通典》卷三二《職官》稱：節度使下“判官二人，分判倉、兵、騎、胄四曹事”[1]。在節度使下的軍，也有判官。《通典》卷一四八《兵典》稱：“每軍大將一人，副二人，判官二人，典四人，總管四人，子將八人。”[2]以下守捉、鎮亦均有判官，其執掌包括倉曹之事[3]。榮新江、文欣在研究開元十年、十五年漢語—于闐語雙語納税木簡時曾指出，檢查糧食入倉並與倉典一起核發憑證的“官”可能是判官[4]。對此，荒川正晴引用P.3348v《唐天寶六載（747）十一月河西豆盧軍軍倉收納糴粟牒》説明，收入豆盧軍倉的穀物由軍倉的典與判官司法參軍、監官别將聯名負責檢納，並共同署名遞狀給豆盧軍孔目司，再由孔目判官檢查並回付。因此荒川較謹慎地判斷新出雙語税簡上的“官”是判官或者監官[5]。我們認爲目前于闐文書尚未出現“監官”督理倉糧的例證，判官發揮的作用大概還是比較重大的。本文書中的判官許晟和典劉天寶，應當屬於于闐軍的判官和典，他們負責對於糧食的搬運、收納與管理，起着關鍵作用。

四、人大博GXW0166:2《唐建中三年（782）傑謝鎮狀稿爲合鎮應管倉糧帳事》考釋

中國人民大學博物館藏GXW0166:2號長15cm，高11.4cm。首部完整，尾部寫到紙邊，中間有些文字係用粗筆直接改正，如正面第7、8行“官健”疑似從“行官”或“百姓”修改而來，還有一些數字訂正，録文從之，不再出注。正面内容無疑是傑謝鎮狀，是當鎮應管倉糧的總帳。其第10行有“閏三月”，而Дx.18919有“大曆十七年閏三月廿九日”，結合本件背面第4行提到“建中三年”，此件應是大曆十七年，即建中三年（782）文書。

文書背面亦是首全尾殘，内容爲唐建中三年（782）傑謝鎮倉算百姓欠大曆十五、十六年税糧帳草，因係草稿，所以不少文字屬於行間填補或改訂，其修改甚是繁複。爲使我們的説明簡明易懂，茲録入正文，不一一出注。正背文書内容彼此關聯緊密。正面録文爲：

1　傑謝鎮　　　　　　　　狀上
2　合當鎮應管倉粮捴四百一十九石九斗一升。
3　　一百九十七石五斗五升六合都破用具由：
4　　　七十五石八斗抽下，於守捉倉納；
5　　　　五十二石二斗，韓冬日；

1 杜佑《通典》卷三二，895頁。
2 《通典》卷一四八，3794頁。
3 關於鎮守軍下級判官的設置，參看孟憲實《于闐鎮守軍及使府主要職官——以中國人民大學博物館藏品爲中心》，《西域研究》2014年第1期，5—8頁。
4 榮新江、文欣《和田新出漢語—于闐語雙語木簡考釋》，46頁；Rong Xinjiang and Wen Xin, “Newly Discovered Chinese-Khotanese Bilingual Tallies”, p. 99.
5 荒川正晴《英國圖書館藏和田出土木簡的再研究——以木簡内容及其性質爲中心》，44—45頁。

6 廿三石六斗，傑謝百姓住六城新倉納。

7 一十八石小，給正月官健正月一十八人大粮。

8 一十七石四斗青，給官健一十八人二月小粮。

9 一十八石二斗粟，給官健一十八人三月大粮。

10 一十七石四斗三升三合小，給官健一十八人閏三月粮。

11 一十七石四斗七升三合青，給官健一十七人四月小粮。

12 一十六石粟，給官健一十六人五月大粮。

13 一十七石四斗三升，給官健一十七人二（六）月小粮[1]。

背面録文：

1 合傑謝鎮應欠十五年十〔六〕年百姓磧外稅粮揔破除外二百廿[2]

2 二石三斗五升

3 廿五石床，郭驃騎傔白處黎踖子不納。在傑謝。

4 卌石床，建中三年三月奉守捉牒貸與百姓。所由知事勃延仰。

5 一十八石，建中三年給遞馬兩疋，正月一日至六月三十日食。

6 六十七石六斗，大十五年磧外百姓稅粮欠 內廿三石六斗付賈休倉，卌四石百姓稱納姚暉倉，請抄。

7 胡問娑 在西□勿落捺家。[3] 勿闍捺 潘野桒宜□家。[4] 瑟昵 高奢家。

8 瑟昵 没諾家。 遏踵 拔伽勿日桒宜家。 磨檗婁 族落失失泥家。

9 裴捺 在傑謝。 没里遥思 拔伽文門弟家。 渴没黎 在軍。 毋少慈

10 故長史家。

11 八十五石八斗，大十六年磧外及在軍寄住百姓等欠 所由

12 、勿闍捺 勿日桒宜。 [5]、瑟昵 高奢家。 、瑟昵 没捺家。 、毋少慈 已上人在潘野。長史必昵。

13 、磨檗婁 □没里遥思 、裴捺 桑門弟家。已上人拔伽。

14 、實離弟 、勿悉捺 已上人傑謝。所由勃延仰。 、褐里捺 在坎城。

15 没里遥思 拔伽文門捺 、没兩隅 、渴没黎 、没特道詞 在軍寄住

16 欠九石五斗七升

17 没兩隅 大十五年欠床一石八斗、小一石一斗。 男 欠十五年青一石一斗、小八斗、床一石、五斗青。

18 計六石三斗[6]

（後缺）

---

1 “二”疑爲“六”之誤。

2 脱一“六”字，應指大曆十五、十六年。

3 殘字不清，疑“大”字，即西大寺之省稱。案人大博GXW0060:2“西大”凡二見，國圖BH1-1有東大寺，可以參考。

4 殘字不清，似“雞”字或“難”字。

5 “勿闍捺”一條後來添入，故此筆欠糧位置較高。

6 原寫爲“五石八斗”，後“五”塗改爲“六”，“八”字塗去，右側添注“三”。亦即前一行右側添入一筆“五斗青”之後，没兩隅父子欠糧由五石八斗變爲六石三斗（［没兩隅］1.8 + 1.1 + ［男］1.1 + 0.8 + 1.0 + 0.5 = 6.3）。

以内容而言，正面既然是傑謝鎮倉應管倉糧帳的開頭部分，這種帳簿原則上最少應該列出收入、破用、見在，甚至採用具有“前帳回殘”的四柱格式。破用方面，理論上可以列出各種支出，例如官員、官眷家宅的支出，等等。然而本帳開頭直接從破用開始登記——原因疑爲一到六月缺乏糧食收入，亦即它屬於當年大、小麥新收前的一本春夏季帳——而現存破用一欄亦主要用於一到六月官健月糧。這是因爲第3行總支出額197.556石，減去守捉倉（坎城守捉?）抽下的75.8石後，便成爲121.756石，而第7—13行一共七個月份加總計達121.936石，相差無幾。其差額之1.8斗也許是多次塗改後計帳者誤算所致，也可能含有抄寫中的錯誤，第13行很可能正是這份春夏季帳破用部分的結尾。至於“抽下”，即並非花費，但由於業已被坎城守捉抽去，從而對傑謝鎮倉應管倉糧帳面造成負值的部分，則細分成兩項：一是韓冬日負責的某部分傑謝鎮應管倉糧；二是遷到六城地區的傑謝百姓在那裏的新倉交納懸欠稅糧。

背面文字甚爲淩亂，且由於正面透墨嚴重，使得背面内容並不易讀。然而兩面内容確實彼此呼應。證據是背面第1—2行列舉應欠大曆十五、十六年稅糧222.35石（它本身又扣掉了若干破除部分），與正面第3行之總支出額197.556石相加，其總和爲419.906石，與正面第2行提列之應管糧食總額419.91石極爲吻合。正面第6行言“廿三石六斗，傑謝百姓住六城新倉納”，數字亦吻合於背面第6行小字云“廿三石六斗付賈休倉”，可見有一部分移住到六城其他地區的傑謝百姓，難以回鎮交納欠繳的大曆十五年稅糧，於是就地在某座由賈休負責的“新倉”交納。倘若宣稱本件正背面構成同一件文書顯得有點冒險，至少我們放心地認爲，正背面就是爲準備同一筆總帳而製作的，正背面分別主要相當於總帳的破用與應欠（即預計於秋季追徵）的部分。換句話説，這件帳草是爲了準備大曆十七年（建中三年）傑謝鎮倉春夏季總帳而作，有可能是準備用來上交上一級（坎城守捉或于闐鎮守軍）夏季勾檢之用，實際上是一份夏季勾帳的草案，但與此同時，它也爲即將進入的收穫季節做準備。案西州、龜兹的例子，大麥一般在五、六月收割，青麥（裸大麥）時節大致相同；小麥在六、七月，糜粟多屬九、十月[1]。

具體而言，背面内容爲傑謝鎮向上級報告當鎮應管之所欠稅糧，即大曆十五、十六年磧外百姓與在軍寄住百姓尚未繳齊的稅糧數額。第3行以後，糧食欠額總計242.7石（25 + 40 + 18 + 67.6 + 85.8 + 6.3），與開頭提到的222.35石相差20.35石。這個差額也許亦屬於欠額中應該破除的部分，例如夏季播種時的種籽貸糧或個别減免稅賦的名額，但由於紙卷後殘，未能反映在現存草稿中，在此亦不多論。

於是，不妨將背面記述的“應欠稅糧”的數額分成四部分：

（一）第3—5行，疑指其年當鎮從百姓已交稅糧中業已支用或挪用的部分，包括白處黎

1 詳細論述見Ching Chao-jung, “On the Names of Cereals in Tocharian B”, *Tocharian and Indo-European Studies*, vol. 17, 2016, pp. 29-64，並參見慶昭蓉《吐火羅語世俗文獻與古代龜兹歷史》，156—166頁。其英文論文最初宣讀於莫斯科舉行的吐火羅語文獻發現百年紀念會議“*The Scientific Conference Dedicated to Centenary since the Beginning of Deciphering of the Tocharian Texts*” (Moscow, Russian State University for Humanities – Saint Petersburg, Institute of Linguistic Studies, Russian Academy of Sciences, 25-28 Aug. 2008)，惜會議論文集編輯未竟，最終未能付梓。

作踖子（似乎屬於一種臨時挪用）、奉守捉牒貸與百姓（疑屬於常態性的種籽賑貸之類）、兩匹遞馬的六個月份馬料（疑亦屬挪用），這三筆支用理論上在日後仍需填還，所以算在“應欠”欄目之内。

（二）第6—10行，記大曆十五年磧外百姓所欠税糧，一共10名胡人。從注記看來，這些“磧外”百姓大多不在現地，也就是説不在孤懸沙磧之中的傑謝鎮，而分散於潘野、拔伽、傑謝等鄉，所以仍未徵得。其欠糧由賈休負責的糧倉徵收，承上所述，極有可能爲正面所謂“新倉”，無疑即在六城某地。可是其中有百姓宣稱已經交到稱爲姚暉倉的另一處軍倉。這樣一來，傑謝鎮倉就有必要提請上司調閲姚暉倉所發税抄（或所存税抄的副件）核實[1]，並且日後恐怕還要讓姚暉倉轉運這筆糧食過來。

（三）第11—15行，列出大曆十六年磧外百姓、在軍寄住百姓等所欠税糧。其中第12行勿闍捺等四人所在地基本上與大曆十五年相同，都在潘野，似乎由長史瑟昵催收；第13行磨檗婁也與前一年相同，唯有裴捺（Puñadatta）從傑謝鄉移動到拔伽鄉。該行原將没里遥思劃歸桑門弟家，但後來塗去，改於第15行注爲拔伽文門捺家。此外還有没兩隅等三名在軍寄住百姓。這樣大曆十六年的欠税糧者共計13名百姓，也大致符合欠額85.8石之數。

（四）第17、18行追加在軍寄住的没兩隅父子大曆十五年所欠税糧共計6.3石。這像是用來解釋第16行的内容[2]。看來起草者後來決定將現在磧外與現在鎮上的百姓分開記帳，因此上方添加的“欠九石五斗七升”（似由九石三斗七升塗改而成，或者相反）等字樣，可能是要在之後重新謄録時，作爲没兩隅、渴没黎（Kharmurrai）、没特道詞等三名在軍寄住百姓欠税另外表示時所用。也可能正是爲此，書寫者纔將第11行開頭的95.2石塗改爲85.8石（$95.2-85.8=9.4$）。

綜上，儘管這件文書正背面的内容尚不十分完善，亦不妨從寬而合起來命名爲《唐建中三年（782）傑謝鎮狀稿爲合鎮應管倉糧帳事》。改用建中年號便在當年七月[3]，故不妨認爲本文書正面内容到了該年七月已顯得不合時宜，恐怕有必要遵照中原曆法改寫；而正面寫完，接着起草背面應欠税糧及其名簿之時，就在當年七月，故而背面第4行回溯曰“建中三年三月”。它是爲了準備一份傑謝鎮報帳用的牒狀，以備于闐鎮守軍甚至更上級的安西節度使衙計帳、勘覆、度支糧食等軍資之用。

本件文書的重要價值之一，是證明傑謝鎮欠交税糧者被分爲兩大類，一是磧外百姓，一是在軍寄住百姓，可見當地徵收税糧的對象以百姓爲主。這些欠帳的人原本應當在傑謝鎮納税糧，但其時有的人在傑謝鄉郊，有的在鄉外，包括在某人家中，而這些人家有的在潘野、拔伽，還有的在坎城。這三地都在六城州地境之内，從今天的老達瑪溝，到麻札托格拉克一帶。至於“在軍寄住”的“軍”，指的是于闐軍的何地駐軍，則不好推測。

1　從國圖BH1-3記載每名百姓約需交5.5—7.2石税糧的情況來看，10名百姓總共欠67.6石的數額是合理的，這也表示這十人對於傑謝鎮倉來説幾乎是全欠未繳，而更加説明他們當時應該不在鎮中。

2　事實上，第16行幾乎寫在第17行“没兩隅”正上方，但録寫時考慮上下文關係而獨立區隔爲一行。

3　S.5871也有“大曆十七年閏三月”字樣。考證參見張廣達、榮新江《于闐史叢考》（增訂本），250—251頁。

另一重大價值則在於從正面内容可以推斷，百姓交納而來的税糧，主要用於于闐鎮守軍官健們的食用；背面文書則證明税糧還有一種主要支出，是春季貸給百姓的糧食，它既有可能是作爲種籽，亦有可能是支應青黄不接的時節所用，這就凸顯出税糧具有義倉税的性質。它看來也支應其他臨時支出，例如白處黎作踖子，應該是牛、馬等牲畜的食料；此外也用於供應遞馬之馬料。

至於本件文書提到的人物，勃延仰見於Дx.18926 + SI P 93.22 + Дx.18928《大曆十六年（781）傑謝合川百姓勃門羅濟賣野駝契》，列保人之首，時年三十五，次年任傑謝所由知事[1]；瑟昵（其時在六城之潘野）見下節即將釋録的國圖BH1-1《唐建中七年（786）（？）于闐某倉欠糧簿草》第3、15行，後者登記爲“弥姐奴”；遏踵又見BH1-1第28行，寫作“渴踵”，爲“白卿奴”。勿日桑宜見瑞典人種學博物館藏木簡《唐永泰三年（767）正月五日拔伽百姓勿日桑宜納館家草條記》，也是在拔伽[2]；没里遥思可能就是没里曜思，見國圖BH 1-3《唐貞元六年（790）十月廿二日傑謝鎮倉算叱半史郎等交税糧簿》第16行，又見本文第一節提到的北京某私人藏《唐貞元七年（791）七月傑謝鄉頭没里曜思牒》；渴没黎見國家圖書館藏BH1-15漢語—于闐語雙語名籍第4行[3]；實離弟見國圖BH1-3第6行；勿悉捺見國圖BH1-2背《唐貞元六年（790）十月、十一月于闐傑謝鎮倉糧食入破帳曆稿》第1行。這些人名，我們將留待D組文書即貞元年間税糧文書的考釋繼續處理。顯而易見的是，這些人活動的年代大體相同，活動的地域也大致不出六城州的範圍。

五、國圖BH1-1《唐建中七年（786）（？）于闐某倉欠糧簿草》考釋

本件長123.8cm，高29cm，第13行提到“建中六年”，據此定爲建中六年（即貞元元年 = 785年）以後編成，但不會太晚。本件文書登録了六城（州）、豬拔州等地糧食，格式乍看與BH1-2雷同，其實有不少值得比較的特點，兹先録出内容如下：

（前缺）

1　史史[郎]□□

2　李寧[秀]□□　　□□[六城]王勵移附□□□

3　王勵 欠，所由烏勃難。　瑟昵　薩普　郭□□□

4　[宋辭]。五十石，故車一乘，准粟一十石，似先 張憲一[斗]

5　□□石，王秀奇。

6　六城刺史信：卌一石九斗大，勃遶踵。一十三□　　　□[廿]五石四斗

1　張廣達、榮新江《于闐史叢考》（增訂本），280—282頁。

2　吉田豊《コータン出土8—9世紀のコータン語世俗文書に關する覺え書き》，26—27頁。

3　段晴《關於古代于闐的“村”》，朱鳳玉、汪娟編《張廣達先生八十華誕祝壽論文集》，新文豐出版公司，2010年，584頁。不過此件年代尚未定論，也許只是涉及同名人物。

7 外仏勿地捺。一十九石，東大寺[木]俱支。二石一斗□ □一十四石□ □□本。

8 一十一石九斗，王下莎悌。一十三石二斗，河東莎那。一十六石七斗，

9 唐庭曜。一十五石六斗，張思鄉。一十八石八升，張小奴。一十五石九斗

10 一升，李國臣。一石九斗四升，景童俊。卌一石二斗四升，衛當意。一十八石

11 三斗七升，任仙盈，般野窖欠。八十三石一斗二升，孫小小。八十六石，

12 吴進。廿七石三斗，焦寶寶。

（中空一行）

13 二百卌八石二斗，張休[建]中六年當作欠。六十石七斗，田子粮欠，

14 内白卿傔渴娑、銀山、惠茂光、陳凝奴抱金、祁張九、

15 吉光子。四石，張俊芝。七斗，弥姐奴瑟[昵]、餌耳延。已上各四石。

16 楊万春、伊里桑宜、上官抱玉、祁張九，已上各四石。李宗一十石。

---

17 尹傪、任仙盈、張光勝，已上各二石。三石，守捉藺芬。鎮將曹

18 王子遊一十石，已上都護馬價。王子遊一十石。二石，長史昌。五石，任仙盈。

19 五石，徐爛，已上陸卿攤送駱張澤。八石五斗一升，蓋守湛妄請前

20 守捉似仙卿宅人粮。陳凝、索仙、李嵩，各二石。王恕、蓋湛，

21 各二石。吕仙，一石。段大郎、吕嵒、張憲、王大位，已上各一石五斗。段大郎

22 一石。張休，乞局。

（中空三行）

23 一百一十五石九斗三升六城欠，所由没達門。

24 廿六石三斗三升青、 八十石小、 九石六斗粟。

25 二百廿一石九斗六合豬拔州， 所由可左慈、勿地悌。

26 五十八石九斗二升二合青、 一百六十二石九斗七升四合粟。

（中空一行）

27 卌二石青、 卌二石小、 九十二石粟。

28 白卿奴渴踵、銀山、任仙盈奴寶才、孫懷山、左光奴伊里桑宜、

29 石火越、悉路章、 益桑宜、 伊里本、 成嵩奴伊里本、 奴多寶、

30 張俊芝、 上官抱玉、 客胡槎娑、目僧[岸]、 執轡、楊万春、

31 羅仵郎奴發渾，已上各欠四石。吉光、 張奉奴宜才，已上各二石。

32 宋俊、白卿奴銀山、 石大、 張顔奴悉路章、 石火越、康元祥、

33 沙弥尉遲魯支、 伊里本、 藺芬奴寶山、 惠茂光、 韓冬日

34 奴万金、 祁張九、 徐日超、 槎娑、 目僧[岸]、 楊万春，各四石。

（中空一行）

35 三百六十八石七斗四升，阿摩支履温。卅石，暢純陁

36 取陸卿宅青。 七十石，陸英俊招張万福石斗。 四百五□

37 一斗，吕仙交割欠，妻阿陸經軍陳狀竪。 一十二□□

38 □廿石□□

39 □二斗仙□

（後殘）

本件文書結構與BH1-2肖似，却缺乏BH1-2的三大特點：（一）這件文書似乎僅出於一人手筆，與BH1-2帶有另一人加工與操作顯然不同；（二）本件現存部分不少項目，不僅缺乏上述我們處理BH1-2時所劃分的，抬頭較高的“第一級”總計，也缺乏具體成色，即“第四級”之數額。（三）BH1-2凡是列出具體欠糧名單的部分，除了第三紙尾部“大曆七年税”的追徵成果似乎没有列舉，幾乎毫無例外的嚴格採用“竪在人上”的形式。本件文書大致也採用這個形式，但條理不甚分明。例如第6行第一筆數額41.9石，一眼看上去令人難以明白它是掛在前頭的“六城刺史信”名下，還是掛在後面的“勃邀踵”名下。其41.9石下方出現的，墨色較淡的“大”字也令人疑惑：如果指的是大麥，那麽包括BH1-2在内的這組糧食帳簿，幾乎見不到任何大麥。如果它指的是地名“大寺”之類，則這明顯是一種某司内部通行的縮寫。

總而言之，先不論頭尾殘去部分有何等内容，現存部分除了六城、豬拔州納糧算是處理完畢，其他項目宛如截頭去尾。據此不妨推測這幾項尚未徵收入倉，或至少其進帳尚未登録到帳目裏。試分項如下：

表7：國圖BH1-1所見帳目資料的分析與詮釋（單位：石）

		帳上所記文字			我們的詮釋	
	行數	性質	總計	名色	總負責人	備注
Ⅰ	1—5	前缺	前缺	未記		
Ⅱ	6—12	未記	未記	未記	六城刺史尉遲信?	
Ⅲ	13—22	未記	未記	未記	張休?	坎城鎮或坎城守捉管内? 傑謝鎮或傑謝守捉管内?
Ⅳa	23—24	六城欠	115.930	青26.330 小80.000 粟9.600	所由没達門	六城州税糧欠後責納?
Ⅳb	25—26	豬拔州	221.906	青58.922 粟162.974	所由可左慈、勿地悌	豬拔州税糧欠後責納?
Ⅴ	27—34	未記	青32.000 小32.000 粟92.000	未記		該倉應收田子?
Ⅵ	35—39	未記	未記	缺記		

第Ⅰ項（第1—5行）前面殘缺較甚，性質不甚明瞭。由“六城王勵移附”可知，此項不屬於六城州本身的帳目。以下是紙縫，似乎製作時與第Ⅱ項之登記曾經各自進行，稍後纔粘在一起。這一項的登記形式上比較紊亂，如第4行“故車一乘，准粟一十石（下注小字似先）”，如果不論上述跟在“六城刺史信”後的“大”字指什麼，這個“粟”字是現存文書前半部（第1—22行）唯一提到的糧色。其後的“張憲一斗”，人名在數額之先，似乎顛倒了格式，其前一行的郭某亦然。倘若似先就是BH1-2坎城倉（？）細帳部分出現的似先卿，那麼在此人多年來没有移防的假設下，這項帳目當屬於坎城鎮或坎城守捉的内部帳目。

第Ⅱ項（第6—12行）以“六城刺史信”開頭。除了上面提到的，開頭出現這位人士以及“大”字顯得有些突兀，本項比較規範地採取“竪在人上”的格式，故可判定“六城刺史信”爲此項之總負責人，屬於六城州管内帳目。按英國圖書館藏M.9《唐大曆三年（768）毗沙都督府六城質邏典成銑牒》末署“六城質邏刺史阿摩支尉遲信”，末一字爲簽署，筆畫與“信”不太符合，但以“信”最爲可能。冠於第Ⅱ項之首的六城刺史信，應即成銑牒後面簽署的尉遲信，這導出一種可能性，即此人統領六城州長達十餘年之久，然而是否如此，有待出土胡漢文書的進一步檢證。不論如何，第11行“任仙盈般野窖欠”之“般野”當即潘野，乃六城之一，似乎是指任仙盈在般野（潘野）窖處欠繳之糧食數額，這表示六城地區有多個倉窖，而潘野窖也許是比較次要的。本項反映的欠糧名簿列舉如下（表8）：

表8：國圖BH1-1所見第Ⅱ項（第6—12行）帳目資料（單位：石）

行數	地名	〔身份〕人名	具數	勾注等符號
6		勃邀踵	41.900	
6		///	13.xxx	右側有墨點?
6—7	外佛	勿地捺	］5.400	右側有墨點
7	東大寺	木俱支	19.000	
7		///	2.1xx	
7		▁▁□本	14.xxx	
8	王下	莎悌	11.900	右側有墨點
8	河東	莎那	13.200	右側有墨點?
8—9		唐庭曜	16.700	右側有墨點
9		張思鄉	15.600	右側有墨點
9		張小奴	18.080	右側有墨點?
9—10		李國臣	15.910	
10		景童俊	1.940	
10		衛當意	31.240	
10—11		任仙盈（般野窖欠）	18.370	
11		孫小小	83.120	
11—12		吴進	86.000	
12		焦寶寶	27.300	

本項之殘餘可見數額總計達到434.76石，大抵分佈在十餘石至數十石左右，比較平均。值得重視的是諸如“外佛”（城外佛寺？）以及“東大寺”“王下”“河東”等形容，均罕見於其他文書，爲于闐地理的考證帶來綫索。

第Ⅲ項（第13—22行）應涉及某軍倉之管内欠糧，格式甚簡。比如起頭的第13行，嚴格地來説應將“當作欠”與“田子糧欠”這兩項分成兩行，屬於同級帳目。“當作”是指該司管内某個特定的作，指屯作而言，例如人大博GXW0167就出現“傑謝作”。也許是該作所欠數額已劃定並全由張休處理，田子一項便擠在了同一行。兹將此項資料予以表格化如下（表9）：

表9：國圖BH1-1所見第Ⅲ項（第13—22行）帳目資料（單位：石）

行數	性質	〔身份〕人名	具數	勾注等符號
13	建中六年當作欠	張休	238.200	右側有墨點
13—14	田子粮欠，内：		60.700	
14		〔白卿傔〕渴娑	4.000	
14		銀山	4.000	
14		惠茂光	4.000	
14		〔陳凝奴〕抱金	4.000	
14		祁張九	4.000	右側有墨點?
15		吉光子	4.000	
15		張俊芝	0.700	
15		〔弥姐奴〕瑟昵	4.000	
15		鉺耳延	4.000	
16		楊万春	4.000	
16		伊里桑宜	4.000	
16		上官抱玉	4.000	
16		祁張九	4.000	
16		李宗	10.000	
17		尹傪	2.000	
17		任仙盈	2.000	
17		張光勝	2.000	
17	（都護馬價?）	〔守捉〕藺芬	3.000	右側有墨點
17—18	已上都護馬價	〔鎮將曹〕王子遊	10.000	右側有墨點
18		王子遊	10.000	右側有墨點
18		〔長史〕昌	2.000	
18		任仙盈	5.000	
19	已上陸卿攤送駱張澤	徐爛	5.000	右側有墨點
19—20	妄請前守捉似先卿宅人粮	蓋守諶	8.510	
20		陳凝	2.000	

續表

行數	性質	〔身份〕人名	具數	勾注等符號
20		索仙	2.000	
20		李嵩	2.000	
20—21		王恕	2.000	
20—21		蓋湛（蓋守湛）	2.000	
21		吕仙	1.000	
21		段大郎	1.500	
21		吕嵒	1.500	
21		張憲	1.500	
21		王大位	1.500	
21—22		段大郎	1.000	右側有墨點
22	乞局	張休	（缺）	

承上節，本項人物與BH1-2有所重合，吕仙、王恕即是。第13行載“田子粮欠”60.7石，這應該是指前一年田子之懸欠，值得注意的是第14行渴娑至第17行張光勝欠糧相加，共64.7石，賬面計算有誤。第17—18行“鎮將曹”一職之後“王子遊一十石”書寫兩次，疑有一衍。此人名字又見國圖藏BH1-5《唐某年三月十五日傑謝鎮知鎮官王子遊帖》，可知其後爲傑謝鎮官[1]。第19行記“蓋守湛妄請”，其人須填補先前妄自請用的前任守捉似仙卿宅内食糧。乞局指宴請而言，鑒於本項以張休開頭、張休結尾，也許主要負責人便是張休。其後餘白至少含有兩行，可見這部分的開支可能隨時增補，尚未繕就。

第Ⅳa、b項按照國圖BH1-2文書的結構，不妨視爲同一項，開頭理當預留一空行以便加總。第23—24行不妨比照BH1-2推測爲六城所欠税糧之責納，總計115.93石，與細目相合（26.33 + 80 + 9.6 = 115.93）；第25—26行爲豬拔州所欠税糧之責納，總計221.906石，與細目微有出入，僅差一升（58.922 + 162.974 = 221.896）。然而值得玩味的是，BH1-2先舉豬拔，後舉六城；這本帳先舉六城，而後豬拔。

第Ⅴ項若仍比照BH1-2之基本格式，第27行性質乃是當年其管内應收田子，可能屬於預算，但理當作爲第一級事項的名目却懸空未寫。兹表列本項資料如下（表10）：

表10：國圖BH1-1所見第Ⅴ項（第28—34行）帳目資料（單位：石）

行數		〔身份〕人名	具數	勾注等符號	本文書第Ⅲ項重出
28	1	〔白卿奴〕渴踵	4.000		
28	2	銀山	4.000		是
28	3	〔任仙盈奴〕寶才	4.000		出現任仙盈本人
28	4	孫懷山	4.000	右側有墨點	
28	5	〔左光奴〕伊里桑宜	4.000		

1　榮新江《新見唐代于闐地方軍鎮的官文書》，368頁。

續表

行數		〔身份〕人名	具數	勾注等符號	本文書第Ⅲ項重出
29	6	石火越	4.000		
29	7	悉路章	4.000		
29	8	盆桑宜	4.000		
29	9	伊里本	4.000		
29	10	〔成嵩奴〕伊里本	4.000		
29	11	奴多寶	4.000		
30	12	張俊芝	4.000		
30	13	上官抱玉	4.000		
30	14	〔客胡〕槎娑	4.000		與渴娑同名?
30	15	目僧岸	4.000		
30	16	執轡(?)	4.000		
30	17	楊万春	4.000	右側有墨點?	
31	18	〔羅仵郎奴〕發渾	4.000		
31	19	吉光	2.000	右側有墨點	出現“吉光子”
31	20	〔張奉奴〕宜才	2.000		
32	21	宋俊	4.000		
32	22	〔白卿奴〕銀山	4.000		是(?)
32	23	石大	4.000		
32	24	〔張顔奴〕悉路章	4.000		
32	25	石火越	4.000		
32	26	康元祥	4.000		
33	27	〔沙弥〕尉遲魯支	4.000		
33	28	伊里本	4.000		
33	29	〔藺芬奴〕寶山	4.000		出現守捉藺芬
33	30	惠茂光	4.000		是
33—34	31	〔韓冬日奴〕万金	4.000		
34	32	祁張九	4.000		是
34	33	徐日超	4.000		
34	34	槎娑	4.000		與渴娑同名?
34	35	目僧岸	4.000		
34	36	楊万春	4.000		

倘若第28—34行就是佃人名簿，最惹人注目的便是衆多人名與“田子粮欠”者重合，如惠茂光、祁張九等，可見這些人連續租種田地。故不妨推測第14行所見銀山即第28行之銀山、第32行之白卿奴銀山。銀山、石火越等人反復出現，可見田子根據地段位置登記，所應欠2石或4石糧食恐怕分别代表一年一收或一年兩收之分，共36筆田地出租。回頭看第III項之“田子粮欠”，有差不多高達一半的田地數量其地子未繳清。但這超越了本文論考主題，

不予細論。總而言之，第27行總計之156石（32 + 32 + 92 = 156）與第28—34行加總得出之140石（18 × 4 + 2 × 2 + 16 × 4 = 140）比起來多出16石，似乎漏抄一行佃人名單。雖然格式可以與BH1-2相比，田子部分的收入却差距懸殊，宜俟後考。

後半殘缺不存的第VI項（第35—39行）又是另一串帳目，以“阿摩支履温”起始。我們知道阿摩支是于闐王國一種表示地位的稱號，不妨視爲當地的官紳階級。第36—37行出現吕仙交割帳目之際所欠糧食，並且高達450石，並且由“妻阿陸經軍陳狀暨”，與BH1-2第11行“已上吕仙妻徑軍陳狀。牒下，豎在人上”呼應，可見此時吕仙夫妻仍然活躍於此類事務。以下文字較殘，不易分析。

如果以上分析不誤，BH1-1年代雖與BH1-2有比較明顯的差距，體例却值得深入比較。其内容未明確提到“税糧”二字，但與BH1-2比對可知，至少第23—26行六城州、豬拔州所列數額疑似先前逋欠之税糧。就現存内容而言，其整體性質似是一份正在登記編輯中的欠糧名單。理論上，它應該到欠糧細帳編輯好之後，補齊各項開頭的欠額總計（即預計應追繳的數額），纔能供作當年糧食入倉的進一步統計甚至勾檢之用。所以文字雖然整潔，性質仍然是草稿。由此我們擬名爲《唐建中七年（786）（？）于闐某倉欠糧簿草》。BH1-2之第一至三紙上，某甲謄録或匯抄時所根據的底本，可能便是類似這樣的一份文書。

結　語

本文對國家圖書館藏BH1-2《唐大曆九年（774）（或十年）于闐鎮守軍倉勾徵帳草》、中國人民大學博物館藏GXW0166:2《唐建中三年（782）傑謝鎮狀稿爲合鎮應管倉糧帳事》、國圖藏BH1-1《唐建中七年（786）（？）于闐某倉欠糧簿草》三件較長的文書做了初步的整理考釋。這幾件計帳文書爲我們理解安史之亂後于闐王國與安西鎮守軍的情況提供了多方面信息，就中令人矚目的資料，便是本文特别關注的“税糧”問題。這些文書坐實了税糧是當時于闐軍糧食收入的主要進項之一，就連歷年積欠都有記録在案，甚至還派遣專徵官前往催收。可見大曆年間，磧西税糧制度已儼然成型。這些文書揭示了大曆、建中年間于闐地區普遍徵收税糧的情況，提供了税糧徵收對象、數額、拖欠、催徵、貯藏、提報、運用等各個方面的實態，使得我們能够從第一手資料逐步揭示唐朝在磧西地區推行的税糧制度。

本文所探討的幾件文書，還涉及大曆、建中年間于闐鎮守軍糧倉收支、勾徵等問題，BH1-2《唐大曆九年（774）（或十年）于闐鎮守軍倉勾徵帳草》提到了于闐王國或毗沙都督府最西邊的豬拔州和最東邊的蘭城，而以六城地區爲主[1]，其中見到的具體人物多能在其他六城地區的文書中見到，因此這個于闐鎮守軍的主要糧倉應當是設在六城地區。BH1-1《唐建中七年（786）（？）于闐某倉欠糧簿草》提到“六城刺史信”，正是英藏M.9《唐大曆三年（768）毗沙都督府六城質邏典成銑牒》末尾署名的“六城質邏刺史阿摩支尉遲信”，但也涉

1　關於豬拔州、蘭城、六城等地理位置，參看朱麗雙《唐代于闐的羈縻州與地理區劃研究》，71—90頁。

及豬拔州總帳以及外佛、東大寺、王下、河東等不屬於六城地區的人物。而據GXW0166:2《唐建中三年（782）傑謝鎮狀稿爲合鎮應管倉糧帳事》，位於于闐國北境沙漠深處的傑謝鎮倉的破用中，記有“於守捉倉納”；背面記録傑謝鎮應欠大曆十五年、十六年百姓磧外税糧數中，也有“建中三年三月奉守捉牒貸與百姓”的説法。這個守捉最可能就是傑謝鎮的上級機構坎城守捉。雖然和田出土文書見有“傑謝守捉”之名，但缺乏年代，而從鎮發展到守捉，應當有一段時間，因此這裏的守捉當指坎城守捉。坎城即于闐語中的Phema（媲摩），于闐語中也常見媲摩守捉（pheṃmāṃ śūkṣuhina）[1]，其地位於今老達瑪溝北部，斯坦因認爲媲摩在烏尊塔提（Uzun-Tati）[2]，在唐朝這裏應當是六城的中心位置。Hedin 24《唐貞元十四年（798）閏四月典史懷僕牒》記有人從神山堡（麻札塔格）來報信説有敵情，節度副使于闐王尉遲曜簽署牒文，由典史懷僕發下各處：“准狀各牒所〔由者，〕人畜一切盡收入坎城防備。”[3]由此可見坎城的中心地位，緊急時人畜一切都要收入坎城。所以，六城州的主要倉庫設在坎城守捉所在地，是最合適的了。

英藏H.1（M.9.a/Or.6405）《唐大曆三年（768）毗沙都督府六城質邏典成銑牒》告訴我們這樣一個事實，大曆二年時，位於北境傑謝的百姓受到賊人侵擾，被安排移到六城居住，但因爲秋天要交大曆三年的差科，糧食還在傑謝，所以請求鎮守軍使，得到判牒，任自搬運。此命令由鎮守軍典成銑以牒文形式發出，後有六城質邏刺史阿摩支尉遲信的簽署[4]。由此可知，從大曆二年開始，就有一些傑謝百姓遷到六城居住。這就可以解釋GXW0166:2《唐建中三年（782）傑謝鎮狀稿爲合鎮應管倉糧帳事》背面記録了一些傑謝百姓居住在六城州的拔伽、潘野等地，不在傑謝鎮中，所以把税糧交納到賈休所管的倉，或是姚暉所管的倉，這些倉無疑涉及同一文書正面提到的傑謝百姓住六城者所納的新倉。

從大曆二年（767）到建中三年（782），正是吐蕃王國借唐朝安史之亂後的時機，先是出兵河隴地區，然後沿河西走廊由東向西攻取唐朝領地。764年攻佔河西重鎮涼州，766年占甘州、肅州。中間有一段相對平静的時期，776年佔領瓜州。但由於781年雙方會盟未成，吐蕃攻佔沙州壽昌城，由此打通了從河西到西域南道的道路。但吐蕃此前也可以從青海北上，走舊吐谷渾路，從薩毗城進入鄯善（石城鎮）、且末（播仙鎮）地區，向西進攻于闐。人大博GXW0171＋GXW0126號《唐大曆十年（775）四月兵曹典成公暉牒》，就是駐扎于闐的安西節度副使下的典，報告有吐蕃“密來此界劫掠”，讓當界諸賊路堡鋪等，切加提防，以備不虞[5]。坎城所在的六城地區，是于闐王國東界的大州，再東面只有蘭城（尼雅），是首當其衝的地方。我們推測大曆十年前後，因爲東境出現敵情，而西境比較平静，于闐鎮守軍爲防吐蕃入侵，把坎城作爲軍事防禦中心，於是徵集物資，催徵百姓欠糧，甚至把從豬

1 Y. Yoshida, “Review of *Saka Documents Text Volume III,* ed. R. E. Emmerick and M. I. Vorob’eva-Desjatovskaja”, *Bulletin of the School of Oriental and African Studies* 60/3, 1997, p. 568. 兹引用這項詞語的具格—從格單數形。

2 張廣達、榮新江《于闐史叢考》（增訂本），244頁。

3 張廣達、榮新江《于闐史叢考》（增訂本），241—246頁。

4 張廣達、榮新江《于闐史叢考》（增訂本），106—117頁。

5 榮新江《新見唐代于闐地方軍鎮的官文書》，371—372頁。

拔州到蘭城轉來的糧食，傑謝鎮上交的穀物，通通納入坎城守捉的糧倉當中，這是爲防敵軍到來做準備。一旦吐蕃進入六城地區，則在“人畜一切盡收入坎城防備”的情況下，坎城守捉的倉廩能够支持人畜食用。在沙漠地帶，入侵者一旦没有食物補給，則必然退兵。這大概就是上述大曆、建中年間的倉糧帳曆的歷史背景。

（原載朱玉麒主編《西域文史》第16輯，科學出版社，2022年，125—155頁）

和田出土唐貞元年間傑謝税糧及相關文書考釋

慶昭蓉　榮新江

緒　論

中國國家圖書館（國圖）和中國人民大學博物館（人大博）近年入藏的和田出土漢文文書中，有一組相互關聯的貞元年間傑謝鎮倉糧食收支文書。2010年我們受命整理這批文書，但爲了追求嚴謹，以及其他科研項目的羈絆，初稿完成後又斷斷續續進行了近十年的光景。在此期間，我們致力於編纂《龜兹石窟題記》，在此過程中收集到的第一手材料顯示，2013年初首度提出的唐代龜兹王編年方案依然可行[1]，從而磧西地區的税糧制度，仍可以從安史之亂前後西域局勢的變化着眼[2]。故而最近整理2013年春舊稿，重新整合爲一系列合撰文章。

我們在《和田出土大曆建中年間税糧相關文書考釋》的總述中，歸納出一組貞元年間與税糧有關的傑謝鎮倉文書，命名爲D組[3]，按照帳目所見月日的順序編號如下表[4]：

表1：和田地區涉及"税糧"制度的一組貞元年間漢文書（D組）

序號	編號	文書暫題	備注
D-1	國圖BH1-2背	《唐貞元六年（790）十月、十一月于闐傑謝鎮倉糧食入破帳曆稿》	全卷總稱，疑用於編製該年傑謝鎮倉冬季帳曆
D-1a	國圖BH1-2背（第1—2行）	《唐貞元六年（790）十月十七日傑謝鎮倉出納條記》	潦草

1　慶昭蓉《龜兹石窟現存題記中的龜兹國王》，《敦煌吐魯番研究》第13卷，上海古籍出版社，2013年，387—418頁，收録於趙莉、榮新江主編《龜兹石窟題記·研究論文篇》，中西書局，2020年，並有所補訂；亦參見慶昭蓉《吐火羅語世俗文獻與古代龜兹歷史》，北京大學出版社，2017年，117—145頁。

2　關於唐前期的西域局勢變化，參見榮新江、文欣《"西域"概念的變化與唐朝"邊境"的西移——兼談安西都護府在唐政治體系中的地位》，《北京大學學報》第49卷第4期，2012年，113—119頁。

3　慶昭蓉、榮新江《和田出土大曆建中年間税糧相關文書考釋》，朱玉麒主編《西域文史》第16輯，2022年，125—155頁。

4　我們的文書擬題以及本文論述中，以唐代慣用字爲主（如"帳"而非"賬"），去其俗字（例如不用"床""粮"），惟具體引用文書録文時保留文面所見字體。又，唐代經濟文書類別之歷、曆多交互使用，下文論述時以"曆"爲準，儘管出土文書寫的往往是"歷"。

續表

序號	編號	文書暫題	備注
D-1b	國圖BH1-2背（第3—7行）	《唐貞元六年（790）十月十八日傑謝鎮判官李奉玠交傑謝鎮倉糧帳草》	李奉玠爲承辦者與檢查者之一，衛惟悌疑似另一名檢查者
D-1c	國圖BH1-2背（第8—13行）	《唐貞元六年（790）〔十月〕十八日魏將軍宅喫用曆》	魏忠順、衛惟悌簽名
D-2	國圖BH2-32	《唐貞元六年（790）十月十八日傑謝鎮供節度隨身官安庭俊糧食憑》	魏忠順、衛惟悌簽名
D-3	國圖BH1-5	《唐某年三月十五日傑謝鎮知鎮官王子遊帖》 附《傑謝鎮倉見交應管倉糧帳草》	帳草倒寫於《王子遊帖》之末
D-4	人大博GXW0168背	《唐貞元六年（790）十月廿二日傑謝鎮倉算叱半史郎等交稅糧簿稿》	寫於《唐傑謝鎮狀稿爲當鎮應交得甲仗具隻等事》背面
D-5	國圖BH1-3	《唐貞元六年（790）十月廿二日傑謝鎮倉算叱半史郎等交稅糧簿》	
D-6	國圖BH1-2（第41—42行）	《唐貞元六年（790）（？）十月廿三日支九月、十月糧條記》	書寫者疑爲李奉玠或其同僚
D-7	人大博GXW0169	《唐貞元六年（790）十月廿八日傑謝鎮牒稿爲當鎮應交稅糧事》	上報者應爲判官李奉玠或其同僚。此稿左側粘接《唐傑謝鎮狀稿爲當鎮應交得甲仗具隻等事》一紙
D-8	國圖BH1-1背	《唐貞元六年（790）冬季傑謝鎮官健預支人糧、馬料簿》	李奉玠爲支糧官健之一。文書帶有魏忠順、衛惟悌二人簽名
D-1d	國圖BH1-2背（第14—15行）	《唐貞元六年（790）十一月傑謝鎮倉糜破曆》	
D-9	人大博GXW0167背	《唐某年（貞元年間?）于闐傑謝鎮倉糧入破帳草》	正面爲《唐傑謝作狀上傑謝鎮軍爲床和（糜禾?）田苗等事稿》，又倒寫某人致五郎書狀稿

2010年前後，我們對和田新出稅糧文書做了初步釋録，並對文書内容、稅糧性質等問題也有了基本的認識，但初稿遷延未刊。本文在原稿的基礎上，説明整理邏輯，改進録文，並針對文書的格式、運算、檢核問題略加發揮，稅糧制度的形態與淵源另文考證[1]。故以下大致按照表1所列順序，先進行録文整理，説明我們對帳面的分析與擬題，然後從這些文書記載的人物、各文書彼此之間的關係以及歷史背景略加探討。

一、國圖BH1-2背《唐貞元六年（790）十月、十一月于闐傑謝鎮倉糧食入破帳曆稿》分析

（一）國圖BH1-2背《唐貞元六年（790）十月、十一月于闐傑謝鎮倉糧食入破帳曆稿》

國圖BH1-2長127cm，高29cm，正面第1—40行是《唐大曆九年（774）（或十年）于闐鎮守軍倉勾徵帳草》，第41—42行爲《唐貞元六年（790）（？）十月廿三日支九月、十月糧

1　參看慶昭蓉、榮新江《唐代磧西“稅糧”制度鈎沉》，《西域研究》2022年第2期，47—72頁。

條記》，係利用空白處補記。背面爲貞元六年十月十七日至二十九日用糧記録，我們將此件列爲和田出土唐代税糧相關文書的D組第1件文書，並擬將整份背面内容總稱《唐貞元六年（790）十月、十一月傑謝鎮倉糧食入破帳曆稿》，細分爲a、b、c、d四段。兹先揭出録文，再分段解説。文中有行間添補文字、數字的粗筆改正以及倒乙符號，録文直接採用更改後的文字，較重要的塗改、添補文字出注説明（下同）。

1　勿悉捺青四石。

2　　十七日青借七斗，賈副使領，移差馬。　　二石，郭副使。

（中空三行）

3　貞元六年十月十七日到，十八日交鎮倉粮摠六十六石二斗一升。

同　　同

4　　十八日交小一十石八斗五升。㳖。青麥廿一石九斗七升。㳖。

同　　同　　同

5　　　粟廿三石三斗。又粟伍㪷。後入康希光青肆碩。㳖。小麥

同　　不折，得徵李㳖。

6　　　壹碩。㳖。床貳㪷玖勝。㳖。壹碩叁㪷，尅折十一月人粮，床，十一人

同　　不入，未得

7　　　粮。㳖。叁石粟，魏副使對勃延仰貞元五年税粮。未徵。

8　貞元六年〔十月〕十八日魏將軍宅喫用歷

9　　十九日小麥，壹石捌㪷伍勝。青麥兩石。順。同日李㳖付粟伍㪷。

10　　廿日付粟壹[1]，伊騾本領。順。

重　　捌㪷。惟。又一斗。惟。

11　　同日節度隨身官安庭俊付小青一石，充路粮。惟悌。

12　　廿六日粟壹石，付伊騾本。惟。　同日捉百姓，取床壹石。

13　　廿九日付床壹石，造酒。惟悌。

14　十一月廿六日床一石五斗，換麻子，内床五斗，付阿師。廿八日床

15　　八斗，与張社妻布價。

（餘白）

本件文書寫於貞元六年（790），起頭處相當於正面第四紙尾端。第11行跨寫紙縫，相當於正面第三、四紙黏合處，寫到正面第三紙之反面中央處便擱筆。内容分成四大段落，格式不一。按唐代文書通常的外部特徵，本件無疑是一份倉糧進出的原始記録。然而顧及唐軍據守于闐末期，紙張、筆墨資源也許相對緊缺，我們不排除本來只是當作草稿的這些記録，稍後却視同正式記録保存、處理。以下按段落説明我們的看法。

（1）第1—2行（a段）：文字很淡，字體潦草，與b段空白約三行。“十七日”之日期簡略且添加在旁，“賈副使”三字亦屬旁添説明。這兩行涉及勿悉捺交的4石青麥，以及某月十七日支出的兩筆青麥。據我們對b段分析，勿悉捺交糧未納入其統計，故第1行書寫時間不早於十月十七日。這也是鑒於第4行青麥總額清楚而毫無塗改，還經過兩次檢查無誤，即

1　脱一“碩”字或“㪷”字。

右側先加一墨點“、”，再寫一“冂”，合而爲“同”字。第4行以後追加數筆納糧，也看不出與勿悉捺這筆青麥的關聯。可見這兩行草書只是備忘，記的是十月十八日臨時發生的一筆進帳，順便補記十七日兩筆支出，其資料應分别補入正式的納糧簿、入糧曆及倉糧支用曆中。結合b段之分析，我們認爲a段也許是由b段文曆的第二名檢查者經理時，隨手補登或糾出的倉糧進出帳目，可是還没有正式補入總帳。

勿悉捺又見人大博GXW0166:2《唐建中三年（782）傑謝鎮狀稿爲合鎮應管倉糧帳事》背面第14行，屬於“磧外及在軍寄住百姓”，當時人在傑謝[1]。八年以後他或許仍在傑謝，所納青麥似乎立即支給賈副使和郭副使使用，這兩位應當是身份較高的人物。

（2）第3—7行（b段）：基本内容是貞元六年十月十七日糧食到倉，十八日點檢交割完畢的傑謝鎮倉糧食進帳總額及具色細目[2]。它最初應該只是一份利用反故紙卷寫下的草稿，因爲第3—5行直到“粟廿三石三斗”處，日期、數額、斛斗單位均採小寫，且文字瑕疵不少，如“十七”後漏寫“日”字，隨後在旁邊以小字添補；又補一“鎮”字至“交倉粮”右側；“十八日交小”省略“麥”字未寫，並且字距甚爲局促。可見至少直到“粟廿三石三斗”爲止，記帳者書寫的用意只是做爲一份内部資料而準備，不妨看成此人手邊底本。

然而稍後——應該也是同一天，即十月十八日當天——以較小字體接寫“又粟伍㪷”時，這份記録似乎已經被當成正式記録使用，因爲這筆數字與單位陡然改成大寫。接下來的“後入康希光”以下，很明顯换了另一支筆或甚至另一人來寫，筆毫尖細且墨色濃。我們推測此人有可能便是署“珎”字者，暫時稱爲第一檢查者，但他也同時接手帳曆登記任務。墨色濃淡變化顯示，此人寫的第一句話大概是“後入康希光青肆碩、小麥壹碩、床貳㪷玖勝”（“小麥”二字後醮墨，墨又轉濃），接着往回在前面各筆之下補入“珎”字，而各筆旁添墨點“、”者可能就是此人。他的書寫可能一直到第7行“貞元五年粮稅”爲止，並在“粮稅”二字間添倒乙符號。

接着，出現一名字體拙劣的人在“貞元五年”四字右側勉強寫下“不入，未得”，然後又受到一名字體纖雅、筆墨精濃的人檢查。此人大概就是加寫“冂”並寫下“不折得徵李珎”“未徵”等添注者，暫時稱爲第二檢查者。我們的判斷是，此人筆跡更像c段魏將軍宅喫用歷上添寫“捌㪷惟又一斗惟”以及“同日李珎付粟伍㪷”者，即衛惟悌（簡稱衛悌，見c段分析），“不折得徵李珎”六字不妨斷句爲“不折，得徵李珎”。意爲不可尅折，宜應向李珎要求補回他事先尅扣的人糧，詳見下文解説。

爲了解釋第3行反覆塗改，難以卒讀的斛斗總數，本段資料可匯整如下。我們也同時對帳面數字進行累加計算，以便後續分析：

1 參見慶昭蓉、榮新江《和田出土大曆建中年間稅糧相關文書考釋》第四節。
2 我們在下文以及表2裏將具色細目簡稱“色目石斗”，語見人大博GXW0040。

表2：國圖BH1-2背面b段計帳内容分析（單位：石）

行數	事由	色目石斗	帳目下方簽押	帳目右側簽押			帳面數字逐筆累加
				、	冂	其他注記	
4—5		小（麥）10.85 青麥21.97 粟23.30	珎 珎	、 、 、	冂 冂 冂		10.85 32.82 56.12
5		粟0.50		、	冂		56.62
5—6	後入康希光	青4.00 小麥1.00 糜0.29	珎 珎 珎	、	冂		60.62 61.62 61.91
6—7	尅折十一月11人粮	糜1.30	珎	、	冂	不折得徵李珎	63.21
7	魏副使對勃延仰貞元五年税粮	粟3.00		、	冂	不人，未得未徵	66.21

分析第3行總額塗改字跡可以察覺，它曾一度寫作“五十七石一斗二升”，其中石的十位數最開始寫的是“四”，屬於誤算，故而寫帳者立即塗去並在右側添“五”以修正[1]。但此人計算仍有誤，事實上小麥、青麥、粟三色共計56.12石（10.85 + 21.97 + 23.3，見上表右欄）。不過如果我們將錯就錯，繼續追加，其次便塗改成57.62石，這是添加了小字的“伍㪷粟”；登入康希光交來的青肆碩後，馬上改爲61.62石（57.62 + 4）；以此類推，續改爲62.62石（61.62 + 1），又一度改爲63.21石（62.62 + 0.29 + 1.3 − 1）[2]。這時，記帳者大概意識到了最初的錯誤，故而校正時減去一石，這從“石”的周遭數字完全看不出曾經寫過“四”字之跡象可知（62.62 + 0.29 + 1.3 = 64.21）。最後，這筆數字又加入了3石粟，被改成了66.21石。

上述加算步驟吻合於墨點位置。也就是説，這位校出初始計算錯誤者應即署作“珎”字之人，即李珎。他大概一面以墨點核對每筆糧食、繫在糧食上的標籤與文簿，一面進行加總與數字核算。他看來預期十月十八日當天，最後這筆3石粟應可順利進帳，所以直接予以加總。然而他的工作即將結束之際，3石粟仍未進帳，只好讓負責人添寫“不入，未得”以資證明，這位筆跡拙劣的人可能就是魏副使本人。可是李珎和其他倉官也没有再更正第3行總額，這也許是因爲他們預期這筆帳過幾天仍然會到齊，或者覺得這筆帳已混亂不堪使用，應重頭再寫一份，索性就不改它了。不論如何，直到第二階段檢查之際，也就是寫下“冂”的階段，這筆粟還是没到，於是第二檢查者寫下“未徵”，判定根本還没有徵收到。所以整體看來，b段帳目不圓滿，既未列入勿悉捺最後交來的青麥，也没解決貞元五年税糧追徵，66.21石之數額便懸擱在那裏了。

按，李珎又見下舉國圖BH1-1背《唐貞元六年（790）冬季傑謝鎮官健預支人糧、馬料簿》第18行、下舉人大博GXW0167《唐某年（貞元年間?）于闐傑謝鎮倉糧入破帳草》第10行，以及人大博GXW0100《唐建中四年（783）糧帳》第4行，全名“李奉珎”，其人還

1 以下爲節省篇幅，這些數字均以阿拉伯數字表示。

2 但是他並没有特別加寫一個“三”字，因爲原本從“六十一”塗改爲“六十二”時，石的十位數看上去就已經很像“三”了。

見於GXW0285《某人致杜郎書狀》[1]、GXW0174《唐某年十二月十二日李旺致楊副使書狀》[2]、GXW0066《唐某年殘帖爲追吴楚林等事》[3]、GXW0202《胡子書上李姐夫奉珎狀封》[4]。下一小節分析的人大博GXW0169《唐貞元六年（790）十月廿八日傑謝鎮牒稿爲當鎮應交税糧事》第2行提到“判官李珎”，可見其年他正是負責糧倉收支事務的判官之一。結合GXW0169内容來看，這一部分即判官李奉珎負責管理的倉糧，而我們將在下文釋録國圖BH1-3《唐貞元六年（790）十月廿二日傑謝鎮倉算叱半史郎等交税糧簿》時推論，李奉珎不但駐守傑謝鎮管理倉糧納入，也可能曾經出外徵收税糧，但與叱半史郎等人負責範圍有别。换句話説，他與叱半史郎都可以看成該年傑謝鎮税糧徵收之所由。其人在本文第三節處理的BH1-1背、GXW0167等官健支用糧料文書中均列爲傑謝鎮官健之一，位置僅次於行官楊光武（于闐軍派出的一位都巡，詳下），不但可以確定本件當屬傑謝鎮文書，本件所言鎮倉即傑謝鎮倉，也説明李奉珎是駐守傑謝鎮本地官健中地位名列前茅者。

據此，本段可獨立擬題爲《唐貞元六年（790）十月十八日傑謝鎮判官李奉珎交傑謝鎮倉糧帳草》。看來李奉珎大體檢查過一遍自己負責監督的各筆交糧，決定66.21石之總數。這項總數就記録在GXW0169《唐貞元六年（790）十月廿八日傑謝鎮牒稿爲當鎮應交税糧事》，而他很可能曾一起將這批原始帳目交由另一名官員審核，也許還連帶上交BH1-1背《唐貞元六年（790）冬季傑謝鎮官健預支人糧、馬料簿》寫到十一月份的部分，所以本段（b段）内容可以看成製作GXW0169《唐貞元六年（790）十月廿八日傑謝鎮牒稿爲當鎮應交税糧事》時使用的草稿。其審核結果是不同意尅折人糧，即判詞“不折，得徵李珎”。顯然，本段記録的納糧，主要就是指税糧收入，所以亦可題爲《貞元六年（790）十月十七、十八日傑謝鎮倉納百姓等税糧曆》。

然而本段納糧記録中也有性質存疑的部分，即第6行“壹碩叁㪷，尅折十一月人粮”。我們認爲其“尅折”指傑謝鎮倉從應該下發的預支翌月人糧裏尅扣一部分，轉而上交到高一級倉廩[5]。這是因爲表2顯示“壹碩叁㪷”這筆帳目只能是加算關係而不是相減，换句話説這筆尅扣下來的糧食，成爲李奉珎上繳税糧收入的一部分。這同時表明，批示“不折，得徵李珎”的衛惟悌，是爲了本地官軍着想，認爲李珎不該尅扣口糧以折納，應另想辦法填補税糧欠額。

由以上分析可以更進一步解明李珎與衛惟悌二人的角色。文書b段每筆帳目下面，幾乎

1 初步録文揭載於劉子凡《于闐鎮守軍與當地社會》，《西域研究》2014年第1期，27頁。

2 録文見榮新江《唐代于闐史新探——和田新發現的漢文文書研究概説》，吕紹理、周惠民主編《中原與域外：慶祝張廣達教授八十嵩壽研討會論文集》，臺灣政治大學歷史學系，2011年，50頁。並見孟憲實《于闐鎮守軍及使府主要職官——以中國人民大學博物館藏品爲中心》，《西域研究》2014年第1期，4頁。

3 初步録文見孟憲實《于闐鎮守軍及使府主要職官——以中國人民大學博物館藏品爲中心》，5—6頁。

4 劉子凡《唐代書信緘封考——以中國人民大學藏和田出土書信文書爲中心》，《文獻》2015年第5期，51、66頁。

5 “尅折”又見國圖BH1-5背面《唐建中七年（786）二月左三將行官郎將李庭湊等牒》，云“右庭湊等交下赤路不濟，今於鎮官未澄沙邊，領得春裝氈、布襆頭，望軍庫尅折，庶得存濟，請處分”。意思似乎是行官李庭湊等人行路辛苦，他們臨時向某鎮鎮官支領春裝氈、帽（領自其鎮庫），盼望軍庫（于闐守軍庫?）同意並從軍庫物中湊出有關份額（即扣減其他預算），以填補這筆支出。

都有李𤦲署名，這恐怕是他“檢納”入倉帳目時的簽署。關於“檢納”，見P.3348背《唐天寶六載（747）十二月河西豆盧軍軍倉收納糴粟麥牒》第6件[1]：

1　　粟柒拾碩　小麥叁拾碩——

2　牒，重進今有前件斛㪷，請充交糴，謹牒。

3　　　　天寶六載十二月　日，行客常重進牒

4　　　付倉檢納，元感

5　　　示。　十四日。

檢納的結果情形，見於同件《唐天寶六載（747）十一月河西豆盧軍軍倉收納糴粟牒》[2]：

2　軍倉

3　　行客任悊子，納交糴粟壹伯捌碩陸㪷。空。

4　　　右奉判，令檢納前件人交糴粟，納訖具

5　　　上者。謹依，檢納訖，具狀如前，謹録狀上。

6　牒，件狀如前，謹牒。

7　　　　　天寶六載十一月　日典李惠明牒

8　　　　　　　　　　　　　典張玄福

傑謝鎮倉文書在年代、層級上雖明顯有别於天寶年間的豆盧軍倉文書，磧西税糧與河西交糴亦各有制度，李𤦲在此件文書b段主要扮演的角色，應當就是在倉檢納，即對每筆糧食的收納加以核對名氏、品種、質量、數量，然後入倉。而文書内容顯示，李奉𤦲不只扮演檢納者，很可能還接手了十月十八日後半日的倉糧進帳登記。

b段每條帳目旁邊小字的“同”字，則反映第二階段的檢查情形。其人衛惟悌在當時很可能是傑謝鎮的判官，兼勾官之職。唐朝有勾檢制度，《唐律疏議》卷五名例律諸同職犯公坐者條《疏議》稱：“檢者，謂發辰檢稽失，諸司録事之類。勾者，署名勾訖，録事參軍之類。”[3]檢和勾是兩個方面，檢主要是檢查“稽失”，就是時間是否延誤。勾是檢查内容是否舛誤。兩者由不同官員擔任，一般官衙，檢是録事之職，勾是録事參軍之職，但下級官府官吏員額有限，職能往往合併，如大谷2836《周長安三年（703）沙州敦煌縣録事董文徹牒》縣尉（判官）攝主簿（勾官），所以就“自判”了。傑謝鎮的倉，更没有這麽多官，所以難以完全按照正規的勾檢制。衛惟悌作爲b段帳目的第二檢查者，主要覆核帳目是否有誤，但我們認爲他與第一檢查者合寫的“同”字，並非“會案同”“會曆同”“會案曆同”等勾官短語的縮寫[4]，因爲有關鎮倉帳曆尚未製作出來，而這件背面文書本身就是製作帳曆所需草稿，它遠未達到文案既成以後的勾司行朱階段。其“同”字至多表示第一、第二檢查者計算相同，或者與另一份也正在製作、核實中的，應該寫有康希光等人的名簿項目相符。很顯然，衛惟

1　池田温《中國古代籍帳研究》，東京大學東洋文化研究所，1979年，470—471頁。

2　同上書，468頁。

3　長孫無忌等撰《唐律疏議》卷五，劉俊文點校，中華書局，1983年，113頁。

4　王永興《唐勾檢制研究》，上海古籍出版社，1991年，114頁。

悌在b段没有留下《疏議》所説的“署名”，所以不是嚴格意義上的“勾”，他也主要是監視納糧時帳面筆記與實物進帳是否吻合。不過，衛惟悌並不只扮演倉糧檢納的協力者，還下判詞曰“不折，得徵李弥”“未徵”等。就“不折，得徵李弥”之批覆而言，雖然批覆日期不明，衛惟悌顯然還是傑謝鎮財務機構的内部勾檢者之一，就語氣而言，其地位似與李奉弥平級或略高。由此可見當時傑謝鎮官衙人力緊湊，却還是儘可能維持財務行政上監督、勾檢等制度的運行。

（3）第8—13行（c段）帶有原題“貞元六年十八日魏將軍宅喫用歷”，省略了“十月”二字。筆跡看來與b段底本的初始記録者相仿。此曆支出總計9.25石（1.85 + 2 + 0.5 + 0.8 + 0.1 + 1 + 1 + 1 + 1 = 9.25，被圈除之“壹石”不予計算，詳下文）。

第8、9行帶有“順”字畫押，極似Дx.18927《建中六年（785）十二月廿一日行官魏忠順收駝麻抄》及同號黏連另一件建中五年于闐語税抄之魏忠順本人畫押[1]，我們認爲是同一人，而這份喫用歷是魏忠順將軍支用傑謝鎮倉糧，押署作爲憑證的記録。它説明b段等待的魏副使確實在十月十八日歸來，可是不但没有交出糧食，反倒開始支領吃用所需，而且用度可觀。恐怕就是有鑒於這個情況，寫帳者纔把兩份不同性質的文曆寫在一起，以俟日後查考。

另一類簽押是“惟”“惟悌”。此人將付給安庭俊的1.0石小麥圈銷，注出“重”字，右側小字並注以“捌蚪，惟。又一斗，惟”七字，亦即c段登記的這筆1.0石小麥支出，與另一本帳的支領記録重複了，於是仔細加以更正。這七字不論筆致、墨色、字體大小，都與第9行小字“同日李弥付粟伍蚪”八字，以及b段“不折得徵李弥”六字極接近，b段帳目的第二名檢查者應即此人。被圈銷的小麥壹石，恰巧出現於國圖BH2-32，其形式爲一整張尺幅紙，正面（背面無字）僅於右緣書寫區區一筆帳目，像是一份未完帳曆，録文如下：

1　貞元六年十月十八日供節度隨身官安庭俊青麥捌蚪。

1’　　又壹蚪，惟悌。

2　　小麥壹石。惟悌。順。

（餘白）

其中標爲第1’行的“又壹蚪惟悌”五字小而淡。這種批語令人聯想到帳目右側的勾官行朱，然而上文分析BH1-2背a、b段時已提到，整件殘紙背面均應屬鎮倉内部起草、點算階段，帳案眉目尚未清楚，遑論案成勾檢。據此看來，BH1-2背上李奉弥主要判收入（即受納），衛惟悌主要判支出（即出給），但二人也互相協作。資料所限，我們暫不多作推論，

1　圖見《俄藏敦煌文獻》第17册，上海古籍出版社，2001年，287頁下。此件漢文部分有3行，張廣達、榮新江《聖彼得堡藏和田出土漢文文書考釋》題作《建中六年（785）十二月廿一日行官魏忠順收駝麻抄》，其後黏連另一紙，寫有兩行于闐語，乃尉遲曜十八年（784）發給勿苟悉（Vikausä）的另一件抄。兩件抄尾都有魏忠順畫押，而共同編號爲Дx.18927。其于闐語部分釋讀見Kumamoto Hiroshi, “Sino-Hvatanica Petersburgensia. Part II”, in: Maria Macuch, Mauro Maggi and Werner Sundermann (eds), *Iranian Languages and Texts from Iran and Turan. Ronald E. Emmerick Memorial Volume*, Wiesbaden: Harrassowitz, 2007, pp. 152-153；年代問題見吉田豊《コータン出土8—9世紀のコータン語世俗文書に關する覺え書き》，神户市外國語大學外國學研究所，2006年，69—70頁。

不過十分明顯的是，此紙與BH1-2背登記的安庭俊支糧顛倒：BH1-2背是付給小麥八斗又一斗，又青麥一石以充路糧，BH2-32此紙却像是記成付給青麥八斗又一斗，以及小麥一石。青、小麥的錯亂，以及日期出入，應即BH2-32棄置的主因之一。

按"惟悌"又見BH1-1背《唐貞元六年（790）冬季傑謝鎮官健預支人糧、馬料簿》第12、23行，又作"衛悌"，無疑即Дх.18915《唐某年九月十七日傑謝鎮帖羊户爲市羊毛事》的發帖人"判官別將衛惟悌"[1]，曾出任傑謝鎮判官之一。衛惟悌與同僚出於某種因素，把供給安庭俊等人的糧食掛到"貞元六年〔十月〕十八日魏將軍宅喫用歷"，大概是因爲c段均由魏忠順、衛惟悌負責，且眼見時序入嚴冬，行人往來有限，索性將類似支出集中登記在同一紙。從而對於只記下區區一筆便擱置留白的BH2-32，我們擬題爲《唐貞元六年（790）十月十八日傑謝鎮供節度隨身官安庭俊糧食憑》，儘管其原意也許是想登記該年冬季所有招待路過行官、賓客等額外的糧食支出。

（4）第14—15行（d段）是十一月廿六、廿八日傑謝鎮倉糧支出記録，總計用2.3石糜（1.5 + 0.8）。這些支出與十月份魏將軍宅喫用有別，所以單獨條記。

這四段都是貞元六年十月至十一月間傑謝鎮倉收支原始記録，似乎經過兩名判官李奉珎、衛惟悌檢查，可能是預備製作傑謝鎮倉冬季入破曆及冬季總帳之用，故而總合起來，不妨暫題爲《唐貞元六年（790）十月、十一月傑謝鎮倉糧入破帳曆稿》。鑒於後面大量餘白，記帳者的原本目的可能是記録當年冬季除了人糧馬料等固定支出項目外的所有收支，只是十一月底以後就不再有收入與臨時開支，所以這件文書或許也可以直接定名爲該年傑謝鎮倉冬季帳曆稿。其字跡有待專門技術檢測，不過承上文分析，我們姑且判斷b段由李奉珎接手某人登記並同時開始檢查，李奉珎應即點"、"者；衛惟悌覆查，疑即書"冂"字者。c段由魏忠順、衛惟悌簽押負責，看不出李、衛二人明顯交互檢查痕跡。儘管兩人應當都是判官，但鑒於衛惟悌有別將身份，他的地位或許更高一些。

總之，本件文書提供不少信息，包括郭某等副使（節度副使？）到來，魏忠順將軍歸宅，貞元五年税糧追徵而不得的窘況，以及鎮倉糧食支出的用途與範圍等。特別是節度隨身官安庭俊於十月十八日到傑謝，與魏忠順同一天到，對照BH2-32可知安庭俊只待三天，二十日離開。如果他正是其時四鎮節度使近侍，那麽他也許代表節度使帶領一支小隊前往于闐慰問，瞭解税收情況與冬季軍務。

（二）人大博GXW0169《唐貞元六年（790）十月廿八日傑謝鎮牒稿爲當鎮應交税糧事》

上文提到國圖BH1-2背第3行總計66.21石糧食，呼應人大博GXW0169《唐貞元六年（790）十月廿八日傑謝鎮牒稿爲當鎮應交税糧事》，兹揭其録文如下（文字上加圈的部分用暗灰色底紋表示）：

1　合應除納外，欠青、小、粟、床等八十三石四斗四升。內卌二石九斗青、小，五十石五斗四升粟。

2　　　右通從十月廿二日交筭百姓等税粮，除判官李珎

1　張廣達、榮新江《聖彼得堡藏和田出土漢文文書考釋》，《于闐史叢考》（增訂版），中國人民大學出版社，2008年，269—271頁。

3　　　納外，欠具數及色目如前，請處分。

4　牒　　件　　狀　　如　前。謹　牒。

5　都計一百卌九石六斗六升。
揔六十六石二斗二升。　　貞元六年十月廿八日　　　牒

6　十月十八日，交小一十一石八斗五升，青廿五石九斗七升。又青四石、小一石、床二斗九升。

7　　　剋折人一石三斗。三石粟，帖勃延仰貞元五年稅粮。

8　　　同
粟廿三石八斗。

本件長29cm，寬14.5cm。右側黏接另一張紙，即GXW0168《唐傑謝鎮狀稿爲當鎮應交得甲仗具隻等事》，其背面寫《唐貞元六年（790）十月廿二日傑謝鎮倉算吡半史郎等交稅糧簿稿》，本文第二節予以釋録。

本件内容屢有塗改、數目亦未大寫，可知應爲牒稿，性質屬於報帳之起草。第1行開頭83.44石乃下方雙行小字32.9石青、小麥及50.54石粟總計。與第5行左側小字總66.22石相加，便得到第5行右側小字“都計”之149.66石（83.44 + 66.22 = 149.66）。

然而承第（一）節所述，66.22石乃BH1-2背第3行66.21石誤抄。原因大概是“六十六石二斗一升”的“斗”字尾筆過於斜拖，並且升量曾反覆在“一”“二”間塗改，乍看之下非常容易令人誤解。而本件文書第6—7行之數據，順序與BH1-2背第4—6行頗雷同[1]，連魏副使遲遲没有徵到的3石粟也依然列了出來，也許是上報時已經找到方法墊付了，並且帖勃延仰責令及時補交。尾端第8行追加的一筆23.8石粟，是因爲第6行漏寫了粟一色之總計（參見BH1-2背第5行：23.3 + 0.5），格式錯誤比較嚴重，第6—8行之數額加總也與申報之66.22（實應爲66.21）差了5石（11.85 + 25.97 + 4 + 1 + 0.29 + 1.3 + 3 + 23.8 = 71.21），可見還有進一步完善、修改的必要，應該是尚未完成便被廢棄的瑕疵文稿，下一節將繼續回到這個問題。

牒稿大旨如下：傑謝鎮倉向上級報告，經過精算，即將上繳的糧食，除了判官李奉珎如實交納者外，傑謝鎮倉管内還欠斛斗83.44石，無法及時於十月廿八日交齊。其應交斛斗的主要内涵，就是“百姓”等人民繳納的稅糧。“合應除納”之“應”，指應當或即將發生而尚未發生，“除納”之用法可參見《舊唐書》卷一九上《懿宗本紀》咸通五年事曰[2]：

　　秋七月壬子，延資庫使夏侯孜奏：鹽鐵户部先積欠當使咸通四年已前延資庫錢絹三百六十九萬餘貫匹。内户部每年合送錢二十六萬四千一百八十貫匹，從大中十二年至咸通四年九月已前，除納外，欠一百五十萬五千七百一十四萬貫匹。

夏侯孜奏報的“除納外，欠”錢帛若干，是回顧過去七年（大中十二年至咸通四年）之中，扣除已經確實匯繳到延資庫的財物外，至今還懸掛的欠額。相對之下，本件文書開頭所謂“合應除納外，欠”斛斗若干，重點在於申報其年即將匯交時的最新欠額。

1　然而第一筆小麥、第二筆青麥的數額略有出入，續見下節分析。

2《舊唐書》卷一九上《懿宗本紀》，中華書局，1975年，657頁。

換句話説，用於匯交的帳簿，格式與點算期末結餘者略異。後者一般分成總額、前帳回殘、新附、破用、結餘[1]；就糧倉貯糧勾徵而言，則有“應在”“未納”“見在”之分[2]。用於匯繳的主要分項則大概是“應交（或應送，理論上可以分爲納入鎮守軍主要軍倉，以及按照既有度支指示而直接轉運至其他邊境鎮戍兩大部分）”“應除納”“欠”“預支”“見交（或見送）”，其年度應繳送或者説“據帳合交”的數字，是“應除納（即宜應扣除稍早已上繳的部分）”“欠”“預支”“見交（或見送，即實際上交送的數額）”合計。本件牒稿只涉及“應除納”與“欠”兩類，可見書寫者重點在於説明百姓等税糧有關帳目的積欠情況，尚不構成一份完整的交糧帳。

於是，鑒於本件牒稿第1行開頭欠額83.44石可與第5行上端左側小字66.22石相加而得到右側小字之149.66石，可見左側小字66.22石的性質就是“應除納”，即李奉珎稍早（即十月十八日至廿八日間）已迫不及待準備讓人運出匯繳者，而這項應除納額與最新欠額之所以相加，意味着那66.22石本來性質上也是一種欠額。國圖BH1-2、BH1-1大曆、建中年間的文書提示我們，這類欠額除了當年税糧延滯、往年税糧懸欠，也可能包括田子懸欠以及貸便、回造、臨時支用等支出的償還。BH1-2正面第四紙涉及的大曆年間于闐鎮守軍倉在編製傑謝鎮交糧一項時，大概就是處理過類似這樣的一份牒文，按青、小、粟、縻等色目再次清點後纔入帳。

文書出現的“交”字或者説“交算”一語值得玩味。中古時期“交”字用法繁夥，如“交相分付”“交與”“交用”“交易”“交割”“交不支濟”等，難以備舉。倘按王永興先生對倉糧文書的早期意見，則“交”視同“較”“校”，從“比較、校量”衍申而來[3]；若循其稍後意見，則“交”意爲“共”“均”“皆”[4]，以此解釋P. 2803背《天寶九載（750）八月—九月敦煌郡倉納穀牒》其中一件所見勾官批語“勘交同”，其内容爲[5]：

1 郡倉

2’ 勘 交 同，謙。

2 六日 納敦煌縣百姓天九二分税小麥貳伯捌碩，入北行從東第玖眼。又納洪池鄉種子粟貳伯碩，入東行從南

3 第壹眼。空。 陸日，謙。

4 牒 件 狀 如 前，謹牒。

5 天寶九載九月六日史索秀玉牒

王永興先生指出，“勘”字在此指“勘查”，也就是勾檢。《唐六典》卷二尚書吏部考功郎中員外郎條即稱：“凡考課之法有四善：（中略）善狀之外，有二十七最：（中略）十七曰明

1 韓國磐《也談四柱結帳法》，《敦煌吐魯番出土經濟文書研究》，厦門大學出版社，1986年，193頁。

2 如《神龍二年史某牒》，榮新江、李肖、孟憲實主編《新獲吐魯番出土文獻》，中華書局，2008年，25—31頁。

3 王永興《唐代勾檢制資料試析——兼整理伯二七六三背、伯二六五四背、伯三四四六背文書》，《敦煌吐魯番文獻研究論集》第4輯，北京大學出版社，1987年，84頁。

4 王永興《唐勾檢制研究》，135頁。

5 池田温《中國古代籍帳研究》，475頁。原件顯示勾官點朱對齊於“粟”字，此處排版有所折衷。

於勘覆，稽失無隱，爲句檢之最。”[1]故勘覆爲勾檢系統的難點與重點：文案稽遲、糾錯尚有標準可依，推勘緣由、核實覆審則非有相當智慧與耐心不可。具體實例是《唐開元二十一年（733）推勘天山縣車坊翟敏才死牛及孳生牛無印案卷》第（一）件，略引如下[2]：

6　天山縣　　　爲申推勘車坊孳生牛無印，所由具上事。

7　合當縣車坊開元廿一年正月一日，據帳合交牛驢總〔下殘〕

其推勘之“據帳合交牛驢”，也就是GXW0169所見《唐貞元六年（790）十月廿八日傑謝鎮牒稿爲當鎮應交税糧事》之應交物資相同的會計類别。案卷記載翟敏才屢次辯解，兹節引第（七）件第10—15行款由與地方官奉命追查的判斷爲例：

又問翟敏才得款：所交牛數六歲已上，喫青飽，毛退，檢無印者，求受重罪者。

攝丞判：奉牒，令推此牛，頗亦窮其巢穴，或有州印明驗，或有毛長印無，所由確（確）款有詞，東兵衆稱不換：“請至飽青，呈驗無印，科罪甘心。”途窮計日非賒，理貴盡其詞款。牒坊，請所由官數加巡檢，至四月末來，毛落堪檢覆，仰即狀言，仍准前録申，聽裁者。

故而對於GXW0169《唐貞元六年（790）十月廿八日傑謝鎮牒稿爲當鎮應交税糧事》這件稿子所牽涉的倉糧申報格式，我們認爲不妨參考P.2763背＋P.2654背《吐蕃巳年（789）沙州倉曹上勾覆所會計歷》案卷起始的内容[3]：

1　倉　　　　　狀上勾覆所　　　拾叁日　　去□

2’　　　　　　　　　　　　　　　　　　　計同□　　　壹

2　合巳年正月一日已後至六月卅日以前，管新舊斛㪷錢惣玖阡叁伯叁拾碩貫□

（後略）

這件案卷作爲勾帳無疑義，令人疑惑的是“勾覆所”似乎僅見敦煌吐蕃時期文書，唐前期出土文書出現的機構是“州勾所”“州徵所”之類，見大谷文書3473《唐開元十九年西州天山縣春季抄目曆》[4]、新獲吐魯番文書《唐神龍元年（705）六月後西州前庭府牒上州勾所爲當府官馬破除、見在事》[5]，黄文弼文書《唐開元十三年（725）西州未納徵物牒》[6]。對此，學者慣常的解釋方式是，吐蕃時期制度多襲唐舊，故承襲唐勾檢制，是以“勾覆所”一名，此前當已存在；而當時實行軍事統治，其制度有類都護府與鎮[7]。這麽説來，8世紀末敦煌、于闐兩地倉貯系統值得比較分析。不過，《新唐書》卷四九上《百官志》左右神策軍條“都勾

1《唐六典》卷二，中華書局，1992年，42—43頁。

2 唐長孺主編《吐魯番出土文書》肆，文物出版社，1996年，301頁。

3 池田温《中國古代籍帳研究》，509頁。名稱從王永興《唐勾檢制研究》，103頁。李錦繡擬名爲《吐蕃巳年七月十三日沙州倉曹典趙瓊璋上勾覆所春夏季勾帳牒》，見《唐代財政史稿》第1册，社會科學文獻出版社，2007年，198頁。

4 小田義久編《大谷文書集成》貳，法藏館，1990年，105頁。

5 榮新江、李肖、孟憲實主編《新獲吐魯番出土文獻》，32—37頁。

6 黄文弼《吐魯番考古記》，中國科學院，1954年，圖26。

7 王永興《唐代勾檢制資料試析》，63—65頁；《唐勾檢制研究》，98—99頁。

判官二人，勾覆官各一人”之記載亦導出一種可能性[1]，即必要時勾、覆可分掌。在此情況下，勾官負責的事務比較初級，覆官責任較重，呼應於《唐六典》卷一尚書都省左右司郎中員外郎條所定義的小、中、大事[2]：

凡内外百司所受之事皆印其發日，爲之程限：一日受，二日報。其事速及送囚徒，隨至即付。

小事五日，謂不須檢覆者。

中事十日，謂須檢覆前案及有所勘問者。

大事二十日，謂計算大簿帳及須諮詢者。

中事以上須檢覆與勘問，故而不妨從勾所中分出勘覆所。對於積久懸欠，朝廷還派出專官審理，在P.3664（+P.3559）背《天寶十三載（754）敦煌郡勾徵帳》頻頻出現的，准恩勑“交覆欠”的竇侍御，便是這樣一名專使。幸運的是，國圖BH4-269《唐某年勘覆所帖催官曹之爲欠税糧事》便有可以讀成“勘覆所”的絶佳例證：

1　勘覆所　　　帖催官曹之
2　　　□壞新税粮除納外，共欠一百七十三石二斗
3　　　□石八斗□□壞一百六石四斗
4　　　　　　　□曹之切徵，限
5　　　□□納足，如欠少，科
6　　　□月十三日帖

這件文書正是勘覆所發帖給催徵官曹之，讓他去催交其年“新税糧”的欠賬。

如果以上分析不差，不妨假定本節專門討論的《唐貞元六年（790）十月廿八日傑謝鎮牒稿爲當鎮應交税糧事》以及有關的一組帳曆文簿，是準備既向于闐鎮守軍倉點交並呈報欠糧，亦報送勘覆所檢勘以供其催徵。換句話説，于闐鎮守軍或者彼時四鎮節度使下的勘覆所，同時肩負着徵所職能。其時磧西是否同時設有“勾所”“勘覆所”，有待更多出土文書確認。至於吐蕃時期河西的“勾覆所”，則大概是把“勾”“徵”“勘”“覆”等司全部結合起來了。我們考慮，8世紀河西、磧西也許均曾設置過此類機構。

值得一提的是，雖然這件文書只是草稿，但最後添加的23.8石右側注有“同”字，可見準備這份草稿時又進行了一番會計檢查。

（三）國圖BH1-5《唐某年三月十五日傑謝鎮知鎮官王子遊帖》附《傑謝鎮倉見交應管倉糧帳草》

我們注意到，上件文書第6—8行不但與國圖BH1-2背第4—6行密切相關，也與國圖BH1-5倒寫第1—3行内容密切相關，録文如下[3]：

1　傑謝鎮　　　帖都巡楊光武

---

1 《新唐書》卷四九上《百官志》，中華書局，1975年，1291頁。

2 《唐六典》卷一，11頁。

3 關於第1—7行帖文，參看榮新江《新見唐代于闐地方軍鎮的官文書》，北京大學歷史學系、北京大學中國古代史研究中心編《祝總斌先生九十華誕頌壽論文集》，中華書局，2020年，368頁。

2　當界賊路等
3　　右爲春初雪消山開，復恐外寇憑
4　　陵，密來侵抄。帖至，仰當界賊路，
5　　切加遠探候，勿失事宜。似有疎
6　　失，軍令難捨。三月十五日帖。
7　權知鎮官左武衛大將軍王子遊
（空1行，後倒書3行）
1　當鎮應管倉粮揔六十石八斗二升，見交得
2　　廿一石九斗七升〔青〕，一十一石八斗五升小，廿三石粟。
3　　又續交青四石。

文末倒書的這三行計帳文字寫於傑謝鎮帖文後面，其屬傑謝鎮文書無疑。在倒數第1行之總計數額裏，“六十二石”的“二”用粗筆改作“一”，又勾掉“一”；“三斗”改作“八斗”，“五升”改作“二升”，最後的正確數字六十石八斗二升正好是倒2—3行數字相加的結果（21.97 + 11.85 + 23 + 4 = 60.82）。兹將三份文書彼此對應的數額排比如下：

表3：BH1-5倒寫、BH1-2背、GXW0169會計資料對比（括弧内爲所在行數）

BH1-5正面倒寫3行	BH1-2背b段	GXW0169
(2)一十一石八斗五升小	(4)小一十石八斗五升	(6)交小一十一石八斗五升
(2)廿一石九斗七升〔青〕(青麥列於小麥之前)	(4)青麥廿一石九斗七升	(6)青廿五石九斗七升(“五”由“一”字塗改而來)
(2)廿三石粟	(5)粟廿三石三斗，又粟伍㪷	
(3)又續交青四石	(5)後入康希光青肆碩	(6)又青四石
	(5—6)小麥壹碩	(6)小一石
	(6)床貳㪷玖勝	(6)床二斗九升(此筆被圈銷)
	(6—7)壹碩叁㪷，尅折十一月人粮，糜，十一人粮	(7)尅折人一石三斗
	(7)叁石粟，魏副使對勃延仰貞元五年稅粮(“貞”字前或脱一“徵”字)	(7)三石粟，帖勃延仰貞元五年稅粮
		(8)粟廿三石八斗

綜觀項目多寡和糧食數額遞增情形，書寫時間之先後順序是先BH1-5正面倒寫，然後BH1-2背b段，最後是GXW0169，這和三件文書的狀態也正相符。BH1-5倒第1—3行顯然是臨時記録，BH1-2背b段明確標爲十月十八日記録。GXW0169則是在十月廿八日牒文正文後附列的李奉环交納糧食具色斛斗。如上表所示，BH1-5倒第2行之小麥11.85石，大致對應BH1-2背第4行，却少了一石，然而又吻合於GXW0169第6行。但細看可以發現，GXW0169第6行的“一十一”，第二個“一”字勉强插入，墨色、筆勢不同。這不免讓人考慮，它的原始底本就是BH1-2背或者一份稍微更好一點的本子，然後又根據BH1-5倒寫部分校正爲“一十一”，並且結合“又續交青四石”的記録，把“廿一”改爲“廿五”。這樣看來，仿佛從21.97石青麥變更爲25.97石那筆增加，意味着康希光交的青麥。

不過BH1-2背b段分析表明，康希光交來的青、小麥、糜是一口氣進帳（表2），這一筆三色進帳也依次反映於GXW0169，只是0.29石糜一筆又被圈除。此外，BH1-5的“廿三石粟”不完全符合BH1-2背的“粟廿三石三斗，又粟伍㪷”，可見“續交青四石”者另有其人，或許就是BH1-2背開頭提到的勿悉捺。BH1-5這3行倒寫條記書寫的時間點，至少那筆0.5斗粟尚未到帳，而更仔細一點觀察，BH1-2背第5行“粟廿三石三斗”的“三斗”二字墨色稍深，亦可能爲稍後添加。

如果以上分析不誤，則直到BH1-2背面的書寫者寫到第5行開頭爲止，其帳目與BH1-5倒寫是整齊的，當時已經一度預備上交糧食並提出申報；隨後發生勿悉捺交來的4石青麥，但也許是隨交隨用，帳目尚未分明，所以遲遲没有納入BH1-2背b段計算。等到十月下旬準備牒稿，更似乎已經疏忽了勿悉捺送來的糧食，或者這筆收入已經因爲賈副使等人支用，就此消失無蹤，也可能是拿去墊補了魏忠順出外追徵而未得的3石貞元五年税糧。换句話説，本件文書上導致“一十”改爲“一十一”、“廿一”改爲“廿五”的那次修改，也有可能其實與勿悉捺的4石青麥無關，而只是康希光納入的1石小麥、4石青麥不慎被重複加算的結果。也就是説，GXW0169《唐貞元六年（790）十月廿八日傑謝鎮牒稿爲當鎮應交税糧事》細目最大的錯誤在於，應該圈銷的不是“床二斗九升”，而是“又青四石、小一石”，寫稿人圈錯地方，而這種錯誤又難以再更正，整篇文稿只好報廢了。

至於BH1-5正面倒寫部分，其“見”字雖令人聯想到“見在”，但這份文書與其代表一份“見在帳”，不如説是强調其當下（現下）交割、交付的款項，“見（現）交得”既對立於表1提到的《唐傑謝鎮狀稿爲當鎮應交得甲仗具隻等事》所記“應交得”的軍資會計類别，也對立於“見在”。换句話説，傑謝鎮收到並且應該交送的糧食以税糧收入爲主，它没有過久地耽擱在鎮内，而是及時報告上級，由其統籌分配其支用與轉運事宜。參考敦煌文書中常見的寺院年終算會帳曆可知，這裏的“見交得”意味着業務轉移，表示當時傑謝鎮倉的主持經理任務從某人轉移給另一個人，是一條簡單記録内部業務交接的筆記。對照表3，這項内部交接差不多就發生在BH1-2背第5行换筆或换人書寫之際。而參考BH1-2背b段内容可以推估，本來鎮倉打算十月十八日左右就可就年度税糧一事結帳，不過就像GXW0169《唐貞元六年（790）十月廿八日傑謝鎮牒稿爲當鎮應交税糧事》揭示的，直到前來視察的節度隨身官安庭俊走後，叱半纔帶着各自負責收取的税糧姍姍來遲。由此可以看出彼時傑謝鎮一帶税務與倉務運作的艱辛。

總之，這組關聯密切的三件文書讓我們感受到，790年堅守在西域于闐王國邊陲傑謝鎮的唐朝軍將，對於從鎮倉收入和支出的每一項目，原則上是逐日進行登記，並隨時有人押署、審查，最後形成更大的總帳以備倉糧上交、轉運與帳簿申報之用。透過賬目，可以看到這些倉儲系統在傑謝乃至更大範圍内的運作，其中涉及了向當地百姓徵收税糧的情况。

還要附帶説明一下的是國圖BH1-2正面最後兩行文字，據内容擬題爲《唐貞元六年（790）（？）十月廿三日支九月、十月糧條記》，文字如下：

41　張明鶴，粟一石，支張思鄉，十〔月〕廿三日。扈仵兒，支了。秦文英，支

勿婁章

42　九月粮。　　倶滿提，支左光九月粮。

這是寫在《唐大曆九年（774）（或十年）于闐鎮守軍倉勾徵帳草》餘白之後的條記，大概只是記帳者利用故紙寫下的備忘。第一道支出意味着記帳者於十月廿三日支給張明鶴粟一石，用途是張思鄉其人應得的糧食（疑即張思鄉的十月糧）。同日支給扈仵兒他本人應得的糧食（疑即他本人的十月糧），也支給秦文英、倶滿提糧食，後二筆分別屬於勿婁章和左光的九月糧。以字跡而言，這兩行記録與背面《唐貞元六年（790）十月、十一月于闐傑謝鎮倉糧食入破帳曆稿》b、c、d段有相似之處，時間也恰巧都在十月下旬，故而書寫者有可能是李奉珎本人或他的同僚，記録的倉糧支出“九月糧”，呼應於李奉珎在貞元年間掌管傑謝鎮按月支用人糧（相對於馬料）預算，儘管衛惟悌不同意他的提議，認爲不該尅扣十一月的官健人糧來充抵懸欠税糧。這項推論可以進一步導出一項重要原則：從實際運用層面來看，税“糧”的首要用途正是供給四鎮守軍人糧，以補屯課、田子、和糴、交糴等收入之不足，尤其是河西路斷，轉運停頓後，税糧措施尤爲必要。

按張思鄉見國圖BH1-1《唐建中七年（786）（？）于闐某倉欠糧簿草》第9行，左光見同上文書第28行“左光奴伊里桑宜”，他們都是六城地區的人。因爲文字太少，這兩行字的書寫年代還不宜定案，但不論寫於建中年間也好，寫於貞元年間也好，其記録顯示個别人物的當月糧食可能遲到翌月下旬纔領到，未必是當月之初或前一個月就能領到，這或許是由於少部分人因遠戍不歸等緣故而難以立時領到或托人代領，而這就産生了挪移交易的空間。要是本地倉官還尅扣冬季人糧轉爲他用，例如填補税務虧空，受到虧待的便是官軍，那就是捨本逐末了。

二、貞元六年（790）史郎等算税糧簿考釋

（一）人大博GXW0168背《唐貞元六年（790）十月廿二日傑謝鎮倉算吡半史郎等交税糧簿稿》

上節提到人大博GXW0169《唐貞元六年（790）十月廿八日傑謝鎮牒稿爲當鎮應交税糧事》的後半黏接着另一張紙（GXW0168），上面寫着《唐傑謝鎮狀稿爲當鎮應交得甲仗具隻等事》，這張紙背面寫有《唐貞元六年十月廿二日傑謝鎮倉算吡半史郎等交税糧簿稿》，文字如下：

1　貞元六年十［月］廿二日吡半史郎税糧揔

2　　阿薛 小□　　九斗

3　　那仵黎 青麥亅[1]　　伍斗　小四斗

4　　瓫仁朗小九斗　　青二斗

1 其“亅”字記號用意不明，類似的寫法僅見於人大博GXW0060:2殘糧食帳，待考。

5　　宋免

從外觀來看，此面應當先寫。尤其是《唐傑謝鎮狀稿爲當鎮應交得甲仗具隻等事》的寫法是豎行而從左到右，顯然不能算是較正式的狀稿，而偏向雜物登記，可見是在這件交糧簿稿廢棄後纔寫的。這件簿稿書法雖工整，但内容不全，而且顯然没有寫完。幸運的是我們發現國圖藏BH1-3號文書是它的正式文本，這裏的5行文字只相當於其開頭5行，推測是因爲數目未用大寫、缺寫“月”字等問題而廢棄之文稿，是以轉用背面來清點甲仗。

（二）國圖BH1-3《唐貞元六年（790）十月廿二日傑謝鎮倉算吡半史郎等交税糧簿》

國圖藏BH1-3原件長81.8cm，高29cm，總計有30行文字，内容爲《唐貞元六年（790）十月廿二日傑謝鎮倉算吡半史郎等交税糧簿》，現整理録文如下（文字上加圈的部分用暗灰色底紋表示）：

1　貞元六年十月貳拾貳日筭税糧揔：吡半史郎：小一石七斗，青一石七斗，二石一斗粟。

2　　阿薛：小叁碩玖㪷。　　欠粟兩石。

3　　那仵黎：青麥貳碩伍斗，小麥肆㪷。欠青二斗，小一石三斗，粟二石一斗。

4　　盆仁朗：小玖㪷，青貳㪷。青貳㪷，粟兩石一斗。又小壹石陸㪷叁勝。欠小五斗。

5　　宋免：青伍碩伍㪷。

6　　實離弟：小伍碩伍㪷。

　　　　　　　　　　　　　　取　　　　取

7　　伊里弟：青壹碩捌㪷，床壹碩。欠小一石六斗，粟兩石一斗。

8　　史郎：小肆碩，小壹碩，床壹碩。　欠一石二斗粟。

9　　虵郎：青貳碩伍㪷，小壹碩，床壹碩。粟兩石。

10　　摩何捺：青貳碩，又粟壹碩伍㪷[1]，青壹石。欠粟六斗[2]，欠四斗小。

11　　莫不多：青壹碩七斗，床壹碩柒㪷。欠粟四斗[3]，~~欠小三石八斗~~[4]，欠小一石七斗[5]。

12　　勃延仰：青叁碩貳㪷，又青壹碩壹㪷，青壹碩捌㪷。欠一斗粟。

13　　桒莫：小壹碩陸㪷，又小伍㪷。欠一石二斗青，　粟兩石八斗[6]。

　　　　　　　　　　　　　　　　　　取

14　　瑟答矍：小貳碩，床貳碩伍㪷。欠青一石四斗，粟兩石一斗。

---

1 “青”塗改成“粟”。

2 “一石”塗改成“六斗”。

3 此筆數目經多次塗改。初寫“三八斗”，外增“石”字，即“三石八斗”。後“三”、“八”、“石”均塗去，改爲“四斗”。

4 先寫作“一石七斗”，後塗改爲“三石八斗”。

5 原寫作“兩石”，後塗掉，右側添注“一石七斗”。

6 “一”塗改成“八”。

15 日布諾：青壹碩柒㪷，小貳㪷，青壹碩陸㪷[1]，粟粟二石欠[2]。

---

16 没里曜思：青貳碩陸㪷，小叁㪷。欠小一石二斗[3]，粟二石一斗。

17 没帝娑：小貳碩。欠青一石四斗，粟二石一斗。

18 四郎：青壹碩肆㪷，青叁碩。欠粟一石一斗。

19 阿閉娑：小伍㪷，小叁碩伍㪷，青壹石壹㪷。欠粟四斗。

20 偏努：青壹碩柒㪷，粟貳碩柒㪷陸勝。欠小一石七斗。

21 吡半遏低：

22 疾昨：床叁碩貳㪷伍勝，粟壹碩肆㪷。欠青小三石四斗。

23 阿攬莫：小貳㪷，青壹石肆㪷，青壹碩陸㪷陸勝。欠小二斗八升[4]，粟二石一斗。

24 没特桑宜：青壹碩陸㪷六升[5]，青貳碩，小貳㪷，床壹碩壹㪷捌勝。
欠小二斗[6]，欠四斗六升粟。

25 梅捺：青貳碩。欠一石四斗小，粟二石一斗，欠九石[7]。欠青四石八斗，粟四石二斗。

26 咬諾：全欠。粟兩石一斗[8]，青小三石四斗。

27 阿羝：小伍碩伍㪷。

28 阿董：青肆碩柒㪷陸勝，小陸㪷。欠粟二石一斗四升。

29 蘇弟：青肆碩。欠粟一石五斗。

30 紇羅捺：青貳碩伍㪷，小叁㪷，又壹㪷。欠小六斗[9]，粟二石一斗。

内容記載貞元六年十月二十二日吡半史郎以下三十人稅糧的已繳數量與欠額。可以看出已繳用大寫數字表示，欠糧用一般數字表示，兹將各人已繳、欠額及推估之應繳額列出如下：

---

1 “柒”塗改成“陸”。

2 此處“粟”字連寫二次，實爲衍文。

3 “五”塗改成“二”。（再刊補注：觀原件墨色，似爲“欠小一石二斗、粟二石一斗”强以淡墨改爲“欠小一石五斗，粟一石四斗”，姑存疑，表4暫且依舊録不改。）

4 原寫“四斗”，後塗去“四”，右側加添注“二”與“八升”。

5 “六升”二字爲後加。

6 “欠小二斗”爲左側加注，並經多次塗改。初注爲“欠小一石一斗”，後來第一個“一”字塗掉，“石一”改爲“五”，即有意改作“一石五斗”。之後再塗掉“一五斗”，添注。

7 “欠九石”爲“二石一斗”之右側添注。

8 “一斗”二字爲後加。

9 此筆數目塗改不清。最初應該是寫爲“欠小一石”，墨色深濃。後以淡墨將“一石”改爲“六斗”。但因“斗”字不清晰，另在邊上重寫一次“斗”字標明之。

表4：國圖BH1-3所見叱半史郎等百姓交、欠税糧額（單位：石）

方框表示圈除；底綫表示右側墨點，△表示右側ㄙ號，※號表示推擬，反覆塗改者以最後顯示者爲準。

	已繳					未繳（欠）				當年稅額總計
百姓名	青	小	粟	糜	總計	青	小	粟	總計	
1叱半史郎	0	0	0	0	0	1.70	1.70	2.10	5.5	5.5
2阿薛	0	3.90	0	0	3.90	0	0	2.00	2.00	5.9
3那作黎	2.50	0.40	0	0	2.90	0.20	1.30	2.10	3.60	6.5
4盆仁朗	0.20 0.20	0.90 1.63	0	0	2.93	0	0.50	2.10	2.60	5.53
5宋免	5.50	0	0	0	5.50	0	0	0	0	5.5
6實離弟	0	5.50	0	0	5.50	0	0	0	0	5.5
7伊里弟	1.80	0	0	1.00	2.80	0	1.60	2.10	3.70	6.5
8史郎	0	4.00 1.00	0	1.00	6.00	0	0	1.20	1.20	7.2
9蚍郎	2.50	1.00	0	1.00	4.50	0	0	2.00	2.00	6.5
10摩何捺	2.00 1.00	0	1.50	0	4.50	0	0.40	0.60	1.00	5.5
11莫不多	1.70	0	0	1.70	3.40	0	1.70	0.40	2.10	5.5
12勃延仰	3.20 1.10 1.80	0	0	0	6.10	0	0	0.10	0.10	6.2
13桑莫	0	1.60 0.50	0	0	2.10	1.20	0	2.80	4.00	6.1
14瑟答矍	0	2.00	0	2.50	4.50	1.40	0	2.10	3.50	8.0
15日布諾	1.70 1.60	0.20	0	0	3.50	0	0	2.00	2.00	5.5
16没里曜思	2.60	0.30	0	0	2.90	0	1.20	2.10	3.30	6.2
17没帝娑	0	2.00	0	0	2.00	1.40	0	2.10	3.50	5.5
18四郎	1.40 △3.00	0	0	0	4.40	0	0	1.10	1.10	5.5
19阿閉娑	1.10	0.50 △3.50	0	0	5.10	0	0	0.40	0.40	5.5
20偏努	1.70	0	2.76	0	4.46	0	1.70	0	1.70	6.16
21叱半遏低										
22疾昨	0	0	1.40	3.25	4.65	※1.70	※1.70	0	3.40	8.05
23阿攬莫	1.40 1.66	0.20	0	0	3.26	0	0.28	2.10	2.38	5.64
24没特桑宜	1.66 2.00	0.20	0	1.18	5.04	0	0.20	0.46	0.66	5.7
25梅捺	2.00	0	0	0	2.00	4.80	1.40	2.10 4.20	12.50	14.5

續表

	已繳					未繳（欠）				當年稅額總計
百姓名	青	小	粟	穈	總計	青	小	粟	總計	
26咬諾	0	0	0	0	0	※1.70	※1.70	2.10	5.50	5.5
27阿羝	0	5.50	0	0	5.50	0	0	0	0	5.5
28阿董	4.76	0.60	0	0	5.36	0	0	2.14	2.14	7.5
29蘇弟	4.00	0	0	0	4.00	0	0	1.50	1.50	5.5
30紇羅捺	2.50	0.40	0	0	2.90	0	0.60	2.10	2.70	5.6
總計	56.58	35.83	5.66	11.63	109.7	※14.1	※15.98	44.00	74.08	183.78

可看出稅額大致在5.5~10石變化，以5.5石最常見。而這三十名百姓似乎都是胡人。其中宋免雖似漢人，但于闐語文書Hedin 16也出現過譯爲宋闐（Sudarana）的六城破沙（Kṣā Auvā Pharṣa）[1]，BH1-15還出現過對譯Suṃtharahaksä的宋闐賀悉雞[2]，可見“宋”字常用寫于闐胡名。蘇弟疑似音寫于闐人名Sude[3]；四郎則對應到于闐語文書Hedin 6出現的Sīlāṃ[4]，不排除這可能是採用漢風名字的于闐人。我們還注意到不少人名見於人大博GXW0107漢語—于闐語雙語《唐于闐桑宜没等欠錢簿》，此件文書業經段晴、李建强刊出[5]，以下據以提示。其餘于闐語文書出現的同名人物，若無必要，兹不特別指摘：

No.1/8史郎：同名者又見BH1-1《唐建中七年（786）（？）于闐某倉欠糧簿草》。按GXW0107雙語欠錢簿上的Ṣīlāṃ，疑即Hedin 32, 36, 39, 41, 43, 68等多件文書所見職名爲薩波的Ṣīlā。段晴認爲Hedin 71文書出現的Ṣau官Ṣīlāna與此人並非同一人[6]，那麼本件文書的第1行、第8行也很可能同名而不同人。

No.2阿薛：又見BH1-1背第32行，那裏似乎意指此人交來的穈立即作爲史〔庭〕訓的人糧支走了。此人即GXW0107簿上寫作“阿悉”（Arsäle）之人。

No.6實離弟：見人大博GXW0166:2《唐建中三年（782）傑謝鎮狀稿爲合鎮應管倉糧帳事》背第14行，大曆十六年是傑謝鎮所管磧外及在軍寄住百姓，時人在傑謝。

No.9虵郎：虵爲蛇異體字，我們懷疑虵郎爲Ṣīlāṃ另一種音寫。倘若如此，那麼區區一紙（本件文書之第一紙）就登記三位同名人士，不免令人納罕。這使我們考慮，是否他們並非全是土生土長的傑謝人，而含有外地遷入者；抑或虵郎音寫的是一個發音與史郎頗爲相近的名字。

1 H. W. Bailey, *Khotanese Texts*, IV, Cambridge, 1961, pp. 31, 175.

2 段晴《關於古代于闐的“村”》，朱鳳玉、汪娟編《張廣達先生八十華誕祝壽論文集》，新文豐出版公司，2010年，584頁。

3 例證諸如Or. 11252/2, 11252/4, 11252/31，參見P. O. Skjærvø, *Khotanese Manuscripts from Chinese Turkestan in the British Library*, London: British Library, 2002 (reprinted with corrections in 2003), pp. 85, 87, 99等，兹不枚舉。

4 H. W. Bailey, *Khotanese Texts*, IV, p. 24.

5 段晴、李建强《錢與帛——中國人民大學博物館藏三件于闐語—漢語雙語文書解析》，《西域研究》2014年第1期，29—32頁。

6 H. W. Bailey, *Khotanese Texts*, IV, p. 50. 參見段晴、李建强《錢與帛——中國人民大學博物館藏三件于闐語—漢語雙語文書解析》，31頁。

No.12勃延仰：此名出現在漢語—于闐語雙語契約Дx.18926 + SI P 93.22 + Дx.18928《大曆十六年（781）傑謝合川百姓勃門羅濟賣野駝契》，列保人之首，時年三十五[1]。據熊本裕對該契于闐語部分釋讀，其名爲Puñargaṃ。我們同意他對此人于闐名的釋讀，但其將漢名讀作勃迩仰則未宜[2]。同名人物又見GXW0166:2《唐建中三年（782）傑謝鎮狀稿爲合鎮應管倉糧帳事》背第4行，時任傑謝所由知事，這幾位很有可能都是同一名人物。

No.13桑莫：此人有可能是GXW0107寫作桑宜没（Saṃgabude）之人。

No.15日布諾：此人即GXW0107寫作日布洛（Jäpāṇaki）之人。

No.16没里曜思：此人應即没里遥思，見GXW0166:2背第9行，大曆十五年時爲傑謝所管磧外百姓，時在拔伽文門弟家。其人在GXW0107寫作没里曜娑（Brīyasä），在北京某氏藏《唐貞元七年（791）七月傑謝鄉頭没里曜思牒》則音寫方式相同[3]。依據于闐語文書M. 9（Or.6392/1）已經釋讀出來的內容[4]，他在尉遲曜在位第17年（建中四年，783）就與鄉頭思略有密切交往。

No.18四郎：或即于闐語文書Hedin 6的Ṣīlāṃ，見上。

No.19阿閉娑：見斯坦因於丹丹烏里克發掘所得木簡D.v.5（Or.8210/S.5891）[5]。該簡所見“六年”曾被吉田豊推測爲771或772年[6]，即大曆六年，我們則研判爲貞元六年並擬名爲《唐貞元六年（790）九月薩波斯略納税糧青麥條記》附《唐貞元六年（790）十月阿閉娑納税糧青麥條記》，詳見拙稿《唐代磧西“税糧”制度鈎沉》。

No.20偏努：即上述Дx.18926 + SI P 93.22 + Дx.18928《大曆十六年（781）傑謝合川百姓勃門羅濟賣野駝契》所見偏奴，時爲保人，年三十一，其名之于闐語形式爲Pheṃdūkä，他與上舉勃延仰以及下舉紇羅捺都爲此契作保。Дx.18925《唐某年正月六城都知事牒爲偏奴負税役錢事》亦有名爲偏奴之人，時爲六城所轄傑謝百姓[7]。名爲偏奴者又見段晴出版的國圖藏BH1-15漢語—于闐語雙語名籍第2欄第7行，其胡名部分略殘，録作Phiṃdū[kä]，爲速底囊村人氏。

No.21叱半遏低：此名初見於和田出土漢文書，我們懷疑是否與No.27阿羝只是同一胡名之不同音寫，也許是兩個同名之人，有待更多胡漢文書加以驗證。我們注意到，俄藏SI P 103.37（某年五月十二日徵錢文書）與思略一起在傑謝收錢的小吏名叫Arrtai（詞幹可構擬爲Arrtaa-）[8]。另一方面，名爲Arttai之人也出現在人大博GXW0107雙語《唐于闐桑宜没等欠錢簿》[9]。通過吉田豊的强調[10]，我們注意到著名的尉遲曜16年（建中三年）九月于闐語文書SI

1 張廣達、榮新江《于闐史叢考》（增訂本），280—282頁。下引本文書同此。
2 熊本裕對此契的釋讀見H. Kumamoto, “Sino-Hvatanica Petersburgensia. Part II”, pp. 157-158.
3 張銘心、陳浩《唐代鄉里制在于闐的實施及相關問題研究——以新出貞元七年和田漢文文書爲中心》，《西域研究》2010年第4期，1—10頁。參看拙文《唐代磧西“税糧”制度鈎沉》，《西域研究》2022年第2期，51頁。
4 P. O. Skjærvø, *Khotanese Manuscripts from Chinese Turkestan in the British Library*, p. 3.
5 中國社會科學院歷史研究所等编《英藏敦煌文獻》第9卷，四川人民出版社，1994年，194頁。
6 吉田豊《コータン出土8—9世紀のコータン語世俗文書に關する覺え書き》，160頁注71。
7 張廣達、榮新江《于闐史叢考》（增訂本），278—280頁。
8 R. E. Emmerick, & M. I. Vorob’ëva-Desjatovskaja, *Saka Documents. Text Volume III*, London, 1995, pp. 150-151. 其文書引用於吉田豊《コータン出土8—9世紀のコータン語世俗文書に關する覺え書き》，102頁。
9 段晴、李建强《錢與帛——中國人民大學博物館藏三件于闐語—漢語雙語文書解析》，31頁。
10 吉田豊《コータン出土8—9世紀のコータン語世俗文書に關する覺え書き》，156—157頁。

P 103.49與糧食、錢、棉布的徵收有關[1]，實際上這件俄藏文書不僅提到鄉頭思略以及勃延仰（Puñargaṃ）、日布洛（Jäpāṇaki）、疾昨（Jsajsaki，詳下）等傑謝居民，負責徵收坎城唐軍要求的糧食稅（*kamali jsāri*，字面意爲“人頭的糧食”）的人員就名叫Arttai，故而我們不排除這件文書涉及“稅糧”。

No.22疾昨：同樣的人名見BH1-15第1欄第11行，其處于闐語名録作Jajahasä。但是上述SI P 103.49等于闐語文書顯示一位傑謝居民Jsajsaki（詞幹可構擬爲Jsajsaka-）也不妨音寫爲“疾昨”。同名者又見俄藏黑水城編號文書Инв.5949《唐建中六年（785）十月家人疾昨牒》[2]，實爲和田出土文書，身份爲家人，但無法判定其所屬何地。

No.24没特桑宜：應即GXW0107簿上的没特桑宜（Budasaṃgä），從名字看來是佛教徒。

No.25梅捺：見國圖藏BH1-17，該件文書上梅捺、悉略、勃延仰、阿董並列，不妨猜測均爲傑謝人[3]。梅捺又見Or.8210/S.9464v《唐大曆十五年（780）四月廿八日梅捺舉錢契》[4]，未記其出身。不知爲何，此人交的稅糧份額約爲其他人的二三倍，也許因爲他本人其實是富户，或者其家户裹有二三名人丁。

No.28阿董：承上，此人又見BH1-17，應即GXW0107簿上的阿董（Altāṃ）。人名Altāṃ曾出現在文欣討論過的吐蕃佔領時期于闐文書Or.11252/2 a面18行[5]。荻原裕敏博士提示我們，Altāṃ亦不妨爲英藏Or.6397/2（M.3）于闐語文書所見Altāṃ/Alttāṃ異寫[6]，從而我們疑本件文書之阿董與Or.6397/2（尉遲曜第20年，即786年）所見Alttāṃ就是同一人，因爲後者與Pheṃdūkä、Mayadattä、Rruhadattä、Jsajsakä一同畫指，而這四人極可能正是本件稅糧簿出現的偏奴、梅捺、紇羅捺、疾昨。

No.30紇羅捺：見Дx.18926 + SI P 93.22 + Дx.18928《大曆十六年（781）傑謝合川百姓勃門羅濟賣野駝契》，時爲保人，年廿（？）五，于闐語名Rruhadattä；又見上述Дx.18927《唐建中六年行官魏忠順抄》，時爲傑謝百姓[7]。

綜上所述，我們認爲以上30人之名單，甚接近於對應於英藏M.10（Or. 6395/1）尉遲曜22年（貞元四年，788）十月于闐語徵稅文書反映的一份傑謝居民畫指名單[8]，從中可以比對出没里曜思（Brrīyyāsi，應爲屬格）、勃延仰（Puñargaṃ）、梅捺（Maiyadatä）、日布洛（Jäpāṇaki）、Arttai、阿薛（Arsäli，疑爲屬格）、Śalā（虵郎？）、疾昨（Jsajsaki）與偏奴

1 R. E. Emmerick, & M. I. Vorob’ëva-Desjatovskaja, *Saka Documents. Text Volume III*, pp. 156-157.

2 《俄羅斯科學院東方研究所聖彼得堡分所藏黑水城文獻》6，上海古籍出版社，2000年，彩版，319頁。

3 段晴《吕珎胡書——對中國國家圖書館藏西域文書BH1-17于闐語文書的釋讀》，《西域研究》2022年第2期，73—88頁。

4 沙知、吴芳思《斯坦因第三次中亞考古所獲漢文文獻（非佛經部分）》，上海辭書出版社，2005年，321頁。

5 文欣《中古時期于闐國政治制度研究》，北京大學歷史學系碩士論文，2008年，85—87頁；文欣《于闐國“六城”（*kṣa au*）新考》，朱玉麒主編《西域文史》第3輯，科學出版社，2008年，118—120頁。

6 P. O. Skjærvø, *Khotanese Manuscripts from Chinese Turkestan in the British Library*, p. 9.

7 紇羅捺、Rruhadattä爲熊本裕氏轉寫，見Kumamoto Hiroshi, “Sino-Hvatanica Petersburgensia. Part II”, pp. 153, 137, 吉田豊《コータン出土8—9世紀のコータン語世俗文書に關する覺え書き》69、137頁從之。張廣達、榮新江《于闐史叢考》（增訂本），282—283頁讀爲訖羅捺，兹訂正之。

8 P. O. Skjærvø, *Khotanese Manuscripts from Chinese Turkestan in the British Library*, pp. 6-7.

（Phemdūki，應爲屬格）。由此可以看出，這30人應當多是傑謝（鄉）百姓，或居住在傑謝鎮管轄範圍内之胡族居民。雖然BH1-3此簿與《唐于闐桑宜没等欠錢簿》上史郎、阿悉、日布洛、没里曜娑、阿董、没特桑宜等人名的漢字音寫方式微有出入，從而大概不是同一年記録，但他們無疑就是同一批傑謝居民。

單以此簿所見已交税糧而言，在以墨點、墨勾清點帳面與現物的階段時，帳面總額已高達109.7石。如果再加入補交而圈銷的幾筆，總額來到127.3石（109.7 + 0.2 + 1.3 + 0.1 + 1.6 + 2.1 + 1.2 + 2.1 + 4.8 + 4.2）。這只是粗淺估計，因爲個别來回塗抹帳目難以徹底梳理。比如紇羅捺欠的小一石改成六斗，便可能是補交了四斗。這類細微修正没有列入上述127.3石加總中。又如四郎、阿閉娑若干帳目右方厶號，應是代表檢查者逐筆核對簿紙與現糧時，没有見到這些糧食或漏失了標籤，有待勾檢之意，但我們仍暫時納入帳面加總之109.7石。亦即此簿只經過一人藉“、”“厶”清點過一次，未經第二次或另一人以“冂”“勹”核實而合爲“同”“勾”[1]。結合其他文書可以看出，這反映的是鎮倉在收納糧食並統計總額時（即“檢納”）進行的内部會計，尚不涉及案成之勾檢。

按照我們上面的推測，127.3石這個數字理當構成貞元六年十月底見（現）交給鎮守軍倉的主要部分，但是時近歲末，十月下旬已不得不開始從中破用當鎮預支的十一月份人糧吃用所需，無法等待鎮守軍倉統籌所有于闐地區軍糧收入後下達關於糧食留鎮與轉運多寡的最新指令，這一點下節將繼續分析。

令人感到難以處理的問題在於，叱半遏低名下懸空，似乎此人不必交税糧，或該年被免除；而按此簿小寫表示欠額、大寫表示交納額的習慣，叱半史郎其實是欠了而並非繳納了5.5石糧食，其具色却與其管領諸人欠糧的按色加總有别。所以我們暫且判斷，這位史郎與第8行史郎是不同人，而叱半也要繳税糧。可是這些首領懸欠較嚴重。魏副使（魏將軍）之所以親自向勃延仰徵收貞元五年欠税，恐怕就是因爲這位前任知事不斷拖延，以至於連副使將軍都徒勞而歸。

表4將後來陸續補繳的幾筆欠糧也納入欠額總計，亦即假設在十月廿二日製作此簿底本當天，簿上欠糧均尚未補交。是則青、小麥二項欠額合計30.08石（14.1 + 15.98），接近GXW0169《唐貞元六年（790）十月廿八日傑謝鎮牒稿爲當鎮應交税糧事》第1行小字填寫的32.9石，其一部分誤差可以視爲筆誤或抄誤所導致。這進一步導出，直到十月廿八日，欠糧情況都與廿二日當天與兩位叱半會算得差不多，是廿八日過後纔紛紛補交，但所補也有限，這也從側面再度説明了爲什麽GXW0169是文稿：從本簿最後補交的程度來看，GXW0169開頭申報的欠額已不得不全部推翻重寫了。

倘此分析不誤，則此簿、GXW0169牒稿兩相對照，即説明牒稿所謂“除判官李珎納外，欠具數與色目如前”，意味着正式的牒文在此句之前，應黏有正式的叱半史郎等人交算税糧簿等税簿，以供上司及勾司詳察税糧的匯交與欠繳情況。百姓似乎既可透過叱半交税，又可

1 王永興《唐勾檢制研究》207、208頁曾指出“、”“厶”似有特殊用意，如今我們從這件文簿上獲得極好的實例，意即比較重要的會計或文案内部檢查或勾司勾稽，可由兩人分工，交叉核對。這是否爲唐代普遍實行的常規，有待印證，至少它説明李奉珎及其同僚處理帳目時相當嚴謹。

直接向傑謝鎮交稅。後一種交稅方式，就是BH1-2背b段《唐貞元六年（790）十月十八日傑謝鎮判官李奉珎交傑謝鎮倉糧帳草》登記的部分，它需要對照的是另一份名簿（理論上其項目疑不限於當年稅糧，而包括衍生的懸欠、貸便等雜項），不是叱半史郎等人交算稅糧簿。於是，一旦我們把BH1-2背b段首行（第3行）句讀改斷爲：

貞元六年十月十七日到，十八日交鎮倉粮，揔六十六石二斗一升。

這似乎意味的是李奉珎此前曾出外徵收稅糧，十月十七日返抵；十八日上半日，他親自點交10.85石小麥、21.97石青麥、23.3石粟給鎮倉，故而一一署有“珎”字。承表2，該行最初寫的是五十七石一斗二升，爲五十六石一斗二升（56.12 = 10.85 + 21.97 + 23.3）之誤，接下來他就從同僚接手一部分承辦與核算任務。如今我們可以知道，此行初始書寫時間比《唐某年三月十五日傑謝鎮知鎮官王子遊帖》附《傑謝鎮倉見交應管倉糧帳草》三行書寫時間稍早，就寫在某人（勿悉捺）尚未交來4石青麥之前[1]。

是則該年傑謝鎮稅糧徵收所由有三位：判官李奉珎、叱半史郎、叱半遏低，還不妨加上專徵前年欠稅的將軍魏忠順。鑒於牒稿寫的是“百姓等稅粮”，並非“百姓稅粮”，據此似可推斷，稅糧徵收對象不限於史郎、遏低負責的30人，當地稅丁身份也不限於名簿上出現的胡人百姓，或許含有一小部分客胡、部落以及包含叱半史郎、遏低在內的地方小吏。

如今可以回頭審視GXW0169牒稿正文之“右通從十月廿二日交筭百姓等稅粮，除判官李珎納外，欠具數及色目如前，請處分”真正的意思。它表示李奉珎準備此牒時只預計附上叱半史郎等交算稅糧簿的一份較佳謄清本，自己負責徵收的部分名簿已經不必附上了。按照我們的推測，這是因爲直接由他自己負責的部分業已基本收齊而趕在十月中、下旬之交上繳，十月底該繳、猶欠的糧食主要是叱半們負責的部分。由表3及有關分析可以看出，確實除了魏忠順徵收的貞元五年欠稅等少數幾項尚有瑕疵，李奉珎直接負責部分基本上是成功的。倘若我們就將表4底下之109.7石權宜視爲當年度稅糧在十月底實收額的較準確數字，則其年傑謝鎮總共應向上級匯交259.35石（十月廿二日已後實收109.7 + 十月廿二日以前李奉珎納66.21 + 欠83.44 = 259.35），不含預支。那麼，李奉珎直接負責的徵糧占GXW0169牒稿原本想要申報的欠額徵收情況超過四成［66.21 ÷（66.21 + 83.44）= 0.442］，占該年實收總額約38%［66.21 ÷（109.7 + 66.21）= 0.376］。

稅糧徵收的多寡基準尚待研究，但觀察此簿，似乎是根據某種地籍（青苗簿）按各筆土地夏、秋二季的實際收入照比例計算。這解釋了爲何幾乎所有人都從青麥、小麥開始交。以只交小麥5.5碩的實離弟爲例，他耕種的看來是一年只收獲一次但地力仍然比較肥沃的部田；

1　從各種跡象來看，貞元六年十月十八日這天同時發生魏忠順將軍回鎮上、李奉珎接管倉帳（這兩人此前可能各自出外收稅）、節度隨身官安庭俊來到，不太像是偶然巧合。實際上一件缺乏紀年的人大博藏GXW0061提到某鎮之鎮官將軍爲“杜懷珎”，另一件缺乏年月的守捉使下達傑謝鎮殘帖GXW0175則提到“鎮官杜懷珎，替人魏忠順”，小字添注“十七日，順”。要是這件殘帖可以繫於貞元六年，那麼鎮官將軍杜懷珎也許就是在其年十月十七日由於某種過失，暫時由魏忠順將軍接替其職務，待考。此人與李奉珎名字恰好都有“珎”字，但如果GXW0175所注“十七日，順”確實表示魏忠順在十月十七日接受了接替鎮官職位的最新命令，那麼原鎮官杜懷珎便須立即離鎮赴軍面對質詢與處分，在此情況下，十月十八日以後留在鎮内並簽名的只能是未被撤換的李奉珎。

第8行的史郎大概種兩塊常田，兩塊春天都種小麥，但夏天一塊種糜、一塊種粟；叱半史郎則也許種植兩塊較小的常田，春天一塊種小麥、一塊種青麥，夏天全改種粟；以此類推而變化頗多，玆不一一解釋。

總之，税糧負擔不輕，故欠繳比例不低，所以每年按丁、按土地製作名簿[1]，這些名簿需連同傑謝倉糧交算税糧牒、官健人糧馬料簿等文書一起上交，並由鎮守軍負責度支的部門勾檢勘覆。

三、《唐貞元六年（790）冬季于闐傑謝鎮官健預支人糧、馬料簿》考釋

（一）國圖BH1-1背《唐貞元六年（790）冬季于闐傑謝鎮官健預支人糧、馬料簿》

這件文書寫在國圖藏BH1-1《唐建中七年（786）（？）于闐某倉欠糧簿草》的背面，文字如下：

（前空二行）

1 預支□粮

2 □張守仙十一月粮，付粟叁㪷。取替王海俊，隨月折。

3 同日宅付青壹㪷，付弥姐嘉順，小貳㪷，付妻。折一斗。五日床伍㪷。九日床叁㪷。

4 駱庭玉：小貳㪷，付身。折一斗。五日床伍㪷。十三日床叁㪷。

5 輔寶奴：小貳㪷，付身。折一斗。五日床伍㪷。

6 楊心兒：小貳㪷，付身。折一斗。九日床捌㪷，付身。

7 李湛：小貳㪷，粟伍㪷，付身。折三斗。九日床貳㪷。又一斗，付身。

8 李昌顒：小貳㪷，粟伍㪷，付身。不折一斗。八日付床叁㪷。

9 辛伏奴：小貳㪷，付身。〔折〕一斗。五日床伍㪷。九日床叁㪷。[2]

10 王海俊：小貳㪷，床捌㪷。折二斗。付身，与張守仙。

11 王進朝：小貳㪷，付宅。 折一斗。十一日床捌㪷，付山俊。[3]

---

12 郝庭玉：小貳，粟叁㪷，付內。惟。折一斗。五日床叁㪷，又粟二斗，付衛悌。[4]

13 李阿七：小貳斗，付宅。四日粟捌㪷，付宅。

---

1 即BH1-2正面所謂“徵、納有挾名”所指涉的文簿，儘管在那裏指的是前一年欠繳的税糧。

2 “付身”與“一斗”之間應脱一“折”字。

3 上下文有山俊與海俊，觀孔洞形狀，似以山俊爲宜。

4 本行寫在騎縫綫上。

、

14 劉光庭：小貳㪷，付宅。十一日床捌㪷，付山俊。[1]

15 韓皓：五日床壹石。

16 楊光武：廿五日床壹石，付身。

17 史庭訓：十一日床伍㪷，付身。十五日床伍㪷，付身。[2]

重。十五日付。

18 李奉琭： 王如鶴。郝庭玉，床六斗五升，

付身。十二月粮。

19 張社兒：折一斗。

重

20 李日新：

21 五日床壹石，馬料，付宅。十一日床壹石，付山俊。

~~預支馬料~~ 重

22 ~~十二月~~同日粟壹碩，付山俊。順[3]廿二日，馬料床貳石，付王進朝。

23 衛悌取粟伍㪷。惟悌。順。 十四日床壹碩，付山俊，連頭袋盛。

24 十二月小。馬料床貳碩，十一月廿二日付王進朝。順。

25 王進朝：粟玖㪷陸勝。餘伍㪷肆勝，十一月廿三日付[4]。順。

26 同日衛悌取粟伍㪷，床伍㪷。

27 王海俊：床玖㪷陸勝。五床二斗与郝玉。廿六日床七斗六升。

28 弥姐嘉順：廿六日床九斗六升，付身。

29 李昌顧：廿六日床九斗六升，付身。

30 李湛：廿六日床九斗六升，付身。

31 辛伏奴：廿六日床九斗六升，付身。

32 史訓：廿六日床五斗，付身。是阿薛床。

33 郝庭玉：

34 駱庭玉：廿六日床九斗六升，付身。

35 楊光武：床九斗六升，付身。

36 楊心兒：床九斗六升，付父光武。

（餘白）

（除第18、19、22—26、32—33行外，第3行以下每行前均有 ┌── 勾記）

比較本件第1、21行可知，第1行似宜復原爲“預支某月人粮”，疑即十一月。自張守仙以下至第20行共20人，大致符合GXW0166:2《唐建中三年（782）傑謝鎮狀爲合鎮應管倉糧帳事》及下一小節處理的人大博GXW0167《唐某年（貞元年間？）于闐傑謝鎮倉糧入破帳草》所記傑謝鎮官健16~18人之員額數。我們試將其資料分析爲表5，並説明我們的看法如下：

1 “捌㪷”爲“八斗”塗改而成。

2 “十五日”左側有圈銷之“九斗”二小字。

3 順字簽署甚拙劣，應爲胡人所書。又此署極似建中三年抄Дx.18927之署，《俄藏敦煌文獻》17，287下頁。

4 “十”塗改自“廿”。

表5：國圖BH1-1背帳目資料彙整（單位：石）

序號	人名	十月（廿二日？）	折一斗	十一月四日	十一月五日	十一月八日	十一月九日	十一月十一日	十一月十三日	十一月十四日	十一月十五日	十一月廿二日	十一月廿三日	十一月廿五日	十一月廿六日	十一月糧實支（不含剋折）					預支十二月糧
																青	小	糜	粟	合計	合計
1	張守仙	粟0.3 取替：王海俊	隨月折																0.3	0.3	
2	弥姐嘉順	青0.1付弥姐 小0.2付妻	√		糜0.5		糜0.3								糜0.96 付身	0.1	0.2	0.8		1.1	糜0.96
3	駱庭玉	小0.2付身	√		糜0.5				糜0.3						糜0.96 付身		0.2	0.8		1.0	糜0.96
4	輔寶奴	小0.2付身	√		糜0.5												0.2	0.5		0.7	
5	楊心兒	小0.2付身	√				糜0.8 付身								糜0.96 付父 光武		0.2	0.8		1.0	糜0.96
6	李湛	小0.2付身 粟0.5付身	折三斗				糜0.2 付身 糜0.1 付身								糜0.96 付身		0.2	0.3	0.5	1.0	糜0.96
7	李昌顒	小0.2付身 粟0.5付身	√ （不）			糜0.3									糜0.96 付身		0.2	0.3	0.5	1.0	糜0.96
8	辛伏奴	小0.2付身	（√）		糜0.5		糜0.3								糜0.96 付身		0.2	0.8		1.0	糜0.96
9	王海俊	小0.2 糜0.8 （付身，与張守仙？）	折二斗									糜0.96					0.2	0.8		1.0	糜0.96

續表

序號	人名	十月（廿二日?）	折一斗	十一月四日	十一月五日	十一月八日	十一月九日	十一月十一日	十一月十三日	十一月十四日	十一月十五日	十一月廿二日	十一月廿三日	十一月廿五日	十一月廿六日	十一月糧實支（不含剋折）					預支十二月糧
																青	小	穈	粟	合計	合計
10	王進朝	小0.2付宅	√					穈0.8付山俊				穈0.96					0.2	0.8		1.0	穈0.96
11	郝庭玉	小0.2付内粟0.3付内，惟	√		穈0.3粟0.2付衛悌							穈0.2			穈0.76		0.2	0.3	0.5	1.0	穈0.96
12	李阿七	小0.2付宅		粟0.8付宅													0.2		0.8	1.0	
13	劉光庭	小0.2付宅						穈0.8付山俊									0.2	0.8		1.0	
14	韓皓				穈1.0													1.0		1.0	
15	楊光武													穈1.0付身	穈0.96付身			1.0		1.0	穈0.96
16	史庭訓							穈0.5付身			穈0.5付身				穈0.5付身是阿辥穈			1.0		1.0	穈0.5
17	李奉珎																			0	
18	王如鶴										穈0.65付郝庭玉（?）十二月糧付身?							0.65		穈0.65	0.96?

續表

序號	人名	十月（廿二日?）	折一斗	十一月四日	十一月五日	十一月八日	十一月九日	十一月十一日	十一月十三日	十一月十四日	十一月十五日	十一月廿二日	十一月廿三日	十一月廿五日	十一月廿六日	十一月糧實支（不含剋折）					預支十二月糧
																青	小	糜	粟	合計	合計
19	張社兒		√																	0	
20	李日新重																			0	
	馬料				糜1.0 付宅			糜1.0 付山俊		糜1.0 付山俊 連頭袋 盛		糜2.0 付 王進朝									
	魏將軍?				粟1.0 付山俊	糜0.5 付宅												0.5	1.0?	1.5?	
	衛悌				取粟 0.5																

（1）從本件數字、單位大小寫混亂，而多帶有“ㄱ”（即“了”字）記號等情況來看，它是原始的會計底本。

（2）第1—20行原用於登記各人名下預支十一月人糧，第21—23行登記預支十一月馬料。顧及預支十二月人糧大致在十一月廿二、廿六日先後發放，十一月人糧預支時間也是十月下旬，正是税糧應該匯繳、結帳的時刻。

（3）故而所謂“折一斗”的書寫時間，當在十月廿八日前後。將所有被登記“折某某斗”的數額相加，張守仙不算（代替他的王海俊多折了一斗），亦不折李昌願，而將辛伏奴納入計算（脱一“欠”字），總和正是李奉珎想湊出來墊付税糧欠額的1.3石。由此印證此件文書年代爲貞元六年無疑。

（4）十月下旬，鎮倉尚有些許小麥可以發放，十一月下旬只能領糜，其0.96石是按日計算結果：按每人大月支一石的該鎮通常標準（詳下節），小月只能支領0.96石。由此可見十二月尚在鎮或實領糧的官健只有弥姐嘉順以下10至12人左右，輔寶奴等許多人似乎不在，而史庭訓似乎連續兩個月都只領半人份。

（5）第22—26行帳目較凌亂，然而大致可以推測是魏忠順臨時介入，讓山俊（疑是王海俊兄弟）與衛惟悌等人支取馬料人糧，故而多筆帳目附帶“順”字畫押以示負責。

（6）第27行又恢復登記秩序，由代替張守仙的王海俊起頭。以下人氏順序雖不與十月下旬預支十一月糧者完全吻合，却也大致差不多。

（7）史庭訓十一月廿六日領到的0.5石糜，是阿薛補交的税糧，大概是還來不及仔細清點、補登在税糧帳目就直接給史庭訓了，所以在人糧簿上注明。换句話説，當年税糧呈報也許又整整拖了一個月。

（8）稱“預”支，有可能是因爲鎮官原則上本該等鎮守軍按色目、人數、用途調配糧食，重新檢納入鎮倉，或至少等待鎮守軍核發一份關於鎮倉應留納多少現糧就地貯藏、應交運多少以納入鎮守軍中央軍倉或轉運他處的批覆，而後破用糧料，但傑謝鎮已等不及這些手續，直接從應繳送的份額扣除了。起初當鎮官健或許只打算預支十一月份，即預期上述手續於十一月内畢，但現實上似乎連十二月份也一併支用起來，可見其年冬季，磧西軍糧調配事宜不順利，有可能就連傑謝鎮本身都拖到十二月尚未匯報、繳交完畢，而已經開始就地吃用税糧。

（9）承（4）（8），按當年史郎等交税糧簿（表4）及李奉珎納66.21石資料，其年傑謝鎮倉應收糜不超過15石（11.63 + 2.9 = 14.53）。可是當年僅僅十一、十二月人糧支用的糜就超過20石（表5），可見至少就糜一色而言，傑謝鎮當年入不敷出。

（10）接受人糧、馬料的人員，從名字來看都是漢人姓名，當爲于闐地區的鎮守軍將。兹舉數名見於其他文書者略釋如下：

楊光武：見上引BH1-5《唐某年三月十五日傑謝鎮知鎮官王子遊帖》，提到“帖都巡楊光武”，表明楊光武是負責傑謝鎮的巡探[1]，兒子爲楊心兒（見本文書第6行及最末行）。他没

1　關於巡探制度及在西域地區的應用，參看孫繼民《唐代行軍制度研究》（增訂本），中國社會科學出版社，2018年，217—219頁；榮新江《新見唐代于闐地方軍鎮的官文書》，374—377頁。

有預支十一月糧，而是幾乎直到月底纔連帶十二月糧領取，或許十月下旬以後均在外巡探未歸。

李奉珎：見上文討論，此不贅。他在本文書中比較特別，列名但未支糧。這令人考慮他是否在接到“不折，得徵李珎”的指示後，準備用自己的口糧填賠。

衛悌：即傑謝鎮判官别將衛惟悌，亦見上文討論，不再贅述。就格式而言，他並不在支領人糧的名單上，但是多次支取糧料並署名以示負責，還往往伴隨魏忠順本人簽押，值得注意。

楊光武等不少人名又列在下引GXW0167背《唐某年（貞元年間?）于闐傑謝鎮倉糧入破帳草》所記傑謝鎮官健名單中，其中楊光武名前貫以“行官”字樣，或指安西節度使派來出使傑謝而不歸的行官。所以這應當是一份傑謝鎮官吏、健兒預支人糧、馬料的帳簿，可以擬題爲《唐貞元六年（790）冬季傑謝鎮官健預支人糧、馬料簿》。

（二）人大博GXW0167背《唐某年（貞元年間?）于闐傑謝鎮倉糧入破帳草》

與《唐貞元六年（790）冬季傑謝鎮官健預支人糧、馬料簿》密切相關的是人大博GXW0167背《唐某年（貞元年間?）于闐傑謝鎮倉糧入破帳草》，文字如下：

（前缺）

1 ▭六升准當界卌丁新税并加壹耗附：

2 ▭八斗青麥、七十四石四斗小麥、卌四石床。

3 ▭九合都破用：

4 ▭青麥、九十石四斗七升小麥、

5 ▭九石一斗五升九合床。

6 二百石五斗八升給一十二箇月人粮：

7 七十石三斗青麥、五十石二斗小麥、

8 八十石八升床。

9 一十七石官健一十七人正月大粮：

10 行官楊光武　李奉珎　李湛　李庭湊　馮什兒

11 李昌願　韓披雲　韓皓　楊心兒　張子珣

12 劉光庭　張守仙　張社兒　李阿七　史庭訓

13 弥姐嘉順　辛伏奴

14 一十六石四斗三升給官健一十七人二月小粮：

15 行官楊光武　李奉珎　李湛　□□□　馮□（什）兒

16 張子珣　楊心兒　李昌願　韓披［雲］▭

17 劉光庭　□□□　張社兒　李阿七▭

18 ▭

（後缺）

本件長39.5cm，高28.5cm。正面爲《唐傑謝作狀上傑謝鎮軍爲床和（糜禾?）田苗等事稿》，又倒寫某人致五郎書狀稿[1]。支糧標準是人均月支一石，月以30日計，故而小月（如二月）17人共支16.43石（17 × 29 ÷ 30 = 16.4333）。從數目均未採用大寫等情況來看，它只是帳草，以供傑謝鎮倉編製年終倉糧總帳或者年終稅糧總帳所用。是則這張尺幅紙所存內容相當於總帳中的稅糧新收入（相對於舊年欠稅之追徵所得）與破用部分，前面應有前帳回殘及其他收入等項目，後面應接上尚未列舉完畢的二月至十二月傑謝鎮官健人糧等各種破用以及年終結餘部分，等等。否則，就難以解釋爲何"新稅并加壹耗"的小麥部分僅收入七十餘石，却破用90.47石小麥，包含50.2石的十二個月份人糧，以及其他支出。理論上馬料不甚用小麥，故而必然還有貸便、回造、宴飲等其他支出。

據GXW0166:2《唐建中三年（782）傑謝鎮狀稿爲合鎮應管倉糧帳事》，傑謝鎮食用稅糧的官健員額有16—18人不等，本件文書記正月、二月官健均爲17人。這兩個月的名單雖然二月後半有殘，但可以對比出大抵是同樣一批人。這些人之中，除了李庭湊、馮什兒、韓披雲、張子珣四人外，其他所有人名都見於上述BH1-1背《唐貞元六年（790）冬季于闐傑謝鎮官健預支人糧、馬料簿》，所以時間應當相近。上述四人中，李庭湊見國圖BH1-5背面《唐建中七年（786）二月左三將行官郎將李庭湊等牒》（見本文第一節149頁注5），應即上舉GXW0174《唐某年十二月十二日李旺致楊副使書狀》與薩波悉略（思略）、李（奉）珎、紇羅捺等人並列之李湊；張子珣又見人大博GXW0100《唐建中四年（783）糧帳》而與李奉珎並列[2]；韓披雲見Дx.18919《唐大曆十七年（782）閏三月廿九日韓披雲收領錢抄》，我們重新將此抄開頭録作"瑟昵先葑（對）思略，令分付韓雲麥五碩"[3]。可見這四人從建中年間以來就在傑謝一帶活動。

既然BH1-1背爲貞元六年（790）十月、十一月書寫的文書，本件年代應頗接近，但並非貞元六年總帳，因爲從上面關於叱半史郎等人交糧可以看出，當年交來的稅糧糜總計11.63石且無懸欠，距離本件總計44石糜懸遠；當年叱半負責的稅糧小麥即使在歲末全數收齊，亦僅51.81石左右（35.83 + 約15.98，見表4），連同李奉珎承辦的、檢納的小麥也只有63.66石（51.81 + 11.85，參見GXW0169牒稿第6行），距離本件總計74.4石小麥略有差距。最重要的是，貞元六年實收稅糧粟至少30石（5.66［表4］+ 23.8［所由李奉珎］= 29.46），當年冬季看來也確實有以粟支付人糧的案例（如BH1-1背第2行張守仙），本件却看不出粟一色寫在哪裏，當年官健只以青麥、小麥、糜爲食糧。

此帳格式乍看清楚，然而它隱含一項重要轉折：要是我們關於大曆中期至貞元六年于闐的稅糧徵運方式推論大致不誤，即稅糧大抵仿照內地糧食轉運系統，先往上集中到于闐鎮守軍倉等預定場所，與其他收入整合後再往下撥放使用，抑或是根據安西四鎮既有的度支轉運系統，按慣例由各守捉收齊後一部分往大本營集中，一部分往其他邊戍輸送，那麼本件文書顯示在其書寫年代，稅糧已在傑謝鎮現徵現用。也就是說，按貞元六年以前習慣，傑謝鎮

1 劉子凡《傑謝營田與水利——和田新出〈傑謝作狀爲床和田作等用水澆溉事〉研究》，《新疆大學學報》2012年第5期，70—76頁。
2 關於本件文書，參見拙文《唐代磧西"稅糧"制度鉤沉》第六節，此不贅。
3 張廣達、榮新江《于闐史叢考》（增訂本），275頁。我們擬重新命名爲《唐大曆十七年（782）閏三月廿九日瑟昵納錢代小麥抄》，參見拙文《唐代磧西"稅糧"制度鉤沉》。

收來税糧（及其衍生貸便、挪用等）的匯交理當構成一種獨立的帳，不與鎮倉現有軍糧的開支相混；但在本件文書此年，税糧直接作爲傑謝鎮主要收入來源之一而逕行納入鎮倉糧食總帳。有鑒於此，我們推測此件年代較貞元六年更晚，屬於唐後期于闐鎮守軍甚至整個磧西地區糧食徵收、調度更加捉襟見肘的時刻。

不論如何，本件文書進一步證明，傑謝鎮使用税糧供給官健人糧的人數，基數是17人，人均月支一石，人數可以略有一二人的增減，但不會很大。“新税并加壹耗”似指取一成耗而言，這可以解釋爲何表4之中，各人税糧以5.5石居多，而本件第2行提到的44石糜又恰好整除於1.1。又，就帳面所見，此年無論是税糧小麥、税糧糜都是入不敷出，可見税糧不足以完全支應傑謝官健人糧的年度支出，還需要積年倉儲或其他收入例如官佃地子、屯課或轉運、和糴、交糴的彌補。

結　語

本文對國家圖書館藏BH1-2背《唐貞元六年（790）十月、十一月于闐傑謝鎮倉糧食入破帳曆稿》、人大博GXW0169《唐貞元六年（790）十月廿八日傑謝鎮牒稿爲當鎮應交税糧事》，國圖BH1-3《唐貞元六年（790）十月廿二日傑謝鎮倉算吡半史郎等交税糧簿》，國圖BH1-1背《唐貞元六年（790）冬季于闐傑謝鎮官健預支人糧、馬料簿》、人大博GXW0167背《唐某年（貞元年間?）于闐傑謝鎮倉糧入破帳草》等三組文書以及關聯文書做了深入的解說，闡明各組文書的年代、性質、相互關聯的内容，並由此對其中涉及的“税糧”問題加以解釋，從而使得唐朝在磧西地區使用的這種新税制度，包括其徵收對象，使用範圍等，以及當時帳目的編纂與申報方式，都有了比較清晰的認識。

此中，BH1-3《唐貞元六年（790）十月廿二日傑謝鎮倉算吡半史郎等交税糧簿》充分説明貞元時期于闐税糧的繳交乃是按年度登記。地方百姓或許是夏秋二茬一邊收割一邊交納，時序猶如佃人納租，但傑謝鎮倉及其同級單位却是一年一度清點、上交，時爲冬初。這就説明它與傳統租庸調以及建中兩税法（夏、秋兩税）均有不同。其反映的夏秋二次繳納，主要是配合磧西地區特殊的一年再熟條件以及渠水輪溉方式，可以想見在很大程度上受到地力（鹽碱）、天氣（沙暴、降水、洪水）等不可抗因素制約，難以單純按地畝面積、丁數、户等之類的傳統標準硬性制定年税額。最重要的一點，是胡人百姓看來可以透過吡半將税糧直接交納到各地鎮倉等軍倉，這就與唐代標準制度上各種税物、税錢先逐級透過鄉、縣、州上繳集中而後統籌分配、轉運的基本原則有别。國圖新出文書BH1-2反映，大曆十年前後税糧有大比例是通過與六城、豬拔等蕃州合作徵收，僅這兩州的追徵欠税所得就十分可觀，其中，負責與張庭剛一起責納六城州欠税糧的所由突騎施，很有可能就是建中年間在坎城一帶活動的薩波Tturgäśī其人。其晉升年代不明，也難以論定此人在大曆十年前後地位如何，但是從于闐語文書方面的證據看來，當他擔任薩波時，他同時也是坎城守捉與其他薩波溝通的渠道之一[1]，可見坎城在于闐鎮守軍諸守捉占有的中樞性位置。人大博GXW0166:2《唐建中三年（782）傑謝鎮狀稿爲合鎮應管倉糧帳事》則顯示大曆、建中之交，傑謝鎮倉已經承擔收納百姓税糧的事務並且規模不小。

這批貞元年間文書的綜合分析則顯示，傑謝鎮在貞元六年預計税糧徵收額大約是259.35石，較之大曆九年或十年交糧情況（見BH1-2第36行），即使該年217.8石業已全屬税糧及其衍生款項，不含任何和糴、交糴、田子、鎮作等收入，也是增加可觀。並且到了貞元年間，傑謝鎮倉對於這類税務的處理已頗嫻熟（或許就是李奉玝調任傑謝而推動的），文簿格式更爲完備。最明顯的改變，就是GXW0166:2《唐建中三年（782）傑謝鎮狀稿爲合鎮應管倉糧帳事》上欠税百姓名單只記欠税人名、所由、所在地，而且格式緊湊；到了貞元六年，鎮倉一一仔細登記欠税人名、色目、具數，只是欠税頗多，加之人手有限，帳目缺陷與延遲也是在所難免。

總而言之，貞元六年時，于闐鎮守軍基本上得不到中原朝廷的直接支援，又隨時面臨吐蕃軍隊侵逼，要解決鎮守軍的人糧、馬料來源問題，故此從當地胡人百姓和寄住客户那裏徵收税糧的做法，不但獲得維持，甚至得到進一步鞏固。一言以蔽之，以三四十名左右的胡人百姓壯丁，交税糧供給十餘名官健所需，糧食又可於春季回貸百姓，若有餘糧則可供給相鄰鎮戍，貞元年間傑謝地方的軍民情勢大概如此。上述文書表明，在于闐王國邊遠的傑謝——塔克拉瑪干沙漠深處的丹丹烏里克，磧西税糧制度也得到實施，這無疑對於西域平安局面的維持和唐軍對强敵的抵禦，起到了相當重要的作用。

（原載《敦煌吐魯番研究》第21卷，上海古籍出版社，2022年，165—209頁）

1　此人在英藏于闐語文書Or. 6401/2.2（G.1）以及丹丹烏里克出土木簡IOL Khot Wood 3出現時均爲薩波，參見P. O. Skjærvø, *Khotanese Manuscripts from Chinese Turkestan in the British Library*, pp. 19-20, p. 560。吉田豊曾借IOL Khot Wood 3觸及坎城即媲摩議題，見所撰《コータン出土8—9世紀のコータン語世俗文書に關する覺え書き》，16—17頁；這裏只需指出，薩波Tturgäsī在這件簡牘上語氣平淡地向薩波思略傳達來自坎城守捉關於兵馬使的命令，似乎輩分較思略略長。

唐代磧西“税糧”制度鈎沉

慶昭蓉　榮新江

隋唐典籍罕見“税糧”一語，塔里木盆地周邊遺址出土唐代胡漢文書却屢有發現。特別是近年中國國家圖書館（國圖）、中國人民大學博物館（人大博）徵集的和田出土漢文文書中，含有涉及税糧的多篇帳簿與不少殘紙。據我們整理結果，這些新出漢文文書凡是帶有年款或易於使用人名、内容考訂者，均屬唐大曆至貞元年間記録，紀年最晚者爲貞元六年（790）[1]，爲税糧制度的運作情況提供了豐富資料。2006年，吉田豊教授曾在其8至9世紀于闐語世俗文書的研究中指出，已知唐軍鎮守時期于闐語文書具明確紀年者最晚爲尉遲曜第23年（貞元五年，789），距離寫在吐蕃佔領期間的Hedin 21（尉遲曜第32年，798）有將近十年的空白，期間過渡到吐蕃統治的方式頗多不明[2]。我們對貞元六年前後税糧相關文書的整理，多少有所填補。然而我們的着眼點不止在於安西四鎮末期情勢，更在於其興衰歷史。本文從出土文書所見龜茲語音寫“税糧”的例證談起，提綱挈領，斟酌討論更多相關胡漢文書，以探討唐代磧西税糧的徵收與運用形態。只有掌握基本形態與本質，纔能妥善考慮其淵源及成型歷程。

一、前期討論與基本材料

正如我們在《和田出土大曆建中年間税糧相關文書考釋》緒論所提示的那樣，倘若唐代某任龜兹都督Nāśmi王在位第五年佛寺繁榮、社會安穩的判斷不差[3]，則結合年份地支等

1　參見慶昭蓉、榮新江《和田出土大曆建中年間税糧相關文書考釋》表1，載朱玉麒主編《西域文史》第16輯，科學出版社，2022年，125—155頁；慶昭蓉、榮新江《和田出土唐貞元年間傑謝税糧及相關文書考釋》表1，《敦煌吐魯番研究》第21卷，上海古籍出版社，2022年，165—209頁。另有一件貞元七年文書發表於張銘心、陳浩《唐代鄉里制在于闐的實施及相關問題研究——以新出貞元七年和田漢文文書爲中心》，《西域研究》2010年第4期，1—10頁，本文將有討論。

2　吉田豊《コータン出土8—9世紀のコータン語世俗文書に關する覺え書き》，神户市外國語大學外國學研究所，2006年，73頁。此書已中譯並分段出版，以下徑引原文，簡稱《覺え書き》。

3　其年龜兹語寺帳，參見慶昭蓉《庫車出土文書所見粟特佛教徒》，《西域研究》2012年第2期，54—75頁，尤見61—72頁；慶昭蓉《從*tuñe*一詞看龜兹佛教之香華供養》，《西域研究》2015年第3期，43—52頁，尤見46—47頁。

條件導出的Nāśmi王、Kṣemārjune王在位年代可分别繫於天寶十載（751）到至少至德二載（757），以及上元二年（761）到至少大曆四年（769）[1]。Nāśmi王五年（755）文書首次出現的“税糧”，意味着磧西税糧的徵收至遲在安史之亂前夕已具雛形。

我們在《和田出土唐貞元年間傑謝税糧及相關文書考釋》則提出，就實際運用方式而言，“税糧”的首要用途，是供給四鎮鎮守軍人糧，以補屯課、田子、和糴、交糴等收入之不足，尤其是河西路斷，轉運停頓後，向本地百姓税取糧食尤爲必要。我們的考量是，盛唐磧西軍糧是否如一些學者假設的足敷所需，從而税收文書多宜劃歸各都督府固有税制。爲于闐語文書研究别開生面的吉田豊即傾向如此判斷[2]，乃至於主張斯文・赫定收集品中提到勿日桑宜的一組木簡，原則上都屬於百姓透過村坊首領向毗沙都督府（以下簡稱于闐府或蕃府）繳納的于闐傳統税收[3]。儘管他肯定鎮守軍透過蕃府自有徵税機構向百姓徵税的可能性[4]，並藉由Дx.18915《某年九月十七日傑謝鎮帖羊户爲市羊毛事》指出，某守捉（坎城守捉？）通過傑謝鎮向傑謝羊户下令等實例[5]，其看法畢竟與一些學者大相徑庭。例如于闐專家李吟屏起初公佈文書時，曾將和田新出文書所見“税糧”看成建中元年實施兩税法的正常表現[6]。李錦繡則進一步主張，學者整理出來的開元十年（722）以降漢語—于闐語雙語税簡之“税”[7]，就是唐朝按田畝數徵收的地税，據此推測唐朝控制四鎮後，便在當地將全國標準賦税制度貫徹執行，建中三、四年于闐嚴格遵奉兩税法制，從而將新出《唐貞元七年（791）七月傑謝鄉頭没里曜思牒》文書所見“税糧紬布”完全看成兩税錢糧[8]。

對於唐代磧西地區的“税糧”，我們在上述兩文中已有探索，在此按照收藏單位、編號以及收藏單位所定義的正背面，將兩篇文章釋録的文書列舉如下：

國家圖書館：

BH1-1正面《唐建中七年（786）（？）于闐某倉欠糧簿草》

1 慶昭蓉《龜茲石窟現存題記中的龜茲國王》，《敦煌吐魯番研究》第13卷，上海古籍出版社，2013年，387—418頁，收録於趙莉、榮新江主編，朱玉麒等撰《龜茲石窟題記・研究論文篇》，中西書局，2020年，並有所補訂；亦參見慶昭蓉《吐火羅語世俗文獻與古代龜茲歷史》，北京大學出版社，2017年，117—145頁。

2 其觀點屢次抒發，例如吉田豊《覚え書き》128—129頁，尤見159頁注61。

3 吉田豊《覚え書き》，150頁。榮新江曾表贊同，見所撰《漢語—于闐語雙語文書的歷史學考察》，新疆吐魯番學研究院編《語言背後的歷史——西域古典語言學高峰論壇論文集》，上海古籍出版社，2012年，20—31頁，尤見22頁。下文我們將重新一起檢視這個問題。

4 吉田豊《覚え書き》，24—25、128—129頁。

5 吉田豊《覚え書き》，26頁。釋録見張廣達、榮新江《聖彼得堡藏和田出土漢文文書考釋》，《敦煌吐魯番研究》第6卷，北京大學出版社，2002年，222—223頁；收入作者《于闐史叢考》（增訂本），中國人民大學出版社，2008年，267—288頁。

6 李吟屏《發現於新疆策勒縣的C8號至C11號唐代漢文文書考釋及研究》，《新疆師範大學學報》第28卷第4期，2007年，11—16頁。

7 參見榮新江、文欣《和田新出漢語—于闐語雙語木簡考釋》，《敦煌吐魯番研究》第11卷，上海古籍出版社，2009年，45—69頁。又參見荒川正晴撰，田衛衛譯《英國圖書館藏和田出土木簡的再研究——以木簡内容及其性質爲中心》，朱玉麒主編《西域文史》第6輯，科學出版社，2011年，35—48頁；日文版爲荒川正晴《大英図書館所蔵コータン出土木簡の再検討——木簡内容とその性格をめぐって》，《待兼山論叢》（史學篇）第48號，2014年，1—23頁，以下引述日文版。

8 李錦繡《唐代西域地區賦税簡論》，北京大學中國古代史研究中心編《田餘慶先生九十華誕頌壽論文集》，中華書局，2014年，597—609頁，尤見603、608—609頁。

BH1-1背面《唐貞元六年（790）冬季于闐傑謝鎮官健預支人糧、馬料簿》

BH1-2正面第1—40行《唐大曆九年（774）（或十年）于闐鎮守軍倉勾徵帳草》

BH1-2正面第41—42行《唐貞元六年（790）（？）十月廿三日支九月、十月糧條記》

BH1-2背面總稱《唐貞元六年（790）十月、十一月于闐傑謝鎮倉糧食入破帳曆稿》

BH1-2背面第1—2行《唐貞元六年（790）十月十七日傑謝鎮倉出納條記》

BH1-2背面第3—7行《唐貞元六年（790）十月十八日傑謝鎮判官李奉玠交傑謝鎮倉糧帳草》

BH1-2背面第8—13行《唐貞元六年（790）〔十月〕十八日魏將軍宅喫用曆》

BH1-2背面第14—15行《唐貞元六年（790）十一月傑謝鎮倉糜破曆》

BH1-3《唐貞元六年（790）十月廿二日傑謝鎮倉算叱半史郎等交税糧簿》

BH1-5《唐某年三月十五日傑謝鎮知鎮官王子遊帖》附《傑謝鎮倉見交應管倉糧帳草》

BH1-26《唐大曆十年（775）傑謝百姓日勲泥等納欠大曆七年税斛斗抄》

BH2-32《唐貞元六年（790）十月十八日傑謝鎮供節度隨身官安庭俊糧食憑》

BH4-269《唐某年勘覆所帖催官曹之爲欠税糧事》

人民大學博物館：

GXW0166:2正背面《唐建中三年（782）傑謝鎮狀稿爲合鎮應管倉糧帳事》

GXW0167背面《唐某年（貞元年間?）于闐傑謝鎮倉糧入破帳草》

GXW0168背面《唐貞元六年（790）十月廿二日傑謝鎮倉算叱半史郎等交税糧簿稿》

GXW0169《唐貞元六年（790）十月廿八日傑謝鎮牒稿爲當鎮應交税糧事》

爲節省篇幅，後文引用只提編號，必要纔提示個别文書擬題，詳細釋録請按其時代參見上述兩文，兹不一一出注。

二、磧西税收的總體演變

在此再次强調，我們認爲磧西税糧及有關物資的開徵，是唐代經營西陲時發展出來的因地制宜制度。它可以看成一個由於各方面情勢動盪而不斷調適的過程，反映出當地社會、經濟、軍事條件的特殊性，並不與正規税制完全相同。其運作相對於唐代已知税賦體系的完備化、制度化難免相形見絀，但仍然具有其政策邏輯，也具備比較規範化的分攤、計算基礎。

以俄羅斯科學院東方寫本研究所藏于闐語税抄SI P 103.24爲例，我們擬重新翻譯如下[1]：

16年，（唐曆）十一月十五日，這是在深爲慈悲的君主尉遲曜大王的治理期間，在此之時，此抄事由如下：Kvakhaihvū要求神山路馬料（*aśparaji jsāri*）20石，Attā納10

1 R. E. Emmerick, M. I. Vorob'ëva-Desjatovskaja, *Saka Documents VII: The St. Petersburg Collections*, London: School of Oriental and African Studies, 1993, p. 114; idem, *Saka Documents, Text Volume III*, London, 1995, p. 145. 參看吉田豊《覚え書き》139—140頁。本文對引用胡語文書録文的方式有所折衷：正文論述時，凡確定爲胡語人名、官名者，不以斜體字表示；引用較長録文時，則分别依照于闐語、龜兹語文獻的通行體例。

石，思略納10石，楊晉卿（Yā̦ Tcīkhe）受領。這批穀物給了Śe判官（Śe Phakvani）[1]。楊晉卿發給這（件抄）。它在經過其署押後生效。（漢文署押：將作監楊晉卿）

本文書的尉遲曜16年爲公元782年，唐大曆十七年或建中三年[2]。張湛注意到Kvakhaihvū表示“郭開府”，認爲即安西大都護、四鎮節度使、開府儀同三司郭昕[3]，從而斷字爲Kva khaihvū。我們對此甚表贊同。案，郭昕正是在同年夏天接到安西大都護、四鎮節度使的册旨，不過參考蒲立本（E. G. Pulleyblank）的中古後期漢語擬音（LMC kuak-kʰaj-fjyǝ̌ʹ/fuǝ̌ʹ）[4]，可以體會第二音節開頭之所以使用婆羅謎字元<kh>音寫，表示其發音確實較强且送氣，乃是音寫“郭”字收聲與“開”字發聲之連聲，因此我們不擬斷開姓氏與頭銜，而“郭開府”就是軍民對他的尊稱[5]。我們有意進一步推測，此抄反映的軍令，就是節度使衙接到各鎮戍守捉彙報倉糧春夏季帳後度支而下達的指示，也就是磧西最高指揮關於馬料的送納、轉運指示。這類春夏季帳，形式應該類似於我們整理的GXW0166:2正背面《唐建中三年（782）傑謝鎮狀稿爲合鎮應管倉糧帳事》。不論我們的推測是否完全正確，楊晉卿、Śe判官彼時應是鎮守軍官而非蕃府漢官。據思略年表[6]，他在建中五年、六年之交晉升薩波，建中三年仍是鄉頭（auva-haṃdasta）[7]。SI P 103.24此抄没提到薩波或更高級于闐官員，可見此時鎮守軍（或傑謝鎮軍）透過胡書典等通譯中介[8]，可徑行與鄉頭交接並點收實物，無須總是等待蕃府高官介入。

也就是説，在大曆、建中之交，于闐鎮守軍並不等待蕃府收齊所有税物纔一總匯交。其時唐軍掌控的各種税務已與守捉、鎮等軍事單位結合，在不少場合中深入地方鄉里。貞元六年税糧更是直接與村坊級叱半甚至百姓接觸。GXW0169《唐貞元六年（790）十月廿八日傑謝鎮牒稿爲當鎮應交税糧事》便是由判官李奉珎準備而後廢棄的報帳牒稿，内容爲：

1 合應除納外，欠青、小、粟、床等八十三石四斗四升。内卌二石九斗青、小，五十石五斗四升粟。

2 右通從十月廿二日交筭百姓等税粮，除判官李珎

3 納外，欠具數及色目如前，請處分。

4 牒 件 狀 如 前。謹 牒。

---

1 這位判官也許是GXW0173税料文書上的傑謝押官薛馴，其文書詳見下文討論。

2 張廣達、榮新江《八世紀下半至九世紀初的于闐》，《唐研究》第3卷，北京大學出版社，1997年；此據作者《于闐史叢考》（增訂本），258頁。

3 Zhang Zhan, *Between China and Tibet: A Documentary History of Khotan in the Late Eighth and Early Ninth Century*, Doctoral dissertation, Harvard University, 2016, p. 73, n. 350.

4 E. G. Pulleyblank, *Lexicon of Reconstructed Pronunciation in Early Middle Chinese, Late Middle Chinese, and Early Mandarin*, Vancouver: UBC Press, 1991, pp. 99, 118, 170.

5 “開府”一詞在庫車出土文書也有例證。如法藏Pelliot Chinois D. A. 11有“開府張自勵牒”，大谷8062則有“右奉開府狀上”等語，參見Éric Trombert, *Les manuscrits chinois de Koutcha. Fonds Pelliot de la Bibliothèque nationale de France*, Paris, 2020, pp. 53-54對該件法藏文書的注釋。

6 張廣達、榮新江《八世紀下半至九世紀初的于闐》，《唐研究》第3卷，351頁表2。收入《于闐史叢考》（增訂本），240—263頁。

7 吉田豊曾將auva-haṃdasta翻成“village headman”，見所撰“On the Taxation System of Pre-Islamic Khotan.” *Acta Asiatica* 94, 2008/2, p. 102. 文欣將auva-haṃdasta比定爲鄉頭，見所撰《于闐國官號考》，《敦煌吐魯番研究》第11卷，上海古籍出版社，2009年，138—139頁，這裏跟從他的看法。

8 關於胡書典，見榮新江《漢語—于闐語雙語文書的歷史學考察》，31頁。

5　都計一百卌九石六斗六升。
　　揔六十六石二斗二升。　　貞元六年十月廿八日　　　牒

正如我們在《和田出土唐貞元年間傑謝稅糧及相關文書考釋》解釋的那樣，所謂“交算百姓等稅糧”，主要是指李奉珎等在鎮官員於該年十月廿二日與叱半史郎、叱半遏低等人會算、點收稅糧所得。BH1-3《唐貞元六年（790）十月廿二日傑謝鎮倉算叱半史郎等交稅糧簿》計存30行，每行一人，載其日叱半史郎以下三十人稅糧的已繳數量與欠額。從人名看，這三十人似皆爲胡人。至於李奉珎先已送納的66.22石，則包括其年十月十八日以前收的糧食，以及同日康希光等人陸續送納者（見BH1-2背面、BH1-5）。

只有催徵過急之際，鄉司纔有必要驚動于闐王出面調解。上節提到的北京某氏藏《唐貞元七年（791）七月傑謝鄉頭没里曜思牒》文書全文如下：

（前缺）

1　□□□□□□□□

2　當鄉亦無此人。本刺史□□□起，依名

3　徵索稅糧、紬布訖。□□□判作債，填

4　納了，其人並不知去處。今遠投

5　大王，伏望判付，用阿摩支尋問將過，庶

6　免代此人賣身。請處分，謹牒。

7　　　貞元七年七月　日傑謝鄉頭没里曜思牒

我們知道這位没里曜思在大曆十六年（建中二年）寄住拔伽，貞元六年十月透過叱半向傑謝鎮納稅糧[1]，疑在六年十月或之後成爲鄉頭。貞元六年傑謝欠稅嚴重，而很顯然軍衙在翌年也繼續催迫。其中有一名因錯誤登記或逃匿而虛掛簿籍的欠稅者，傑謝所屬六城州刺史從某個時刻開始配合鎮守軍指示按欠稅名單一一追徵，並判決某人（疑爲鄉頭本人或其親戚鄰里）必須借貸以及時填納欠稅。但没里曜思確實不知此人何在，故而越級向于闐王陳訴，望大王讓大臣阿摩支親自前來過問，考察情況，以免他自己或鄉人因負債而賣身。

若初看此牒，似乎到了貞元七年，六城州刺史（常帶阿摩支號）仍是此州稅糧徵收的最高主管。但仔細尋味牒文，並與下舉人大博GXW0173等催徵文書結合可以判斷，這應該是六年冬季傑謝鎮多番催促無果，故上報守捉或鎮守軍，後者移文要求刺史照名單追徵，而刺史不審民情就認同確實該繳，鄉頭也只好代爲填納完畢，但他並不服氣。大約是軍方按籍勾徵，堅持有這麼一個人，其懸欠必須交納；而新任鄉頭堅持根本就不存在這個人，也不知道名單上何以有此人，因此越級一狀告到于闐王邊，請刺史（或另一位阿摩支）親自過來詳審案情。可見州刺史其實對稅糧徵收情況不明就裏——這恐怕是因爲于闐蕃府的固有稅收按慣例是以集體分攤、繳交爲原則，而在貞元七年前後，于闐府對於傑謝百姓名單變動的掌握不如傑謝鎮清楚。這個時候，鎮守軍對傑謝鄉等居民區實行的稅收，實務上已被守捉、鎮與鄉、村間的所由（鄉頭、叱半）以及鎮守軍直派專徵官、催官等行官取代。

1　見BH1-3第16行。其名字又音寫作没里遥思、没里曜娑，于闐語形式録作Brīyasä，參見慶昭蓉、榮新江《和田出土唐貞元年間傑謝稅糧及相關文書考釋》第二節。

若按以往看法，認爲于闐人向鎮守軍納錢物，實際總是以村、坊、渠等單位集體徵收、繳交，個人名下稅額不過是一種分攤計算[1]，那麽鄉里不見了一個人，不過是帳面上人均攤派額的重新計算而已，應不至於嚴重影響全鄉被攤徵的總稅額。在這種集體攤徵的前提下，是否有必要折騰到因某個人逃匿不在讓另一個特定個人舉貸甚至賣身，是令人感到懷疑的。過去我們也曾全盤採納關於集體繳稅的看法[2]，但審慎分析各種文書後，我們感到並非總是如此。以上件貞元七年文書爲例，顯然没里曜思今後不想替虛掛簿籍的欠稅者交稅，或者説替前任鄉頭造成的錯誤負責，甚至就連勉强配合刺史判決而造成的那筆個人債務，恐怕也希望大王出面，讓它一筆勾銷。

又，這份牒文乍看似乎證明蕃府内部公文直接使用漢文[3]。不過我們覺得，牒文關鍵語句應斷作“今遠投大王，伏望判付，用阿摩支尋問將過，庶免代此人賣身。請處分，謹牒”。亦即我們認爲這件牒文是由鄉頭没里曜思上報給鎮守軍，爲的是説明他已另請于闐王審理。這件牒文之所以用漢文書寫，是爲了及時呈報鎮守軍，以起到立即抑止催徵、科罰的作用。這表示在貞元七年，傑謝鄉的稅收情形有必要隨時向鎮守軍牒報。不論這樣的詮釋是否完全正確，這份牒文不足以證明此時于闐地區徵稅權盡在蕃府掌控。至少就于闐各州的“稅糧”而言，如今我們認爲其主導權在守捉或守捉使，以及更高級的磧西守軍度支和勾徵單位，例如孔目司。于闐王有權過問，但所能做的也只是派大臣出面詳細調查、干預而已。這裏不妨重新檢視俄藏Дx.18921《傑謝鎮牒爲傑謝百姓攤徵事》[4]，我們重新録寫如下：

1 守捉使　　　□□

2 　傑謝百姓等狀□

3 牒，得胡書狀稱：所攤蘭□

4 其彼鎮官夏打駝分外，更出鞍□

5 馱，伏望哀矜，商量放免。其□□

6 百姓共出，請歸一碩□

7 月已後般送。今得百□

（後缺）

雖然文面甚殘，但吟味其文意，似是蕃府（六城州刺史？）收到百姓盼望干預的胡書請願，以減輕鎮守軍攤派下來的“蘭城馱”負擔[5]，但要是第7行殘文可以復原爲“今得百

1 關尾史郎《コータン出土唐代税制關係文書小考——領抄文書を中心として》，《平田耿二教授還曆記念論文集：歷史における史料の發見——あたらしい“讀み”へむけて》，東京，1997年，177—204頁，尤見188—189頁。吉田豐《覺え書き》25—28、136—140頁，尤見160—161頁注74。

2 慶昭蓉《唐代“稅抄”在龜兹的發行——以新發現的吐火羅B語詞彙*ṣau*爲中心》，《北京大學學報》2012年第4期，137—144頁；榮新江《漢語—于闐語雙語文書的歷史學考察》，23頁。

3 在此情況下，斷句爲“……庶免代此人賣身，請處分，謹牒”。關於于闐蕃府内部行政是否漢語化的討論，參見吉田豐《覺え書き》148—152頁。

4 張廣達、榮新江《聖彼得堡藏和田出土漢文文書考釋》，《敦煌吐魯番研究》第6卷，229頁。收入《于闐史叢考》（增訂本），277頁。

5 關於蘭城馱，參見下文第七節“1.稅糧徵收品類”。

姓……”，那麽百姓也似乎直接向傑謝鎮方面有所陳訴。這件文書年代不詳，但它説明在其書寫時間點，傑謝鄉要負擔一部分于闐東陲的軍資轉運，並且守捉使在很大程度上主宰了傑謝一帶的軍務。它印證了Дx.18927《建中六年（785）十二月廿一日行官魏忠順收駝麻抄》所反映的，由行官代表守捉使發“打駝麻”抄的做法[1]。换句話説，Дx.18921也反映出百姓兩頭向鎮守軍、蕃府申訴，今擬重新題爲《守捉使牒爲傑謝百姓狀請放免藺城馱料事》，其收文者可能爲傑謝百姓並傑謝鎮，或者還有六城州刺史，而主管傑謝、藺城方面的“守捉使”可能就坐鎮於坎城。

不論如何，至少在建中三年，傑謝鎮就掌握了個人欠税名單（見GXW0166:2），而大曆九年或十年的于闐鎮守軍已經掌握相當範圍的胡人納税情況（BH1-2）；到了貞元六年，更是出現針對個别欠税的徵收，例如針對勃延仰本人的二度催徵。可見磧西税糧不斷往地方扎根、往個人落實，與于闐國固有税收系統中以聚落爲單位的習慣有别，是以我們在比對不同年代資料時盡可能謹慎。但與此同時，我們並不否定8世紀的于闐國也在相當程度上維繫着過去的租税收入，畢竟蕃府也有開支。目前没有證據顯示安西四鎮建置一旦固定，當地就停止了舊有税收。敦煌寫本《天寶十道録》上[2]，安西府下有公廨本錢白練七千匹，而四蕃府均不列本[3]，可見天寶元年（742）四蕃府各自的行政機構與經費應該都還是各自按照其傳統維持運營，朝廷除了予以賜物，並不撥給實際資源以支持。此後並没有取消這道政策的跡象，從而實際上于闐百姓同時負擔來自蕃府與唐朝鎮守軍兩方面的税收。

必須承認，磧西軍需存在許多未知數：天寶時天下倉儲盈溢，却也因邊將濫請封賞而消耗[4]；庫車衆多遺址出土大缸、窖粟等遺存[5]，似表明磧西頗富存糧；可是就《唐六典》記載的“安西二十屯”[6]以及《舊唐書·地理志》記安西都護府“管戍兵二萬四千人”等資料牽涉的屯墾及糧料儲備規模而言[7]，實態仍多所不明。這些未知數由諸多宏觀因素調控，而我們關心之處在於，安西都護以及後來的四鎮節度、守軍爲獲得足够糧餉，能將蕃府及各府軍民組織、動員到什麽程度。探索此課題，有助於理解唐軍得以堅守的物質基礎。

對此，我們眼中的四鎮體制並非如吉田豊在其典範作品曾經詮釋的，隨着安史亂起而弛

---

1 “打駝麻”或指狩獵野駝所需麻繩原料。“打駝”又見國圖BH3-7正面＋GXW0017正面拼成的一份人馬糧料殘帳，但它涉及的是冬季打駝，此不贅。

2 吴震《敦煌石室寫本唐天寶初年〈郡縣公廨本錢簿〉校注并跋》，《文史》第14輯，中華書局，1982年，103頁。文書定名見榮新江《敦煌本〈天寶十道録〉及其價值》，唐曉峰等編《九州》第2輯，商務印書館，1999年，116—129頁。

3 參看慶昭蓉《唐代安西之帛練——從吐火羅B語世俗文書上的不明詞語*kaum**談起》，《敦煌研究》2012年第4期，102—109頁，尤見105—106頁。

4 《通典》卷一四八《兵序》，中華書局，1988年，3780頁。

5 劉松柏《庫車古缸綜述》，《新疆文物》1993年第1期，132—140頁。

6 按《唐六典》卷七，中華書局，1992年，223頁載安西二十屯、疏勒七屯、焉耆七屯，獨無于闐。不過德國慕尼黑五洲博物館藏弗蘭克得自達瑪溝商人手中的文書（Do.12，FK209hr）有“一千六百廿二石七斗六升古泉屯”，似乎于闐後來亦有屯田。其文書見西脇常記《もう一つのドイツ中央アジア將來文獻——フランケ·コレクションについて》，同作者《中國古典社會における佛教の諸相》，知泉書館，2009年，242頁。

7 安西四鎮漢兵、蕃兵員額有待考證，而吴玉貴先生意見值得參考。其意見引述于孟憲實《唐碎葉故城出土“石沙陁龜符”初探》，朱玉麒主編《西域文史》第10輯，科學出版社，2015年，88頁注44。

緩[1]，而是基於防務及軍民彼此經濟需要而更加緊密扎根[2]。我們不認爲四鎮版籍不上户部，從而在税法上始終視爲豁免於正税的羈縻州都督府；唐朝應是隨着《十道録》等全國資料編製，在玄宗時期逐步具備了向四蕃府徵税的基礎。慶昭蓉據此推測，四鎮廣徵税糧的契機可溯至開元十五年初春蘇禄入寇的時刻點[3]，這是于闐出現“（開元）十五年駝驢料”這項税收的時代意義[4]；蘇禄覬覦而掠盡的四鎮貯積，很可能包括張孝嵩、杜暹奉行宇文融括户政策而嘗試在磧西推動的實驗性税收[5]。故而磧西税糧就整體形態而言，雖與正賦有別，却也及時實踐玄宗治國理念。本文擬抽絲剥繭，先從龜兹語文書的“税糧”例證談起。

三、都勒都爾·阿護爾出土龜兹語世俗文書所見“税糧”

已知龜兹語世俗文書中，“税糧”一詞最早例證應爲法國國家圖書館藏都勒都爾·阿護爾佛寺遺址（今名夏合吐爾遺址，下稱D.A.佛寺）出土的Pelliot Koutchéen D.A. M.507 (8), (28)[6]。學者習慣將兩件文書稱爲Cp.8、Cp.28，以下沿用之。Cp.8正面（a面）爲Nāśmi王五年（羊年，755）六月至十二月當寺糧食支用帳草，背面爲羯磨文。1994年，皮諾（Georges-Jean Pinault）教授予以轉寫、翻譯[7]，其後慶昭蓉據原件修訂並釐清龜兹語穀物詞彙名實[8]。兹節引内容如下[9]：

Cp.8正面

1　五年六月，僧衆所食大麥：二石4斗；

2　僧衆所食小麥：3石7斗；僧衆所食糜粟：4石捌㪷。

3　七月，僧衆所食大麥：2石8斗；僧衆所食小麥：9石4斗；

（中略）

11　六月起至十二月，僧衆所食大麥：16石柒㪷。

12　六月起至十二月，僧衆所食小麥：41［石］8斗。

13　六月起至十二月，僧衆所食糜粟：40石7斗。

1　見吉田豊《覚え書き》，26頁。

2　慶昭蓉《吐火羅語世俗文獻與古代龜兹歷史》，142頁。

3　《舊唐書》卷一九四下《突厥傳下》，中華書局，1975年，5191頁。

4　其税目及年代考證見荒川正晴《大英図書館所蔵コータン出土木簡の再検討》，7—9頁。

5　宇文融括户之研究回顧見孟憲實《宇文融括户與財政使職》，《唐研究》第7卷，北京大學出版社，2001年，357—388頁。武后、玄宗政策與磧西税糧的承先啓後關係，見慶昭蓉《磧西税糧淵源考》，《内陸アジア言語研究》第37號，2022年，63—103頁，此不贅。

6　見慶昭蓉《吐火羅語世俗文獻與古代龜兹歷史》94—95頁解説。

7　G.-J. Pinault, “Aspects du bouddhisme pratiqué au Nord du désert du Taklamakan, d’après les documents tokhariens”, in F. Fukui and G. Fussman (eds.), *Bouddhisme et cultures locales. Quelques cas de réciproques adaptations. Actes du colloque franco-japonais (Paris, 23-27 septembre 1991)*. Paris: École Française d’Extrême-Orient, 1994, pp. 106-107.

8　Ching Chao-jung, “On the Cereal Names in Tocharian B”，初宣讀於2008年8月莫斯科、聖彼得堡聯辦的吐火羅語發現百年紀念國際會議，惜會後論文集編纂計劃中止。過後出版爲Ching Chao-jung, “On the Names of Cereals in Tocharian B”, *Tocharian and Indo-European Studies*, vol. 17, 2016, pp. 29-64。

9　慶昭蓉《吐火羅語世俗文獻與古代龜兹歷史》，163—165頁。此處依照録文中只有婆羅謎數字、只有龜兹語數詞以及兼具數字、數詞三種區分，譯以阿拉伯數字及中文大小寫，單位寫法亦據以調整。

14　六月起至*Rāp**日[1]，浄人食用（以及）作爲*śwelyāṅk*而給付的小麥支出：49石。

皮諾起初推測*śwelyaṅk*意爲"質押、質借（？）"但不太肯定，將末句譯爲"浄人食用以及給予其質借（？）的小麥支出了49石"[2]。2008年，皮諾在課堂會讀此帳，學生荻原裕敏疑此字後半*lyaṅk*爲漢語，故同學慶昭蓉提議釋爲"糧"。未幾，荻原注意到未刊德國柏林國家圖書館藏殘片THT 2749有難字*śwaiylyāṅk*（詳下文），推斷這纔是該詞的嚴整寫法，猜測爲龜兹語詞根*śu-*"吃"、漢語"糧"之混合，意爲"食糧"，疑受漢語"食糧"一詞影響。這項看法獲得皮諾接納，反映於他對Cp. 8的重新釋録中[3]。

然而，龜兹語已有泛指穀物、糧食的常用詞*śātre*，而*śu-*"吃"的不定式*śwātsi*泛指食物，無須藉漢語表示這種基本概念。此外，龜兹語世俗文書裏除了人名、館驛名等極少數專有名詞，缺乏將不同語言的實名詞直接加以複合、混合的例證[4]。慶昭蓉認爲，音韻上*śwaiylyāṅk*更可能純是漢語詞彙音寫，即"税糧"，儘管它在敦煌吐魯番出土文書缺乏案例，可是它在英國圖書館藏Or.6408/2（G.1, H.4）《唐□奴等納新税糧麋抄》與新疆博物館藏1958年托庫孜撒萊遺址出土《唐某年（8世紀）龜兹白向宜黎租蒲桃園契》就有實證。所以Cp.8末句宜改釋爲"浄人所食以及（當作）税糧交付的小麥支出：49石"。它對龜兹人而言是一種特定概念；而在佛寺經濟範疇裏，它像撥給浄人的糧食一樣屬於對外支出。

與Cp.8同屬一寺的同年殘曆Cp.28受損更甚。它由四張尺幅紙接連成卷，右半焚毀殆盡，乃是以同年糧食搬運曆Cp.34爲底本，開頭增添前次回殘以及六月初臨時開支而編成的下半年度糧食入破曆。這裏先列出其添寫内容，即第一紙[5]：

Cp.28

1	*piś kṣuṃntsa meñe ṣkaste ṣkas m(e)[ñ]· ///*	五年六月六［日］///
2	*lyīpär yap cakan(ma)　·i ///*	餘大麥……［碩］///
3	*lyīpär ysāre caka(nma) ///*	餘小麥……［碩］///
4	*lyīpär āka caka[n](ma) ///*	餘*āka*……［碩］///
5	*lyīpär lyekśe caka[n](ma) ///*	餘*lyekśiye*……［碩］///
6	*[K]e[r](ca)- ///*	［白吉招失雞］（的畫指）///
7	*śak meñantse ne Kerca(p)[i](śke) ///*	月十日，白吉招失雞///
8	*-si cāk 1　///*	爲了……壹碩。///
9	*śwelyāṅkne masa towä ///*	在税糧上支出了……斗 ///

（空一行）

1　龜兹人將十二月稱爲*rapaññe*，即*Rāp**之月。*Rāp**日似是龜兹人對除夕的稱呼，參見《吐火羅語世俗文獻與古代龜兹歷史》48頁。唯其詞源是否即指臘日，尚乏定論。

2　見皮諾上揭文101頁。

3　G.-J. Pinault, *Chrestomathie tokharienne. Textes et grammaire*. Leuven : Peeters, 2008, pp. 367-368.

4　烈維（Sylvain Lévi）將鹽水溝出土木簡所見*o rśa ca kā re*視爲龜兹語*or*"木"、梵語*sacakāre*"憑證"（標準形式爲*satya-kāra-*）混合而解作"木證"，但它其實表示下令者乃*Orśa*官*Cakāre*其人。見慶昭蓉《從龜兹語通行許可證看入唐前後之西域交通》，朱玉麒主編《西域文史》第8輯，科學出版社，2013年，72—73頁。

5　Cp.28轉録、英譯見Ching Chao-jung, *Secular Documents in Tocharian: Buddhist Economy and Society in the Kucha Region*. Dissertation thesis, École Pratique des Hautes Études, 2010, pp. 174-175.

10 *ñwemaṣṣe śātrene y[i](m)··* ///　　　　在新糧之中…… ///

龜茲在唐代統治以前已通行四柱帳法[1]。此殘卷第1—6橫列相當於新收糧食（龜茲語 *ñwemaṣṣe śātre*）啓運入寺前的寺倉前帳回殘，白吉招失雞畫指負責；第7—8列爲臨時收益或開支尚不明了，第9列及其空行乃稅糧支出及有關人士畫指，第10列則是針對第二紙即第11橫列以下新收穫糧食的附帶説明。看來，六月初這筆稅糧支出是在新糧收入寺倉之前已先繳出，它既可能是糧食一收割就被劃在一邊，徵收地點爲寺田或依附人户的居住地；亦可能是寺院選擇使用倉内的老舊糧食支付稅糧，徵收地址即寺院所在地。

第二紙以下主要抄自糧食搬運曆Cp.34[2]。後者受損較輕，爲節省篇幅，以下略去轉寫，///表示文書殘緣，方括號［　］表示文字殘損但仍略可認讀的部分，{　}内表示據Cp.34補足燒失内容；列數以句點表示者代表現存紙面呈現空行狀態（畫指記號從略，下同）：

Cp. 28

11 Nāśmi王五年，羊年，六月六{日，……運果人（？）Jñānarakṣite……}

12 運來了{新鮮}大麥，{：肆㪷}

13 二十六日，白吉招失雞從［鄉下］運來了{僧伽食用大麥：壹碩。}

. {這是白吉招失雞的畫指。}

14 七月。月三日///

. {這是某人的畫指。}

15 二十六日，白吉招失雞從［鄉下］{運來了新鮮小麥，肆碩}

16 肆㪷。　　{這是白吉招失雞的畫指。}

17 九月。月四日，Cinaupte與{小奴從鄉下運來了*āka*：}

18 貳拾叁碩。　　{這是小奴的畫指。}

19 月五日，佛惠{與Koroñci從鄉下運來了*lyekśiye*：}

20 ［拾］陸碩。　　{這是押運人佛惠的畫指。}

21 十月十三日，爲了請僧[3]///

22 拾{碩。}　　///

----（騎縫綫）----

23 廿日，白吉招失雞與Sutane{從鄉下運來了大麥：叁碩。}

24 　　{這是押運人白吉招失雞的畫指。}

25 廿一日，小奴從鄉下{運來了*lyekśiye*：柒碩。這是押運人小奴的畫指。}

26 十一月朔日，［白吉招失雞］{從鄉下運來了大麥：貳碩}

27 伍{㪷。　　白吉招失雞的畫指。}

28 月五日，Calyīñi{運來了燈油用的*mlyokotau*：貳㪷。Calyīñi的畫指。}

1 參見慶昭蓉《吐火羅語世俗文獻與古代龜茲歷史》，161—162頁。

2 Cp.34釋録、分析見《吐火羅語世俗文獻與古代龜茲歷史》，156—162頁。

3 龜茲語“請僧”亦指安居，見慶昭蓉《吐火羅語世俗文獻與古代龜茲歷史》，222—228頁。

29　十一日，Erkäntsole［從鄉下］{運來了*lyekśiye*：貳碩肆㪷。}

.　　　　　　　　　　　　{押運人Erkäntsole的畫指。}

30　二十五日，小奴從*kuṃtsāk*{運來了棉籽。}

.　　　　　　　　　　　　{小奴的畫指。}

31　十二月廿二日，小奴{從鄉下運來了大麥：伍㪷。小奴的畫指。}

32　廿四日，白吉招失雞［從鄉下］{運來了鮮*miśśakane*：肆㪷。白吉招失雞的畫指。}

----（騎縫綫）----

33　廿五日，小奴…… ///

（空二行）

34　十月十三日，{我給了}白吉招失雞與{佛惠}*lyekśiye*：

35　肆碩肆㪷。　　　　　　　　{某人的畫指。}

36　十二月十五日，{我給了}Kalaṅko ……{*lyekśiye*：貳碩。}

37　　　　　　　　　　　　(Kalaṅko){的畫指。}

“佛惠”“小奴”分别爲龜兹人名Putteyāne（可音寫爲伏帝延等）、Wantiśke意譯，都是粟特佛教徒或與粟特關係密切[1]。至於白吉招失雞（龜兹名Kercapiśke，“驢兒、小驢”），其人見於同址出土漢文文書Cp.31《唐某年二月廿八日渠黎州帖白骨雷等處半爲問答事》[2]。他對渠黎州府而言是一位處半，對該寺而言則是一位浄人或信樂優婆塞。其年他與佛惠等人承擔該寺“押運人”（*klāṣuki*）一職，負責從鄉下押送糧食到寺内倉窖。其餘胡人名字尚未在漢文文書找到理想對應，暫不翻譯。難詞*kuṃtsāk*疑音寫“軍作”（蒲立本構擬中古晚期漢語爲kyn-tsak），是則可以聯繫到下文討論的“傑謝作”等軍事方面的“作”。這將意味着不止龜兹本地，連安西軍府也從事棉花種植，並疑似把棉籽供應或貸借給本地居民，待考。

Cp.28帳目雖殘，可以肯定它是歲暮謄理Cp.34時增寫第一紙貼在前頭，第二、三紙（第11—32列）屬於下半年度收入，包括Cp.34未列出的七月三日、十月十三日兩種收益，或與解安居布施及十月請僧有關。第34列以下開始登記支出，而較Cp.34簡略。十月十三日支出的4.4石糜，在Cp.34分成讓白吉招失雞送到城裏的磑價2.1石，以及給佛惠用途不明的2.3石。與Cp.8相較，此帳殘存支出部分不但未明確舉出僧伽食用、浄人食用，加上税糧一共49石也遠未達到，應該是這三種用途之外的其他雜用，從而不易確定該寺在這一年是否就只在六月十日前後繳了區區幾斗税糧。

按定年方案，Cp.8、28、34寫於天寶十四載（755），當年十一月爆發安史之亂。先不論該年税糧徵收次數及遞送方式，看來安史之亂前，税糧制度在龜兹已儼然成型，它對於D.A.佛寺而言像浄人糧食一樣，是特定而重要的開支。這促使我們考慮，天寶年間供軍糧

1　慶昭蓉《庫車出土文書所見粟特佛教徒》，63頁。

2　殘帖考釋見慶昭蓉《吐火羅語世俗文獻與古代龜兹歷史》，91—92頁，其人活動亦見《從*tuñe*一詞看龜兹佛教之香華供養》，46—47頁。

草是否大致達成動態收支平衡，從而能够據以逆推屯田、斸田收入[1]？抑或誠如韋湊開元三年奏疏[2]、張廷珪開元二十一年《諫停市犬馬表》等切諫[3]，不時令人憂心？已知唐前期軍需通過國用度支，原則上應向鄰近州、鎮支領；郵驛糧料在由轉運供給之外，還由各館、驛、坊附近田地供應。在這種情形下，向蕃胡百姓、佛寺莊園徵課糧食，起初只是供臨時行軍、戰鬥所需，但隨着四鎮固定，徵課也愈趨常態化。其需求可能在高仙芝西征期間明顯增加，致使“稅糧”一詞吸收到龜兹寺院的日常語言。但羅斯戰後，唐軍元氣損傷，平時派駐屯田、斸田、牧馬的兵卒便須調撥守備、巡邏等軍務。及至安史之亂爆發，唐帝國對磧西支持減弱，糧餉的維持更成爲根本要務。

四、克孜爾石窟出土龜兹語世俗文書所見“稅糧”

上述THT 2749經慶昭蓉詳録、分析與綴合，歸入德藏克孜爾出土龜兹語佛寺帳簿主要文書群，又稱“德藏主群”。此群寫於Kṣemārjune王二年（虎年）前後，據現有方案爲762年壬寅（“元年”，四月改寶應元年）。2008年綴合THT 2749、2818[4]；2010年加綴THT 2747[5]；其後陸續綴上更多殘片（圖1）。最新録文、翻譯如下：

THT 2747 + 2749 + 2818 + 2945 + 2788

1 */// (t)t· wyai kṣuttär yap.*

2 */// [k]ne ñu śāmnasa śwaiylyāṅk yap śle cākne wi tom. kau-ttāp maṣṣäm: śak-ṣe ///*

3 */// [ok]o – t$_u$[n]ek mant yirpse[m]a(ne) –[ka] cāk śak cakanma ok [t]o(m) – ///*

4 *///* *yap-ttāp ma[ṣuki] – – (t)s(e) [ka](p)[c](i) ///*

5 *///* *Yirp[ṣ]uki Putteyānetse kapci ///*

1 ///……大麥雜用：

2 ///日，九人份稅糧大麥每石二斗。（又，）我們作了牛（？）料：十一（石）///

3 /// 此中我們已經檢查了……石[6]……十石八［斗］///

4 /// 製作大麥食料者……的畫指。

5 /// 監察人佛惠的畫指。

---

1 例如李錦繡《唐代財政史稿》第3册，社會科學文獻出版社，2007年，382—383頁根據《通典》給出兵員、戰馬等基數估計天寶中安西糧草所需爲41.92萬石，復據《通典》記載和糴用匹段估計其價值爲粟15.75萬石，佔軍需37.57%，由此反推餘下62.43%均屬屯田、斸田收入，包括隴右道諸屯供給。不論如何，既然隴右諸屯亦供給北庭等地，則磧西屯田收入仍難以估算。

2 《舊唐書》卷一〇三《郭虔瓘傳》，3188—3189頁。慶昭蓉認爲，這份力諫關輔户口、糧食不足的奏疏，一方面既抑止郭虔瓘增兵安西的主張，一方面也使得玄宗領悟全國括户、勸農的必要性。

3 《新唐書》卷一一八《張廷珪傳》，4262—4263頁。

4 圖版見Ching Chao-jung and Ogihara Hirotoshi, “On the Internal Relationships and the Dating of the Tocharian B Monastic Accounts in the Berlin Collection”, *Studies on the Inner Asian Languages*, vol. 25, 2010, Plate VI.

5 慶昭蓉《庫車出土文書所見粟特佛教徒》，65—66頁；圖版見Ching Chao-jung, “The Activities of Sogdian Buddhists in Kucha as Observed in the Tocharian B Secular Documents”, in M. De Chiara et al. (eds.), *Buddhism among the Iranian Peoples of Central Asia*, Vienna, 2013, Plate III.

6 此處之“石”疑是指明其斛斗函量之實際用具。

圖1　德藏克孜爾出土龜兹語殘帳

THT 2747+2749+2818+2945+2788的拼合情況

圖2　德藏克孜爾出土龜兹語殘帳

THT 2748+2787+2817+2923+2731+2946的拼合情況

綴合前底圖來自Depositum der Berlin-Brandenburgischen Akademie der Wissenschaften in der Staatsbibliothek zu Berlin – Preussischer Kulturbesitz。

"雜用"（*kṣuttär*，來自梵語*kṣudra-*"雜、小"）指僧衆、浄人、工匠食用以外的支用[1]。綴合結果顯示克孜爾石窟某寺以大麥支付九人份税糧，故而在其認知裏，税糧可以看成一種人頭税。然而，由三件殘紙拼出的第2横列，珍貴地保存了"税糧"的税率爲石抽二斗[2]，可見其課徵基礎是土地收益。顯然該寺其年大麥雜用的首要支出就是税糧。可惜帳目已殘，無法看出支出多寡，亦不知該寺當年是否還以其他穀物付税。不過，撕毁方式雷同的THT 2748 + 2787 + 2817 + 2923 + 2731 + 2946看來也只涉及大麥，記録的是販運大麥所得錢財，由總管僧侣見證，運送者佛奴（Puttatāse）、監察人佛惠畫指（圖2），略譯如下[3]：

1 /// ……大麥雜用：

2 ///月……日，佛奴運大麥到城裏：二十石。賣掉了：（錢）……

3 ///……總管僧見到了。（署押）　　　　　佛奴的畫指。

4 　　　　　　　///　　　　　　　監察人佛惠的畫指。

由此可以推測，此寺的税糧支出也經過總管僧（Yotkolau）認可，而此寺所納税糧也像D.A.佛寺一樣特定而重要。由於"佛惠"是常見的粟特佛教徒名字，這位佛惠（Putteyāne）與D.A.佛寺的押運人佛惠應是同名而不同人，但雙方文書都反映8世紀中期粟特佛教徒在龜兹活躍於佛寺經濟的情形。

綜上所述，龜兹地區税糧特徵如下：（1）税糧以大、小麥交納，是否以其他色目交納尚不得而知。（2）税糧構成佛寺重要開支，課税對象疑爲一部分依附人口，不排除爲寺院浄人。（3）税率石抽二斗，似以土地收益爲基礎，但又按人數計算，疑似根據某種名簿繳付。

1　寺糧"雜用"既已見於更古老的龜兹語資料，見慶昭蓉《吐火羅語世俗文獻與古代龜兹歷史》，149—150頁。

2　*cākne wi tom*，字面意爲"一石之中，二斗"，見慶昭蓉《庫車出土文書所見粟特佛教徒》65頁注7。

3　《庫車出土文書所見粟特佛教徒》65頁已給出THT 2748 + 2787 + 2817 + 2923録文。

這些特徵提示人大博GXW0140所存文字與稅糧有關，其殘存文字如下：

（前缺）

1　一百七十七石三[斗][　　]

2　五十石十石稅　八石一石六斗稅　小廿石四石稅[　　]

3　七石一石四斗　五斗一斗

4　□[　　]　[　　]二升　十[　　]

5　[　　][稅][　　]

（後缺）

只看殘存文字，不易推定"稅"指何種稅，然而它的稅率與龜兹稅糧相同。故此它似乎是按耕地位置估算的稅糧簿。其第1行177.3石之數，接近貞元年間傑謝鎮管内稅糧總額[1]，是則此紙屬於度支過程的内部簡單記録，也許是傑謝鎮官員根據前一年產量，抑或該年即將收穫之際視察田畝的預料，對應稅田地產量進行的估計，或可命名爲《唐于闐某年稅糧（？）簿》。然而它也可以有别的解釋。例如顧及177.3石近於BH4-269勘覆所追徵的173.2石，它也可能是勾徵機構内部的試算草稿。不論如何，GXW0140數額多寡不一，格式與正規青苗簿有别[2]。對此，我們認爲磧西耕地的單位面積收穫量，會隨着播種量、天候、地力、灌溉量等因素而有顯著變動，但若采一夫百畝，畝收石粟的最粗略估計，其最高數值50石還在單丁生產的範圍内。

稅糧被龜兹人理解爲人頭稅，而要是只着眼新出和田文書中"准當界卌丁新稅并加壹耗附"（GXW0167背第1行）之類的説法，也確實容易令人推測稅糧純然是丁稅。可是結合龜兹語資料、GXW0140以及BH1-3等貞元六年（790）稅糧算會資料，可悟出它具有明顯的地稅色彩。然而，唐前期地稅畝納二升（約當2%）[3]，磧西稅糧石抽二斗（20%），兩者不能等同。

五、托庫孜撒萊出土文書所見"稅糧"

托庫孜撒萊在唐代屬於龜兹都督府鬱頭州（一稱蔚頭州）[4]。這一帶出土龜兹語、據史德語文書尚未發現"稅糧"音寫，但爲數更加稀少的漢文文書却有例證，即《唐某年（8世紀）龜兹白向宜黎租蒲桃園契》。我們據圖版重録該文書如下[5]：

1　[　　]蒲桃園壹所

2　[　　]七日，白向宜黎爲自無田，

1　貞元六年傑謝鎮管内稅糧總額按照BH1-3所見資料可估爲184石，見慶昭蓉、榮新江《和田出土唐貞元年間傑謝稅糧及相關文書考釋》表4。

2　關於青苗簿，見李錦繡《唐代財政史稿》第2册，84—89頁。

3　李錦繡《唐代財政史稿》第2册，80頁。

4　《新唐書》卷四三下《地理志》，1150頁。

5　圖版見《龜兹學研究》第3輯卷首圖版十六，新疆大學出版社，2008年。録文參見T. Yamamoto and O. Ikeda, *Tun-huang and Turfan Documents Concerning Social and Economic History*, vol. III, Contracts, (A). Tokyo: The Toyo Bunko, 1987, p. 166所收No. Add. 18；榮新江《所謂"Tumshuqese"文書中的"gyāždi-"》,《内陸アジア言語の研究》第7號，1992年，11—12頁。

3　　____平章，兩家火下

4　　____白向宜黎出人力[1]，至

5　　____已上並停（庭）分。官有

6　　____□□□稅粮[2]並向宜

7　　　　　____□□□多[3]

（下缺）

此契年代不明，既使用漢字，當屬顯慶三年（658）唐朝在西域建立羈縻州府以後。假定契文指涉據史德城周圍某所葡萄園，便可詮釋爲：白向宜黎在當地没有田産，向某位私家園主立契佃作以分成；“稅糧”是這片果園應納稅賦之一，約定由佃人白向宜黎支付。已知唐代租佃者負責支付地稅爲常態[4]，可以推測此契所見“稅糧”是向葡萄園課徵的田地或産品之稅，呼應我們上節闡釋的，“稅糧”具有濃厚地稅色彩的判斷。契文未説明所課“稅糧”是否須以糧食繳交，還是可用桃田産品或等價物折納，但它顯示在龜兹都督府境内，缺乏個人土地資産的佃種百姓也在課徵之列。

顯而易見的是，倘若唐代正規地稅（義倉稅）確實是磧西稅取糧食在法理上的主要根源，那麽在它的發展過程中，很可能是逐漸涵攝了稅錢、稅物等其他徵課名目，纔會逐漸膨脹到標準地稅的十倍之多。這是因爲維持磧西軍府行政之急需，正是聚糧以維持兵餉官禄；而在安史之亂後錢帛轉運有所停頓，徵糧顯然在很多時候比徵收錢財、布帛有效，也容易得多。

六、英藏霍恩雷文書所見“稅糧”

英國圖書館藏霍恩雷文書Or. 6408/2（G.1, H.4）《唐某年□奴等納新稅糧糜抄》原爲戈得福雷（S. H. Godfrey）通過阿富汗商販搜集所致，據云來自庫車[5]，却帶有于闐語字樣[6]。雖然龜兹出土殘紙未必不能寫于闐語，但顧及戈得福雷文書内涵，它更可能是和田出土品流到庫車市面者[7]。據圖版，其胡漢文字内容可結合録寫如下[8]：

1　____奴等納新稅粮床壹

1　/// ro hauḍe

2　____壹月貳拾陸日抄 A 大 B C

1　此行“白”字字形與第二行略異，疑亦可讀爲“田”。

2　“稅”字前面疑爲“柴”字，上方可能還有“錢”字之右側殘畫。若此讀法成立，則向宜黎要負擔（稅）錢、（稅）柴與稅糧。

3　此行極殘，疑爲四個漢字轉寫之胡名，可惜無法復原。

4　李錦繡《唐代財政史稿》第1册，4頁。

5　沙知、吴芳思《斯坦因第三次中亞考古所獲漢文文獻（非佛經部分）》，上海辭書出版社，2005年，334頁。

6　P. O. Skjærvø, *Khotanese Manuscripts from Chinese Turkestan in the British Library*, reprinted with corrections, London: British Library, 2003, p. 26. 該處説明爲未刊文書。

7　慶昭蓉《吐火羅語世俗文獻與古代龜兹歷史》，75頁。

8　A. F. R. Hoernle, “Three Further Collections of Ancient Manuscripts from Central Asia”, *Journal of the Asiatic Society of Bengal*, vol. 66, part I., No. 4, 1897, pl. 16.

3 　　 [C] [D] [B]堅

"大、堅"均爲漢字押署。標示爲A、B、C、D者含有不同畫押，疑雜有胡語文字，不易分析。于闐語殘句意爲"……也交了"，呼應漢文部分某奴等人共納糧食，可見是雙語税抄。類似税抄在于闐地區出現頗多，而此抄大小17.5cm × 9.5cm[1]，可判斷此抄左、右、下緣大致完整，缺少上半部約2/5面積。其内容雖簡單，却具有幾項罕見於已知唐代税抄之特徵：（1）日期大寫[2]；（2）帶多種胡漢畫押；（3）倘若代號爲C者表示一個筆畫反復强調的"了"字或者説終止記號，則它不僅遠較西州的例證生硬[3]，也較于闐地區已知者彆扭。並且它在此抄出現兩次：漢文、于闐文結尾各一次。以9世紀初雙語税抄Hedin 16、Hedin 15爲例，其符號以朱筆揮灑，只畫在于闐語部分結尾[4]，顯與此抄不同群。俄藏Дx.18930《于闐傑謝百姓納牛皮抄》所見符號爲墨書，只畫一次，也甚是行雲流水。

只看漢字書法、内容，難以否定此抄遲至9世紀或更晚。可是它曾受鑒定[5]，被認爲紙質與丹丹烏里克出土文書相近。綜合來看，我們推測此抄年代屬於磧西頒行税抄的較早階段，該階段似仍由唐軍官員、蕃府胡官、胡漢書典等共同徵收，十分鄭重。赫定收集品中的Hedin 73號木簡也帶有類似記號[6]。它未納入多數學者分析，但其實貝利（H. W. Bailey）曾嘗試轉寫于闐語一面如下[7]：

— śude salā vaśa'ra-saṃgä gau'sä hauḍä. śā kṣa' sairī thyau (haura)

參考貝利英譯及隨附注釋，他的理解是"Śude salā勿日桑宜（Vaśa'rasaṃgä）給了粟。你立刻把6兩銅給他！"[8]這宛如以銅换糧，令人考慮交糴、和糴的可能性。但其解讀問題頗多。首先，命令語氣*haura*"你給"毫無墨跡，純屬推補。録成*thyau*的字符據彩版應録爲*lyā*[9]。"銅"在世俗文書寫法是*śāta-*[10]，貝利按佛典例證釋*śā*爲"銅"未必合適。其録*sairī*（詞幹*saira-*）而釋爲斤兩單位的詞彙也有疑義[11]，何況彩版顯示字跡爲*thairī*，無論如何字首輔音不宜讀爲<s>，比較前頭的*salā*、*gau'sä*即可知。其録文*kṣa'*"六"在簡上是個塗改字符，貝利讀成<ṣ>者正好完全塗黑，而<k>字頭更適合録爲<t>或<n>。故擬改訂録文如下

1 數據采自http://idp.bl.uk/database/oo_scroll_h.a4d?uid = 24952379735;recnum = 4115;index = 1。（按沙知、吴芳思圖録334頁插圖比例尺有誤）

2 "壹"字讀法相當不確定。倘若可行，便可復原爲"拾壹月貳拾陸日"。

3 如大谷5820《唐開元二十九年——天寶三載西州高昌縣周祝子、周通生等納税抄（之五）》，池田温《中國古代籍帳研究》，東京大學東洋文化研究所，1979年，439頁。

4 榮新江《漢語—于闐語雙語文書的歷史學考察》，25—26頁。更多例證參見朱麗雙《Pe'mīna thau：古代于闐的毛織布》，《西域研究》2021年第2期，1—12頁插圖。

5 慶昭蓉《融通文理，一以貫之：二十世紀初期魏思納（Julius Wiesner）庫車、和闐出土古紙研究撮述》，《敦煌學》第36期，2020年，590、594頁。其文收入鄭阿財、汪娟主編《張廣達先生九十華誕祝壽論文集》，新文豐出版公司，2021年，785—832頁。

6 彩版見日本書道教育會議編《スウェン・ヘディン樓蘭發見殘紙・木牘》，東京，1988年，128頁，no. 116。

7 H. W. Bailey, *Khotanese Texts,* IV: *Saka Texts from Khotan in the Hedin Collection*, Cambridge, 1961, p. 50.

8 Ibid., p. 171.

9 感謝荻原裕敏爲我們指出其*thyau*、*sai*、*kṣa*三個字符讀法之誤。規範的*thyau*字寫法可參見木簡Hedin 33b面第2行，H. W. Bailey, *Saka Documents, Plates, Portfolio* 1, London, 1960, Plate 1。

10 見俄藏SI P 103.39，參見吉田豊《覺え書き》，111頁。

11 按施傑我説這個單位在世俗文書的形式是*sera*，見P. O. Skjærvø, *Khotanese Manuscripts from Chinese Turkestan in the British Library*, p. lxxvii。

（斜體表示不確定的讀法，× 表示殘損的字符元音或輔音部分）：

ś×de salā vaś*ä*'rasaṃgä gau'sä hauḍä śā *ta*' thairī lyā

Śude Salā勿日桑宜納粟，一。*ta*'（或*na*'？此爲塗抹字符）thairī lyā

參考稅簡格式，動詞*hauḍä*"給與，納"之後應有斛斗單位及數詞。此處不知爲何單位省略，但*śā*可以看成于闐語數詞"一"。其以婆羅謎數字而不以數詞表示，亦不妨譯爲"壹"。其後塗抹字符不易解釋。如果它仍具意義，也許表示"唐"（假設下方墨勾亦爲鼻音）或者是"納"（假設墨勾不表示鼻音）。*Thairī*音似"大曆"，而*lyā*不排除爲"糧"音寫[1]。也就是説，數詞*śā*"一"以後文字，看來更像一串漢語。

另一面漢文似與之無關，我們録文如下：

拔没割婁納永三田子粟壹碩，永三九月十九□□C

"拔"後脱一"伽"字，而已知雙語稅簡偶爾漢文、于闐文内容彼此不一致，應是胡漢書典溝通偏差所致。"没割婁"又見寫於武周延載二年（695）、天寶二年（743）之間某年的國圖BH1-15雙語名單，其時没割婁17歲[2]，不確定是否爲同一人。然而永三指"永泰三年"，即大曆二年（767，尉遲曜登位元年），故而要是于闐語一面確實寫出"大曆"一詞，兩面書寫時間相差不遠，而漢文在先。這也符合木簡現狀：漢文墨色清楚，于闐文却像是整個磨掉一層文字後纔寫上。這情況很像是由於表示糧食份量的缺刻正好現成，勿日桑宜回收使用了没割婁納田子雙語條記，將于闐語一面磨掉，寫上數量恰好也是一碩的納"糧"（稅糧?）記録，但是他後來放棄了這個做法，從而漢文部分並没有被接着磨掉而寫上正式檢納勿日桑宜納粟的結果。

不論如何，Hedin 73證明永泰年間于闐人納"田子"，我們懷疑是"屯田地子"之略[3]。在這個時期，唐軍讓于闐百姓佃種屯田，而這種收入與稅糧不同。將此簡相較於《唐某年□奴等納新稅糧糜抄》，可以確證前者是真品，而後者的確出自和田，年代均屬8世紀中期。某奴等繳納的"新稅糧"乃是相對於舊年欠稅而言，可見彼時就存在欠稅現象。

七、磧西"稅糧"基本性質探析

1. 稅糧徵收品類

已知唐軍向于闐百姓徵收布帛、錢、糧食、牲畜、牛羊皮等物資[4]，而目前看來"稅糧"

1 已知法藏敦煌于闐語文獻P.5538a出現過一例以*lyāṃ*寫"糧"的疑似例證，參見H. W. Bailey, *Khotanese Texts,* II, Cambridge University Press, 1954，p. 127；H.W. Bailey, *Dictionary of Khotan Saka*, Cambridge University Press, 1979, p. 371. 亦有可能詮釋爲"了"。關於晚期于闐語ā ~ au ~ āṃ之變異，參見 H. Kumamoto, "Did the Khotanese Have a Three Vowel System?", *Proccedings of the Second European Conference of Iranian Studies*, Roma, 1995, pp. 383-390.

2 段晴《關於古代于闐的"村"》，朱鳳玉、汪娟編《張廣達先生八十華誕祝壽論文集》，新文豐出版公司，2010年，584頁；年代考證見榮新江《漢語—于闐語雙語文書的歷史學考察》，28頁。

3 "屯田地子"見大谷4915《唐天寶元年（742）交河郡納青麥狀》，池田温《中國古代籍帳研究》，446頁，209號。

4 參見張廣達、榮新江《聖彼得堡藏和田出土漢文文書考釋》刊佈相關文書，原載《敦煌吐魯番研究》第6卷，231—232頁；收入作者《于闐史叢考》（增訂本），267—288頁。吉田豊對各類徵課有初步分類，見所著《覺え書き》，97—117頁。

的基本支付形態就是糧食，色目爲青麥、大麥、小麥、糜、粟，尚未發現以豆、米、麵等色交納的證據，不過桃田税糧的支付形式尚不清楚。

Дx.18919r《唐大曆十七年（782）閏三月廿九日韓披雲收領錢抄》似乎表明税糧可以用錢折納，其内容如下：

1 瑟昵先薪（對）思略，令分付韓雲

2 麥伍碩。錢伍伯文，折小麥伍碩，令

3 足。大曆十七年閏三月廿九日，左三

4 韓披雲抄。

這裏大意是説：大曆十七年閏三月末之前，百姓瑟昵接到傑謝小吏思略指令，要付給韓披雲欠麥伍碩，於是在二十九日以錢五百文，折小麥五碩上交。韓披雲又見GXW0167《唐某年于闐傑謝鎮倉糧入破帳草》之官健名單。

此處瑟昵所納錢疑是税糧小麥或税料小麥之所折（"税料"見下一小節）。參考上文對貞元七年没里曜思文書分析，可知此時鄉頭思略是代鎮守軍徵税的所由之一；而參考GXW0166:2《唐建中三年（782）傑謝鎮狀稿爲合鎮應管倉糧帳事》背面百姓積欠大曆十五年（780）、十六年（781）税糧等記録，則可察覺儘管追徵十五年、十六年欠税的所由都没寫清楚，但是在傑謝負責追徵欠税人的所由，以及建中三年（782）百姓貸便税糧的所由，都是出身傑謝的知事勃延仰（Puñargaṃ），大曆十六年時年三十五[1]。大曆十七年，鄉頭思略很可能是接獲知事與傑謝鎮官的催收命令，讓他與左三韓披雲一起找到欠税糧者瑟昵以責納。欠税名單顯示，大曆十六年有兩個同名爲瑟昵者都欠税糧（GXW0166:2背面第12行），一人在潘野的高奢家，一人在潘野的没捺家，這兩人那年並没有在傑謝從事生産，大概就是因爲這個特殊情況而允許以錢代納。今擬重新將Дx.18919題爲《唐大曆十七年（782）閏三月廿九日瑟昵納錢代小麥抄》。

已知勞役亦可以錢代納，稱爲税役錢，通過所由向鎮官繳交，如Дx.18925《某年正月六城都知事牒爲偏奴負税役錢事》即是[2]。此外還有"馱腳錢"，見GXW0104《貞元六年十月廿五、廿六日没里曜娑納藺城馱腳錢抄》内容如下（三個"迪"字均爲花押）：

1 没里曜娑藺城馱腳錢叁阡三百廿拾文，

2 貞元六年十月廿五日，徵錢判官裴

3 迪抄。又伍拾文，迪。廿六日又納六十文，迪。

按，没里曜娑可能在貞元六年十月廿二日叱半史郎交算税糧後成爲鄉頭，這時他是個人還是代表全鄉繳交，暫且不問。然而，鑒於腳錢是唐前期租税的附加税[3]，在此作爲税糧的附加税就日期而言也説得通。是則意味着此時傑謝鎮倉所納糧料，有一部分須轉運到藺城，與

1 參見慶昭蓉、榮新江《和田出土唐貞元年間傑謝税糧及相關文書考釋》第二節對BH1-3算税糧簿所見人名的考釋。

2 張廣達、榮新江《于闐史叢考》（增訂本），278—279頁。

3 李錦繡《唐代財政史稿》第2册，145—155頁。

上文闡述Дx.18921《守捉使牒爲傑謝百姓狀請放免藺城馱料事》内容相呼應。已知貞元年間傑謝鎮税糧文書未見裴姓官員，這位徵錢判官疑是其上司派遣的專徵官。它從側面説明貞元年間的納税糧者在糧食之外還要交馱腳錢，負擔不輕。

2. 税糧的徵收對象與基準

GXW0166:2《唐建中三年（782）傑謝鎮狀稿爲合鎮應管倉糧帳事》和BH1-3《唐貞元六年（790）十月廿二日傑謝鎮倉算叱半史郎等交税糧簿》提示我們，該鎮管内的税糧徵收對象，應爲傑謝合鄉百姓、“磧外百姓”及“在軍寄住百姓”三類人[1]，分述如下。

傑謝合鄉百姓：傑謝孤懸於大漠深處的丹丹烏里克，但有河水經過，故此成爲于闐六城州的一個鄉所在地[2]。在傑謝鄉的範圍内有水渠環繞，可以種田營生，從而這裏的百姓是傑謝鎮管内税糧的最直接徵收對象。BH1-3《唐貞元六年（790）十月廿二日傑謝鎮倉算叱半史郎等交税糧簿》所記史郎等三十人，就是這類傑謝鄉百姓。

磧外百姓：大概因爲傑謝在遥遠的沙漠之中，所以當地人視作“磧内”或“磧裏”，久而久之，傑謝的人就把籍貫在傑謝而本人在外地者，稱作“磧外百姓”，這一點可以從GXW0166:2所記大曆十五、十六年的磧外百姓得到證明，他們有的在潘野，有的在拔伽，有的在族落。拔伽和潘野都在老達瑪溝一帶，距離傑謝有一段距離[3]。但其中也有在傑謝的例子（見GXW0166:2背面第14行）。這或許是因爲傑謝鄉較傑謝鎮範圍要廣闊，一些傑謝鄉所屬的村超出了丹丹烏里克所在的傑謝鎮中心地界，所以這些住在傑謝鄉邊緣村落的百姓也被稱作“磧外百姓”，因爲傑謝既然立爲鄉，下面應當不止一個村。中原百户爲里，五里爲鄉；而在磧西，里即村。

在軍寄住百姓：這些應當是籍貫屬於傑謝鄉，但因爲種種原因在鎮守軍的一些據點謀生，他們人在軍中，故稱“在軍寄住”，但他們身份仍是百姓，所以需要與鄉村百姓一樣繳納税糧。

新出大曆中期至建中年間税糧資料顯示，“税糧”“田子”“作課”三種收入互不重疊。至於傑謝鄉百姓對傑謝鎮或傑謝守捉的經濟依附關係，在利用GXW0167《唐某年于闐傑謝鎮倉糧入破帳草》背面起草的《唐傑謝作狀上傑謝鎮軍爲床和（糜禾?）田苗等事稿》中，有甚爲明白的展現[4]：

1　傑謝作　　　　　　　　狀上□

1　兩件文書分别刊載於慶昭蓉、榮新江《和田出土大曆建中年間税糧相關文書考釋》、《和田出土唐貞元年間傑謝税糧及相關文書考釋》。

2　關於傑謝的考古與河道走向，參看A. Stein, *Ancient Khotan. Detailed Report of Archaeological Explorations in Chinese Turkestan*, Oxford, 1907, pp. 236-303；E. Huntington, *The Pulse of Asia: A Journey in Central Asia illustrating the Geographic Base of History*, Boston, 1907, pp. 187-188。關於傑謝的古代遺址功能，參看榮新江《丹丹烏里克的考古調查與唐代于闐傑謝鎮》，《新疆文物》2005年第3期，31—35頁。

3　參看文欣《于闐國“六城”（*kṣa au*）新考》，朱玉麒主編《西域文史》第3輯，科學出版社，2008年，120—124頁。

4　此件帳草似晚於貞元六年，參見拙文《和田出土大曆建中年間税糧相關文書考釋》。背面的狀稿録文亦見劉子凡《傑謝營田與水利——和田新出〈傑謝作狀爲床和田作等用水澆溉事〉研究》，《新疆大學學報》2012年第5期，70—76頁。

2　床和（禾）田苗等

3　右件田作，先奉軍牒，供百姓同用□

4　後其水漸小，共合鄉百姓分用，百姓卌丁用十日，作家一十丁

5　用五日，澆青小麥即遍。已後自從澆床和（禾），作上

6　每巡用七日，澆不遍，今見乾燋，同□百姓秋

7　田亦乾燋。其水前段破，人修捺渠道，更亦不

8　加。田苗見損，進恐年終課不充。爲與申上鎮軍。請處分。

（餘白）

我們推測“傑謝作”是一種生産隊伍，耕種傑謝鎮或傑謝守捉田地。作家年終需納“作課”，顯然與田子有别[1]。狀稿旨在陳訴，這年傑謝鎮渠水在春夏季尚够百姓與田作之家輪流灌溉青、小麥，到了耕種秋糜時已不敷所需，所以作家期望減免“作課”。作課的性質近於屯課，但規模不及一屯，生産力也並非都是兵卒。由“百姓卌丁用十日，作家一十丁用五日”來看，胡人百姓人數較多，或耕種面積更大。綜觀英藏、俄藏等傑謝文書，當地確實住有若干官軍眷屬及漢户，不過我們尚未發現向這些人徵收税糧的切實證據。按軍制，這些長征健兒及其家眷本來應當由國家全部負擔，無須承擔沉重税賦，儘管安史亂後磧西軍資緊張，本地“健兒”演變成了一種役，但仍然食用糧賜，我們很難想象這些孤軍一面種地，一面被期望繳納作課或田子之餘，還要繳納税糧。

上文提到，税糧基礎税率是石抽二斗，似以實際田收爲度。各人名下税額不同（BH1-3），也許反映地塊良窳不一，有些疑即渠道系統末梢的各式墾田。開發未久的部田可能因地力尚未耗竭，宜於耕種小麥。亦可能因缺水、風沙等因素，只能耕種生性更强韌的糜粟。每丁百姓可能負責幾處不同地塊，而一丁所交税糧大致爲5~10石，這表示其年收量約在25~50石之間變動，雖然不高，差可自足[2]。這是從收入方面考慮。

從需求面考慮，高仙芝西征及安史亂後軍力漸減，所需當下降而難以確估，可是守軍勢須分派更多人力於防備、巡邏、探候、修築等軍務，兵卒耕種比例應是只降不升，這從側面説明了龜兹地區《孔目司文書》等8世紀晚期資料記載的百姓助屯現象[3]。而且僅僅助屯還不够。所謂“助”，暗示屯田重點勞動力仍在兵卒。倘若從事營種的兵卒不成比例，軍屯大概也只能漸漸荒廢。特别是像位處沙漠帶的傑謝鎮，若不適時維護，隨時會面臨耕地沙漠化，渠道塌壞等危險。是以我們猜測傑謝鎮將鎮田交與胡漢百姓種植，其漢民收編爲“作家”，

1　見BH1-1第13行“二百卅八石二斗，張休，建中六年當作欠。六十石七斗，田子粮欠”。又見BH1-2第28—29行“一百卌二石，秦璨，作課欠”，列入于闐鎮守軍倉“貸便迴造欠”的其中一筆。

2　這是以一丁日食三升、月食一石之粗估計算。其年收扣除税糧後餘20~40石，假設若需扣除種子，仍有十餘石至三十餘石之純收入。十餘石之收成勉可自給，再富餘一些亦可養家。

3　參看荒川正晴《クチャ出土〈孔目司文書〉考》，《古代文化》第49卷第3號，1997年，145—162頁；孟憲實《安史之亂後四鎮管理體制問題——從〈建中四年孔目司帖〉談起》，王振芬、榮新江主編《絲綢之路與新疆出土文獻：旅順博物館百年紀念國際學術研討會論文集》，中華書局，2019年，552—568頁；孟彦弘《旅順博物館所藏新疆出土孔目司帖及其所反映的唐代賦役制度》，雷聞、張國旺主編《隋唐遼宋金元史論叢》第9輯，上海古籍出版社，2019年，109—121頁。

不排除爲雇工勞作[1]；其餘聚居傑謝鎮附近的傑謝百姓則向鎮方繳納税糧，至於人不在傑謝而“在軍寄住”的百姓，其税課是否稍有優待尚屬未知。推而廣之，税糧主要徵收對象或許正是四鎮胡人百姓，住在唐軍基地附近而分享其田、水之利者，更是重點課徵對象。

學者曾指出，天寶年間西州“屯田地子”的意涵有待解釋：它既可能解釋成百姓租佃屯田所納地租（約50%），亦可能解釋成“廢屯税子”（即屯田廢置爲一般田地，耕者納地税［地子，唐前期標準爲2%］）[2]。就于闐而言，建中七年前後納田子者身份多種多樣（BH1-1），除了身份繁雜不一的漢人居民與官兵，也有于闐本地居民以及胡傔、胡奴等。從這點來説，我們認爲解釋成佃租比較合適。貞元年間文書未見“田子”例證，原因待考。

貞元六年，百姓個人名下應交税糧以5.5石案例最多（BH1-3），我們懷疑它意味的是5石再加上高達一成的某種折耗。該年數據有缺陷，但假如直接乘以GXW0167《唐某年于闐傑謝鎮倉糧入破帳草》第1行所見“准當界卌丁新税并加壹耗附”，便可估爲220石，接近第6行所記其鎮當年官健人糧200.58石。這從側面説明，于闐鎮守軍所税斛斗未特別指明時，指的就是“税糧”。

“官健”也許是各級官兵總稱，但傑謝鎮未必只有十幾位官兵常駐。大谷3354《唐天寶年間北庭天山軍兵士用糧所支倉帳》顯示[3]，一個軍事單位的人糧由多處軍倉支應，其第10—14行表明支應對象爲衙官、行官、奏、傔、兵、健六類，全軍五千人按所在而由哪些倉供給，均有詳細規定[4]。其後的磧西守軍制度縱然改易，應該也繼承了類似的調配措施，貞元六年節度使或鎮守軍衙度支出來的徵收指標，大概是當年度傑謝鎮至少該收上200石税糧。但從GXW0169《唐貞元六年（790）十月廿八日傑謝鎮牒稿爲當鎮應交税糧事》可以看出，實際上懸欠嚴重。至於傑謝鎮上其他官兵，理論上其食糧可以由田子、作課或轉運糧食供給，從而傑謝鎮全鎮人口總數仍須研究。

大曆建中年間，税糧進項已經十分可觀。BH1-2《唐大曆九年（774）（或十年）于闐鎮守軍倉勾徵帳草》顯示，僅二個州的百姓先欠税糧便可追徵到1167.85石之譜，517.8石來自豬拔州、645.25石來自六城州，惟合計數字相加（1162.050）略有出入。頗疑税糧在那時就與作課並列，成爲于闐鎮守軍糧的主要來源。

與税糧相比，“田子”進項略低，上述BH1-2第23—24行顯示當年度田子收入僅768石。已知唐前期官租變化較大，一般在畝抽二斗至六斗之間，法令不得過六斗（約當60%）[5]，據此估鎮守軍其年田子來自1280~3840畝田地。不過仔細觀察，其768石田子之青192石、小192石、粟394石比例恰爲1∶1∶2。這表示收租地畝屬於常田，其中一半春耕青麥秋收粟，另一半春耕小麥秋收粟。這些田地若非比較肥沃、水源無虞，就是靠近渠道樞軸或城郭，一

1 這是參考了學者對於西州長行小作的解釋，參看李錦繡《唐代財政史稿》第2册，254、265頁。

2 李錦繡《唐代財政史稿》第2册，241—242頁。亦參見盧向前《唐代西州土地關係述論》，上海古籍出版社，2001年，256—257頁。

3 池田温《中國古代籍帳研究》，484頁，220號。

4 王永興《唐勾檢制研究》，上海古籍出版社，1991年，136—146頁。

5 參看李錦繡《唐代財政史稿》第2册，249、261頁。

年二熟。在此情況下，若估夏、秋每畝仍然各抽2~6斗，則768石田子來自640~1920畝常田［（192+192）÷0.2=1920；（192+192）÷0.6=640］，其所由任季峰、張清平等皆漢人。BH1-1《唐建中七年（786）（？）于闐某倉欠糧簿草》第13—16行亦顯示，欠田子者只有一部分人像是于闐胡[1]，似可推測大曆、建中年間，唐軍轄下優質常田面積有限，但優先租給漢人百姓及鎮守軍眷種植。

值得矚目的是，GXW0169《唐貞元六年（790）十月廿八日傑謝鎮牒稿爲當鎮應交税糧事》開頭説到“右通從十月廿二日交筭百姓等税粮”，表明税糧由“百姓等”交納。是否百姓之外還有其他徵收對象？已知該鎮當年由兩位叱半負責交納30人名下的税糧（BH1-3），其中一些人出現在其他于闐胡、漢文書，從人名來看大多是于闐本地人。這表明，于闐地區税糧徵收對象以于闐人爲主，不排除定居下來的客胡也要交納，BH1-2背面所見康希光也許就屬於這類人。此外，通過BH1-3等文書的分析，我們注意到叱半史郎本人也是税糧的課税對象。故而我們猜測“百姓等”不僅意味着百姓及客胡，還意味着村坊胥吏，包括過去曾任六城知事之一的勃延仰。首領薩波思略個人似乎也要繳交，這是根據我們對丹丹烏里克出土木簡D.v.5（Or.8210/S.5891）的研判。依照既有圖録定義的正背面，我們録其文字如下[2]：

r1　薩波思略納青麥壹碩壹斗伍升，六年九月廿五日官檢懷珎，惟。（行側有勾記）

v1　青一石一斗五升。阿閉娑青一石一斗，惟。

“惟”字爲押署，書法頗似BH1-2背《唐貞元六年（790）十月、十一月傑謝鎮倉糧食入破帳曆稿》上的衛惟悌。此前文字爲衛惟悌的條記内容，表明思略所納經官員懷珎檢驗。檢和田出土文書，此“懷珎”可能係人大博GXW0175《守捉使帖傑謝鎮爲替人事》中的杜懷珎，乃傑謝鎮鎮官，魏忠順之前任；又見人大博GXW0061《都遊弈使帖傑謝鎮爲修土木栅欄等事》，稱爲“鎮官將軍”。背面“阿閉娑青一石一斗 惟”九字墨較濃，應是後寫。鑒於阿閉娑以及署名“惟”字者，恰好都出現在貞元六年秋季的税糧有關文書（尤見BH1-3第19行阿閉娑繳納的其中一筆“青壹石壹㪷”），此簡所記録的“六年”只能合理的判斷爲貞元六年，而難以繫於大曆六年[3]或建中六年。那麽此簡文字可以分成貞元六年九月廿五日薩波思略納青麥一筆、十月廿二日叱半史郎交阿閉娑納税糧青麥一筆。背面的“青一石一斗五升”或許是簡單函量過思略納麥的暫時記録。在杜懷珎檢納、衛惟悌勾記押署後，以大寫寫下正面内容[4]，另以紙條發抄給思略。之後此簡留在鎮司備查，十月廿二日拿來標記阿閉娑名下的納糧記録。在如此短時間内回收使用，可見這一年傑謝鎮連木料也很缺。如上述推測不誤，則此簡可名爲《唐貞元六年（790）九月薩波斯略納税糧青麥條記》，附《唐貞元六年

1　例外是伊里桑宜、身爲白卿傔的渴娑以及身爲弥姐（嘉順？）奴的瑟昵。後兩人在此時都算是隸屬於唐軍的人口，不似一般當地百姓。伊里桑宜在同件文書第28行述爲左光奴，或許三人都可算作唐朝軍方人口。

2　誤編入S編號斯坦因敦煌所獲漢文文書部分。參《英藏敦煌文獻》第9卷，四川人民出版社，1994年，194頁；Susan Whitfield, *Aurel Stein on the Silk Road*, The British Museum Press, 2004, p. 34有正面彩色圖版；吉田豊《覺え書き》，136頁。

3　吉田豊《覺え書き》，160頁，注71。

4　檢納倉糧諸官各取一字代表自己名字的做法，參見吐魯番出土文書64TAM20：21（a）《唐神龍二年（706）白澗屯納官倉糧帳》，唐長孺主編《吐魯番出土文書》叁，文物出版社，1996年，477—478頁。

（790）十月阿閉娑納稅糧青麥條記》。這個現象同時説明，思略辦公地點與鎮司很近，纔能這樣任憑取用。

考慮到薩波思略不在BH1-3的傑謝鄉30位胡人名單中，他或許被鎮軍看成鄉長，由鎮官將軍杜懷琛親自出面徵收。這體現了“税”字意涵：“税糧”就像唐朝地税、税錢等正税，王公以下皆應納“税”，其性質不是只有獲得授田、身爲課口纔須繳納的“租”。這有助於説明爲什麽連龜兹佛寺也在税糧課徵範圍内，儘管作爲本地豪强勢力，蕃府王宫貴族以及名刹大寺也許可以有所優容豁免。

3. 税糧徵收的時間

通過BH1-3的分析，我們推測在貞元六年，部分百姓也許是夏、秋二荏即時向叱半們繳納，但叱半們却拖延到十月下旬纔一總繳交，與傑謝鎮官員會算。表面上這符合學者對於當地人集體繳税的印象，可是這未必符合規範。不論如何，往年税糧上繳時間並不一定都是這麽晚。在此可以考慮荒川正晴分析過的英藏和田巴拉瓦斯特出土的一組大曆年間漢語—于闐語雙語税簡，也就是大曆十年（775）税糧徵收的原始資料。兹舉Or.8211/983（Balawaste 0011）爲例[1]：

r1　拔□（伽）□□大十税小壹碩伍斗，大十八月四日得足。（押）

v1　大十税小一石五㪷三□。　　（婆羅謎文殘字）

荒川先生認爲這裏所納的是拔伽鄉倉，我們認爲還是隸屬唐軍的軍倉較妥，“拔伽”下面的兩個空格當爲納糧胡人名字，亦即這支税簡應該是隨着糧食送納而遞交：在拔伽鄉集中時，只刻出分量並寫了胡語；從拔伽鄉轉到某守捉或某鎮倉時，加寫了漢語並由倉官檢納。這與許多紙質領抄文書是先寫漢文、再寫于闐文的流程相反。亦即這支木簡用於上遞，與一般用於下發的紙質税抄不同。换句話説，這支木簡並不是“抄”，而是納糧的最原始記録。此簡背面的“大十税小”指大曆十年税小麥，既然其年八月初即得足並點檢完畢，繳的大概是當年夏季新收小麥，呼應於D. A. 佛寺六月繳小麥，只是晚了將近一個多月。檢納入軍倉前寫的是“大十税小一石五㪷三（升）”，更原始記録是簡側缺刻與婆羅謎文字；八月四日，倉官以函量檢查後，肯定税額爲“小壹碩伍斗”而寫下大寫文字，“三升”没有量出來或直接作爲耗而扣除。“足”字下方點朱，應是檢納入倉者或勾官留下的記號。現在圖書館編的正背面，與實際書寫時間相反。

龜兹寺院六月繳交的税糧以及拔伽這筆八月纔檢納完畢者，時間與唐前期第二限税（七月）相距不遠[2]。不過由D.v.5《唐貞元六年九月薩波斯略納税糧青麥條記》可以看出，本來是夏天收割的青麥，拖到九月底纔納畢，阿閉娑的青麥還拖到十月下旬。可見8世紀後半税糧的實際繳納時期，就整體趨勢而言不斷地拖延、滯後。

1　Éd. Chavannes, *Les documents chinois découverts par Aurel Stein dans les sables du Turkestan oriental*, Oxford: Clarendon, 1913, p. 219, pl. XXXVII；荒川正晴《大英図書館所蔵コータン出土木簡の再検討》，3頁。

2　關於唐前期的第二限税（别税），參見李錦繡《唐代財政史稿》第2册，62—63頁。

4. “稅糧”與“稅料”

人大博GXW0183《唐某年糧食帳》提及“稅料”，録文如下[1]：

（前缺）

1　　廿五石三斗小麥

2　　一千二百七十二石一斗五升一合粟

3　二千五百石新稅料附

4　　一千四百五十石青麥

5　　五十石小麥

6　　一千石粟

（後缺）

這裏“稅料”主要指涉馬料，大概也涵蓋牛料、駝驢料。“稅料”疑是附列於“稅糧”之稅收，其前身爲開元十五年徵收的“駝驢料”。第1—2行不明糧食收入可能是“新稅糧”抑或“舊稅料”。其新稅料包括青麥、小麥、粟三色，顯示此帳無關新收夏麥或秋粟之限定徵收，而是年度總計。

我們再看本文開頭列舉的BH1-26《唐大曆十年（775）傑謝百姓日懃泥等納欠大曆七年稅斛斗抄》：

（前缺）

1　□[傑]謝百姓日懃泥□□

2　□□納欠大七年[稅]□

3　□□㪷大曆十[年]□

4　□　　判[官]□

（後缺）

日懃泥所納斛斗可指稅糧或稅料，抑或兩種兼之。《太白陰經》人糧馬料篇記載，一匹戰馬日支粟1斗[2]，則一月3石，一年36石；吐魯番出土文書反映馱馬、長行馬、官馬所需食料則略少。若全以戰馬計，2500石新稅料年可供70匹戰馬（2500 ÷ 36 = 69.44）或更多牲畜。倘依《唐開元三年西州營典李道上隴西縣牒爲通當營請馬料姓名事》[3]，每火6匹軍馬，每匹日付穈1.5升，一月45升，一年5.4石，則一年可供463匹軍馬，相當於77火（770人）之配置。這兩種估計差異不小，或許是搭配茭草多寡所致，但不論如何，GXW0183所記新稅料、新稅糧（或舊稅料?）總額遠超傑謝鎮管内規模，而屬於更高層級單位，呼應BH1-1正面、BH1-2正面記載所徵稅糧動輒以千石計的情況。

5. 稅糧的使用與挪用

我們在前面兩篇文章中已經論述到，稅糧在建中三年前後已供作傑謝鎮官健吃用；到

1　第4行旁補“四百”，第6行原寫“四百”後圈掉。

2　參見李錦繡《唐代財政史稿》第3册，369頁對馬料的討論。

3　唐長孺主編《吐魯番出土文書》肆，文物出版社，1996年，17—19頁。

了貞元六年前後，官健糧食所需更成爲傑謝鎮税糧的最主要用途。然而要是税糧具有地税性質，最初設立的名目便可能類似於義倉，亦即貯糧以備兵凶災荒。GXW0166:2《唐建中三年（782）傑謝鎮狀稿爲合鎮應管倉糧帳事》背面第4行提到該年三月鎮倉奉守捉牒將税糧貸與百姓，就是維持了這個傳統。其借貸利率不明，但百姓償還時加耗提高至“加貳”，見於人大博GXW0015：

（前缺）

1 □合從建中三年七月一日已後至□

2 □門壞百姓貸便並加貳耗粮□□

3 □□□□石六斗□

4 □五斗□

（後缺）

義倉賑濟的性質，很可能成爲地方所由與人民愈趨拖延的合法理由。然而已知唐朝各州正倉、義倉貯糧往往只有帳面上的區分，在這種情況下，磧西税糧之所得，在實際運用層面上大比例地用於供給鎮守軍人糧所需，甚至成爲軍方進行度支、轉運方式之主要收入進項，也是十分自然的。

税糧送去回造，可以由國圖BH2-33供糧帳得到解釋：

（前缺）

1 □呈粮麵□□□

2 □廿一日，史没何四人呈粮麵二斗。

3 □呈粮麵三斗。卅日，劉副使下張小奴

4 □斗。□□□下蘇惠順三人

（後缺）

“呈粮”即“程糧”，顯然有時候官軍糧食不直接以穀物形式支付，而是回造爲米、麵。這解釋了爲何BH1-2正面《唐大曆九年（774）（或十年）于闐鎮守軍倉勾徵帳草》正面蘭城倉點交的是“米”：作爲于闐東界最遥遠荒凉的鎮，轉運到那裏的糧食預先回造爲米，所以該倉所儲以米爲主。

現實面上，“税糧”並不止供作官健人糧、百姓貸糧。BH1-1背《唐貞元六年（790）冬季于闐傑謝鎮官健預支人糧、馬料簿》所記貞元六年的支用並未與馬料妥善區隔，並且BH1-2背面《唐貞元六年（790）十月、十一月于闐傑謝鎮倉糧食入破帳曆稿》整份内容讓我們懷疑，是否税糧尚未匯交之前，就挪給節度使隨身官安庭俊路糧、魏忠順將軍宅邸吃用等用途。這一方面既呼應唐代正倉、義倉同儲的習慣，也説明貞元時期軍糧供給吃緊，挪用多半也是出於無奈，甚至到有必要考慮尅扣官健糧食的地步。

6．税糧的勾徵

一系列貞元六年文書表明，該年前後傑謝鎮税糧徵收與在鎮官員李奉珎、衛惟悌密切相關。前者署爲判官，後者又見俄藏Дx.18915《某年九月十七日傑謝鎮帖羊户爲市羊毛事》，署判官别將。唯該件年代不詳，不能肯定貞元六年衛惟悌仍是判官。李奉珎在貞元六年傑謝鎮倉糧文書主要扮演經手人以及上報稅糧徵收情況的負責人，也是檢納糧食入倉的官吏之一；衛惟悌則是另一名檢納者，亦是該鎮勾官。儘管我們認爲該批文書中BH1-2背面出現的“同”字等符號乃是檢納紀録，而非案成勾徵，不過“稅糧”確實也有所勾徵。BH4-269《唐某年勘覆所帖催官曹之爲欠稅糧事》提到勘覆所下令讓催官曹之切徵某年新稅糧，即是勾徵後的舉措[1]。但稅糧的追徵持續不止一年，以人大博GXW0100《唐建中四年（783）糧帳》爲例：

1　從建中四年正月一日□

2　一石一斗二升欠車惠仏等□

3　五石　百姓上續徵得卌五□

4　李奉珎共廿人欠　　張子珣一石四斗□

（餘白）

糧帳雖殘，可知這是一筆勾徵帳。它説明李奉珎從建中四年開始就在于闐地區活動了。

更能説明懸欠問題的是帶有三方朱印的人大博GXW0173文書（見圖3），録文如下：

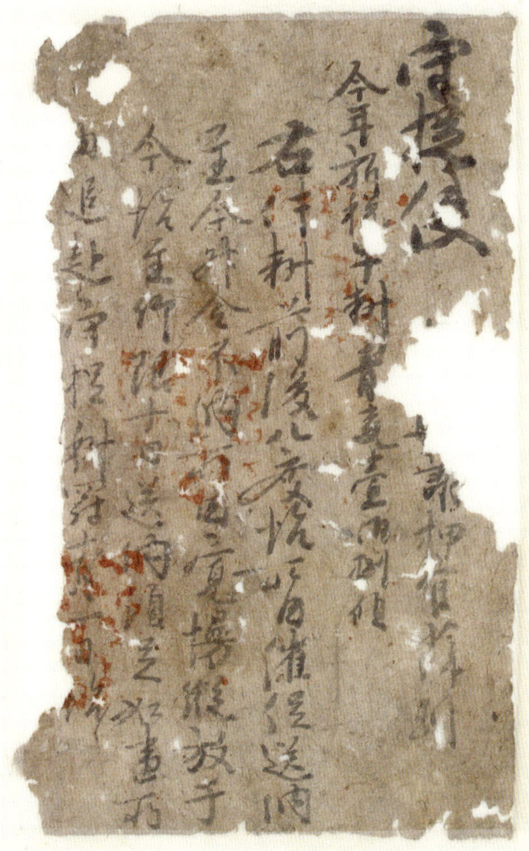

圖3　中國人民大學博物館藏GXW0173文書

1　文書録文見慶昭蓉、榮新江《和田出土唐貞元年間傑謝稅糧及相關文書考釋》。

1　守捉使　　　帖傑謝押官薛馴
2　　今年新税牛料青麥壹伯捌碩
3　　　右件料，前後八度帖所由，催促送納。
4　　　至今升合不納，所由寬慢，縱放于
5　　　今。帖至，仰限十日送納，須足。如違，所
6　　　由追赴守捉科罰。十一月一日帖。

從名稱來看，此處“新税牛料”較前述的“新税料”名目詳細，年代可能更靠前，而屬於某個（人）糧、駝驢料、牛料、馬料都分立名目的時期。從而我們考慮這件文書的年代是否可以與上述俄藏SI P 103.24建中三年于闐語税馬料抄相比。到了這件文書的書寫年代，從當時設定的繳交期限以來，前後八次催繳，所由却毫無送納[1]，故而守捉給押官薛馴下了最後通牒，讓他勒令所由十日内繳交。這麼看來我們至少可以推測，就唐鎮守軍的立場而言，此時各年度的税糧、税料無論如何應在年底甚至冬路冰封之前交齊。

小　結

本文中的“磧西”指唐代安西都護轄區，尤指龜兹、焉耆、疏勒、于闐地境。以上我們放眼龜兹、于闐，盡可能集中討論目前所能見到的關於磧西税糧具有關鍵性提示的材料，來討論税糧制度的一些方面。到目前爲止，我們對這項傳世典籍闕載的唐代磧西賦税制度有如下認識：

（1）在中央政府没有支援的情況下，安西節度使轄下的地區利用税糧制度解決鎮守軍人糧、馬料（牲畜飼料）之供給，後者也稱之爲“税料”。

（2）于闐王國作爲唐朝羈縻性質的毗沙都督府，利用州、鄉、村各級地方行政部門，徵集税糧，轉交給鎮守軍。這個徵税系統不斷往地方扎根，負責税糧徵收的鎮守軍將官越來越接近于闐胡人百姓，而不是始終通過于闐王府固有的税收系統。

（3）對於于闐百姓來説，税糧的負擔相當沉重，似乎越到後期，拖欠愈趨嚴重，其中某年税料徵收竟達到一年甚至一季之内連續八次催徵的地步。鎮守軍設置專徵官來督促欠税，地方叱半等官吏協助完成。

（4）作爲税糧不濟的補充，也採用了以錢折納的措施。但整體看來，税糧具有比較明顯的地税色彩。

（5）除了“税料”以及折耗，疑似作爲“税糧”附加税的還有“脚錢”。

（6）這些有關税糧的帳簿、草稿以及雙語糧食税簡與税抄的存在，揭示8世紀後期磧西鎮守軍方面儘管人力有所緊缺，仍然維持了相當嚴密的行政制度，殊爲難能。看來這種起初以土地收穫量爲基礎税率的，相當於以收定支的税種，在8世紀後半其税率膨脹到唐前期標準地

1　如果每月催兩次，原始期限爲六月；如果每旬催一次，則是八月初。

稅的十倍之多，幾乎變成以支（人糧馬料所需）定收。在基礎稅率石抽二斗維持不變的前提下，要提升這方面收入，就只有不斷擴展應稅地畝的範圍，並且切實造籍以便核算、勾徵。

總之，鎮守軍根據軍事防禦形勢調配稅糧倉儲，其中心糧倉應當是位於于闐王國東部重鎮——坎城守捉，不僅遠隔四百多里的傑謝鄉的部分稅糧要運到坎城，在軍情緊張之際，甚至于闐西境豬拔州或東境蔺城的稅糧也要運到坎城倉，一旦敵軍進入于闐東部，一切人畜即可盡皆收入坎城，堅壁清野，迫敵退兵。在大曆、建中時期，這個從于闐各地轉運到于闐中心軍倉的體系看來還能維持其基礎運作，但是到了貞元六年左右，稅糧拖欠嚴重，轉運亦難以維繫，很可能變成傑謝等鎮、守捉直接就地使用地方官民納來的稅糧。不過長期來看，正是由於稅糧體制的運作，纔强有力地支持了安史亂後于闐地區的鎮防體系，使得這裏的鎮守軍在孤立無援的狀態下，堅守到大約802年方纔爲吐蕃佔領。

（原載《西域研究》2022年第2期，47—72頁）

和田地區新出鄭玄《孝經注》殘葉考釋

李丹婕

2006年，新疆策勒縣達瑪溝鄉北沙漠廢墟發現四件漢文文書殘葉，李吟屏先生最早撰文做了刊佈和初步考釋。其中一件殘文書，被暫行編號爲C6，麻紙質地，呈不規則方形，邊長8—9cm，紙上殘餘墨書漢文行書，略帶隸意，每字大小約1cm²，殘存文字5行，每行4—8字不等。李吟屏先生識讀、轉録文字後，未能比定出這件殘葉的內容，僅指出，“其語言特點類似於諸子百家的子類、經類典籍，是一部講述道德修養的書籍殘文”[1]。筆者據其文刊佈的照片，對這件殘文書進行了重新釋録，録文如下：

（前殘）

1 □ [爵]寵之以禄[厚] □

2 □？ 謂之悖德 不能愛□

3 □之悖德也 不能敬其？□

4 □[不]能敬其親而他人之？□

5 □則逆以悖爲順[則]□

（後殘）

我們據此可知，這些文字當出自鄭玄《孝經注・聖治章》，也就是說，這件殘葉原是鄭玄《孝經注》寫本的一部分。衆所周知，鄭玄《孝經注》至宋初已佚，由20世紀初敦煌藏經洞寫卷的發現纔又爲世人所知，其中P.3428、P.2674可綴合成一部鄭注《孝經》，從“開宗明義”章至“喪親”章，雖非全卷，但所存內容爲全書的四分之三，是目前可見最完整的《孝經注》文本[2]。將和田地區出土的上述《孝經注》殘葉與敦煌本《孝經注》相比對可知，這件殘葉所出《孝經注》的抄寫形式，並未遵循以單行大字和雙行小字的形式區別正文與注文的做法，而是將正文、注文混合連抄在了一起。由此我們可將上述殘葉的前後文大致復原如下，〔 〕內文字爲據敦煌本《孝經注》增補，並以字號區別正文與注文[3]：

1 李吟屏《發現於新疆策勒縣的四件唐代漢文文書殘葉考釋》，《西域研究》2007年第4期，17—26頁。

2 許建平《敦煌經籍敘録》，中華書局，2006年，410—411頁。

3 參張涌泉主編《敦煌經部文獻合集・群經類孝經之屬・孝經注（開宗明義—喪親）》，中華書局，2008年，1931頁。圖版參IDP官網。

1 ▭爵寵之以祿厚〔之至故不愛其〕

2〔親而愛他人親者〕謂之悖德不能愛〔其親而愛〕

3〔他人之親者 謂〕之悖德也 不能敬其〔親而敬他人〕

4〔親者謂之悖禮〕不能敬其親而他人之〔親者 謂之〕

5〔悖禮也以順〕則逆以悖爲順則〔逆亂之道〕

這件殘葉雖無紀年，但綜合紙張質地、書法特點以及同時發現的其他文書等情況，將之斷爲唐代寫本應該是没有問題的，換句話説，這是唐朝政治勢力進入于闐地區之後的産物[1]。

筆者比定出本件鄭玄《孝經注》殘葉後，這件文書輾轉入藏國家圖書館，編號爲BH3-3a。在聽聞本人的工作後，這批文書的整理小組慷慨提供了整理後的文書照片，此外，還提供了另一殘葉的照片（入藏編號爲BH3-3b），經筆者核驗，殘葉BH3-3b的内容亦出自《孝經注·聖治章》，而由紙張、筆跡等情形可以看出，兩片殘葉當原爲一個寫本。謹將BH3-3b的録文寫陳如下：

（前殘）

1 □□▭

2 處避后（？）稷□▭

3 南効故稱明堂□▭

4 周公行孝於朝越▭

5 歡心夫聖人之德□▭

6 ▭□□□

（後殘）

按照敦煌本《孝經注》可將這部分文本復原爲：

1〔天子布政之宫上帝者天之别名神無二主故異其〕

2 處避后（？）稷〔明堂之制八窗四闥上圓下方在國之〕

3 南効故稱明堂〔是以四海之内各以其職來祭〕

4 周公行孝於朝越〔常重譯來貢故得万國之〕

5 歡心夫聖人之德□▭

6 ▭□□□

經過與敦煌本《孝經注》比對，這一殘葉文本有兩點值得我們注意，其一，和前件殘葉BH3-3a一樣，也採取正文、注文不加區别的連抄形式，目前所存文字原本都是注文；其二，第2行的“効”應當是“郊”之訛，“南郊”看似成詞，但此處是針對明堂的注文，再結合敦煌本文字，“効”當爲衍文，原文是“在國之南”而非“在國之南郊”。此句連在郊祀内容之後，“南”後順寫“郊”，很可能是抄手在抄寫過程中的無心之失。無論如何，以上兩點，

1 在系統清點和田地區出土的文書後，張廣達和榮新江兩位前輩指出，和田出土的于闐文和漢文文書主要是屬於唐朝統治于闐時期的産物，參《關於和田出土于闐文獻的年代及其相關問題》，《于闐史叢考》（增訂本），中國人民大學出版社，2008年，68頁；該書初版於1993年。

都生動反映了寫本時代書籍複製和傳播過程中可能存在的真實形態。

在這兩件殘葉面世之前，中國國家圖書館已入藏過一件新疆和田地區出土的鄭玄《孝經注》殘葉，殘紙高29.1cm，寬17.3cm，單面書寫，存七行，經文單行大字，注文雙行小字，書法精緻、格式工整，内容由《孝經·卿大夫章》“口無擇言”始，至本章結束[1]。

這兩件（共計三片）和田地區出土鄭玄《孝經注》殘片的面世無疑是意義重大的。今人瞭解鄭玄《孝經注》的文本面貌，主要依靠出土文獻，其中以敦煌藏經洞所出寫本爲大宗。雖然學者在通盤考察敦煌出土的《孝經》寫本後得出“什九都是鄭氏經文”的論斷[2]，但目前可知明確帶有鄭玄注文的《孝經》寫本，共計9個號，可綴合成7件文書[3]，皆藏於英國、法國等海外學術機構。吐魯番出土的《孝經》相關文獻中，僅阿斯塔納67號墓所出《孝經》寫本殘片可比定爲鄭玄《孝經注》，涉及《感應》《事君》《喪親》三章内容，同墓還出土有《論語集解》殘卷、《開蒙要訓》殘卷、唐人習字殘片等寫本，據文書中的武周新字，可將其斷爲唐寫本[4]。此外的《孝經注》寫本，便是上述和田出土的兩件殘葉，因此從文獻學角度而言，其價值是不言而喻的。

除了文獻學的價值，兩件《孝經》殘片還具有重要的歷史學意義。20世紀初葉以降，和田地區陸續出土了于闐文、漢文、藏文等多語種文書，其中漢文文書有告身、牒狀、寺院的入破曆、契約等[5]，典籍類寫本則僅零星散見，如大谷探險隊發現過一件《尚書正義》卷八《商書太甲上第五》孔氏傳的抄本殘片[6]，斯坦因在麻札塔格獲得過一件北齊劉晝所撰《劉子·禍福》第四十八篇抄本殘片（M.T.0625）[7]，德國探險隊曾獲一件和田出土的寫本殘片出自《經典釋文》卷二《論語·微子》[8]，再加上本文所及兩件《孝經注》寫本殘葉，雖仍是吉光片羽，但無疑對我們評估中古時代于闐地區漢文典籍的傳播和影響具有寶貴的意義。近年來，和田地區又陸續有新發現，其中相當比重是漢文世俗文書，極大刺激了囿於材料而略顯沉寂的中古于闐史研究，也有效推進了我們對唐朝羈縻統治時期于闐地區軍事交通、文書行政、基層治理和宗教信仰等方面的認識[9]，兩件《孝經注》殘葉的面世，又提示我們重新審視若干既有的歷史認知，以體察8世紀近百年間唐朝支配于闐的程度、細節和後續影響。

1　2010年入選第三批國家珍貴古籍名録（名録號06967），圖版見中國國家圖書館、中國國家古籍保護中心編，周和平主編《第三批國家珍貴古籍名録圖録》第1册，國家圖書館出版社，2012年，87頁。

2　陳鐵凡《孝經鄭氏解抉微》，燕京文化事業股份有限公司，1977年，8頁。

3　許建平《敦煌經籍敘録》，388、410—418頁。

4　王啓濤《吐魯番文獻合集·儒家經典卷》，巴蜀書社，2017年，599—603頁。

5　參張廣達、榮新江《和田、敦煌發現的中古于闐史料概述》，《于闐史叢考》（增訂本），1—14頁；初刊《新疆社會科學》1983年第4期，78—88頁。

6　香川默識編《西域考古圖譜》下卷，國華社，1915年，經籍（2）之（1）。

7　Maspero, *Les documents chinois de la troisieme expedition de Sir Aurel Stein en Asie Centrale*, p. 191, pl. XXXV. 比定參榮新江《關於唐宋時期中原文化對于闐影響的幾個問題》，《國學研究》第1卷，北京大學出版社，1993年，416頁。

8　榮新江《接受與排斥——唐朝時期漢籍的西域流佈》，《絲綢之路與東西文化交流》，北京大學出版社，2015年，215—216頁。

9　榮新江《唐代于闐史新探：和田新發現的漢文文書研究概説》，吕紹理、周惠民主編《中原與域外：慶祝張廣達教授八十嵩壽研討會論文集》，臺灣政治大學歷史學系，2011年，43—56頁。

唐朝自建國之初便致力於向西北方向的外拓，開通並控制西部對外的交通綫和貿易網[1]，包括于闐在内的塔里木盆地周邊地區自然也是其戰略計劃中的重要部分[2]。顯慶二年（657），唐朝滅西突厥汗國後，安西都護府由吐魯番的交河城遷至龜兹，下轄龜兹、于闐、焉耆、疏勒四鎮，唐朝的軍事鎮防系統由此推行至塔里木盆地。上元元年（674）末，唐朝以于闐爲毗沙都督府，並於其境分設十個羈縻州，于闐被正式納入唐朝的羈縻體系。不過，鎮戍系統或羈縻體制的推行未能有效應對吐蕃、西突厥等周邊勢力的不時衝擊，因此，長壽元年（692），唐朝在擊退吐蕃、收復四鎮後，派遣漢兵三萬人鎮守四鎮[3]。開元六年（718），唐朝設四鎮節度使，于闐成爲安西節度副使的駐地，在安西四鎮軍事戰略防禦體系中的地位僅次于龜兹[4]。此後直至9世紀初唐朝再次陷於吐蕃之前，唐朝統治下的于闐都維持着鎮守軍和羈縻都督府雙軌共治的局面[5]。

據《舊唐書・地理志》載，安西都護府"管戍兵二萬四千人"[6]，那麽，僅就駐兵而言，于闐地區應該就有來自中原的近六千兵力。玄宗朝開始，數年一换的鎮軍日益無法滿足新的邊防形勢，鎮軍逐漸變成常駐健兒，家口也可同行，並由地方政府配給田地和屋宅[7]，這意味着，于闐地區的駐兵數一定程度上還具有"户"的意義。據敦煌市博物館藏唐寫本《天寶十道録》可知，于闐有户"四千四百八十七"[8]。兩相比較可以看出，即便中原外來人口和本地土著人口不及一比一，但對於于闐本地而言，來自中原的人口規模，無疑是相當可觀的。大批人口的遷入，勢必會導致外來者和土著人群之間在習俗與文化方面發生相當程度的碰撞和互動，由此，唐朝在于闐，乃至四鎮地區的羈縻統治，無疑具有獨特的地方性特色。

如果我們按照《新唐書》卷四三下《地理志》七的記載，將"雖貢賦版籍，多不上户部"作爲唐朝羈縻統治的一項原則[9]，那麽很顯然，四鎮地區並没有完全遵此執行。《天寶十道録》不僅明確記載了四鎮的户數，而且和其他諸道府州一樣，以朱筆清晰標注了四鎮都督府的級别皆爲"下"級。另外，國家圖書館入藏、和田地區出土的《唐于闐鎮守軍勘印曆》（BH1-8）文書中有"牒毗沙府爲勘圖事"的記載，很可能意味着于闐都督府需配合鎮守軍，一道完成唐朝全國範圍内勘驗地圖、核查户籍的工作[10]。

在這一背景下，《孝經注》寫本在和田地區出土這一事實就表明，随着中原駐軍及其眷

1 榮新江《唐貞觀初年張弼出使西域與絲路交通》，《北京大學學報》2020年第1期，113—118頁。

2 貞觀二十年，太宗便向西突厥乙毗射匱可汗提出以割讓"龜兹、于闐、疏勒、朱俱波、葱嶺五國"爲聯姻聘禮的要求，《資治通鑑》卷一九八太宗貞觀二十年，中華書局，1956年，6236頁。

3 《舊唐書》卷一九八《龜兹傳》，中華書局，1975年，5304頁。

4 榮新江《于闐在唐朝安西四鎮中的地位》，《西域研究》1992年第2期，56—64頁；《唐代安西都護府與絲綢之路——以吐魯番出土文書爲中心》，《絲綢之路與東西文化交流》，12—23頁。

5 孟憲實《于闐：從鎮戍到軍鎮的演變》，《北京大學學報》2012年第4期，120—128頁。

6 《舊唐書》卷三八《地理志》一，1385頁。

7 《唐六典》卷五，中華書局，1992年，157頁。

8 唐耕耦等編《敦煌社會經濟文獻真蹟釋録》一，書目文獻出版社，1986年，57頁；命名與研究，參榮新江《敦煌本〈天寶十道録〉及其價值》，唐曉峰等編《九州》第2輯，商務印書館，1999年，116—129頁。

9 關於唐朝羈縻府州的系統研究，參劉統《唐代羈縻府州研究》，西北大學出版社，1998年。

10 參文欣《和田新出〈唐于闐鎮守軍勘印曆〉考釋》，沈衛榮主編《西域歷史語言研究集刊》第2輯，科學出版社，2007年，111—123頁。

屬的到來，漢地特色的教育形式也隨之進入當地。據《唐六典》卷三〇載，唐朝“下都督府”設有府學，其中有“經學博士一人，從八品下；助教一人；學生五十人”[1]。目前雖然尚未發現唐朝在于闐地區設立府學的直接證據，但考慮到《孝經》是唐朝童蒙教育中重要的基礎儒家讀本之一[2]，于闐地區有官府學校的可能性是不能排除的。斯坦因第二次西域探險期間曾在麻札塔格遺址挖掘出一件殘片（M.T. b.006），一面殘存抄寫“俛”和“欣”二字兩行，另一面則存“當”和“抗”二字兩行，其中一面還留有寫者題記：“補仁里 祖爲户 □生 李仲雅 倣書卌（四十）行 謹呈上”，由此可知兩件殘片原爲學童習字簿。張廣達、榮新江敏銳地將這條題記的格式和内容，聯繫到吐魯番阿斯塔那363號墓發現的《論語·鄭氏注》抄本的題記，即“景龍四年三月一日 私學生 卜天壽 □”，“西州 高昌縣 寧昌鄉 厚風里 義學生 卜天壽 年十二 狀上”，並由此指出，于闐不僅存在“里”這樣的行政機構，而且至少内地移民子弟所受的教育應該和内地並没有什麽不同，閱讀和習字都遵從類似的規範[3]。這件學生習字殘片的内容，分别出自《蘭亭序》（“向之所欣，俛（俯）仰之間”）和《尚想黄綺帖》（“吾比之張、鍾當抗行”），以這兩件王羲之的法書帖作爲範本的習字寫本，近年在敦煌、吐魯番、庫車等地皆有發現[4]，是于闐在書法教育與習字訓練等方面呼應中原内地的最佳證明。

除了上述斯坦因在和田地區發現的習字文書殘片，近年入藏中國人民大學博物館的和田出土文書中，還有一些其他習字類文書，内容有《急就篇》（又名《急就章》，寫在記有“天寶九載七月”的糧曆背面）、《千字文》（正面爲一殘牒）及王羲之的《蘭亭序》和《尚想黄綺帖》（部分殘片正面爲契約），此外，在《唐大曆十年四月兵曹典成公解牒》《唐某日六城拔伽知事薩波文門某狀》《唐某牒爲巡探事》等多件殘片拼綴而成的官文書背面，也有習字，甚至可能是同一人習字的殘跡，從中可以看出，時人有逐日習字的做法，抄寫對象可能是韻書或字書，也可能是官文書的日常用字，通常情况下，是每個字寫三行[5]。這種逐日練習、日課數行的習字形式，亦見於吐魯番出土文書[6]，而以官文書常用字作爲習字對象，讓人想到敦煌地區以社司轉帖爲習字對象的情况[7]。

和田地區出土的《孝經注》寫本，除了意味着漢人到來之後，童蒙教育的教材和模式隨之進入西域地區這一情況之外，還提醒我們聯繫其他一些歷史現象。由於篇幅短小、章句淺

1 《唐六典》卷三〇，745頁。

2 姚崇新《唐代西州的私學與教材——唐代西州的教育之二》，《西域研究》2005年第1期，1—12頁；如《唐六典》卷四（109頁）載，舉子“《孝經》《論語》《老子》並需兼習”。

3 張廣達、榮新江《和田、敦煌發現的中古于闐史料概述》，《于闐史叢考》（增訂本），7—8頁；關於“補仁里”或當爲“輔仁里”，史睿教授提示，中古“補”“輔”同音，或爲同音而訛；此外，也有形近而訛的可能。

4 榮新江《〈蘭亭序〉在西域》，《絲綢之路與東西文化交流》，185—199頁；原刊《國學的傳承與創新——馮其庸先生從事教育與科研六十週年慶賀學術文集》，上海古籍出版社，2013年，1099—1108頁；另參榮新江《王羲之〈尚想黄綺帖〉在西域的流傳》，《絲綢之路與東西文化交流》，200—209頁。

5 陳麗芳《唐代于闐的童蒙教育——以中國人民大學博物館藏和田習字文書爲中心》，《西域研究》2014年第1期，39—46頁。

6 趙貞《中村不折舊藏〈唐人日課習字卷〉初探》，《文獻》2014年第1期，38—48頁。

7 孟憲實《論社司轉帖的書寫》，《出土文獻與中古史研究》，中華書局，2017年，142—146頁。

白、說理透闢,《孝經》雖未列五經,但自漢代開始,就常與《論語》一道,充當個人接受儒家典籍教育的基礎讀物。不止兒童相對易讀易解,對於不通中原文化的北族游牧統治者而言,從意識形態層面上提倡孝道也是其維持自身統治、切入中原傳統最便捷的渠道,北魏皇帝不僅在宫廷内外多次舉行講授《孝經》的活動,還把《孝經》譯成了鮮卑語加以推廣,北魏《國語孝經》之類的書籍至唐代仍存世可見[1]。身處西域地區的高昌國,雖然通行胡語,兼用胡書,但官學中仍設有教授《毛詩》《論語》《孝經》的課程[2]。吐魯番地區洋海1號墓出土過闞氏高昌國時期(460—488)的一件正反面分别抄有《論語》古注和《孝經義》的寫本,且其文本很可能來自南朝[3]。這不僅説明吐魯番地區,至少是漢人社群中長久延續着以《孝經》《論語》作爲童蒙教材的傳統,而且當地與中原内地的政權始終保持着密切的政治互動和文化交往。吐魯番地區還一度流行陪葬《孝經》的習俗,也是傳自中原内地[4]。唐朝之後這類現象都得以延續[5],至玄宗朝,皇帝愈發提倡以孝治國,還親注《孝經》,並下詔“天下家藏《孝經》一本,精勤誦習”,導致鄉學教授倍增[6]。顯然,儒家經典的屬性、鮮明的教化意義和簡短的篇幅,使得《孝經》具有超乎他書的普及性,閱讀人群顯然也不限於文人和漢人。

借敦煌藏經洞出土抄本而存世的《常何碑》中記載了一個生動的細節,稱常何“貴而好學,研尋弗怠。泛觀圖史,不爲章句。尤重《孝經》、《禮記》及班固《漢書》,未嘗釋手,咸窮指要。時有諸蕃酋帥,與公并爲將軍。公乃授以《孝經》,令知君父之義。事聞朝聽,特見嗟稱”[7]。作者在敘述常何生平事跡時特記下這一幕,顯然説明常何以《孝經》教化外族蕃酋將帥一事被時人傳爲美談,這裏尤其强調的,是通過《孝經》向蕃人演繹君父之道,進而引申至君臣之義,其間或許經過了北方游牧文化中“父子之道”的轉譯[8]。這並非唐朝向外族政治精英傳授儒家經典的唯一例子,唐朝國子監中,就曾有來自周邊政權的王子或貴族子嗣[9]。更典型的例子是熾俟辿的經歷,這位7世紀末生活在長安的葛邏禄部落酋長子嗣,不僅被詔入國子監讀書,朝廷還委派國子博士前往其宅第給予輔導,當然,這般用心教育的結果

1 《隋書》卷三二《經籍志》一,中華書局,1973年,934頁。

2 《北史》卷九七《高昌傳》,中華書局,1974年,3214頁。

3 朱玉麒《吐魯番新出〈論語〉古注與〈孝經義〉寫本研究》,《新獲吐魯番出土文獻研究論集》,中國人民大學出版社,2010年,158—173頁;原載《敦煌吐魯番研究》第10卷,上海古籍出版社,2007年。

4 董永强《唐代西州百姓陪葬〈孝經〉習俗考論》,《西北大學學報》2015年第2期,15—21頁。

5 如《河東薛氏殤子(魯魯)墓誌銘并叙》載,薛魯魯“五歲能誦《孝經》十八章,七歲通《論語》廿二篇”,吴鋼主編《全唐文補遺·千唐志齋新藏專輯》,三秦出版社,2006年,334頁;據《大唐萬年宫□監農圃監監事趙君(宗)墓誌銘》可知,趙宗身後隨葬品中有“兩卷《老子》,一卷《孝經》”,吴鋼主編《全唐文補遺》第3輯,三秦出版社,1996年,394頁。

6 《唐大詔令集》卷七四,中華書局,2008年,417頁。

7 李義府《大唐故使持節都督黔思費等十六州諸軍事黔州刺史贈左武衛大將軍上柱國武水縣開國伯常府君(何)之碑》,吴鋼主編《全唐文補遺》第7輯,三秦出版社,2000年,7頁。

8 關於中原君臣之序和北族父子之義間的對應關係,參拙文《突厥可汗與隋朝皇帝的互動》,《上海書評》(網絡版)2019年2月28日。

9 如《唐摭言》卷一“兩監”載,“高麗、百濟、新羅、高昌、吐蕃諸國酋長,亦遣子弟請入。國學之内,八千餘人”,王定保撰,黄壽成點校,三秦出版社,2011年,8頁;玄宗亦曾頒過《令蕃客國子監觀禮教敕》,《唐大詔令集》卷一二八,中華書局,2008年,689頁。

便是，熾俟辿"效職而玄統周慎，出言而暗合詩書"，在世時曾"産分踈屬，食待嘉賓。友睦弟兄，惠優孀獨……從政不頗，率身有禮。固足冠君子之列，符古人之志"[1]，這些中原士人典範的做派，當然可能只是一種流於文本的修辭，但是，考慮到熾俟辿的妻子爲粟特康氏，其墓誌撰者是身爲京兆進士的粟特裔米士炎，我們便不得不推想，這些入華的中亞胡人，仍然維繫着自己獨特的族屬社群乃至生活方式的同時，一定程度上也嫻熟掌握了中原文化的典籍與傳統。初唐入華的突厥汗國粟特部酋長安菩之子安金藏，甚至成爲唐朝的忠義典範而進入了國史[2]，雖然其家族很可能仍然延續着祆教信仰[3]。

胡人之外，《孝經》似乎也是儒家經典中相對受到武將青睞的讀物。任遂良曾參與平定開元九年（721）爆發的六胡州之亂，後因功被授予靈州武略府別將，其墓誌中就有"《孝經》一卷，未忘臣子之心"之語[4]，這當然並不意味着任遂良曾閱讀《孝經》，但結合常何向蕃酋推薦此書的情形可以推知，在武將群體中，《孝經》應該是相對常見的讀物。曾在安西都護府效力並升至高層的封常清，少時隨流放安西的外祖前往龜兹，其外祖負責防守城門，常於門口上教封常清讀書[5]。所讀之書，很可能就有《孝經》，此外或許還有唐朝武將多好讀的《左傳》、《漢書》等史書，如唐朝名將哥舒翰，便好讀《左傳》與《漢書》，而其父哥舒道元，生前曾擔任安西副都護，駐扎在于闐[6]。

總之，重建唐朝支配下的于闐區域社會史極大地仰賴於出土文獻，雖然目前已經取得了很多寶貴的進展，但還存在大量的未知。中原和于闐之間雙向文化交流則更難把握，張廣達先生探討過中原文化對西域的影響，並强調個體態度或群體觀念在接受或拒斥外來文化時的作用[7]。榮新江先生從行政和文書制度、經濟制度、漢化佛教和中原傳統文化等方面考察了唐宋時期中原文化對于闐的影響，比如受唐朝《平闕式》的影響，五代于闐國時代的于闐語文書中出現了rrvī"王朝"，bāyi/bayä"聖恩"或"天恩"，parau"敕"、"敕書"，gyastūñi"聖（意）"，gyastūñi rruśti"聖朝"，rruśti bayä"朝廷恩澤"，rruśta"國朝"，rrvī jsa gyastūñi"王朝聖（意）"等粗筆書寫的現象，此外，于闐語文書上還鈐蓋漢文朱印，比如P.2826號漢文寫本《于闐王致沙州節度令公書》上鈐有"通天萬壽之印"和"大于闐漢天

1 榮新江《新出吐魯番文書所見唐龍朔年間葛邏禄部落破散問題》，《新獲吐魯番出土文獻研究論集》，450—451頁；原載《西域歷史語言研究集刊》第1輯，科學出版社，2007年。

2 《舊唐書》卷一八七上《忠義傳上·安金藏》，4885頁。

3 沈睿文《重讀安菩墓》，《故宫博物院院刊》2009年第4期，5—20、157頁。

4 吴鋼主編《全唐文補遺》第8輯《大唐故靈州武略府别將賞紫金魚袋上柱國任公（遂良）墓誌》，三秦出版社，2005年，373頁。

5 《舊唐書》卷一〇四《封常清傳》，3207頁。

6 《舊唐書》卷一〇四《哥舒翰傳》，3211—3212頁；德藏"吐魯番收集品"中有一件正面抄寫班固《漢書》卷四〇《張良傳》，背面是司馬遷《史記》卷六七《仲尼弟子列傳》的寫本，其出土地很可能是庫木吐喇。參榮新江《〈史記〉與〈漢書〉——吐魯番出土文獻札記之一》，《新疆師範大學學報》2004年第1期，41—43頁；《唐代龜兹地區流傳的漢文典籍——以德藏"吐魯番收集品"爲中心》，《絲綢之路與東西文化交流》，161—172頁；原刊《國學學刊》2010年第4期，77—83頁。

7 張廣達《論隋唐時期中原與西域文化交流的幾個特點》，《文本、圖像與文化流傳》，廣西師範大學出版社，2008年，1—22頁；初刊《北京大學學報》1985年第4期，1—13頁。

子制印”兩方漢文朱印[1]，這些例證表明，中原文化對于闐的影響顯然不止停留於文書形式和行政制度，甚至上升到了意識形態和政治文化的層面。

本文所及和田地區新見的鄭玄《孝經注》，其價值也絶不限於文獻層面，如前文所言，這件文書除了用作童蒙教材外，還可能是當地社會精英的日常讀物，而這樣的讀者可以是中原的漢人移民，也可以是進入唐朝政治體制的蕃將，甚至可能是當地胡人。天寶十四載（755），安禄山起兵叛亂，尉遲勝聞訊後，讓其弟曜攝國事，自率兵五千赴中原救難，戰亂平定後，尉遲勝不願歸國，定居於長安修行里，“盛飾林亭，以待賓客”[2]，其宅第成爲京城一處知名的文化沙龍空間。繼任國王尉遲曜，則率當地民衆和唐朝鎮守軍一起對抗吐蕃，一直堅持到8世紀末[3]。尉遲勝對長安的留戀和尉遲曜爲唐朝的堅守，背後顯然不乏文化認同和主觀選擇的因素，這種文化浸染或滲透是在怎樣的情境中潛移默化發生的，值得我們繼續考索，而和田地區所出《孝經注》殘葉的面世便提供了一個難得的引子。

（原載《敦煌學》第36期（張廣達先生九秩華誕頌壽特刊），2020年，177—191頁）

1 榮新江《關於唐宋時期中原文化對于闐影響的幾個問題》，《國學研究》第1卷，401—424頁。
2 《舊唐書》卷一四四《尉遲勝傳》，3925頁。
3 參張廣達、榮新江《8世紀下半葉至9世紀初的于闐》，《于闐史叢考》（增訂本），252—253頁。

國圖藏西域出土《觀世音菩薩勸攘灾經》研究

林世田　劉　波

國家圖書館近年入藏的西域文書BH1-11《觀世音菩薩勸攘灾經一卷》，經文預言將有大批人畜死去，勸誘民衆傳抄讀誦該經，爲典型的讖記類佛教疑僞經。此經不見於歷代經録與藏經，亦無單行本傳世，雖文字簡短，但反映了豐富的歷史文化背景，爲佛教史與西域歷史的研究提供了難得的資料。

一、文獻校録及其産生地域、年代

此經保存完整，一紙，抄寫較工整，首題一行，經文十五行，兹録文如下：

1 觀世音菩薩勸攘灾經一卷

2 我日夜常流淚，不忍此衆生今載苦。吾於此處觀閻浮

3 提内太山西角頹，須人二万、牛一万頭，助太山散化，諸郡縣及

4 諸軍府，不能一一具到，其伊西庭共著二万人，即此安西二千人：三

5 百人婦人，七百人懷難者，三百人孩子，二百五十人耽酒者，餘取麁

6 行僧尼。不得不信，須轉讀，令勸諸處，著皆令脩福，轉此經

7 二七日，設齋二七日。如若不依者，灾害排門。捴著若不依者，當

8 已滅門。如其信者，當已各寫一本牓門，皆令讀誦，自免一

9 門灾難。如不寫者，亦滅門。如有見者，速爲遞相告報，免一

10 門灾難。如輕毀不報者，七日内當已滅門。吾無量劫在此教

11 化衆生，各努力依吾修福攘灾，即免此難。吾亦擁護汝，汝等當存心念

12 誦，吾觀世音菩薩隨其聲便即救護。努力脩善。　　王載

13 柘厥禮拜，道逢一老人，可年百歲，將此經來，遣向安西攘灾。于

14 時不見老人，驚怕恐懼。見此經者，每家各寫一本讀誦，速相

15 報不知者，請爲流傳，衆生免此灾難。其經護净，當家内壁

16 上著供養，免當家灾難。請爲遵行。

經文叙述此經來歷，稱“王載柘厥禮拜，道逢一老人，可年百歲，將此經來”，説明其産生地在唐柘厥關一帶。關於唐柘厥關的位置，學界有多種觀點。王炳華考證其地應在今新疆庫車以西渭干河畔的玉其土爾遺址與夏克土爾遺址[1]，這一觀點得到了學術界與考古界的認同。劉安志在此基礎上進一步指出，“玉其土爾和夏克土爾這兩區遺址，不僅是唐代柘厥關的所在地，而且也是龜兹都督府下屬機構‘城’的所在地”，認爲在當地曾有一座“白寺城”，其命名源於該地大寺“白寺”[2]。陳世良對這一觀點提出疑問，認爲柘厥關故址應在克孜爾石窟崖頂。近年，慶昭蓉進一步論證伯希和的觀點，即柘厥在庫車以北的蘇巴什[3]，龜兹第一大寺雀離寺即位於該地，當時爲民衆禮拜的中心。玉其土爾遺址、克孜爾石窟、蘇巴什均在唐龜兹附近，無論學界關於柘厥關故址所在地的觀點與結論如何，此經産生於唐龜兹（今庫車）一帶，是毫無疑問的。

經文中提到多個西域地名。其中“安西”，指龜兹（今庫車）。唐太宗貞觀十四年（640），於西州（高昌）創設安西都護府，其建制延續至安史之亂以後。高宗顯慶三年（658）五月，平定西突厥阿史那賀魯叛亂，遷安西都護府於龜兹，此後龜兹多稱爲安西[4]。文中將“安西”與“伊西庭”對稱，表明“安西”並不涵蓋伊西庭三州，其所指不是安西都護府，而應爲龜兹一地。

經文預言將有二萬人死去，又稱“其伊西庭共著二万人”，可見灾難實際上降臨在“伊西庭”，下面緊接着説“即此安西二千人”。從其叙述方式看，此經將安西視爲“伊西庭”之下的一個地區。這是不符合歷史事實的。唐代在西域東部比照内地州縣軍政制度建立的伊、西、庭三個州，是漢族居民聚居區。伊州轄境略當今新疆哈密地區，貞觀四年伊吾城主石萬年以伊吾等七城歸唐，唐置“西伊州”，兩年後改稱伊州，至代宗寶應二年（763）陷於吐蕃。西州轄境爲今吐魯番盆地，貞觀十四年唐滅高昌，置西州，至貞元八年（792）爲吐蕃佔領。庭州轄境相當於新疆烏魯木齊至吉木薩爾一帶，貞觀十四年設立，貞元六年爲吐蕃所據，不久又爲回鶻佔領。唐代西域地區都護府、都督府、節度使建制及轄區變動頻繁，但伊西庭三州的轄境始終未曾西至龜兹地區。經文如此不符合史實的叙述説明，此文獻的創製並不嚴謹。作爲在民間底層社會流行的傳貼（詳見下文），其創作者與傳播者並不嚴格遵循國家政治層面的制度，而僅關心民間信仰層面的因素，故而出現此類與史實相矛盾的詞句。

讖記類僞經具有强烈的現實針對性，直指民衆現實生活中的生死、疾苦等問題，經文能直接反映其産生背景。經文稱“遣向安西攘灾”，又稱“此安西”，在“安西”前冠以表近指的代詞“此”，都表明此經的産生及主要流傳地在安西（龜兹）一帶。龜兹、柘厥關與伊

1 王炳華《唐安西柘厥關故址並有關問題研究》，《西北史地》1987年第3期，10—20頁；王炳華《新疆庫車玉其土爾遺址與唐安西柘厥關》，《絲綢之路考古研究》，新疆人民出版社，1993年，82—105頁。

2 劉安志《唐代龜兹白寺城初考》，《敦煌學輯刊》2002年第1期，127—133頁。

3 慶昭蓉《重議柘厥地望——以早期探險隊記録與庫車出土文書爲中心》，朱玉麒主編《西域文史》第6輯，科學出版社，2011年，167—189頁。

4 劉安志、陳國燦《唐代安西都護府對龜兹的治理》，《歷史研究》2006年第1期，34—48頁。

西庭三州均地處塔里木盆地北緣，位於絲路北道。而本件文獻出土於塔里木盆地南緣的和田一帶，説明此經曾流傳到絲路南道的于闐，足見其在當時的西域地區流傳甚廣。

經文中没有明確表明其產生時代的語句，但可憑藉文中的蛛絲馬跡，推測出此經產生的時代。如上所述，安西、伊西庭等行政區劃名稱的出現，足以説明此經的產生與流傳當在初盛唐時期。經文中又提到"諸郡縣"，表明當時或之前曾實行郡縣制度。唐代地方行政實行州縣制，全國設若干州，作爲管領數縣的地方一級行政區。唐玄宗天寶元年（742），"改州爲郡"[1]，實行郡縣兩級制；至唐肅宗乾元元年（758）後，又逐漸改爲州縣制。有唐一代實行郡縣兩級制的，僅天寶、至德十七年。據此，此經產生年代不應早於天寶元年。當然，"郡縣"作爲地方行政區的通稱，在民間及語言系統中有一定的沿襲性。考慮到這一點，乾元元年以後的一段時間，民間依然存在以"郡縣"一詞來習慣性地泛稱各州縣的可能。但其沿襲時間應不至於太久，因爲寶應二年伊州即淪陷於吐蕃，伊州作爲行政區劃即不復存在，直至大中三年（849）張議潮收復伊州方纔恢復建制，故而此經的年代下限應不會晚於寶應二年。綜上所述，此經的產生年代可推定爲天寶元年（742）至寶應二年（763）之間。

二、此經的内容、性質及其淵源

《觀世音菩薩勸攘灾經》内容與結構均較簡單，經文由三部分構成：

自首句"我日夜常流淚"至"餘取麄行僧尼"爲第一部分，演説泰山西角崩頽，需要二萬個人、一萬頭牛助泰山散化，即攝取兩萬個人、一萬頭牛的魂魄。二萬人全部出自"伊西庭"，而安西則爲二千人，又詳細列出不同人群的名額分配，其中婦女三百人，"懷難者"（孕婦）七百人，孩子三百人，"耽酒者"二百五十人，其他五百五十人取"麄行僧尼"。文中列出的五類人，反映了當時西域社會的某些側面：婦女、孕婦、兒童都是相對較爲弱勢的人群，在當時的西域地區必然也是最容易受到傷害致死的人群；而酗酒者與麄行僧尼則是品行有虧的兩類人，由此可見，此經不無勸世的意味。

第二部分起自"不得不信"，迄於"努力脩善"，勸誘衆生信奉、傳播此經。首先，要求各處修福，"轉此經二七日，設齋二七日"，並警告不依者會有滅門之灾。其次，要求信者抄寫一份，貼在門上並誦讀，以免一門灾難，並警告不寫者將滅門。再次，要求見者"速爲遞相告報"，迅速流轉此經，否則七日内有滅門之禍。最後勸誘衆生依教修福攘灾，念誦此經，觀世音菩薩隨聲救護。

自"王載柘厥禮拜"至末句"請爲遵行"爲第三部分，述此經來歷。經文稱，有一位名爲王載的佛教信徒到佛教聖地柘厥禮拜時，路遇一位"可年百歲"的老人携此經來，命其向安西攘灾，老人隨即消失。造經者假托此經由王載得自一位神明，意在强化其來歷的神秘感，以使人信服。這種做法與敦煌本《救諸衆生一切苦難經》《定光佛預言》等如出一轍，

1 《新唐書》卷五《玄宗本紀》，中華書局，1975年，143頁。

所不同者此本是傳授給在家居士，而《救諸衆生一切苦難經》《定光佛預言》則傳授給出家弟子“惠通”“珍寶”。本部分再次勸誘見此經者崇奉此經，内容與第二部分有所重複，從修辭角度看固然有所不足，但從另一個側面展現了勸誘之忱。

此經並未照搬佛經以“如是我聞”開篇的程式，而經文反復勸導信衆“各寫一本膀門”，“見者速爲遞相告報”，“見此經者，每家各寫一本讀誦”，説明此文獻的性質爲傳貼。

敦煌文獻中保存有與此經内容、結構、性質類似的大量僞經寫卷，如《佛圖澄所化經》《大慈如來告疏》《勸善經》《新菩薩經》《救諸衆生一切苦難經》《定光佛預言》等。今略述如下：

《佛圖澄所化經》稱，河内温縣人劉起之等十五人入山砍柴，遇一鴻鵠化爲一老者，自稱佛圖澄，聲稱泰山東門崩，須取數十萬男女“治東門崩”，因此會流行“毒腫病”。隨後演説避禍之法：吃龍舌餅，轉此經行道，抄此經“袂著肘後”；並警告不崇奉此經會有滅門之灾[1]。該經創作於北魏文成帝和平四年（463）或稍晚，主要流行地在河内温縣一帶[2]。

土地廟文書《大慈如來告疏》預言將要發生大水灾，“普修佛法”者可免此難，同樣鼓勵信衆將其傳抄流傳，並警告“隱而不傳者死入地〔獄〕”。據王惠民考證，此件文獻産生於北魏文成帝興安元年（452）詔令復興佛教之後，抄寫日期在興安三年（454）五月十日之前，其産生與太武帝滅佛有關[3]。

敦煌本《新菩薩經》存近百卷，分屬甲乙丙三種抄本系列，内容均包括勸念佛、預示疾病灾禍、勸寫經及其經由來四部分。《勸善經》存60餘件，其内容結構與《新菩薩經》略同，其中有題記的二十餘件中，大部分題記年代爲貞元十九年（803），其産生與傳抄應在這一年。據圓空考證，甲本《新菩薩經》僅存一件，抄寫於長安四年（704），年代較早；而乙本/丙本《新菩薩經》與《勸善經》均盛行於吐蕃佔領敦煌時期，反映了寄托佛教祈免灾難痛苦的願望與强烈的民族思想[4]。

敦煌本《救諸衆生一切苦難經》存約50卷，内容包括天台山老師向惠通預示鬼兵亂起、勸寫經、勸善偈三部分。經中“中國黄河已北相魏之地正在其中”等文句表明，此經的産生與最初的主要流傳地當在相州、魏州一帶[5]。

S.2713《定光佛預言》演説楊州僧珍寶入山採藥，遇定光佛（燃燈佛），聲稱泰山崩壞，須鬼兵萬萬九千；隨後勸説寫經、傳經以免除灾禍，警告不信不寫者滅門。此經首句標明“咸亨元年”，則其産生與流傳當在670年或其後的若干年。楊梅認爲文中的楊州當指北朝的

1 郜惠莉《敦煌寫本〈佛圖澄所化經〉初探》，《敦煌研究》1998年第4期，96—100頁。

2 楊梅《4—8世紀中國北方地區佛教讖記類僞經研究》，首都師範大學博士論文，2006年，90—91頁。

3 王惠民《北魏佛教傳帖〈大慈如來告疏〉研究》，《敦煌研究》1998年第1期，42—47頁。

4 小笠原宣秀《敦煌本“勸善經”をめぐりて》，《東方宗教》第22號，1963年，1—13頁；圓空《〈新菩薩經〉〈勸善經〉〈救諸衆生苦難經〉校録及其流傳背景之探討》，《敦煌研究》1992年第1期，51—62頁。

5 張子開、張琦《映照安史之亂的唐代民間彌勒信仰實物——敦煌寫本〈救諸衆生一切苦難經〉新探》，《西南民族大學學報》2009年第1期，218—219頁。

“陽州”[1]。

美國普林斯頓大學東亞圖書館藏敦煌西域文書Peald 8d（1）號殘片，亦爲同類文獻。該殘片殘存兩行，此前尚未引起學界注意，兹録文如下：

（前缺）

1 今年太山崩壞，須鬼兵萬萬九千人，須告無

2 福人，但看三月四月五月，風從太山來，即得

（後缺）

S.2713《定光佛預言》有言：“今年泰山崩壞，須鬼兵萬萬九千。須告衆無福人，但看四月五日，風從泰山來，即得病，二日即死。”與此殘片文字非常接近，僅三字略有不同。可知此殘片與S.2713當爲同一系統的文獻。

德藏吐魯番文書Ch.2010《太山經一卷》，僅存上半部，但其内容大體是清楚的。此經的承受者爲南陽明寺僧“寶□”；預言的灾難類似於泰山崩，“須人萬萬衆”，牛若干，以消除這一灾禍；經文也同樣勸誘民衆傳抄、信奉此經，“寫三本免灾難”，不信者則將在正月遭殃[2]。

敦煌所存《首羅比丘經》，預言月光明王出世，百姓由此擺脱灾難，以此聚衆對抗北方石趙的統治[3]。相比較而言，此經篇幅較長，内容複雜，但其部分内容與上述傳貼類僞經多有相似之處：預言水灾發生、疾病流行，勸以抄經免灾，誹謗隱匿者受禍。

與此經類似的有國圖藏卷BD09349A（周70）。此寫卷正面爲《大唐開元禮》卷四十一，爲唐寫本；背面爲太平年志公讖記僞經，當爲吐蕃統治敦煌時期寫本。殘文曰：

（前缺）

1 □□□事欲至，但看念

2 □河井還，去來愁煞人，衆生

3 □因善思，吾姓老口字，可憐此語

4 □五辛，禮懺見聖君，善惡事

5 □□壽百年。太平正月六日，寶公志公

6 握別，各告姓名。六六卅六，遞護相魚宍

7 五五廿五，人民還本土，本何似東西，千里無國主。

8 四四一十六，遞護相窮逐，羌胡覔風道，鄰里相殘戮。

9 三三和如九，漢兒坐地取，羌胡自□疾，斬尾惟趣首。

10 二二有如四，漢兒坐當視，聖君出中州，五胡絶盡死。

11 一一要大戰，在虎宰兩軍，□因歸千萬，千萬無人朝。太平三年

1 楊梅《4—8世紀中國北方地區佛教讖記類僞經研究》，96—97頁。

2 録文見西脇常記《ドイツ將來のトルファン漢語文書》，京都大學出版社，2002年，104—107頁。

3 楊梅《〈首羅比丘經〉文本内容及創作年代考》，《敦煌吐魯番研究》第11卷，上海古籍出版社，2008年，183—198頁。

12 □□天下事

13 □如之何？志公曰：天下將傾覆，

14 □□兩皆絶

（後缺）

此文獻稱“羌胡自□疾，斬尾惟趣首”，又稱“五胡絶盡死”，亦爲南北朝時期民族矛盾激烈的産物，與《首羅比丘經》主旨、背景都有相似之處。

以上所述八種僞經，從結構、内容上來看，有着極爲明顯的相似性：它們均預言灾難疫病，大量人畜即將死亡，進而以威逼利誘的語氣勸導人們念誦、抄寫、流傳或張貼供奉該經，經首或經尾往往還有關於該經神異來歷的文字[1]。有所不同的主要有以下幾方面：經文的傳授人不同；具體的灾難疾病不同；灾難疾病的發生地不同。這些差别主要是改編者、傳抄者根據背景的不同和當時的需要加以修飾改寫的，而整體結構與行文方式均一脉相承。顯然，它們之間有着密切的淵源關係。

這一系列僞經中，時代最早的是北魏文成帝時期的《大慈如來告疏》（452—454），其次爲《佛圖澄所化經》（463或稍晚），《首羅比丘經》亦出於北魏僧人撰著，其次爲咸亨年間的《定光佛預言》，再次爲寫於長安四年（704）的甲本《新菩薩經》，其後爲《觀世音菩薩勸攘灾經》，乙本丙本《新菩薩經》與《勸善經》《救諸衆生一切苦難經》則流行於吐蕃統治時期的敦煌地區，時代最晚的爲宋太祖乾德五年（967）所寫。前後五百年間，中國北方地區東至黄河以北的温縣、相州、魏州，西至敦煌、龜兹、于闐，都有同類僞經的改編、流傳，可見這種僞經在中古北方民間有很廣泛的影響力。

1 梁釋僧祐《出三藏記集》卷七中有王僧孺記述《慧印三昧經》傳授經過的一段文字：“有廣州南海郡民何規，以歲次協洽，月旅黄鍾，天監之十四年十月二十三日，采藥於豫章胡翼山，幸非放子逐臣，乃類尋仙招隱。登峰十所里，屑若有來。將循曲陌，先限清澗，或如止水，乍有潔流，方從揭厲，且就褰攬。未濟之間，忽不自覺，見澗之西隅有一長者，語規勿渡，規於時即留。其人面色正青，徒跣捨屨，年可八九十。面已皺斂，鬚長五六寸，髭半於鬚。耳過於眉，眉皆下被，眉之長毛長二三寸，隨風相靡。脣色甚赤，語響而清。手爪正黄，指毛亦長二三寸。著赭布帔，下有赭布泥洹僧。手捉書一卷，遥投與規。規即捧持，望禮三拜。語規：‘可以此經與建安王。’兼言王之姓字。‘此經若至，宜作三七日宿齋。若不曉齋法，可問下林寺副公。’副法師者，戒行精苦，恬惔無爲，遺嗜欲，等豪賤，蔬藿自充，禪寂無怠。此長者言畢便去，行十餘步間，忽不復覩。規開卷敬視，名爲《慧印三昧經》。”（梁釋僧祐撰，蘇晉仁、蕭鍊子點校《出三藏記集》，中華書局，1995年，277—278頁）唐定覺寺沙門志静《佛頂尊勝陀羅尼經序》述此經來歷：“《佛頂尊勝陀羅尼經》者，婆羅門僧佛陀波利，儀鳳元年從西國來至此漢土，到五臺山次，遂五體投地向山頂禮曰：如來滅後，衆聖潛靈，唯有大士文殊師利于此山中汲引蒼生，教諸菩薩。波利所恨生逢八難，不睹聖容，遠涉流沙，故來敬謁。伏乞大慈大悲，普覆令見尊儀。言已，悲泣雨泪，向山頂禮。禮已舉首，忽見一老人從山中出來，遂作婆羅門語，謂僧曰：法師情存慕道，追訪聖踪，不憚劬勞，遠尋遺迹。然漢地衆生多造罪業，出家之輩亦多犯戒律。唯有《佛頂尊勝陀羅尼經》能滅衆生一切惡業，未知法師頗將此經來不？僧報言曰：貧道直來禮謁，不將經來。老人言：既不將經來，空來何益？縱見文殊，亦何得識？師可却向西國，取此經將來流傳漢土，即是遍奉衆聖，廣利群生，拯濟幽冥，報諸佛恩也。師取經來至此，弟子當示師文殊師利菩薩所在。僧聞此語不勝喜躍，遂裁抑悲泪，至心敬禮，舉頭之頃，忽不見老人。其僧驚愕，倍更虔心，繫念傾誠，回還西國，取《佛頂尊勝陀羅尼經》。”（《大正新修大藏經》第19卷，大藏出版株式會社，1926—1931年，349頁）王僧孺、志静所述情節與上述諸種僞經有相似之處，當與此類文獻有淵源關係，可見類似傳説在民間流傳甚廣。

三、泰山信仰與觀世音信仰的結合

此經以觀世音菩薩爲祈求對象，經名標舉"觀世音菩薩勸攘灾"，經文勸導信衆依教修福禳灾，聲稱"吾觀世音菩薩隨其聲便即救護"，爲反映觀世音信仰流傳於西域的重要史料。

觀音信仰起源於印度，印度至今尚存有1至12世紀不同風格的觀音造像[1]。佛教傳入中國以後，也逐漸興起了觀音信仰。西晉竺法護譯出《正法華經》之後，觀世音靈驗故事即廣泛流傳，《宣驗記》、《冥祥記》等志怪小説中存有不少此類故事，甚至出現了專事搜集觀世音靈驗故事的著作，如東晉謝敷《觀世音應驗記》、劉宋傅亮《光世音應驗記》、劉宋張演《續光世音應驗記》、蕭齊陸杲《繫觀世音應驗記》等[2]。鳩摩羅什《法華經》譯出之後不久，其中的《觀世音菩薩普門品》即以《觀音經》爲名單本别行。《觀音經》别行最初可能起於河西，與曇摩羅讖法師勸河西王沮渠蒙遜誦念觀世音，聲稱觀世音菩薩與此土有緣的傳説有關[3]。在敦煌遺書中，《法華經》抄本爲數衆多，達3400餘卷；同時，《觀音經》的單獨寫卷也多有出現；到9世紀晚期，《法華經》抄本漸少，而《觀音經》寫卷明顯增多[4]。民衆對《觀音經》的重視超過了《法華經》本身，這反映觀音信仰在當時社會的流行。

隋唐時期，出現了一批以"觀音"爲名的僞經，《開元釋教録》即載有八種，其中《觀世音三昧經》、《高王觀世音經》（亦名《小觀世音經》）兩種仍傳世，《彌勒下生遣觀世音大勢至勸化衆生捨惡作善壽樂經》、《觀世音十大願經》（《仁壽録》云：一名《大悲觀世音經》）、《彌勒下生觀世音施珠寶經》、《觀世音詠託生經》、《新觀世音經》、《日藏觀世音經》六種世無傳本，此外又有《觀音無畏論》[5]。津藝193《佛説水月觀音菩薩經》爲翟奉達爲其妻馬氏營齋所施經，其内容出自《千手千眼觀世音菩薩廣大圓滿無礙大悲心陀羅尼經》，可能産生於敦煌本地[6]。這些僞經均僅一卷，篇幅短小，易於誦讀流傳。隋唐以後，密教興起，大批以觀音爲名的密宗經典翻譯爲漢語，如《千轉陀羅尼觀世音菩薩咒》《觀自在菩薩隨心咒》《清浄觀世音菩薩陀羅尼》《千眼千臂觀世音菩薩陀羅尼神咒經》《金剛頂瑜伽千手千眼觀自在菩薩修行儀軌經》等，觀音信仰更爲興盛。

《法華經·觀世音菩薩普門品》借釋迦之口表示，觀世音菩薩能聞聲解救衆生之苦。經中並舉出種種事例，説明觀世音能解除現世生活的苦難或灾禍。觀世音信仰具有顯著的現世性格，世人熱誠地信仰觀世音主要是因爲他是一位近在身旁、隨時回應的大慈大悲救苦救難的菩薩[7]。《法華經·觀世音菩薩普門品》又稱："若三千大千國土，滿中怨賊，有一商主將諸

1 傅雲仙《印度的觀音信仰及觀音造像》，《藝術百家》2006年第3期，187—189頁。
2 王建《兩晉南北朝時期觀世音靈驗故事探析》，華東師範大學碩士論文，2009年。
3 樓宇烈《〈法華經〉與觀世音信仰》，《世界宗教研究》1998年第2期，65頁。
4 ［俄］魯多娃著，張惠明譯《觀音菩薩在敦煌》，《敦煌研究》1993年第1期，73頁。
5 楊曾文《觀世音信仰的傳入和流行》，《世界宗教研究》1985年第3期，21—33頁。
6 王惠民《敦煌寫本〈水月觀音經〉研究》，《敦煌研究》1992年第3期，93—98頁。
7 樓宇烈《〈法華經〉與觀世音信仰》，65—69頁。

商人，賫持重寶經過險路，其中一人作是唱言：諸善男子，勿得恐怖，汝等應當一心稱觀世音菩薩名號，是菩薩能以無畏施於衆生，汝等若稱名者，於此怨賊，當得解脱。衆商人聞，具發聲言，南無觀世音菩薩。稱其名故，即得解脱。”觀世音因而特別受到商人的尊崇。絲綢之路原本就是一條商業之路，東西方商人不絶於途，因而觀音信仰在絲路特别興盛，沿途多個古代遺址都留有觀音信仰的遺迹。敦煌壁畫中，從7世紀開始，觀音已經出現在阿彌陀佛兩側脇侍菩薩的組合中，接受信衆的禮拜[1]。庫車古代佛教藝術作品中，也有豐富的觀世音菩薩的造像與繪畫。庫木吐喇石窟現存繪塑遺迹及庫車地區其他遺址出土的觀世音菩薩造像與繪畫有四種形態：一頭二臂的聖觀世音菩薩、三頭八臂的觀世音菩薩、馬頭觀世音菩薩及千手千眼觀世音菩薩[2]。這些豐富多彩的觀世音造像與繪畫，反映了龜兹一帶興盛的觀世音信仰。本文所討論的《觀世音菩薩勸攘灾經》同樣是盛唐時期觀世音信仰流行於西域的明證。

同時，此經也是中國民間泰山信仰的反映。經文所宣稱的灾難爲“太山西角頹，須人二万、牛一万頭，助太山散化”。這裏的太山，即指泰山，太、泰字通。在中國民間信仰中，泰山是人死後靈魂歸屬之所。《太平御覽》卷三九引漢應劭《風俗通》：“舊説岱宗上有金篋玉策，能知人年壽修短。”[3]《貞松堂集古遺文》卷十五所録劉伯平鎮墓券有“生屬長安，死屬大（泰）山”之語，另一則殘鎮墓券有“生人屬西長安，死人屬太山”之語[4]。《三國志·管輅傳》載管輅對其弟感嘆：“但恐至太山治鬼，不得治生人。”[5]《博物志》載：“泰山一曰天孫，言爲天帝孫也，主召人魂魄。”[6]衆多材料都表明，早在漢晉時代，泰山作爲鬼府已經普遍流行於民間，山神泰山府君則被民衆視爲陰司的主宰。《觀世音菩薩勸攘灾經》聲稱泰山崩頹，須攝取人畜魂魄，融合了民間泰山信仰的因素，這充分説明，盛唐時期唐政府有效統治下的安西一帶也與中原地區一樣流行泰山信仰。

上節所述六種預言灾異的讖記類僞經，大多與泰山信仰有關。《勸善經》述該經來源時稱，有一人頭鳥足的蛇對老人説：“爲太山崩，要女人萬萬衆，須牛萬萬頭。著病者難差（瘥），寫此經者得免此難。”[7]甲本《新菩薩經》稱：“菩薩説今年八月九日太山崩，須九萬億□（人），亦須九千億牛。”[8]《佛圖澄所化經》中佛圖澄聲稱：“泰山東門崩，泰山遣鬼兵千九萬人，提赤袍，持赤繩，取九萬男女，三十萬人治東門崩，十千九萬女治袍襖。自今以後，當行毒腫病，十傷九死，無門不有。”[9]《定光佛預言》中，定光佛對楊州采藥僧珍寶稱：“今年泰山崩壞，須鬼兵萬萬九千。須告衆無福人，但看四月五日，風從泰山來，即得病，二日即死。”這四種僞經都以泰山崩頹需要人力畜力爲灾禍的源頭，而攝取人畜魂魄的方法均爲

1 ［俄］魯多娃著，張惠明譯《觀音菩薩在敦煌》，73—75頁。
2 劉松柏《庫車古代佛教的觀世音菩薩》，《敦煌研究》1993年第3期，35—44頁。
3 李昉等撰《太平御覽》，中華書局，1960年，187頁。
4 羅振玉《貞松堂集古遺文》，《羅振玉全集初編》，文華出版社，1968年，5230—5233頁。
5 《三國志》卷二九《管輅傳》，中華書局，1959年，826頁。
6 張華撰，范寧校證《博物志校證》卷一，中華書局，1980年，10頁。
7 圓空《〈新菩薩經〉〈勸善經〉〈救諸衆生苦難經〉校録及其流傳背景之探討》，61頁。
8 同上，59頁。
9 邰惠莉《敦煌寫本〈佛圖澄所化經〉初探》，96頁。

病死，《新菩薩經》《勸善經》甚至詳細列舉六至十種難治病症名，作爲震懾信衆的手段[1]。

根據上述僞經提供的綫索，我們也可以加深對同類僞經中某些問題的理解，糾正目前學術界對其的認識歧誤。《救諸衆生一切苦難經》稱："三月四月，鬼兵亂起，無邊無際。"其"勸善偈"言："黑風西北起，東南鬼兵來。"有論者認爲"鬼兵"當指外貌與服飾迥異於漢人的異族軍隊，推測其具體所指爲安史叛軍，並據此推測該經産生時間爲安史之亂時期[2]。今按，"鬼兵"本指陰間的兵卒，鬼神組成的軍隊。語出《晉書·王羲之傳》："孫恩之攻會稽，僚佐請爲之備。凝之不從，方入靖室請禱，出語諸將佐曰：'吾已請大道，許鬼兵相助，賊自破矣。'"[3]《佛圖澄所化經》有"泰山遣鬼兵千九萬人"之語，《定光佛預言》也有"今年泰山崩壞，須鬼兵萬萬九千"之語，這裏的"鬼兵"指的都是陰司兵卒。《救諸衆生一切苦難經》中的"鬼兵"，所指亦應與之相同，爲攝人靈魂、取人性命的陰間兵卒，而並非安史叛軍。因此，《救諸衆生一切苦難經》極有可能也融合了泰山信仰，只是没有明確形諸文字而已。中古讖記類僞經普遍融合了泰山信仰，這種現象説明，從南北朝到唐末五代時期，泰山信仰在中國北方普遍流傳，深入人心。

《觀世音菩薩勸攘灾經》既融入了中國民間傳統的泰山信仰，也吸收了印度傳入的觀世音信仰，是二者融合的産物。隋唐時期，二者相融合的迹象也見於其他文獻的記載。宋贊寧《宋高僧傳》卷二四《隋行堅傳》：

> 釋行堅者，未知何許人也。常修禪觀，節操惟嚴。偶事東游，路出泰山。日之夕矣，入嶽廟，謀之度宵。令曰："此無别舍，唯神廊廡下可以。然而來寄宿者，必罹暴死之殃。吾師籌之。"堅曰："無苦。"不得已從之，爲藉藁於廡下。堅端坐誦經，可一更，聞屋中環珮之聲。須臾，神出，衣冠甚偉，部從焜煌。向堅合掌，堅曰："聞宿此者多死，豈檀越害之耶？"神曰："遇死者特至，聞弟子聲而自死焉，非殺之也。願師無慮。"堅固延坐談説，如食頃間，因問之曰："世傳泰山治鬼，寧有之邪？"神曰："弟子薄福有之，豈欲見先亡乎？"堅曰："有兩同學僧已死，願得見之。"神問其名，曰："一人已生人間，一人在獄受對，不可唤來，師就可見也。"堅聞甚悦，因起，出不遠，而至一處，見獄火光焰甚熾。使者引堅入墻院中，遥見一人在火中號呼，不能言語，形變不可復識，而血肉焦臭，令人傷心。堅不忍歷觀，愍然求出。俄而在廟廡下，復與神坐如故。問曰："欲救同學，有得理邪？"神曰："可。能爲寫《法華經》，必應得免。"既而將曙，神辭僧入堂。旦而廟令視堅不死，怪異之。堅去，急報前願。經寫裝畢，賫

---

1 有論者認爲《新菩薩經》《勸善經》體現了唐人對疾病的恐慌，其列舉的疾病爲唐五代時期的主要疾病種類，並以此爲根據對唐代歷史進程與疫情高低之間的關係提出了推測（于賡哲《〈新菩薩經〉〈勸善經〉背後的疾病恐慌——試論唐五代主要疾病種類》，《南開大學學報》2006年第5期）。這恐怕難免求之過深之譏。此類僞經列舉病名，其目的是爲了加强經中所稱灾禍的震懾效果，因此選取的應是民衆普遍有所認知的難治之症，而不一定即爲當時流行的"主要疾病種類"。此外，僞經中舉例式的簡單羅列亦不能與社會調查獲取的資料相提並論，並非具備一定統計意義的可信史料。因此，我們認爲，據此侈言"疾病恐慌"，分析"唐五代主要疾病種類"，其立論的基礎是嚴重不足的。

2 張子開、張琦《映照安史之亂的唐代民間彌勒信仰實物——敦煌寫本〈救諸衆生一切苦難經〉新探》，220頁。

3 《晉書》卷八〇《王羲之傳》，中華書局，1974年，2103頁。

而就廟宿。神出如初，歡喜禮拜，慰問來意，以事告之。神曰："弟子知已。師爲寫經，始書題目，彼已脱免，今生人間也。然此處不潔，不宜安經，願師還送入寺中。"言訖，天曉，辭决而去。則大業年中也。堅居處不恒，莫知終畢。[1]

泰山神命行堅抄《法華經》超度同學僧，隱約已將觀音信仰與泰山信仰相連接。在民間信仰中，並没有嚴格區分傳統民間信仰與佛教信仰的意識，泰山神和觀音同樣具有超越塵世的神靈地位，將二者結合在一起，一般民衆不會有接受的困難。行堅故事已經表現了這種趨勢，《觀世音菩薩勸攘灾經》等僞經則是二者明確的融合。這種融合也正是中國民間信仰雜糅狀態的表現之一。

漢晉以降，泰山信仰在民間根深蒂固，並被道教、佛教信仰吸納，成爲他們神佛系統中的一部分。成書於南北朝時期的道教文獻《五嶽真形圖序》記載："東嶽太山君，領群神五千九百人，主治死生，百鬼之主帥也，血食廟祀所宗者也，世俗所奉鬼祠邪精之神，而死者皆歸泰山受罪考焉。"[2]佛教在其中國化的歷程中，也將泰山府君納入佛教地獄體系。佛教徒所信仰的地獄十王中，其第七王爲泰山王，敦煌本《佛説十王經》記載甚詳[3]。《佛祖統紀》卷三三《法門光顯志》"十王供"下指出泰山王的來歷，其一爲"沙門法炬譯《金貢泰山贖罪經》"，其二爲《孝經援神契》所稱"泰山，天帝孫，主召人魂"[4]。《孝經援神契》此文與上引《博物志》文内容與文辭均相近，足見佛教十王與中原民間信仰的傳承關係。敦煌藏經洞所出佛教供養經題記中，多處出現"太山府君"。如BD04072（麗72）《金光明最勝王經》卷七、S.2981《金光明經》等寫卷，題記均將太山府君與平等大王、五道大神、天曹地府、司命司禄、土府水官、行病鬼王等神衹並列，P.3135《四分戒一卷》甚至將這些神衹與一切諸佛、諸大菩薩摩訶薩並列，同樣反映了民間信仰的雜糅混合狀態，由此也可窺見泰山信仰在敦煌地區的流傳狀況。

中國民間信仰與本土宗教道教有深刻的糅合關係，在某些情形下難以截然分出彼此，因而此類僞經融合泰山信仰等民間信仰，也可視爲接受了道教的影響。《佛圖澄所化經》末句"見者急急通讀如律令"，其體式與道教符咒末尾的"急急如律令"極爲類似，爲其受道教影響的明證。蕭登福認爲，讖記類佛經當是受道教影響而産生，其直接沿承的是成書於東晉的《太上洞淵神咒經》，而其遠源則爲兩漢的讖緯預言説[5]，這一觀點或值得商榷，但其提出的佛道關係問題是值得深入探討的。從這個角度看，此類僞經顯示了民衆信仰層面上佛道二教的融合關係，在佛道關係這個課題的研究方面有特殊價值。

1 贊寧撰，范祥雍點校《宋高僧傳》，中華書局，1987年，609—610頁。
2 張君房輯《雲笈七籤》，齊魯書社，1988年影印涵芬樓翻《正統道藏》本，451頁。
3 杜斗城《敦煌本〈佛説十王經〉校録研究》，甘肅教育出版社，1989年。
4 志磐《佛祖統紀》，見《大正新修大藏經》第49卷，322頁。
5 蕭登福《讖緯與道教》，文津出版社，2000年，560—565頁；蕭登福《道教術儀與密教典籍》，新文豐出版公司，1994年，496—501頁。

四、此經的形制、功用及其轉變

此經抄寫於一張完整的紙上，但左右兩側紙邊有明顯的黏連的痕迹，黏連處尚留有所接紙張的殘存，這説明此紙當爲一件較長的卷軸裝文獻的一個斷片。"牓門"的傳貼，一般來講紙張應爲單葉；卷軸裝則便於庋藏與展閱，並不適合張貼。這暗示了此經性質、功用與傳播方式經歷了一個轉變的過程：最初它是以傳貼形式出現，因信衆出於避禍的目的傳抄張貼而迅速在某一地區流傳；後來進一步演變爲供養經，抄寫人可能出於祈福禳灾等目的傳抄供養此經。這就是説，此經的性質與功用，經歷了從傳貼到供養經的轉變過程。

只有理解了這一點，我們纔能解釋此經的産生、流行地與該寫本出土地之間的矛盾。如前所述，此經産生於安西（龜兹）一帶，主要流傳地亦應在絲路北道的安西；但此寫本的出土地則在絲路南道的于闐，兩地遠隔塔克拉瑪干大沙漠。經文中提到將有人畜死亡的爲伊西庭與安西，並未提到于闐，因而造經者試圖流傳此經的地域不出伊西庭及安西一帶，不可能以傳貼形式傳播到于闐地區。同時，此經並未有榜貼的痕迹，加之它爲卷軸裝，故而也不可能是榜貼被揭下後帶到于闐的。因此，最大的可能就是，它是作爲供養經流傳到于闐的。

此經末句稱"其經護浄，當家内壁上著供養，免當家灾難，請爲遵行"，强調供養此經也能免灾，勸誘信衆供養此經。這表明，此經的改編者已經爲其預設了供養經的功能。一般民衆大多缺乏分辨佛經正典與疑僞經的意識與能力，很容易將二者混爲一談。信衆傳抄供養此經，實爲情理之中的行爲。

從傳貼到供養經的轉變並非《觀世音菩薩勸攘灾經》獨有的演變與流傳過程，其他讖記類僞經寫卷也同樣存在類似情形，試舉數證如下：

其一，留存寫卷數量。從敦煌所存此類寫卷數量上看，《救諸衆生一切苦難經》存約50卷，《勸善經》存60餘件，《新菩薩經》則多達近百卷。數量如此巨大的經卷被收集到一起並得以保存下來，顯然並非榜門的傳貼，而是供養經。

其二，傳貼流行地與文獻發現地遠隔。《救諸衆生一切苦難經》的發源地與最初的流行地，應在黄河以北的相州、魏州一帶。作爲傳貼，它的流傳範圍不應超出相、魏二州太遠，否則即失去現實針對性而缺乏號召力。但敦煌藏經洞保留了約50件該經寫本，可見其在敦煌地區也曾大量流行。該經在敦煌的流傳，應是以供養經的形式出現的。與之類似，《佛圖澄所化經》主要流行於河内温縣一帶，《定光佛預言》主要流行於楊州（陽州）一帶，而在敦煌遺書中各保存有一件，最大的可能也是供養經。

其三，一個寫卷抄寫多件同類文獻。敦煌本所存約50件《救諸衆生一切苦難經》中，有14件與丙本《新菩薩經》抄於同一寫卷，均爲《救諸衆生一切苦難經》在前，《新菩薩經》在後[1]。S.1185正面爲《救諸衆生一切苦難經》，背面爲《勸善經》，兩件文獻抄在同一張紙的正背兩面。作爲傳貼，兩件文獻不可能接續抄寫，更不可能抄寫在正背兩面。此外，也有一

1　圓空《〈新菩薩經〉〈勸善經〉〈救諸衆生苦難經〉校録及其流傳背景之探討》，55頁。

個寫卷重複抄寫同一部經的情況，如BD09230、BD09231均爲《新菩薩經》在同一寫卷上連抄兩遍，S.2713《定光佛預言》則將同一文獻在一紙上連抄三遍。大量兩經同抄一卷或一經連續抄寫多遍的現象顯示，它們明顯具備供養經的特徵。

其四，裝幀形制。如上所述，大部分同類僞經均爲卷軸裝，並非單紙抄寫。爲便於迅速傳播，傳貼一般單紙抄寫；而卷軸裝則是寫本時代中國書籍的主要裝幀形制，供養經主要采取這種形制。S.2713與Peald 8d（1）兩件製作較爲精緻，用紙曾經入潢，並繪有烏絲欄。這樣規整的形制，完全符合寺院供養經的特點，産生並流傳於底層社會的傳貼不太可能如此精心製作。

其五，寫卷題記。有的寫卷後有供養人題記，明確反映了寫卷的供養經性質。Φ215《新菩薩經》後有題記："乙未年二月七日佛弟子趙什德謹依原本寫，願合家大小永保平安，無諸灾難。"S.3687《勸善經》有題記："戊戌年十二月廿五日清信弟子索遷奴一心供養。"S.3417《救諸衆生一切苦難經》有題記："乾德五年歲次丁卯七月廿一日因爲疾病再寫此經記耳。"這些題記均明確表明了寫經的目的與功用，爲典型的供養經題記。

其六，書法。傳貼産生於底層社會，製作倉促草率，書法一般較爲粗率潦草，而供養經則往往製作精緻，書法也更加工整。仍以S.2713與Peald 8d（1）兩號爲例，它們均書寫工整，行款整齊，抄寫一絲不苟，没有絲毫倉促草率的痕迹，Peald 8d（1）書法尤爲成熟，其水準視專業書手不遑多讓。

根據以上六個方面的跡象，我們可以肯定地説，識記類僞經文獻的性質存在着從傳貼到供養經的轉變。認識這種轉變，不僅有助於正確理解它們的内容及其反映的社會歷史背景，還有助於我們釐清一些此前學界認識模糊甚至錯誤的問題。兹舉二例：

圓空據《新菩薩經》《勸善經》《救諸衆生一切苦難經》使用大唐貞元年號的有20多件，認爲這些文獻"流露出强烈思念唐王朝的民族主義思想"，將經文中的"鬼兵"看作隱晦地咒駡吐蕃人，這是值得商榷的。仔細研讀這些寫卷的題記，我們不難發現，出現貞元年號的主要爲《新菩薩經》寫卷題記，而其中有19件所署日期爲"貞元十九年正月廿三日"（尚有數件殘損）。這個日期並非抄寫日期，實爲撰製經文的日期。S.1347有題記："貞元十九年甲申歲正月廿三日。/貞元十九年甲申歲正月廿三日出文，五月廿九日寫了，故記之也。"所謂"出文"，即撰製經文，並非抄寫經文。P.3036有題記："貞元拾玖年正月廿三日下。/天福三年寶宣記。"所謂"下"，其含義與"出文"相同，也明確説明了這一點。"貞元十九年正月廿三日"作爲經文撰寫日期，是經文的一部分，傳抄人因而把它也一併抄寫。因此，衆多帶貞元年號的供養經，未必即是吐蕃治下的人們以奉中原正朔的方式來寄托思念唐王朝的感情，而只是供養經抄寫過程中依樣畫葫蘆的結果，抄寫的底本則應來自中原地區。

S.4924《救諸衆生一切苦難經》後有題記，"貞元九年正月廿三日下"，其日期與《新菩薩經》大部分寫卷相同，這不太可能屬於巧合，而應是傳抄改編留下的痕迹。《救諸衆生一切苦難經》與《新菩薩經》常同卷抄寫，傳抄過程中，誤將《新菩薩經》末的日期綴於《救諸衆生一切苦難經》之末。

結　語

本文在仔細探討《觀世音菩薩勸攘灾經一卷》文本的基礎上，認爲此經在唐天寶、至德年間及稍後的十數年之内産生於龜兹一帶，曾經流行於西域地區，並傳到絲路南道的于闐，屬於傳貼性質的讖記類佛教疑僞經。通過與敦煌寫本《佛圖澄所化經》《大慈如來告疏》《勸善經》《新菩薩經》《救諸衆生一切苦難經》《定光佛預言》的比較研究，可知它們在結構、内容上都有極爲明顯的相似性，説明它們之間存在密切的淵源關係；在詳細分析寫卷形態的基礎上，並結合相關敦煌遺書，認爲該經最初以傳貼形式出現，信衆出於避禍目的傳抄張貼，迅速在某一地區流傳，後來則混同於佛經正典，抄寫人出於祈福禳灾等目的傳抄供養，因而演變爲供養經。

（原載樊錦詩、榮新江、林世田主編《敦煌文獻、考古、藝術綜合研究——紀念向達先生誕辰110週年國際學術研討會論文集》，中華書局，2011年，306—318頁）

《蘭亭序》在西域

榮新江

筆者曾從官制、行政、文書制度、度量衡制、漢化佛教等方面來討論中原文化對于闐的影響，也根據當地出土的《尚書孔氏傳》、《劉子新論》等抄本，略論中國傳統文化的浸染[1]。今以新近所見唐代于闐地區抄寫的王羲之《蘭亭序》摹本爲題，來進一步申論中原文化對西域的影響問題。

一、和田出土《蘭亭序》抄本

2002年，筆者與業師張廣達先生合撰《聖彼得堡藏和田出土漢文文書考釋》，從俄藏敦煌編號（Дx）的寫本中，分辨出一組原本是和田出土的唐代于闐文書，即Дx.18915—Дx.18931和Дx.18937—Дx.18942號，兩組中間的Дx.18932—Дx.18936號從内容來看是敦煌文書[2]。于闐文書後的Дx.18943-1是《蘭亭序》的抄本，Дx.18943-2是三個殘片，每件存字不多，不成文句。Дx.18945以下則像是敦煌文書。《蘭亭序》的寫本紙面擸皺，與和田出土文書的外貌比較接近，而不似一般比較平展的敦煌文書，所以我們判定其爲和田出土文書，但因爲它與前面刊佈的唐朝大曆、建中、貞元年間所寫的公私文書没有什麼内容上的關聯，所以没有納入我們前文的討論範圍。這樣做的另一個原因，也是當時對於《蘭亭序》這樣最爲傳統的中原文化的代表作是否遠播西域于闐地區，尚没有把握。

在中國人民大學有關校領導以及博物館、歷史學院、國學院的相關領導和專家的努力和支持以及馮其庸先生的大力推動之下，中國人民大學博物館於2009年末，從一位收藏家手中獲得一批和田出土文書的捐贈，其中有漢文、于闐文、梵文、藏文、粟特文、察合台文等文字書寫的典籍和文書。筆者有幸參與其中漢文文書的整理工作，首先引起我們注意的，就是兩件寫有“永和九年”字樣的殘片。我們知道，永和九年（353）是東晉年號，在公元4世紀

---

1 榮新江《關於唐宋時期中原文化對于闐影響的幾個問題》，《國學研究》第1卷，北京大學出版社，1993年，401—424頁。

2 《敦煌吐魯番研究》第6卷，北京大學出版社，2002年，221—241頁；收入張廣達、榮新江《于闐史叢考》（增訂本），中國人民大學出版社，2008年，267—288頁。

中葉的西域王國于闐是不可能使用遠在東南地區的東晉年號來做紀年的，而且這種行書的書體也不大可能是當時于闐國流行的字體，從吐魯番、樓蘭出土的西晉至十六國時期的文書中可以看出，當時河西、西域地區流行的書體尚保存較多的隸意[1]。因此，這兩件存字不多的殘紙上的“永和九年”云云，應當是唐人所抄《蘭亭序》的文字。這一新發現，爲我們確認俄藏敦煌編號寫本（Дx.18943-1）爲和田地區出土的《蘭亭序》抄本，提供了强有力的佐證。

先讓我們來看看這三件《蘭亭序》抄本的模樣吧：

Дx.18943-1未見原件，尺寸不明。寫本除開頭部分的前面和上部完整外，其餘部分都已殘缺，殘存5行中的部分文字如下[2]（圖1）：

1　永和□

2　于會稽山陰□

3　羣賢畢至□

4　□山峻[領]□

5　[湍暎]帶□

（後缺）

圖1　Дx.18943-1《蘭亭序》抄本

此寫本文字緊頂着紙邊書寫，不像一般的典籍抄本那樣留有天頭地腳，應當是書法習字的遺存。寫本行間間隔均匀，當是臨帖的結果。特別值得稱道的是，這個《蘭亭序》的抄本，文字極其有力，可見所據原本頗佳，而書者也有相當水準。

中國人民大學博物館藏卷GXW0112號僅存開頭六字（圖2a），即“永和九年歲癸”，不知何故没有繼續書寫，但寫本文字也是頂着頁邊書寫，視其文字大小和紙張的空白長度，其格式也和其他《蘭亭序》帖本相同，第一行爲13字。此殘紙的另一面是一件唐朝官文書的尾部（圖2b），存署名、判案文字。《蘭亭序》的文字，可能是利用廢棄文書作爲練字的稿紙，但没有寫完而止。從書法上來看，這個書手要較Дx.18943-1的書寫者相差甚遠。

1　參看劉濤《中國書法史·魏晉南北朝卷》，江蘇教育出版社，2002年，118—140、365—389頁。

2　《俄藏敦煌文獻》第17册，上海古籍出版社，2001年，296頁下欄。

中國人民大學博物館藏卷GXW0017號應當是一個習字殘片，前兩行重複寫“經”字，後一行有“永和九歲”字樣，應當也是《蘭亭序》的文字，可惜後面殘缺。承史睿先生的提示，我們從國家圖書館新近入藏的和田出土文書中，也找到一件《蘭亭序》的習字殘片（編號BH3-7v），前面也是“經”字的習字，而且在“經”字之前有“餘”字，“字”的下面還有“極”、“熱”、“初”等習字。兩件可以上下綴合（圖3），作爲《蘭亭序》的文字，“歲”字可以拼合爲完整的一個字，下面尚有“在癸丑”及三個“在”字。後一“在”字顯然是誤寫，所以没有再往下寫，留有餘白。此外，兩殘片的另一面都是唐朝糧食帳的殘文書，其中的“石”字也可以拼合成一個字。

圖2a 《蘭亭序》抄本

圖2b 唐朝官文書尾部

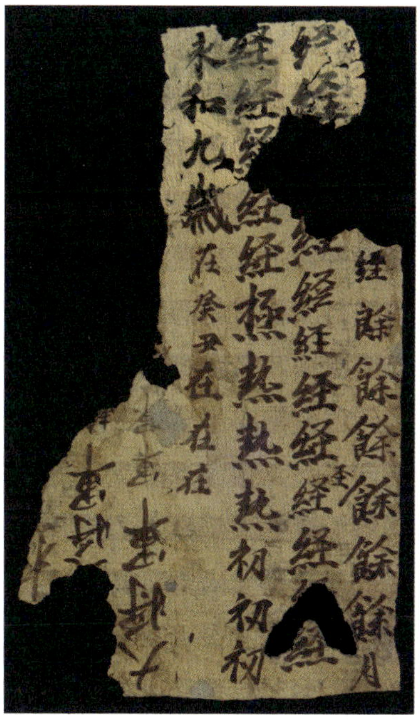

圖3 《蘭亭序》抄本綴合圖

以上四件文書殘片綴合後形成的三個《蘭亭序》抄本，雖然只是摹抄或習字之類的文本，談不上什麼書法藝術的高度，但它們出現在和田這樣遥遠的沙漠緑洲當中，却有着非同小可的意義。

二、《蘭亭序》在唐朝的流傳

東晉穆帝永和九年三月三日，王羲之與謝安、孫綽、郗曇、支遁等四十一位文人名士，在會稽山陰（今浙江紹興）的蘭亭舉行祓禊之禮的集會，與會者飲酒賦詩，彙編成《蘭亭集》，王羲之爲之作序，即《蘭亭序》。據説王羲之當時乘醉意將《序》文書寫一紙，精妙絶倫，等到酒醒以後，“他日更書數十百本，無如祓禊所書之者。右軍亦自珍愛寶重，此書留付子孫傳掌”[1]。

唐天寶初的史官劉餗在他的《隋唐嘉話》卷下中記：

王右軍《蘭亭序》，梁亂出在外，陳天嘉中爲僧永所得。至太建中，獻之宣帝。隋平陳日，或以獻晉王，王不之寶。後僧果從帝借搨。及登極，竟未從索。果師死後，弟子僧辯得之。[2]

但是，萩信雄先生檢索了大量有關《蘭亭序》的文獻，結論是從王羲之時代到唐初編纂《晉書》之前，没有一篇文獻提到過《蘭亭序》。他推論説，所有關於《蘭亭序》的討論是從《晉書・王羲之傳》採録《蘭亭序》以後纔開始的[3]。

唐太宗的確極其推崇王羲之的書法，在他所撰寫的四篇《晉書》的史論中，就有一篇是《王羲之傳贊》[4]。贊文先是數點張芝、鍾繇、王獻之等人書法的弱點，最後極力推崇王羲之書："所以詳察古今，研精篆素，盡善盡美，其惟王逸少乎！"在即位之前，作爲秦王的李世民就在大力收集王羲之的書法名跡。登極以後，更是利用國家的力量，把大量王羲之的書法作品網羅到長安宫廷裏面，這其中，就有後來越來越有名的《蘭亭序》。

關於《蘭亭序》之爲太宗所得，主要有兩種不同的説法，即秦王派蕭翼去越州賺取《蘭亭》和派歐陽詢就越州訪求得之。劉餗《隋唐嘉話》卷下接着上面的引文記載：

太宗爲秦王日，見搨本驚喜，乃貴價市大王書《蘭亭》，終不至焉。及知在辯師處，使蕭翊就越州求得之，以武德四年入秦府。貞觀十年，乃搨十本以賜近臣。帝崩，中書令褚遂良奏："《蘭亭》先帝所重，不可留。"遂秘於昭陵。[5]

蕭翊（即蕭翼）賺取《蘭亭》的説法在唐朝就廣爲流傳，在劉餗之前，何延之就將此故事敷衍成一篇傳奇——《蘭亭記》。此文爲張彦遠《法書要録》全文收入，成爲書法史上的"信史"。然而，早在宋代就有人質疑蕭翼賺《蘭亭》的故事，如趙彦衛《雲麓漫鈔》即提出這種説法的七點謬誤[6]。

宋人錢易《南部新書》卷丁云：

《蘭亭》者，武德四年歐陽詢就越訪求得之，始入秦王府。麻道嵩奉教搨兩本，一送辯才，一王自收。嵩私搨一本。于時天下草創，秦王雖親揔戎，《蘭亭》不離肘腋。及即位，學之不倦。至貞觀二十三年，褚遂良請入昭陵。後但得其摹本耳。[7]

此後，元代劉有定《衍極》注[8]、明代宋濂《跋〈西臺御史蕭翼賺蘭亭圖〉後》[9]、清代李慈

1 何延之《蘭亭記》，《法書要録》卷三，人民美術出版社，1984年，124頁。
2《隋唐嘉話》卷下，中華書局，1979年，53頁。
3 萩信雄《文獻から見た蘭亭序の流轉》，《墨》第148號（王羲之・蘭亭序專號），2001年1・2月號，48—53頁。
4《晉書》卷八〇《王羲之傳》，中華書局，1974年，2107—2108頁。
5《隋唐嘉話》卷下，53頁。
6《雲麓漫鈔》卷六，中華書局，1996年，104頁。
7《南部新書》卷丁，中華書局，2002年，50頁。
8《衍極》，《歷代書法論文選》，上海書畫出版社，1979年，442頁。
9《翰苑别集》卷三，《宋濂全集》，浙江古籍出版社，1999年，1006頁。

銘《越縵堂讀書記》[1]，都强調爲秦王獲得《蘭亭序》的是歐陽詢，而不是蕭翼。至於史官劉餗《隋唐嘉話》爲何説"蕭翊就越州求得之"的問題，據萩信雄先生的考察，他找出三種宋元時代文獻所引《隋唐嘉話》的相關處都寫成"歐陽詢"而非"蕭翼"，所以他認爲原來的"歐陽詢"在後來被改寫爲"蕭翼"了[2]。荒金治氏進一步指出，《全唐文》所收劉餗《蘭亭記》和《隋唐嘉話》的文本基本相同，只是"歐陽詢"尚未改動，可以證明《隋唐嘉話》的原本就是"使歐陽詢就越州求得之"[3]。從當時的歷史背景、秦王與歐陽詢的關係、後人關於兩種説法的文獻學考證等方面來看，筆者贊同歐陽詢就越州求得的説法[4]。

據褚遂良《右軍書目》，唐太宗所收《蘭亭序》真本，列爲貞觀内府所藏王羲之行書五十八卷二百五十二帖中的第一卷第一帖。太宗命弘文館拓書人馮承素、湯普徹等用雙鈎廓填法摹寫了一些副本賜給近臣，其中湯普徹曾"竊拓以出，故在外傳之"[5]。現在北京故宫博物院還收藏有三個摹本，即（一）馮承素摹本，其前後有唐中宗年號"神龍"半字印，故名神龍本（圖4）；（二）虞世南摹本，明代董其昌定，因是元代張金界奴進呈給元文宗的，故名張金界奴本；（三）褚遂良摹本，後有米芾題詩，故也有人認爲是米芾摹本[6]。此外，還有據歐陽詢臨本上石的定武本，因臨本曾存定州定武軍庫中，故名。這些本子的行款章法都完全一致，特别是第4行"崇山"二字寫在行間，當是祖述同一個底本[7]。

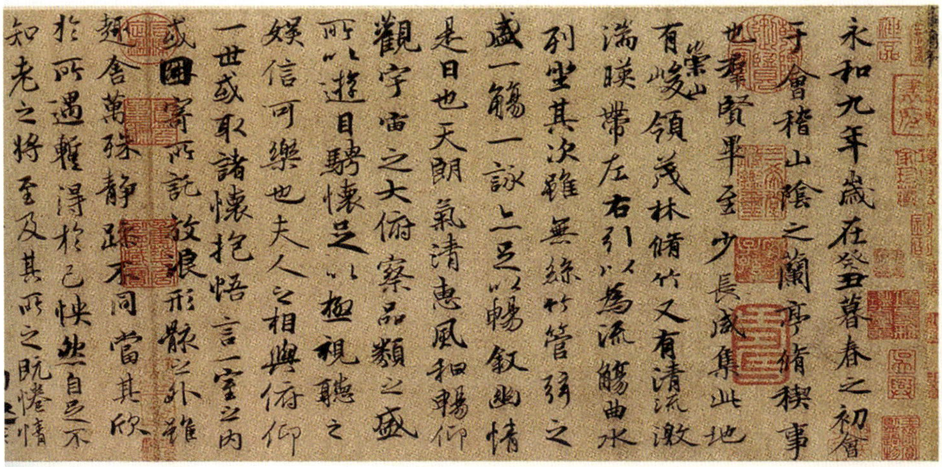

圖4　馮承素摹本《蘭亭序》

1《越縵堂讀書記・札記》，上海書店出版社，2000年，1310頁。

2 萩信雄《文獻から見た蘭亭序の流轉》，49頁。

3 荒金治《唐初的書法與政治》，北京大學歷史學系碩士論文，2005年，35—36頁。

4 有關《蘭亭序》入長安的論辯，古今各種演説很多，這裏不必贅述。參看以下兩書所收相關論文：文物出版社編《蘭亭論辨》，文物出版社，1973年；華人德、白謙慎主編《蘭亭論集》，蘇州大學出版社，2001年。

5《法書要録》卷三，114、131頁。

6 以上三本的精美圖版和詳細著録解説，見施安昌主編《晉唐五代書法》（故宫博物院文物珍品大系），上海科學技術出版社、香港商務印書館，2001年，30—58頁。

7 參看劉濤《中國書法史・魏晉南北朝卷》，199頁；朱關田《中國書法史・隋唐五代卷》，江蘇教育出版社，1999年，56—57頁。

我們今天看到的故宫所藏的這些摹本，都出自唐太宗的近臣手筆。至於在外流傳的《蘭亭序》摹本或拓本，則很少見到，因此有的學者認爲王羲之的書法在唐朝民間的流傳，不是由於難得一見的《蘭亭序》，而是通過懷仁集王羲之字而成的《聖教序》和後來的《永字八法》，《聖教序》中的文字有輯自《蘭亭序》者，所以民間是通過《聖教序》碑而習得《蘭亭序》書法的[1]。

然而，事實恐非如此。

三、《蘭亭序》的西漸

《蘭亭序》真本雖然已經密封於太宗的昭陵，高宗以後，唐人無緣得見。近臣摹本，“一本尚直錢數萬”[2]，也不是一般人可以見到的。但當時畢竟有人已經將摹本或拓本傳出宫外，民間得以轉相傳習。只是過去關心書法的人留意的主要是水準最高的“神品”以及後世反復的摹本和名家的再創作，很少關心民間的文獻遺存。1900年敦煌藏經洞開啓後，學者們陸續從敦煌寫本中，找到若干《蘭亭序》的抄本。這些可謂民間《蘭亭序》寫本的存在，目前所知者已有十餘件。

首先，饒宗頤先生曾從書法的角度提示了三件敦煌寫本《蘭亭序》的存在，即P.2544、P.2622背、P.3194背。他將P.2544寫本按原大尺寸影印收入所編《敦煌書法叢刊》，並在跋語中提示了其他兩本的存在[3]。敦煌寫本中的《蘭亭序》的存在，有兩種可能。一是作爲古代文獻的抄本，一是作爲書法的習字。因此，這三件敦煌本《蘭亭序》的功能，還值得仔細分析。

P.2544的正面是一部詩文集，紙有欄格，依次抄寫劉長卿《酒賦》《錦衣篇》《漢家篇》《老人篇》《老人相問曉歎漢詩》《龍門賦》《北邙篇》，然後空兩行寫《蘭亭序》整篇文字，計14行，但文末接書“文義同”，再隔一行寫“永和九”即止，次行又寫“永和九年歲”而止，均係習字[4]。徐俊先生曾仔細分析此卷，指出《蘭亭序》前的詩文集與P.4994 + S.2049唐詩叢鈔內容及次序基本一致，“《蘭亭序》與前詩爲一人所抄，但字跡有明顯摹寫王羲之《蘭亭序》帖筆法的痕跡，可斷定爲臨習之作”[5]。徐先生深諳書法，對敦煌寫本詩歌叢鈔有整體關照，他的判斷筆者完全贊同，從《蘭亭序》文本後的附加文字和隔行重抄《蘭亭序》文字的情形來看，其爲臨習之本無疑。此本寫在原有的欄格當中，每行約24字，非一般所見《蘭亭序》摹本格式，可知其雖然是臨習之本，但並没有按照原帖的格式來抄。

1 朱關田《〈蘭亭序〉在唐代的影響》，華人德、白謙慎主編《蘭亭論集》下編，318—321頁；又收入作者《初果集——朱關田論書文集》，榮寶齋出版社，2008年，6—11頁。

2 《法書要録》卷三，131頁。

3 饒宗頤編《敦煌書法叢刊》第1册，二玄社，1983年；此據其中文增訂本《法藏敦煌書苑精華》第1册《拓本·碎金》，廣東人民出版社，1993年，101—102頁，跋見267頁。

4 全卷圖版，見《法藏敦煌西域文獻》第15册，上海古籍出版社，2001年，255—258頁，《蘭亭序》在257頁。

5 徐俊《敦煌詩集殘卷輯考》，中華書局，2000年，465頁。

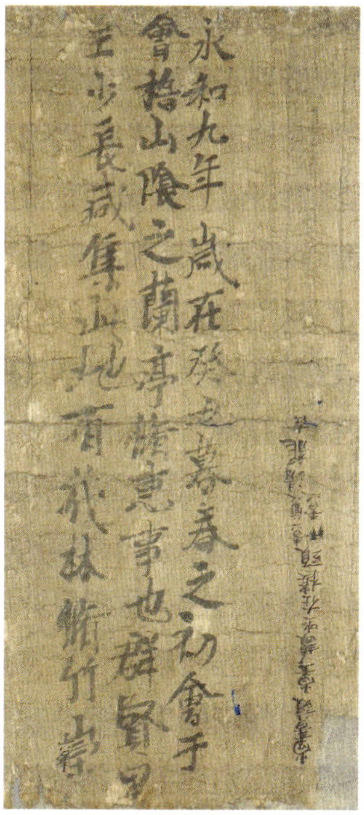

圖5 敦煌抄本P.2622《蘭亭序》

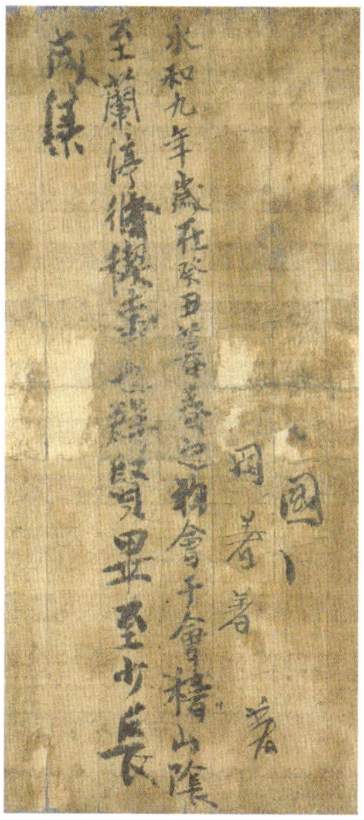

圖6 敦煌抄本P.3194《蘭亭序》

P.2622正面爲《吉凶書儀》，尾題“大中十三年（859）四月四日午時寫了”，然後接着寫學郎詩及雜詩五首，卷背有相同筆跡抄寫的詩八首，有些只是殘句，學者都認爲此卷抄者是《書儀》文字中所寫題識“此是李文義書記”中的李文義[1]。在紙背第一首殘詩句的後面，抄有三行《蘭亭序》的習字（圖5），從“永和九年”開始，但原文“此地有崇山峻領茂林脩竹”一句，誤抄作“此地有茂林脩竹崇”，可能是發現有誤，所以戛然而止。此文與正背面《書儀》、詩歌不同，爲頂格書寫，仍存帖本痕跡，爲臨帖之作無疑。另外，卷背還有許多雜寫、雜畫動物、題名等，均爲習書的樣子，也可幫助我們判斷《蘭亭序》爲臨習作品的性質。從《書儀》尾題的年代來看，《蘭亭序》習字的書寫時間在大中十三年以後的晚唐時期。

P.3194正面唐寫本《論語集解》，尾題“論語卷第四”[2]，最後的抄寫題記被人用濃墨塗去，今不可識。背面有張通信等狀稿及雜寫，還有半行藏文，最後倒書《蘭亭序》三行（圖6），從“永和九年”到“少長咸集”而止，下有空白未書[3]。文字頂格書寫，行款與“神龍本”等不同，前兩行分别爲18、13字，“之蘭亭”誤作“至蘭亭”，是爲習字之作。饒宗頤先生評價此卷書法云“書法甚佳”[4]。這篇習字的年代，可據張通信狀稿略作推測，從内容看，

1 全卷正背圖版，見《法藏敦煌西域文獻》第16册，上海古籍出版社，2001年，315—324頁，《蘭亭序》在320頁。關於《吉凶書儀》，參看趙和平《敦煌寫本書儀研究》，新文豐出版公司，1993年，568—601頁；關於詩歌部分，參看徐俊《敦煌詩集殘卷輯考》，775—779頁，他提到《蘭亭序》時，稱之爲“習字”，見777頁。

2 李方《敦煌〈論語集解〉校正》，江蘇古籍出版社，1998年，219—329頁取做參校本。

3 全卷正背圖版，見《法藏敦煌西域文獻》第22册，上海古籍出版社，2002年，120—123頁，《蘭亭序》見123頁。

4 《法藏敦煌書苑精華》第1册《拓本·碎金》，267頁。

應當是歸義軍時期的文書。狀文是上給某“常侍”的，歸義軍節度使中稱常侍的，先後有867—872年的張淮深、893年的索勳、896—901年的張承奉[1]，故此狀的年代當在這個範圍當中，寫於其後的《蘭亭序》習字，也當在晚唐甚至五代時期。

此後，隨着學者們視野的拓展和新材料的公佈，又發現了以下《蘭亭序》習字殘片。

P.4764殘存兩紙，第二紙首殘，有文字痕跡，後存《蘭亭序》文字兩行，從“群賢畢至”至“又有清流激”，“激”字又重寫兩遍，下餘空白未書[2]，實爲習字之屬。

S.1619亦是《蘭亭序》的習字，存16行，寫“若合一契未嘗不臨”八字，每字寫兩行[3]，上面是老師寫的例字，下面是學生的臨書[4]。

P.3369-P2背亦爲《蘭亭序》習字。該卷正面存“供其齋”、“金光明道”、“前赦生三萬”等文字，背面存《蘭亭序》“之視昔”三字的習字5行，其中，“之”字尚存1行，“視昔”兩字各寫2行，“昔”左側尚餘“悲”下半部分的字跡殘畫“心”[5]。

Дx.00528A背，殘損嚴重，存“之”習字兩行，“蘭”習字6行，當爲《蘭亭序》習字[6]。此號正面爲《沙州敦煌縣神沙鄉籍》，則是學童用廢棄之户籍來習書。

Дx.00528B包括數件殘片，正背皆爲習字，正面是包括“至少”、“和”等每字1行的習字，必爲《蘭亭序》無疑，背面則包括“和”、“也”等習字以及一行《千字文》殘文：“命臨深履薄夙興”[7]。

Дx.00538，寫有“佛說無常經□卷”、“永和九年歲在癸丑暮春之初會于會稽”各一行，“大”字四次，以及倒書“大□□”一行[8]。

Дx.11023，正面爲“之蘭”習字3行，首行“之”字，次行“蘭”字，末行爲“蘭”字殘畫，爲《蘭亭序》文字[9]。背面殘留“興温凊”等字跡，應爲《千字文》殘文。筆者認爲，此片可以與Дx.00528B寫有“命臨深履薄夙興”字樣的殘片直接綴合。

Дx.11024，存四片殘片，正背均爲《蘭亭序》習字。正面書寫內容分别爲“一詠亦足”、“日也幽情是日”、“之盛”、“以暢叙”，基本爲每字2行；背面內容爲“長咸集此地有崇山峻領”、“會稽山陰之蘭亭脩稧事”、“事也群賢畢至少”、“流激湍暎”等字，均爲每字書寫1行[10]。

1　參看榮新江《歸義軍史研究》，上海古籍出版社，1996年，78—84、88—93、131頁。

2《法藏敦煌西域文獻》第33册，上海古籍出版社，2005年，162頁，原題“書儀”。參看沃興華《敦煌書法藝術》，上海人民出版社，1994年，39—40頁。

3《英藏敦煌文獻》第3册，四川人民出版社，1990年，109頁，題“習字”。郝春文《英藏敦煌社會歷史文獻釋録》第7卷，社科文獻出版社，2010年，371—372頁，亦題“習字”。

4　參看沃興華《敦煌書法藝術》，42、44頁。

5　圖版見《法藏敦煌西域文獻》第23册，上海古籍出版社，2002年，365頁。

6　圖版見《俄藏敦煌文獻》第6册，上海古籍出版社，1996年，342—343頁。

7《俄藏敦煌文獻》第6册，343—344頁。

8《俄藏敦煌文獻》第6册，351頁。

9　圖版見《俄藏敦煌文獻》第15册，上海古籍出版社，2000年，132頁。

10《俄藏敦煌文獻》第15册，132—133頁。關於P.3369-P2v、Дx.00528Av、Дx.00528B、Дx.00538、Дx.11023、Дx.11024v等各號，蔡淵迪均已考訂爲《蘭亭序》殘片，見氏著《敦煌經典書法及相關習字研究》，浙江大學中國古典文獻學專業碩士論文，2010年，42頁。

Дx.05687僅公佈有一面圖版，上書文字8行，爲“遊目暢懷”四字之每字兩行的習字[1]。《蘭亭序》中有“所以遊目騁（暢）懷，足以極視聽之娱，信可樂也”之句，可知此件殘片當爲《蘭亭序》習字。

Дx.12833爲正背書，正面爲“和”字的3行習字，及些許殘存筆畫；背面爲“永”字3行字，及些許殘存筆畫。從“永”、“和”兩字的書寫結構來看，頗似《蘭亭序》書跡之貌，故此片亦當爲《蘭亭序》之“永和”習字[2]。

此外，2010年4月19—24日在日本大阪武田科學振興財團舉辦的“第54回杏雨書屋特別展示會”上，陳列有已故著名學者羽田亨舊藏的敦煌文書羽664號[3]。這是一件學生習字殘片，有趣的是正面爲王羲之《尚想黄綺帖》的文字，背面則是《蘭亭序》的文字（圖7）[4]，形式都是在紙的上端緊頂着紙邊横寫原文，每個字寫兩遍，作爲標本，字體較爲粗大，下面整行則是學生照着標本的臨寫，真切地反映了敦煌學生臨習王羲之字帖的樣子。其中《蘭亭序》部分存“和九年歳在癸丑暮春之初會”和“湍暎帶左”，中間似有紙縫，故文字不够連續。

圖7　敦煌寫本羽664背《蘭亭序》習字

以上敦煌《蘭亭序》習字寫本，從字體和同卷相關文字來看，都是中晚唐甚至五代時期的寫本，説明唐朝民間自有《蘭亭序》摹本的流傳，不僅長安有，而且西漸敦煌，爲當地學子習字之資。

1　圖版見《俄藏敦煌文獻》第12册，上海古籍出版社，2000年，218頁。

2　參《俄藏敦煌文獻》第16册，上海古籍出版社，2001年，177頁。以上Дx.05687與Дx.12833之判定，均爲田衛衛見告，謹致謝忱。

3　羽664號著録於羽田亨編《敦煌秘笈目録・新增目録》（敦煌寫本433—670番），係與其他14中敦煌寫本一道，於1941年5月購自某氏。見落合俊典《敦煌秘笈目録（第433號至670號）略考》，《敦煌吐魯番研究》第7卷，中華書局，2004年，175頁；參看同氏《敦煌秘笈——幻のシルクロ - ド寫本を探して》，《華頂短期大學學報》第6號，2002年，15—19頁。

4　見《第54回杏雨書屋特別展示會“敦煌の典籍と古文書”》圖録，大阪：杏雨書屋，2010年，27—28頁。

另外，斯坦因第二次探險在麻札塔格發現的M. T. b. 006號（圖8）[1]，其正面殘存“欣”字1行和“俛”字2行，爲“向之所欣，俛（俯）仰之間”一句的殘字，是《蘭亭序》的習字[2]。背面上殘存“當”字2行和“抗”字4行，對應《尚想黄綺帖》“吾比之張、鍾當抗行”一句。可見，這也是一件正面抄寫《蘭亭序》、背面抄寫《尚想黄綺帖》的學生習字文書。由此得知于闐當地的學童也和敦煌一樣，同時把《蘭亭序》和《尚想黄綺帖》當作習字課本。

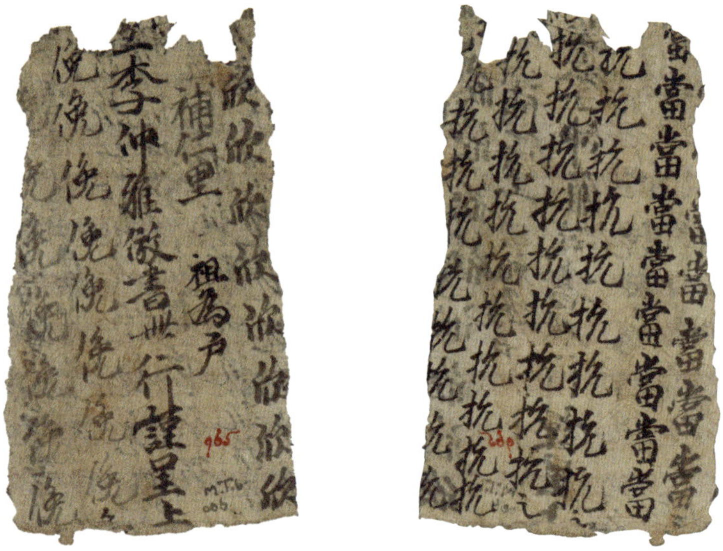

圖8　和田麻札塔格出土的《蘭亭序》和《尚想黄綺帖》習字本

總之，今天我們有幸獲得四件唐朝西域于闐地區的《蘭亭序》寫本。從已經發表的于闐地區官私文書來看，和田地區出土漢文文書的年代大體上是從開元（713—741）到貞元年間（785—805），不過在最近人大博物館入藏的文書中，我們發現有帶武周新字的官文書，所以于闐漢文文書使用的年份，還可以上推到天授元年（690）至神龍元年（705）新字流行的年代，但從整體上看，和田出土《蘭亭序》的臨本更可能是漢文文書寫作最爲盛行的8世紀後半葉。

從寫本的格式來看，人大博物館的兩件，或則殘缺，或則没有寫完，無法推斷。俄藏的一件，轉行與馮承素、虞世南、褚遂良等摹本相近，似乎更接近於宫廷摹本的原貌，較敦煌臨本更勝一籌。

自長壽元年（692）十月唐復置安西四鎮並發漢軍三萬人駐守西域以後，中原的官人開始大量進入西域，中原傳統文化、官僚體制等也隨之流傳到于闐等安西四鎮地區。從和田發現的四件《蘭亭序》寫本文字的流暢程度看，似乎應當是駐扎當地的唐朝官人或其家人所

1　É. Chavannes. *Les documents chinois découverts par Aurel Stein dans les sables du Turkestan oriental*, Oxford 1913, p. 204, pl. XXXII.

2　陳麗芳《唐代于闐的童蒙教育——以中國人民大學博物館藏和田習字文書爲中心》，《西域研究》2014年第1期，41頁。

書，人大博物館藏GXW0112號《蘭亭序》寫本的正面是官文書，字體頗佳，判案文字更是流利瀟灑，或許有利於我們理解《蘭亭序》寫本的主人[1]。但是，我們也不排除當地胡人所寫的可能性。筆者曾闡述唐朝名將哥舒翰的父親哥舒道元任唐朝安西副都護，駐守于闐，娶于闐王女，生哥舒翰。“翰好讀《左氏春秋傳》及《漢書》，疏財重氣，士多歸之”[2]。其早年讀書的地點應當就在于闐，則像哥舒翰這樣能讀《左傳》和《漢書》的胡人，應當也能寫出像出土殘片那樣水準的《蘭亭序》吧。

《蘭亭序》于闐摹寫的發現具有十分重要的意義，因爲《蘭亭序》是以書法爲載體的中國文化最最根本的範本，是任何一部中國文化史都不能不提的傑作，它在塔里木盆地西南隅的于闐地區傳抄流行，無疑是中國傳統文化西漸到西域地區的最好印證。

此外，在中國書法史的論著中，李柏文書等早期西域書法的墨蹟已經佔據了重要的篇幅，但是到了唐代以後，由於傳世的法帖、碑刻增加，西域出土的典籍和文書也就很少作爲書法材料而被使用和研究了。其實唐代西域不僅有不經意而留下來的書法材料，而且還有像《蘭亭序》這樣作爲書法本身而留存下來的遺篇，值得在中國書法史上大書一筆。

中國書法的西域篇章，更是中國書法研究的缺環，西域地區出土的大量官私文書，也能够揭示唐朝民間書法傳習的系統。如果没有唐朝官府大力提倡書法，如果没有唐朝官人考課要考身、言、書、判，則唐朝的總體書法水準不會如此之高，也不一定能够烘托出一個又一個偉大的書法家。

（原載中國人民大學國學院編《國學學刊》2011年第1期，65—71頁。後收入《國學的傳承與創新——馮其庸先生從事教學與科研六十週年慶賀學術文集》，上海古籍出版社，2013年，1099—1108頁。後有增訂）

1 按，從現存的漢簡習書來看，漢代邊關將吏就利用閑暇時光練習寫字，這個傳統應當一直存在。參看魯惟一著，于振波、車今花譯《漢代行政記録》（上），廣西師範大學出版社，2005年，55頁。

2 《舊唐書》卷一〇四《哥舒翰傳》，中華書局，1976年，3212頁。參看榮新江《關於唐宋時期中原文化對于闐影響的幾個問題》，416頁；又《〈史記〉與〈漢書〉——吐魯番出土文獻札記之一》，《新疆師範大學學報》2004年第1期，41—43頁。

國家古籍整理出版專項經費資助項目

榮新江　張志清　主編

中國國家圖書館藏西域文書

漢文卷

上

中華書局

圖書在版編目（CIP）數據

中國國家圖書館藏西域文書．漢文卷 / 榮新江，張志清主編．－北京：中華書局，2024.1
ISBN 978-7-101-16430-5

Ⅰ．中… Ⅱ．①榮… ②張… Ⅲ．西域－地方文獻 Ⅳ．Z122.45

中國國家版本館 CIP 數據核字 (2023) 第 216814 號

書　　名　中國國家圖書館藏西域文書・漢文卷（全二册）
主　　編　榮新江　張志清
責任編輯　李　勉
裝幀設計　許麗娟
責任印製　陳麗娜
出版發行　中華書局
（北京市豐臺區太平橋西里38號 100073）
http: // www. zhbc. com. cn
E-mail: zhbc@zhbc. com. cn
印　　刷　北京盛通印刷股份有限公司
版　　次　2024年1月第1版
2024年1月第1次印刷
規　　格　開本889×1194毫米　1/16
印張32¾　字數618千字
國際書號　ISBN 978-7-101-16430-5
定　　價　680.00元

編者

榮新江　林世田　孟憲實　朱玉麒　史睿

劉波　文欣　慶昭蓉　畢波　朱麗雙

序

歷時十多年整理完成的《中國國家圖書館藏西域文書·漢文卷》即將出版，國家圖書館常務副館長張志清先生館務繁忙，讓我寫篇序言，時間緊迫，勉力爲之。

在筆者與劉波合撰的《前言》中，劉波已經就國圖這幾批西域文書的入藏經過、編目、保護、修復情况做了介紹，筆者則詳細記録了我們共同組織讀書班，進行研究性整理的全過程，並結合國圖新獲文書和其他館藏的同類文書，從闡釋于闐歷史、研究唐朝統治西域地區的軍政體系與税收制度以及中原文化的傳播等問題的角度，提示了這些漢文文書的學術價值。

以上這些方面在此不必重複，這裏只强調本書在三個方面的意義。

一是從于闐漢文文書的整理史來説，本書是一個階段性的成果。于闐漢文文書的集中整理，可以追溯到一九一三年沙畹（Ed. Chavannes）的《斯坦因在新疆沙漠中發現的漢文文書》（*Les documents chinois découverts par Aurel Stein dans les sables du Turkestan oriental*, Oxford），其中包括斯坦因（M. A. Stein）第二次中亞考察所獲比較完整的漢文寫本和木簡。然後是一九五三年馬伯樂（H. Maspero）的《斯坦因第三次中亞探險所獲漢文文書》（*Les documents chinois de la troisième expédition de Sir Aurel Stein en Asie Centrale*, London），也只收録相對比較大的殘片。一九九三年郭鋒出版的《斯坦因第三次中亞探險所獲甘肅新疆出土漢文文書——未經馬斯伯樂刊佈的部分》（甘肅人民出版社），補馬氏缺漏。一九九四年陳國燦的《斯坦因所獲吐魯番文書研究》（武漢大學出版社），附録了部分和田出土文書。直到二〇〇五年沙知、吴芳思（Frances Wood）的《斯坦因第三次中亞考古所獲漢文文獻（非佛經部分）》（上海辭書出版社），發表了全部非佛教文書及圖版，但録文未施標點。筆者二〇二二年九月出版《和田出土唐代于闐漢語文書》（中華書局），收録了幾乎所有海外所藏和田出土漢語文書，包括英藏霍恩雷（A. F. R. Hoernle）、斯坦因收集品，瑞典藏斯文·赫定（Sven Hedin）收集品，俄羅斯藏彼得羅夫斯基（N. F. Petrovsky）收集品，德國藏勒柯克（A. von Le Coq）、弗蘭克（A. H. Francke）

收集品，日本藏大谷探險隊收集品，以及中國公私散藏的一些文書。餘下的具有一定收藏規模的和田出土漢語文書，就是國家圖書館藏的這批西域文書和中國人民大學博物館藏的文書了。本書的出版，包含全部圖版、録文和項目組成員研究成果，爲國圖藏西域出土漢語文書的整理工作畫上圓滿的句號。隨着正在做最後整理工作的中國人民大學博物館藏卷的出版，可以説没有整理的和田出土漢語文書所剩無幾。從這個意義上來説，本書無疑將是一個里程碑式的著作。

二是這項整理和研究的工作，也是我們培養人才的過程。《前言》中我們歷數了多次讀書班的組建和參加人員。作爲在大學執教的研究者，筆者一直秉持教學相長的理念，在整理敦煌、吐魯番、和田等地出土文獻時，把培養人才納入其中。從識字、録文、拼接，到發現課題，撰寫論文，集體討論，相互促進，直到最終發表，我們把一個個初出茅廬的年輕人，帶到學術的前沿陣地。而讀書班中的大學老師和圖書館研究人員，術業有專攻，可以從多個方面教育年輕的研究者和學生，讓他們得到比一般課堂更加豐富多彩的學術訓練。試看當年參加讀書班的一些年輕學者或學生，有些如今已經是整理研究西域出土文獻的中堅力量，有些甚至已經成爲海内外著名高校和研究機構的教授、副教授等領軍人才。從這一點來看，本書的意義不僅僅在書本本身。

三是國家圖書館與高等院校的密切合作，促成本書的圓滿完成。國圖從建館之初，就不僅僅是一座圖籍收藏之所，而且是一個匯聚許多學術高人的研究機構。我們這次對國圖新入藏的西域出土漢文文書的整理，就是由國圖古籍館，特别是其中的敦煌吐魯番資料中心的研究人員，與來自北京大學、中國人民大學、首都師範大學、中國社會科學院歷史研究所等單位的學者和學生，大家在一個固定的時間裏，匯聚在一起，共同閲讀文書，産生集體勞動成果。從二十世紀八十年代整理敦煌禪籍等文獻，九十年代會讀吐魯番出土碑刻，到這次整理和田出土文書，還有正在進行的「敦煌文獻全集」工程，我們雙方一直聯手合作。本書正是這樣一種學術合力的成果，是缺少任何一方都無法完成的著作。

最後，我們應當感謝國家圖書館的領導，爲這批西域文書的入藏立下汗馬功勞。我們也要特别感念季羡林先生的大力支持，感念去年因病去世的段晴教授的無私貢獻和鼎力支持，她先期對同組于闐語或漢語于闐語雙語文書的研究著作，是我們整理漢語文書的重要參考。我們應當感謝所有參與此項整理工作的國圖同仁和高校師生，没有大家的努力和付出，這項艱苦而漫長的整理工作無法完成。最後還要感謝中華書局再次高品質編印這樣難度很高的出土文獻，感謝責任編輯李勉女史的精心工作。

因爲本書的重要，字數已經超過我一般寫序的限度，謹此收筆。

榮新江

二〇二三年七月二十二日

前言

榮新江　劉　波

二〇〇五至二〇一〇年間，中國國家圖書館（簡稱「國圖」）分六批徵集入藏了新疆和田所出的西域文獻九百餘件。二〇〇五年徵集入藏第一批三十號；二〇〇六年徵集入藏第二批六十一號（内若干殘片計作一號）；二〇〇七年徵集入藏第三批，最初編爲一百三十二號，後將木簡殘片分别編號，共得三百八十七號；二〇〇八年入藏第四批三百三十三號；二〇〇九年入藏第五批，爲木牘七枚；二〇一〇年自拍賣會購得梵文樺樹皮文書殘片一盒，編作一個號，是爲第六批。以上六批文獻合計八百一十九號。其中有的一個號包含有多件殘片，因此其總數超過九百件。國圖就此建立了「西域文獻專藏」。

在徵集過程中，國圖得到西域文獻研究學者的幫助與支持。二〇〇八年六月十日，季羡林先生在病榻上親筆寫下呼籲書：「聽説，最近新疆地區發現了很多古代語言的殘卷，這對於我們中國學界以及世界學術界都是特大的好消息。無論如何，不要讓外國人弄走。」北京大學段晴、榮新江教授也致函國圖，詳細闡述西域文獻的重大價值和重要意義。學者們對這批文獻學術價值的肯定，爲國圖開展徵集工作提供了有力的支持，極大地推動了西域文獻徵集工作。後續的整理編號、保護修復與研究工作，同樣得到學者們的熱情幫助。

入藏之後，國家圖書館組織工作人員開展清點、編號工作。編號包括代碼、批次號、件次號三部分。參照館藏敦煌文獻代碼「BD」，選用「BH」作爲館藏西域文獻的代碼，其中「B」係延用「BD」的第一個字母，指國家圖書館（原名北京圖書館），H代表文獻發現地和田。批次號以1、2、3……爲序，標明入藏的先後。件次號同樣以1、2、3……爲序，一個號包含多件文獻的，添加後綴a、b、c……加以區分，數量特别多的則採用（1）、（2）、（3）……作爲後綴。批次號與件次號之間以分隔符連接。完整的編號，即包括前述代碼、批次號、流水號三部分，例如BH1-19、BH3-3a、BH4-333（2）等。這一編號體系已運用於庫房管理，並在相關論著中廣泛使用。

這批文獻的載體有紙質、絹質、木質、樺樹皮四種，形制多樣且特色鮮明，涵蓋漢文、藏文、于闐文、粟特文、如尼文、佉盧文、梵文、焉耆—龜兹文、猶太波斯文等九種文字，內容涉及官私文書、書信、典籍、佛經等方面，其中三十餘件有確切紀年，它們爲中古時期西域史地、絲綢之路文化交流等研究領域帶來了新的議題，提供了一批珍貴史料。這批文獻入藏時狀況不佳，紙質、絹質及樺樹皮文獻大多殘損嚴重，有的帶有污迹，閱讀使用都不太方便。

國圖非常重視這批文獻，於二〇〇九年立項開展其中紙質文獻的修復保護工作。此次修復遵循整舊如舊、最少干預、補紙與原卷有明顯區别、過程可逆等基本原則，力求儘可能地保留文獻原有的研究信息。殘片採用挖鑲法加以保護，存放於特製的紙夾中。這項修復工作主要由國圖古籍館文獻修復組修復師胡玉清女士承擔，修復組青年員工侯郁然協助。經過兩年的努力，紙本文獻修復完畢。修復的同時，還進行了紙張檢測與纖維分析。此後，又在「中華古籍保護計劃」的支持下，爲木簡木牘製作了裝具。

修復過程中，侯郁然、胡玉清撰寫了兩篇文章，討論兩組文獻的修復技術[一]。項目完成後，國家圖書館古籍館進一步總結經驗，二〇一七年組編《國家圖書館藏西域文獻的修復與保護》一書，全面而詳細地記述這批文獻的保護修復，包括更多的修復案例[二]。有關修復技術、保護手段、紙張分析等方面的詳情，已見於這些文章與專書，本書不再重複收録。

從國圖第一批和田出土文書入藏之始，我們就開始了整理和研究工作。這批文書入藏並經過初步整理後，我們就在二〇一〇年三月九日組成了第一期「敦煌西域文書讀書班」，成員爲國家圖書館古籍館部分研究人員，原「新獲吐魯番出土文獻整理小組」的部分成員，參加讀書班的北京大學、中國人民大學、中央民族大學老師的部分學生，以及個别邀請的專家。組長爲榮新江（北大）、孟憲實（人大）、林世田（國圖），先後參加第一期讀書班的成員有：國圖史睿、薩仁高娃、劉波、趙大瑩、李燕暉，北大的朱玉麒、朱麗雙、李芳瑶、張梅雅、何存金、付馬，人大的畢波，還有首師大的劉屹、游自勇，社科院歷史所的雷聞。讀書班自三月十四日開始預定在北大、人大、國圖輪流舉辦，後來比較集中在北大中國古代史研究中心舉行，每周一次，會讀材料包括散藏吐魯番文書、國圖新刊敦煌遺書、國圖未刊和田出土文書等資料。四月十八日的讀書班後，成立「和田出土文書整理小組」，確定下階段讀書班的內容，主要以國圖藏和田出土文書和中國人民大學博物

[一]侯郁然、胡玉清《西域文書BH4-269殘片修復案例》，《文津學志》第六輯，國家圖書館出版社，二〇一三年，三二三—三三一頁；侯郁然《BH2-1瓷青色紙西域文獻修復案例》，《文津學志》第九輯，國家圖書館出版社，二〇一六年，三四三—三四九頁。
[二]國家圖書館古籍館編《國家圖書館藏西域文獻的修復與保護》，國家圖書館出版社，二〇一七年。

館（簡稱「人大博」）藏和田出土文書爲主。人大博藏品漢文文書較國圖藏品爲多，且不少爲同組文書，整理時可以互相參照。

二〇一〇年下半年到二〇一一年末，第二期讀書班更名爲「西域出土文書讀書班」，成員增加了人大的荻原裕敏、劉子凡，北大的慶昭蓉、鄭燕燕、田衛衛、羅帥、郭桂坤、陳昊、徐暢，訪問學者西村陽子。在完成國圖和田出土文書會讀之後，主要工作轉到人大博文書的會讀工作，同時也在前人基礎上，重新整理了斯坦因第三次中亞探險所獲于闐文書。二〇一二年二月十八日開始的第三期讀書班仍以「敦煌西域文書讀書班」爲名，人員增加了人大的丁俊，北大的包曉悦、劉敏。在這個學期中，又將國圖藏文書録文重新校讀一過，更主要的工作是整理人大博藏文書。與此同時，也通過讀書班，推動龜茲石窟題記和龜茲研究院收藏的龜茲語文書的整理工作，以及《吐魯番出土文獻散録》所收文書的分工研究。到四月三日，基本完成了人大博所藏全部文書的録文工作。

通過整理與研究，我們對國圖藏和田出土文書的學術價值有了越來越清晰的認識，這些新文書對我們進一步認識西域于闐國史、唐朝對于闐的統治、唐朝統治西域的軍政體系與税收制度、中原漢文化的傳播等，都有突出的貢獻。

位於塔里木盆地西南的于闐，自漢代以來就是西域的大國之一。唐朝初年，于闐附屬於天山北麓的西突厥汗國。唐高宗顯慶二年（六五七），唐朝滅掉西突厥汗國，于闐王國與葱嶺東西其他西域王國一起，成爲唐朝的附屬國。唐朝將安西都護府從吐魯番的交河城移至龜茲都城，下設安西（龜茲）、于闐、焉耆、疏勒四鎮。上元二年（六七五），唐朝在于闐設毗沙都督府，以于闐王伏闍雄爲毗沙都督，下轄十個羈縻州。但安西四鎮防人有限，所以包括于闐在内的西域地區，在吐蕃和西突厥餘部的夾擊下曾數次失陷。長壽元年（六九二），唐朝自吐蕃手中再度收復安西四鎮，武則天採取新的措施，發漢兵三萬人鎮守四鎮，使得唐朝牢固地控制了四鎮地區。

和田地區出土的漢文文書，正是長壽元年唐朝牢固控制于闐之後的産物。目前所見最早的漢文文書紀年，是中國人民大學博物館藏《武周延載二年（695）典某牒》（GXW0106）[一]。國家圖書館藏和田出土漢文文書中最早的紀年文書是

[一]榮新江《唐代于闐史新探——和田新發現的漢文文書研究概説》，吕紹理、周惠民主編《中原與域外：慶祝張廣達教授八十嵩壽研討會論文集》，臺灣政治大學歷史學系，二〇一一年，四三—四五頁。

《唐開元十年(722)九月七日拔伽裴捺納稅抄》(BH3-98)等一組三十多枚開元十年木簡文書[一],與其他收集品中的開元紀年文書一起,確證唐朝對于闐地區的堅固統治已經建立。和田出土文書中此後的唐朝年號持續不斷出現,國圖所藏有《唐天寶二年(743)二月廿三日典成意牒》(BH1-14)、《唐廣德二年(764)九月傑謝百姓某牒》(BH1-25)、《唐大曆十年(775)傑謝百姓日懃泥等納欠大曆七年稅斛斗抄》(BH1-26)、《唐建中七年(786)二月左三將行官郎將李庭湊等牒》(BH1-5背)、《唐貞元六年(790)十月、十一月于闐傑謝鎮倉糧食入破帳曆稿》(BH1-2背)、《唐貞元六年(790)十月廿二日傑謝鎮倉算叱半史郎等交稅糧簿》(BH1-3),可見唐朝統治紀年一直延續到貞元六年,也就是最終陷入吐蕃的前夜。

和田新出漢語文書爲我們認識唐朝時期于闐羈縻州體制提供了許多新的材料,結合于闐語和藏語文書和文獻,我們大體上可以復原從西到東各個羈縻州的名稱和大致範圍。特別是我們可以根據《唐大曆九年(774)(或十年)于闐鎮守軍倉勾徵帳草》(BH1-2),把《新唐書·地理志》所記豬拔州從疏勒都督府範圍移到毗沙都督府的範圍內,同時改正了《新唐書·地理志》等傳世文獻把于闐國東部重鎮「蘭城」寫作「蘭城」之誤,並釐清胡漢譯語之間的關係[二]。

國圖這批文書的出土地,推測應當是來自老達瑪溝(Old Domoko)和丹丹烏里克(Dandan Uiliq),即唐朝時期于闐六城州的範圍内。因此,我們可以根據這些文書中有關六城範圍内的地名,如拔伽、屋悉貴、質邏、媲摩(坎城)、潘野、傑謝等,結合于闐語文書的相關記載,徹底弄清所謂「六城」所包含的城鎮,以及大致的地理範圍[三]。這將會爲我們理解這一地區出土的豐富的于闐語文書和漢語文書所記羈縻州下各個鄉、村行政運作的内涵,提供堅實的研究基礎。

與同出的于闐語文書相比,這些漢語文書更多地反映了唐朝在于闐的鎮守軍的各方面情況。長壽元年以後唐朝發漢兵三萬人鎮守安西四鎮,則每鎮兵力至少在五千人以上,像于闐這樣僅次於安西(龜兹)的大鎮,可能更多一些。從目前所見材料看,唐朝至晚在開元二年(七一四)已經設立了「四鎮節度使」,或稱「安西四鎮節度使」「磧西節度使」,安西四鎮實際上已經是節度使體制下的軍鎮,其長官稱作「鎮使」「鎮守使」「軍鎮大使」「軍

[一] 榮新江、文欣《和田新出漢語—于闐語雙語木簡考釋》,《敦煌吐魯番研究》第十一卷,上海古籍出版社,二〇〇九年,四五—六九頁。

[二] 榮新江《唐代于闐史新探——和田新發現的漢文文書研究概説》,四五—四八頁;朱麗雙《唐代于闐的羈縻州與地理區劃研究》,《中國史研究》二〇一二年第二期,七一—九〇頁。

[三] 文欣《于闐國「六城」(*kṣa au*)新考》,朱玉麒主編《西域文史》第三輯,科學出版社,二〇〇八年,一〇九—一二六頁。

大使」等[一]。新出文書爲我們進一步探討于闐鎮的内部結構，包括軍鎮下的守捉、鎮、烽鋪、館驛等建置及相互關係，提供了更爲豐富的材料。如BH1-9記載了于闐都守捉在接到坎城鎮牒後，下牒給傑謝守捉的情況；又如BH1-27牒文雖殘缺過甚，但提到于闐西南吉良鎮、東部蘭城鎮以及某鋪資糧供給事。特别珍貴的是國圖藏《唐于闐鎮守軍勘印曆》（BH1-8），爲我們瞭解于闐軍鎮的内部結構，以及于闐鎮與周邊疏勒鎮、撥换、且末、安西的往來聯繫，都提供了前所未見的證據[二]。另外，新出文書也呈現了于闐鎮守軍如何在各條道路上設置探候，對賊人進行防備的具體做法，如《唐某年三月十五日傑謝鎮知鎮官王子遊帖》（BH1-5）中就提到：「右爲春初雪消山開，復恐外寇憑陵，密來侵抄。帖至，仰當界賊路，切加遠探候，勿失事宜。」[三]最後，新出《唐于闐應得團結蕃兵名簿》（BH1-10）證明于闐當地的蕃兵，也成爲于闐鎮守軍重要的組成部分[四]。

新出文書爲我們瞭解當年于闐鎮守軍與地方的互動關係提供了豐富的資料，如當地胡人百姓的納税、服役、欠糧、供糧有關的文書，與于闐語文書相結合，可以逐漸呈現當地羈縻州下的賦税體制。其中國圖這批文書中有幾件較長的帳曆，如BH1-1《唐建中七年（786）（?）于闐某倉欠糧簿草》、BH1-2正面第1—40行《唐大曆九年（774）（或十年）于闐鎮守軍倉勾徵帳草》、BH1-2背《唐貞元六年（790）十月、十一月于闐傑謝鎮倉糧食入破帳曆稿》、BH1-1背《唐貞元六年（790）冬季于闐傑謝鎮官健預支人糧、馬料簿》、BH1-3《唐貞元六年（790）十月廿二日傑謝鎮倉算叱半史郎等交税糧簿》，輔以BH2-32《唐貞元六年（790）十月十八日傑謝鎮供節度隨身官安庭俊糧食憑》、BH4-269《唐某年勘覆所帖催官曹之爲欠税糧事》以及中國人民大學博物館藏GXW0166:2《唐建中三年（782）傑謝鎮狀稿爲合鎮應管倉糧帳事》、GXW0167背《唐某年（貞元年間?）于闐傑謝鎮倉糧入破帳草》、GXW0169《唐貞元六年（790）十月廿八日傑謝鎮牒稿爲當鎮應交税糧事》，讓我們瞭解自開元年間開始，磧西地區爲解決鎮守軍的人糧、馬料供給問題，而向當地胡人百姓徵

[一]榮新江《于闐在唐朝安西四鎮中的地位》，《西域研究》一九九二年第三期，五六—五八頁；孟憲實《于闐：從鎮戍到軍鎮的演變》，《北京大學學報》二〇一二年第四期，一二〇—一二五頁。
[二]文欣《和田新出〈唐于闐鎮守軍勘印曆〉考釋》，沈衛榮主編《西域歷史語言研究集刊》第二輯，科學出版社，二〇〇九年，一一一—一二三頁。
[三]榮新江《新見唐代于闐地方軍鎮的官文書》，北京大學歷史學系、北京大學中國古代史研究中心編《祝總斌先生九十華誕頌壽論文集》，中華書局，二〇二〇年，三三六—三七八頁。
[四]孟憲實《于闐：從鎮戍到軍鎮的演變》，一二五—一二八頁。

收「税糧」的情況。此前龜茲、據史德、于闐出土文書中雖然提到「税糧」，但只有這批文書的發現和整理，才全部弄清磧西税糧制度的運作情況，而税糧的徵收爲唐朝鎮守軍在于闐等地的堅守，提供了有力的支持，是安史之亂後唐朝磧西守軍在斷絶中原供給之後能够堅守到八世紀末葉的重要原因之一[一]。有關税糧文書的詳細解説，也爲我們瞭解于闐胡漢管理體制，提供了許多細緻情節，讓我們對於唐朝的西域統治有了更爲深刻的理解。

最後，國圖藏和田出土漢文文書也再次印證了中原漢文化的西漸。其中，有兩種《孝經》古注本，一是鄭玄《孝經注·聖治章》[二]；一是《古注〈孝經〉》（BH1-12）[三]，係參酌鄭玄《孝經注》損益而成，作者不詳。這些顯然是具有一定文化水平的人使用的文本，應當是在于闐任職的唐朝官人所有。而王羲之《蘭亭序》的習字文本（GXW0017背+BH3-7背）的發現，則説明唐朝官府以《蘭亭序》爲學生課本的做法，也爲于闐當地的官民所遵從[四]。

我們曾經論證過，隨着唐朝勢力在安西四鎮地區站穩腳跟，中原的漢化佛教寺院和僧官體制也進入西域地區，其中于闐就有龍興寺、開元寺、護國寺等[五]。作爲這些漢化佛寺運作的證據之一，就是漢文佛典的抄寫，在國圖這批文書中就有《大般涅槃經》卷九（BH1-4）、《僧伽吒經》卷一（BH1-7），字體端正，應當是當地漢化佛寺的圖書遺存。更有意思的是，其中有《觀世音菩薩勸攘灾經》一卷（BH1-11），是漢地所造的讖記類佛教疑僞經。據經文，這個寫本是在龜茲地區産生，而流傳到于闐，它是按照中原流行的讖記類僞經編製而成，以傳貼的方式流轉，時代在天寶年間及其後，反映了西域地區與中原民間祈福禳灾的同樣心理與做法[六]。

[一] 慶昭蓉、榮新江《和田出土大曆建中年間税糧相關文書考釋》，朱玉麒主編《西域文史》第十六輯，科學出版社，二〇二二年，一二五—一五六頁；又《和田出土唐貞元年間傑謝税糧及相關文書考釋》，《敦煌吐魯番研究》第二十一卷，上海古籍出版社，二〇二二年，一六五—二一〇頁；又《唐代磧西「税糧」制度鈎沉》，《西域研究》二〇二二年第二期，四七—七二頁。

[二] 李丹婕《和田地區新出鄭玄〈孝經注〉殘葉考釋》，《敦煌學》第三十六期（張廣達先生九秩華誕頌壽特刊），二〇二〇年，一七七—一九一頁。

[三] 中國國家圖書館、中國國家古籍保護中心編《第三批國家珍貴古籍名録圖録》第一册，國家圖書館出版社，二〇一二年，八七頁。

[四] 榮新江《〈蘭亭序〉在西域》，中國人民大學國學院編《國學學刊》二〇一一年第一期，六五—七一頁。後收入《國學的傳承與創新——馮其庸先生從事教學與科研六十週年慶賀學術文集》，上海古籍出版社，二〇一三年，一〇九九—一一〇八頁。

[五] 榮新江《唐代西域的漢化佛寺系統》，新疆龜茲學會編《龜茲文化研究》第一輯，香港天馬出版有限公司，二〇〇五年，一三〇—一三七頁。

[六] 林世田、劉波《國圖藏西域出土〈觀世音菩薩勸攘灾經〉研究》，樊錦詩、榮新江、林世田主編《敦煌文獻、考古、藝術綜合研究——紀念向達先生誕辰110週年國際學術研討會論文集》，中華書局，二〇一一年，三〇六—三一八頁。

以上根據我們已經做的研究，從幾個方面闡述國圖所藏和田出土漢文文書的價值。這些文書作爲原始材料，其價值是多方面的，不同的學者從不同的視角必定會發現更加豐富的文書内涵，使這些文書的史料價值越發彰顯。

本書由上、下兩編構成。上編收録文書圖版及釋文，下編收録研究論文。

上編

圖版釋文編

目録

凡例

一　本書圖版釋文編所收爲中國國家圖書館藏西域出土文書的漢文部分，部分漢文爲主的漢語于闐語雙語文書也包括在内，同件文書上單獨成文的于闐語文書，則在解題中提示。本書所收包括典籍和文書，而以文書居多。

二　本書録文大體保持原件格式，不連寫，每行加行號，以與原件行數對照。

三　本書所收文書係徵集所得，故此按收藏編號（BH）排序。卷背文書用漢字「背」表示。直接綴合的文書用「+」號。

四　每件文書均據其内容，參考前人成果（如有），予以擬題，其斷代、定性及文書特徵等做簡要解題説明，列於標題、編號之後。

五　文書中異體字、俗體字、别體字，除人、地、度量衡名外，釋文基本用現在通行繁體字；武周新字改爲正字；原文筆誤及筆劃增減者，逕行改正。文書中朱書字在解題或注中提示。

六　文書有缺文時，依缺文位置標明（前缺）、（中缺）、（後缺）；中有原未寫文字處，標作（中空）或（中空若干行）；文末空白標作（餘白）。

七　缺字用□表示。不知字數的缺文，上缺用［ ］、中缺用［ ］、下缺用［ ］表示，長度據原缺長短而定。騎縫綫用-----表示，正面騎縫押署或朱印直接書於騎縫綫上，背面騎縫押署或朱印括注於騎縫綫下方。

八　原文字形不全，但據殘筆確知爲某字者，補全後在外加□，如貞；無法擬補者作爲缺字。字迹清楚但不識者照描，字迹模糊無法辨識者亦用□表示。除個别情況外，原文點去或抹去的廢字不録，必要時出注提示。

九　所有文書大體依原件格式照録，除原以空格表示標點者外，均加標點。文書中原寫於行外的補字，釋文一般逕補入行内；成句的補文，不能確定應補在哪一句之下者，依原樣録於夾行。原件中之倒書（自下向上書寫）者，及寫於另一件文書行間者，分别釋録，但加以説明。

一〇　本書所用文書編號和縮略語：

BH：中國國家圖書館藏和田出土文書

D.：斯坦因在丹丹烏里克所獲于闐文書

Dom.：斯坦因在老達瑪溝所獲于闐文書

GXW：中國人民大學博物館藏和田出土文書

M.T.：斯坦因在和田麻札塔格所獲于闐文書

Or.：英國國家圖書館藏于闐文書

P.：法國國家圖書館藏敦煌文書

SI P：俄羅斯科學院東方文獻研究所藏彼得羅夫斯基西域收集品

Дх.：俄羅斯東方文獻研究所藏編入敦煌文庫的于闐文書

國圖：中國國家圖書館

人大博：中國人民大學博物館

——參考文獻縮略語見參考文獻目錄。

BH1-1　唐建中七年（786）（？）于闐某倉欠糧簿草

長123.8cm，高29cm，第13行提到「建中六年」，據此定爲建中六年（即貞元元年，785年）以後編成，或即在建中七年。文書登録六城（州）、豬拔州等地所欠糧帳，字面整潔，但内容是草稿。

參：慶昭蓉、榮新江2022a，146—153。

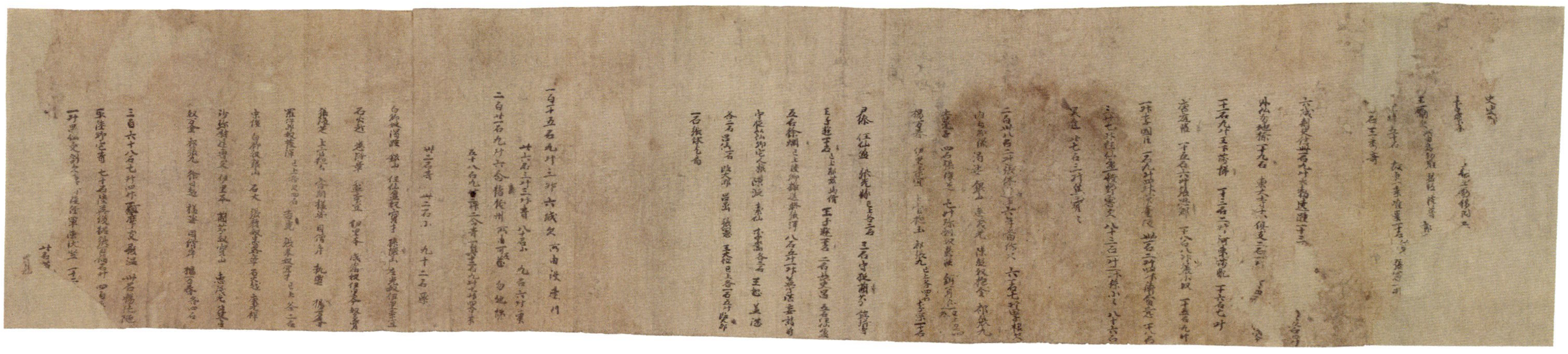

BH1-1

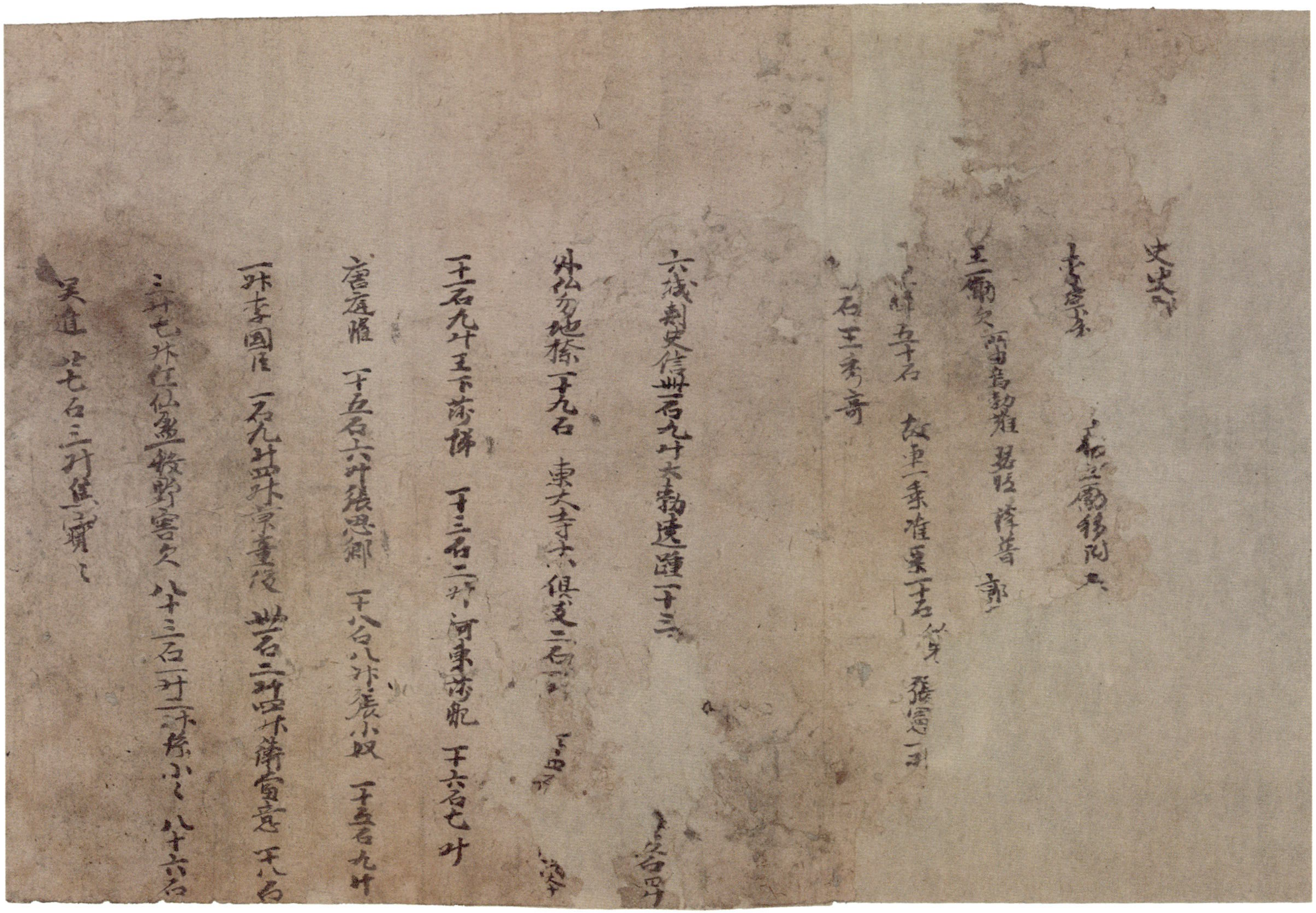

史氏

王一斛

石王秀奇

六歲刺史信卌石九斗

外仏加地拣一十九石　東大寺十六　但支二石

一千石九斗王下薩拂　一十三石二斗　河東薩鮑　一十六石七斗

唐庭暉　一十五石六斗　張思鄉　一十八石八斗　張小奴　一十五石九斗

一斗李国任　一石九斗四升　史童俊　卌石三斗四升　衛富意　一十八石

三斗七升　任仙盈　八十三石　八十六石

吳進　七石三斗

（1）

BH1-1

（前缺）

史史郎□
李寧秀□　　□六城王勵移附□□
王勵　欠，所由烏勃難。瑟昵　薩普　郭□□
宋辭。五十石，故車一乘，准粟一十石，似先　張憲一斗
□□石，王秀奇。

六城刺史信：卌一石九斗大，勃逷踵。一十三□　□廿、五石四斗
外仏勿地捺。一十九石、東大寺木俱支。二石一斗□　□一十四石□　□□本。
一十一石九斗，王下莎悌、。一十三石二斗，河東莎那。一十六石七斗，
唐庭曜、。一十五石六斗，張思鄉、。一十八石八升，張、小奴。一十五石九斗
一升，李國臣。一石九斗四升，景童俊。卅一石二斗四升，衛當意。一十八石
三斗七升，任仙盈，般野窖欠。八十三石一斗二升，孫小小。八十六石，
吳進。　廿七石三斗，焦寶寶。

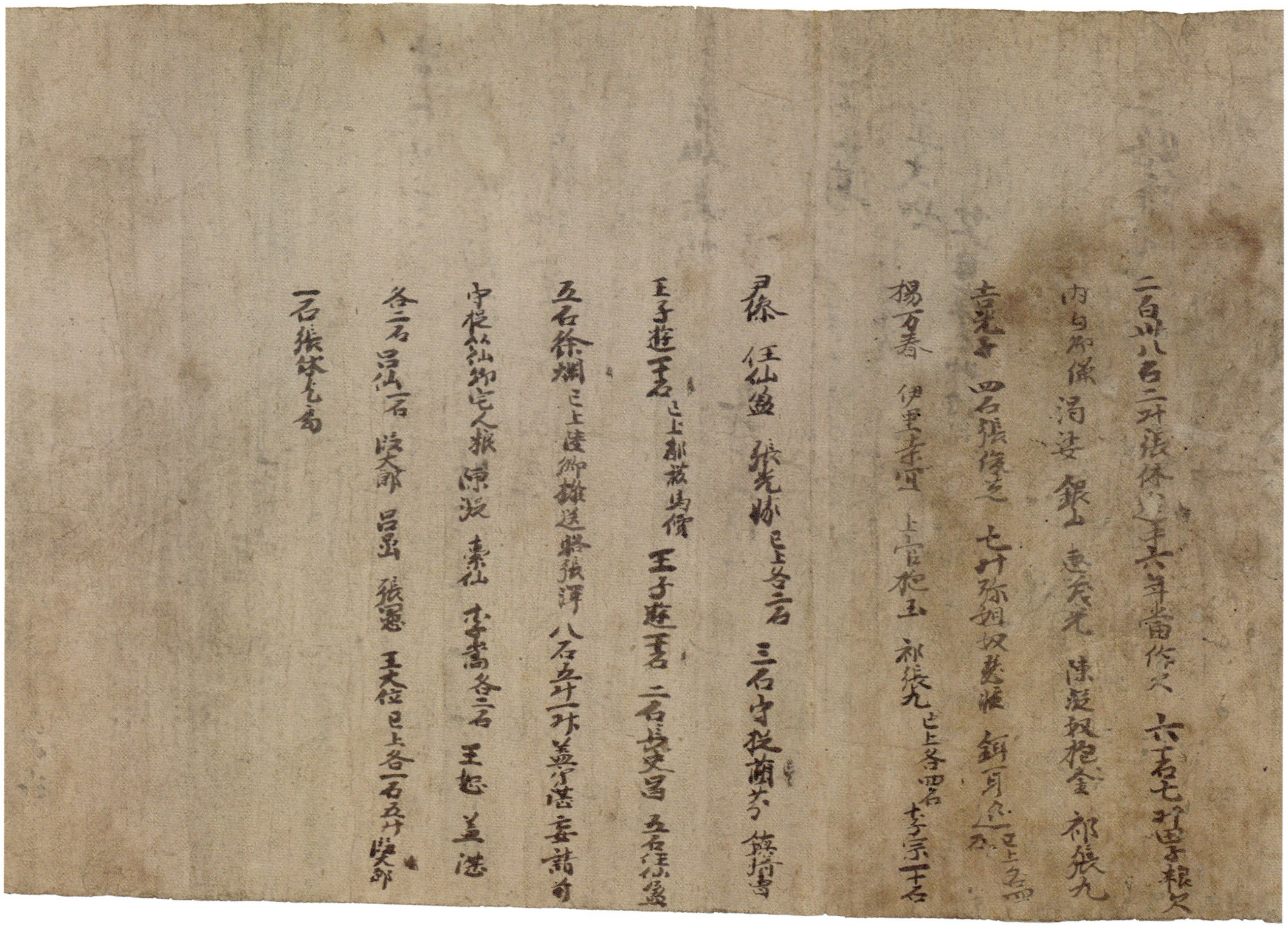

二百卅八石二斗張休之手六年當作人 六十石七斗田子根又
内乌弥保 涓姿 銀山 惠炎光 陳提奴 抱金 祁張九
吉光子 四石張倖之 七斗弥姻奴 姜滋 錡耳令 延石 已上各四
楊万春 伊里李宜 上官抱玉 祁張九 已上各四石 李宗 十石
君孫 任仙盈 張先妹 已上各二石 三石守從蘭芬 篠埼寺
王子遊一石 已上都蔵馬價 王子遊一石 二石吕文昌 五石任仙盈
五石徐瑚 已上陵鄉雄送 縣張譯 八石五斗一升 益寧湛 妻諸前
守提仙仙鄉宅人振 陳泥 素仙 李嵩 各二石 王恕 姜湛
各二石 呂仙一石 段大郎 呂點 張恩 王大位 已上各一石五斗 段大郎
一石張休七畝

（2）

BH1-1

（中空一行）

13 二百卅八石二斗，張休建中六年當作欠。六十石七斗，田子粮欠，

14 内白卿傔渴娑、銀山、惠茂光、陳凝奴抱金、祁張九、

15 吉光子。四石，張俊芝。七斗，弥姐奴瑟昵、鉺耳延。已上各四石。

16 楊万春、伊里桑宜、上官抱玉、祁張九，已上各四石。李宗一十石。

---

17 尹修、任仙盈、張光勝，已上各三石。三石，守捉蔺芬。鎮將曹

18 王子遊一十石，已上都護馬價。王子遊一十石。二石，長史昌。五石，任仙盈。

19 五石，徐爛，已上陸卿攤送駱張澤。八石五斗一升，蓋守湛妄請前

20 守捉似仙卿宅人粮。陳凝、索仙、李嵩，各三石。王恕、蓋湛，

21 各二石。吕仙，一石。段大郎、吕嵒、張憲、王大位，已上各一石五斗。段大郎

22 一石。張休，乞局。

（中空三行）

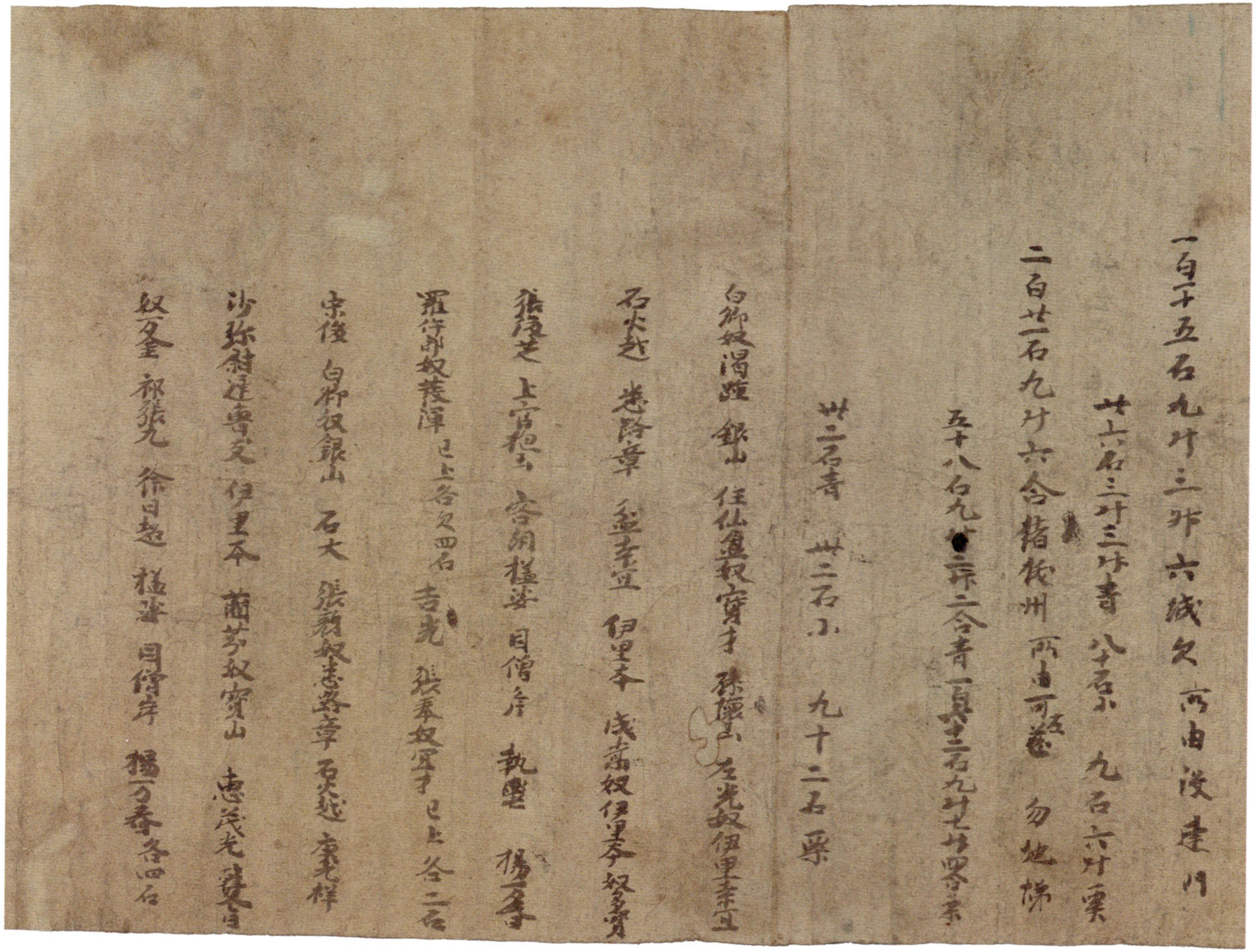
一百千五石九㪷三𤭛六織欠　丙由沒達門
廿六石三㪷三升青　八十石小　九石六㪷粟
二百廿一石九㪷六合　錯被州　丙由可燚　匆地撩
五十八石九㪷二升二合青　一百七十三石九㪷七升四合粟
卅二石青　卅二石小　九十二石粟
白抑奴渴踵　銀山　任仙盈奴寶才　孫願山　左光奴伊里李豆
石火越　悉路章　孟李豆　伊里本　成高奴伊里李　奴多寶
張倫芝　上官抱山　容尉槿娑　目偹岸　執璽　楊多奉
羅符那奴莪渾　已上各欠四石　吉光　張奉奴寶才　已上各二石
宋俊　白抑奴銀山　石大　張莿奴悉路章　石火越　康光祥
沙弥尉遲専支　伊里本　蔺艻奴寶山　惠茂光　孫寶[illegible]
奴多金　郝張九　徐日超　槿娑　目偹岸　楊万奉各四石

（3）

BH1-1

23 一百一十五石九斗三升六城欠，所由没達門。

24 廿六石三斗三升青、八十石小、九石六斗粟。

25 二百廿一石九斗六合豬拔州，所由可左慈、勿地悌。

26 五十八石九斗二升二合青、一百六十二石九斗七升四合粟。

（中空一行）

27 卌二石青、卌二石小、九十二石粟。

28 白卿奴渴踵、銀山、任仙盈奴寶才、孫懷山、左光奴伊里桑宜、

29 石火越、悉路章、盆桑宜、伊里本、成嵩奴伊里本、奴多寶、

30 張俊芝、上官抱玉、客胡樣娑、目僧崖、執轡、楊万春、

31 羅仵郎奴發渾，已上各欠四石。吉光、張奉奴宜才，已上各二石。

32 宋俊、白卿奴銀山、石大、張顔奴悉路章、石火越、康元祥、

33 沙弥尉遲魯支、伊里本、藺芬奴寶山、惠茂光、韓冬日

34 奴万金、祁張九、徐日超、樣娑、目僧崖、楊万春，各四石。

（中空一行）

35 三百六十八石七斗四升，阿摩支履温。卅石，暢純陁

36 取陸卿宅青。七十石，陸英俊招張万福石斗。四百五□

37 一斗，吕仙交割欠，妻阿陸經軍陳狀竪。一十二□□

38 □廿石□□

39 □□二斗仙□

（後殘）

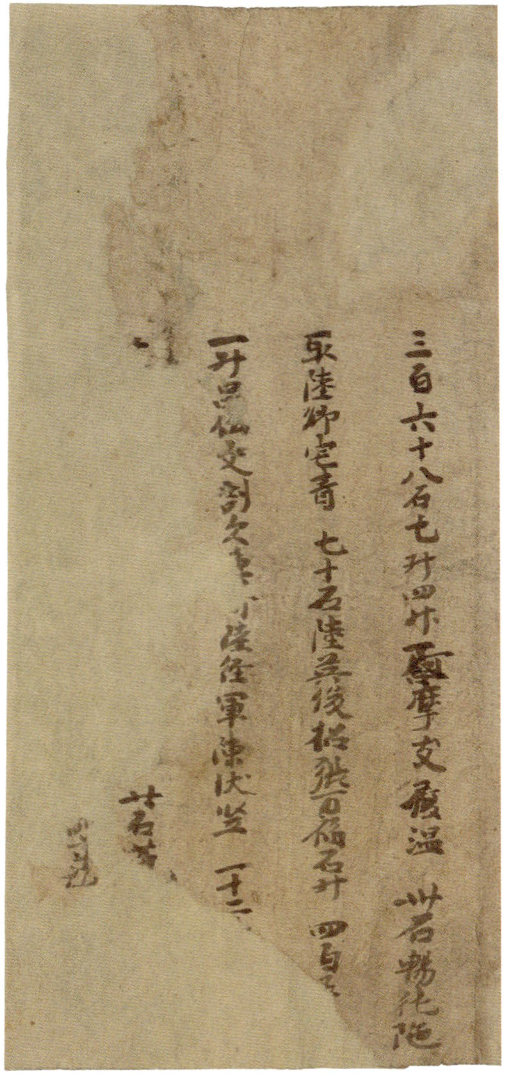

（4）

BH1-1

BH1-1背　唐貞元六年（790）冬季于闐傑謝鎮官健預支人糧、馬料簿

第12行騎縫書寫。除第18、19、22—26、32—33行外，第3行以降每行前均有「——」勾記。比較本件第1、21行可知，第1行似宜復原爲「預支某月人粮」，疑即十一月。第2行開頭缺字亦不妨擬作「預支」。第2—19行所記弥姐嘉順至張社兒折糧數，正好是圖BH1-2背《唐貞元六年（790）十月、十一月于闐傑謝鎮倉糧食入破帳曆稿》中的李奉珎還自剋折十一月人粮床1.3碩，這一對應關係可以確定本件文書的年份在貞元六年。第22行「順」字簽署甚拙，應爲胡人所書。又此署極似Дx.18927《唐建中六年（785）十二月廿一日傑謝百姓紇羅捺納駝麻抄》之署（《俄藏敦煌文獻》17，上海古籍出版社，2001年，287下頁）。文書中楊光武、李奉珎、衛悌等人均見於其他傑謝鎮文書，也説明本件爲傑謝鎮帳簿。

參：慶昭蓉、榮新江2022b，196—204。

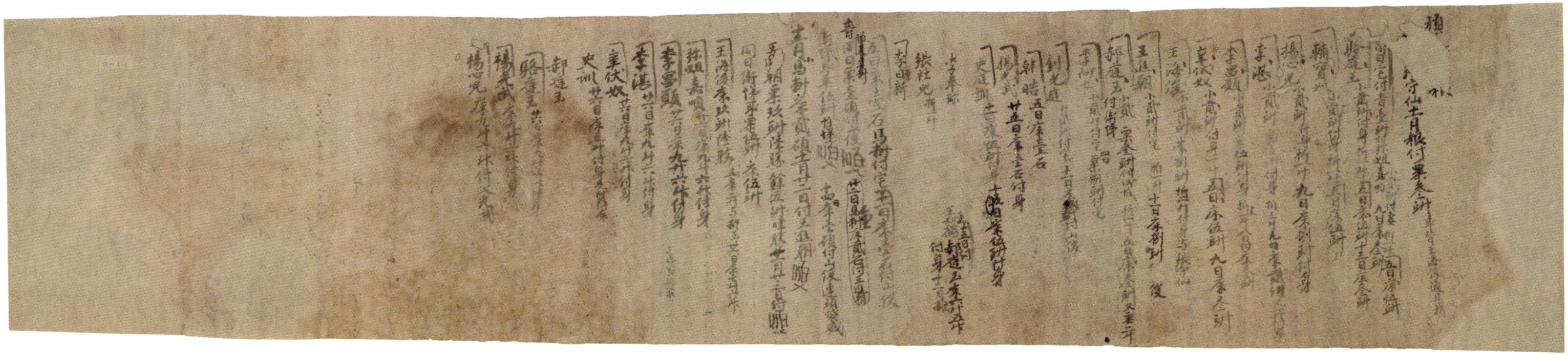

BH1-1背

0　5cm

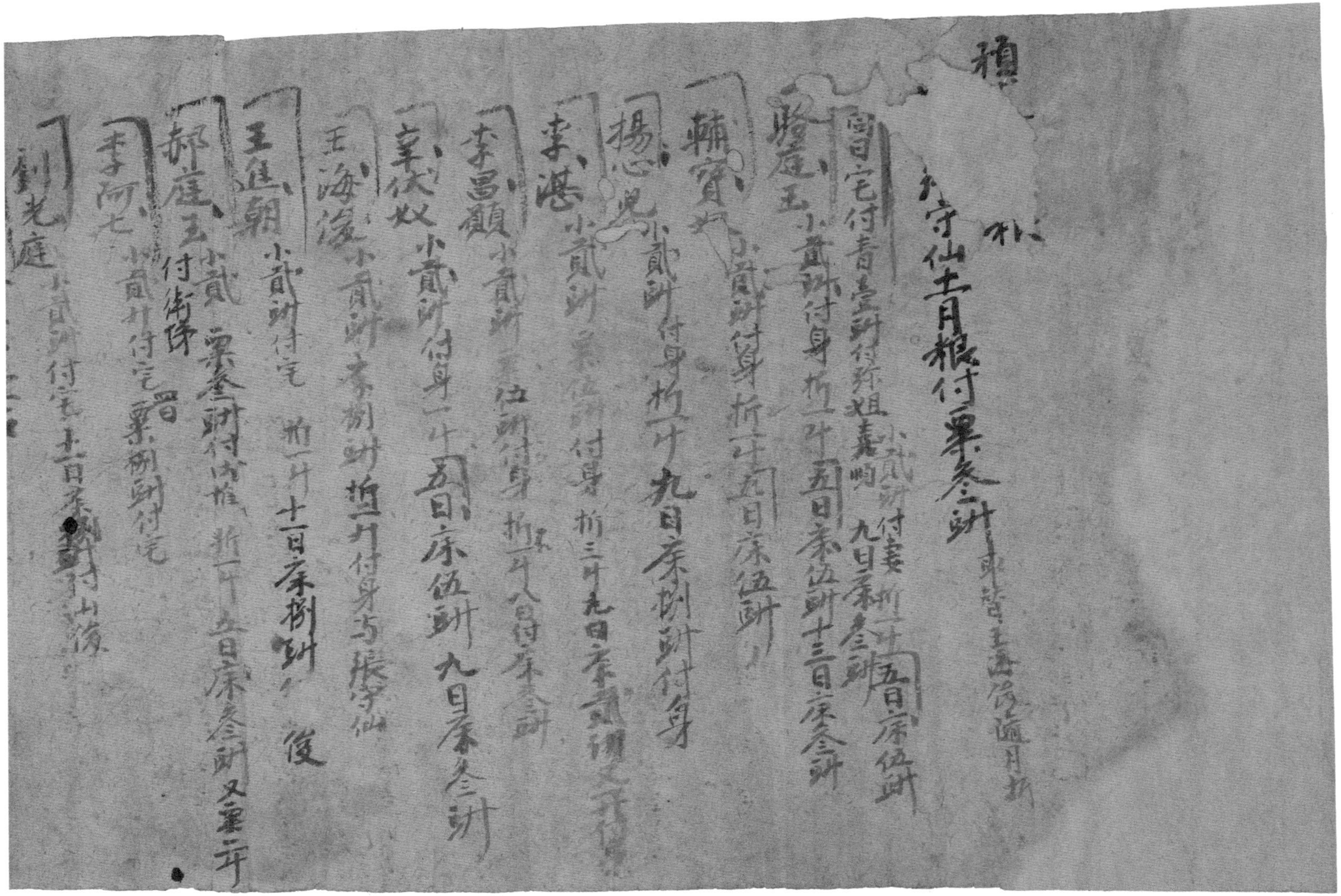

（1）

BH1-1背

（前空二行）

預支□□粮

□張守仙十一月粮，付粟叁㪷。取替王海俊，隨月折。

同日宅付青壹㪷，付弥姐嘉順，小貳㪷，付妻。折一斗。五日床、伍㪷。九日床叁㪷。

駱、庭玉：小貳㪷、付身。折一斗。五日床、伍㪷。十三日床叁㪷。

輔、寶奴：小貳㪷，付身。折一斗。五日床伍㪷。

楊、心兒：小貳㪷，付身。折一斗。九日床捌㪷，付身。

李、湛：小貳㪷，粟伍㪷，付身。折三斗。九日床貳㪷。又一斗，付身。

李、昌願：小貳㪷，粟伍㪷，付身。折不一斗。八日付床叁㪷。

辛、伏奴：小貳㪷，付身。〔折〕一斗。五日、床伍㪷。九日床叁㪷。

王、海俊：小貳㪷，床捌㪷。折二斗。付身，与張守仙。

王進朝：小貳㪷，付宅。折一斗。十一日床捌㪷，付山俊。

郝、庭玉：小貳，粟叁㪷，付内。惟。折一斗。五日床叁㪷，又粟二斗，付衛悌。

李阿、七：小貳斗，付宅。四日粟捌㪷，付宅。

劉、光庭：小貳㪷，付宅。十一日床捌㪷，付山俊。

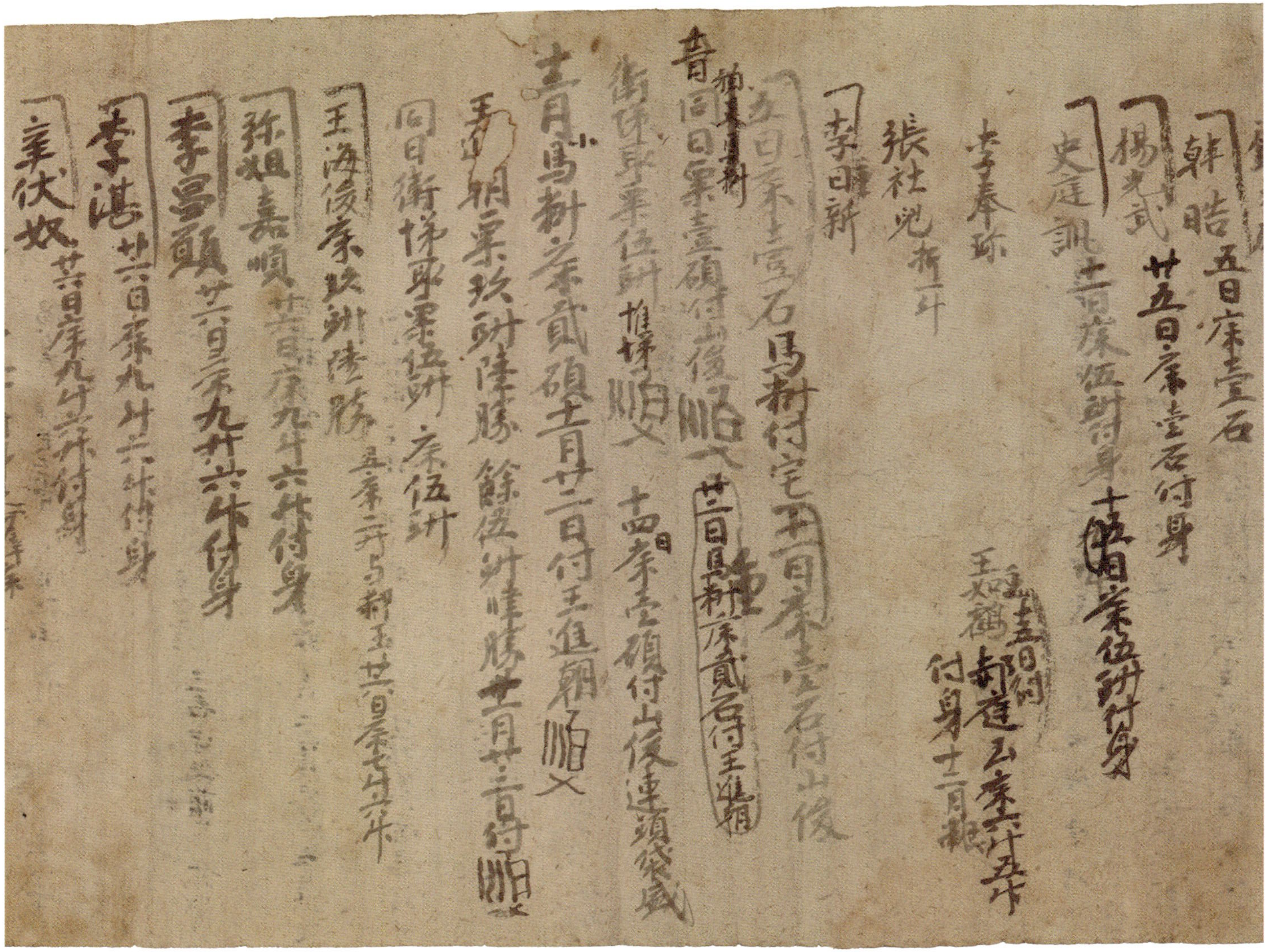

（2）

BH1-1背

韓皓：五日床壹石。
楊光武：廿五日床壹石，付身。
史庭訓：十一日床伍蚪，付身。十五日床伍蚪，付身。
李奉琢：　　王如鶴重。十五日付。郝庭玉，床六斗五升，付身。十二月粮。
張社兒：折一斗。
李日新重：
五日床壹石，馬料，付宅。十一日床壹石，付山俊。
十二月同日預支馬料粟壹碩，付山俊。順。廿二日，馬料重床貳石，付王進朝。
衛悌取粟伍蚪。惟悌。順。十四日床壹碩，付山俊，連頭袋盛。
十二月小。馬料床貳碩，十一月廿二日付王進朝。順。
王進朝：粟玖蚪陸勝。餘伍蚪肆勝，十一月廿三日付。順。
同日衛悌取粟伍蚪，床伍蚪。
王海俊：床玖蚪陸勝，五床二斗与郝玉。廿六日床七斗六升。
弥姐嘉順：廿六日床九斗六升，付身。
李昌願：廿六日床九斗六升，付身。
李湛：廿六日床九斗六升，付身。
辛伏奴：廿六日床九斗六升，付身。

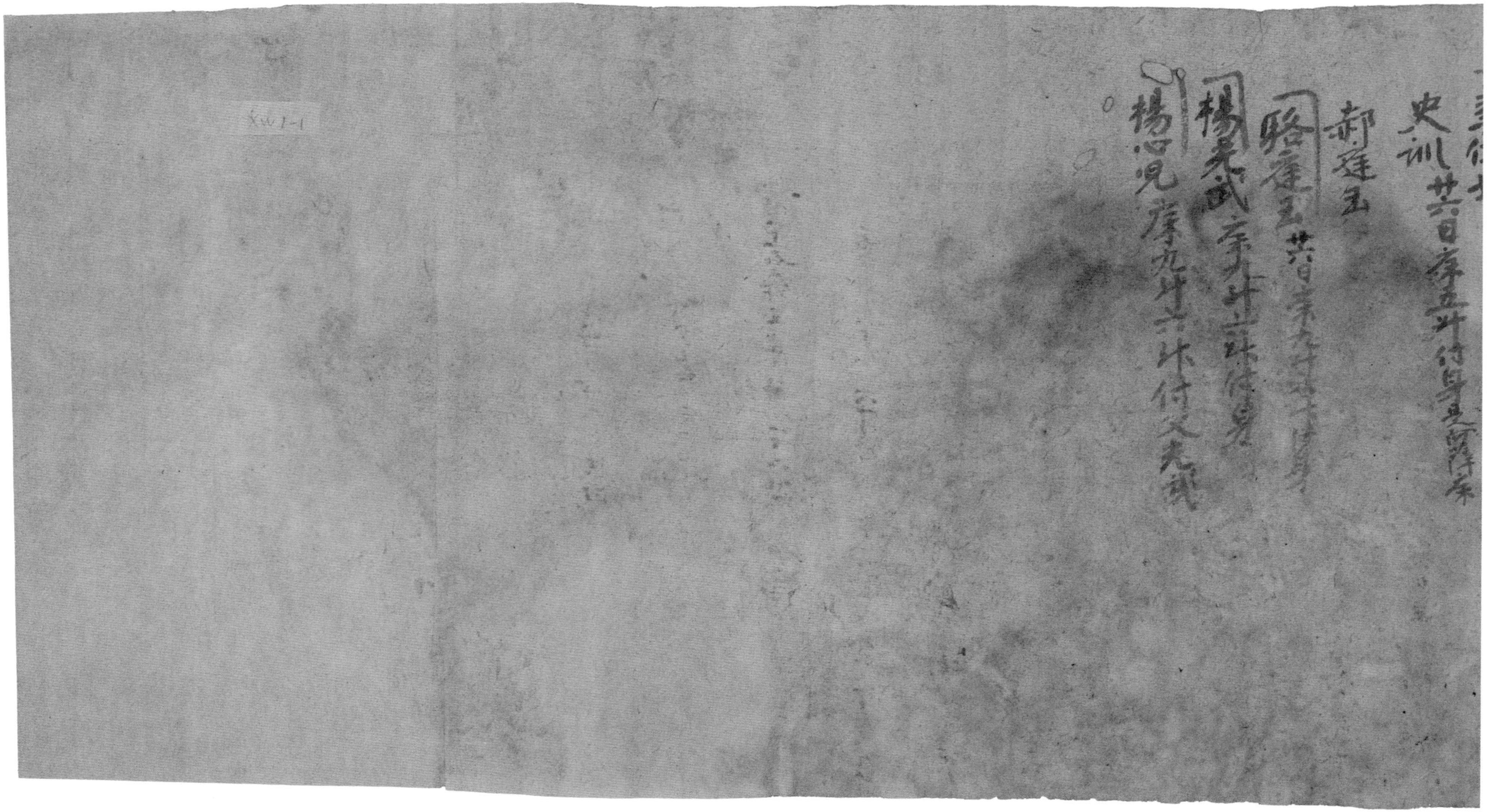

（3）

BH1-1背

32 史訓：廿六日床五斗，付身。是阿薛床。
33 郝庭玉：
34 駱庭玉：廿六日床九斗六升，付身。
35 楊光武：床九斗六升，付身。
36 楊心兒：床九斗六升，付父光武。
（餘白）

BH1-2　唐大曆九年（774）（或十年）于闐鎮守軍倉勾徵帳草

長127cm，高29cm，由四張紙黏合而成。兩面均有文書，内容、年份相異。正面文書分兩部分，主體第1—40行當寫於唐大曆九年（774）或十年，爲于闐鎮守軍倉勾徵帳草；最後第41—42行應是貞元六年（790）（？）十月廿三日支九月、十月糧條記，與背面文書爲一組。第8行「勿」字上有朱點。

參：慶昭蓉、榮新江2022a，130—141；慶昭蓉、榮新江2022b，183—184。

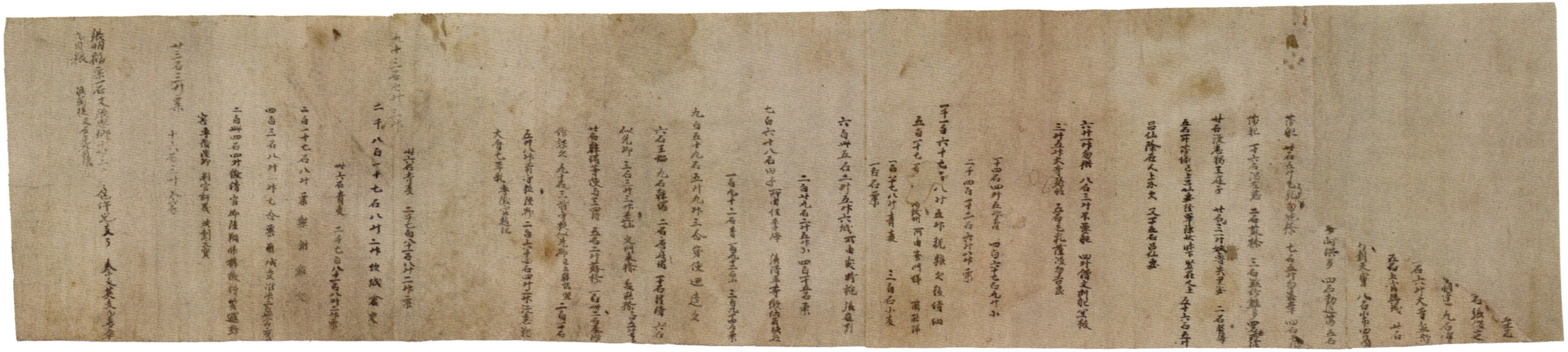

BH1-2

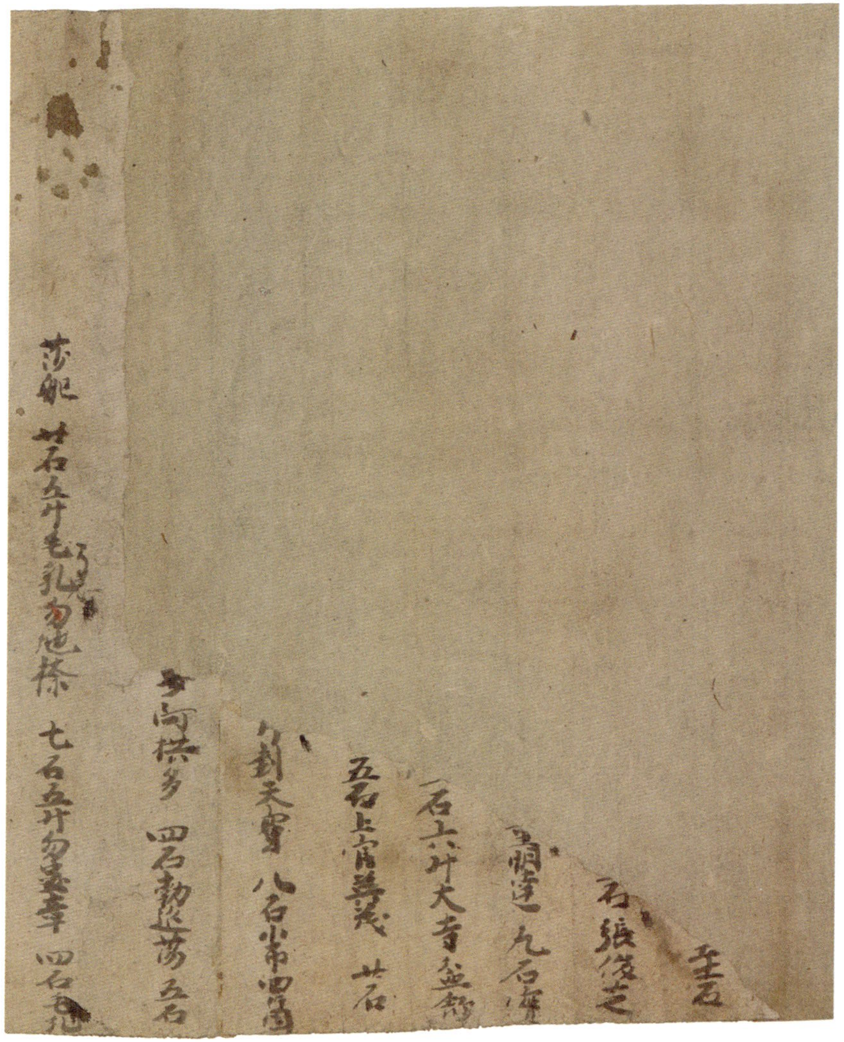

（1）

BH1-2

（前缺）

1 □[五]十一石

2 □[一]石，張俊芝、

3 □[董]明達。九石，實

4 □一石六斗，大寺盆舒

5 □五石，上官英茂。廿石

6 □[斗]、劉天寶。八石、小布四箇

7 □□阿拱多。四石，勃延蕩。五石，

8 莎那。廿石五斗，毛乳了悉、勿地捺。七石五斗，勿婁章。四石，毛乳、

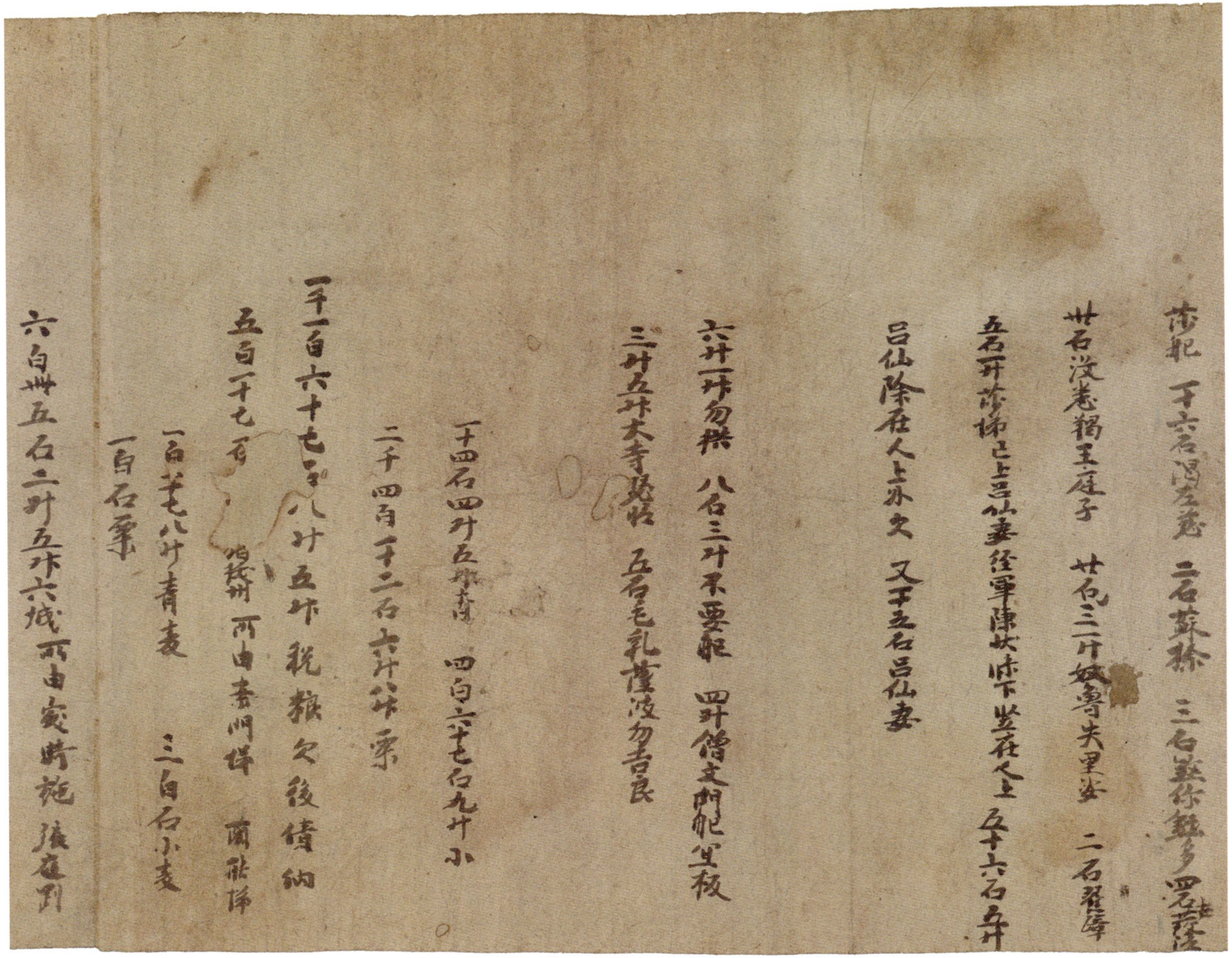

沙粑　一千六石馮左恵　二石蘇捺　三石嵬你麴多罗
廿石没恙羯王庭子　廿石三斗嵬粤失里娑　二石翟犀
五石五斗沙掃巳上吕仙妻經軍陳狀映下監在人上　五十六石五斗
吕仙除在人上亦欠　又一千五石吕仙妻
六斗一升勿拱　八石三斗不要粑　四斗僧文州能望校
三斗五升大寺覓姑　五石毛乳蒦波勿吉良
一千四石四斗五升青稞　四百六十七石九斗小
二千四百一十二石六斗八升粟
一千一百六十七石八斗五升　税粮欠後續納
五百一十七石　沿綏州　兩由索州倮　蘭秋倮
一百二十七石八斗青麥　三百石小麥
一百石粟
六百卅五石二斗五升六城　兩由竇時施　張庭判

（2）

BH1-2

9 莎那。一十六石，渴左慈。二石，蘇捺。三石，煞你鈺多。四石，安發没。
10 卌石，没悉羯、王庭子。廿三石一斗，奴魯失里娑。二石，、翟漳。
11 五石一斗，莎悌。已上呂仙妻徑軍陳狀。牒下，竪在人上。五十六石五斗，
12 呂仙除在人上外欠。　又一十五石，呂仙妻。

（中空一行）

13 六斗一升，勿拱。八石三斗，不要那。四斗，僧文門那宜板。
14 三斗五升，大寺瑟昵。　五石，毛乳薩波勿吉良。

（中空一行）

15 一十四石四斗五升青。　四百六十七石九斗小。
16 二千四百一十二石六斗八升粟。
17 一千一百六十七石八斗五升，税粮欠後債納。
18 五百一十七石□□（八斗），豬、拔州。所由桑門悌、藺能悌。
19 一百一十七〔石〕八斗青麥。　三百石小麥。
20 一百石粟。

---

21 六百卌五石二斗五升，六城。所由突騎施、張庭剛。

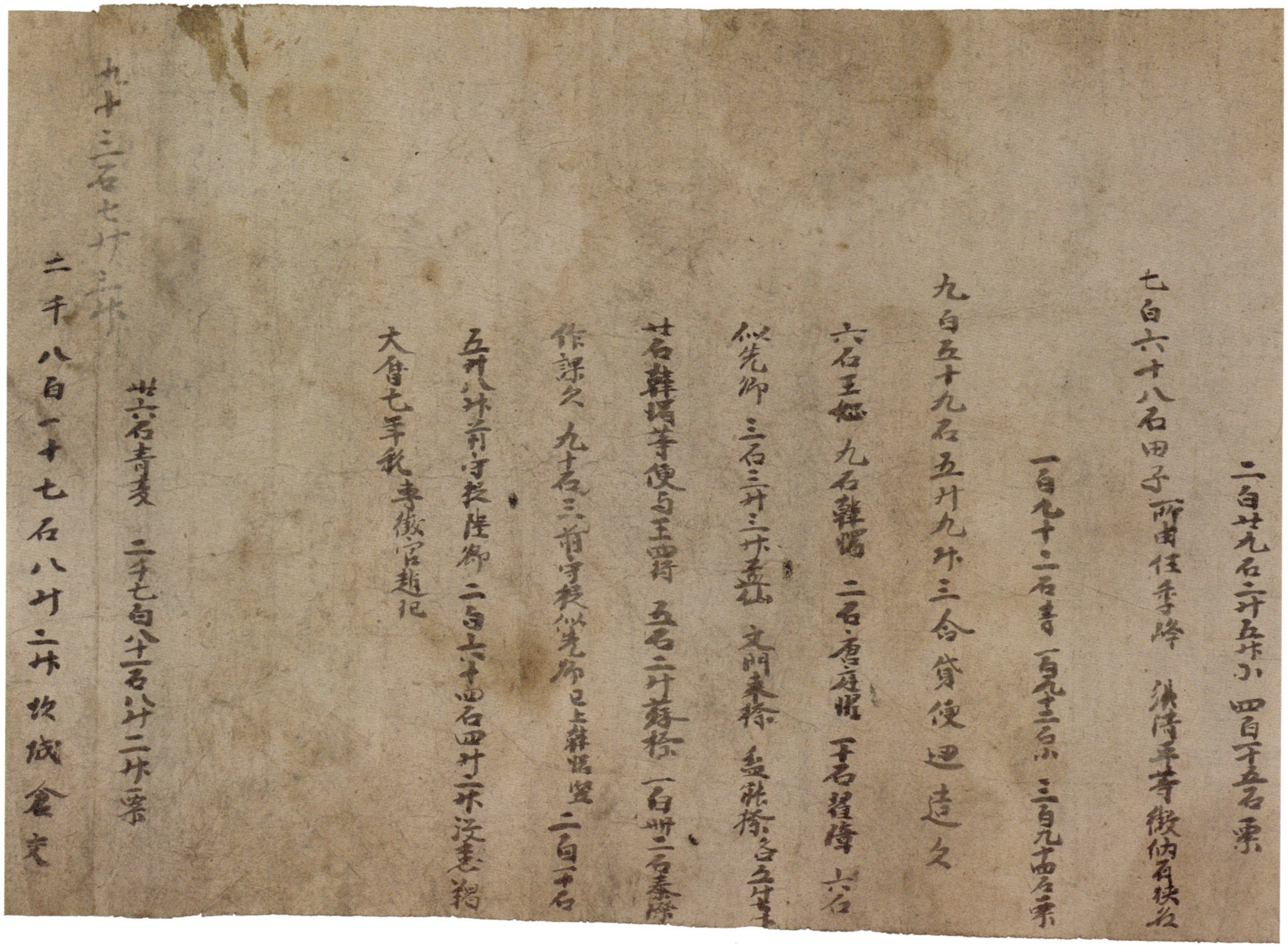
二百廿九石二斗五升小 四百廿五石粟
七百六十八石田子 所由任季降 狄符年等徵納百状名
一百九十二石青 一百九十二石小 三百九十四石粟
九百五十九石五斗九升三合 貸便廻造久
六石王熾 九石韓曜 二石唐庭曜 十石翟偉 六石
似先卿 三石三斗三升姜仙 文門來捺 孟張捺各五斗二
廿石韓瑀等便与王四将 五石二斗蘇捺 一百卅二石秦際
作課久 九十石三斗前守鞍似先卿已上韓瑀貸 二百十石
五斗八升前守鞍陸卿 二百六十四石四斗一升沒悲稻
大曆七年秋季徵官趙記
卅六石青麦 二千七百八十二石八斗二升粟
九十三石七斗二升
二千八百一十七石八斗二升 欠纖倉文

（3）

BH1-2

0 5cm

22 二百廿九石二斗五升小。　四百一十五石粟。
23 七百六十八石，田子。所由任季峰、張清平等，徵納有挾名。
24 一百九十二石青。一百九十二石小。三百九十四石粟。
25 九百五十九石五斗九升三合，貸便廻造欠。
26 六石，王恕。九石，韓曙。二石，唐庭曜、。一十石，翟漳。六石，
27 似先卿。三石三斗三升，、孟仙。文門來捺、盆能捺。各五斗七升。
28 廿石，韓曙等便与王四將。五石二斗，蘇捺。一百卌、二石，秦璨，
29 作課欠。九十三石，前守捉似先卿。已上韓曙竪。二百一十石
30 五斗八升，前守捉、陸卿。二百六十四石四斗二升，没悉羯。
31 大曆七年稅。專徵官趙玘。

（中空二行）

32 卅六石青麥。　二千七百八十一石八斗二升粟。
33 九十三石七斗三升。

-----

34 二千八百一十七石八斗二升，坎城倉交。

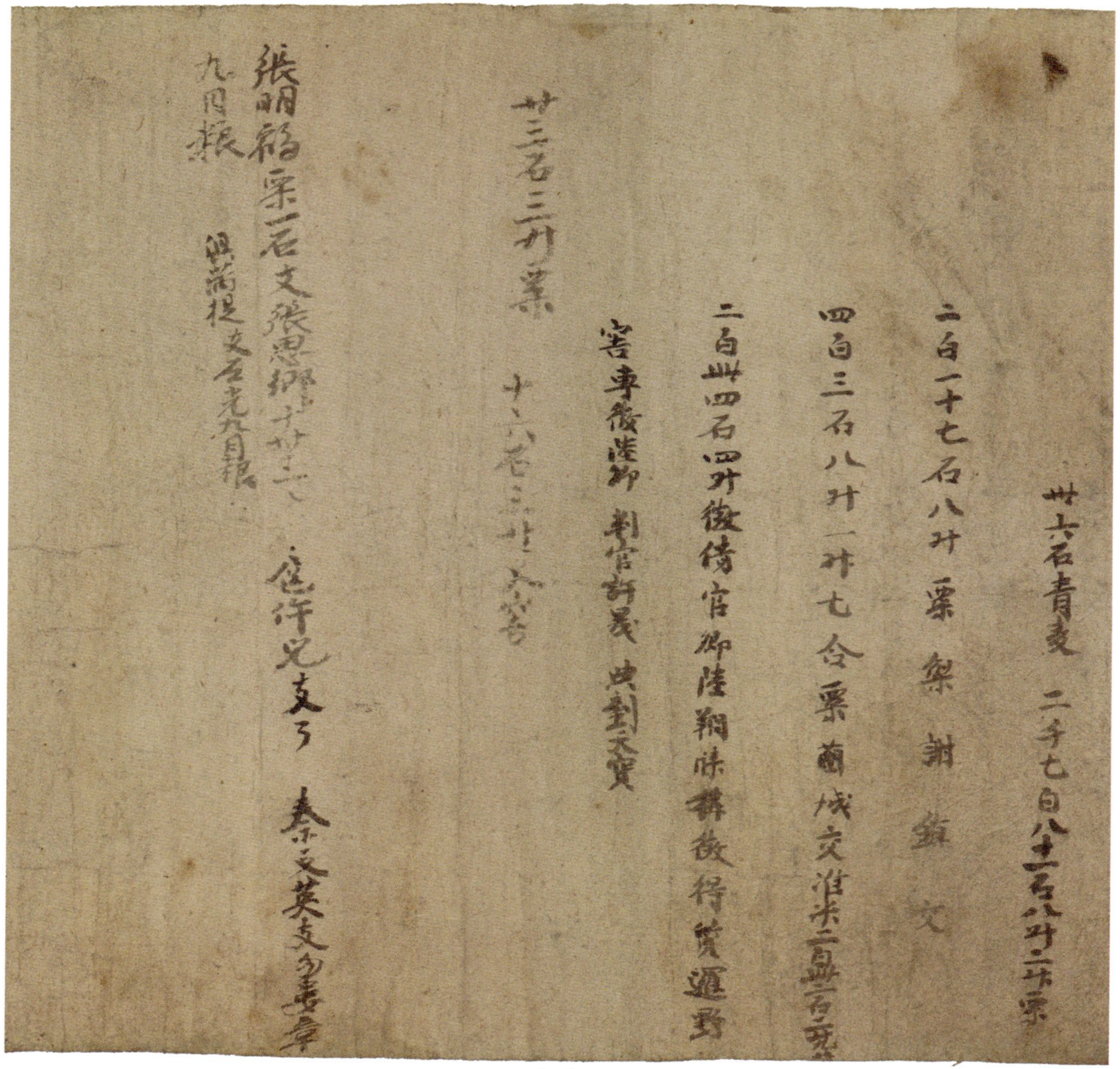
卌六石青麦　二千七百八十一石八斗二升粟
二百一十七石八斗　粟　案　謝　鉉　文
四百三石八斗一升七合粟　趙成交糴米二百卌一石三斗
二百卌四石四斗傔傔官御陸翔味耕傔得賀遲野
客事傔陸鄉　判官許義　典劉天寶
卌三石三斗粟　十六石三斗八合
張明福粟一石　支張思鄉十一廿一七　盧件兄支了　秦文英支多專章
九月粮　與薦提支五斗九月粮

（4）

BH1-2

35　　　　卌六石青麥。　二千七百八十一石八斗二升粟。

36　　　二百一十七石八斗粟，傑　謝　鎮　交。

37　　　四百三石八斗一升七合粟，蘭城交，准米二百卌二石二斗九升。

38　　　二百卌四石四斗，徵債官卿陸翔牒稱，徵得質邏野

39　　　窖。專徵陸卿、判官許晟、典劉天寶。

40　廿三石三斗粟。　十六石三斗入窖。

（中空一行）

41　張明鶴，粟一石，支張思鄉，十〔月〕廿三日。扈仵兒，支了。秦文英，支勿婁章

42　九月粮。　　俱滿提，支左光九月粮。

BH1-2背　唐貞元六年（790）十月、十一月于闐傑謝鎮倉糧食入破帳曆稿

本件文書寫於貞元六年（790），起頭處相當於正面第四紙尾端。第11行跨寫紙縫，相當於正面第三、四紙黏合處，寫到正面第三紙之背面中央處便擱筆。內容分成四段，格式不一，第1—2行爲隨手補記或糾出之倉糧進出帳目；第3—15行爲貞元六年十月十七日糧食到倉，十八日點檢交割完畢的傑謝鎮倉糧食進帳總額及具色細目。按唐代文書通常的分析習慣，本文書無疑是一份貞元六年十月十七日至十一月二十九日間傑謝鎮倉收支的原始記錄。

參：慶昭蓉、榮新江2022b，167—176。

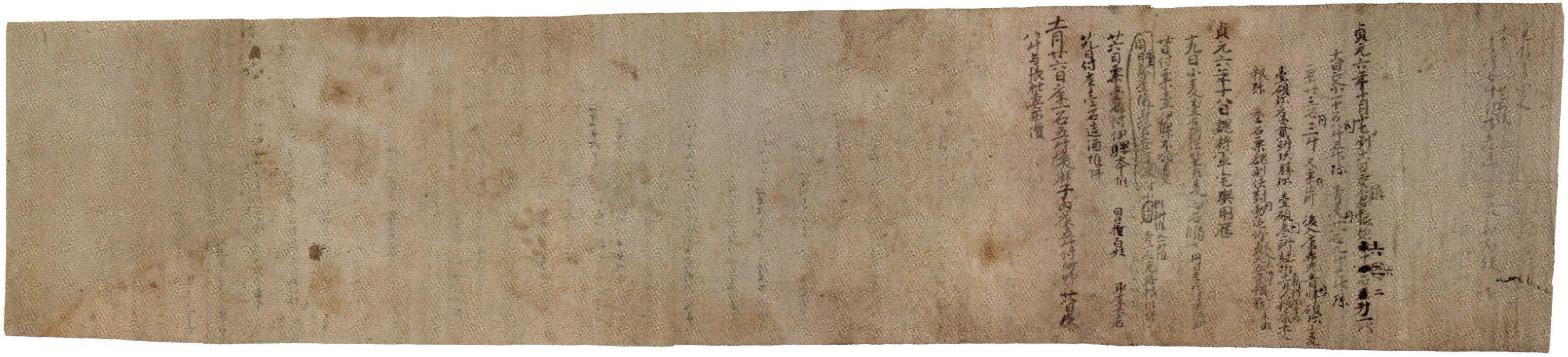

BH1-2背

1　勿悉捺青四石。

2　　十七日青借七斗，賈副使領，移差馬。　　二石，郭副使。

　（中空三行）

3　貞元六年十月十七日到，十八日交鎮倉粮揔六十六石二斗一升。

4　　十八日交小一十石八〔同〕斗五升。弥。　青麥〔同〕廿一石九斗七升。弥。

5　　粟廿三石〔同〕三斗。又粟〔同〕伍㪷。後入康希光青肆〔同〕碩。弥。小麥

6　　壹碩。弥。床貳㪷玖勝。弥。壹碩〔同〕叁㪷，尅折十〔不折，〕一月人〔得徵李弥。〕粮，床，十一人

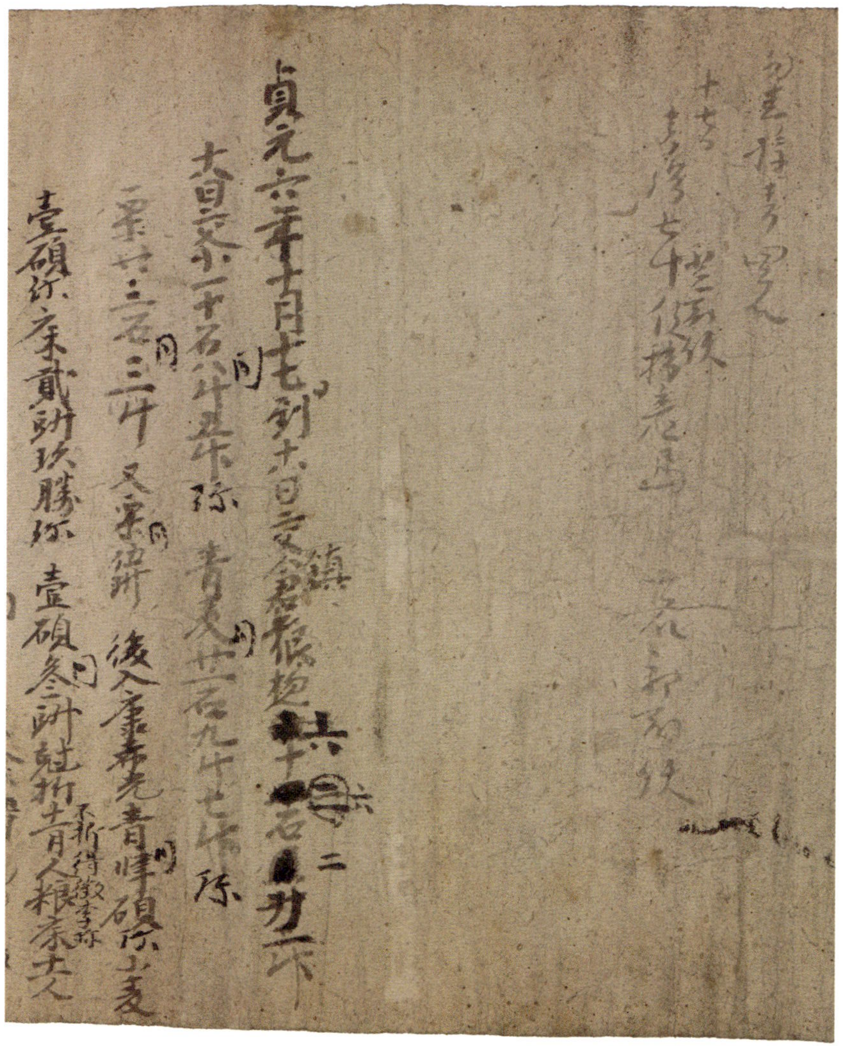

（1）

BH1-2背

0　5cm

（2）

BH1-2背

0　5cm

7　粮。珎。　叁石粟，魏副使對勃（同）延仰貞元（不入，）五（未得）年稅粮。（未徵。）

8　貞元六年〔十月〕十八日魏將軍宅喫用歷

9　十九日小麥，壹石捌㪷伍勝。青麥兩石。順。同日李珎付粟伍㪷。

10　廿日付粟壹，伊驟本領。順。

11　同日（重）節度隨身官安庭俊付小壹石（捌㪷。惟。），青一石（又一斗。惟。），充路粮。惟悌。

12　廿六日粟壹石，付伊驟本。惟。　同日捉百姓，　取床壹石。

13　廿九日付床壹石，造酒。惟悌。

14　十一月廿六日床一石五斗，換麻子，內床五斗，付阿師。　廿八日床

15　八斗，与張社妻布價。

（餘白）

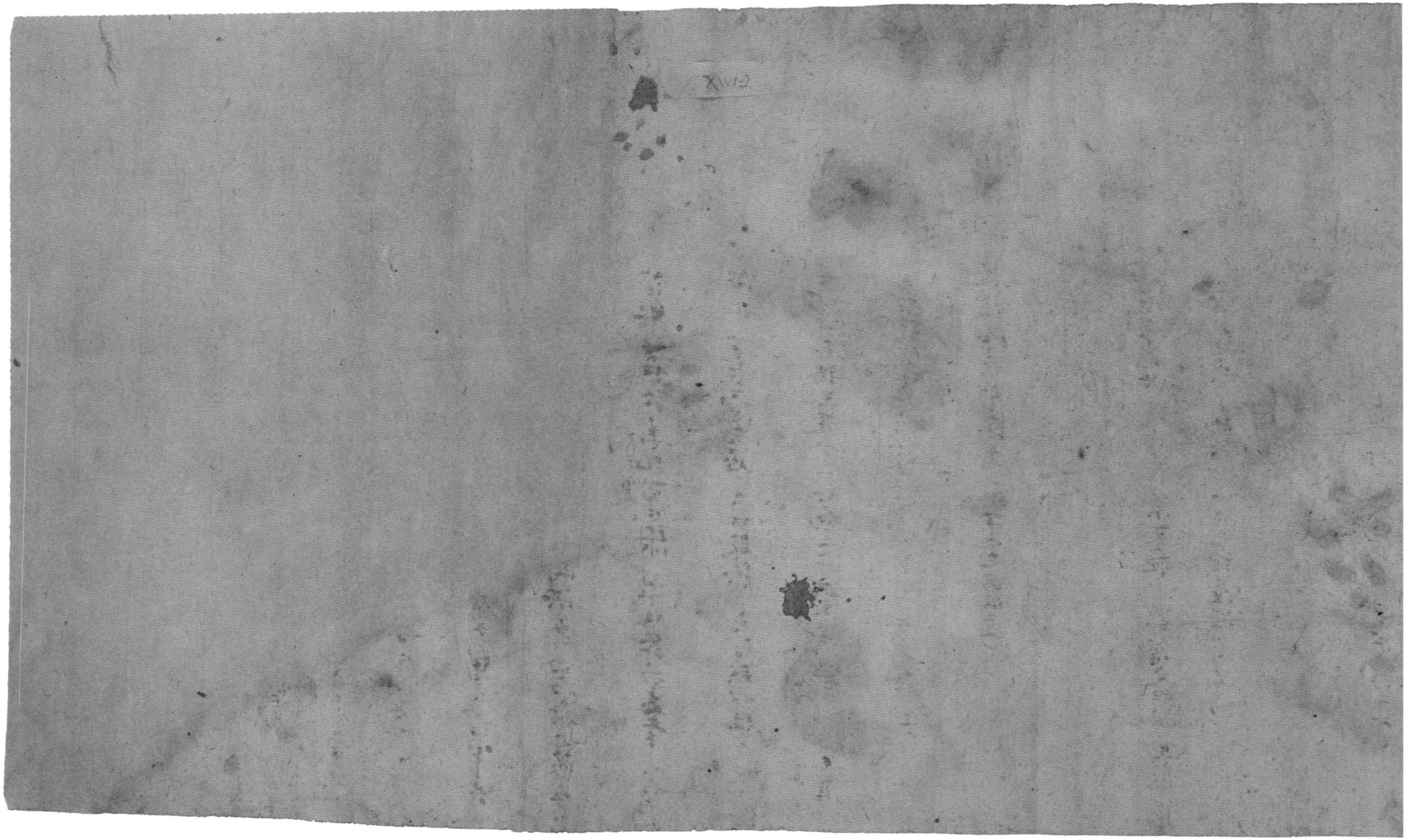

（3）

BH1-2背

BH1-3　唐貞元六年（790）十月廿二日傑謝鎮倉算叱半史郎等交稅糧簿

長81.8cm，高29cm，内容記載貞元六年（790）十月二十二日叱半史郎以下三十人稅糧的已繳數量與欠額，已繳用大寫數字表示，欠糧用一般數字表示。這三十名百姓似乎都是胡人，部分人名見於其他漢語、于闐語文書，特别集中見於人大博GXW0107漢語于闐語雙語《桑宜没等納欠錢曆》（段晴、李建强2014）。

參：慶昭蓉、榮新江2022b，185—196。

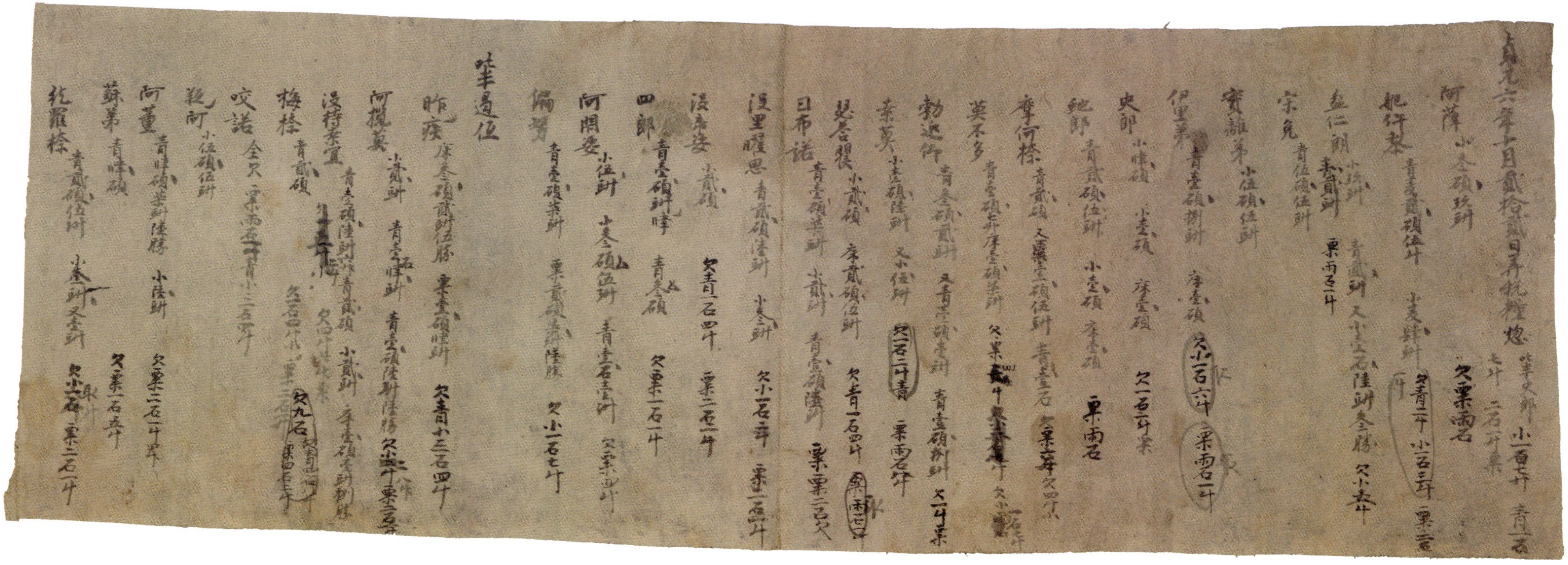

BH1-3

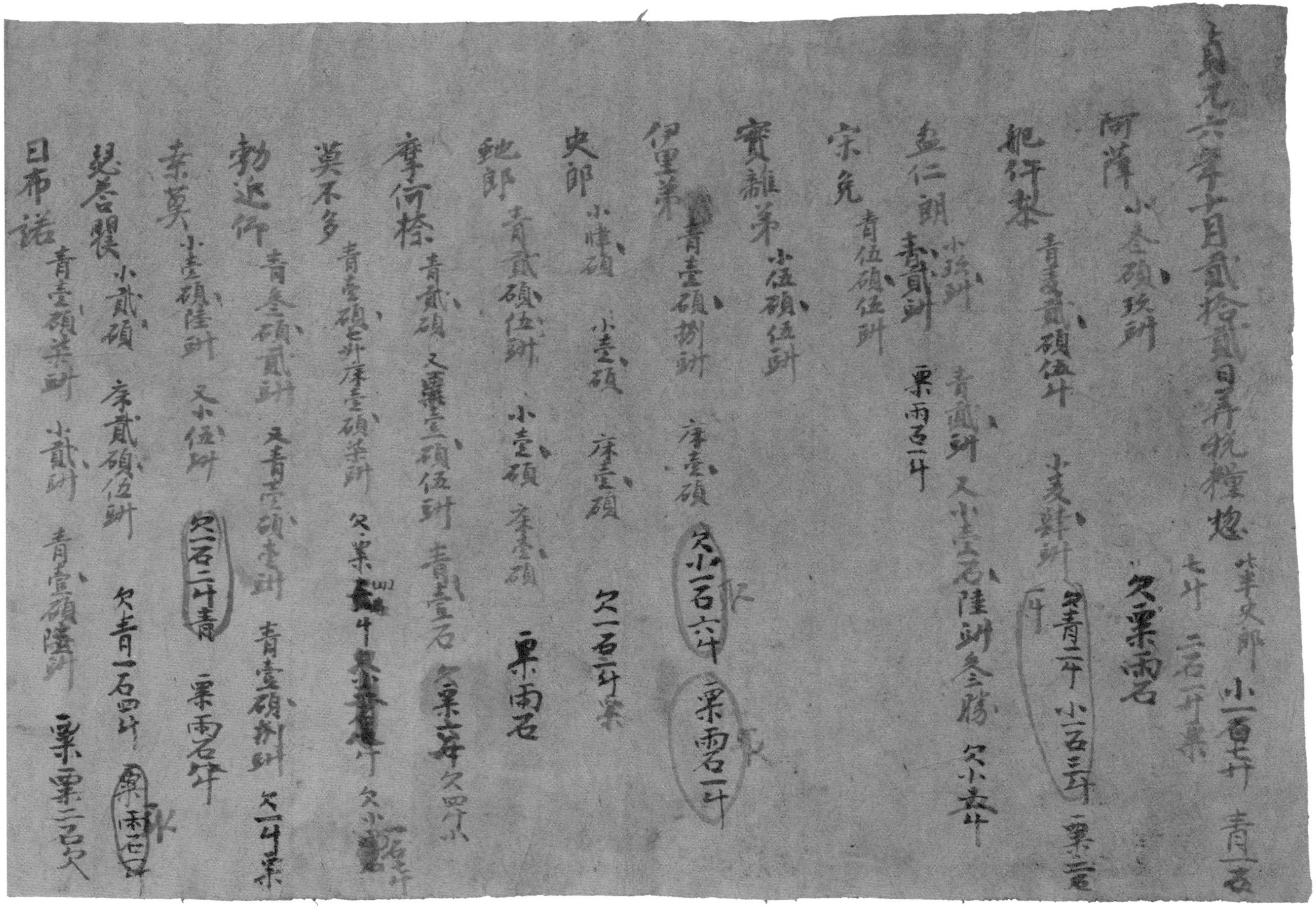

（1）

BH1-3

貞元六年十月貳拾貳日筭税糧揔：叱半史郎：小一石七斗。青一石七斗。二石一斗粟。
阿薛：小叁碩、玖㪷。　欠粟兩石。
那仵黎：青麥貳碩、伍斗，小麥肆㪷。欠青二斗，小一石三斗，粟二石一斗。
盆仁朗：小玖㪷，青貳㪷。　青貳㪷，粟兩石一斗。又小壹石陸㪷叁勝。欠小五斗，
宋免：青伍碩、伍㪷。
實離弟：小伍碩、伍㪷。
伊里弟：青壹碩、捌㪷，　床壹碩。　欠小一石六斗取，粟兩石一斗取。
史郎：小肆碩，小壹碩，床壹碩。　欠一石二斗粟。
虵郎：青貳碩、伍㪷，　小壹碩，　床壹碩。　粟兩石。
摩何捺：青貳碩，　又粟壹碩伍㪷，　青壹石。　欠粟六斗，欠四斗小。
莫不多：青壹碩、七斗，床壹碩、柒㪷。　欠粟四斗，~~欠小三石八斗，~~欠小一石七斗。
勃延仰：青叁碩、貳㪷，　又青壹碩、壹㪷，　青壹碩、捌㪷。　欠一斗粟。
桑莫：小壹碩、陸㪷，　又小伍㪷。　欠一石二斗青，　粟兩石八斗。
瑟答矍：小貳碩，　床貳碩、伍㪷。　欠青一石四斗，　粟兩石一斗取。
日布諾：青壹碩、柒㪷，　小貳㪷，　青壹碩、陸㪷，　粟粟二石欠。

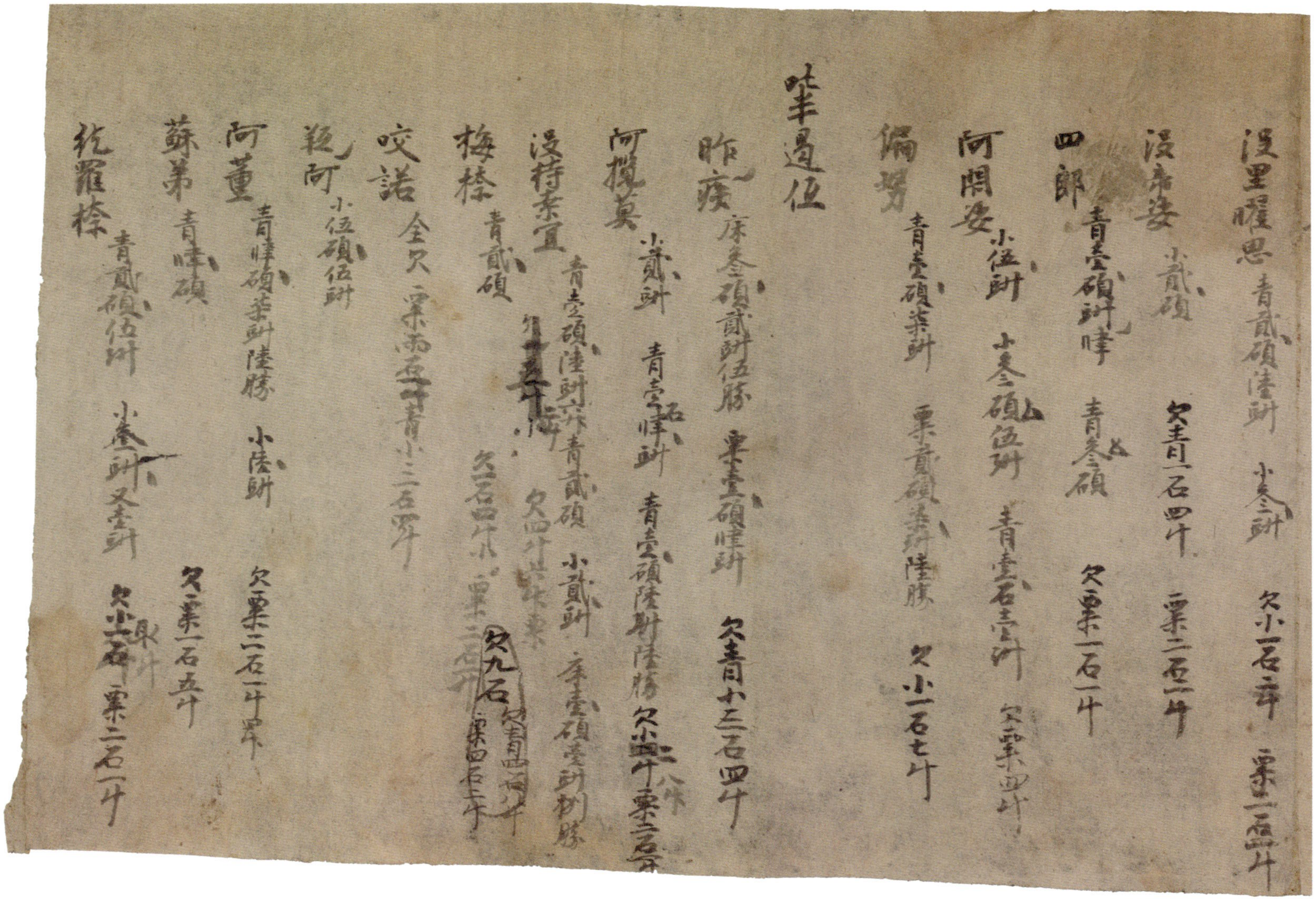

（2）

BH1-3

16 没里曜思：青貳碩、陸㪷，　小叁㪷、。　欠小一石二斗，　粟二石一斗。
17 没帝娑：小貳碩、。　欠青一石四斗，　粟二石一斗。
18 四郎：青壹碩、肆㪷，　青叁厶碩。　欠粟一石一斗。
19 阿閉娑：小伍㪷、，　小叁厶碩伍㪷，　青壹、石壹㪷。　欠粟四斗。
20 偏努：青壹碩、柒㪷，　粟貳碩柒㪷、陸勝。　欠小一石七斗。
21 叱半遏低：
22 疾昨：床叁碩、貳㪷伍勝，　粟壹碩、肆㪷。　欠青小三石四斗。
23 阿攬莫：小貳㪷、，青壹石肆㪷、，青壹、碩陸㪷陸勝。欠小二斗八升，粟二石一斗。
24 没特桑宜：青壹碩、陸㪷六升，青貳碩、，　小貳㪷、，　床壹碩、壹㪷捌勝。
欠小二斗，　欠四斗六升粟。
25 梅捺：青貳碩、。　欠一石四斗小，　粟二石一斗，　欠九石。欠青四石八斗，粟四石二斗。
26 咬諾：全欠。粟兩石一斗，　青小三石四斗。
27 阿羝：小伍碩、伍㪷。
28 阿董：青肆碩、柒㪷陸勝，　小陸㪷、。　欠粟二石一斗四升。
29 蘇弟：青肆、碩。　欠粟一石五斗。
30 紇羅捺：青貳碩、伍㪷，　小叁㪷、，　又壹㪷。　欠小六取斗，　粟二石一斗。

BH1-4 《大般涅槃經》卷九

長75cm，高25cm。首殘尾斷，存2紙。第一紙殘存18行，第二紙24行，共42行。每行17字。形制規整。以宋刻《磧砂藏》（《影印宋磧砂藏經》，上海影印宋版藏經會，1933年）本校，文字略有異同。

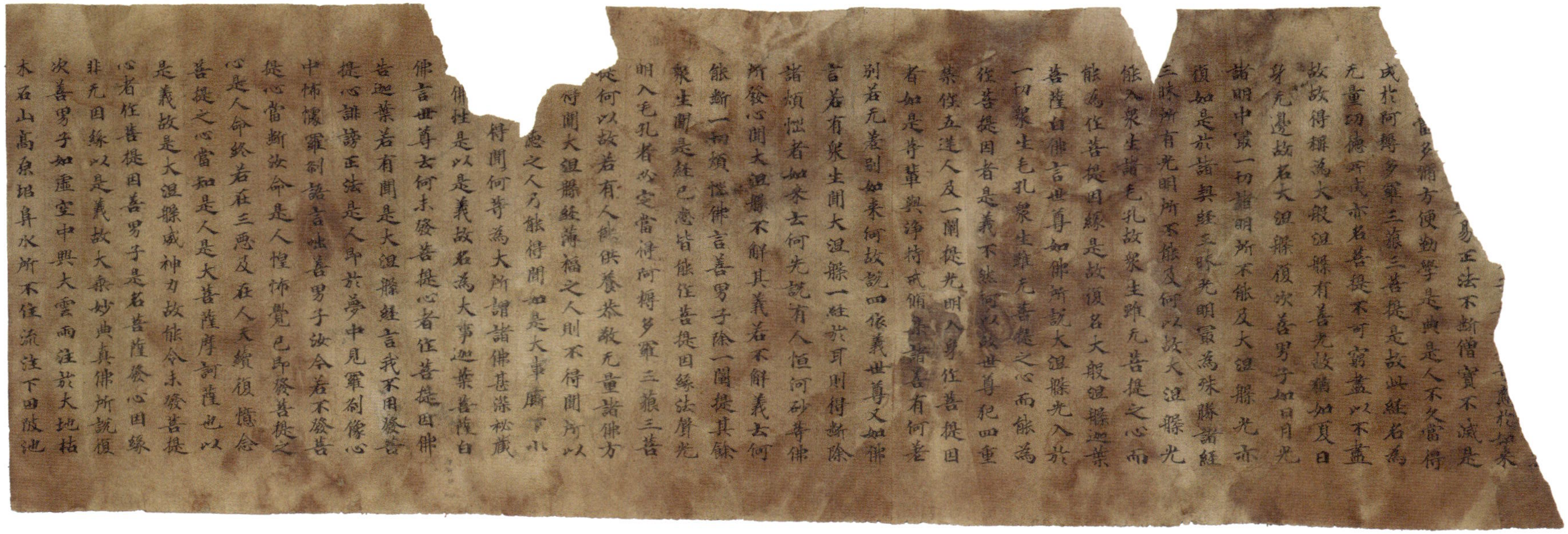

BH1-4

0 5cm

（前缺）

□密
□男子、善女人等，應於如來
□變易，正法不斷，僧寶不滅，是
□□應當多修方便，勤學是典，是人不久當得
成於阿耨多羅三藐三菩提。是故此經名爲
无量功德所成，亦名菩提不可窮盡。以不盡
故，故得稱爲大般涅槃。有善光故，猶如夏日，
身无邊故，名大涅槃。復次，善男子！如日月光，
諸明中最，一切諸明，所不能及。大涅槃光，亦
復如是，於諸契經，三昧光明，最爲殊勝，諸經
三昧，所有光明，所不能及。何以故？大涅槃光
能入衆生諸毛孔，故衆生雖无菩提之心，而
能爲作菩提因緣，是故復名大般涅槃。」迦葉
菩薩白佛言：「世尊！如佛所説，大涅槃光入於

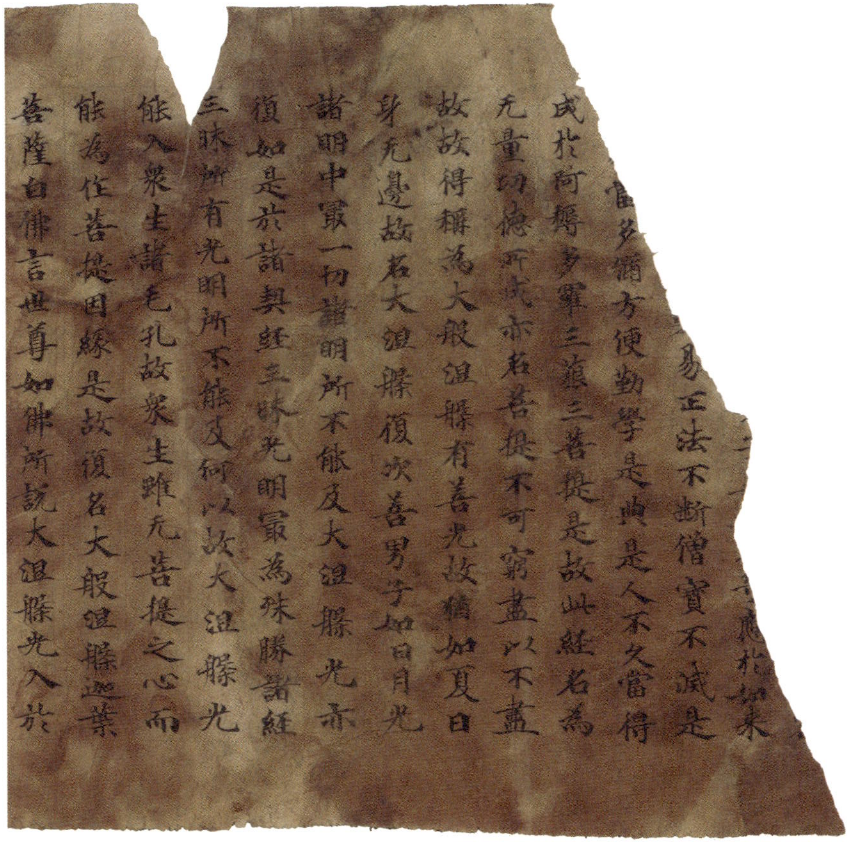

（1）
BH1-4

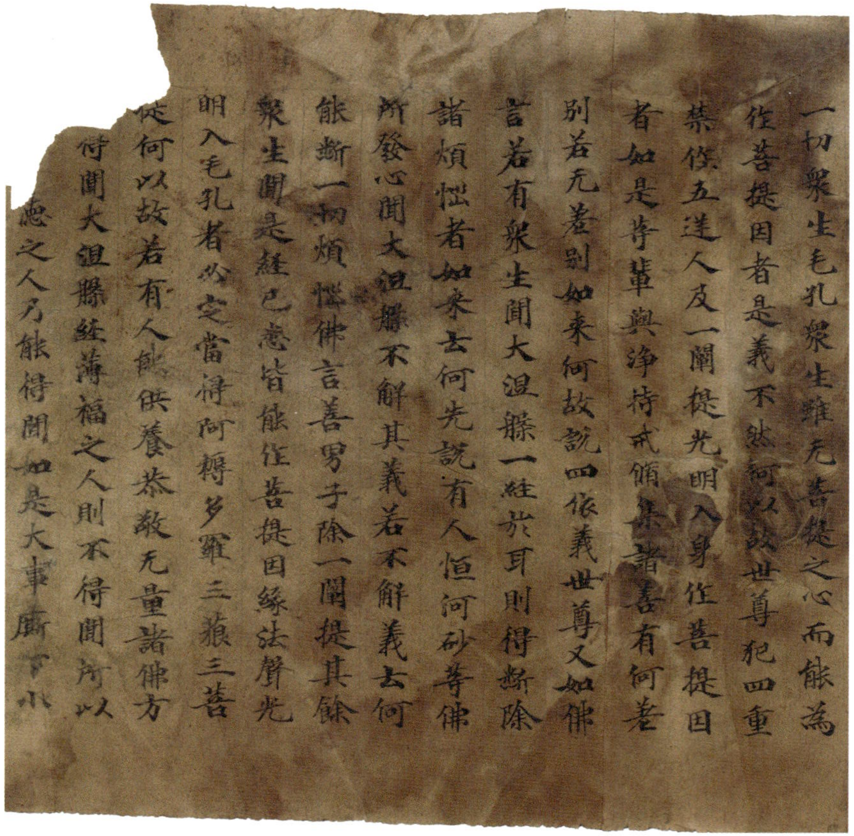

（2）

BH1-4

15 一切衆生毛孔，衆生雖无菩提之心，而能爲
16 作菩提因者，是義不然，何以故？世尊！犯四重
17 禁，作五逆人，及一闡提，光明入身，作菩提因
18 者，如是等輩，與浄持戒，脩集（習）諸善，有何差

---

19 别？若无差别，如來何故説四依義？世尊！又如佛
20 言，若有衆生，聞大涅槃，一經於耳，則得斷除
21 諸煩惱者，如來云何先説，有人〔於〕恒河砂等佛
22 所發心，聞大涅槃，不解其義，若不解義，云何
23 能斷一切煩惱？」佛言：「善男子，除一闡提，其餘
24 衆生聞是經已，悉皆能作菩提因緣。法聲光
25 明入毛孔者，必定當得阿耨多羅三藐三菩
26 提。何以故？若有人能供養恭敬无量諸佛，方
27 □得聞大涅槃經，薄福之人則不得聞。所以
28 □□□德之人，乃能得聞如是大事，廝下小

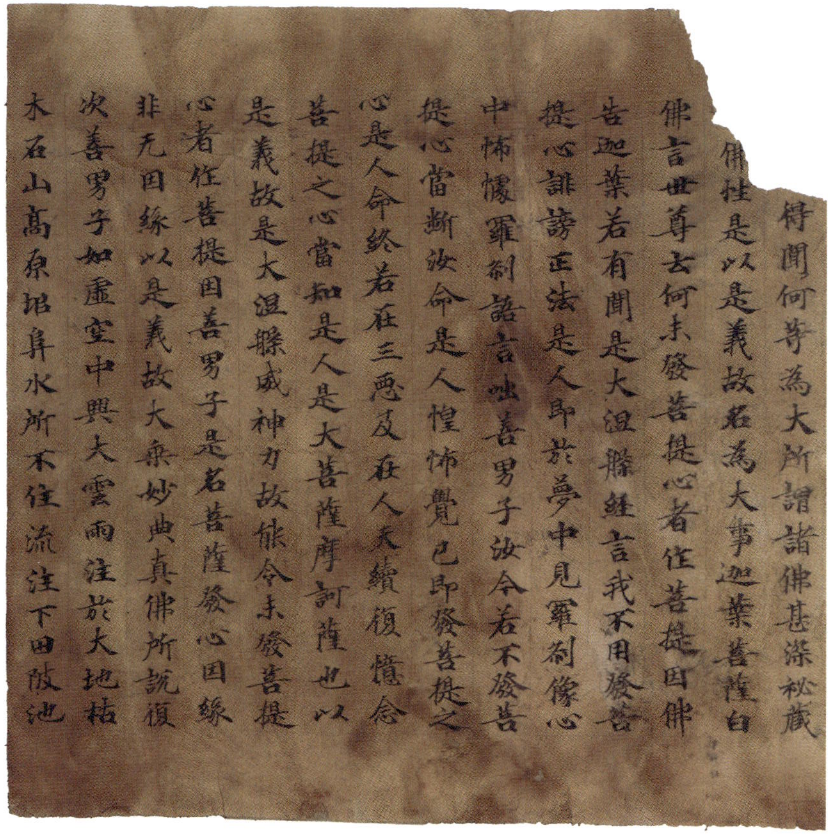

（3）

BH1-4

□□□得聞。何等爲大？所謂諸佛甚深秘藏，
□佛性是，以是義故，名爲大事。」迦葉菩薩白
佛言：「世尊！云何未發菩提心者作菩提因？」佛
告迦葉：「若有聞是大涅槃經，言我不用發菩
提心，誹謗正法，是人即於夢中見羅刹像，心
中怖懅，羅刹語言：『咄，善男子！汝今若不發菩
提心，當斷汝命。』是人惶怖，覺已即發菩提之
心。是人命終，若在三惡及在人天，續復憶念
菩提之心，當知是人是大菩薩摩訶薩也。以
是義故，是大涅槃威神力故，能令未發菩提
心者作菩提因。善男子！是名菩薩發心因緣，
非无因緣，以是義故，大乘妙典，真佛所説。復
次，善男子！如虚空中，興大雲雨，注於大地，枯
木石山，高原堆阜，水所不住，流注下田，陂池

（後缺）

BH1-5　唐某年三月十五日傑謝鎮知鎮官王子遊帖（附：傑謝鎮倉見交應管倉糧帳草）

長32.3cm，高29.3cm。文書分兩部分，第1—7行爲權知傑謝鎮的鎮官、左武衛大將軍王子遊給都巡楊光武的帖文。後面3行文字倒書，爲傑謝鎮倉糧支出帳目，與國圖BH1-2背《唐貞元六年（790）十月、十一月于闐傑謝鎮倉糧食入破帳曆稿》及人大博GXW0169《唐貞元六年（790）十月廿八日傑謝鎮牒稿爲當鎮應交稅糧事》所記帳目相關，此爲原始記錄。

參：李吟屏2007a，76—82；榮新江2018，2；榮新江2020，368；慶昭蓉、榮新江2022b，180—183。

1　傑謝鎮　　　帖都巡楊光武
2　　當界賊路等
3　　　右爲春初雪消山開，復恐外寇憑
4　　　陵，密來侵抄。帖至，仰當界賊路，
5　　　切加遠探候，勿失事宜。似有疎
6　　　失，軍令難捨。三月十五日帖。
7　　權知鎮官左武衛大將軍王子遊。
　　　（空一行，後倒書三行）
1　當鎮應管倉粮揔六十石八斗二升，見交得
2　　　　廿一石九斗七升〔青〕，一十一石八斗五升小，廿三石粟。
3　　　　又續交青四石。

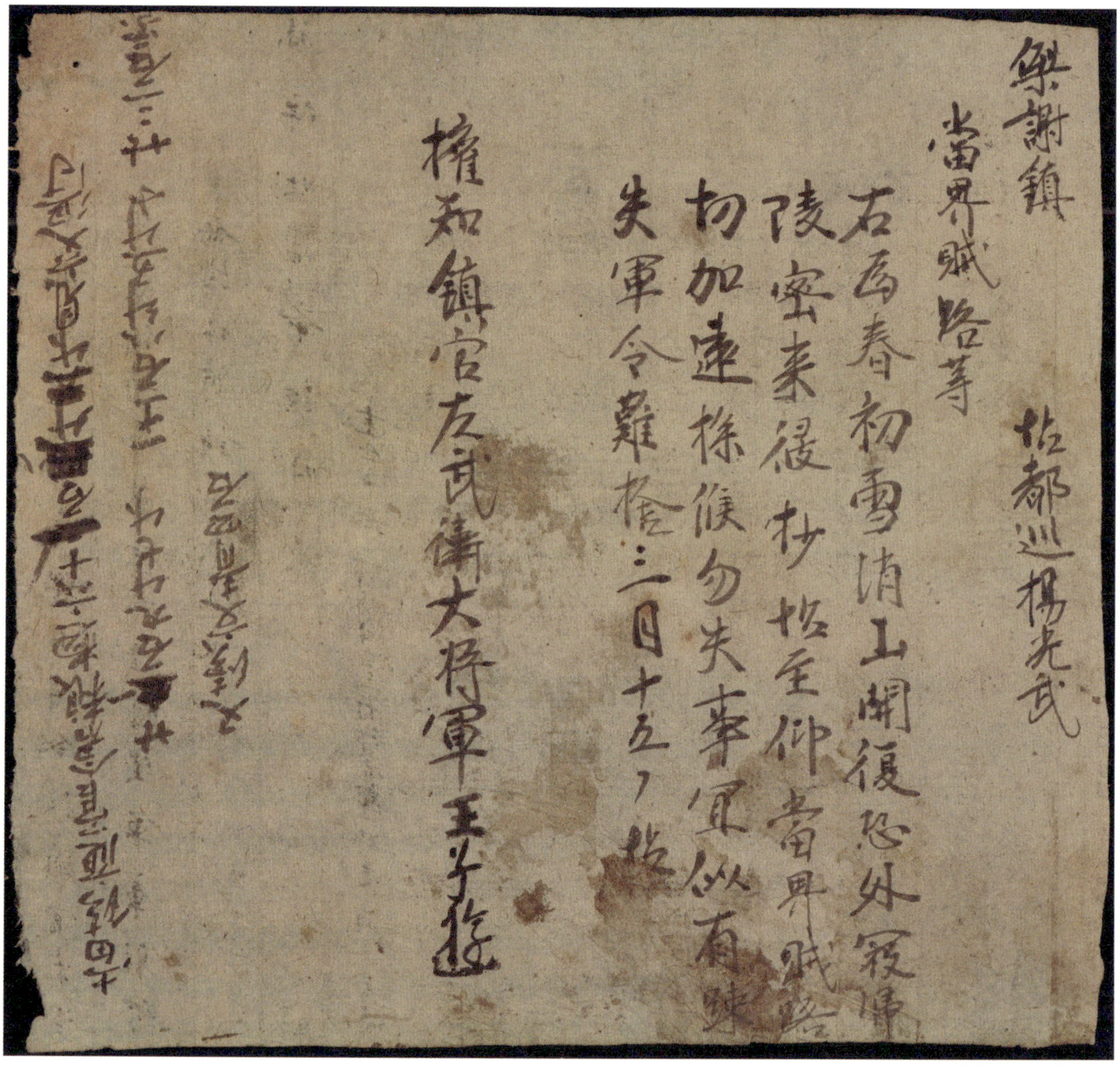
傑謝鎮　　帖都巡楊光武
當界賊路等
右爲春初雪消山開復恐外寇偷
陵密來侵抄帖至仰當界賊路
切加遠探候勿失事宜如有疎
失軍令難捨三月十五日帖
權知鎮官左武衛大將軍王子遊

BH1-5

BH1-5背　唐建中七年（786）二月左三將行官郎將李庭湊等牒

李庭即第1行的「庭湊」，其名又見於人大博GXW0167《唐某年（貞元年間？）于闐傑謝鎮倉糧入破帳草》，時間大概在貞元六年（790），時爲傑謝的行官官健。兩者當爲同一人物，此件也應是傑謝鎮文書。

（前缺）

1 右庭湊等交下赤路不濟，今於鎮官末澄

2 沙邊，領得春裝氈布襆頭，望軍庫尅折，

3 庶得存濟。請處分。

4 牒件狀如前，謹牒。

5 建中七年二月　日左三將行官郎將李庭　等牒。

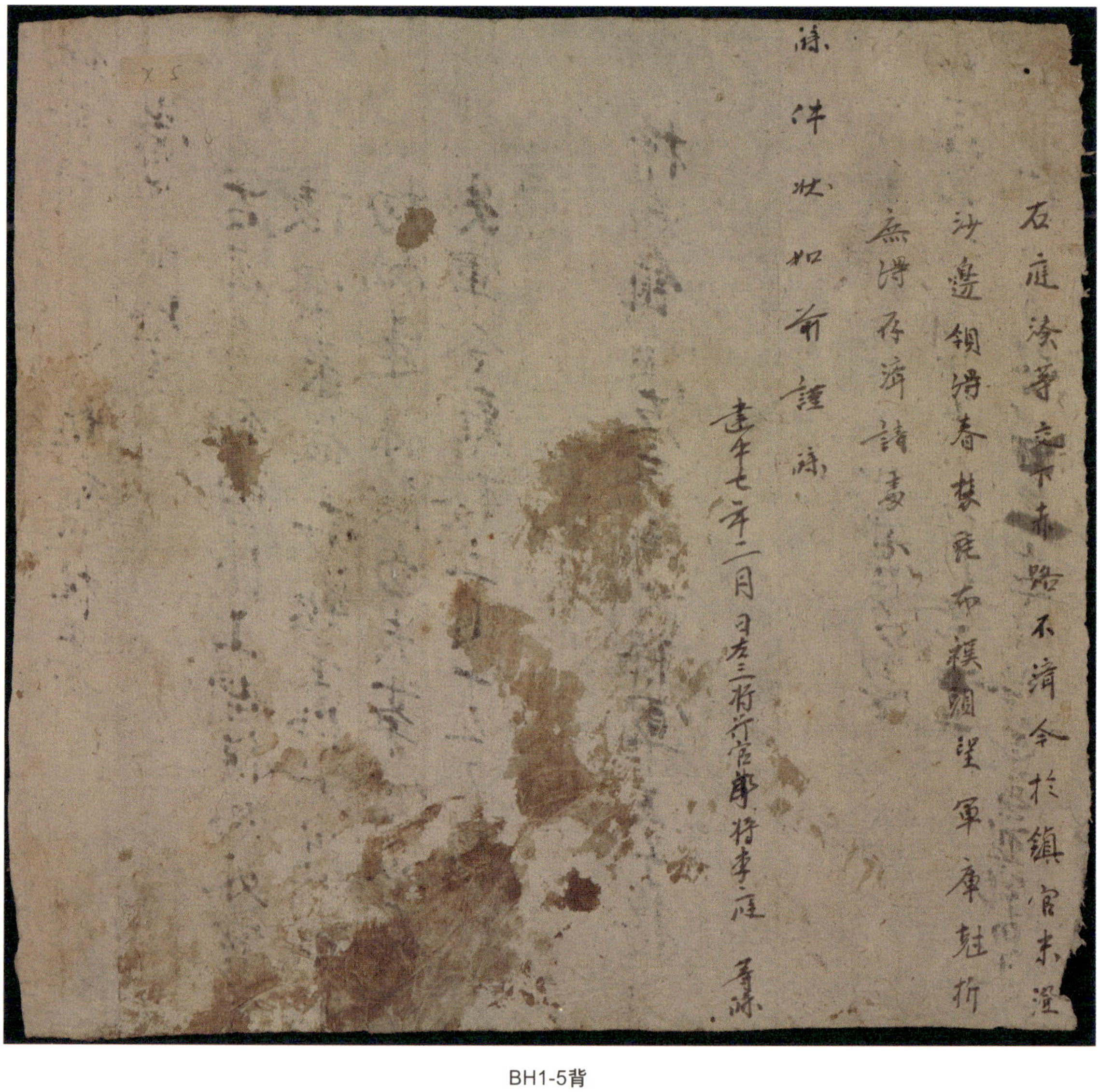

BH1-5背

BH1-6　唐某年十一月八日同鎮軍副使攝經略副使殿中監曲倫狀

長28.3cm，高28.2cm。魏將軍當指國圖BH1-2背《唐貞元六年（790）十月、十一月于闐傑謝鎮倉糧食入破帳曆稿》第8行的魏將軍，即Дx.18927《唐建中六年（785）十二月廿一日傑謝百姓紇羅捺納駝麻抄》之魏忠順，藺芬見於BH1-1《唐建中七年（786）（？）于闐某倉欠糧簿草》，此文書年代當在782—790年前後。

朝夕寒甚，惟
所履清休也。倫非才，叨承驅策，濫典守捉。以
就十一日上，擬取此月廿一日設，置彼鎮野味及
冬魚，幸存情垂，方圓得濟，此要。仍須及時，是
所望也。彼界賊路，固請在意，無失事宜。上日非
遥，憂心不惙，未即相見，空益傾勞。因將軍藺
芬往，不具，謹狀。
十一月八日同鎮軍副使攝經略副使殿中監曲倫狀通
魏將軍執事
謹空

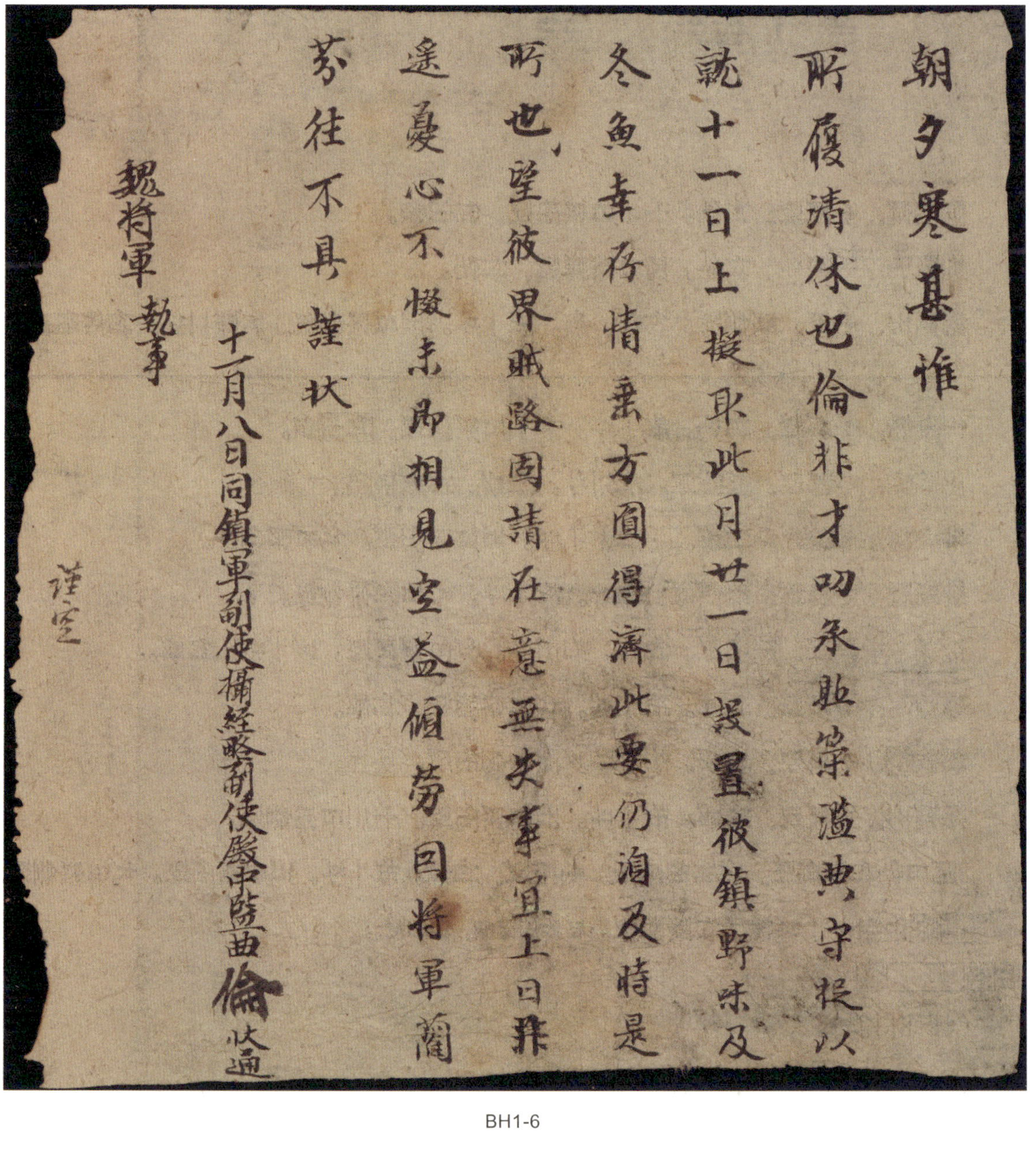
朝夕寒甚惟
所履清休也倫非才叨忝貼棠濫典守捉以
諕十一日上擬取此月廿一日設置彼鎮野味及
冬魚幸存情垂方圓得濟此要仍洎及時是
所也望彼界賊路固請在意無失事宜上日非
遥憂心不撥未即相見空益傾勞因將軍簡
芬往不具謹狀
十一月八日同鎮軍副使攝經略副使殿中監曲倫狀通
魏將軍執事
謹空

BH1-6

0　5cm

BH1-7　《僧伽吒經》卷一

長30.3cm，高26.4cm。首尾均殘，存二紙。第一紙6行，第1行僅殘存一角，據殘存筆畫及經文知爲「中」字。第二紙存12行。共18行。行17字，間有16字、18字者。以宋刻《磧砂藏》本校，文字略有異同，如第5行「廿」，《磧砂藏》本作「十二」。

（前缺）

1 中[ ]
2 窮受如[ ]
3 劫不生聾中，十一千劫修行忍辱，臨命終時，
4 識行將滅，不起倒想，不生瞋恚；見東方恒河
5 沙等諸佛如來，面見南方廿億佛，面見西方
6 廿五恒河沙諸佛如來，面見北方八十恒河沙

---

7 等諸佛如來，面見上方九十億恒河諸佛
8 世尊，面見下方百億恒河沙等諸佛世尊。善
9 男子！彼諸世尊安慰其人：『善男子！汝莫恐怖，
10 汝已聽受僧伽吒法門。善男子！汝見如是恒
11 河沙等百千億佛世尊不？』『唯然已見。』世尊告
12 曰：『此諸如來，故〔來〕見汝。』是善男子問言：『我作何
13 善，諸佛見我？』諸佛告言：『善男子！汝在人中
14 曾聞僧伽吒法門，是故諸佛故來見汝。』是善
15 男子白佛言：『世尊！我曾少聞，得如是福，況復
16 具足受持是經。』彼佛告言：『善男子！莫作是說。
17 聞四句偈所有功德，我今說之。善男子！譬如十
18 三恒河沙諸佛如[ ]

（後缺）

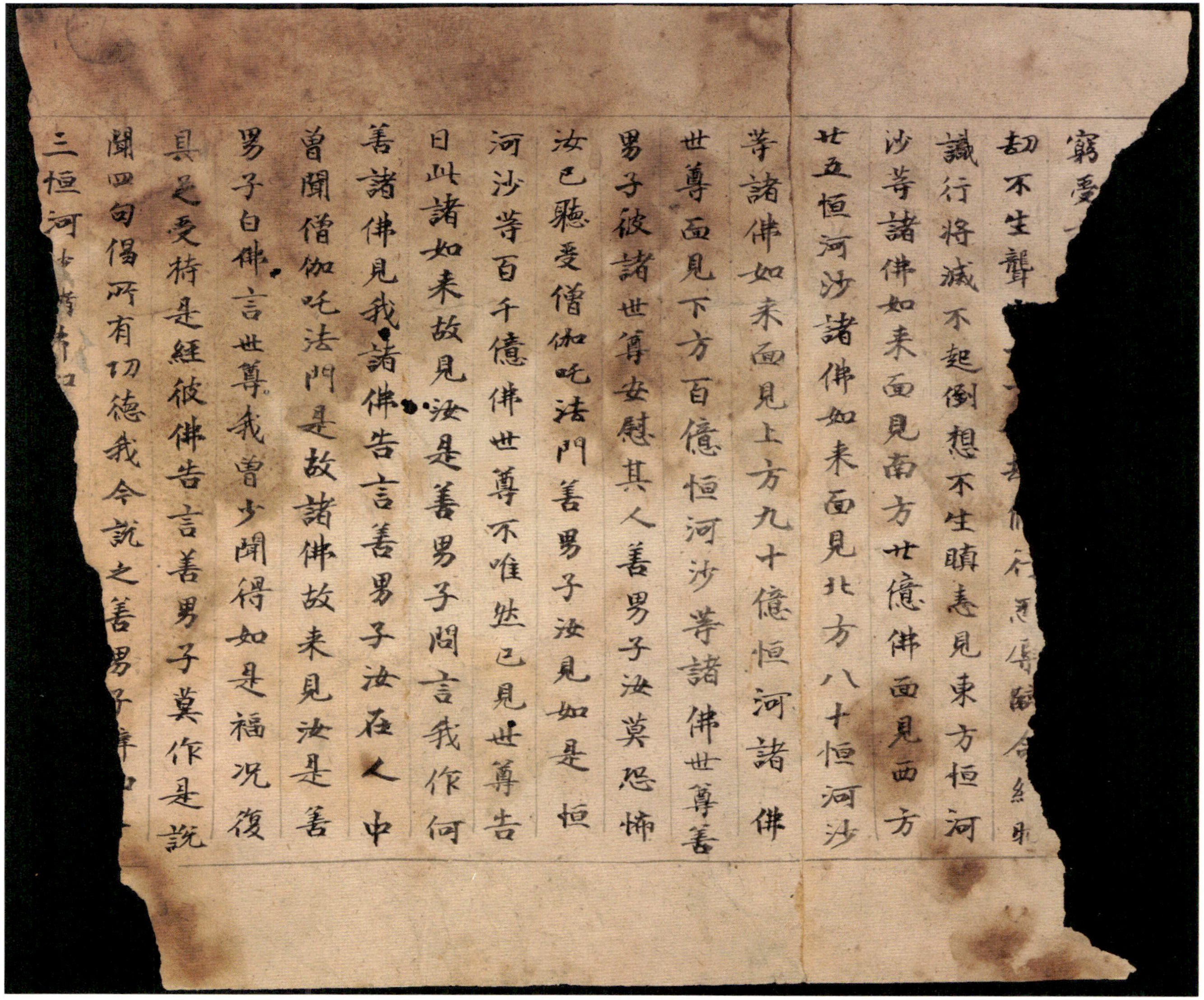
窮受……
劫不生聾……
識行將滅不起倒想不生瞋恚見東方恒河
沙等諸佛如来面見南方廿億佛面見西方
廿五恒河沙諸佛如来面見北方八十恒河沙
等諸佛如来面見上方九十億恒河諸佛
世尊面見下方百億恒河沙等諸佛世尊善
男子彼諸世尊安慰其人善男子汝莫恐怖
汝已聽受僧伽吒法門善男子汝見如是恒
河沙等百千億佛世尊不唯然已見世尊告
曰此諸如来故見汝是善男子問言我作何
善諸佛見我諸佛告言善男子汝在人中
曾聞僧伽吒法門是故諸佛故来見汝是善
男子白佛言世尊我曾少聞得如是福況復
具足受持是經彼佛告言善男子莫作是說
聞四句偈所有功德我今說之善男子……
三恒河……

BH1-7

BH1-8　唐于闐鎮守軍勘印曆

長50.8cm，高27.6cm。文書書寫潦草，應當是「監印之官」勘考應用印公文後記録的事目曆。其受文機構有疏勒鎮守軍、經略使、毗沙府等，發文機構當爲于闐鎮守軍。文書背縫押「三百九十，珉」，並鈐印一方，印文漫漶難識。

參：文欣2009a，111—123。

（前缺）

1 牒□

2 牒右軍爲准前事。

3 牒左軍爲准前事。

4 牒三軍爲領知祀弩事。

5 牒疎勒鎮守軍爲勘銅鉤事。

6 牒上經略使爲請銅鐵事。

7 右貳拾叁道。典令狐亭，判官王珉，勘

8 印珉。

9 三日

10 牒安烏鵲達干爲請行文事。

11 牒伊索爲同前事。牒毗沙府爲勘圖事。

12 右叁道。典令狐亭，判官王珉，勘印珉。

13 四日牒修（？）賢（？）家人歲諸爲給行文安西事。

----------------------------（三百九十）------------（珉）（紙縫）

14 牒蘇阿俱爲給撥換且（？）末行文事。

15 牒撥換守捉爲同前事。

16 □□給安西行文事。

17 □□□人造兵曹房事。

18 □□□失火依牒處分□

19 □□□□

（後缺）

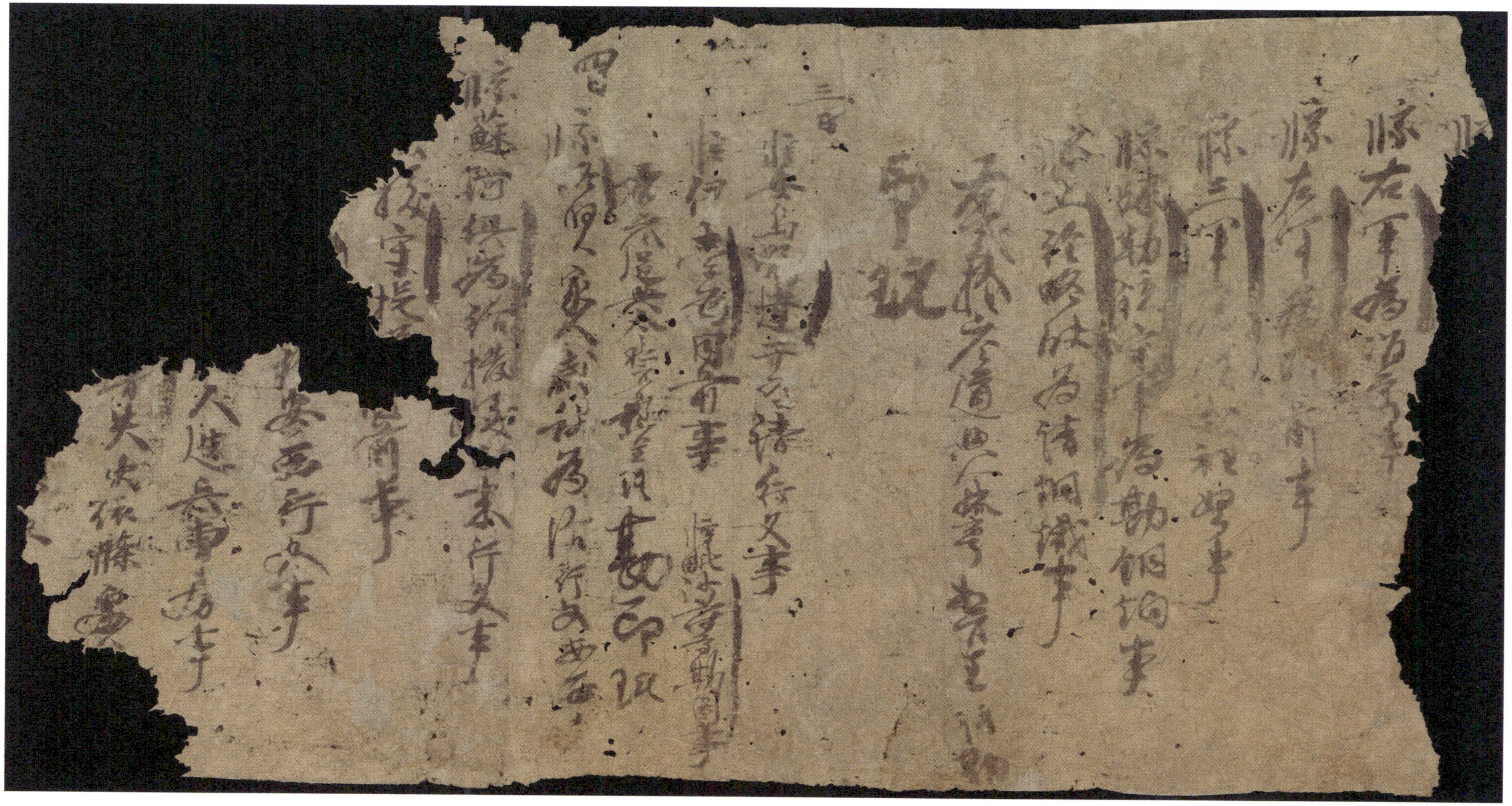

BH1-8

0 5cm

BH1-8背

BH1-9　唐都守捉牒

長17.9cm，高29cm。首全尾殘。存文字6行。第2、3行上部，第5、6行下部，各鈐印一方，印文漫漶難識。

1　都守捉　　牒傑謝守捉
2　　彼守捉人等
3　牒得坎城鎮牒稱，被牒稱，得狀稱
4　更得一人相共守捉者，依檢彼通押，
5　當是有三人者，牒坎城鎮勘，承前有
6　貳人者，依檢承前□
　（後缺）

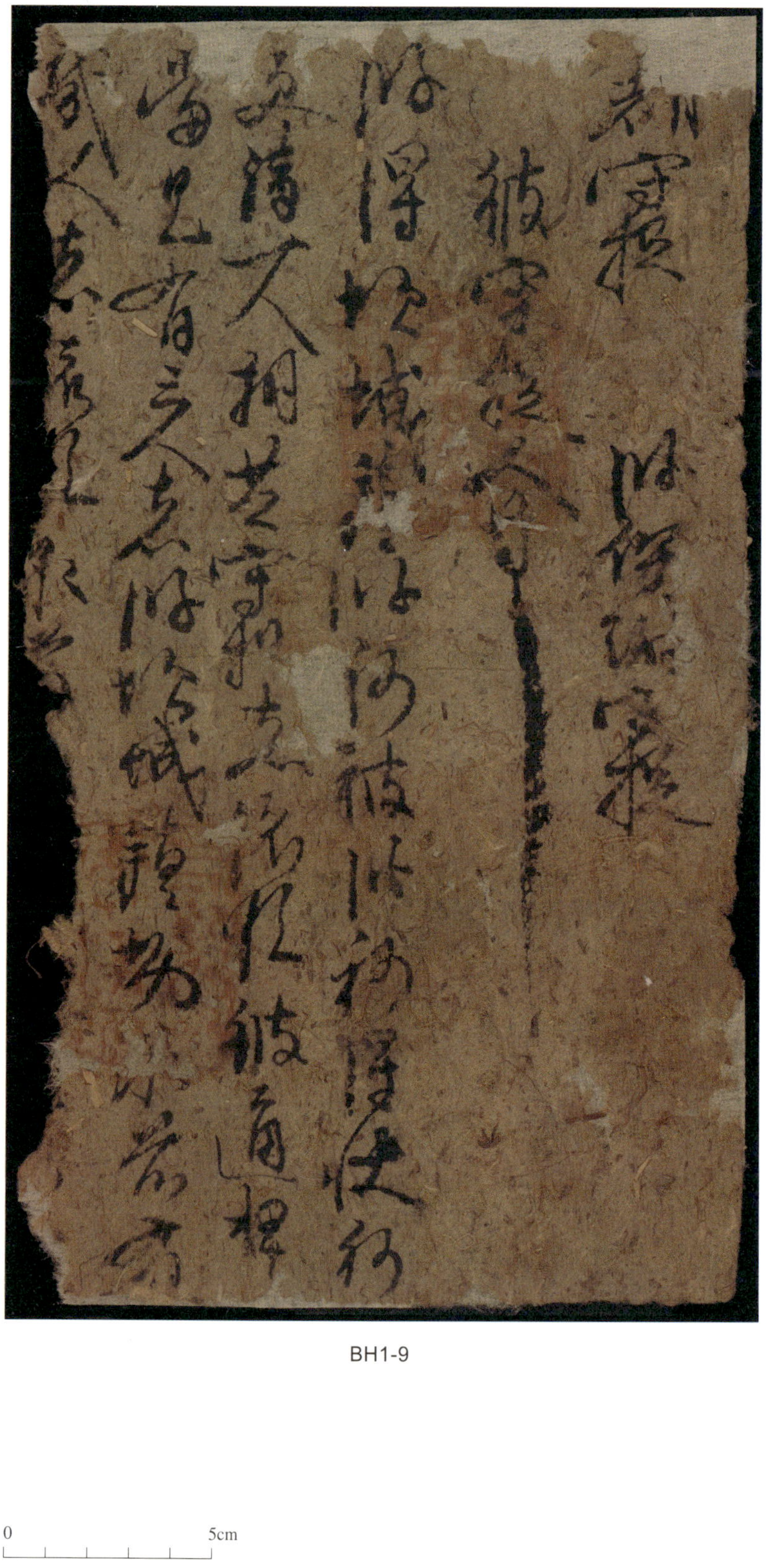
BH1-9

BH1-10 唐于闐應得團結蕃兵名簿

長24.2cm，高27.9cm。首全尾殘。存文字6行。前端剪裁整齊，上部有殘筆畫，因殘存過少無法辨識，今標爲第1行。

參：孟憲實2012，125—126。

（前缺）

1 □□

2 應得團結蕃兵揔

3 馬軍：十郎，瑟勞養，勃達仰，阿悉朗，

4 賀悉達黎，勿日没。

5 步軍：莽曉，烏北，裴仁捺，逋西，摩勴，

6 桑遇黎。

7 右被□□牒稱□

（後缺）

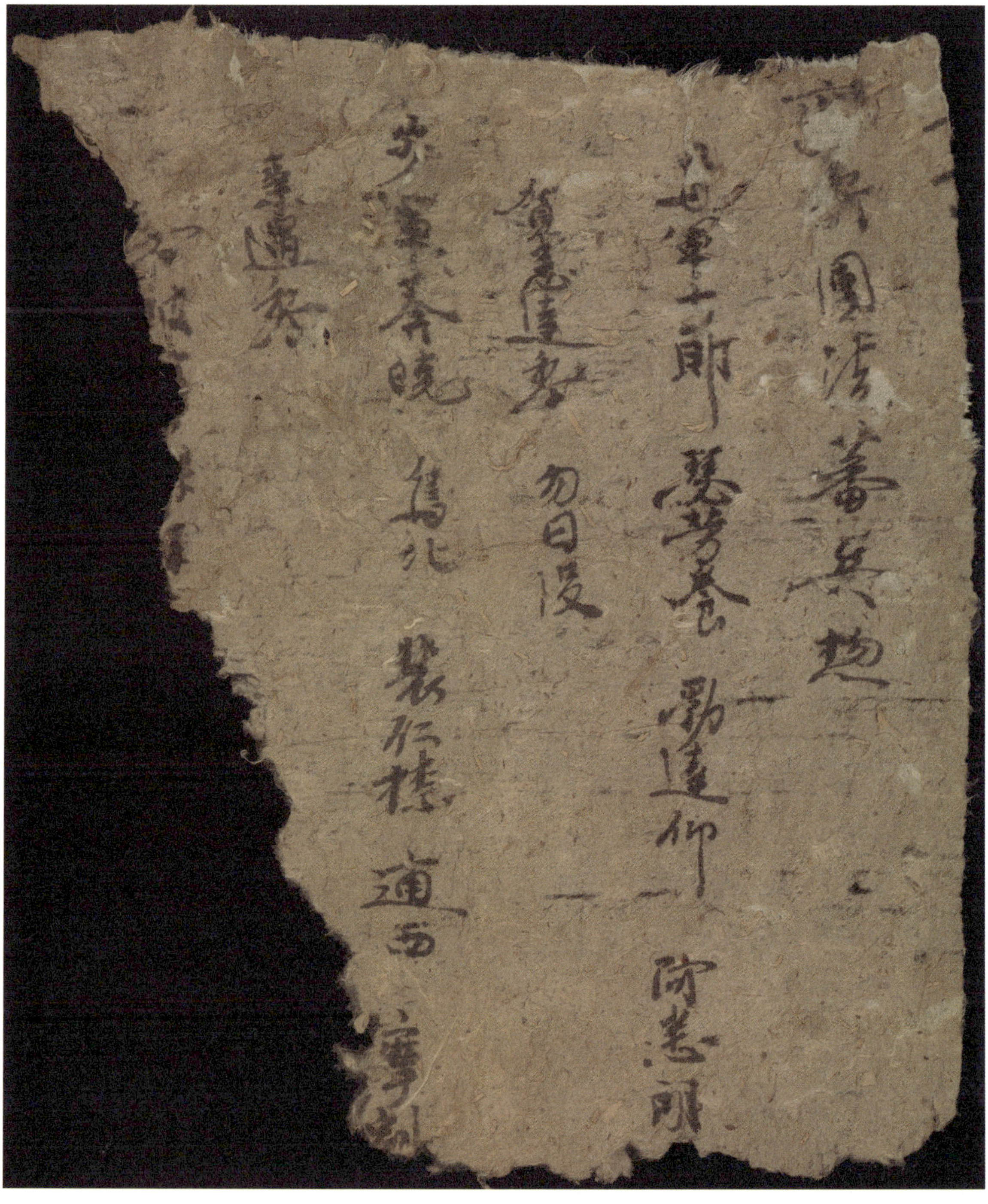

BH1-10

BH1-11 《觀世音菩薩勸攘灾經》一卷

長38.4cm，高28.8cm。首尾完整，存有標題。此經不見於歷代經録與藏經，亦無單行本傳世。經文預言將有大批人畜死去，勸誘民衆傳抄讀誦該經，爲典型的讖記類佛教疑僞經。

參：林世田、劉波，306—318。

觀世音菩薩勸攘灾經一卷

我日夜常流淚，不忍此衆生今載苦。吾於此處觀閻浮提内太山西角頹，須人二万、牛一万頭，助太山散化，諸郡縣及諸軍府，不能一一具到，其伊西庭共著二万人，即此安西二千人：三百人婦人，七百人懷難者，三百人孩子，二百五十人耽酒者，餘取麁行僧尼。不得不信，須轉讀，令勸諸處，著皆令脩福，轉此經二七日，設齋二七日。如若不依者，灾害排門。揔著若不依者，當已滅門。如其信者，當已各寫一本牓門，皆令讀誦，自免一門灾難。如不寫者，亦滅門。如有見者，速爲遞相告報，免一門灾難。如輕毀不報者，七日内當已滅門。吾無量劫在此教化衆生，各努力依吾修福攘灾，即免此難。吾亦擁護汝，汝等當存心念誦，吾觀世音菩薩隨其聲便即救護。努力脩善。　王載　柘厥禮拜，道逢一老人，可年百歲，將此經來，遣向安西攘灾。于時不見老人，驚怕恐懼。見此經者，每家各寫一本讀誦，速相報不知者，請爲流傳，衆生免此灾難。其經護凈，當家内壁上著供養，免當家灾難。請爲遵行。

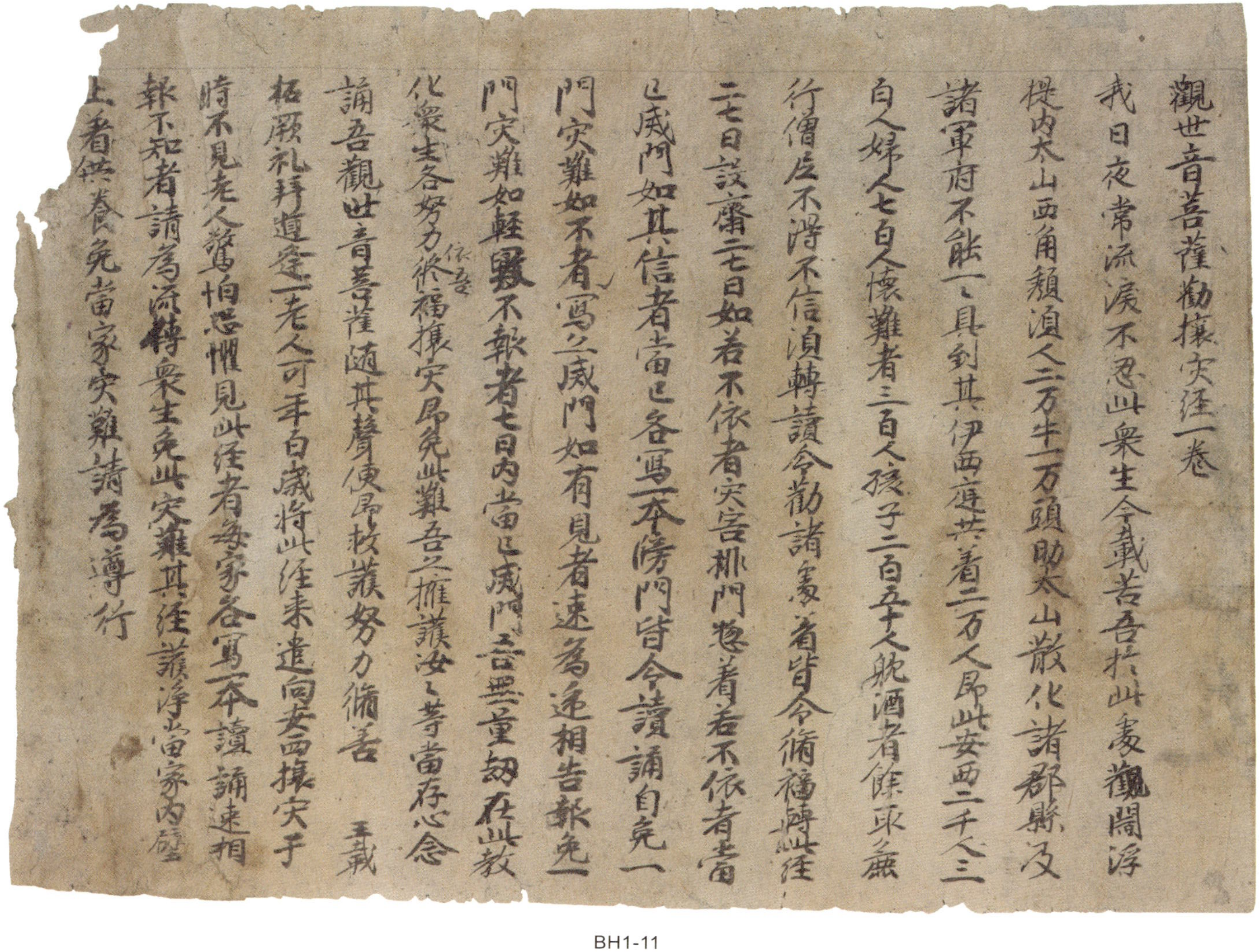

觀世音菩薩勸攘災經一卷
我日夜常流淚不忍此衆生今載苦吾於此處觀閻浮
提內太山西角類須人二万牛一万頭助太山散化諸郡縣及
諸軍府不能一〻具到其伊西庭共着二万人㱕此安西二千人三
白人婦人七白人懷難者三百人孩子二百五十人飲酒者餘取無
行僧尼不淨不信須轉讀令勸諸處〻看皆令脩福轉此經
二七日設齋二七日如若不依者災害排門惣着若不依者當
己滅門如其信者當己各寫一本傍門皆令讀誦自免一
門災難如不者寫之滅門如有見者速為遞相告報免一
門災難如輕慢不報者七日內當己滅門吾無量劫在此教
化衆生各努力修依吾福攘災㱕免此難吾之擁護汝〻等當存心念
誦吾觀世音菩薩隨其聲便㱕救護努力脩善　　　王載
枯稯礼拜道逢一老人可年白歲將此經來進向安西攘災于
時不見老人驚怕恐懼見此經者每家各寫一本讀誦速相
報不知者請為流轉衆生免此災難其經護淨安家內壁
上看供養免當家災難請為導行

BH1-11

BH1-12 古注《孝經》

長17.3cm，高29.1cm。存7行。首殘尾斷。經文單行大字，注文雙行小字，書法精緻，格式工整。内容由《孝經·卿大夫章》「非先王之德行不敢行」句末字「行」始，至本章結束。此注乃參酌鄭玄《孝經注》，復加損益而成。

參：李吟屏2007，17—26；圖版見中國國家圖書館、中國國家古籍保護中心編，周和平主編《第三批國家珍貴古籍名録圖録》第1册，國家圖書館出版社，2012年，87；李丹婕2020，177—191。

（前缺）

1 行□□□，則不行。口無擇言，口言詩書，有何可擇？身無擇行。身行

2 禮樂，有何可擇？言滿天下無口過，言詩書滿天下，有何口過？行滿天下

3 無怨惡。行禮樂滿天下，有何怨惡？三者備矣，然後能守其

4 宗庿（廟）。法先王服，言先王道，行先王德，則爲備矣。然後乃能守其宗庿。宗者，尊也。庿者，貌也。親雖亡没，事之若

5 生，爲作宮室，四時祭之，若見鬼神之容皃（貌）。蓋卿大夫之孝。張官設府，謂之卿大夫。卿大

6 夫行孝，當如此章。《詩》云：「夙夜匪懈，以事一人。」詩者，直謂《詩》。云，言也。夙，早。夜，

7 慕（暮）。匪，非。懈，惰。一人，謂天子。卿大夫當早起夜卧，以事天子，勿得懈惰也。

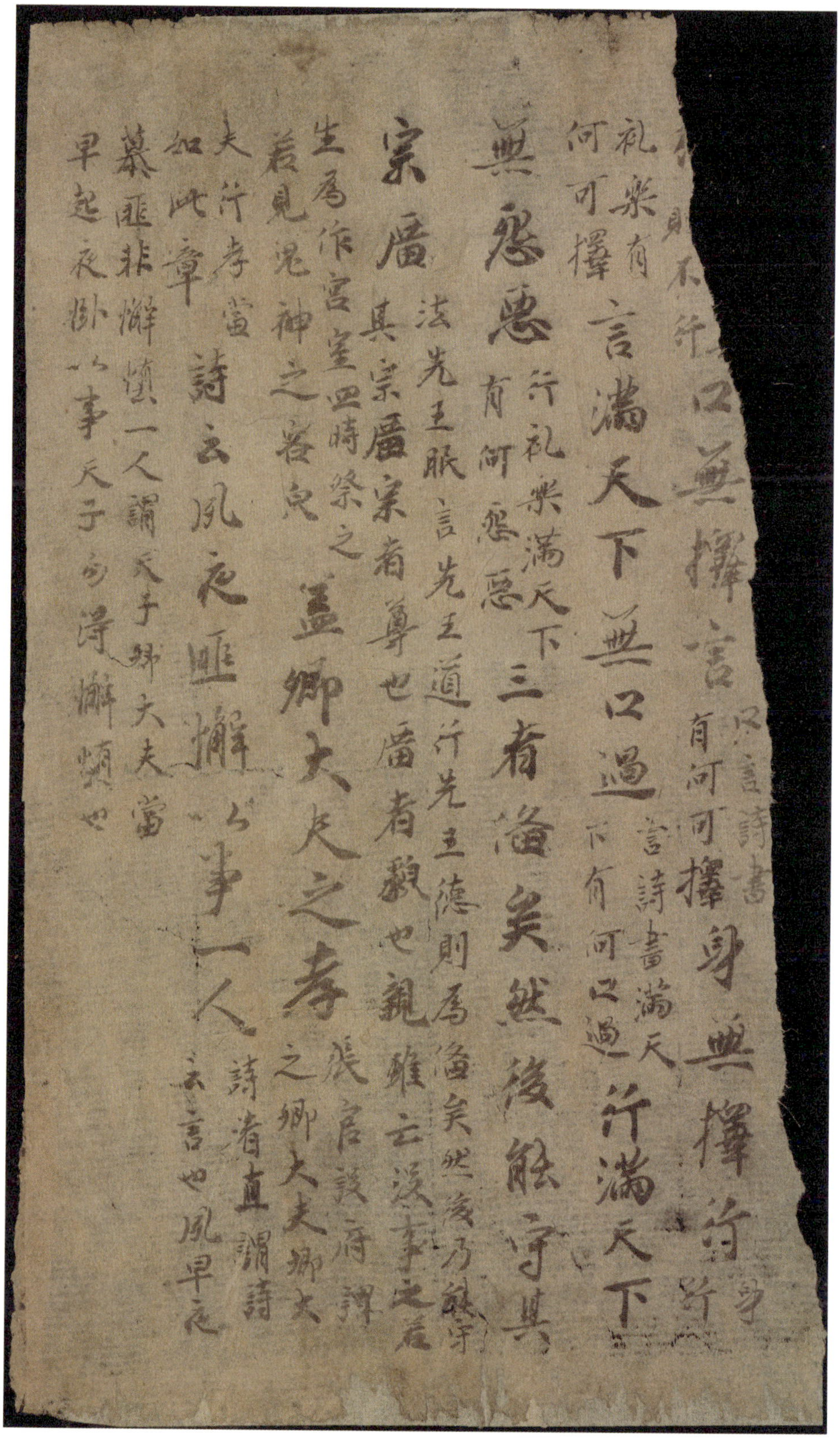
則不行口無擇言只言詩書有何可擇身無擇行行身
礼樂有何可擇言滿天下無口過言詩書滿天下有何口過行滿天下
無怨惡行礼樂滿天下有何怨惡三者備矣然後能守其
宗廟法先王服言先王道行先王德則爲備矣然後乃能守
其宗廟宗者尊也廟者貌也親雖亡沒事之若
生爲作宮室四時祭之
若見鬼神之容皃蓋卿大夫之孝張官設府謂
之卿大夫卿大
夫行孝當
如此章詩云夙夜匪懈以事一人詩者直謂詩
云言也夙早夜
慕匪非懈惰一人謂天子卿大夫當
早起夜卧以事天子不得懈惰也

BH1-12

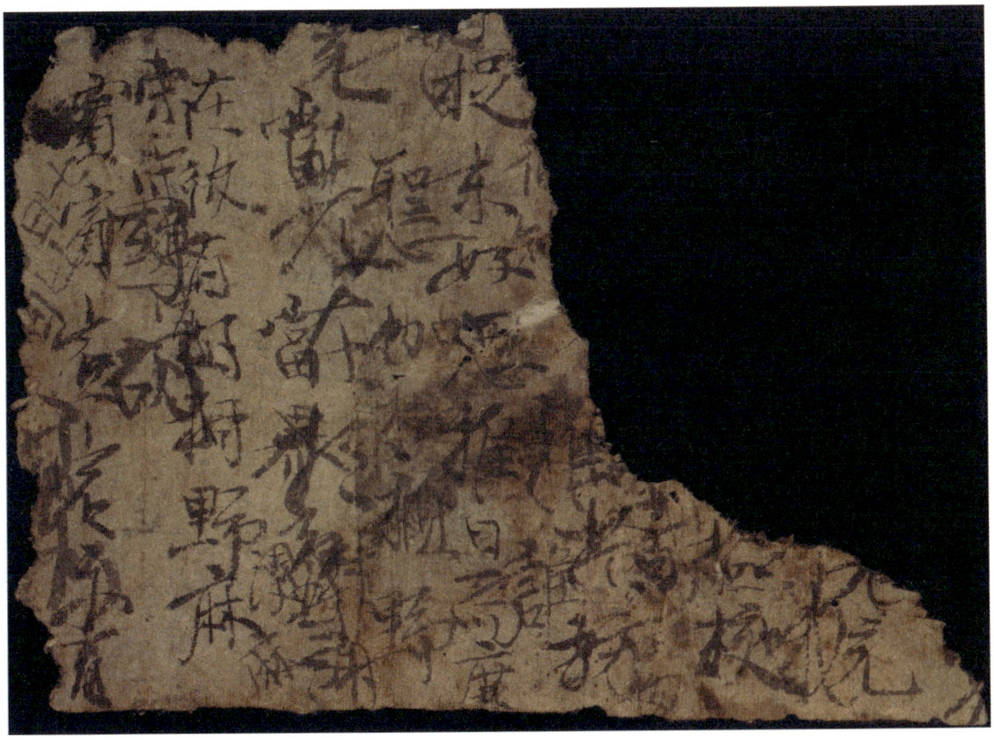

BH1-13

BH1-13 雜寫

長23.2cm，高16.3cm。内容一爲書信草稿，二爲雜寫，行間亦有雜寫文字。背有白描畫稿，有「没團泥」「捉馳」「家」。

（一）

（前缺）

1 □
2 □充
3 檢校
4 □將妨
5 守捉末好惡推日而度
6 充，先在於傑謝
7 在彼有好桐野麻
8 賓賓宕宕示□

（後缺）

（二）

（前缺）

1 我
2 □□□物
3 得知　推誰
4 聖心切□□野

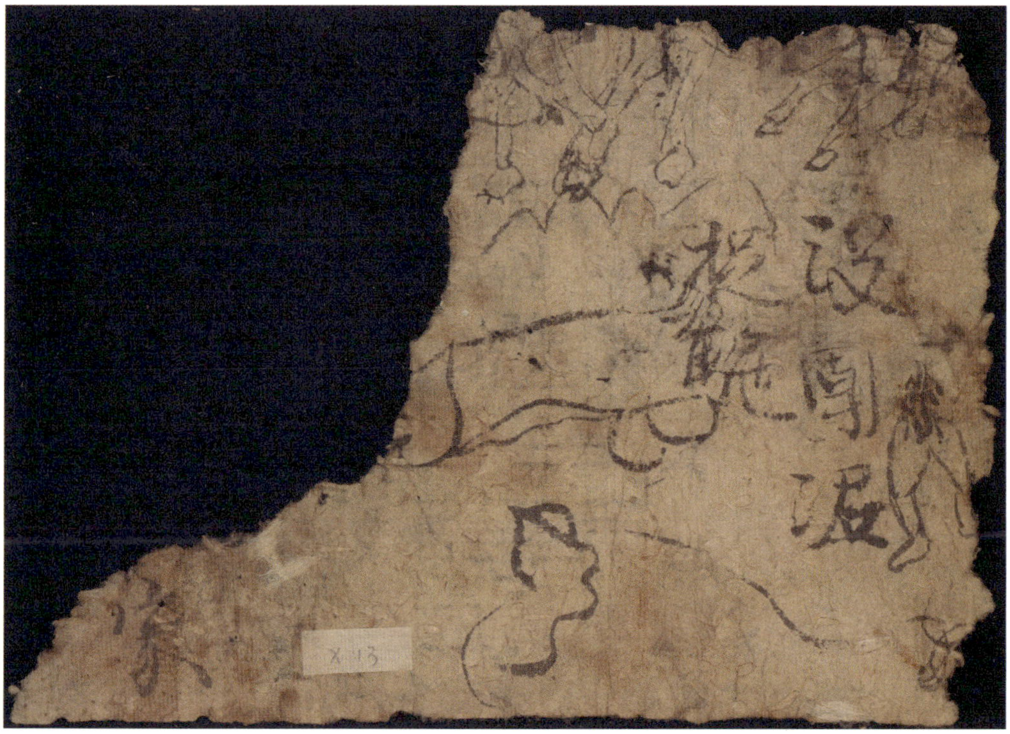

BH1-13背

0 5cm

5 □當 當界野麻
6 □宋宋宋宋
7 □國胡
8 □比日比日□□
（後缺）

BH1-14 唐天寶二年（743）二月廿三日典成意牒

長19.3cm，高28.2cm。月日上鈐朱印一方，印文漫漶難識。馮仙期又見斯坦因麻札塔格所獲M.T.0114（Or.8212/1530）《唐開元二十六年（738）典某牒》，署「子將左果毅」；又達瑪溝所獲Dom.0136（Or.8212/1369）《唐守捉使馮仙期文書》，署「守捉使」。

（前缺）

歸奔，母今即嫁胡族，男幼被母携將，恐其蕃豎無情，
苟生誘賣。孫岳所請，雅合公途，牒傑謝推問，實是
孫岳表弟，男任付外孫，付訖具申者。牒至准狀，故牒。
天寶二年二月廿三日典成意牒
判官劉彦珪
功曹　副守捉王達龍
守捉使馮仙期

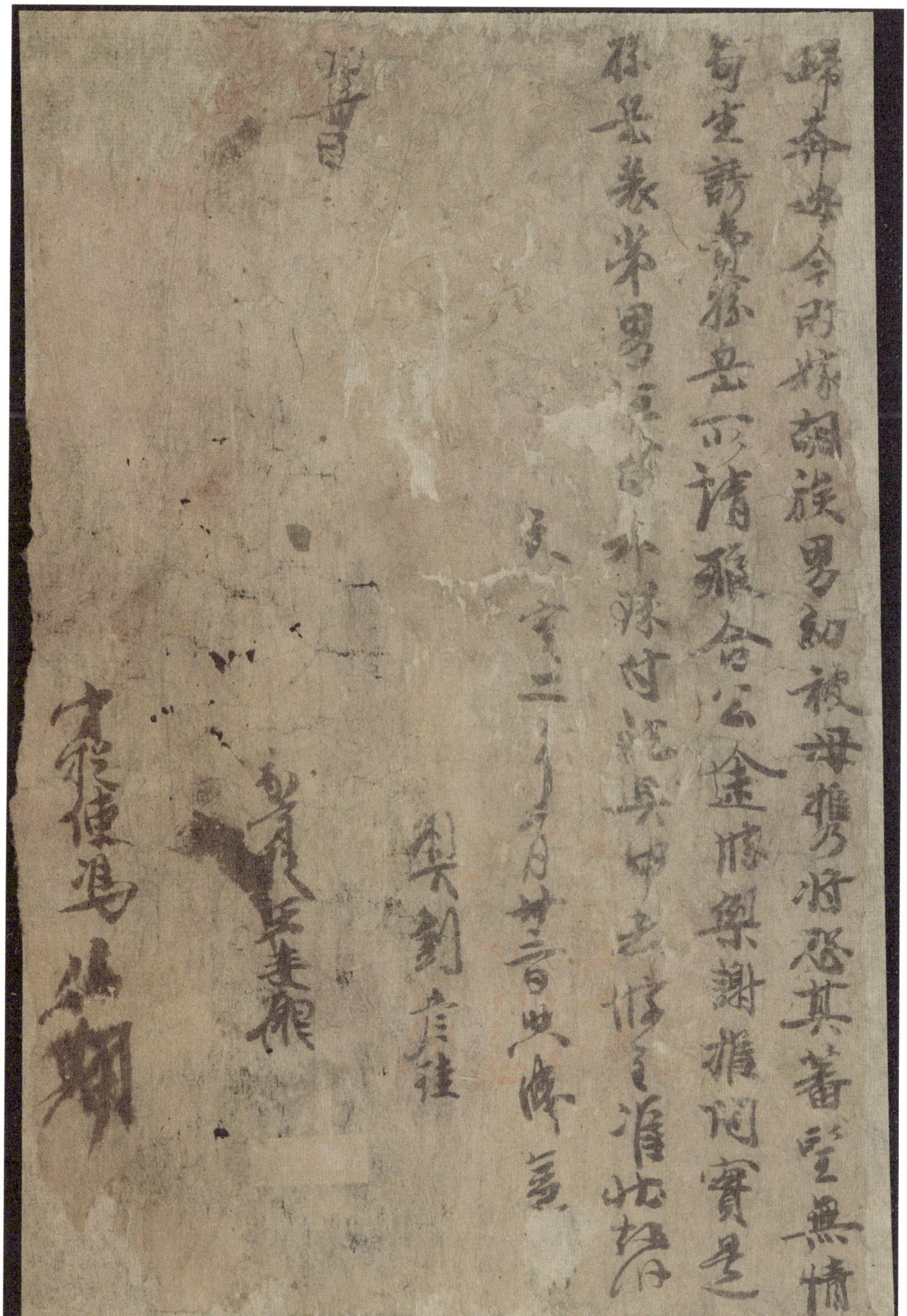

BH1-14

BH1-15　唐于闐名籍

長40cm，高27.8cm。首尾並殘。文書竪寫，一行漢文，一行于闐文，對應書寫，橫向分作三欄。名籍記録了五個村的近三十名男丁，年齡在17—59歲之間，相當於唐朝丁中制的中男和丁男的年齡範圍之内；其中有些人注「殘」，即殘疾的意思。從只記中男、丁男來看，似表明這是一份爲派役而準備的名單，年代在天寶三載（744）以前。

參：Duan Qing 2009，65—73；段晴2010，584—585；榮新江2012，27—28。

（前缺）

1	□　□	□□卅五	烏勃匿廿八
2	Dattak[ä] x 6	［…］ x 5	Upadattä 20 8
3	阿西娑廿九	遥悉滿廿二	没割婁十七
4	Ayausa 20 9	Yausaṃmä 20 2	Makalau 10 7
5	没里娑廿八殘	籠急卌二殘	二郎五十三殘
6	Brīsä 20 8 ½	Lūkvirä 40 2 ½	Śī’lāṃ 50 3 ½
7	渴底泥廿	渴没黎十九	阿勞拱壤村
8	Khattīnai 20	Kharmurrai 10 9	Araukāṃñi
9	摩三泥十八	宋闥賀悉雞廿五	速底囊村
10	［…］ttīnai 10 8	Suṃtharahaskä 20 5	Suttīnāṃña
11	特朗五十五	勿仰五十	首雞五十九
12	Vidaraṃ 50 5	Virgū［…］	(Si)rphūkä 50 9
13	勃割廿三	偏奴□□□	万得雞卅四
14	Purgulä 20 3	Phiṃdū(kä)	Vaṃdakai 30 4
15	失飯臺卅七	摩野若村	褐鏁十八
16	Śirvaṃdai 30 7	Bayajvā biśa	Harkaṃ 10 8
17	頡吉卌八殘	勿日本廿八殘	賀悉俱霸村
18	Yirkaṃ 40 8 ½	Vaśi’rapuṃñä 20 8 ½	Haskabi biśa
19	渴魯思五十五	鏁泥五十六	鍋養卌
20	Kharūsä 50 5	Kaṃnai 50 6	Kayaṃ 40
21	疾昨十七	賀悉具□□	帝遮五十五殘
22	Jajahasä 10 7	Hasa ［…］	Ttaica 50 5 ½
23	□	□	□臺踵廿四

（後缺）

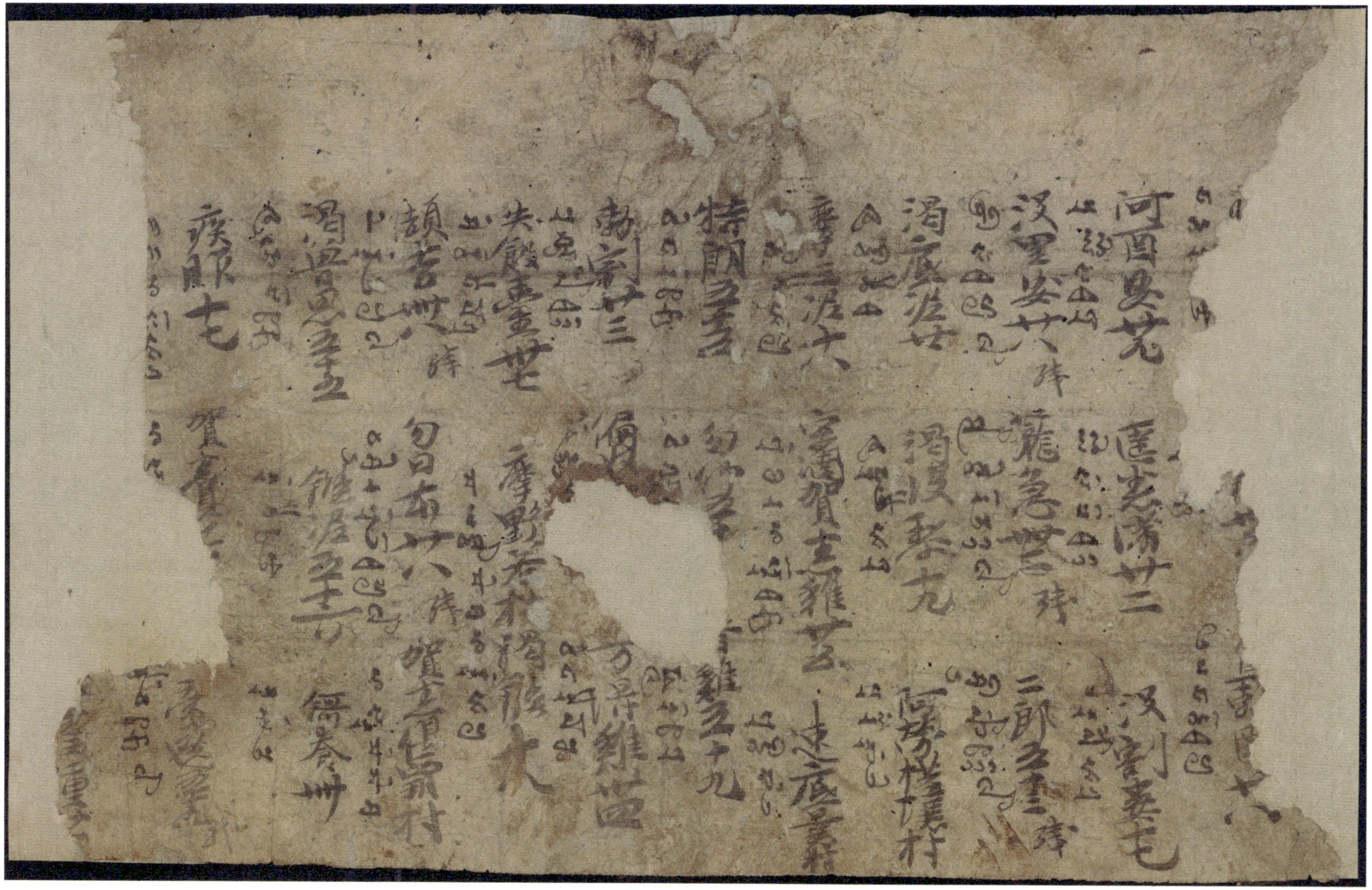

BH1-15

0 5cm

BH1-16 唐女婦没里曜得莫辯詞

長25.6cm，高28cm。第1行下畫有指節印。卷背有于闐文6行，末有署名「玠」。懷玠又見D.v.5（Or.8210/S.5891）《唐貞元六年（790）九月廿五日薩波斯略等納青麥條記》。

1 女婦没里曜得莫年卌一 一一一
2 問：既有漢課，見來幾日？更有何人知見？墻
3 盜孔將有無，推人委知，仰一一具答者。但没里
4 曜得莫其漢課向桶里着來，經今廿已上，更不曾看。六
5 日平明，見庫房被打孔處，便覓漢課不得，所已見長官是
6 實。今趁逐不得，所有失物愆過，伏望商量，被問依實，謹辯。
7 五月 日， 懷玠。
8 問：失物見長官，及其尋縱無有出縱，舉此逗留，
9 [見]在家内，即欲更尋問，恐損平人。今情求不論，如後翻
10 復，不依前款，情求重杖卅，罪任別科。被問依實，謹辯。
11 五月六日，懷玠。

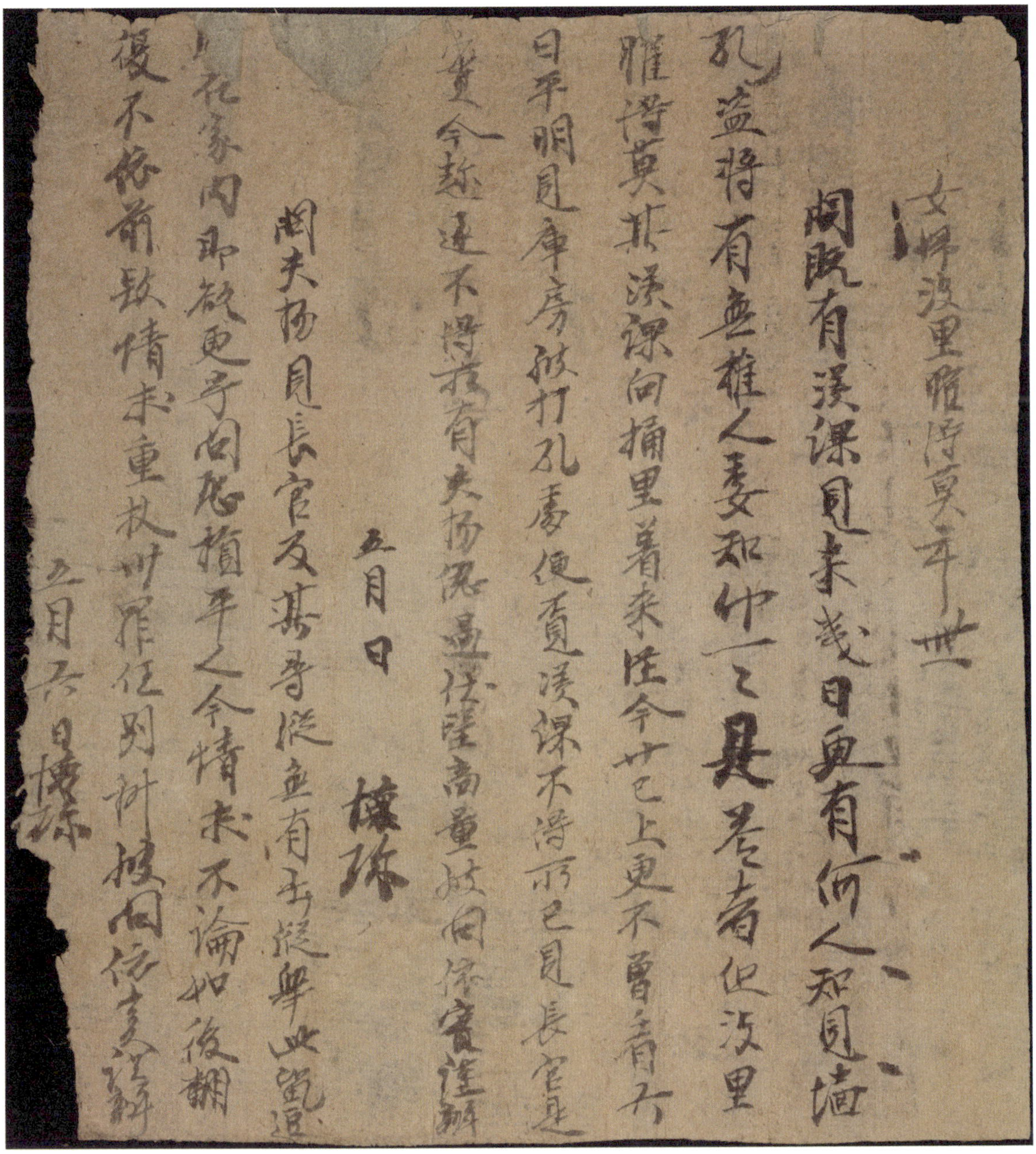

BH1-16

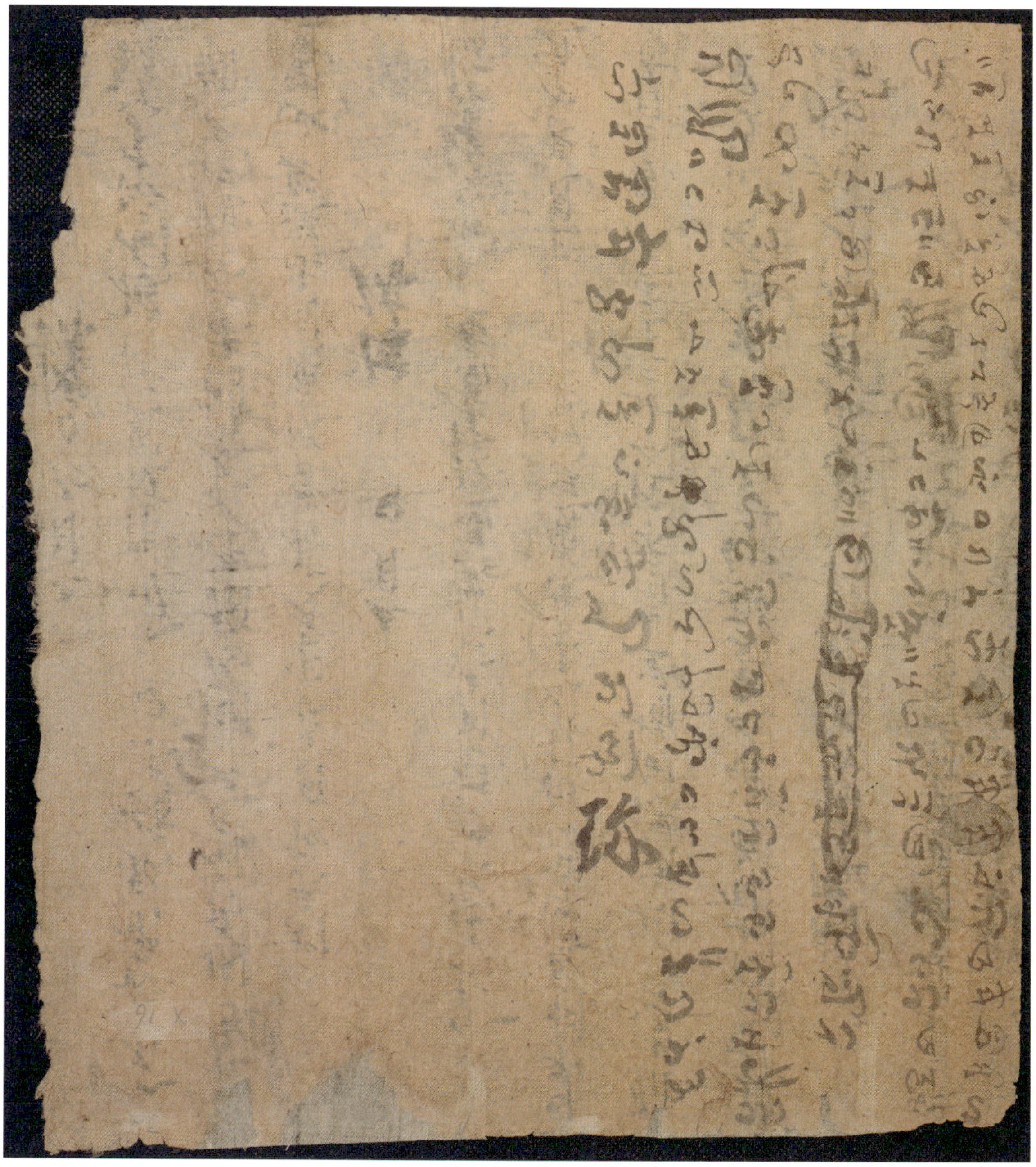

BH1-16背

長38cm，高28.5cm。悉略又作思略、斯略，于闐文作Sīḍaka，他曾先後任傑謝鄉頭（auva-haṃdasta）、薩波（spāta，首領）等職；梅捺、勃延仰、阿董均見國圖BH1-3《唐貞元六年（790）十月廿一日傑謝鎮倉算叱半史郎等交稅糧簿》。梅捺又見Or.8210/S.9464v《唐大曆十五年（780）四月廿八日梅捺舉錢契》；勃延仰又見Дx.18926+SI P 93.22+Дx.18928《唐大曆十六年（781）傑謝合川百姓勃門羅濟賣野駝契》，爲保人之一；又見GXW0166:2《唐建中三年（782）傑謝鎮狀稿爲合鎮應管倉糧帳事》背第4行，時任傑謝所由知事；阿董又見人大博GXW0107漢語于闐語雙語《桑宜没等欠錢簿》。由此知本件文書大致年代。

參：段晴2022，1—16。

12-1　（于闐文）

13　呂弥胡書

14　悉略　梅捺　勃延仰　阿董

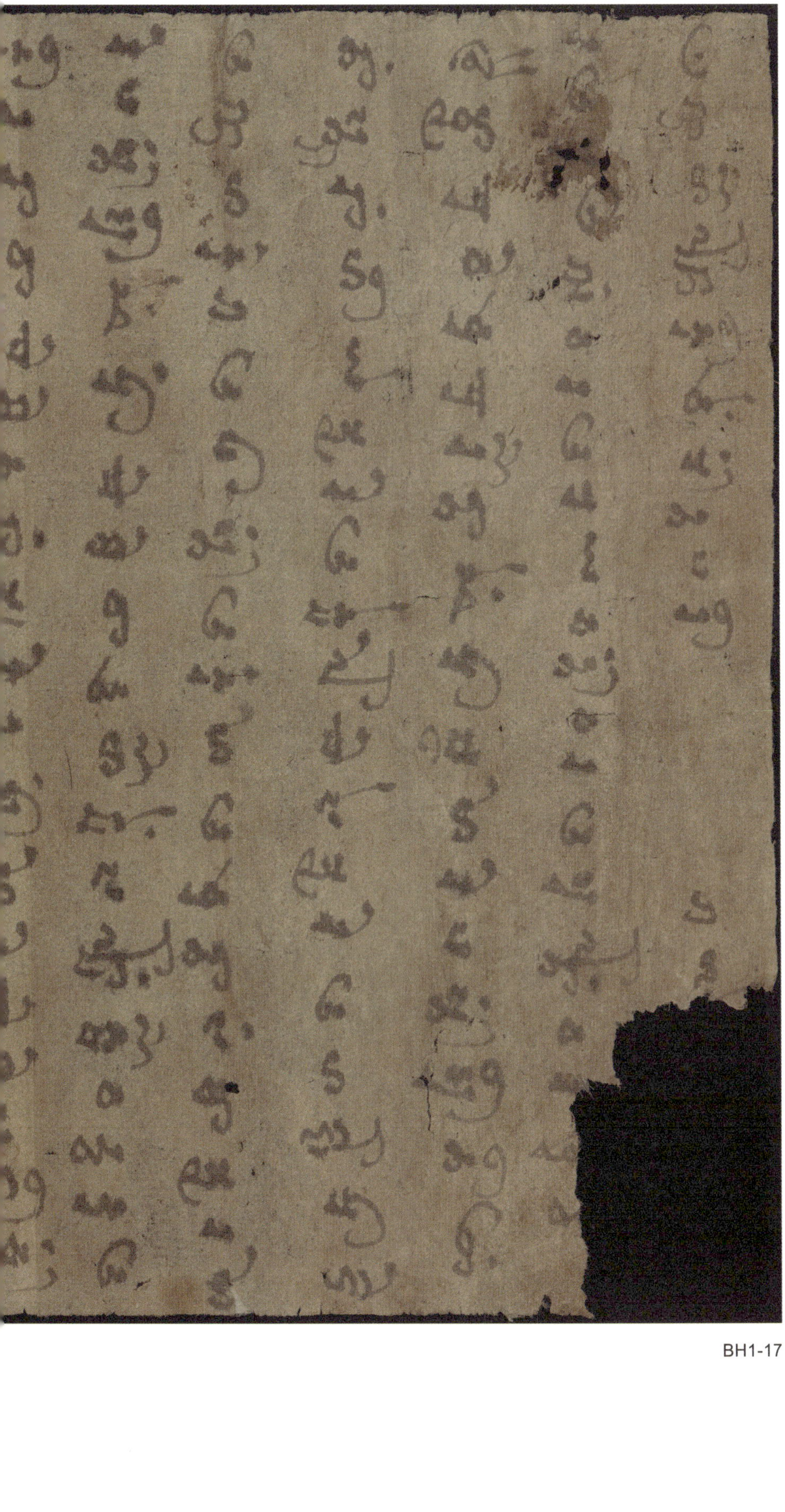

BH1-17

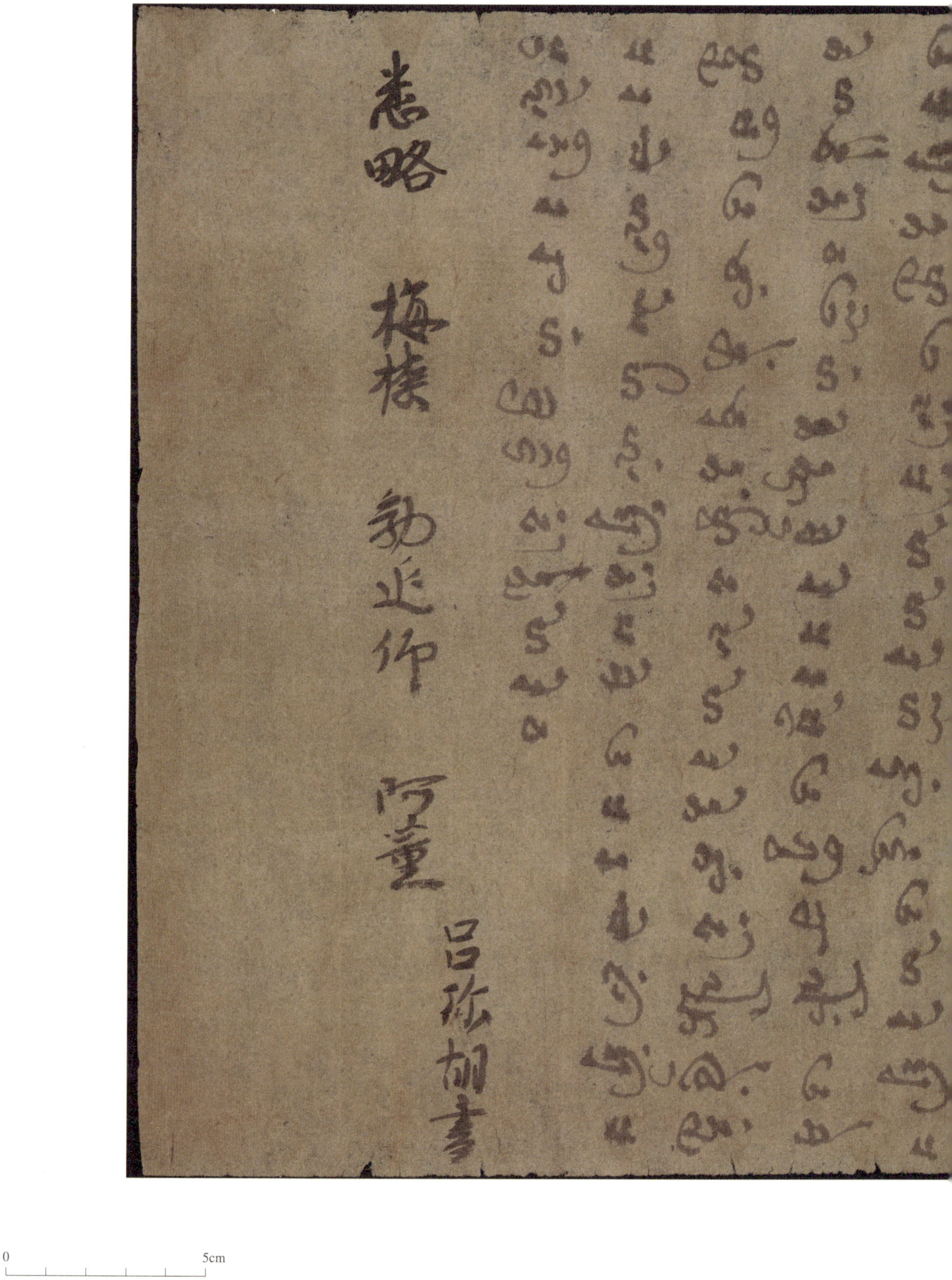
悉略
梅捺
阿董
呂珎胡書
0
5cm

BH1-22　唐元祚書信

長12.9cm，高22.7cm。

1 別來一載，憶念極深，時景共同，□

2 穩已否。但元祚即日蒙恩，□□

3 憂。元祚隨書參謁，□□

4 □□□□

（後缺）

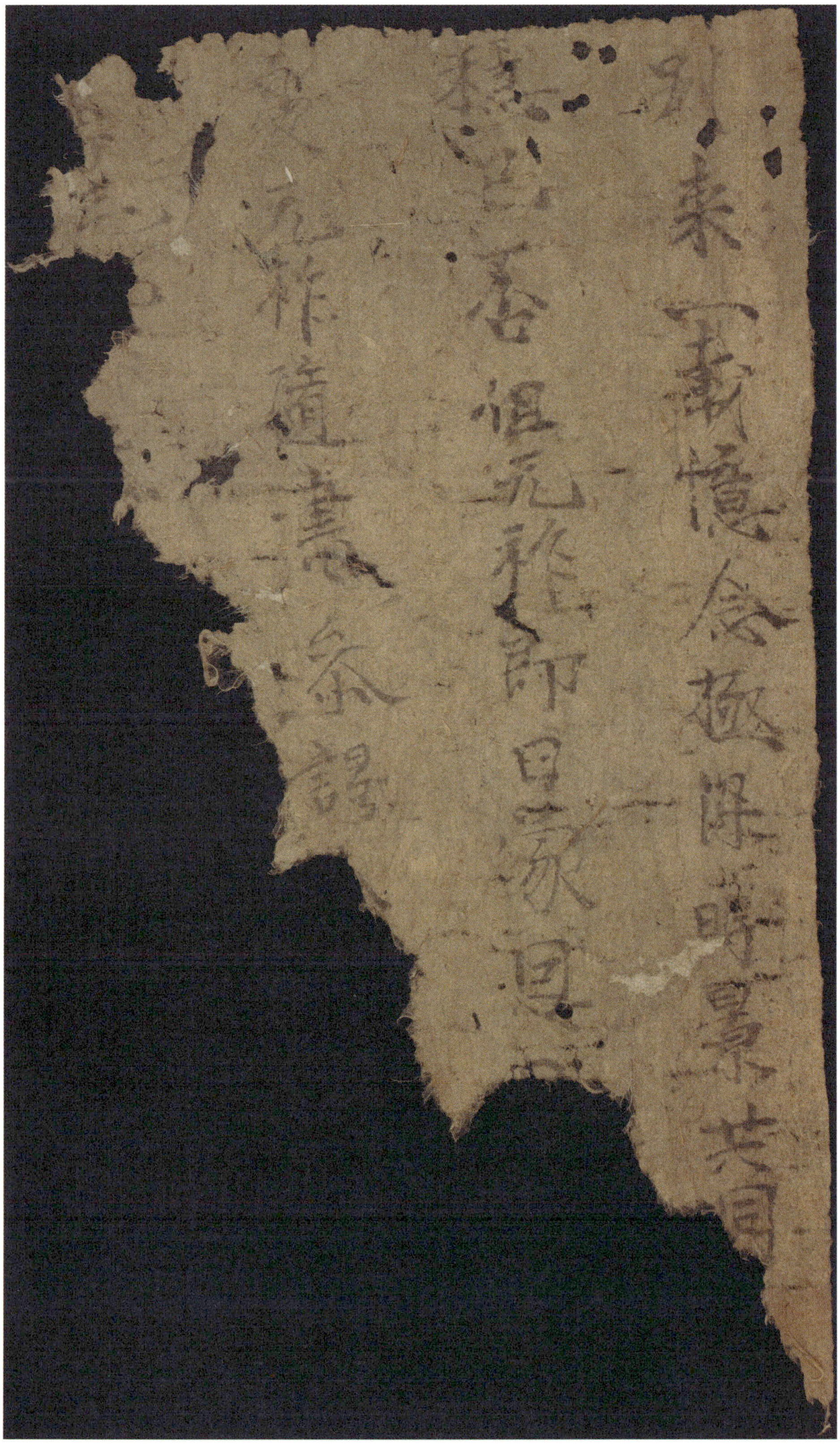

BH1-22

0 5cm

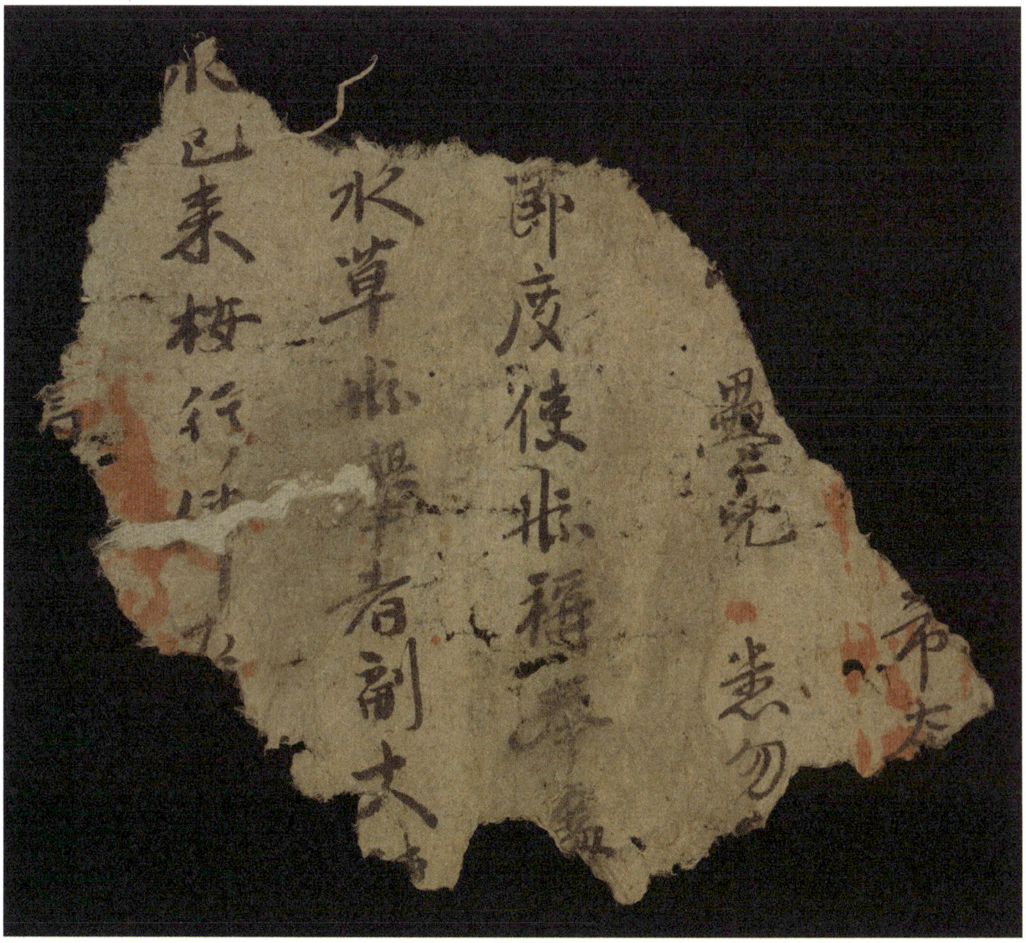

BH1-23

BH1-23　唐牒

長15.2cm，高11.2cm。首尾均殘。鈐朱印兩方，印文模糊不可辨。

（前缺）

1 □市□□

2 □□疊兒・悉勿□

3 □節度使牒稱，奉處□

4 □水草，牒舉者。副大使□

5 □已來按行，仰承□

6 □□□

（後缺）

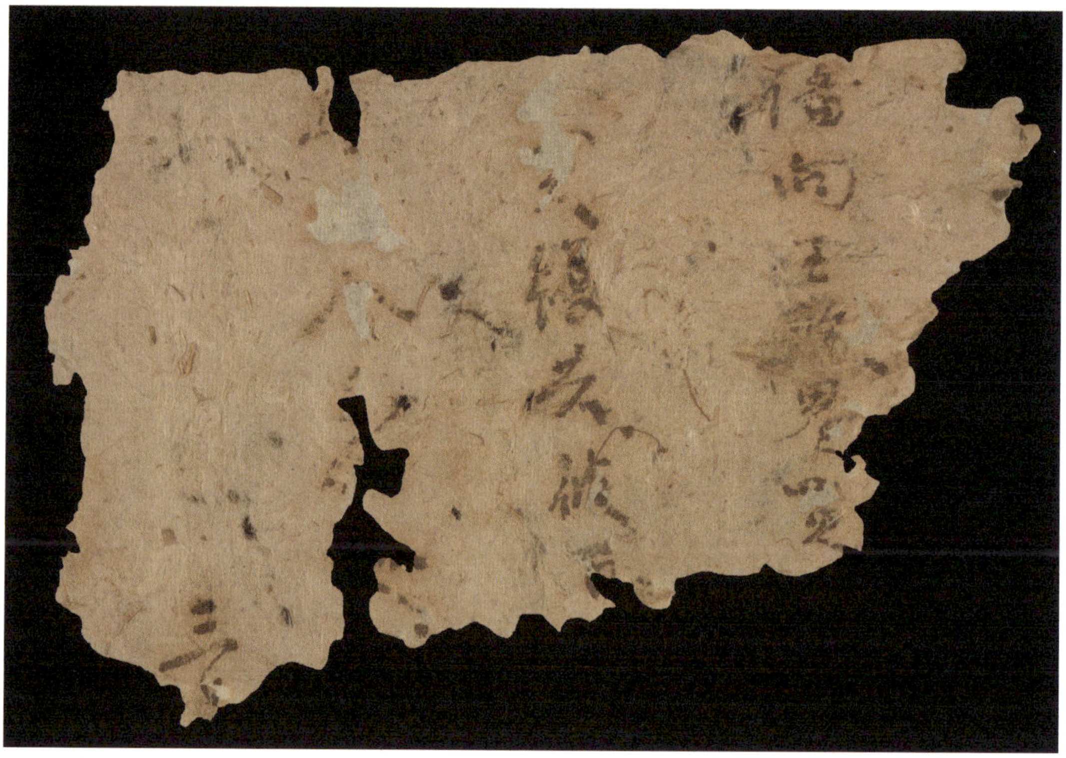

BH1-24

BH1-24　唐文書

長20.4cm，高13cm。首尾均殘。

（前缺）

1 □備向王煞鬼買□

2 □□買復共彼百□

3 □□□今□□□□

4 □三日□

（後缺）

BH1-25　唐廣德二年（764）九月傑謝百姓某牒

長14.8cm，高24.5cm。首尾均殘。

參：文欣2009b，130。

（前缺）

1 娑用青小六十石餘，石斗即合分付今年知事阿□

2 □恐後妄相推注，請与（？）判命。請處分，謹牒。

3 　廣德二年九月　日傑謝百姓　璧□

4 □分付新□事

5 □□　□□□

（後缺）

BH1-25

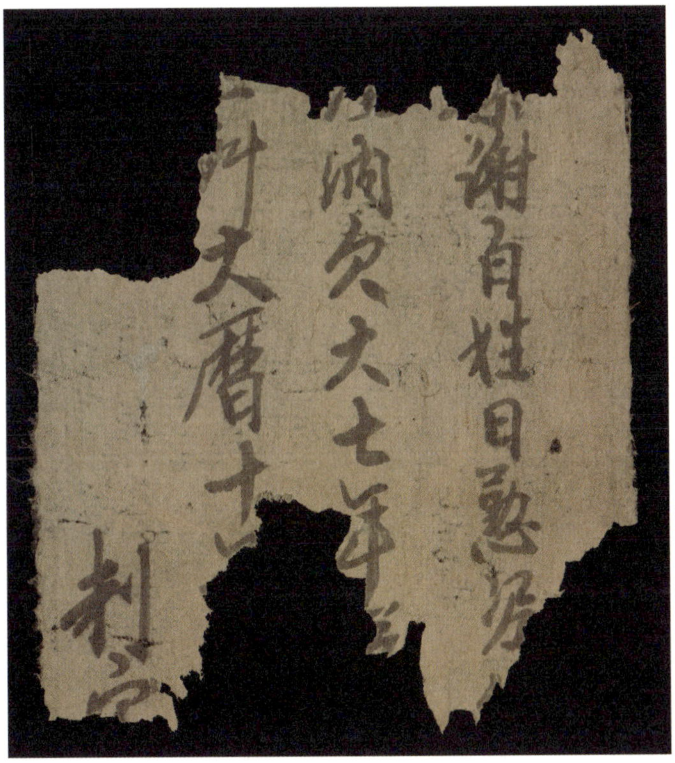

BH1-26

BH1-26　唐大曆十年（775）傑謝百姓日勲泥等納欠大曆七年税斛斗抄

長12cm，高13cm。前後均殘。記傑謝百姓日勲泥遲至大曆十年（775）纔終於交納所欠大曆七年税。

參：慶昭蓉、榮新江2022a，140—141；慶昭蓉、榮新江2022c，69—70。

（前缺）

1 □傑謝百姓日勲泥□□

2 □□納欠大七年税□

3 □□㪷大曆十年□

4 判官□

（後缺）

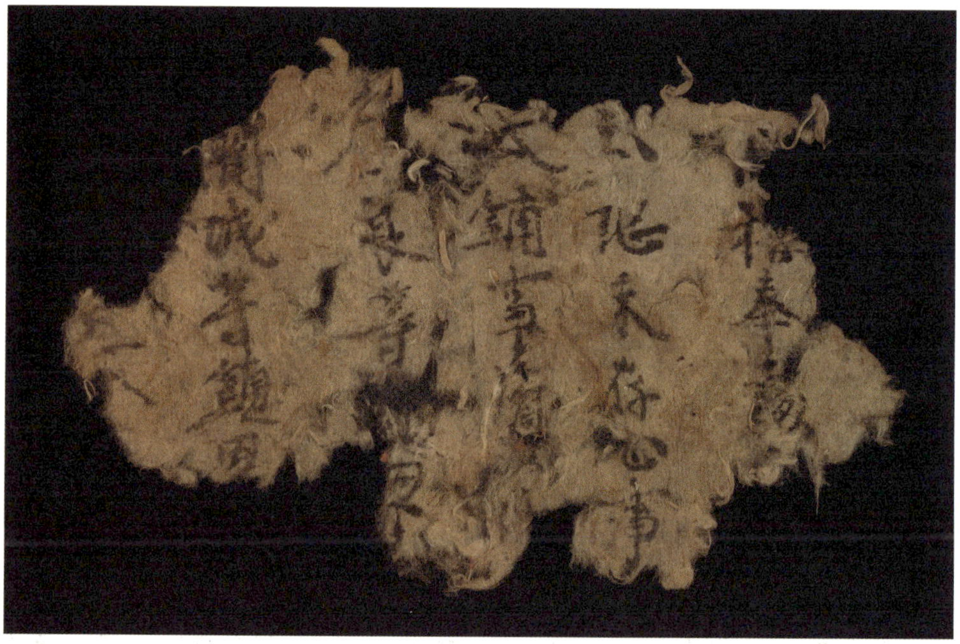

BH1-27

BH1-27 唐牒爲吉良等鎮鋪資糧事

長18.2cm，高11cm。嚴重殘損，紙張粗鬆，略呈絮狀。

（前缺）

1 □牒稱奉處分□

2 □□恐未存心事□

3 □戍鋪事資粮□

4 □吉良等鎮界□□

5 □蘭城等鎮界□

6 □□□

（後缺）

BH1-29　唐阿金等欠糧帳

長5.2cm，高15cm。

（前缺）

1 ［　　］□□□□□阿金，欠一石，後欠三石。

2 ［　　］［四斗］。都欠廿石二斗四升。

（後缺）

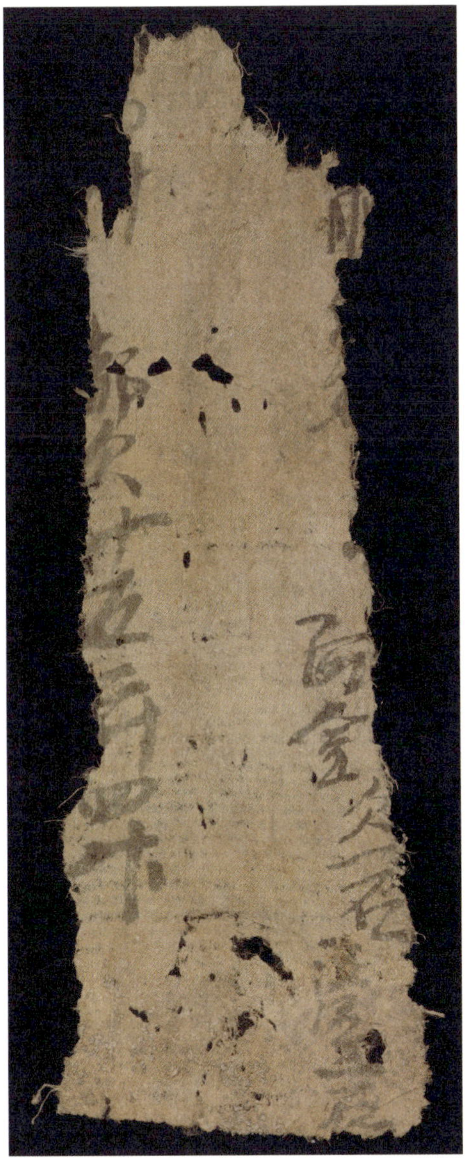

BH1-29

BH1-30　唐文書殘片

共六片。編號爲BH1-30a至BH1-30f。BH1-30a長5cm，高6cm，存2字：BH1-30b長9.8cm，高12cm，無字。BH1-30c至f修復時挖鑲於同一張托紙，BH1-30e存有于闐文，此四件不録。

BH1-30a：

1　□曲倫

0　5cm

BH1-30a

BH1-30b

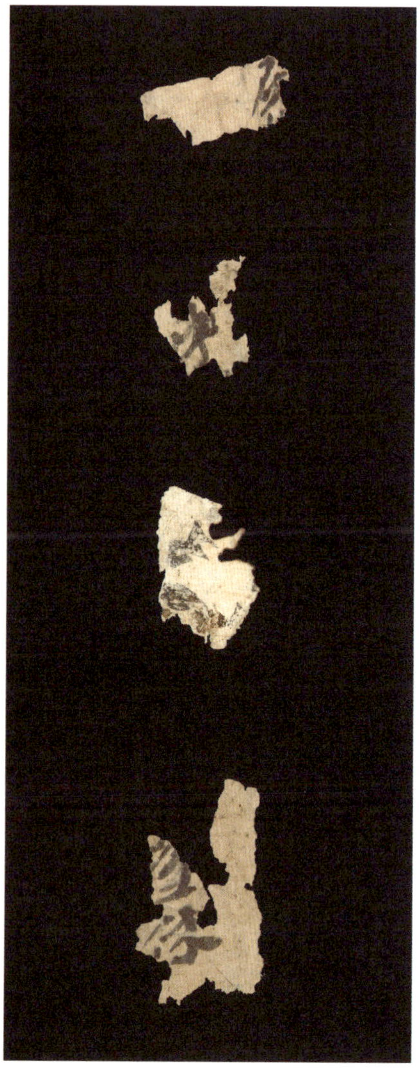

BH1-30c、d、e、f

BH2-32　唐貞元六年（790）十月十八日傑謝鎮供節度隨身官安庭俊糧食憑

長40cm，高29cm。安庭俊、惟悌均見國圖BH1-2背《唐貞元六年（790）十月、十一月于闐傑謝鎮倉糧食入破帳曆稿》，惟悌又見BH1-1背《唐貞元六年（790）冬季于闐傑謝鎮官健預支人糧、馬料簿》。

參：慶昭蓉、榮新江2022b，174—175。

1　貞元六年十月十八日供節度隨身官安庭俊青麥捌㪷。

2　又壹㪷，惟悌。

3　小麥壹石。惟悌。順。

（餘白）

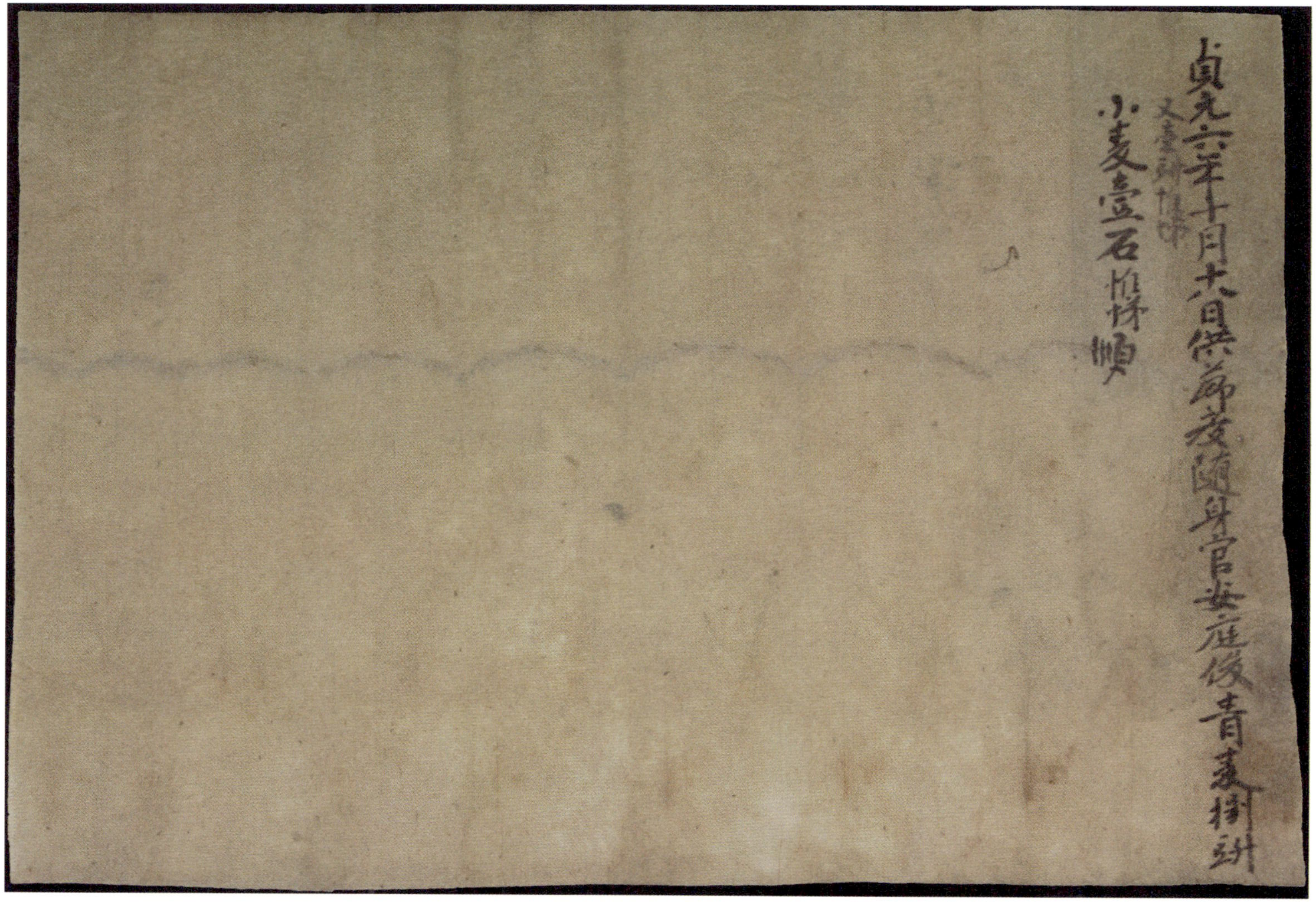

BH2-32

BH2-32　唐貞元六年（790）十月十八日傑謝鎮供節度隨身官安庭俊糧食憑

BH2-33 唐供史没何等人程糧帳

長11.1cm，高18.9cm。「廿一日」條有勾記，第3、4行「下」字旁有「厶」勾記。劉副使又見BH3-9《唐某年六月八日右虞候攝經略副使折衝劉□卿狀》，張小奴又見BH1-1《唐建中七年（786）（？）于闐某倉欠糧簿草》。

參：慶昭蓉、榮新江2022c，70—71。

（前缺）

1 □呈粮麵□　　　　□□□

2 □廿一日，史没何四人呈粮麵二斗。

3 □呈粮麵三斗。卅日，劉副使下張小奴

4 □斗。□□□　□下蘇惠順三人

（後缺）

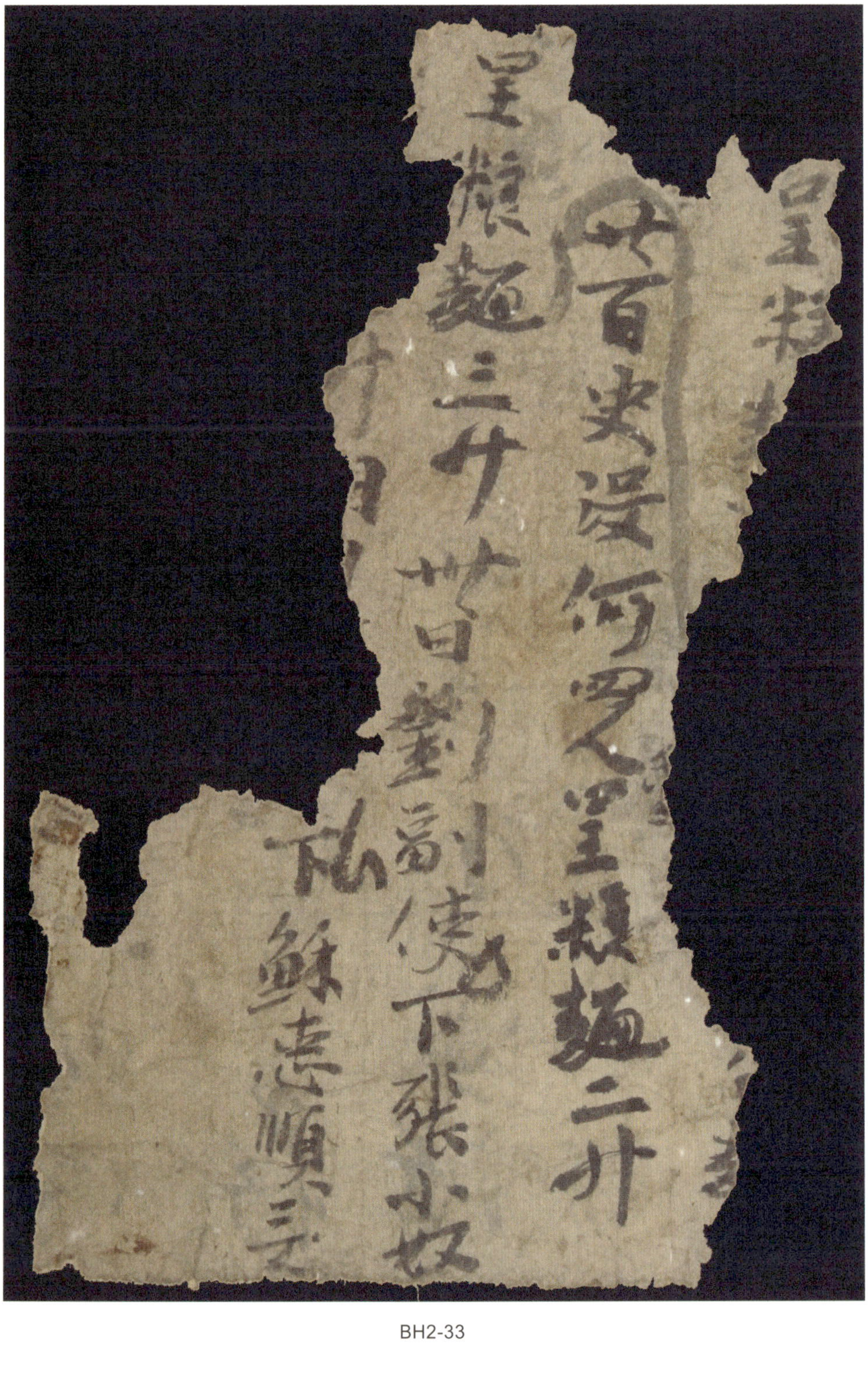

BH2-33

0　　5cm

BH2-33背　唐狀（附雜寫）

前3行爲一狀文，字跡較淡。末行爲利用狀文廢紙習書文字。

（前缺）

1 ▯□日伏

2 ▯□日，子將

3 ▯□迴，謹奉狀，不宣，謹

4 ▯湊湊湊湊湊湊

（後缺）

BH2-33背

0　5cm

BH2-34

0　5cm

BH2-34　唐于闐鎮守軍倉曹牒

長12cm，高10.7cm。鈐「鎮守軍之印」朱印，當爲于闐鎮守軍之印。

1　倉曹□

2　四將使元都護二□□

3　□

4　貳人□

（後缺）

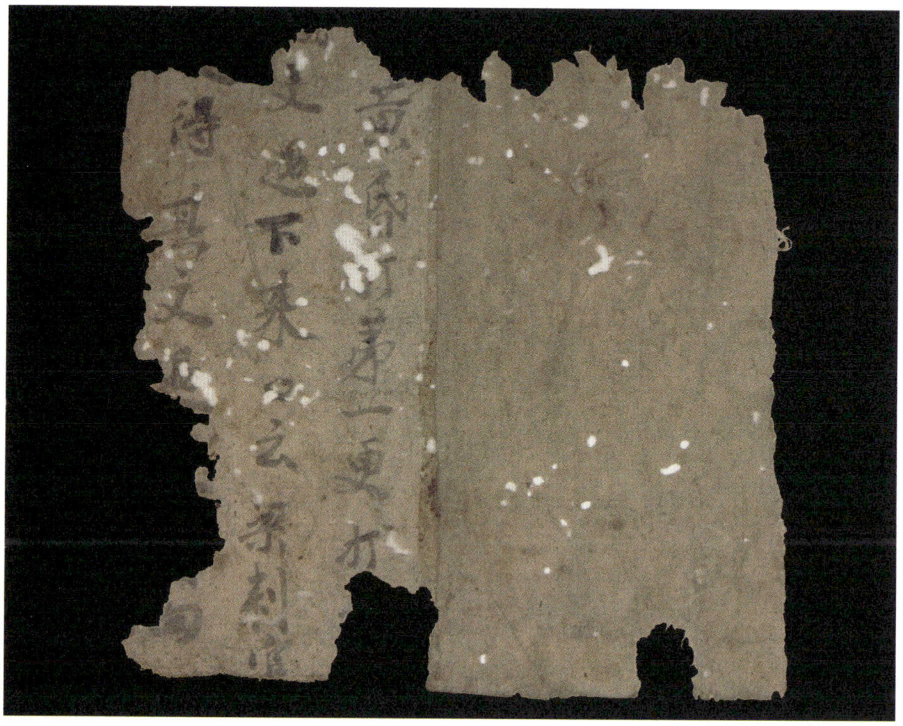

BH2-35

BH2-35 唐文書殘片

長16.2cm，高16cm。

（前餘白）

1 黄昏打第一更，打[二]□
2 □□文過下來，口云梁判官
3 □[又]得其文過□　□□向

（後缺）

BH2-36 唐開元十八年（730）亳州城父縣庸調布（？）

長8.5cm，高15.3cm。此件文書係絹質。據《元和郡縣圖志》卷七，河南道亳州有城父縣。

1 城父縣 風教鄉 宣教里 徵 □

2 卜思明 二丁 共一屯 亳州（倒書）

3 開元十八年七月 日

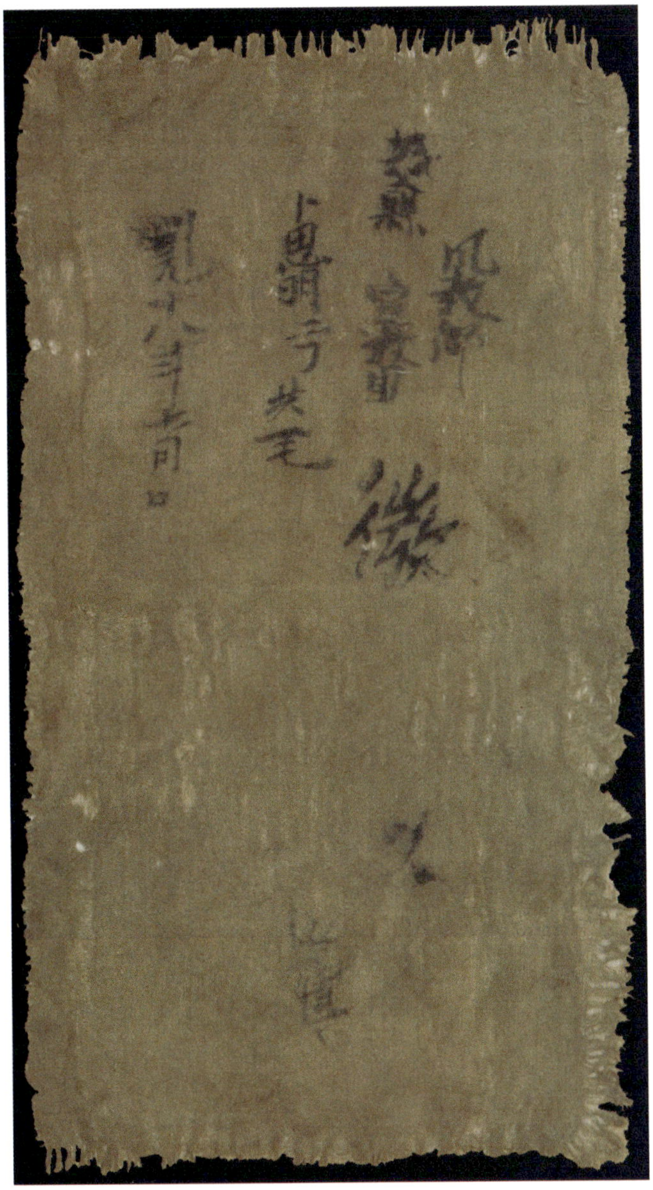

BH2-36

BH2-37　唐諸種帳曆

長7cm，高17.8cm。

（前缺）

1 □廿□□

2 □一十一石四斗八升小　八石四斗八升□

3 □發器械揔貳伯玖拾壹人疋事具張隻

4 □壹拾肆人官健　叁疋遞馬　貳伯柒拾肆事器械

（後缺）

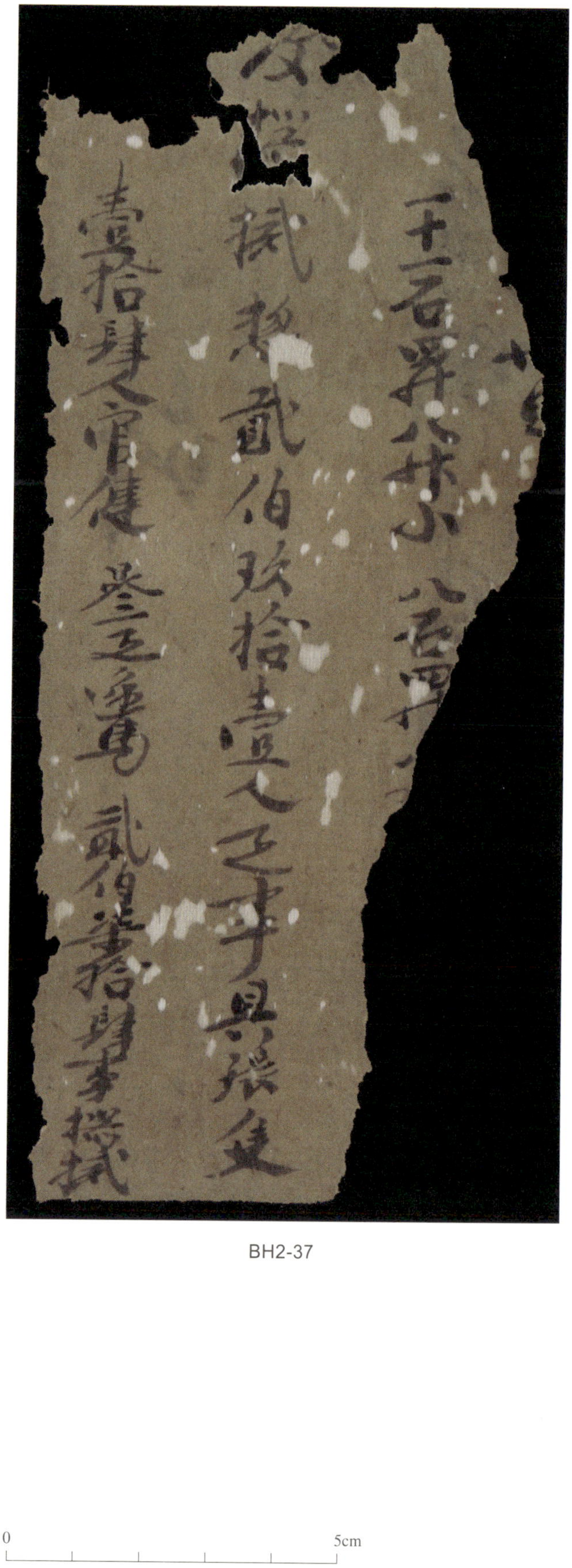

BH2-37

BH2-37背　于闐百姓某辭

1 ［　　］辭

2 ［　　］粟［　　］

3 ［　　］□□緣賊路及□［　　］

（後缺）

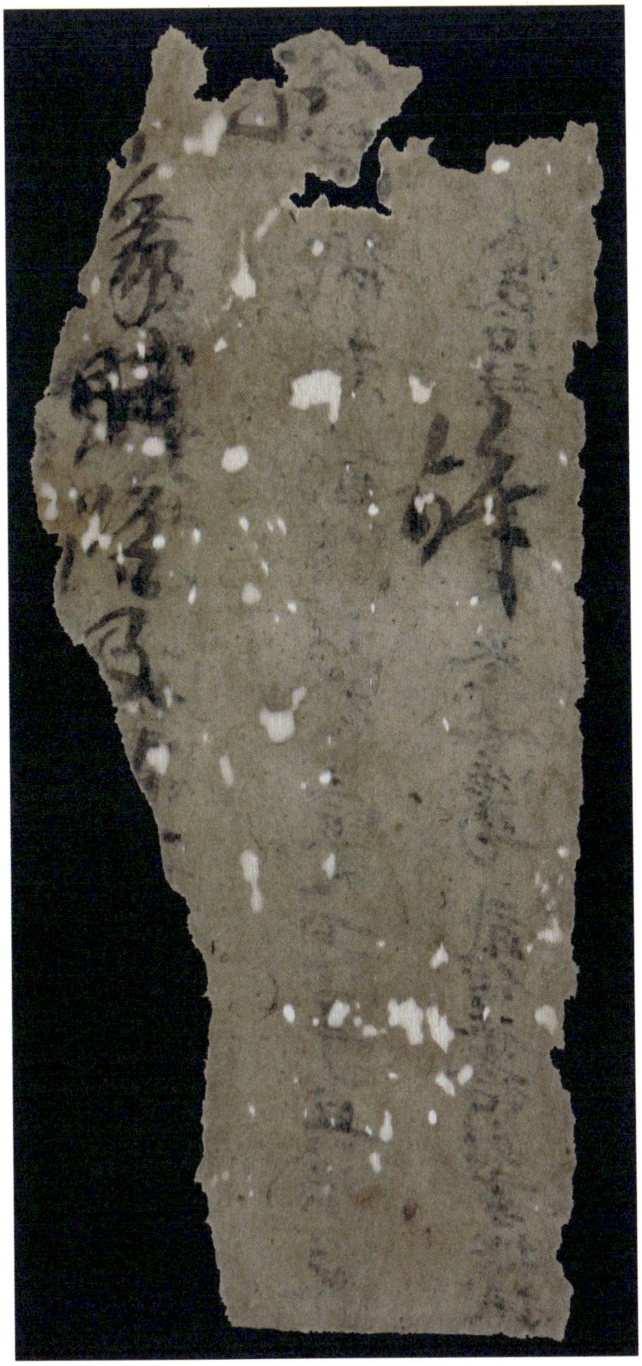

BH2-37背

0　5cm

BH2-38

0　　5cm

BH2-38　契約

長8.1cm，高10.9cm。指節印在人名左側。

（前缺）

1　□劉元卯年廿[三]
　一　一　一

（後缺）

BH2-39　契約殘片

長4.4cm，高6.8cm。

（前缺）

1　見□

2　見□

（後缺）

BH2-39

0　5cm

BH2-40　文書殘片

長4.4cm，高3.4cm。

（前缺）

1　□弦□□

2　□□□

（後缺）

BH2-40

0　5cm

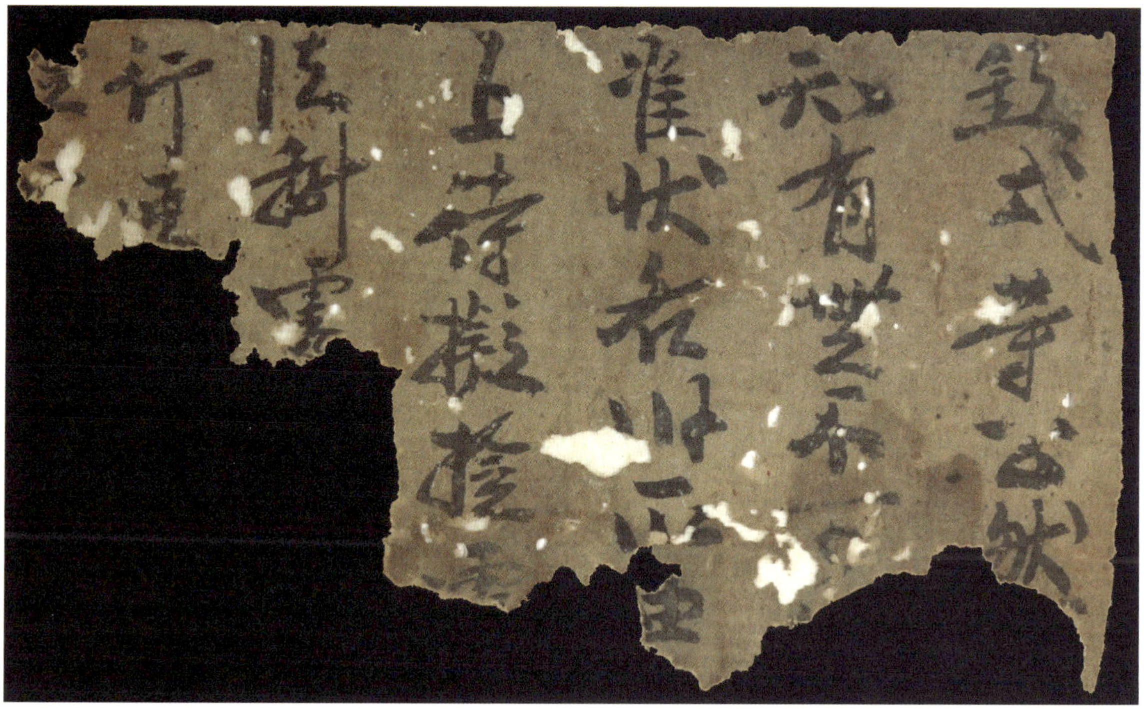

BH2-41

BH2-41　殘牒

長16.2cm，高9.4cm。

（前缺）

1 鎮戍等公然□
2 知有無不可□□
3 准狀各牒所由□
4 上待擬檢處□
5 法科處□
6 行速□
7 檢□□

（後缺）

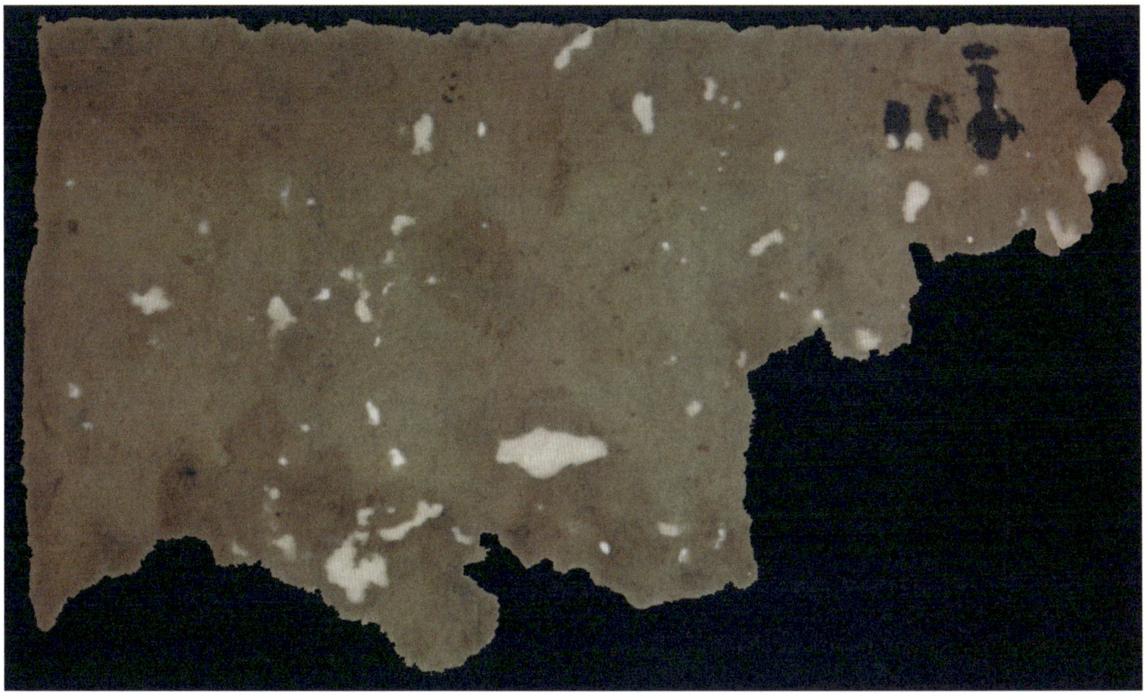

BH2-41背

BH2-41背　殘牒

（前缺）

1 牒□

（餘白）

BH2-42

BH2-42　文書殘片

長14.3cm，高5.8cm。

（前缺）

1 □□並依舊

2 □□事科決

3 □□例皆

4 □限多

5 □□

（後缺）

BH2-43 唐開元二十年（732）後典錢契

裂爲四片，其中兩片可綴合。綴合後爲三個殘片。其一長11.3cm，高4.3cm。其二即綴合者，長16.6cm，高5.7cm。其三長13.7cm，高5.5cm。

1 開元廿□ □以落悉染□ □無人力□
2 一阡文□ □□百姓火諸□ □□不生利□
3 價忽□ □一仰主保□ □日不關□
4 事恐□ □故立私□ □人兩共對□
5 □□□
6 錢主□
7 典錢□

（後缺）

BH2-43a

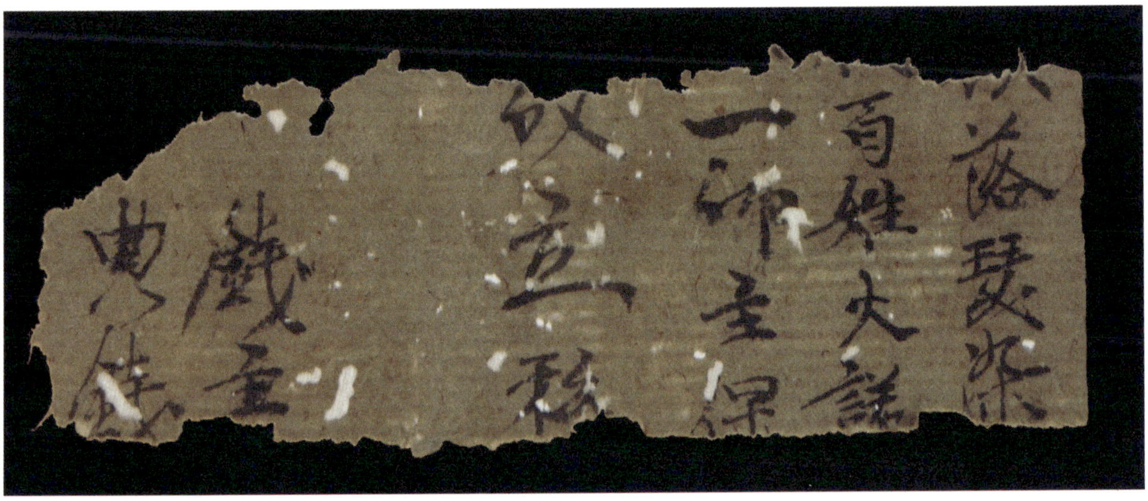

BH2-43b

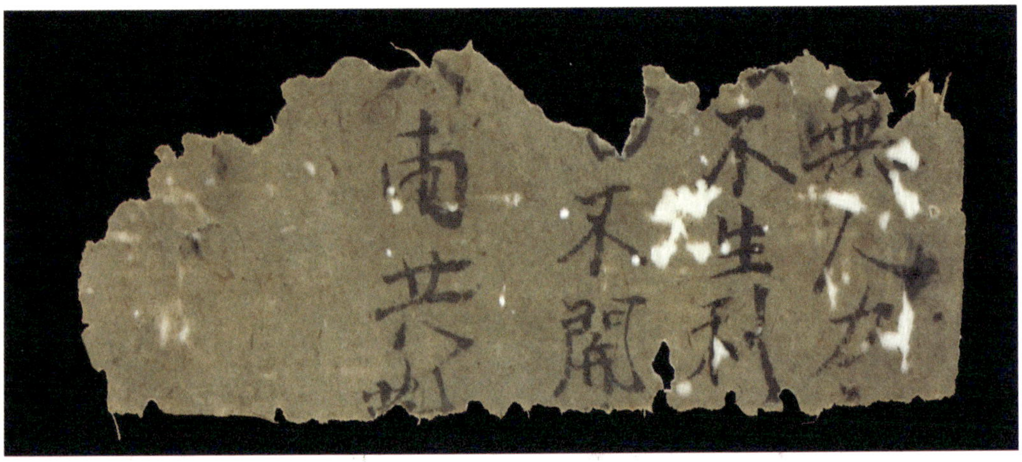

BH2-43c

BH2-44　契約殘片

長7cm，高12.8cm。

（前缺）

1 □□□□□□□□

2 □人安愚年七十二　一 一 一

3 □人阿王潘年六十七　一 一

4 □人索玉黎年五□□

（後缺）

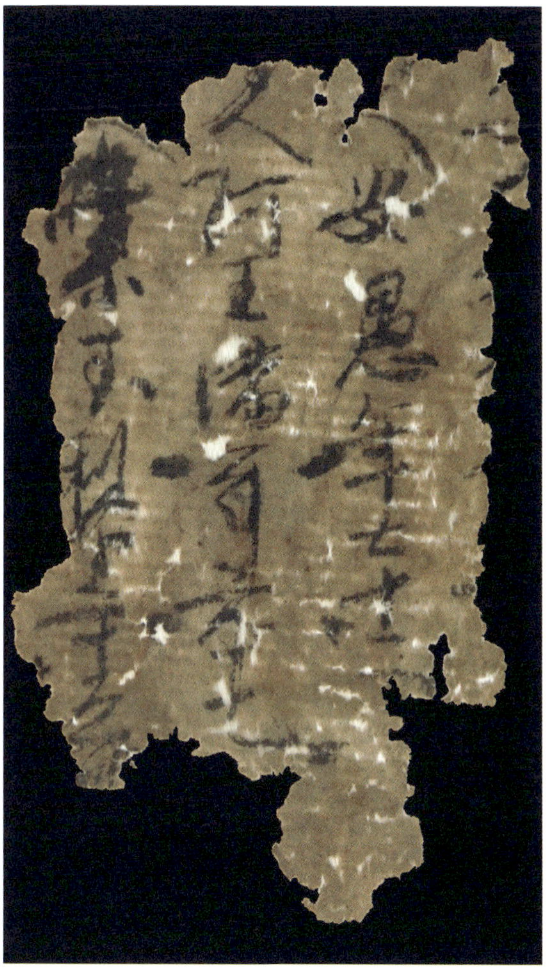

BH2-44

0　5cm

BH2-45　唐某人致傑謝楊某書封

長5.3cm，高10.2cm。

1　□□致書傑謝楊□□□

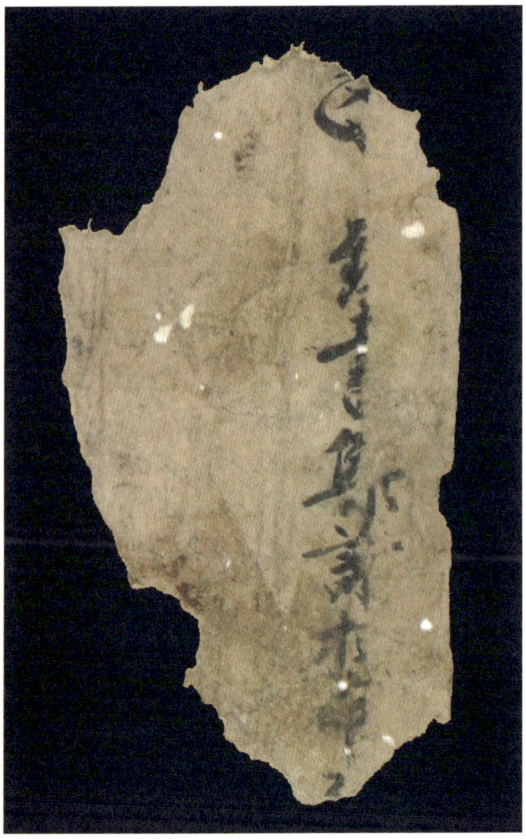

BH2-45

BH2-46 唐□元元年文書

長6.6cm，高18.3cm。

（前缺）

1 □居不調□□

2 □元元年王仙□□□

3 □欠一束便張希奴米二□□

4 □□□

（後缺）

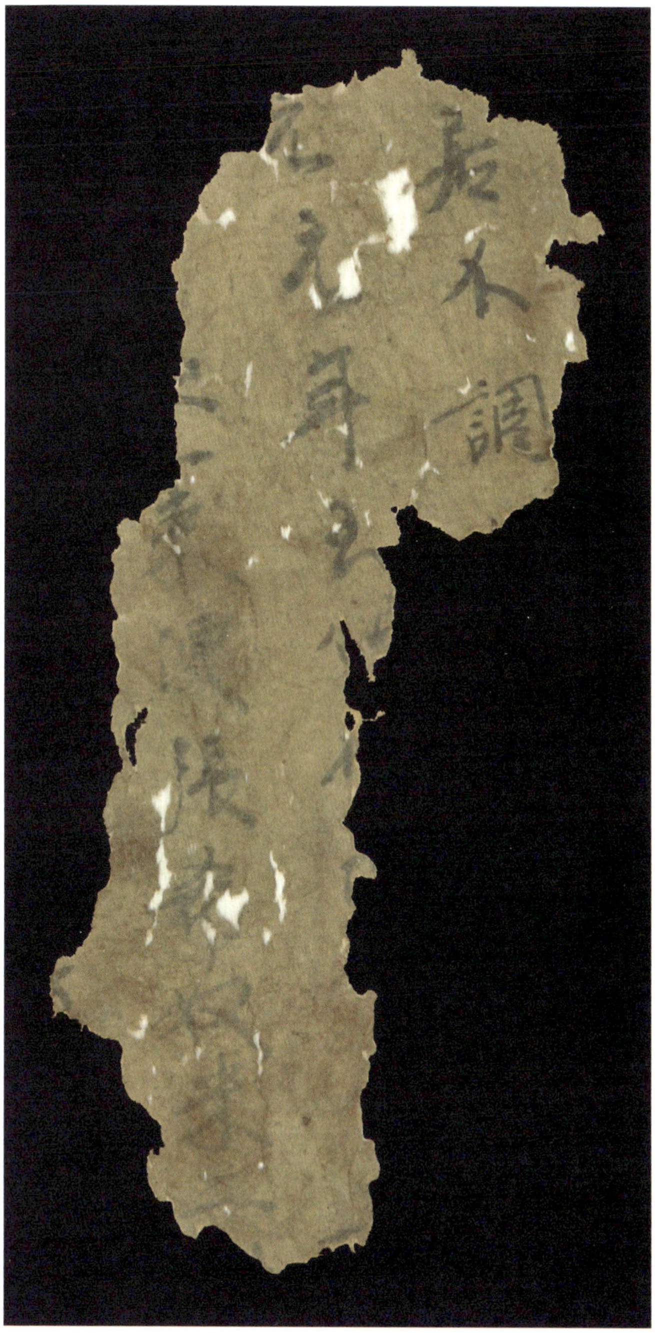

BH2-46

BH2-47　唐文書爲差人點檢事

長3.8cm，高11.3cm。

（前缺）

1 □□□　□□□□

2 □□差人點檢兵

3 □（胡語）□

（後缺）

BH2-47

BH2-48　殘文書

長5.5cm，高28cm。文書似未寫完而止。

（前缺）

1　踵腹内。六千五百文□□□刺朗領。

2　五百文悉朗將

（後缺）

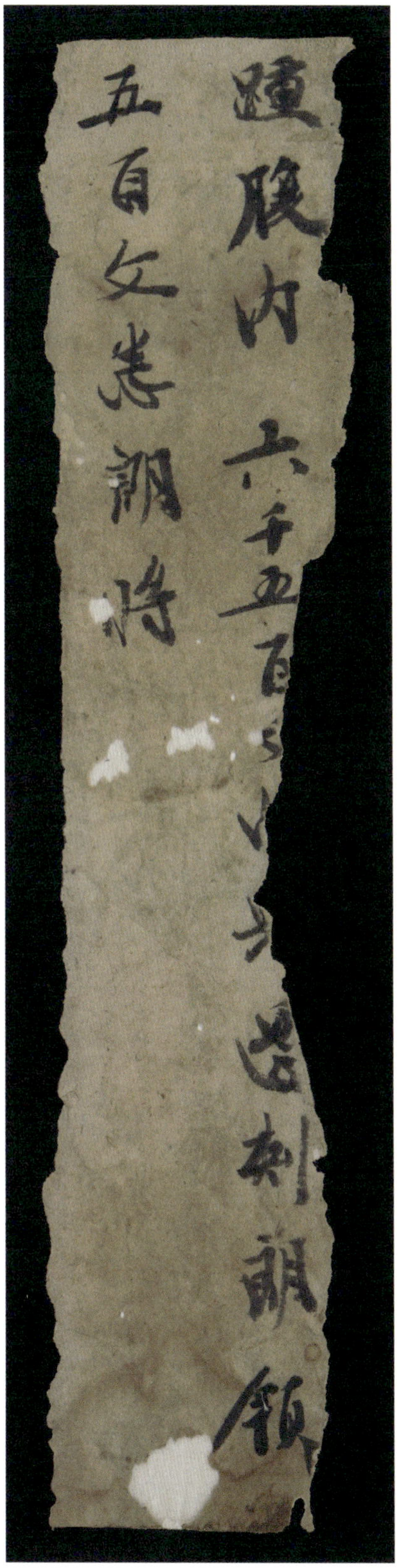

BH2-48

BH2-49　文書殘片

長5.7cm，高3.4cm。

（前缺）

1 □［　］

2 去□［　］

3 □［　］

（後缺）

BH2-49

BH2-50　文書殘片

長6.0cm，高11.8cm。

（前缺）

1 ［　］□［　］

2 ［　］□破除□□［　］

3 ［　］□□索取［　］

（後缺）

BH2-50

BH2-53　文書殘片

二片。BH2-53a長4.5cm，高5cm。BH2-53b長2.3cm，高3cm。BH2-53b不録。

（前缺）

1 □馬弓弩□

2 □□□

（後缺）

BH2-53a

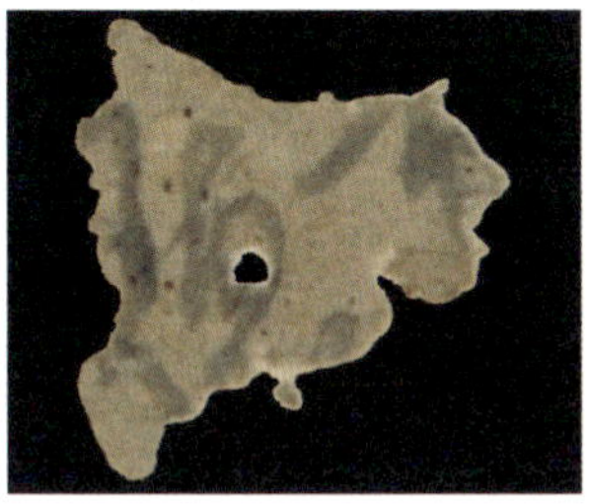
BH2-53b

0　5cm

BH2-54　文書殘片

長5.7cm，高5.6cm。

（前缺）

1 □□其江□

2 □□上□□

3 □□□

（後缺）

BH2-54

0　5cm

BH2-55　書信稿

長5cm，高27cm。紙爲長條形，下半未書。

1　孟冬漸寒，伏惟副
2　副使七郎尊體動止萬
（後缺）

BH2-55背　習字

1　守左武衛大將軍　守左武衛大將軍

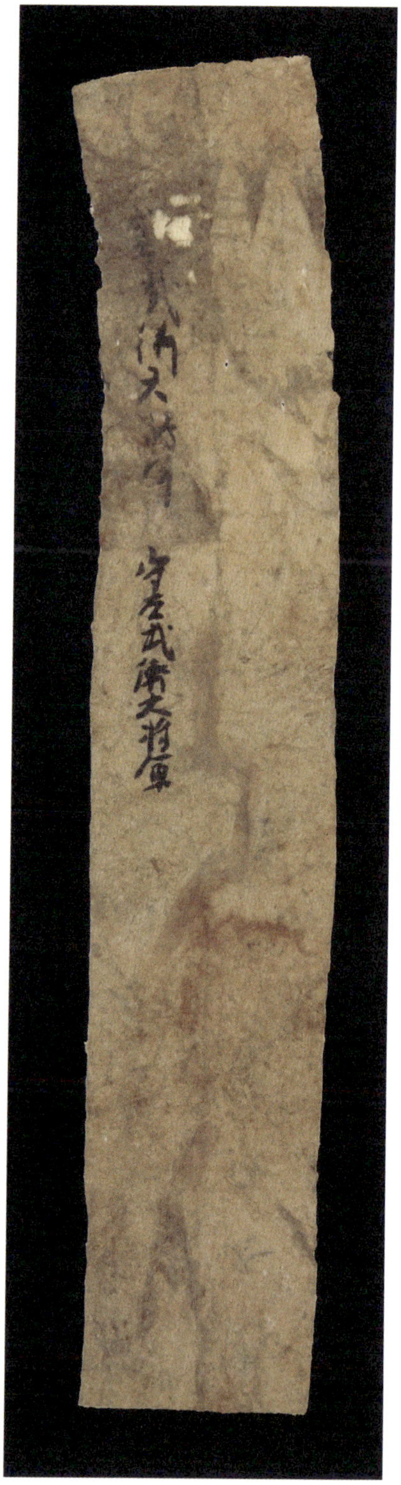

BH2-55背

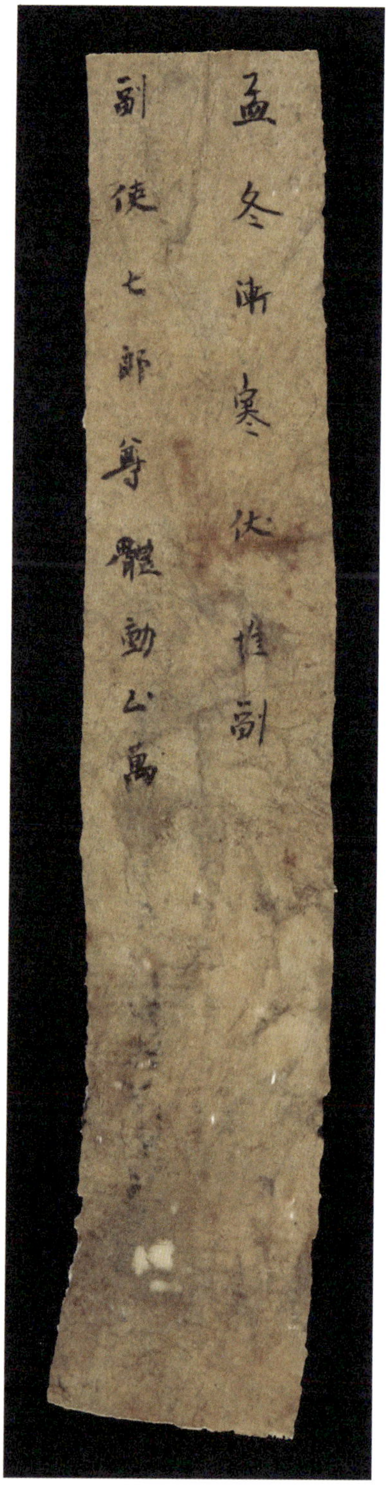

BH2-55

BH2-57　唐名籍

長28.8cm，高12.6cm。

（餘白）

1 □人韓大　作老　任□□□　仁將公　仁□□

2 □陳□　郝玉　□□□　張自第　冀□□

3 □□什　白□□　元祚　□遍　尊者再□□

4 □□□已□空□

（後缺）

BH2-57

BH2-58　文書殘片

長3.2cm，高7.5cm。

（殘字不録）

BH2-58

BH2-59　文書殘片

共九片。BH2-59a至BH2-59i尺寸分别爲3.7cm × 3.7cm、4.0cm × 5.0cm、2.6cm × 2.7cm、2.3cm × 3.2cm、3.1cm × 3.2cm、4.5cm × 1.8cm、3.2cm × 5.2cm、4.8cm × 2.9cm、1.8cm × 5.2cm（按從右到左、從上到下順序排列）。

（殘字不録）

BH2-59

BH2-60

BH2-60　文書殘片

共5片，互不能綴合。BH2-60a長5.1cm，高5.5cm。BH2-60b長1.4cm，高6.1cm，似爲胡人名籍。BH2-60c長1.4cm，高5.7cm。BH2-60d長3.2cm，高3.9cm。BH2-60e長11.6cm，高4.6cm，似爲契約。

BH2-60a：

（前缺）

1 □□□

2 □請處□

3 □□□

（後缺）

BH2-60b：

（前缺）

1 □莽杏年□□

（後缺）

BH2-60c：

（前缺）

1 □□□□□

（後缺）

BH2-60d：

（前缺）

1 □□欲赴□

（後缺）

BH2-60e：

（前缺）

1 □□無□

2 □□戍主

3 □□□驅

4 □一仰保

5 □□□

（後缺）

BH3-2　唐開元廿四年（736）正月八日傑謝百姓破沙桑□□借錢契

長13.5cm，高25cm。

參：文欣2009b，140—141。

1　開元廿四年正月八日，傑謝百姓破沙桑□□爲

2　負官甲仗錢，交無出處，今於坎城鎮將雷

3　邊，共取□　　□拾柒箇，共得錢捌佰叁拾文，其布

4　限至今夏□　　□内還希足，其布□□□□□□□

5　　　　　　□□□□

（後缺）

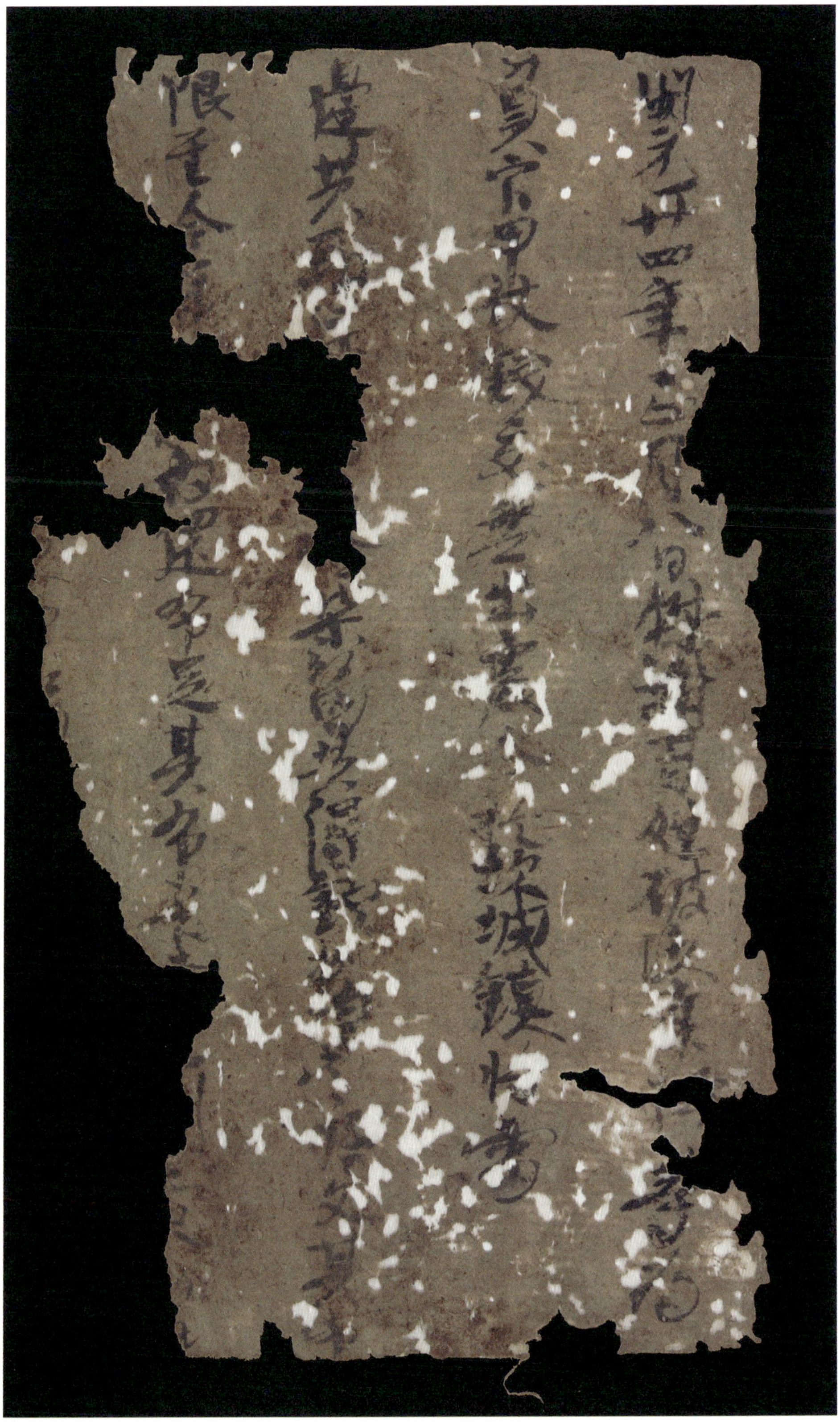

BH3-2

BH3-3 《孝經注·聖治章》

存二殘片。BH3-3a長11.2cm，高11cm。BH3-3b長9.5cm，高10.5cm。由紙張、筆跡等情形可以看出，兩片殘葉當原爲一個寫本。據P.3428、P.2674鄭玄《孝經注·聖治章》，内容即鄭玄《孝經注》，對應文本見張涌泉主編《敦煌經部文獻合集·群經類孝經之屬·孝經注（開宗明義—喪親）》，中華書局，2008年，1931頁。

參：李丹婕2020，177—192。

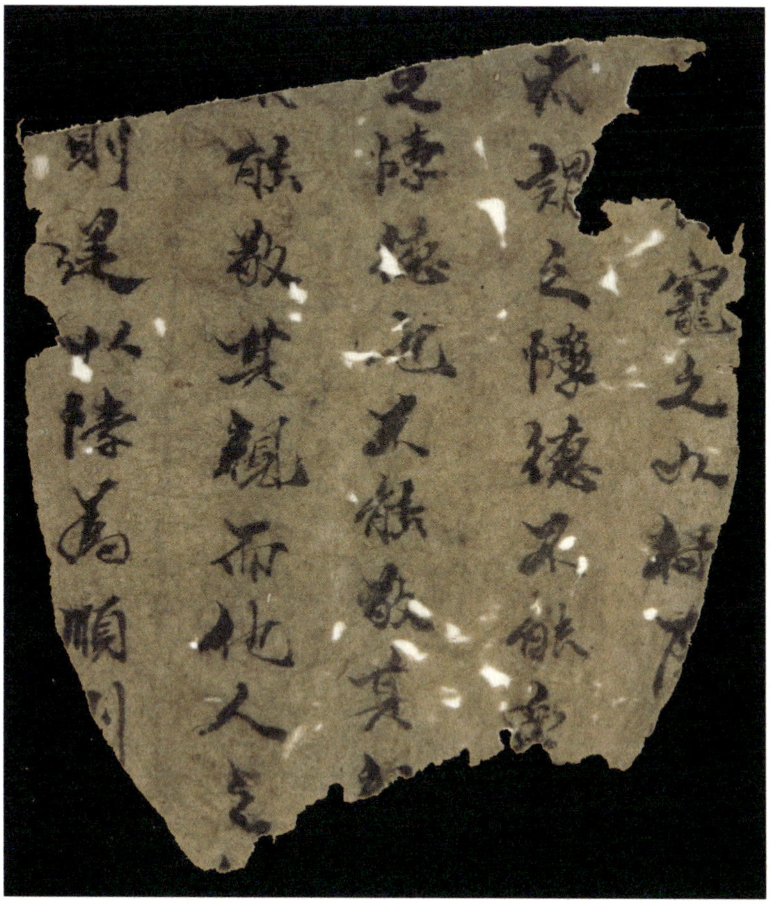

BH3-3a

0　5cm

BH3-3a：

（前缺）

1 □[爵]，寵之以祿，[厚]□

2 □者謂之悖德。不能愛□

3 □之悖德也。不能敬其[親]□

4 □[不]能敬其親，而他人之□□

5 □則逆，以悖爲順，[則]□

（後缺）

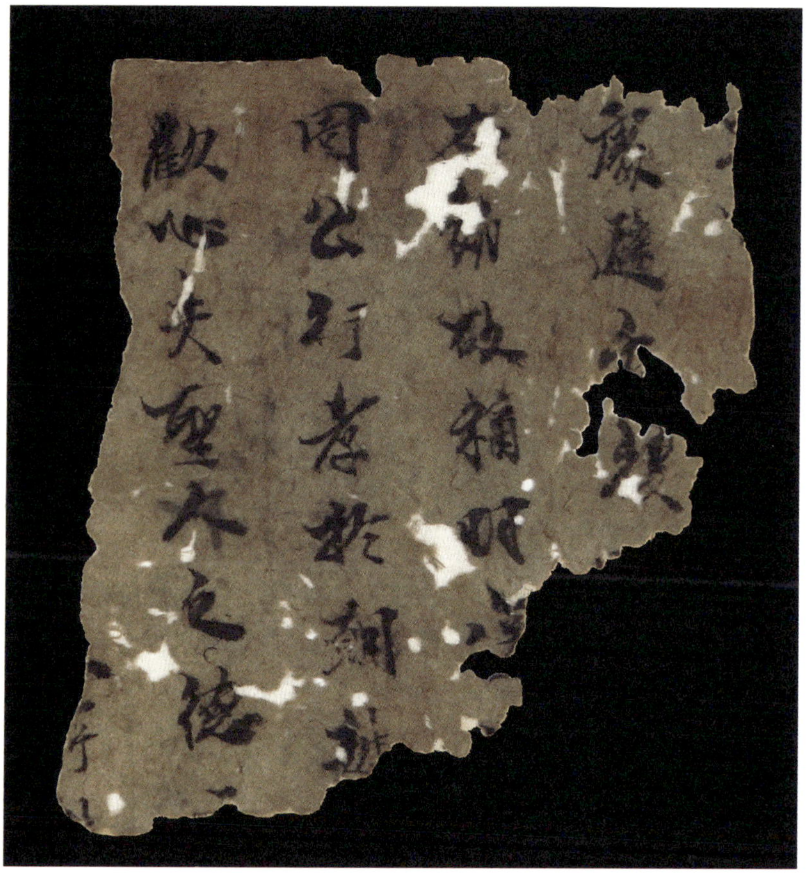

BH3-3b

BH3-3b':

（前缺）

1 □□

2 處，避后（？）稷。□□

3 南郊，故稱明堂。□□

4 周公行孝於朝，越□

5 歡心。夫聖人之德□□

6 □□□□

（後缺）

復原本：

1 □爵寵之以祿厚〔之至故不愛其〕
2 〔親而愛他人親〕者謂之悖德不能愛〔其親而愛〕
3 〔他人之親者謂〕之悖德也不能敬其〔親而敬他人〕
4 〔親者謂之悖禮〕不能敬其親而他人之〔親者謂之〕
5 〔悖禮也以順〕則逆以悖爲順則〔逆亂之道〕

1 〔天子布政之宫上帝者天之別名神無二主故異其〕
2 處避后稷〔明堂之制八窗四闥上圓下方在國之〕
3 南効故稱明堂〔是以四海之内各以其職來祭〕
4 周公行孝於朝越〔常重譯來貢故得萬國之〕
5 歡心夫聖人之德□

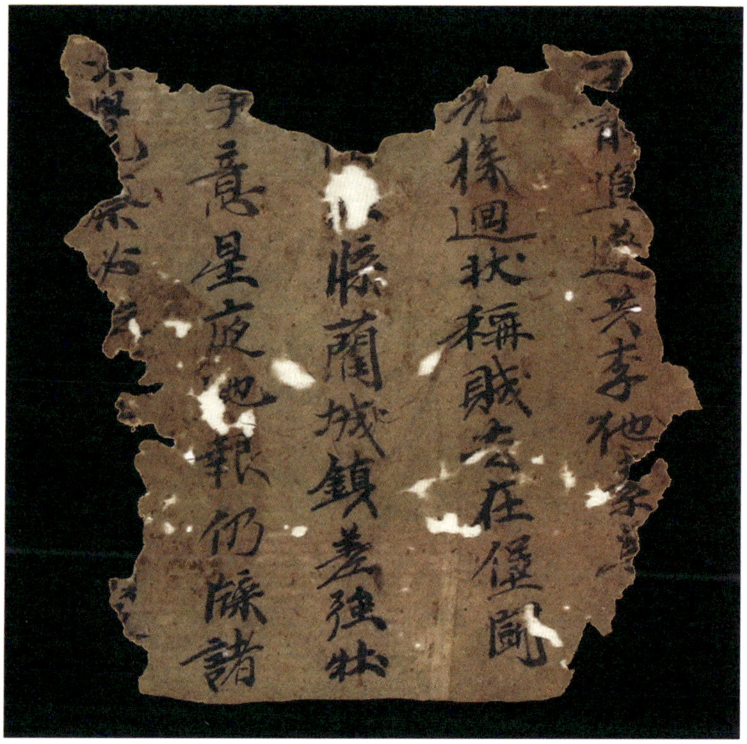

BH3-4

BH3-4 唐某牒爲防禦賊人事

長11.8cm，高13cm。

（前缺）

1 □不敢進，遂共李他素尊□

2 □兒探迴，狀稱賊去，在堡鬬

3 □□□牒藺城鎮，差强壯

4 □□意，星夜馳報，仍牒諸

5 □不覺察必□□□　□□□□

（後缺）

BH3-5

BH3-5　唐某人牒爲牛兩頭事

存二殘片。其一長10.8cm，高15.8cm。其二長8cm，高8cm。可綴合。另有一小碎片，有殘存筆畫，修復時置於左側，不録。

1　牛兩頭

2　牒没里申那，先四月内□

3　前件之牛遂末被驅，□

4　蒙處分□　□□覓物，貧□

5　□實是□□

（後缺）

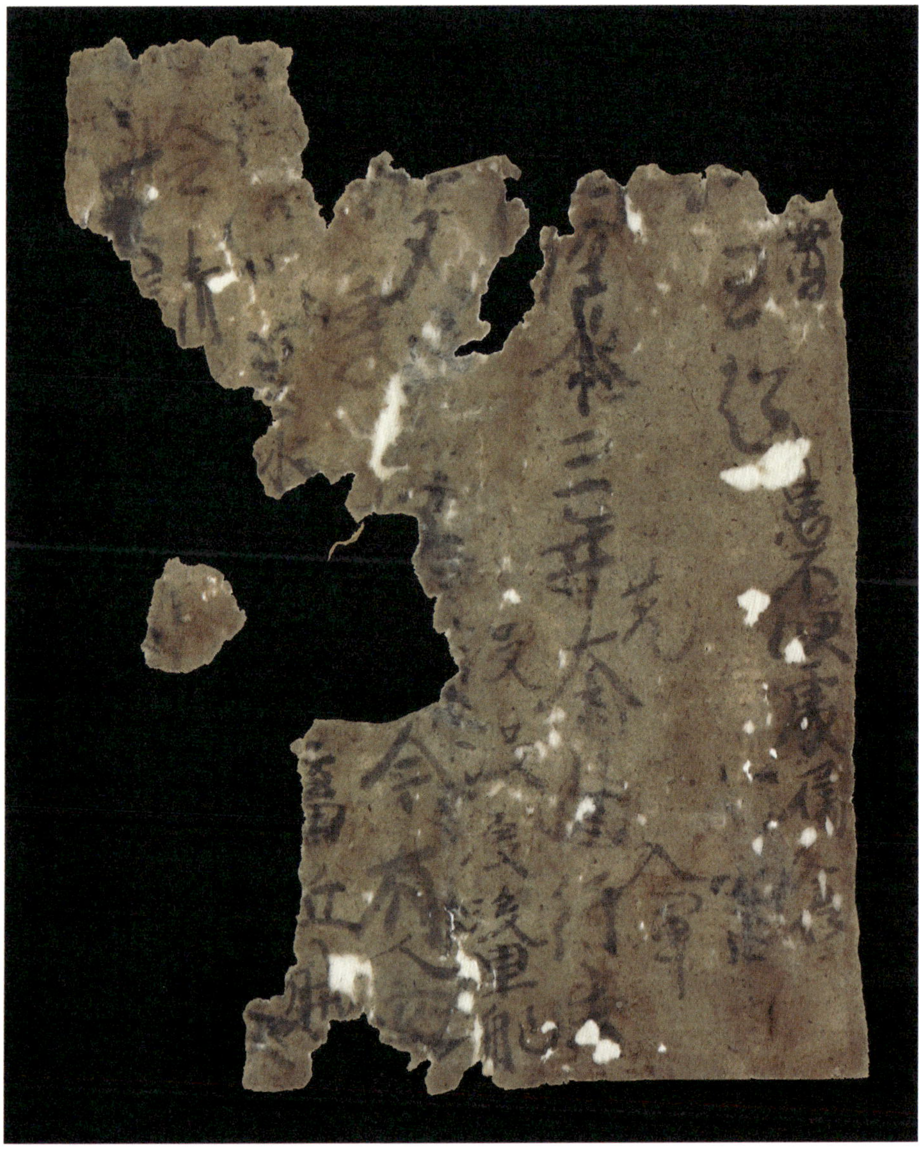

BH3-5背

BH3-5背　唐某人狀爲行軍事

（前缺）

1 □□□

2 □□王超患不便處漏倉

3 □經今三年，先本月入軍行去

4 没没虔没里那

5 □今有人四

6 水□　□畜驅賊

7 □□合請□

（後缺）

BH3-6　唐計帳

長10cm，高20.7cm。

（前缺）

1 □第二交粟尚尚尚尚尚尚尚

2 □尚尚尚尚尚尚尚尚

3 □尚計貳伯伍拾碩。判官王海□。郝

4 □□五日□　□□□

（後缺）

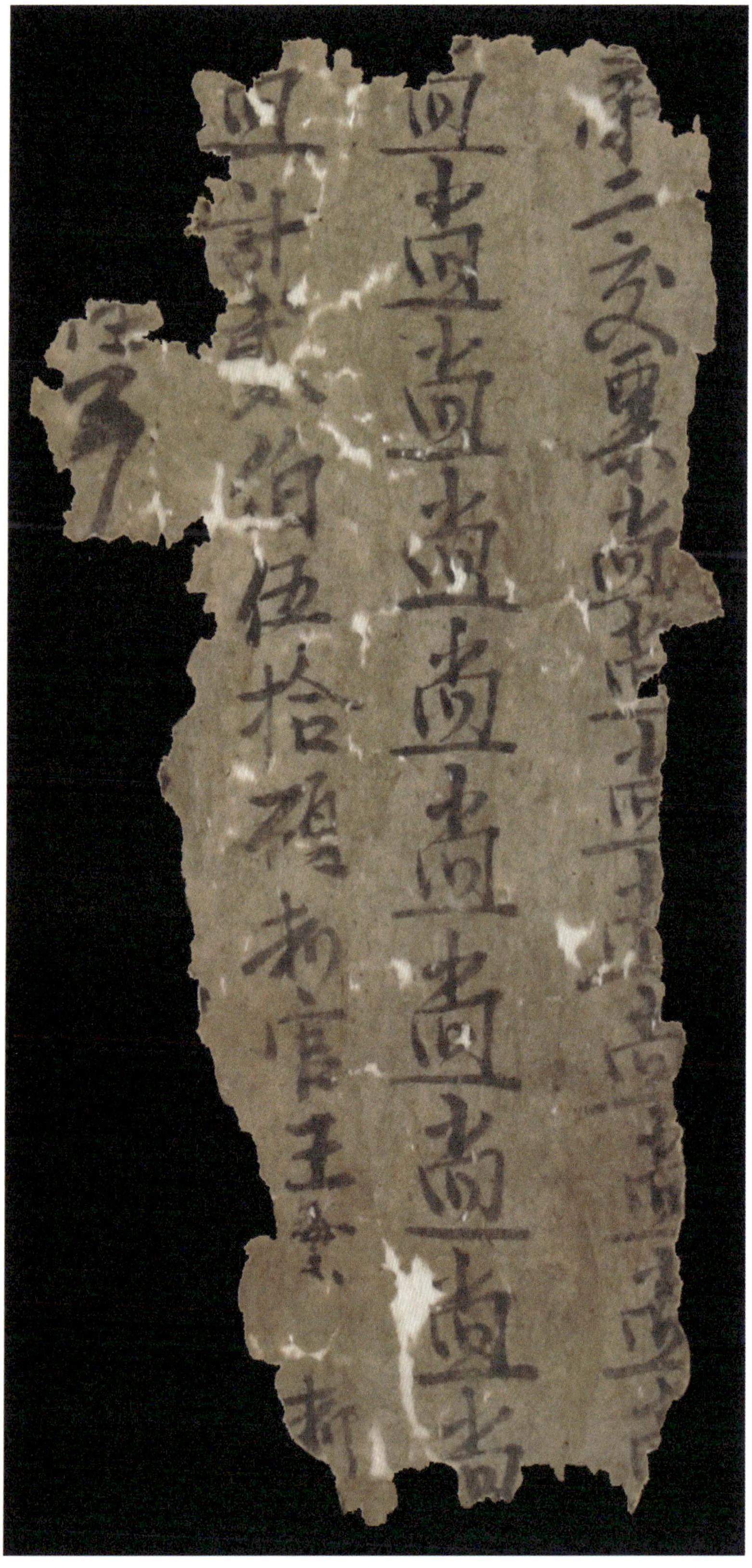

BH3-6

BH3-7+GXW0017　唐人馬糧料帳

BH3-7長15.2cm，高22.2cm。與人大博GXW0017殘片可以直接綴合，第3行「石」合爲一字。

（前缺）

1 合□九石三斗進打驗人馬粮料，從去年十一月廿一日□　□十二月廿

2 七□□廿五石同六斗。

3 　　青麥廿一石二斗，小兩石，粟兩石。

4 八同石　　入磧□

5 　　青□

6 □□一十七同石五□

（後缺）

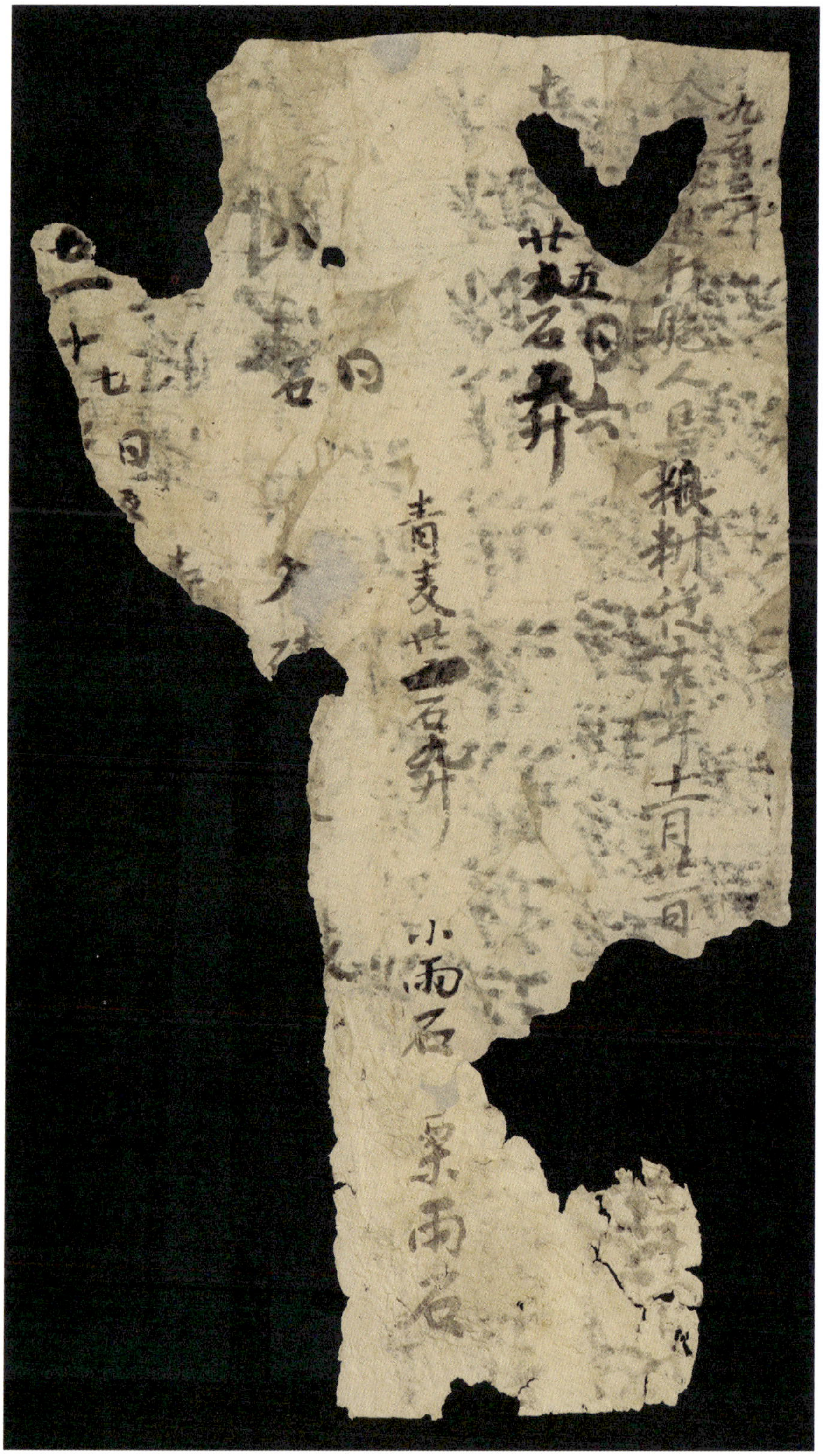

BH3-7+GXW0017

GXW0017背+BH3-7背　《蘭亭序》等習字

與人大博GXW0017背殘片綴合後，「歲」字可以合成一完整字。第4行爲《蘭亭序》習字。

參：榮新江2011a，65—71。

（前缺）

1 □經餘餘餘餘餘月

2 經經□□經經經經[圣]經經經經

3 經經經經經極熱熱熱初初初

4 永和九歲在癸丑在在在

（以下倒書）

1 □極□

2 □大將軍□□

3 大將軍軍軍□

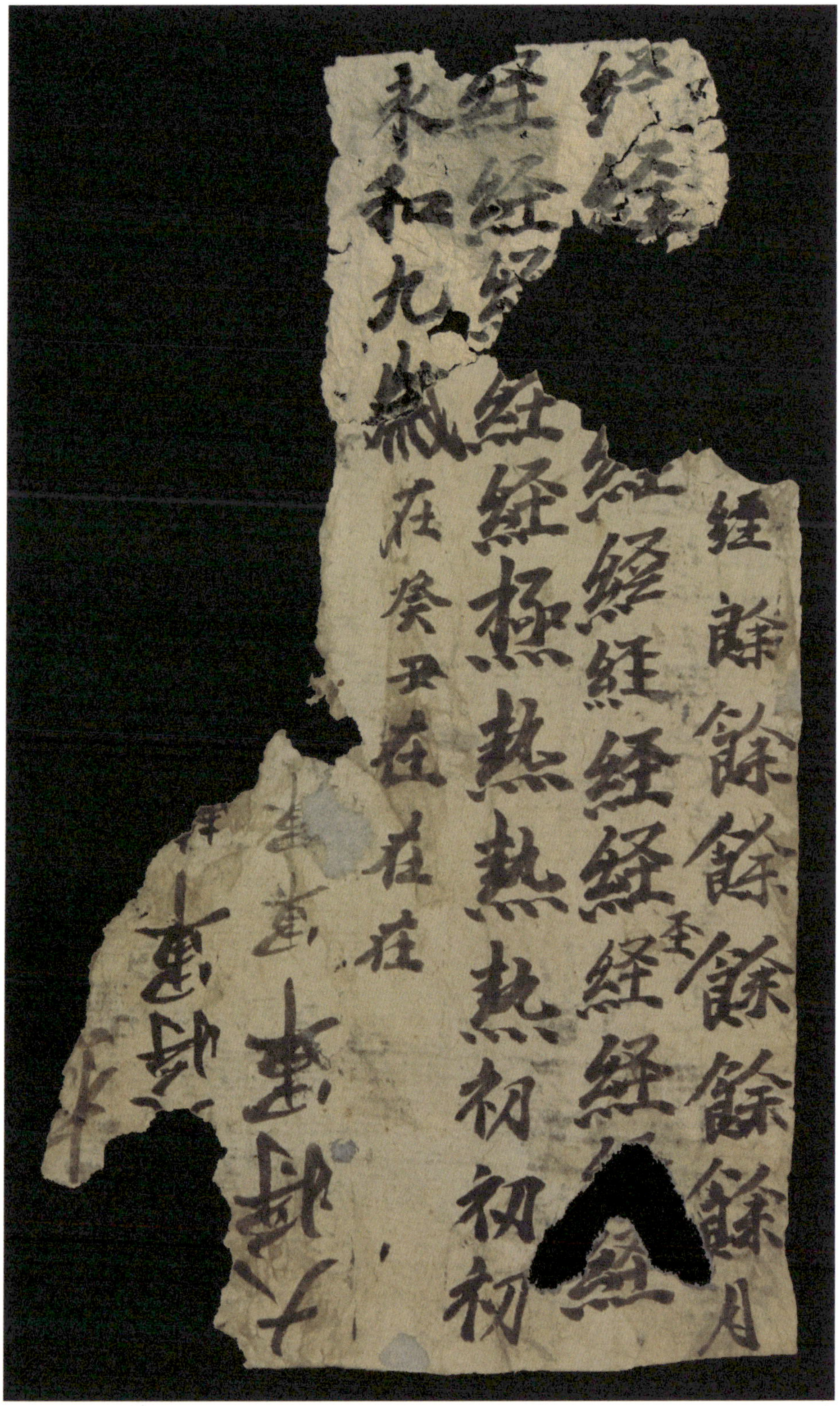

GXW0017背+BH3-7背

BH3-8　唐某官致刺史書信稿

長9.5cm，高27cm。文字多有修改、行間補寫，今按文意移入文內。

1 仲夏炎熱，伏惟刺使按行川原，動止多祐。緣遠蒙遣□，近承欲赴弊邑，小人忽聞，倍增歡慰。
2 登頓之間，有勞神思。卑守有限，不獲路迎，涉歷沙場，不獲遠迎，下情伏增愧悚。
3 奉計朝夕漸近，專頓路佐，馬首是瞻。謹遣百姓奉狀
4 起居，不宣。謹狀。

（餘白）

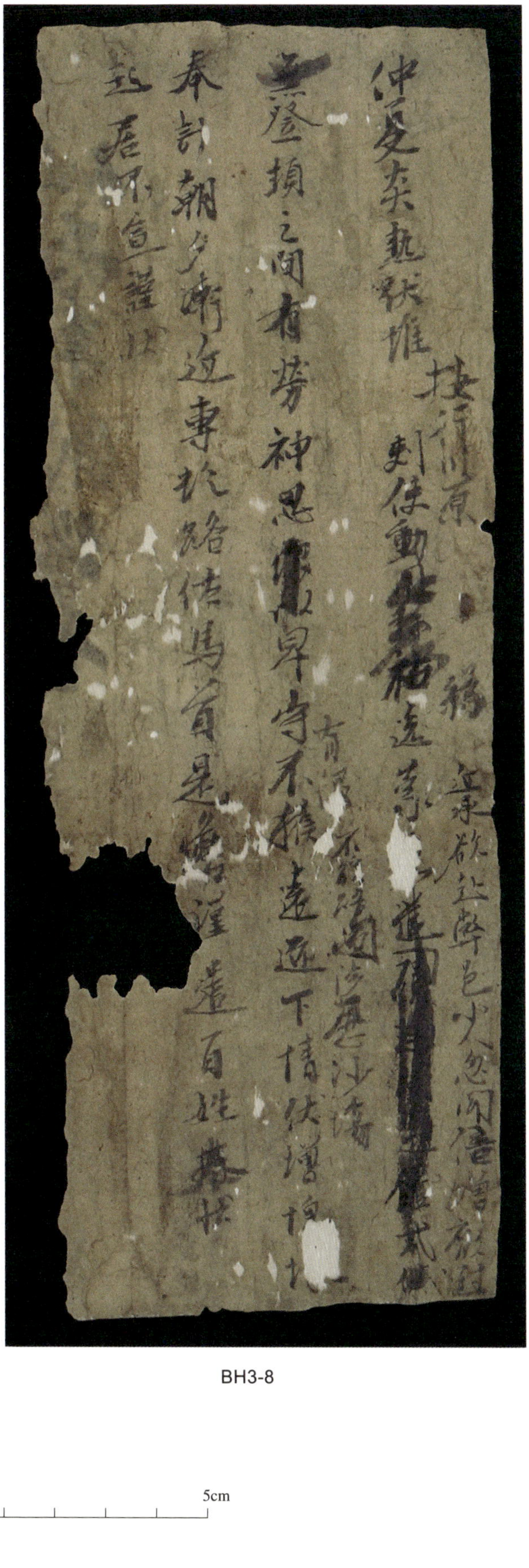

BH3-8

BH3-8背　書信

（前缺）

1 似失事儀。略□□

（餘白）

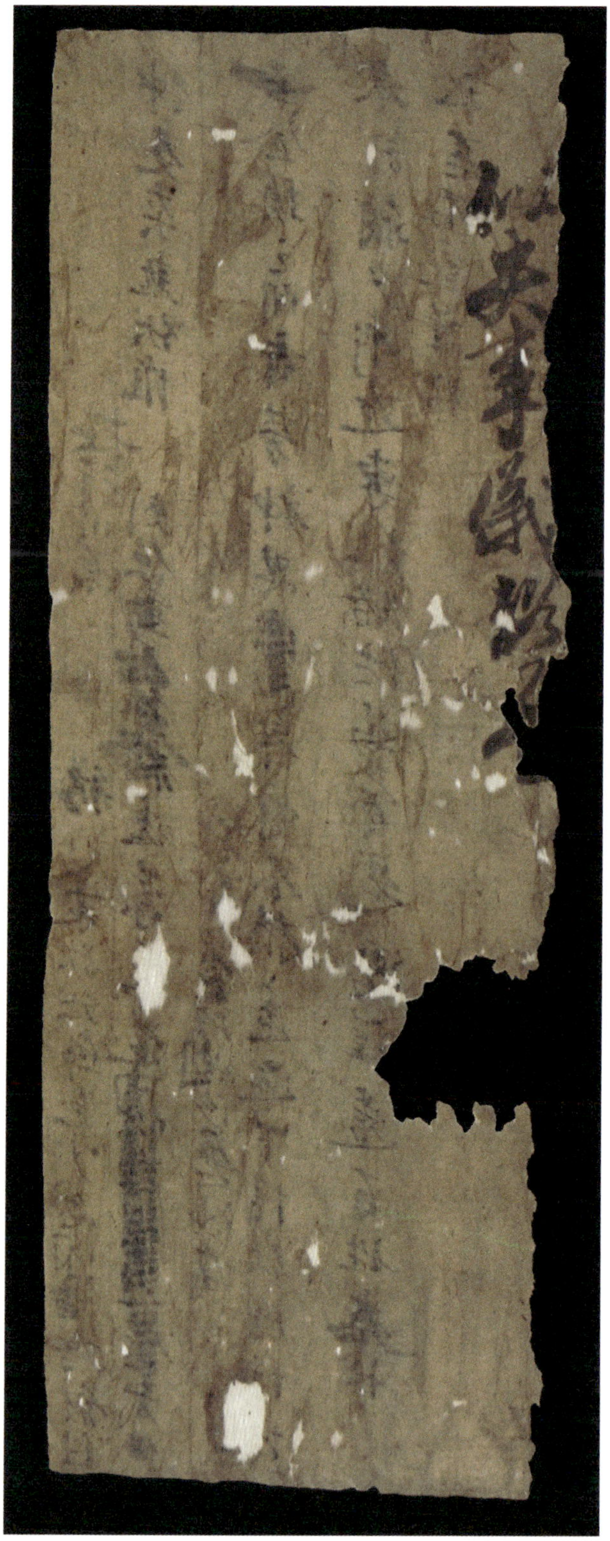

BH3-8背

BH3-9　唐某年六月八日右虞候攝經略副使折衝劉□卿狀

長11cm，高28cm。

（前缺）

1 □□□

2 無暇知相□

3 使次，謹附狀啓白□

4 　六月八日右虞候攝經略副使折衝劉□卿狀

（後缺）

BH3-9

0　5cm

BH3-10 唐狀稿

長33cm，高28cm。文字有修改，行間補寫，今按文意移入文内。

（前缺）

1 □兵馬迴

2 □□行在茌□□

3 □□驅到坎城，特見諮□

4 □□今有一同宅人，復交諸人

5 □生無物，今將特進爲

6 □拽牛，已後有本主別

7 □不關主事，更其將入軍請

（餘白）

（以下倒書）

（前缺）

1 □，私辦衣粮，度[得]存濟。

（餘白）

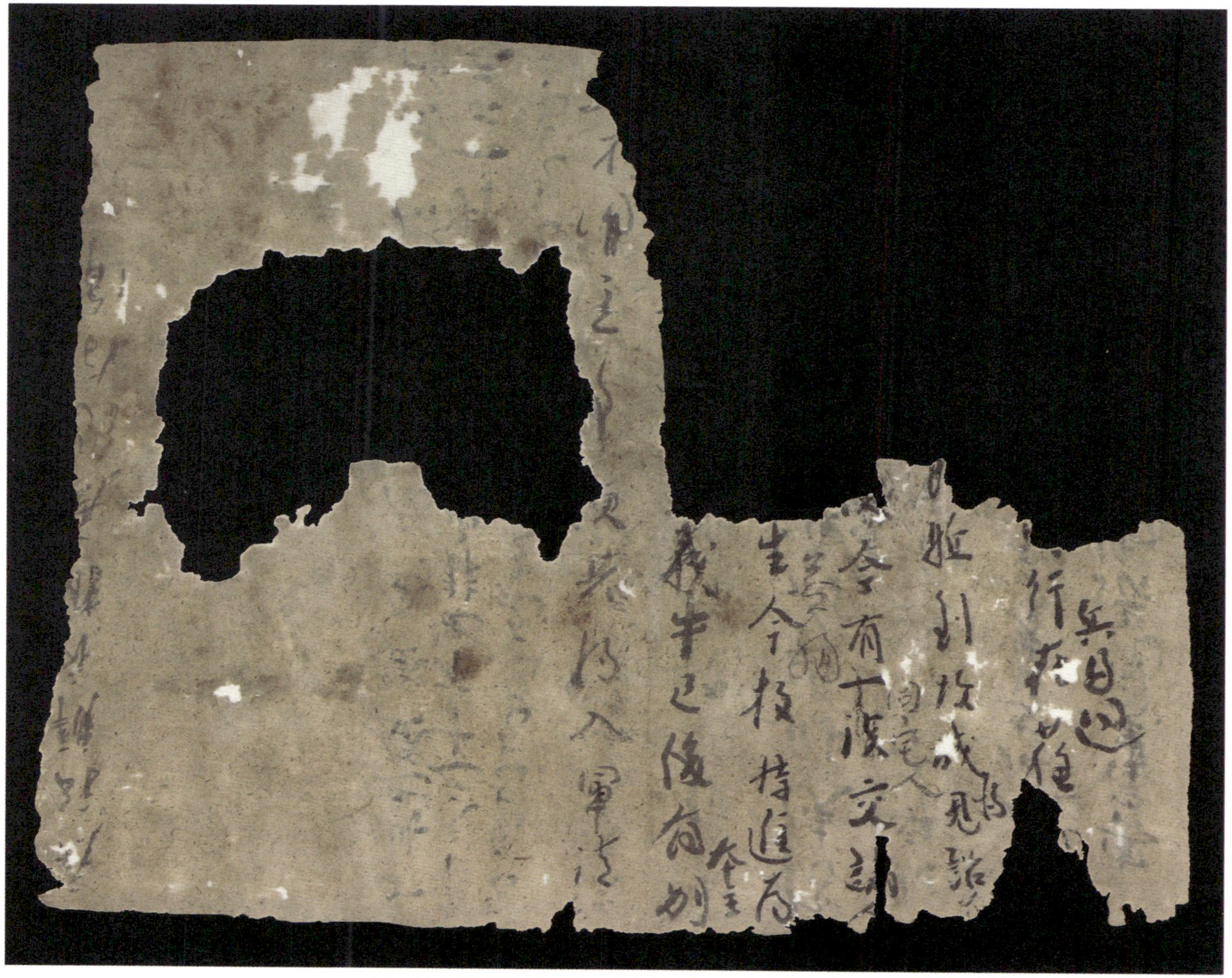

BH3-10

0 5cm

BH3-10背　唐牒（附習字）

第1—5行爲牒文稿，未完。後用來寫習字。

（前缺）

1 寄留患兒張[卿]□

2 □□仙等先患□

3 駝舁不得，遂寄留□

4 [得]使牒，追爲□□

5 [望]特進慈恩，親□

6 没没没没没没没没没没没没[没]没□

7 乞乞乞乞乞乞乞□　　□乞乞乞乞

8 車人之十不也非山□　　□月一二三

9 子此之登登登澄□　　□□□□

（餘白）

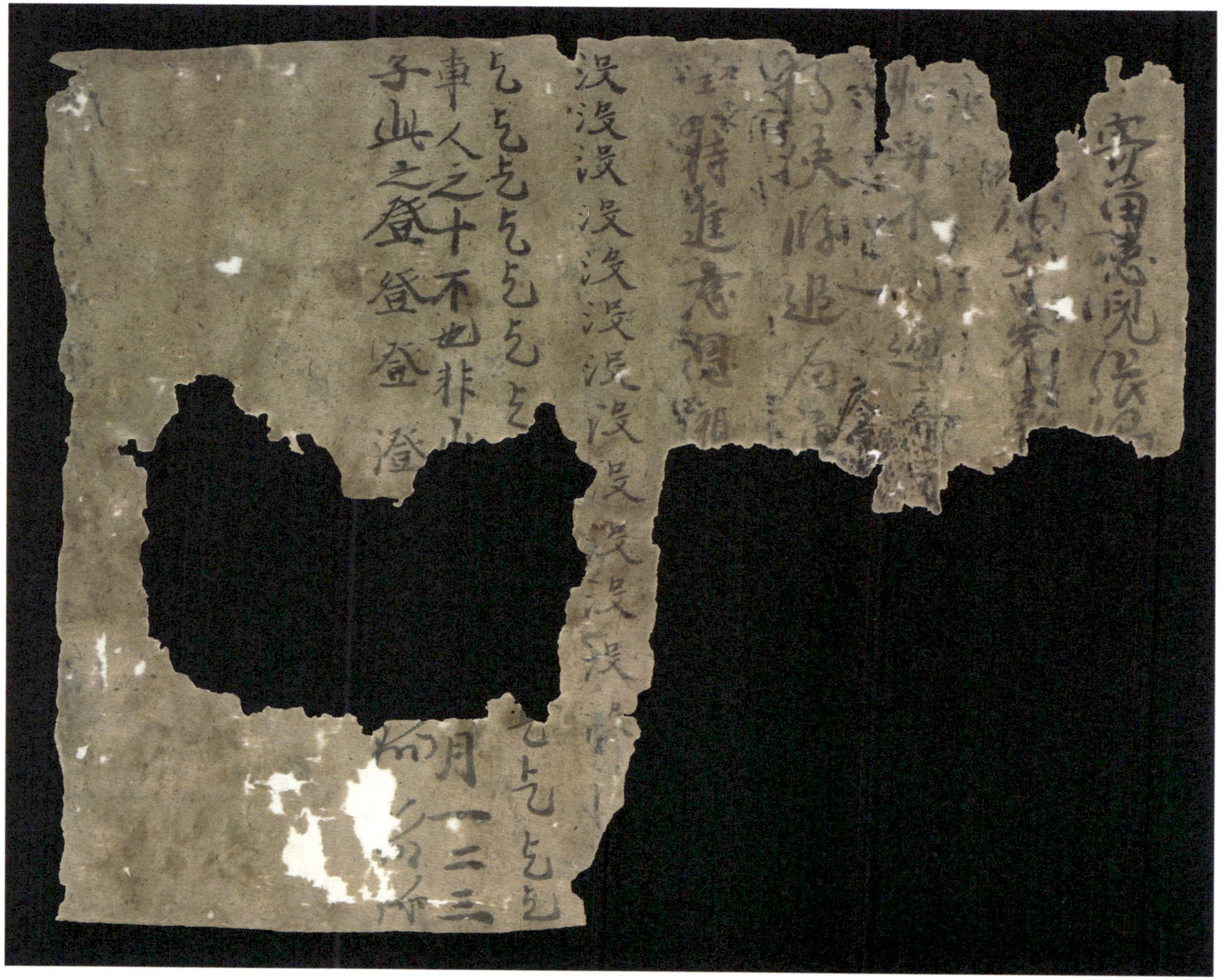

BH3-10背

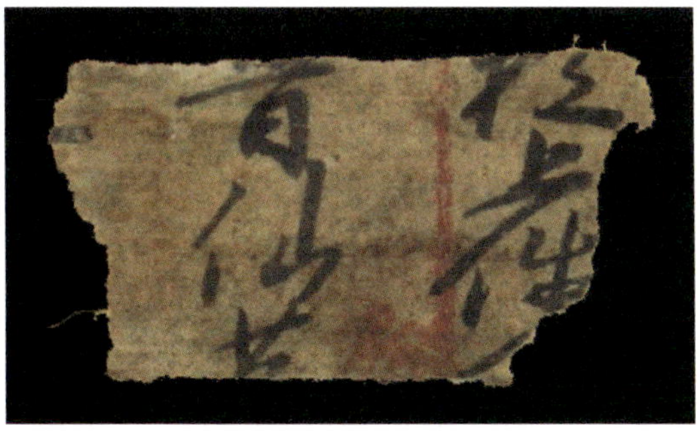

BH3-11

0 5cm

BH3-11 文書殘片

長6.2cm，高3.5cm。有朱印痕。

（前缺）

1 □捉上件人□

2 □晉仙□□

3 □□□

（後缺）

BH3-12　唐某人買馬契

長25cm，高25.3cm。背面有兩行漢文寫於于闐語文書之前，疑爲後人所添，抄自BH3-4，不録。

（前缺）

1 □□後馬有□

2 □不關買人之事，□□

3 私契，兩共平章，畫□

4 錢主　　　　　　　　□

5 馬主僧能㮛年卅五

6 保人奴伽戰帝卅二

7 保人（于闐文押署）

8 保人

其馬轉買与成六苟

9 保人

10 保人

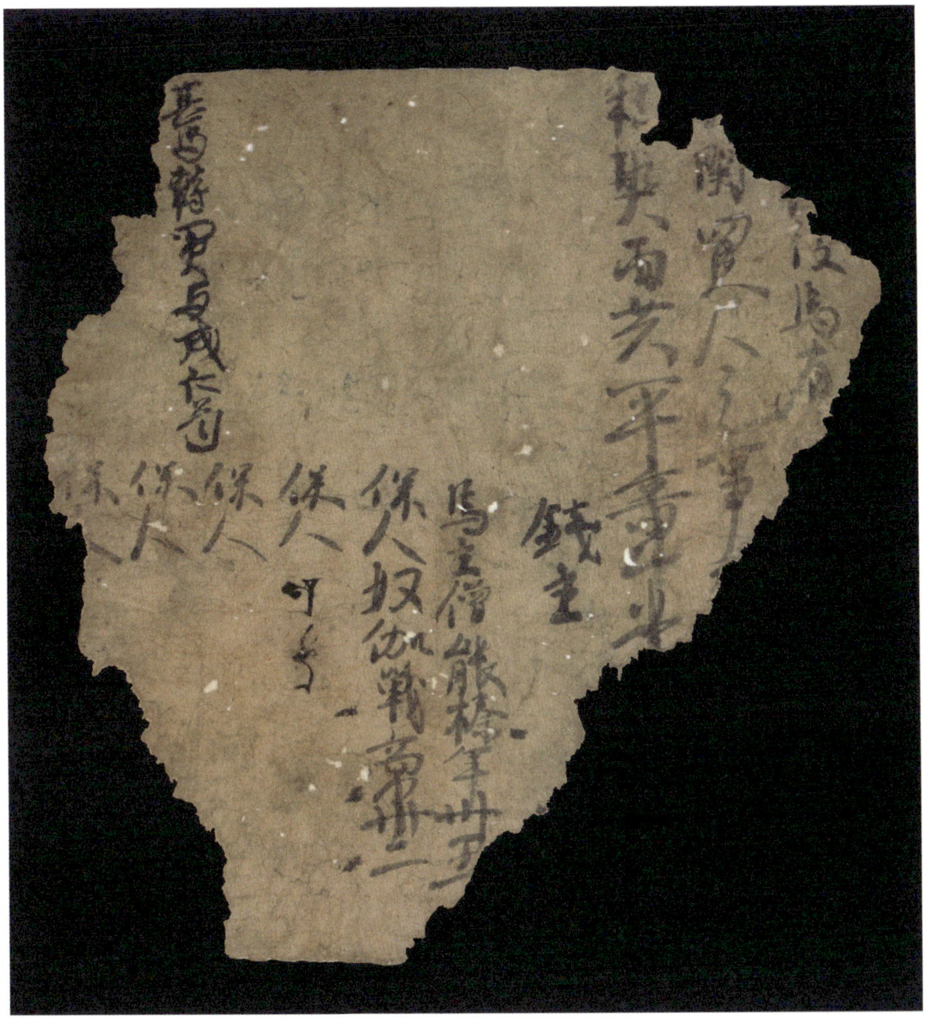

BH3-12

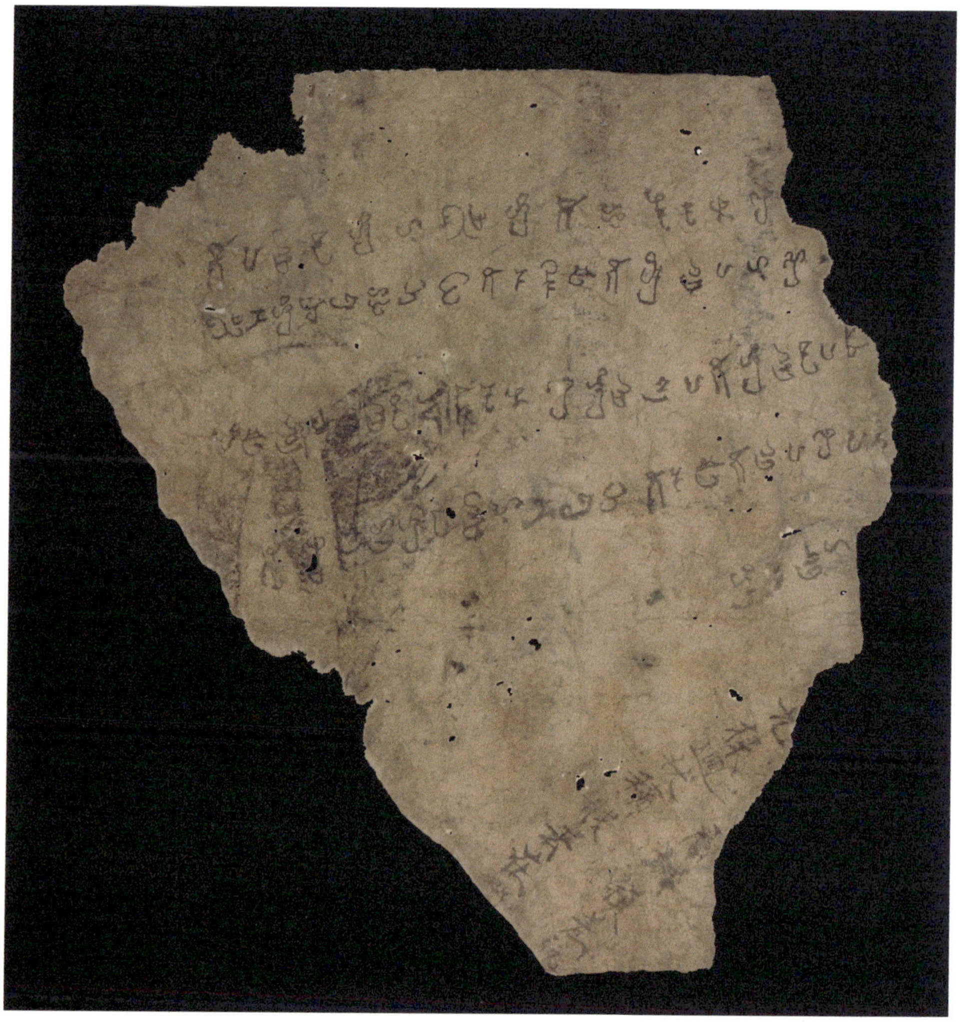

BH3-12背

BH3-53 文書殘片

長2.5cm，高12.6cm。

（前缺）

1 □□貳拾碩□□□

2 □□不□

（後缺）

BH3-53

0 5cm

BH3-54 文書殘片

長9cm，高4.7cm。

（前缺）

1 放□

2 左□

（後缺）

BH3-54

0 5cm

BH3-55　唐某人致將軍書封

長4cm，高22cm。

1　□□□□□　□守捉使□□將軍座前□

BH3-55

BH3-56 文書殘片

二片。BH3-56a長8.1cm，高2.4cm。BH3-56b長2.3cm，高2.0cm。有墨筆痕。

（殘字不録）

BH3-56a

BH3-56b

BH3-98　唐開元十年（722）九月七日拔伽裴捺納稅抄

木簡。長45cm，寬2.5cm。以下納稅抄木簡上，都有深淺刻痕，深刻痕對應糧食單位碩（于闐語作*kūsa*），淺刻痕則對應斗（于闐語作*ṣaṃgal kha*）。深刻痕上都有墨點，第十條塗成黑色。于闐語譯文中，Ustāka對譯爲屋悉貴，Birgaṃdara對譯拔伽，*kūsa*對譯碩，*kha*或*ṣaṃga*對譯斗。不再一一注出。

參：榮新江、文欣 2009，53（No.22）；Rong Xinjiang and Wen Xin 2009，102–103（No.22）。

正：拔伽裴捺，送粟壹碩柒斗。開元十年九月七日，典何仙，官張

背：並，相道惠。‖ *istākajä puñadattä gau'sä hauḍä kūsä 1 ṣṣaṃga 7 ṣṣau marṣi' salya* ‖

（于闐語譯文：屋悉貴處的Puñadatta在ṣau官Marṣa，所管年送粟1碩7斗。）

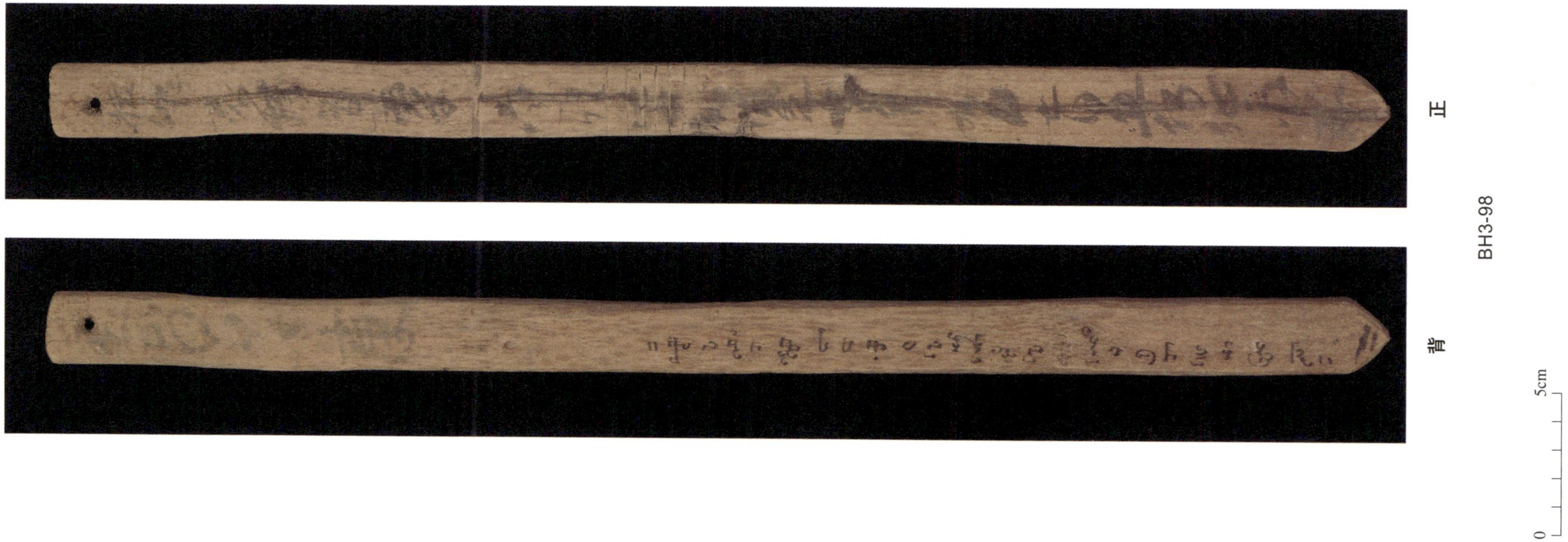

BH3-99　唐開元十年（722）九月七日拔伽伊里喪宜納税抄

木簡。長52.6cm，寬2.9cm。

參：榮新江、文欣 2009，53—54（No.23）；Rong Xinjiang and Wen Xin 2009，103（No.23）。

正：拔伽伊里喪宜，送粟玖碩。開元十年九月七日，典何仙，官張

背：並，相惠。

木簡右側：‖ *istākajä īrasaṃgä gausä hauḍä kūsa 9 ṣṣau marṣi' salya* ‖

（于闐語譯文：屋悉貴處的Īrasaṃga在ṣṣau官Marṣa，所管年送粟9碩。）

正　背　右

BH3-99

BH3-100　唐開元十年（722）九月三日拔伽勃邏道才納稅抄

木簡。長46cm，寬3cm。

參：榮新江、文欣 2009，52（No.17）；Rong Xinjiang and Wen Xin 2009，102（No.17）。

正：拔伽勃邏道才，送床柒碩壹斗。開元十年九月三日，典何仙，官

背：張並、相惠。‖ *istākajä bryadāysai āysaṃ hauḍä kūsa 7 ṣaṃgä 1 ṣṣau marṣi salya* ‖

（于闐語譯文：屋悉貴處的Bryadāysaa在ṣau官Marṣa，所管年送床7碩1斗。）

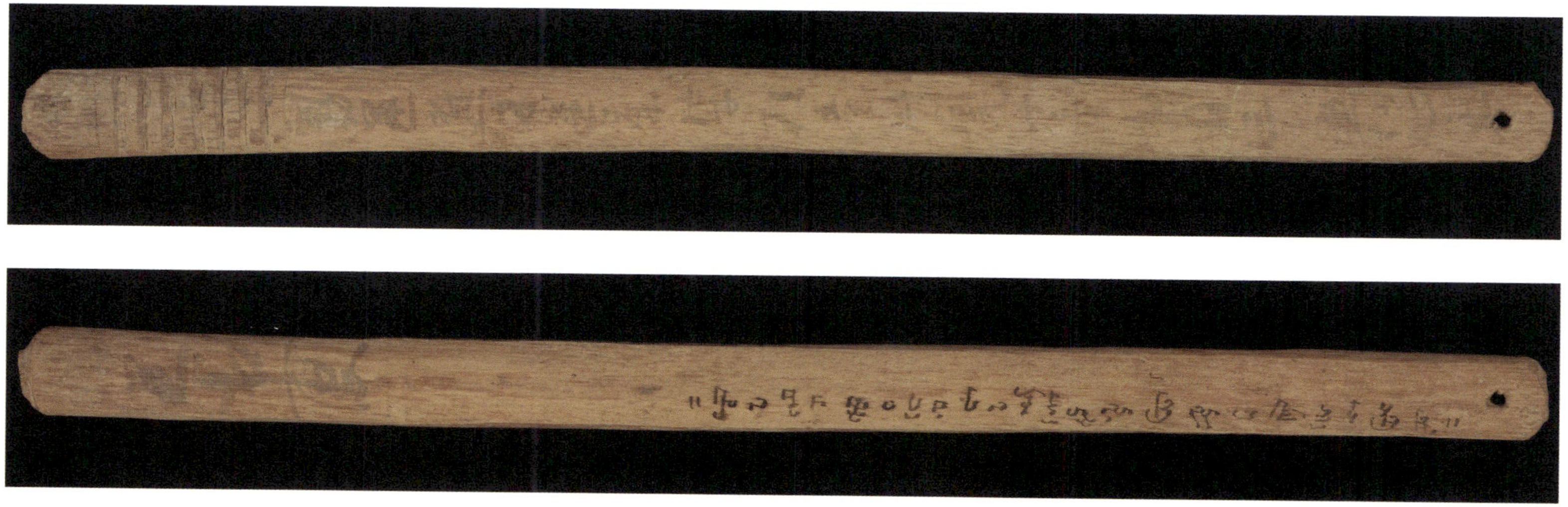

正

背

BH3-100

0　5cm

BH3-101　唐開元十年（722）九月十九日拔伽伊里喪宜納税抄

木簡。長45cm，寬2.6cm。

參：榮新江、文欣 2009，55（No.27）；Rong Xinjiang and Wen Xin 2009，103（No.27）。

正：拔伽伊里喪宜，送床拾碩。開元十年九月十九日，典何仙，

背：官張並，相道惠。@ *birgaṃdara īrasaṃgä āysaṃ hauḍi kūsa 10 ṣau marṣä salya mūtcacaji māśtä*

（于闐語譯文：拔伽處的Īrasaṃga在ṣau官Marṣa，所管年Mūtcaca月送床10碩。）

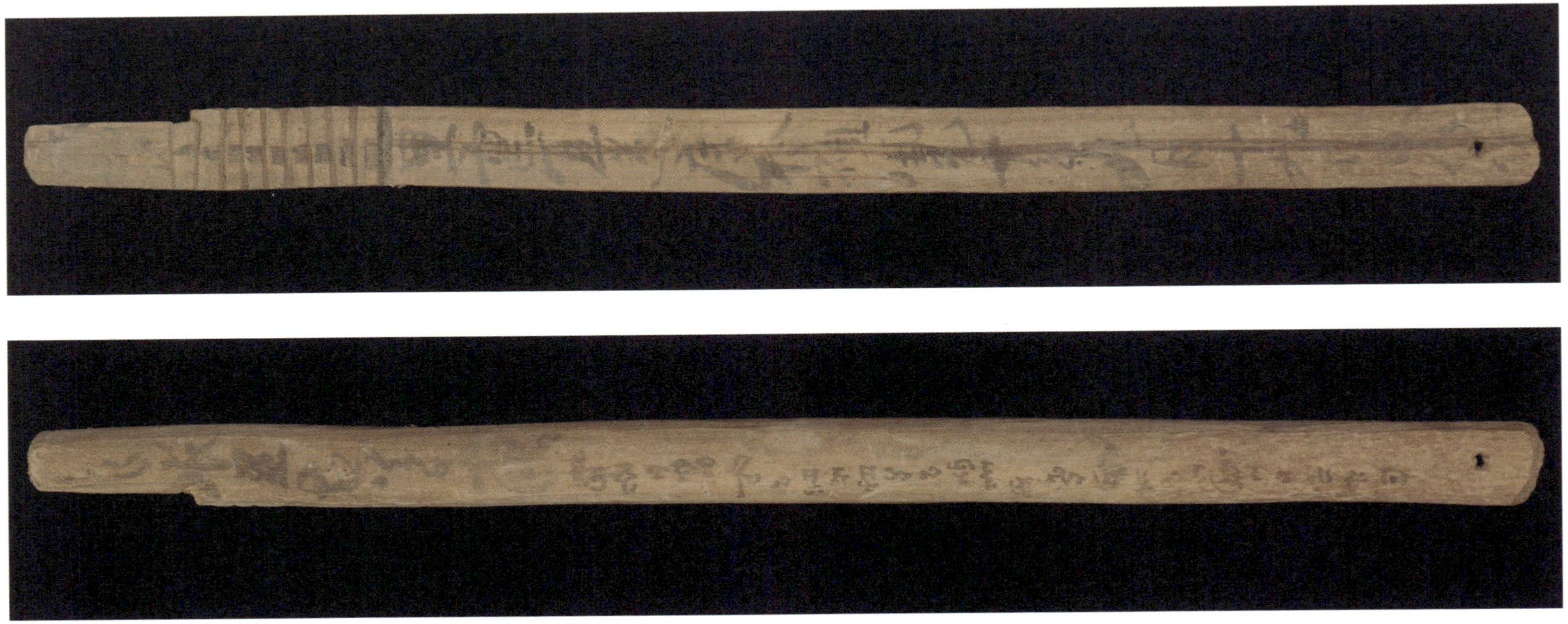

正

背

BH3-101

0　5cm

BH3-102　唐開元十年（722）□月十日拔伽伊里喪宜納税抄

木簡。長22.8cm，寬2.4cm。

參：榮新江、文欣 2009，57（No.35）；Rong Xinjiang and Wen Xin 2009，104（No.35）。

正：拔伽伊里喪宜，送粟陸斗。開元十

背：年□月十日，典何仙，官張並、相惠。

木簡左側：*gau'sä*

（于闐語譯文：粟。）

左　背　正

BH3-102

BH3-103　唐開元十年（722）九月廿四日拔伽賀悉捺納稅抄

木簡。長18.3cm，寬2.5cm。「惠」字倒書。

參：榮新江、文欣 2009，56（No.31）；Rong Xinjiang and Wen Xin 2009，104（No.31）。

正：拔伽賀悉捺，送青麥壹斗。開元十年九月/*haskadati birgada*

背：廿四日，典何仙，官張並，相道惠。

（于闐語譯文：拔伽處的Haskadatta。）

正

背

BH3-103

BH3-104　唐開元十年（722）八月六日拔伽伊里喪宜納稅抄

木簡。長41.3cm，寬2.8cm。

參：榮新江、文欣 2009，48（No.5）；Rong Xinjiang and Wen Xin 2009，100（No.5）。

正：拔伽伊里喪宜，送青麥貳拾陸碩。開元

背：十年八月六日，典何仙，官張並，相惠。

木簡左側：*birgaṃdara īrasaṃgä rrusa hauḍi kūsa 26*

（于闐語譯文：拔伽處的Īrasaṃga送青麥26碩。）

正　背　左

BH3-104

BH3-105　唐開元十年（722）八月廿八日拔伽悉木那納税抄

木簡。長36cm，寬2.5cm。「送」字錯誤地重複書寫。

參：榮新江、文欣 2009，50–51（No.13）；Rong Xinjiang and Wen Xin 2009，101（No.13）。

正：拔伽悉木那，送送床壹碩捌斗。開元十年八月廿八日，

背：典何仙，官張並，相惠。‖ *birgaṃdarajä sumauna āysaṃ hoḍä kūsä 1 ṣṣaṃga 8 ṣau marṣi salya* ‖

（于闐語譯文：拔伽處的Sumauna在ṣau官Marṣa所管年送床1碩8斗。）

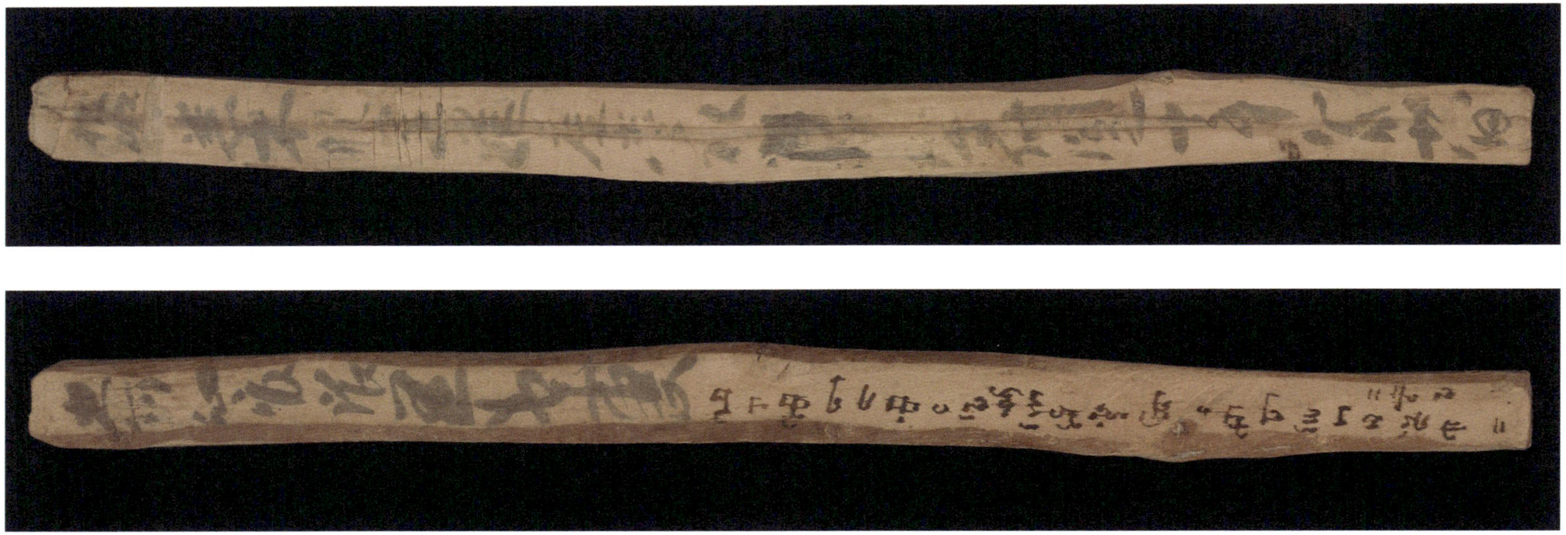

正

背

BH3-105

BH3-106　唐開元十年（722）八月廿二日拔伽桑□納稅抄

木簡。長28cm，寬1.8cm。

參：榮新江、文欣 2009，49–50（No.10）；Rong Xinjiang and Wen Xin 2009，101（No.10）。

正：拔伽桑□，送青麥捌斗。開元十年

背：八月廿二日，典何仙，官張並，相惠。

木簡右側：*birgaṃdara saṃgatä rrusa hauḍi kha 8*

（于闐語譯文：拔伽處的Saṃgata送青麥8斗。）

BH3-107　唐開元十年（722）八月廿八日拔伽悉木那納稅抄

木簡。長26.5cm，寬2cm。

參：榮新江、文欣 2009，51（No.14）；Rong Xinjiang and Wen Xin 2009，101（No.14）。

截面I：拔伽悉木那，送粟捌斗。開元十年八月廿八日，典何仙，

截面II：官張並，相惠。‖ *birgaṃdarajä sumauna gau'sä hauḍä ṣaṃga 8 ṣo (ṣau) marṣä salya* ‖

（于闐語譯文：拔伽處的Sumauna在ṣau官Marṣa，所管年送粟8斗。）

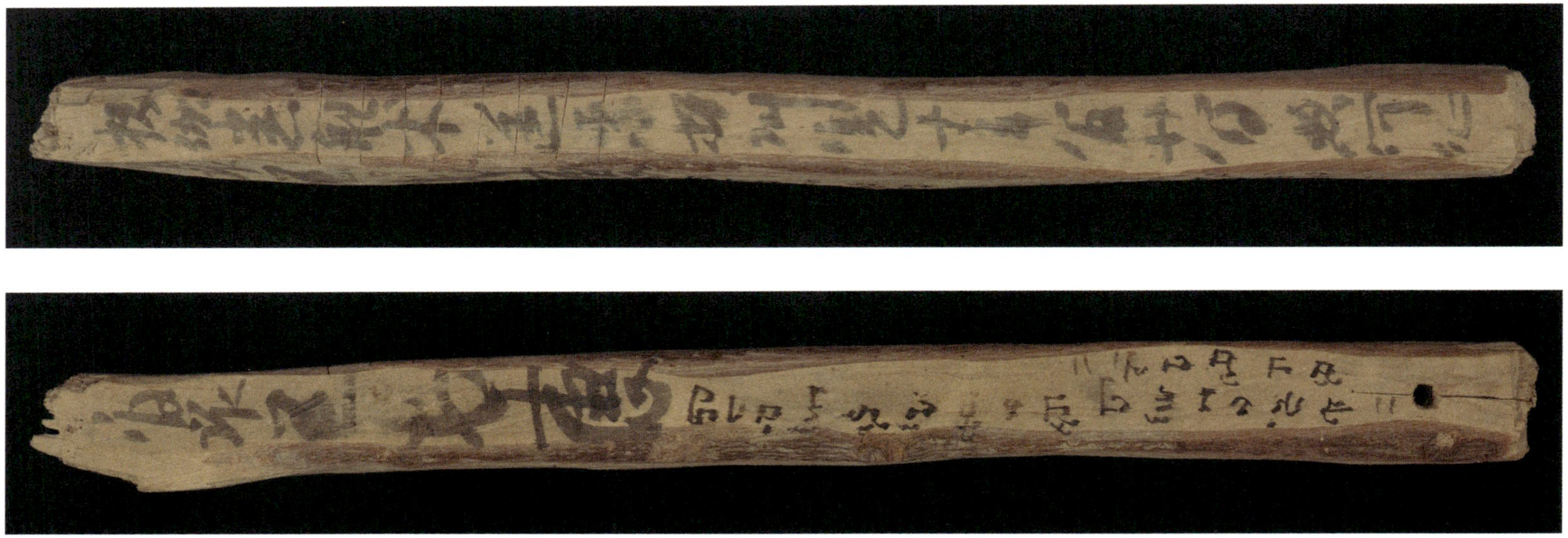

正

背

BH3-107

0　5cm

BH3-108 唐開元十年（722）八月七日拔伽本撥納稅抄

木簡。長43cm，寬1.8cm。

參：榮新江、文欣 2009，48（No.6）；Rong Xinjiang and Wen Xin 2009，100（No.6）。

正：拔伽本撥，送青兩碩壹斗。開元十年八月七日，典何仙，官

背：張並，相惠。‖ *istākajä bāṃḍakä rrusa hauḍä kūsa 2 ṣaṃgä 1 ṣau marṣi' salya* ‖

（于闐語譯文：屋悉貴處的Bāṃḍaka在ṣau官Marṣa，所管年送青麥2碩1斗。）

正

背

BH3-108

BH3-109　唐開元十年（722）八月四日拔伽勃邏道才納稅抄

木簡。長40cm，寬2.5cm。

參：榮新江、文欣 2009，47（No.2）；Rong Xinjiang and Wen Xin 2009，100（No.2）。

正：拔伽勃邏道才，送小麥柒碩。開元十年八月四日，典

背：何仙，官張並，相惠。*birgaṃdara bradāysai ganaṃ hauḍi kūsa 7 ṣau marṣä salya*

（于闐語譯文：拔伽處的Bradāysaa在ṣau官Marṣa，所管年送小麥7碩。）

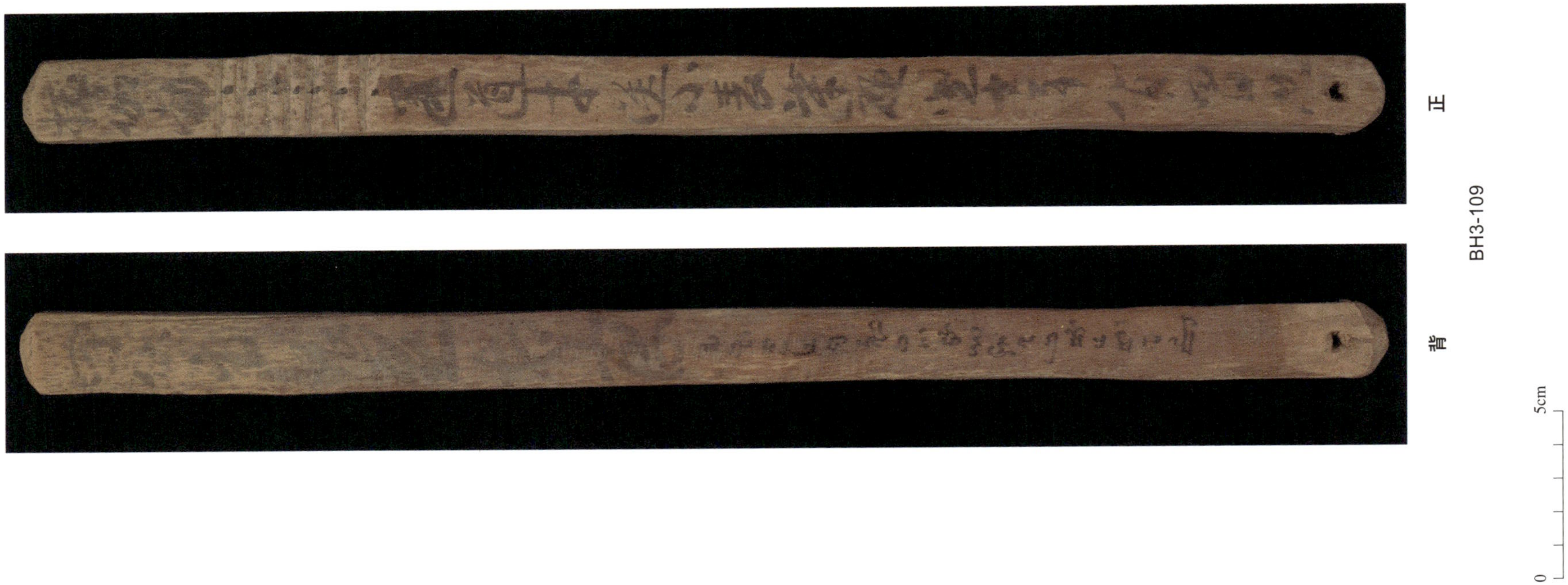
正
背
BH3-109

BH3-110　唐開元十年（722）九月十九日拔伽阿兩隅納稅抄

木簡。長29cm，寬2.7cm。

參：榮新江、文欣 2009，54（No.26）；Rong Xinjiang and Wen Xin 2009，103（No.26）。

正：拔伽阿兩隅，送青麥肆斗。開元十年九月十九日，

背：典何仙，官張並，相道惠。*aryaṃgulä*

（于闐語譯文：Aryaṃgula。）

正

背

BH3-110

5cm 0

BH3-111　唐開元十年（722）九月七日拔伽本㧑納稅抄

木簡。長32.5cm，寬3cm。「道」書於「並」之下，「相惠」倒書於其下方。此處漢語和于闐語糧食名稱不能對應。

參：榮新江、文欣 2009，53（No.21）；Rong Xinjiang and Wen Xin 2009，102（No.21）。

正：拔伽本㧑，送床壹碩伍斗。開元十年九月七日，

背：典何仙，官張並，道相惠。‖ *istākajä bāṃḍakä gau'sä hauḍä kūsä 1 ṣṣaṃga 5 ṣau marṣi' salya* ‖

（于闐語譯文：屋悉貴處的Bāṃḍaka在ṣau官Marṣa，所管年送粟1碩5斗。）

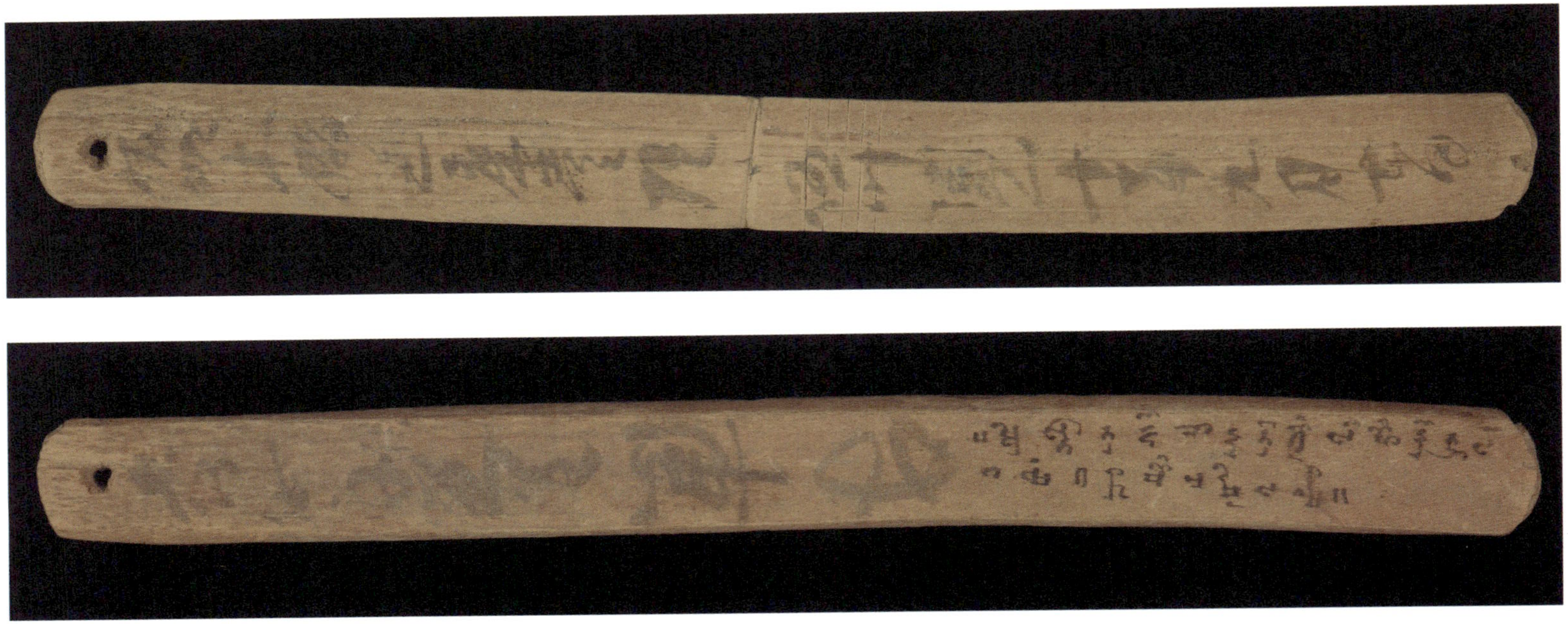

正

背

BH3-111

0　5cm

BH3-112　唐開元十年（722）九月五日拔伽裴捺納稅抄

木簡。長30.2cm，寬2cm。

參：榮新江、文欣 2009，52–53（No.20）；Rong Xinjiang and Wen Xin 2009，102（No.20）。

正：拔伽裴捺，送青麥叁碩叁斗。開元十年九月五日，典

背：何仙，官張並，相惠。*ustākaji puñadatti rrusa hauḍi kū[sa 3] kha 3*

（于闐語譯文：屋悉貴處的Puñadatta送青麥3碩3斗。）

BH3-113　唐開元十年（722）九月三日拔伽薩夢那納稅抄

木簡。長28.2cm，寬3cm。「薩」字不確定。此處漢語和于闐語糧食名稱不能對應。

參：榮新江、文欣 2009，52（No.19）；Rong Xinjiang and Wen Xin 2009，102（No.19）。

正：拔伽薩夢那，送床貳斗。開元十年九月三日，典何

背：仙，官張並、相惠。‖ *birgaṃdarajä sumauna gausä hauḍä ṣaṃga 2*

（于闐語譯文：拔伽處的Samauna在ṣau官送粟2斗。）

正　背

BH3-113

BH3-114　唐開元十年（722）九月三日拔伽勃邏道才納稅抄

木簡。長29.5cm，寬2.1cm。

參：榮新江、文欣 2009，52（No.18）；Rong Xinjiang and Wen Xin 2009，102（No.18）。

正：拔伽勃邏道才，送粟壹碩伍斗。開元十年九月三日，

背：典何仙，官張並，相惠。‖ *istākajä bryadāysai gausä hauḍä kūsä 1 ṣaṃga 5 ṣau marṣi' salya* ‖

（于闐語譯文：屋悉貴處的Bryadāysaa在ṣau官Marṣa，所管年送粟1碩5斗。）

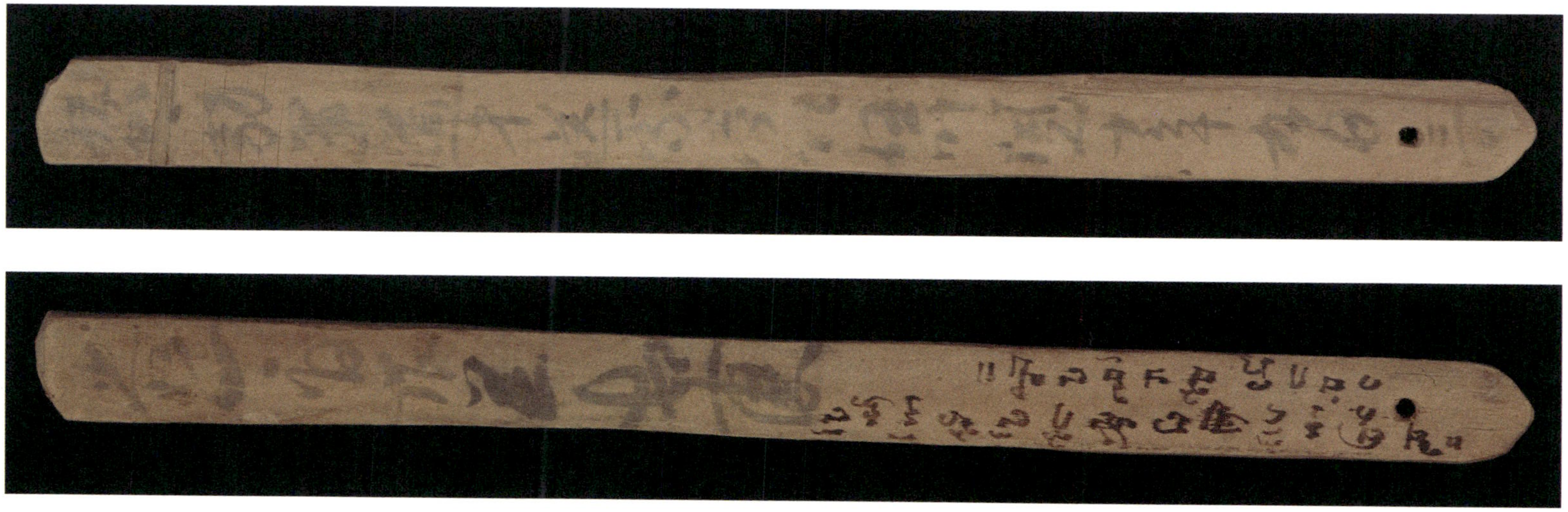

正

背

BH3-114

BH3-115　唐開元十年（722）八月八日拔伽勿悉莽納税抄

木簡。長32cm，寬2.1cm。

參：榮新江、文欣 2009，49（No.7）；Rong Xinjiang and Wen Xin 2009，100–101（No.7）。

正：拔伽勿悉莽，送青麥壹碩壹斗。開元十年八月八日，典何

背：仙，官張並，相惠。‖ *birgaṃdarajä visma rrusa haudä kūsä 1 ṣaṃgä 1 ṣṣau ma marṣi salya* ‖（注：*marṣi*中的*ma*在第二行又錯誤地重複書寫。）

（于闐語譯文：拔伽處的Visma在ṣau官Marṣa所管年送青麥1碩1斗。）

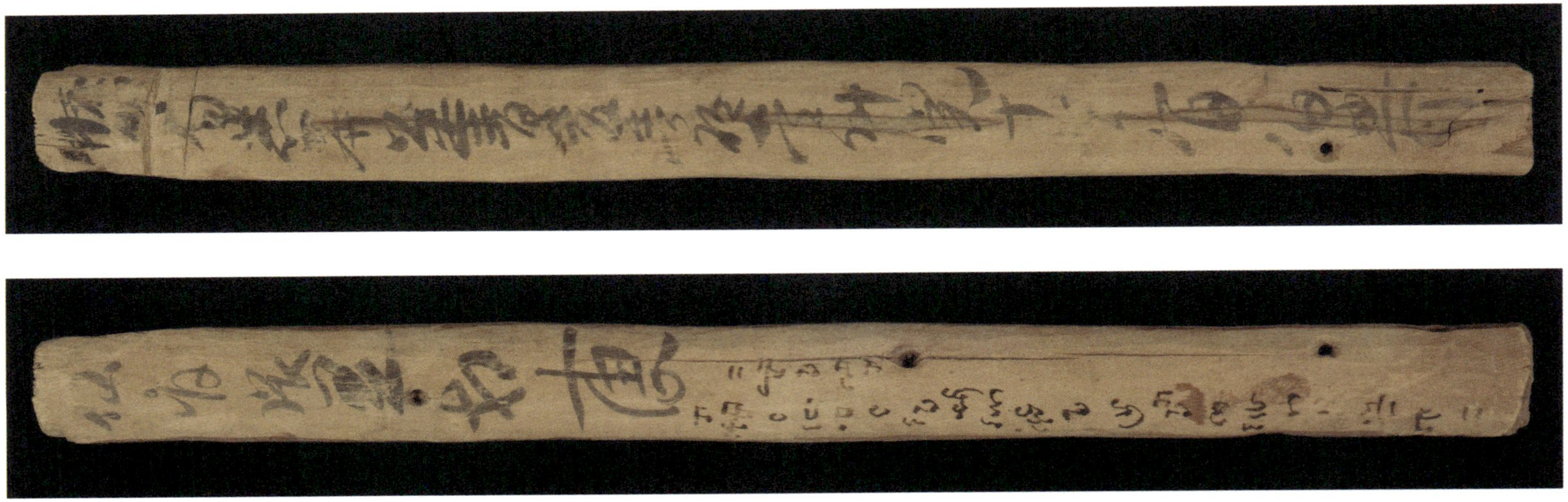

正　背

BH3-115

0　5cm

BH3-116　唐開元十年（722）八月廿二日拔伽勿悉朗納税抄

木簡。長41.8cm，寬2cm。

參：榮新江、文欣 2009，50（No.11）；Rong Xinjiang and Wen Xin 2009，101（No.11）。

正：拔伽勿悉朗，送青麥肆碩。開元十年八月廿二日，典何仙，

背：官張並、相惠。*birgaṃdara visaraṃ rrusa hauḍi kūsa* 4

（于闐語譯文：拔伽處的Visaraṃ送青麥4碩。）

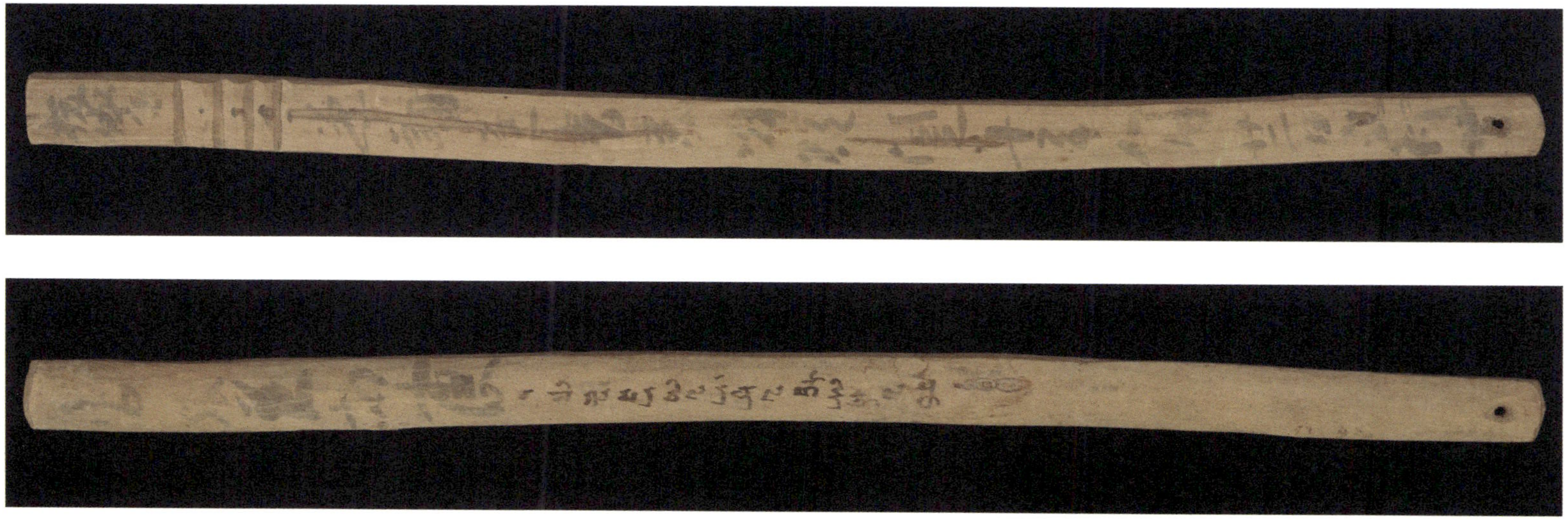

正

背

BH3-116

BH3-117　唐開元十年（722）九月廿六日拔伽勃亮道才納稅抄

木簡。長35.2cm，寬2.2cm。

參：榮新江、文欣 2009，56–57（No.34）；Rong Xinjiang and Wen Xin 2009，104（No.34）。

正：拔伽勃亮道才，送粟壹碩叁斗。開元十年九月廿六日，典

背：何仙，官張並，相道惠。@ *istākajä bryadāysai gau'sä hauḍä kūsä 1 ṣaṃga 3 ṣau marṣä' salya*

（于闐語譯文：屋悉貴處的Bryadāysaa在ṣau官Marṣa' 所管年送粟1碩3斗。）

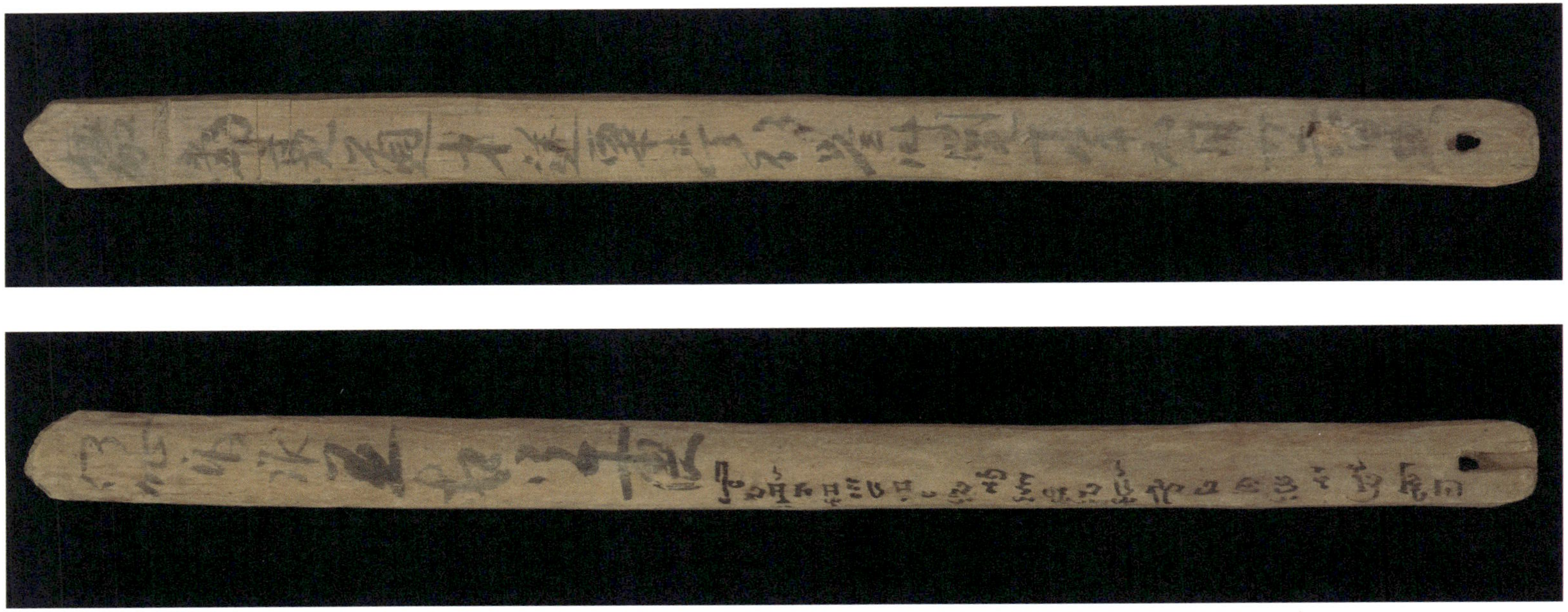

正

背

BH3-117

5cm 0

BH3-118　唐開元十年（722）八月廿八日拔伽伊里喪宜納税抄

木簡。長41.6cm，寬2.4cm。

參：榮新江、文欣 2009，51（No.15）；Rong Xinjiang and Wen Xin 2009，101-102（No.15）。

正：拔伽伊里喪宜，送粟壹拾壹碩捌斗。開元十

背：年八月廿八日，典何仙，官張並，相〔惠〕。

木簡右側：‖ *birgaṃdarajä īrasaṃgä gausä hoḍi (hauḍi) kūsa 11 ṣṣaṃga 8 ṣṣau marṣi salya* ‖

（于闐語譯文：拔伽處的Īrasaṃga在ṣṣau官Marṣa，所管年送粟11碩8斗。）

BH3-119　唐開元十年（722）九月廿四日拔伽伊里喪宜納稅抄

木簡。長41.6cm，寬3.2cm。

參：榮新江、文欣 2009，56（No.33）；Rong Xinjiang and Wen Xin 2009，104（No.33）。

正：拔伽伊里喪宜，送粟壹碩捌斗。開元十年九月廿四日，典何仙，官張

背：並，相道惠。‖ *istākajä īrasaṃgä gau'sä hauḍä kūsä 1 ṣṣaṃga 8 ṣau marṣi' salya* ‖

（于闐語譯文：屋悉貴處的Īrasaṃga在ṣau官Marṣa，所管年送粟1碩8斗。）

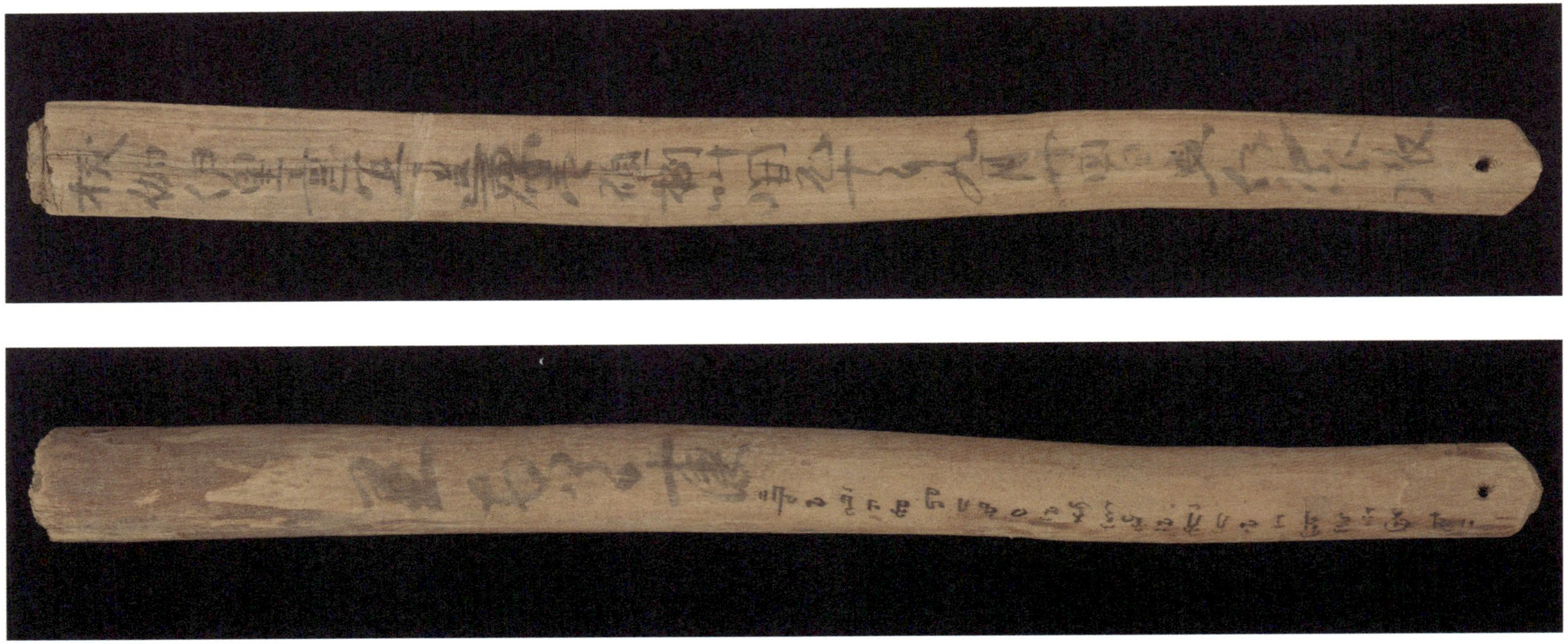

正　背

BH3-119

BH3-120　唐開元十年（722）九月十九日拔伽阿兩隅納稅抄

木簡。長39.3cm，寬2cm。

參：榮新江、文欣 2009，54（No.25）；Rong Xinjiang and Wen Xin 2009，103（No.25）。

正：拔伽阿兩隅，送粟貳碩叁斗。開元十年九月十九日，典何仙，官

背：張並、相道惠。*birgaṃdara aryaṃgulä gau'si hauḍi kūsa 2 kha 3 mūtcacajä māśtä ṣau marṣa salya*

（于闐語譯文：拔伽處的Aryaṃgula在ṣau官Marṣa，所管年Mūtcaca月送粟2碩3斗。）

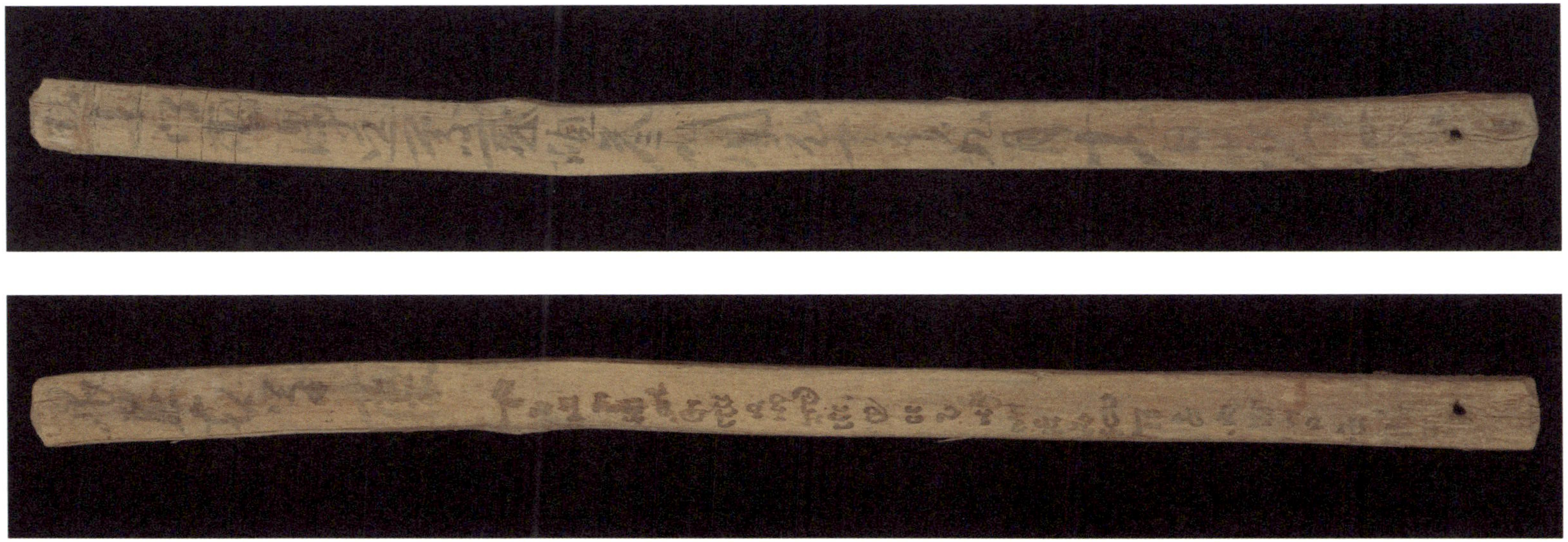

正

背

BH3-120

BH3-121　唐開元十年（722）八月六日拔伽不遴俱納稅抄

木簡。長28.5cm，寬1.8cm。

參：榮新江、文欣 2009，48（No.4）；Rong Xinjiang and Wen Xin 2009，100（No.4）。

正：拔伽不遴俱，送青麥伍碩柒斗。開元十年八

背：月六日，典何仙，官張並，相惠。

木簡左側：‖ *istākajä puñekulä rrusa hauḍä kūsa 5 ṣaṃga 7 ṣau marṣi salya* ‖

（于闐語譯文：屋悉貴處的Puñekula在ṣau官Marṣa'所管年送青麥5碩7斗。）

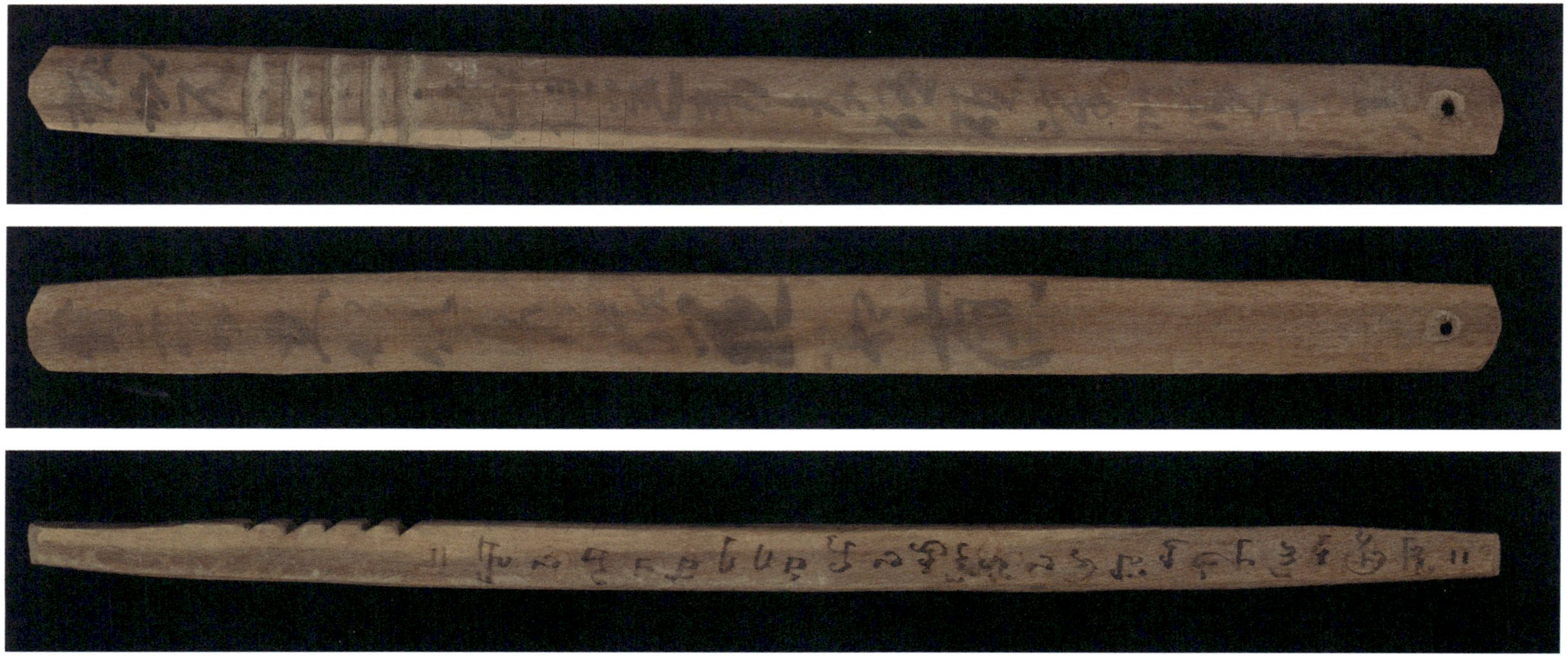

正

背

左

BH3-121

0　5cm

BH3-122　唐開元十年（722）八月廿二日拔伽勿悉朗納稅抄

木簡。長39.8cm，寬2.2cm。

參：榮新江、文欣 2009，50（No.12）；Rong Xinjiang and Wen Xin 2009，101（No.12）。

正：拔伽勿悉朗，送小麥叁碩陸斗。開元十年八月廿二日，

背：典何仙，官張並，相惠。*birgaṃdara visaraṃ ganaṃ hauḍi kūsa 3 kha 6*

（于闐語譯文：拔伽處的Visaraṃ送小麥3碩6斗。）

正

背

BH3-122

BH3-123　唐開元十年（722）八月五日拔伽伊里喪宜納税抄

木簡。長36.2cm，寬2.5cm。于闐語小麥數量少一斗。

參：榮新江、文欣 2009，47–48（No.3）；Rong Xinjiang and Wen Xin 2009，100（No. 3）。

正：拔伽伊里喪宜，送小麥貳

背：拾碩壹斗。開元十年八月五日，典何仙，官張並、相惠。

木簡左側：*birgaṃdara īrasaṃgä ganaṃ hauḍi kūsa 20*

（于闐語譯文：拔伽處的Īrasaṃga在送小麥20碩。）

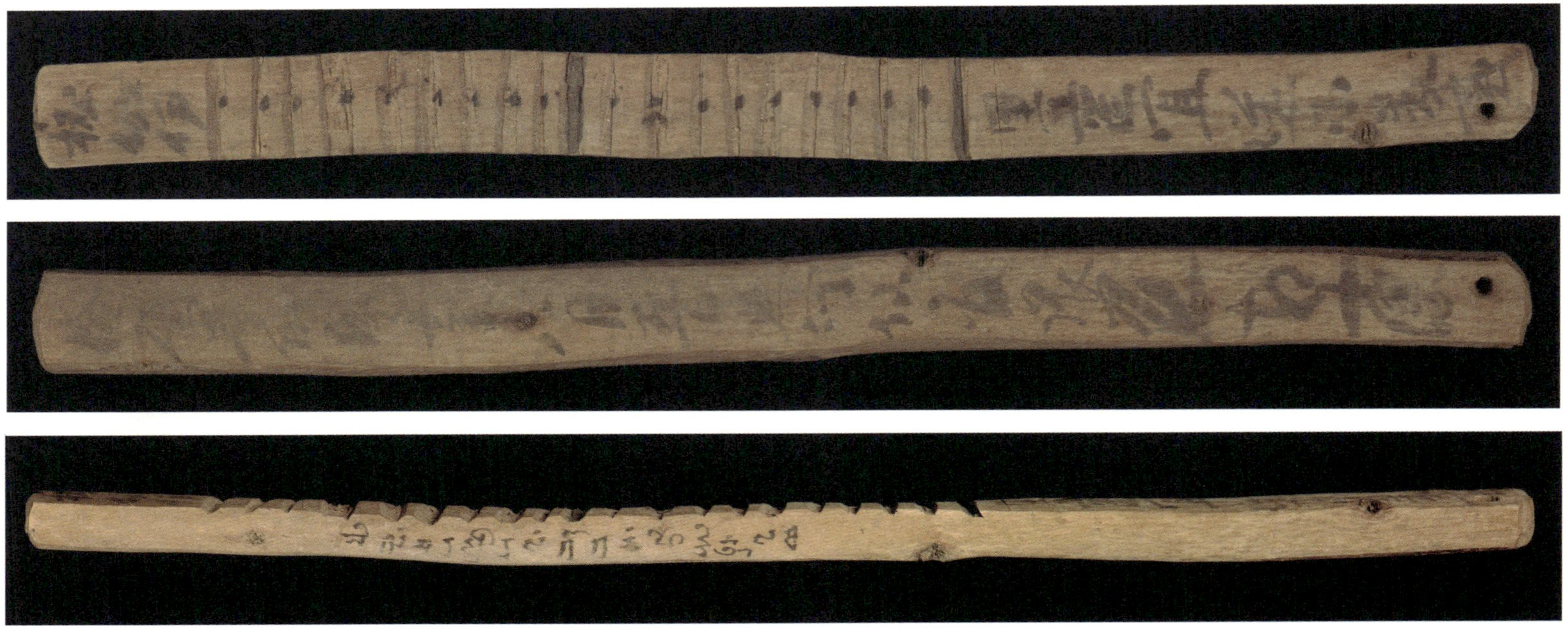

正　背　左

BH3-123

BH3-124　唐開元十年（722）九月廿三日拔伽不你俱納稅抄

木簡。長28.2cm，寬2.7cm。

參：榮新江、文欣 2009，55（No.29）；Rong Xinjiang and Wen Xin 2009，103（No.29）。

正：拔伽不你俱，送粟肆斗。開元十年九月廿三日，

背：典何仙，官張並，相道惠。*puñekulī*

（于闐語譯文：Puñekula。）

BH3-125 唐開元十年（722）九月八日拔伽□□納稅抄

木簡。長29.2cm，寬2.9cm。

參：榮新江、文欣 2009，54（No.24）；Rong Xinjiang and Wen Xin 2009，103（No.24）。

正：拔伽□□，送床壹碩柒斗。開元十年九月 ‖ *istākajä virśa āysaṃ hoḍä kūsä 1 ṣaṃga 7 ṣau marṣä salya* ‖

背：八日，典何仙，官張並，相道惠。

（于闐語譯文：屋悉貴處的Virśa在ṣau官Marṣa，所管年送床1碩7斗。）

BH3-126　唐開元十年（722）九月廿四日拔伽賀捺納稅抄

木簡。長33.6cm，寬2.2cm。

參：榮新江、文欣 2009，55—56（No.30）；Rong Xinjiang and Wen Xin 2009，103–104（No.30）。

正：拔伽賀捺，送床壹碩肆斗。開元十年九月廿四

背：日，典何仙，官張並，相道惠。*haskadati birgada*

（于闐語譯文：拔伽處的Haskadatta。）

正

背

BH3-126

0　5cm

BH3-127　唐開元十年（722）八月廿八日拔伽伊里喪宜納稅抄

木簡。長33.4cm，寬2.4cm。

參：榮新江、文欣 2009，51（No.16）；Rong Xinjiang and Wen Xin 2009，102（No.16）。

正：拔伽伊里喪宜，送床壹碩伍斗。開元十年八月廿八

背：日，典何仙，官張並，相惠。

木簡右側：‖ *istākajä aryaṃgulä āysaṃ hauḍä kūsä 1 ṣa ṣaṃga 5 ṣo marṣi salya* ‖（注：*ṣaṃga*中的*ṣa*錯誤地重複書寫。）

（于闐語譯文：屋悉貴處的Aryaṃgula在ṣau官Marṣa，所管年送床1碩5斗。）

正

背

右

BH3-127

0　5cm

BH3-128　唐開元十年（722）九月廿四日拔伽裴捺納稅抄

木簡。長35.6cm，寬3.4cm。

參：榮新江、文欣 2009，56（No.32）；Rong Xinjiang and Wen Xin 2009，104（No.32）。

正：拔伽裴捺，送小麥貳斗。開元十年九月廿四日，典何仙，官

背：張並，相道惠。‖ *istākajä puñadattä ganaṃ haudä ṣṣaṃga 2 ṣau marṣi salya* ‖

（于闐語譯文：屋悉貴處的Puñadatta在ṣau官Marṣa，所管年送小麥2斗。）

正

背

BH3-128

5cm　0

BH3-129　唐開元十年（722）八月四日拔伽不遶俱納稅抄

木簡。長35.8cm，寬2.8cm。于闐語小麥數量多一斗。

參：榮新江、文欣 2009，47（No.1）；Rong Xinjiang and Wen Xin 2009，100（No.1）。

正：拔伽不遶俱，送小麥叁碩貳斗。開元十年八月四日，典

背：何仙，官張並，相惠。‖ *istākajä puñekulä ganaṃ haudä kūsa 3 ṣaṃga 3 ṣau marṣi salya* ‖

（于闐語譯文：屋悉貴處的Puñekula在ṣau官Marṣa，所管年送小麥3碩3斗。）

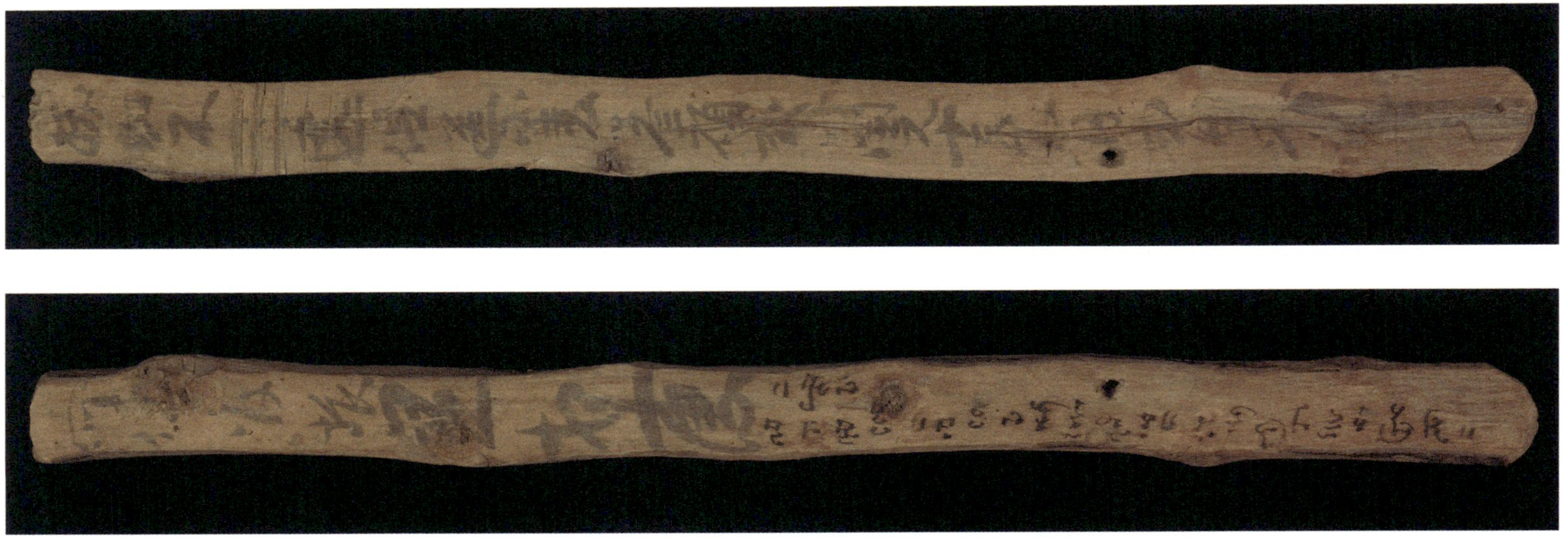

正

背

BH3-129

BH3-130　唐開元十年（722）九月廿日拔伽賀悉鷄捺納稅抄

木簡。長39cm，寬2.7cm。

參：榮新江、文欣 2009，55（No. 28）；Rong Xinjiang and Wen Xin 2009，103（No. 28）。

正：拔伽賀悉鷄捺，送粟壹碩叁斗。開元十年九月廿日，典何

背：仙，官張並、相道惠。‖ *haskadati birgaṃdara*

（于闐語譯文：拔伽處的Haskadatta。）

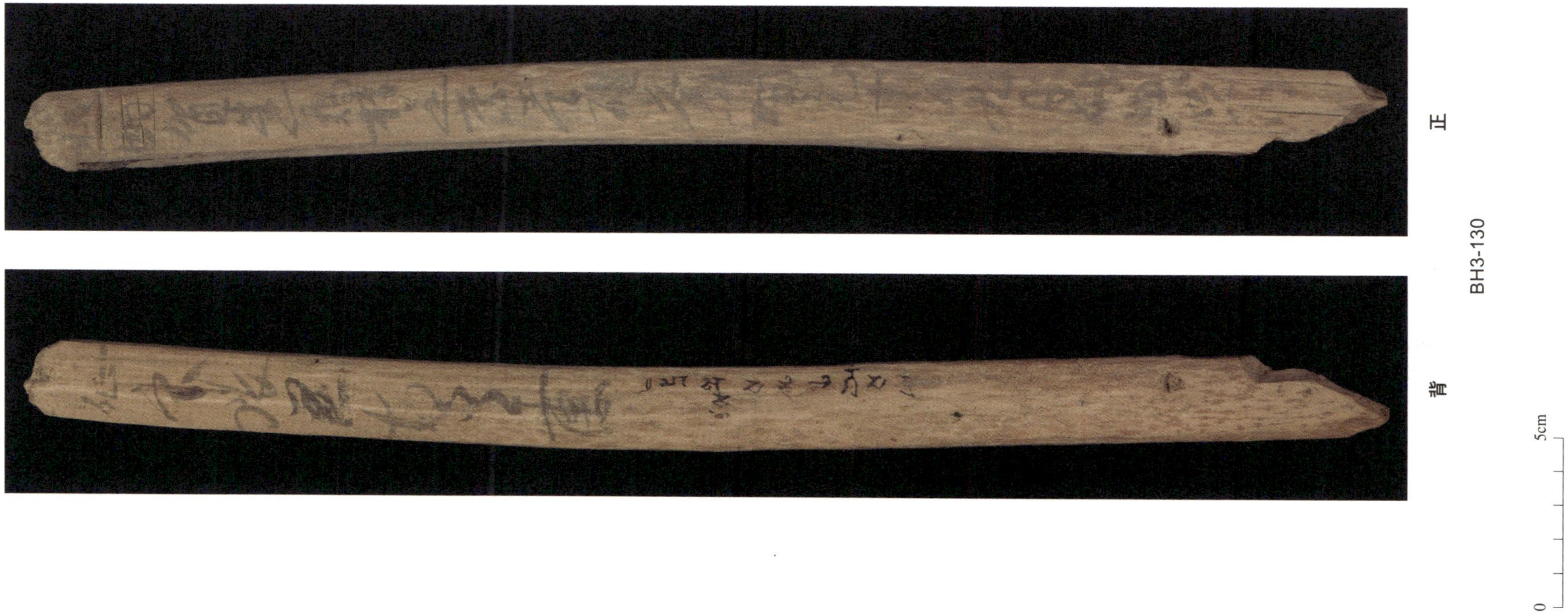

正

背

BH3-130

BH3-131 唐開元十年（722）八月九日拔伽賀悉捺納稅抄

木簡。長36.7cm，寬2.5cm。

參：榮新江、文欣 2009，49（No.8）；Rong Xinjiang and Wen Xin 2009，101（No.8）。

正：拔伽賀悉捺，送小麥叁碩貳斗。開元十年八月九日，典何

背：仙，官張並，相惠。 *birgaṃdarajä haskadattä ganaṃ hauḍi kūsa 3 ṣaṃga 2 ṣo (ṣau) marṣi salya*

（于闐語譯文：拔伽處的Haskadatta在ṣau官Marṣa，所管年送小麥3碩2斗。）

正

背

BH3-131

0 5cm

BH4-59　唐開元十年（722）八月廿二日拔伽阿亮隅納稅抄

木簡。長2.8cm，寬37cm。

參：榮新江、文欣 2009，49（No.9）；Rong Xinjiang and Wen Xin 2009，101（No.9）。

正：拔伽阿亮隅，送青麥壹碩貳斗。開元十年八月廿二日，典何仙，官

背：張並、相惠。*birgaṃdara aryaṃgulä rrusa hauḍä kūsi 1 kha 2*

（于闐語譯文：拔伽處的Aryaṃgula送青麥1碩2斗。）

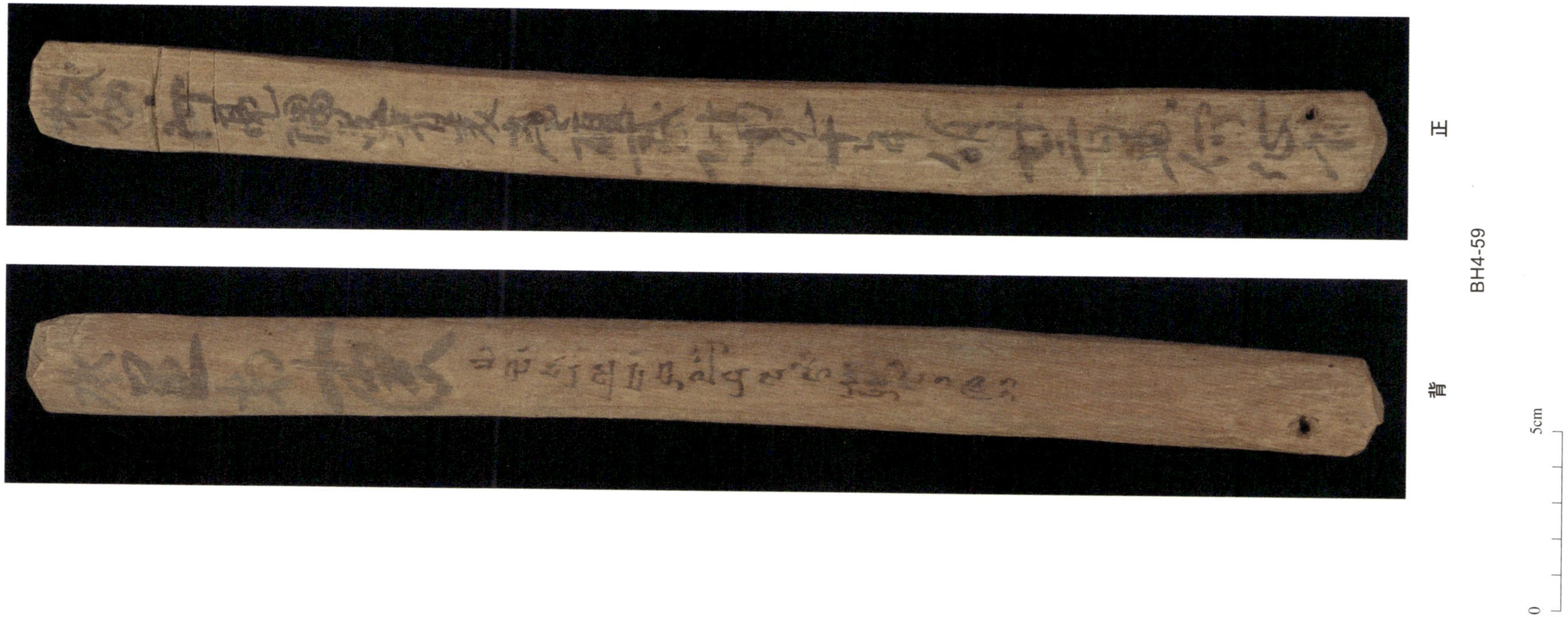

BH4-176 文書殘片

長16cm，高10.4cm。

（前缺）

1 □

2 訪

3 去

（後缺）

BH4-176

BH4-177 文書殘片

長17.2cm，高16.2cm。

（殘字不録）

BH4-177

BH4-178 文書殘片

長9.8cm，高7cm。

（殘字不録）

BH4-178

BH4-179 殘片

長2.3cm，高5cm。

（殘字不録）

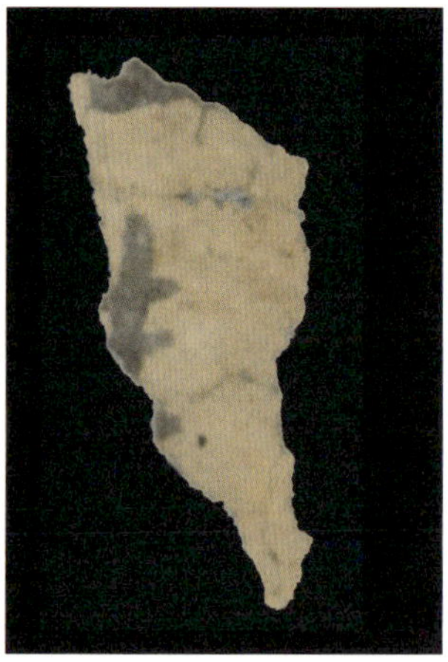

BH4-179

BH4-246 契約（？）

長5.5cm，高9.1cm。

（前缺）

1 □仰見[人]□

2 □事之問□

（後缺）

BH4-246

BH4-247　唐長史牙帖

長13cm，高24.6cm。

1 長史牙　　帖

2 東河屈野鄉尉墻匡村愛捺　勃朗那[村]□

3 右件人等□　□速追□□□

4 責遲□

（後缺）

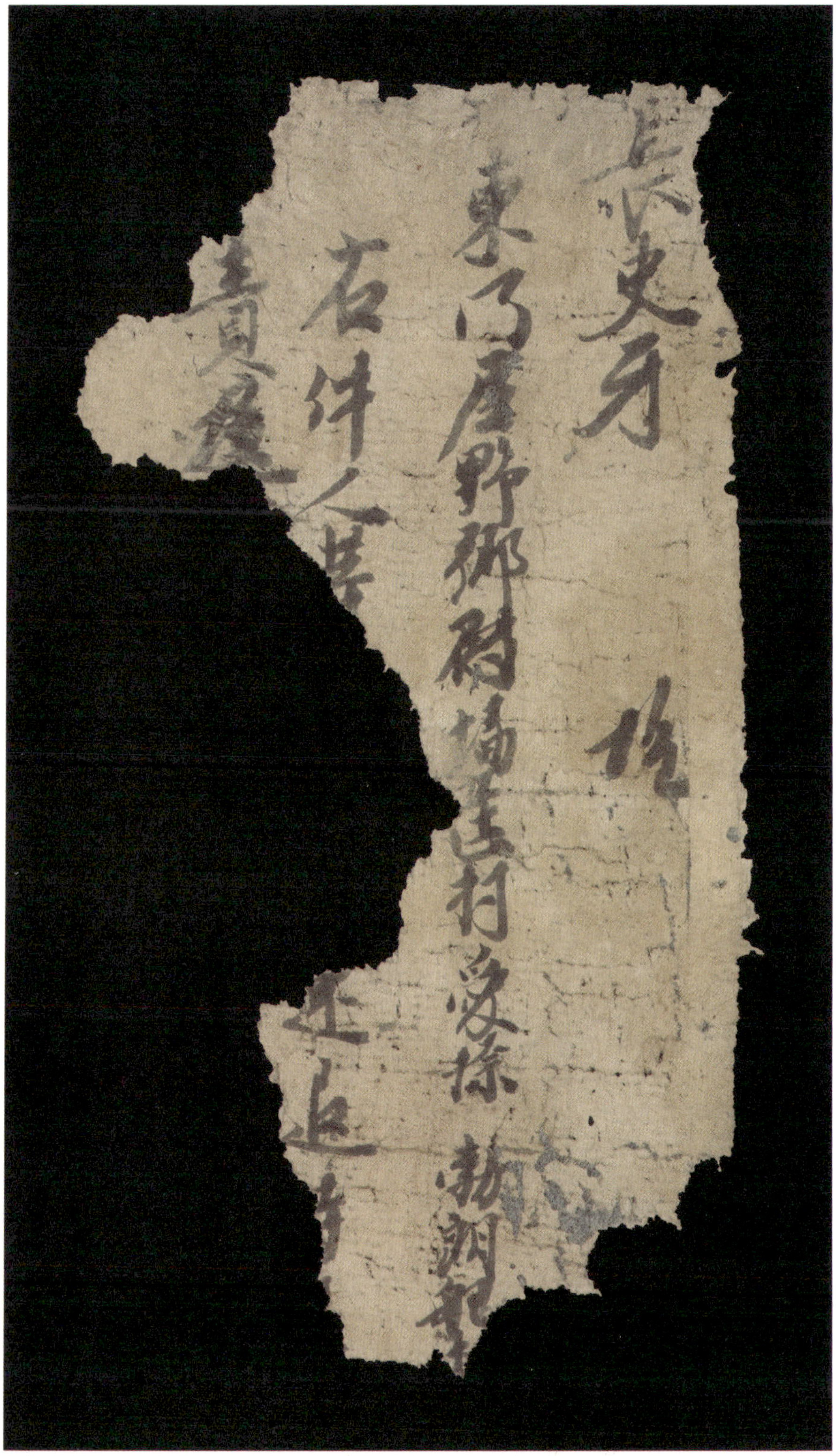

BH4-247

0　5cm

BH4-248 唐廣德三年（765）文書

長5.8cm，高13.1cm。

（前缺）

1 □廣德三年十二月卅□

（餘白）

BH4-248

BH4-249 帳曆

長3cm，高9.3cm。

（前缺）

1 □氈袋子二，並□

（後缺）

BH4-249

BH4-250　契約（？）

長3.3cm，高12.6cm。

（前缺）

1 ▯□▯

2 ▯□於後更不論

（後缺）

BH4-250

BH4-251　名籍（？）

長5.2cm，高5.5cm。

（前缺）

1 ▯□王守帥

2 ▯□

（後缺）

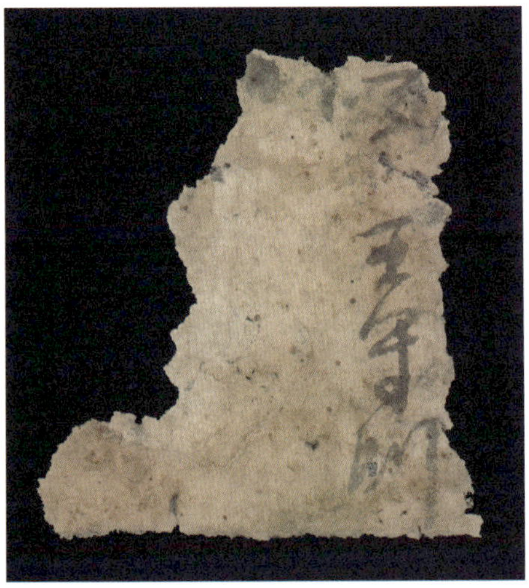

BH4-251

BH4-252　無字殘片

兩片。BH4-252a長3.2cm，高14.8cm。BH4-252b長3cm，高11cm。

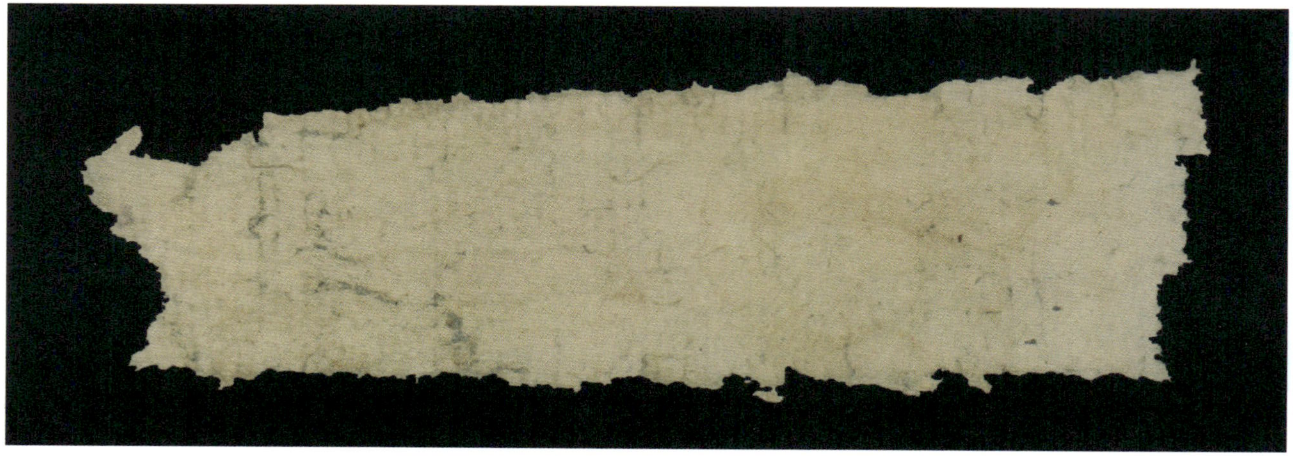

BH4-252a

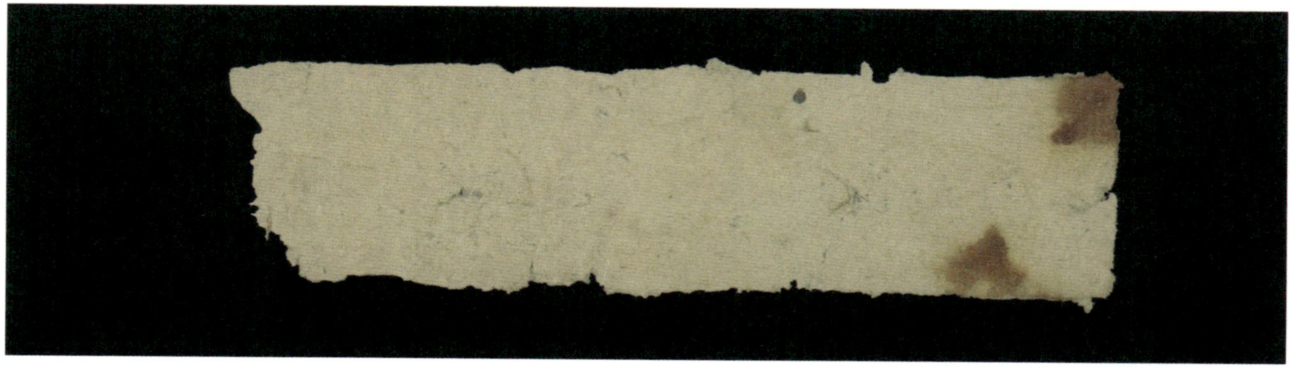

BH4-252b

0　5cm

BH4-253　殘片

長12.5cm，高10cm。

（前缺）

1 □旨二日

（後缺）

BH4-253

BH4-254　殘片

長3.5cm，高4.1cm。

（殘字不録）

BH4-254

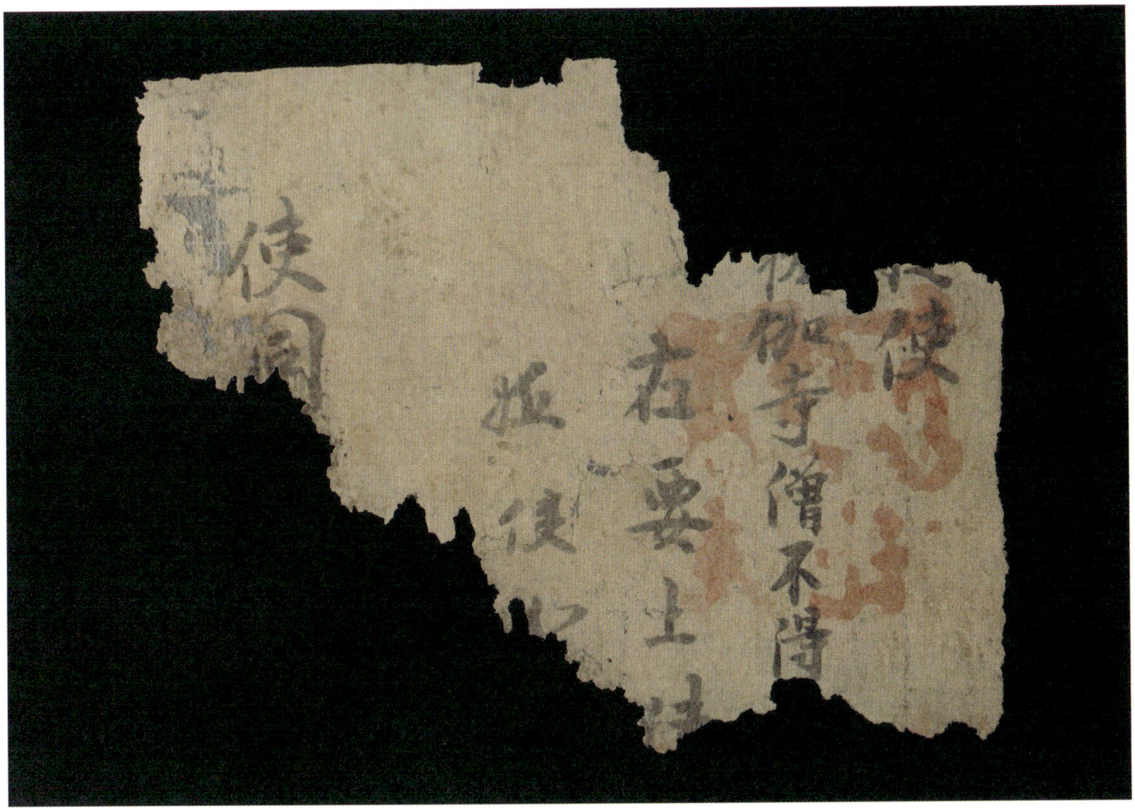

BH4-255

BH4-255　唐于闐鎮守軍守捉使帖

長14.5cm，高12cm。鈐「鎮守軍之印」朱印。

1 □捉使□
2 □拔伽寺僧不得□
3 右要上件□
4 驅使□□
5 □
6 使同□
（後缺）

BH4-256 殘片

長2.4cm，高3cm。

（殘字不録）

BH4-256

BH4-257 殘片

長3.5cm，高4cm。

（前缺）

1 □□合□□□

2 □□□□

（後缺）

BH4-257

BH4-258　大曆十一年（776）八月文書

長4.8cm，高13.5cm。

（前缺）

1 大曆十一年八月　日

2 付□

（後缺）

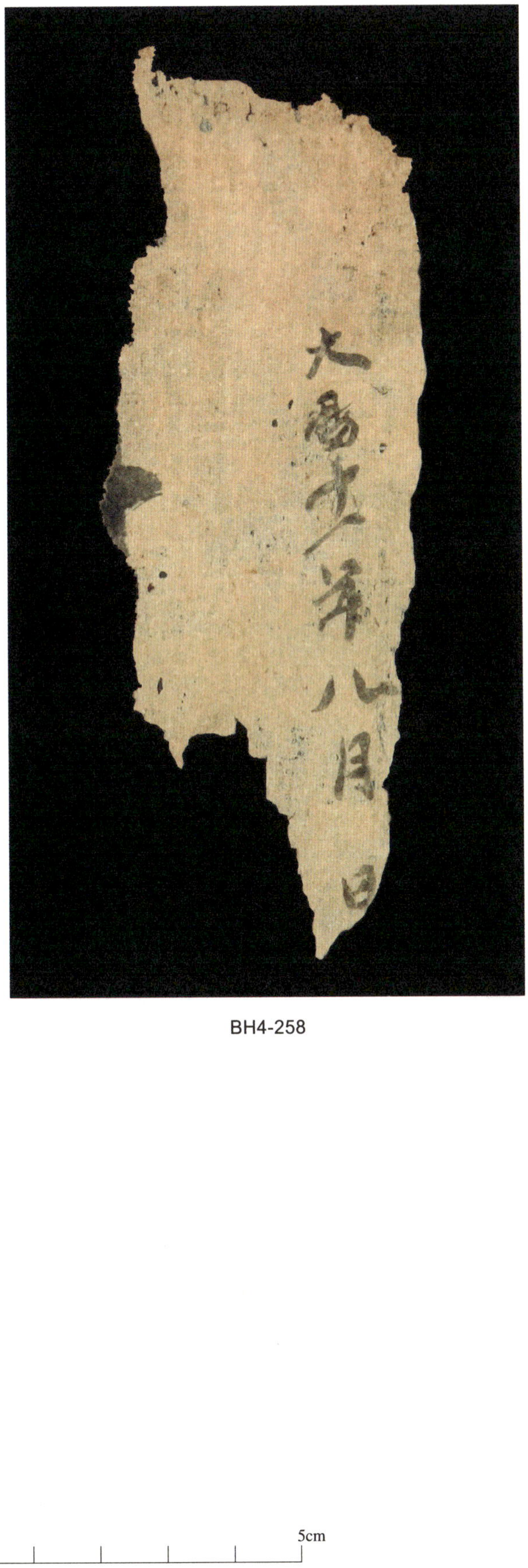

BH4-258

BH4-259　殘片

長4.3cm，高2.8cm。

（前缺）

1 □□七□

2 □□□

（後缺）

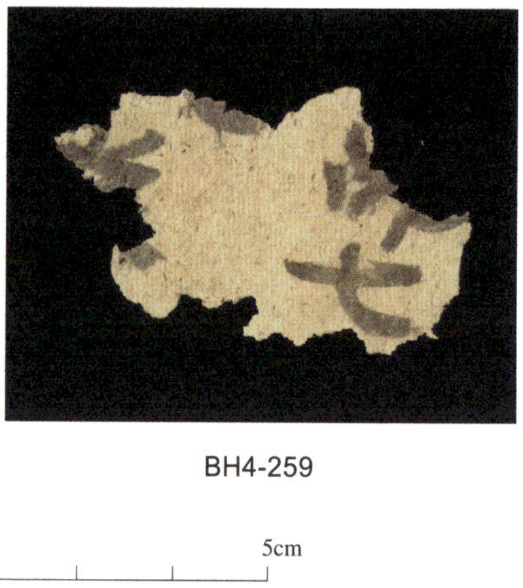

BH4-259

BH4-260　殘片

長3.6cm，高3cm。

（殘字不録）

BH4-260

BH4-261　文書殘片

長2.8cm，高3.5cm。

（前缺）

1 □牒所由□

（後缺）

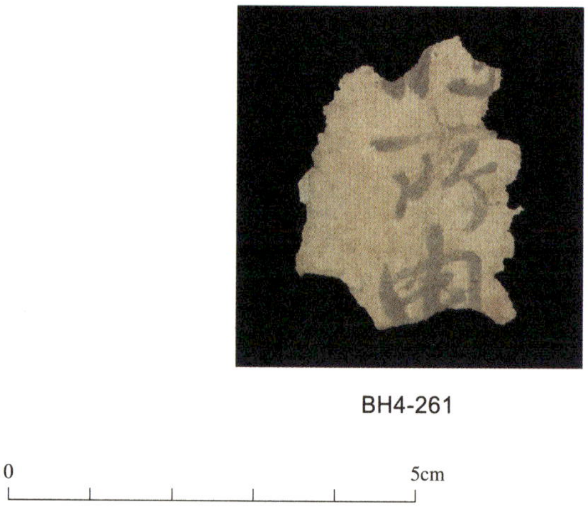

BH4-261

BH4-262 文書殘片

長3.1cm，高6.3cm。

（前缺）

1 ▯▯令折麻▯▯

（後缺）

BH4-262

BH4-263 殘片

長3cm，高3.5cm。

（前缺）

1 ▯▯▯

2 ▯▯年▯▯

3 ▯▯▯

（後缺）

BH4-263

BH4-264 殘片

長3.2cm，高5cm。

（殘字不録）

BH4-264

BH4-265　殘片

長2.2cm，高4cm。

（前缺）

1　□有□□

（後缺）

BH4-265

BH4-266　殘片

長1.8cm，高3cm。

（前缺）

1　□□陸□

（後缺）

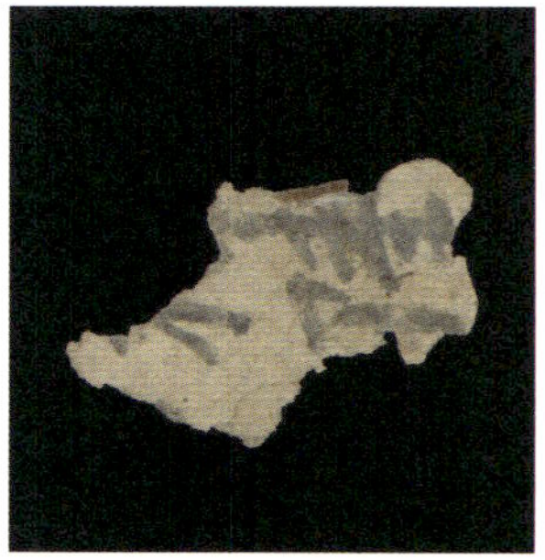

BH4-266

BH4-267　殘片

長2.1cm，高2.2cm。

（前缺）

1　□束今□□

（後缺）

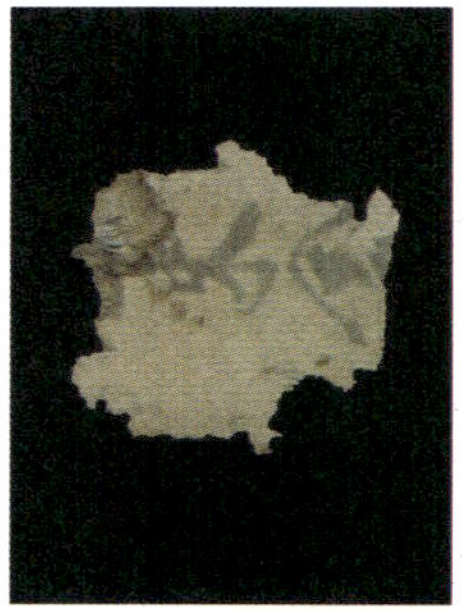

BH4-267

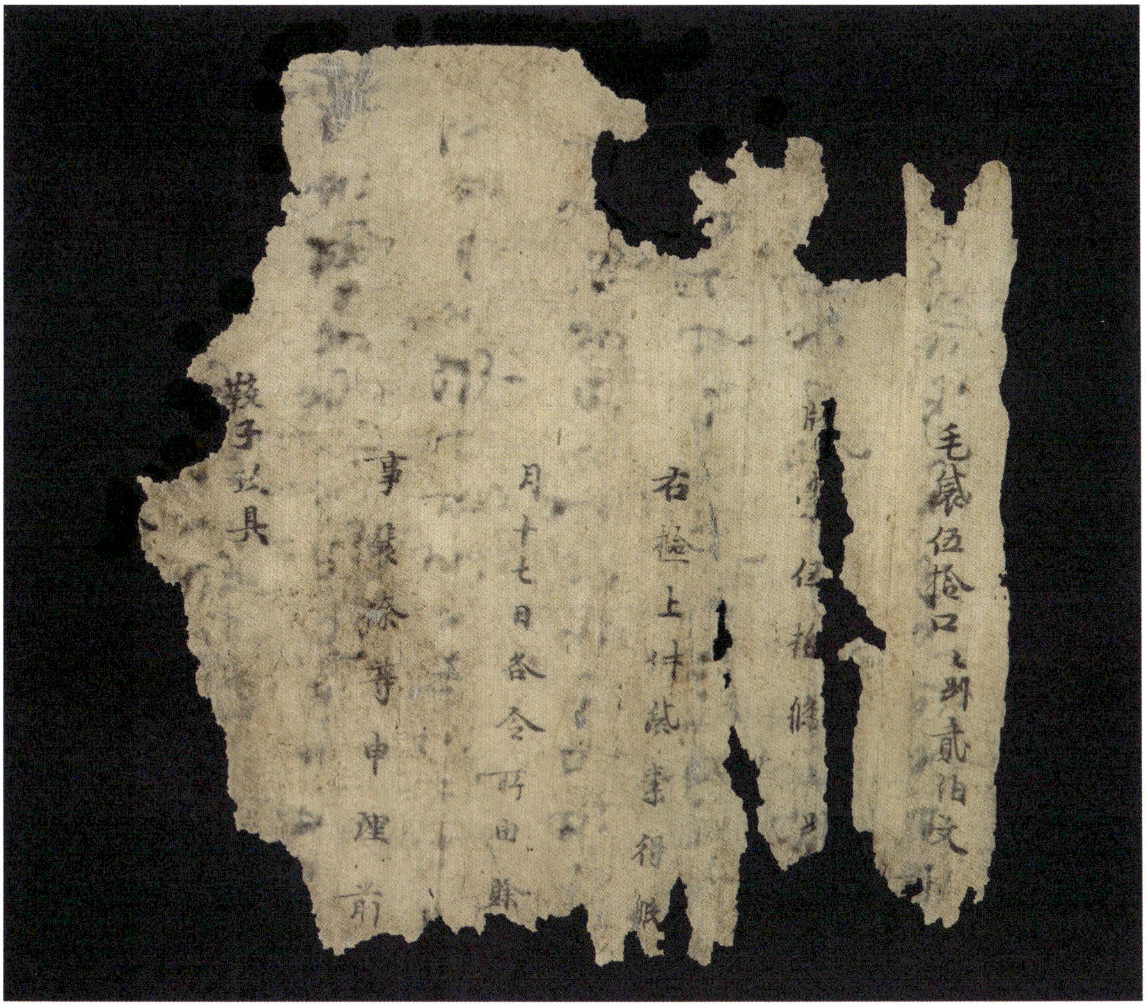

BH4-268

BH4-268 唐毛袋等折錢文書

長16.2cm，高16.3cm。背面爲于闐文文書7行。

（前缺）

1 毛袋伍拾口ロ別貳伯文計□

2 版索伍拾條條別□

3 右檢上件袋索，得般□

4 月十七日各令所由賒□

5 事裴捺等申理，前□

6 鞍子玖具

7 □□□

（後缺）

BH4-269 唐某年勘覆所帖催官曹之爲欠稅糧事

長18.2cm，高27cm。

參：侯郁然、胡玉清2013，323—331；慶昭蓉、榮新江2022b，180。

1 勘[覆][所]　　帖催官曹之

2 □□[壞]新稅粮除納外，共欠一百七十三石二斗

3 □□石八斗[青]□□一百六石四斗

4 □□[曹]之切徵，限

5 □□□納足，如欠少，科

6 □□[月]十三日帖

（後缺）

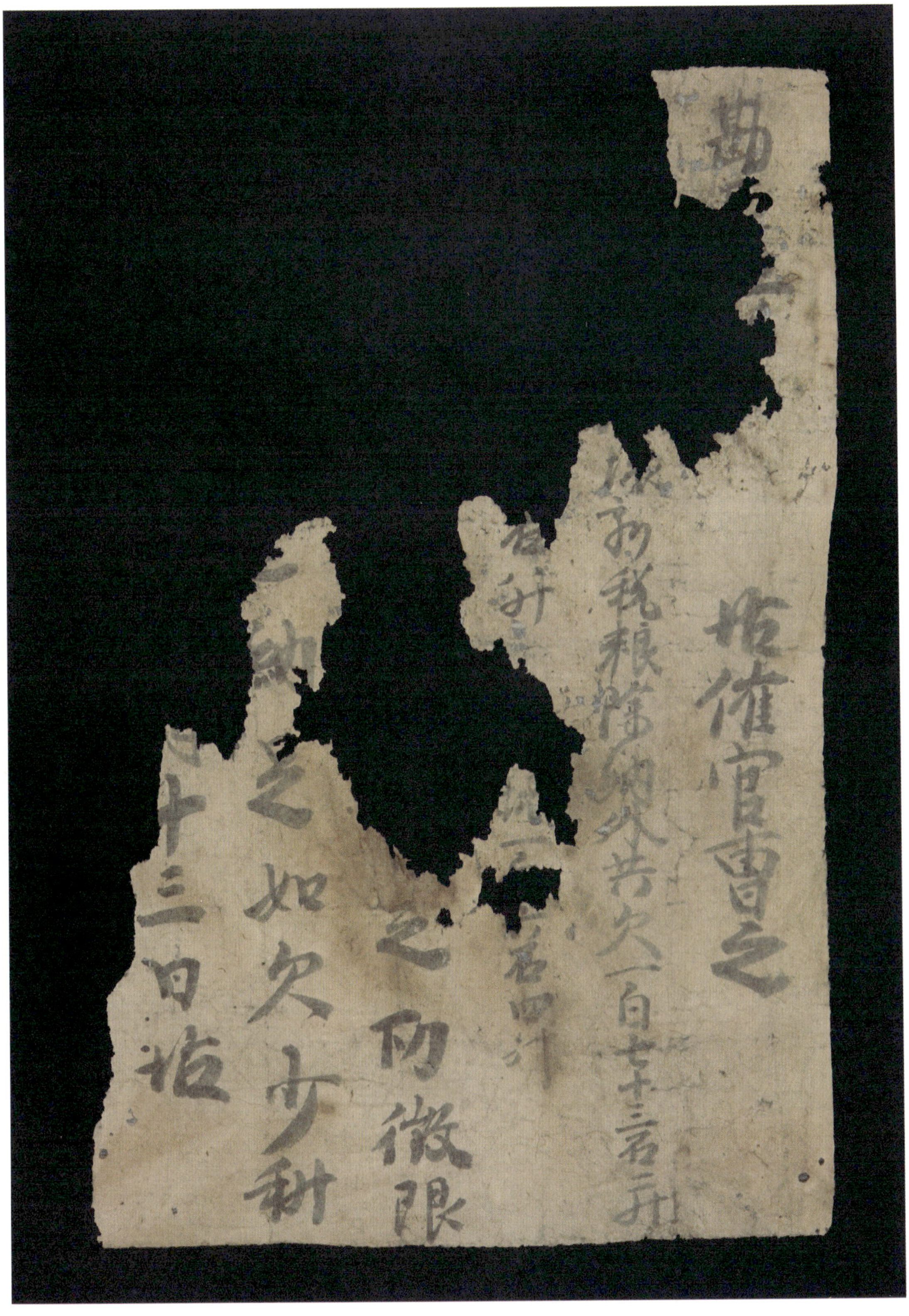

BH4-269

BH4-270　殘片

長3.2cm，高2.7cm。

（前缺）

1 □□軍□

（後缺）

BH4-270

BH4-271　馬帳（？）

長4.2cm，高3.5cm。

（前缺）

1 □□□七歲□

2 □□突厥五□□

（後缺）

BH4-271

BH4-271背　殘片

（前缺）

1 □人夏□

（後缺）

BH4-271背

BH4-272　殘片

長3.2cm，高4cm。

1　（前缺）□龍光□□

2　□□明月□□（後缺）

BH4-272

BH4-272背　殘片

1　（前缺）□不損□（後缺）

BH4-272背

BH4-273　文書殘片

長2.8cm，高3.3cm。

1　□□狀（後缺）

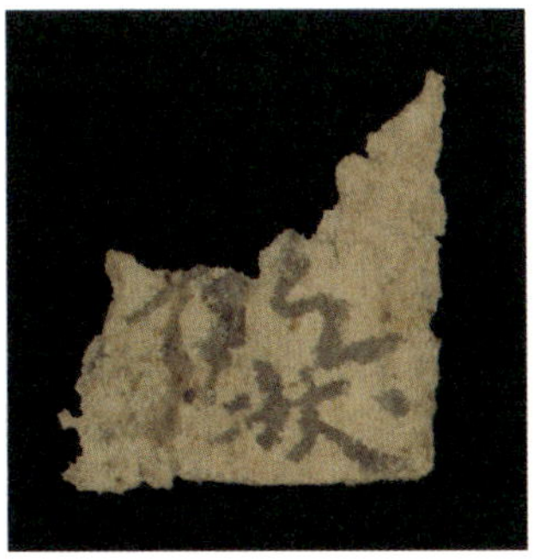

BH4-273

BH4-274　殘片

長3.8cm，高3.7cm。

（前缺）

1 ［　］□

2 ［　］□人伏望

（後缺）

BH4-274

0　5cm

BH4-275　殘片

長3.5cm，高3cm。

（前缺）

1 ［　］□今□［　］

（後缺）

BH4-275

0　5cm

BH4-276　殘片

長4.5cm，高2.3cm。

（殘字不録）

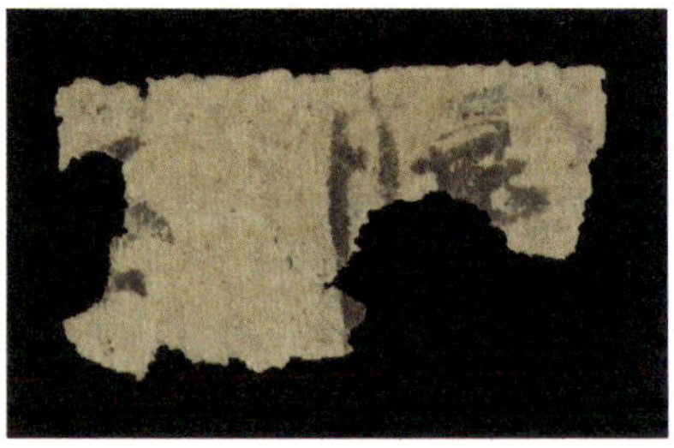

BH4-276

0　5cm

BH4-277　殘片

長3.1cm，高4.1cm。

（前缺）

1　□買得　□

2　□買得□□

（後缺）

BH4-277

0　5cm

BH4-277背　殘片

（前缺）

1　□將息□（胡語）

（後缺）

BH4-277背

0　5cm

BH4-278　殘片

長3.4cm，高3.7cm。

（前缺）

1　□□□□□

2　□□歸□□

（後缺）

BH4-278

0　5cm

BH4-279　殘片

長4.2cm，高5.2cm。背面有于闐文。

（殘字不録）

BH4-279

BH4-280　文書殘片

長3.2cm，高3.2cm。背面有于闐文。

（殘字不録）

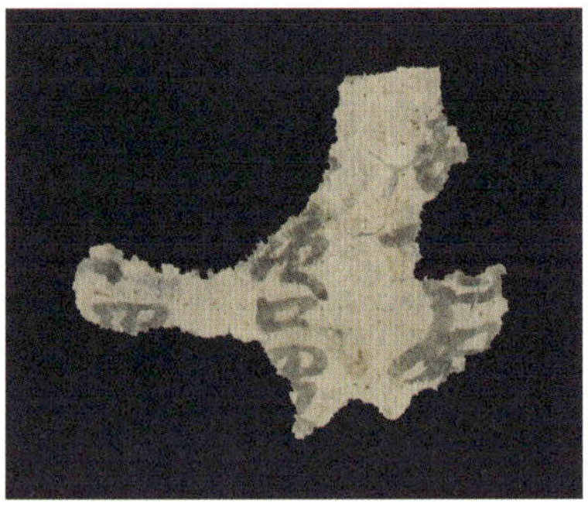

BH4-280

BH4-281　殘片

長3.7cm，高3.1cm。背面有于闐文。

（殘字不録）

BH4-281背

BH4-281

BH4-284　律令（？）

長3.8cm，高2.3cm。抄寫規整，有烏絲欄。

（前缺）

1 諸大□

2 罪□

3 □□

（後缺）

BH4-284

BH4-285　户籍殘片

長5cm，高8.6cm。紙縫之後有倒書文字。

（前缺）

1 □歲　中男

2 □□□□□□□□

（後缺）

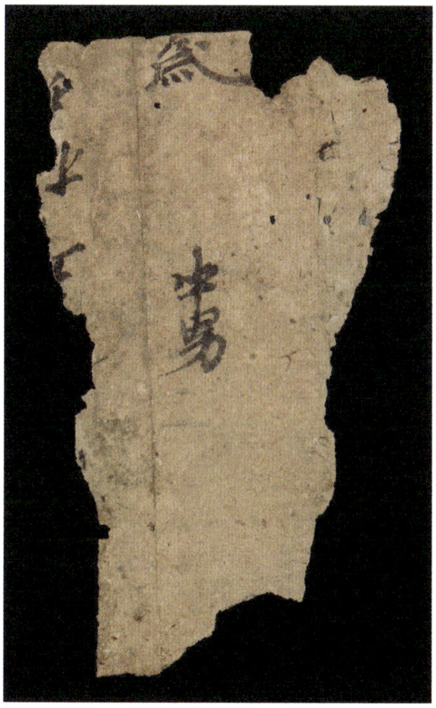

BH4-285

BH4-286　户籍殘片

長11cm，高10.2cm。背面爲于闐文文書，殘存5行。

（前缺）

1 男□

2 奴冒力□

3 合　見□

4 □□壹□

（後缺）

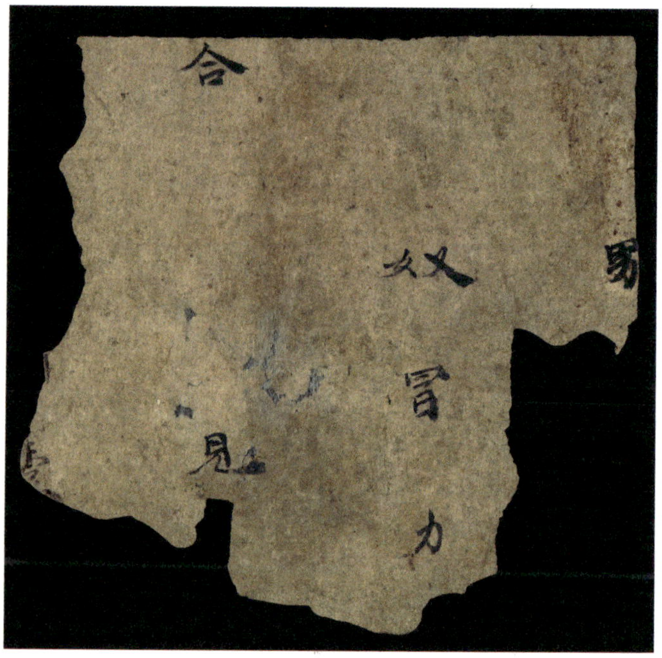

BH4-286

BH4-287　户籍殘片

長4.8cm，高5.2cm。背面爲于闐文文書，殘存2行。

（前缺）

---

1 □年□

（後缺）

BH4-287

BH4-288　殘片

長2.5cm，高5.6cm。背面爲于闐文文書，殘存2行。

（前缺）

1 □□□　□

2 □□鷄□　□欠□

（後缺）

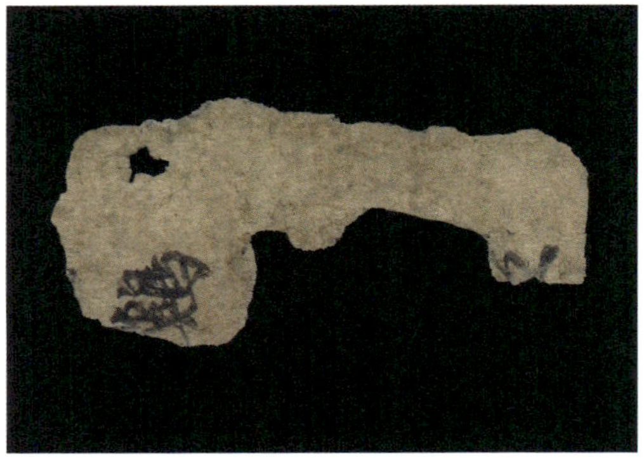

BH4-288

5cm　0

BH4-318　彩畫殘片

長5.3cm，高6cm。爲一幅畫的殘片，畫的内容不詳，僅殘存飛鳥、雲彩的形象。

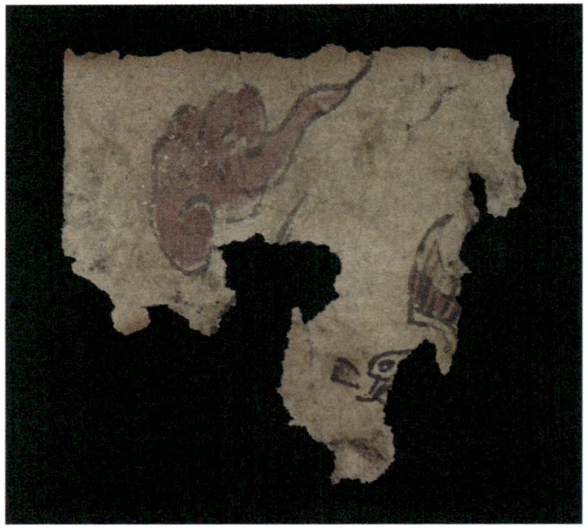

BH4-318

5cm　0

BH4-333 殘片

本號入藏時爲紙質文書碎片一包，遂編爲一個號。這些碎片尺寸都較小，殘存文字不多。從殘存的少量文字看，有的碎片之間可能存在關聯，如多件出現「年×」之類文字，可能出自同一件契約文書。少數殘片背面有字跡，有的有于闐文。

BH4-333（1） 殘片

長1.9cm，高3.3cm。

（殘字不録）

BH4-333（2） 殘片

長4cm，高3.9cm。「人」字爲武周新字。

（前缺）

1 □人□

2 □□□□□

（後缺）

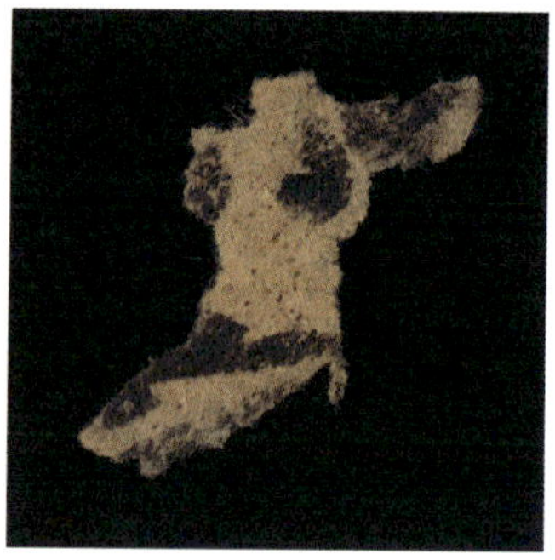

BH4-333（1）

BH4-333（2）

BH4-333（2）背

BH4-333（3） 殘片

長1.7cm，高1.8cm。

（殘字不録）

BH4-333（3）

BH4-333（4） 殘片

長2.2cm，高1.9cm。

（殘字不録）

BH4-333（4）

BH4-333（4）背

BH4-333（5） 殘片

長1.7cm，高2.9cm。

（殘字不録）

BH4-333（5）

BH4-333（6） 殘片

長2.1cm，高1.8cm。

（殘字不録）

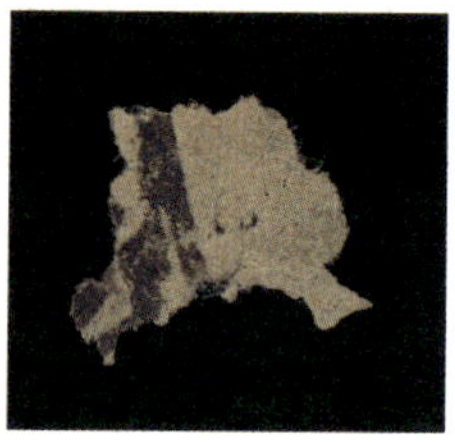

BH4-333（6）

BH4-333（7） 名籍（？）

長4.2cm，高3.3cm。「年」字兩側有墨點。

（前缺）

1 □十　葱嶺□

2 □□支年卌五□

（後缺）

BH4-333（7）

BH4-333（7）背 殘片

行末有于闐文。

（前缺）

1 □上比□□

（後缺）

BH4-333（7）背

BH4-333（8） 殘片

長2.9cm，高3.4cm。

（殘字不録）

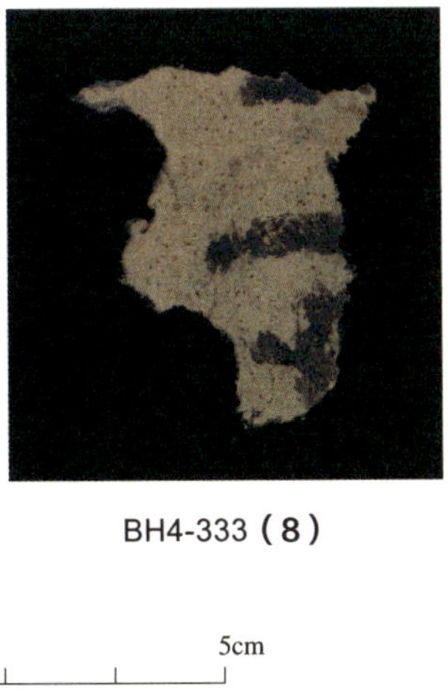

BH4-333（8）

BH4-333（9） 殘片

長4.6cm，高2.8cm。

（殘字不録）

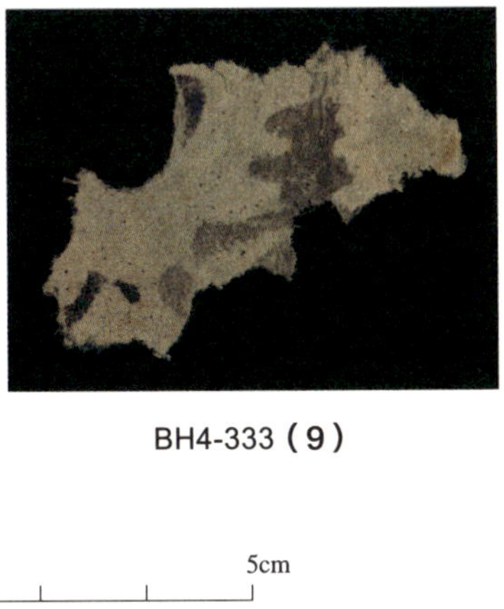

BH4-333（9）

BH4-333（10） 殘片

長2.2cm，高2.3cm。

（殘字不録）

BH4-333（10）

BH4-333（11） 殘片

長2.2cm，高2.4cm。

（殘字不錄）

BH4-333（12） 殘片

長6cm，高4.3cm。背面有于闐文。

（殘字不錄）

BH4-333（13） 殘片

長4.1cm，高3.8cm。

（殘字不錄）

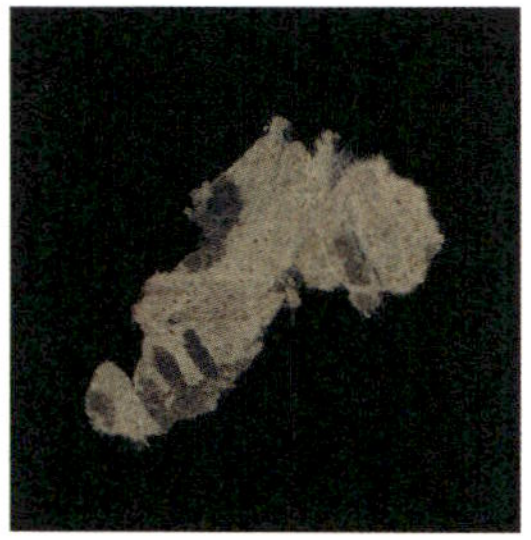

BH4-333（11）

0 5cm

BH4-333（12）

0 5cm

BH4-333（13）

0 5cm

BH4-333（14）殘片

長3.9cm，高2.5cm。

（前缺）

1 □人□□

2 □底□□

（後缺）

BH4-333（14）

0 5cm

BH4-333（15）殘片

長2.5cm，高3.5cm。

（殘字不録）

BH4-333（15）

0 5cm

BH4-333（16）殘片

長2.3cm，高1.6cm。

（殘字不録）

BH4-333（16）背

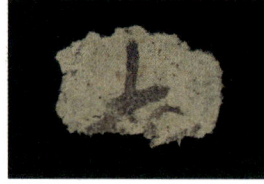

BH4-333（16）

0 5cm

BH4-333（17）　殘文書（？）

長2.8cm，高4.1cm。

（前缺）

1 □□戊主□□

（後缺）

BH4-333（17）

BH4-333（17）背　殘片

（前缺）

1 □布□□

（後缺）

BH4-333（17）背

BH4-333（18）　殘片

長2.1cm，高2.4cm。

（前缺）

1 □□年六□

（後缺）

BH4-333（18）

BH4-333（19） 殘片

長3.8cm，高3.5cm。

（殘字不録）

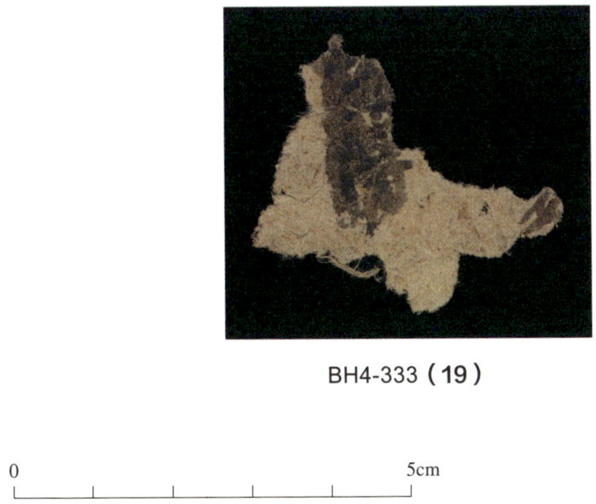

BH4-333（19）

BH4-333（20） 殘片

長2.9cm，高3.2cm。

（殘字不録）

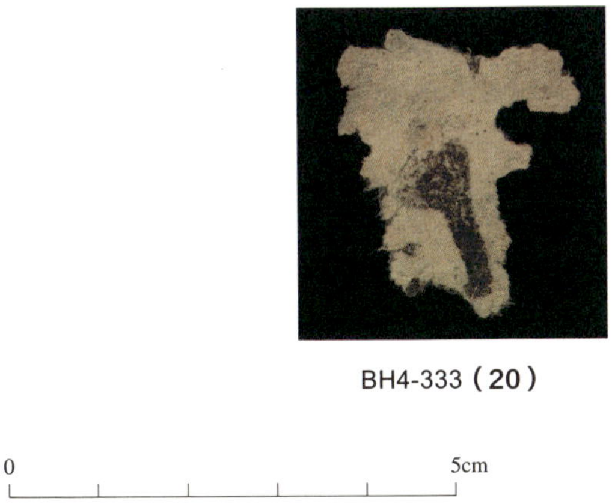

BH4-333（20）

BH4-333（21） 殘片

長2.5cm，高2.5cm。

（殘字不録）

BH4-333（21）

BH4-333（22） 殘文書（？·）

長4.9cm，高4.6cm。

（前缺）
1 □黑娘□
2 □□年卅□□
（後缺）

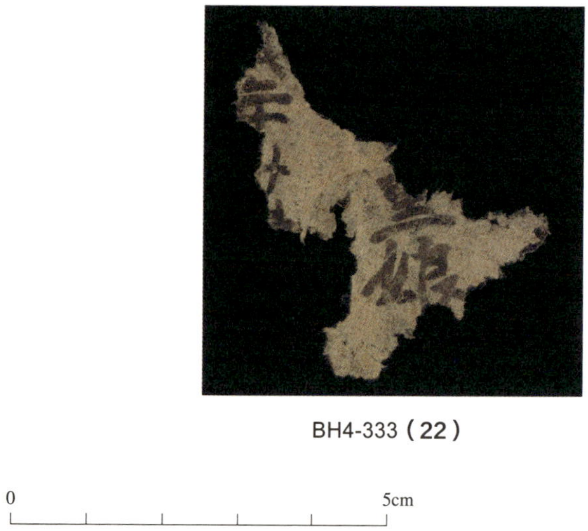
BH4-333（22）

BH4-333（23） 殘片

長2.8cm，高3.3cm。

（前缺）
1 □□生支□□
（後缺）

BH4-333（23）

BH4-333（23）背 殘片

（前缺）
1 □子皮十□
（後缺）

BH4-333（23）背

BH4-333（24）　殘片

長4.3cm，高2.2cm。

（殘字不録）

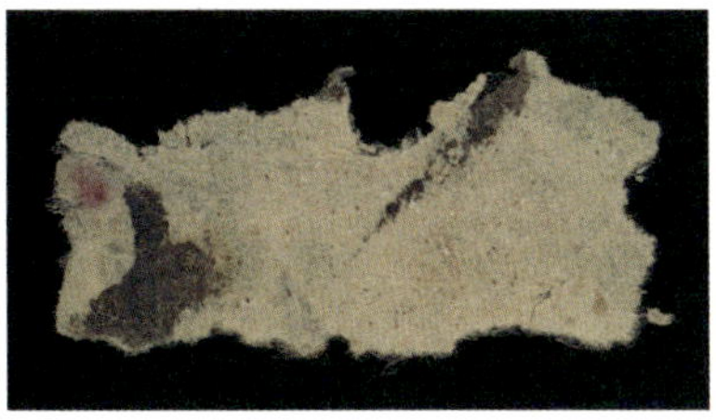

BH4-333（24）

BH4-333（25）　殘片

長1.2cm，高2.7cm。

（殘字不録）

BH4-333（25）背

BH4-333（25）

BH4-333（26）　殘片

長3.6cm，高2.2cm。

（前缺）

1 □上□

（後缺）

BH4-333（26）

BH4-333（27）　殘片

長1.3cm，高4.1cm。

（殘字不録）

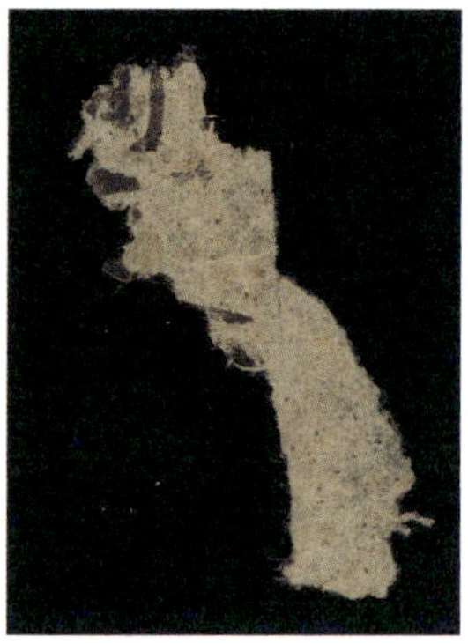

BH4-333（27）

BH4-333（27）背

0　5cm

BH4-333（28）　帳曆（？）

長3.3cm，高4.2cm。背有殘字2行，不録。

（前缺）

1　□到七升　計□

（後缺）

BH4-333（28）

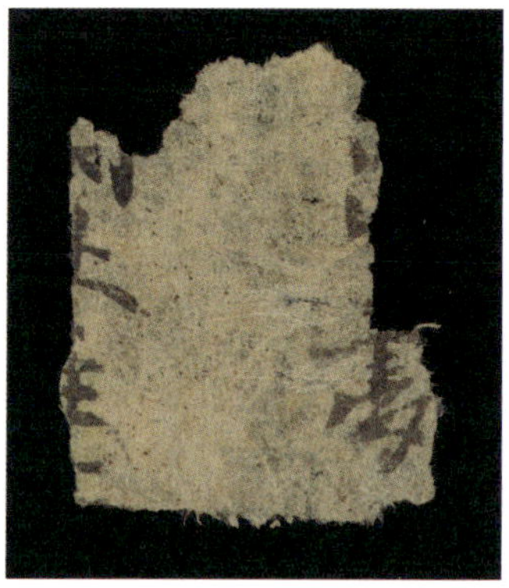

BH4-333（28）背

0　5cm

BH4-333（29）　殘片

長1.1cm，高2.6cm。

（殘字不録）

BH4-333（29）

0　5cm

BH4-333（30） 殘片

長1.7cm，高2.4cm。

（殘字不録）

BH4-333（30）

0 5cm

BH4-333（31） 殘片

長2.6cm，高2.8cm。「傔」字上有朱點。

（前缺）

1 □□則玄傔□□

2 □□□

（後缺）

BH4-333（31）

0 5cm

BH4-333（32） 殘片

長3.3cm，高4.5cm。

（殘字不録）

BH4-333（32）

0 5cm

BH4-333（33） 帳曆（？）

長3.5cm，高4.5cm。

（前缺）

1 □[六]斗五升九□

2 □□石二斗八[升]□

（後缺）

BH4-333（33）

0 5cm

BH4-333（33）背 殘片

（前缺）

1 □資□□

（後缺）

BH4-333（33）背

0 5cm

BH4-333（34） 殘片

長3.5cm，高3.2cm。

（殘字不録）

BH4-333（34）

0 5cm

BH4-333（35） 殘片

長1.8cm，高3.8cm。

（前缺）

1 隱没者

（後缺）

BH4-333（35）

BH4-333（36） 帳曆

長3.2cm，高3.1cm。「麥」字旁有朱點。

（前缺）

1 支小麥

（後缺）

BH4-333（36）

BH4-333（36）背 文書殘片

（前缺）

1 點檢

（後缺）

BH4-333（36）背

BH4-333（37）　文書殘片

長3cm，高5.3cm。

（前缺）

1 □□□

2 □姊閏□□

3 □□□□□□

（後缺）

BH4-333（37）

BH4-333（37）背　文書殘片

（前缺）

1 □得牒稱：去□

（後缺）

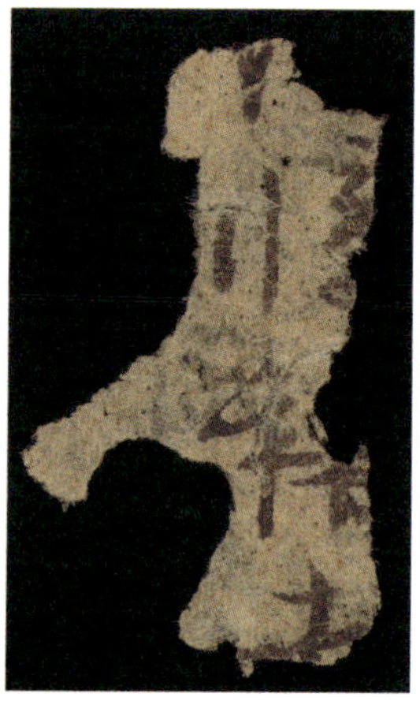

BH4-333（37）背

BH4-333（38）　文書殘片

長2.8cm，高3cm。背面殘字不録。

（前缺）

1 □賊兵焚□□

（後缺）

BH4-333（38）背

BH4-333（38）

BH4-333（39） 殘片

長3cm，高3.3cm。

（殘字不録）

BH4-333（39）

0 5cm

BH4-333（40） 户籍（？）

長2.1cm，高1.8cm。背面有于闐文。

（前缺）

1 □□年六十□

（後缺）

BH4-333（40）

0 5cm

BH4-333（41） 户籍（？）

長2cm，高3cm。

（前缺）

1 □□年十二□

（後缺）

BH4-333（41）

0 5cm

BH4-333（42）　户籍（？）

長4.3cm，高4.5cm。

（前缺）

1 □□慶□

（後缺）

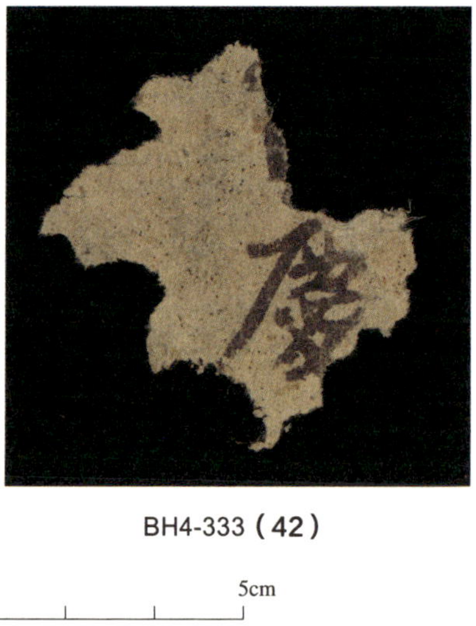

BH4-333（42）

BH4-333（43）　殘片

長7.3cm，高6.5cm。行末有于闐文一行。

（前缺）

1 □□灰壹石貳斗□

（胡語）

（後缺）

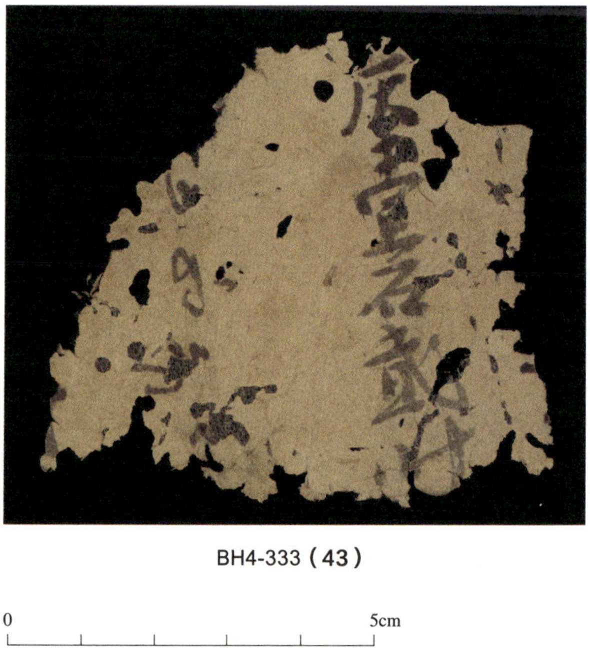

BH4-333（43）

BH4-333（44）　殘片

長3.8cm，高4.5cm。

（殘字不録）

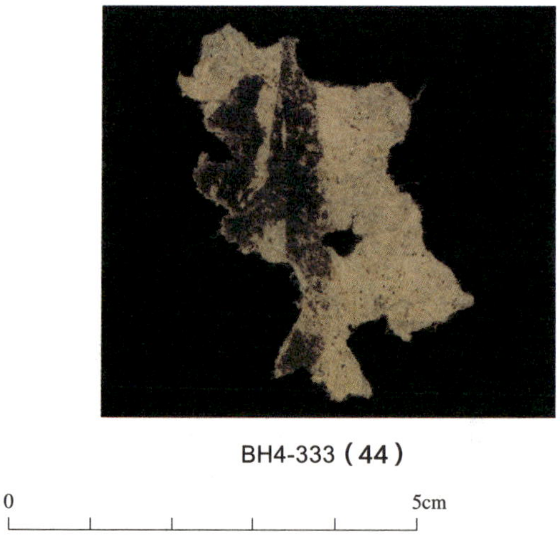

BH4-333（44）

BH4-333（45） 殘片

長3.1cm，高4.3cm。

（殘字不録）

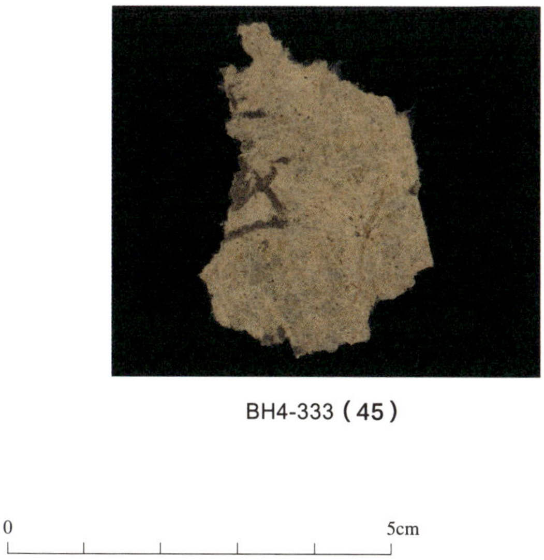

BH4-333（45）

BH4-333（46） 殘片

長2cm，高3.6cm。

（殘字不録）

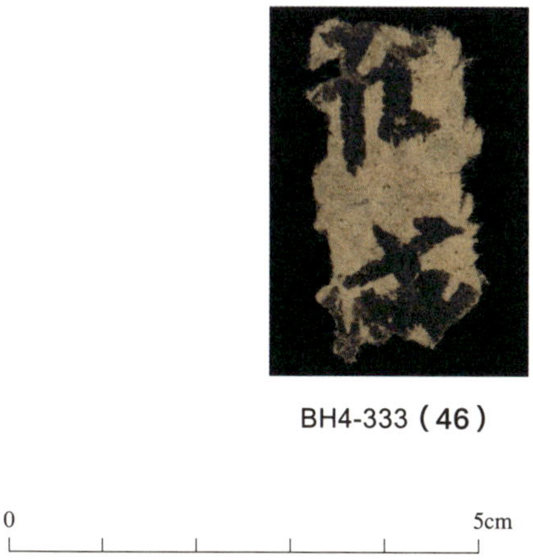

BH4-333（46）

BH4-333（47） 文書殘片

長5.6cm，高2.8cm。

（前缺）

1 ［　］三任西州□［　］

2 ［　］買得［　］

（後缺）

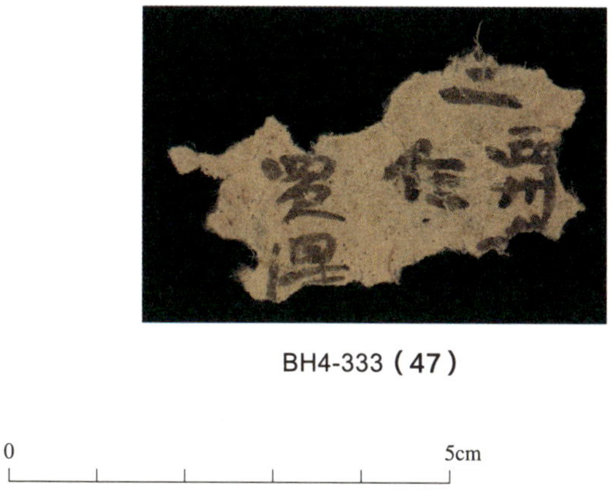

BH4-333（47）

BH4-333（48） 殘片

長3.1cm，高3cm。

（殘字不録）

BH4-333（48）

BH4-333（49） 殘片

長3.4cm，高3.9cm。

（前缺）

1 □兵□

（後缺）

BH4-333（49）

BH4-333（49）背 殘片

（前缺）

1 □衣服□

（後缺）

BH4-333（49）背

BH4-333（50） 殘片

長3.3cm，高2.5cm。

（殘字不録）

BH4-333（50）

BH4-333（51） 户籍（？）

長3.2cm，高5cm。

（前缺）

1 □年六歲 ▦▦▦□

（後缺）

BH4-333（51）

BH4-333（51）背 殘片

（前缺）

1 □者大□□

（後缺）

BH4-333（51）背

BH4-333（52） 殘片

長2.9cm，高3.2cm。

（前缺）

1 □□支小麥八升□

（後缺）

BH4-333（52）

BH4-333（52）背 殘片

（前缺）

1 □複袴□

（後缺）

BH4-333（52）背

BH4-333（53） 殘片

長2.3cm，高3.5cm。

（殘字不録）

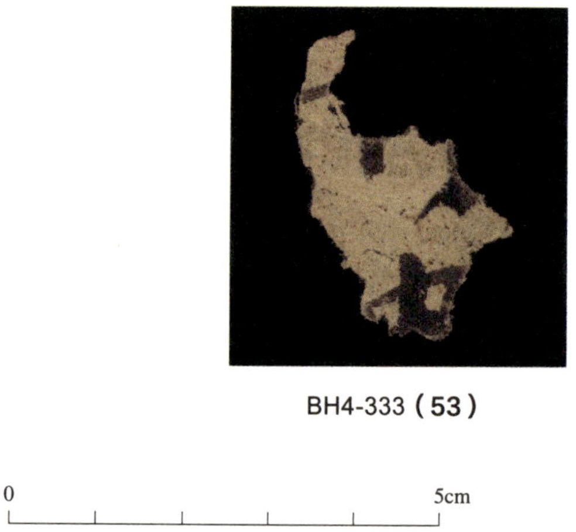

BH4-333（53）

BH4-333（54） 户籍（？）

長3.3cm，高4.9cm。

（前缺）

1 □□□

2 □咄年廿□

（後缺）

BH4-333（54）

0 5cm

BH4-333（55） 殘片

長3.8cm，高2.9cm。

（前缺）

1 □番兵□

（後缺）

BH4-333（55）

0 5cm

BH4-333（56） 户籍（？）

長2.3cm，高3.1cm。背面殘字不録。

（前缺）

1 □玖歲□□

（後缺）

BH4-333（56）背

BH4-333（56）

0 5cm

BH4-333（57）　文書殘片

長2.7cm，高5.3cm。

（前缺）

1 □小麥給別奏鄭□

（後缺）

BH4-333（57）背　殘片

（前缺）

1 □□□皮一斤□

（後缺）

BH4-333（58）　文書殘片

長3.4cm，高2.8cm。

（前缺）

1 □牒稱□

（後缺）

BH4-333（57）

BH4-333（57）背

BH4-333（58）

BH4-333（59）　殘片

長3.7cm，高2.4cm。

（殘字不録）

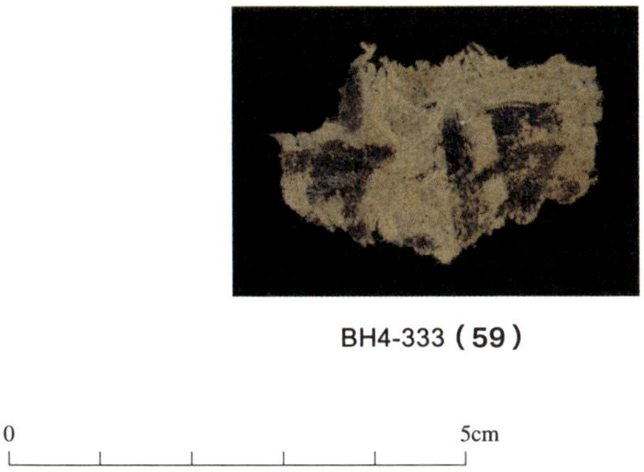

BH4-333（59）

BH4-333（60）　殘片

長1.6cm，高2.4cm。

（殘字不録）

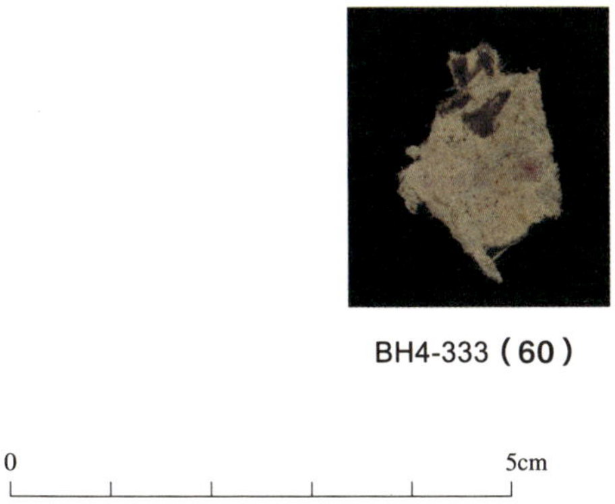

BH4-333（60）

BH4-333（61）　殘片

長2.7cm，高1.5cm。

（殘字不録）

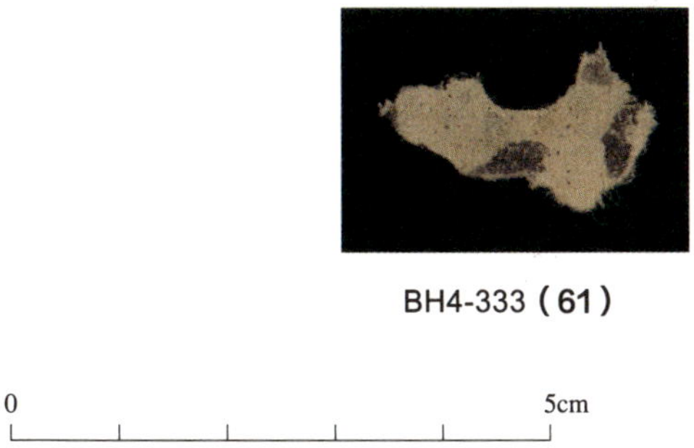

BH4-333（61）

BH4-333（62）　户籍（？）

長1.8cm，高2.1cm。

（前缺）

1　□叉年□

（後缺）

BH4-333（62）

0　5cm

BH4-333（63）　殘片

長0.7cm，高1.3cm。

（殘字不録）

BH4-333（63）

0　5cm

BH4-333（64）　殘片

長1.7cm，高1.3cm。

（前缺）

1　□厥□

（後缺）

BH4-333（64）

0　5cm

BH4-333（65） 殘片

長2.4cm，高2.1cm。

（殘字不録）

BH4-333（65）

BH4-333（66） 殘片

長3.7cm，高2.4cm。

（殘字不録）

BH4-333（66）

BH4-333（67） 殘片

長2.4cm，高1.4cm。

（殘字不録）

BH4-333（67）

BH4-333（68）　殘片

長2cm，高1.7cm。

（殘字不録）

BH4-333（68）

0　5cm

BH4-333（69）　殘片

長1.3cm，高1.7cm。

（殘字不録）

BH4-333（69）

0　5cm

BH4-333（70）　殘片

長1.7cm，高2.5cm。

（殘字不録）

BH4-333（70）

0　5cm

BH4-333（71）　殘片

長1.5cm，高4.1cm。

（殘字不録）

BH4-333（71）

BH4-333（72）　殘片

長4.5cm，高3.1cm。

（殘字不録）

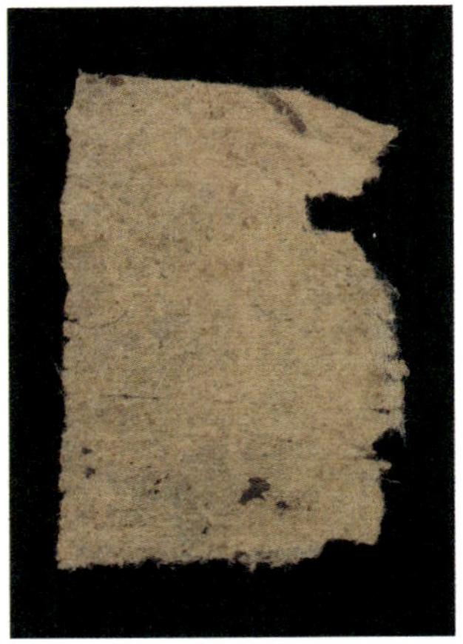
BH4-333（72）

BH4-333（73）　殘片

長1.8cm，高2.6cm。

（殘字不録）

BH4-333（73）

BH4-333（73）背

BH4-333（74） 户籍（？）

長2.1cm，高4.6cm。

（前缺）

1 □□年四歲□

（後缺）

BH4-333（74）背

BH4-333（74）

BH4-333（75） 殘片

長2.5cm，高2.6cm。無字。

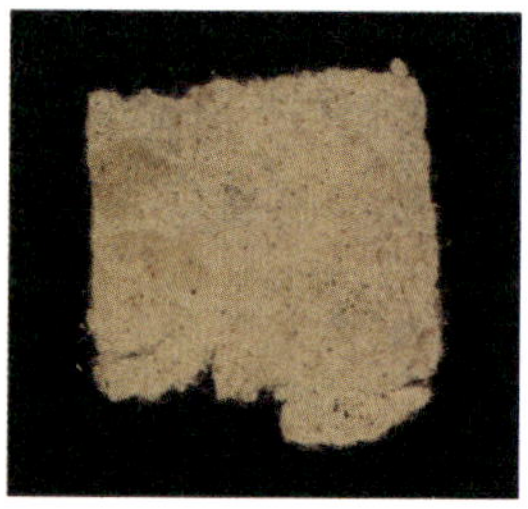

BH4-333（75）

BH4-333（76） 殘片

長3.5cm，高3.1cm。

（殘字不録）

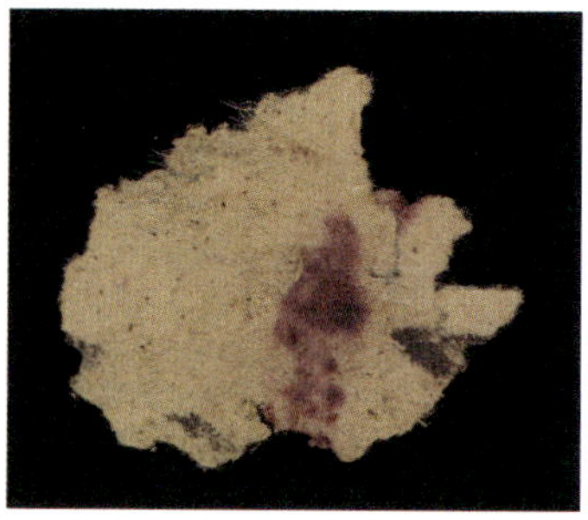

BH4-333（76）

BH4-333（77）　殘片

長3.5cm，高2.3cm。

（殘字不録）

BH4-333（77）

BH4-333（78）　殘片

長3.2cm，高1.7cm。

（殘字不録）

BH4-333（78）

BH4-333（79）　殘片

長3.1cm，高3.7cm。

（殘字不録）

BH4-333（79）

BH4-333（80） 殘片

長1.2cm、高2.7cm。

（殘字不録）

BH4-333（80）

BH4-333（81） 殘片

長2.4cm、高2.1cm。

（殘字不録）

BH4-333（81）

BH4-333（82） 殘片

長4.1cm、高2.6cm。

（殘字不録）

BH4-333（82）

BH4-333（83） 殘片

長3.8cm，高3cm。

（殘字不録）

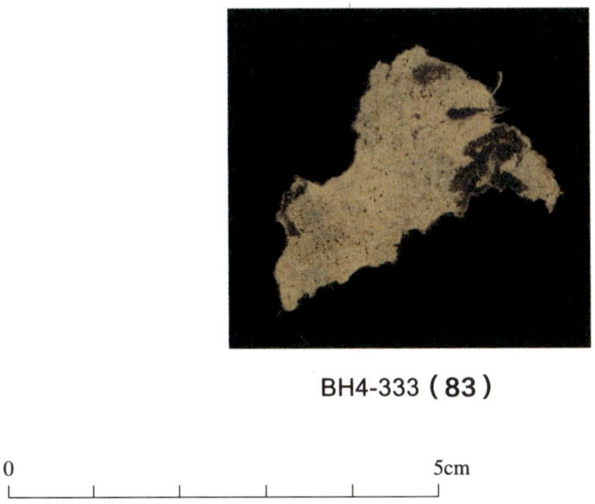

BH4-333（83）

BH4-333（84） 殘片

長2.4cm，高3.2cm。

（前缺）

1 □升

（後缺）

BH4-333（84）

BH4-333（85） 殘片

長2.4cm，高1.8cm。

（殘字不録）

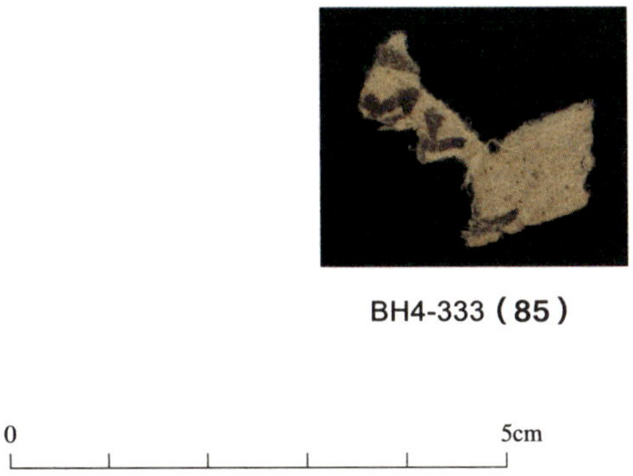

BH4-333（85）

BH4-333（86） 殘片

長3.7cm，高2.8cm。

（殘字不録）

BH4-333（86）

BH4-333（87） 殘片

長2.2cm，高1.6cm。

（殘字不録）

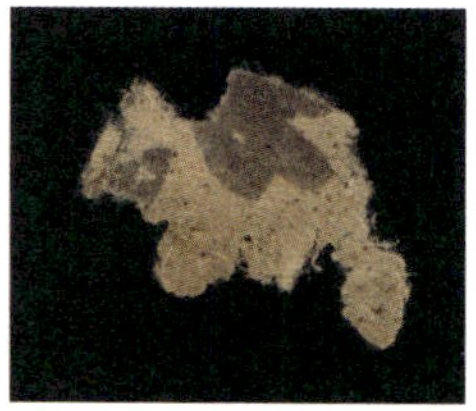

BH4-333（87）

BH4-333（88） 殘片

長3.7cm，高3.9cm。

（殘字不録）

BH4-333（88）

BH4-333（89） 殘片

長3.6cm，高1.9cm。背面有于闐文。

（殘字不録）

BH4-333（89）

BH4-333（90） 文書殘片

長2.2cm，高1.9cm。

（前缺）

1 □縣□

（後缺）

BH4-333（90）

BH4-333（91） 殘片

長2cm，高3.9cm。

（殘字不録）

BH4-333（91）

BH4-333（92） 殘片

長2.4cm，高3.8cm。

（殘字不録）

BH4-333（92）

BH4-333（93） 殘片

長3.6cm，高2.4cm。

（殘字不録）

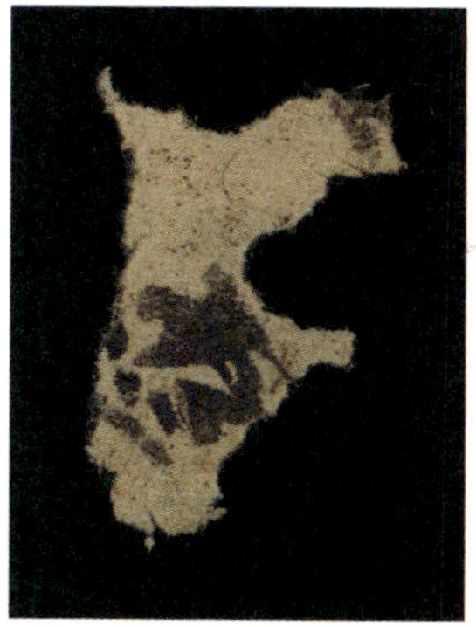

BH4-333（93）

BH4-333（94） 殘片

長1.6cm，高2.7cm。

（殘字不録）

BH4-333（94）

BH4-333（94）背

BH4-333（95） 殘片

長3.7cm，高3cm。

（前缺）

1 □染□□

（後缺）

BH4-333（95）

0 5cm

BH4-333（95）背 户籍（？）

（前缺）

1 □□歲□

（後缺）

BH4-333（95）背

0 5cm

BH4-333（96） 殘片

長4.2cm，高2.4cm。

（前缺）

1 □部□

2 □□□

（後缺）

BH4-333（96）

0 5cm

BH4-333（97）　殘片

長3.2cm，高2.4cm。

（前缺）
1 □□張□□
2 □□□
（後缺）

BH4-333（97）背　殘片

（前缺）
1 □□□
2 □□染□
（後缺）

BH4-333（98）　帳曆（？）

長4.8cm，高2.7cm。

（前缺）
1 □□傔大城□
2 □□升□□
（後缺）

BH4-333（97）

BH4-333（97）背

BH4-333（98）

BH4-333（98）背　殘片

「人」字爲武周新字。

（前缺）

1 □□人□

（後缺）

BH4-333（98）背

0　5cm

BH4-333（99）　户籍（？）

長1.8cm，高2.3cm。背面殘字不録。

（前缺）

1 □□□□

2 □□年五□

（後缺）

BH4-333（99）背

BH4-333（99）

0　5cm

BH4-333（100）　殘片

長4.3cm，高2.7cm。

（前缺）

1 □不得□

（後缺）

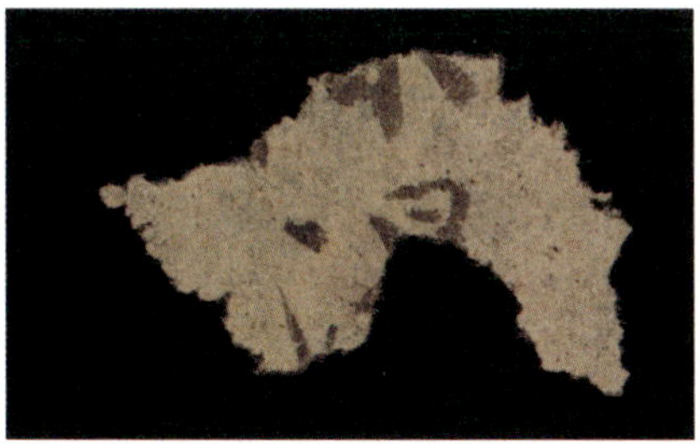

BH4-333（100）

0　5cm

BH4-333（101） 殘片

長2.3cm，高3.7cm。

（殘字不録）

BH4-333（101）

BH4-333（102） 殘片

長4cm，高3.1cm。

（殘字不録）

BH4-333（102）

BH4-333（103） 殘片

長1.9cm，高2.5cm。

（殘字不録）

BH4-333（103）

BH4-333（103）背

BH4-333（104） 殘片

長2.3cm，高2.2cm。

（前缺）

1 ［　　］纏惱［　　］

（後缺）

BH4-333（104）

BH4-333（105） 殘片

長1.9cm，高4.3cm。

（殘字不録）

BH4-333（105）

BH4-333（106） 殘片

長2.6cm，高2.8cm。

（殘字不録）

BH4-333（106）

BH4-333（107）背　殘片

長4.9cm，高2.3cm。正面有于闐文。

（殘字不録）

BH4-333（107）

0　5cm

BH4-333（108）　殘片

長3.3cm，高2.7cm。

（殘字不録）

BH4-333（108）背

BH4-333（108）

0　5cm

BH4-333（109）　殘片

長2.5cm，高3.3cm。

（前缺）

1　□錢一千□

（後缺）

BH4-333（109）

0　5cm

BH4-333（110）　殘片

長2.3cm，高2.6cm。

（殘字不録）

BH4-333（111）　殘片

長2.7cm，高3.3cm。

（殘字不録）

BH4-333（112）　殘片

長3.2cm，高3.2cm。

（殘字不録）

BH4-333（110）

BH4-333（111）

BH4-333（112）

BH4-333（113）　殘片

長3cm，高3.1cm。

（前缺）

1 □□是衣□□

（後缺）

BH4-333（113）

BH4-333（114）　殘片

長4cm，高3.4cm。

（殘字不録）

BH4-333（114）

BH4-333（115）　殘片

長2.4cm，高3.3cm。背面殘字不録。

（前缺）

1 □□計□□□

2 □□□□□

（後缺）

BH4-333（115）背

BH4-333（115）

BH4-333（116） 殘片

長2.5cm，高5.1cm。

（殘字不録）

BH4-333（116）

BH4-333（117） 殘片

長4.8cm，高2.3cm。

（殘字不録）

BH4-333（117）

BH4-333（118） 殘片

長3.5cm，高3.2cm。

（殘字不録）

BH4-333（118）

BH4-333（119）　殘片

長3.4cm，高2.9cm。

（殘字不録）

BH4-333（120）　殘片

長3.4cm，高3.5cm。

（殘字不録）

BH4-333（121）　殘片

長4.3cm，高4.2cm。

（殘字不録）

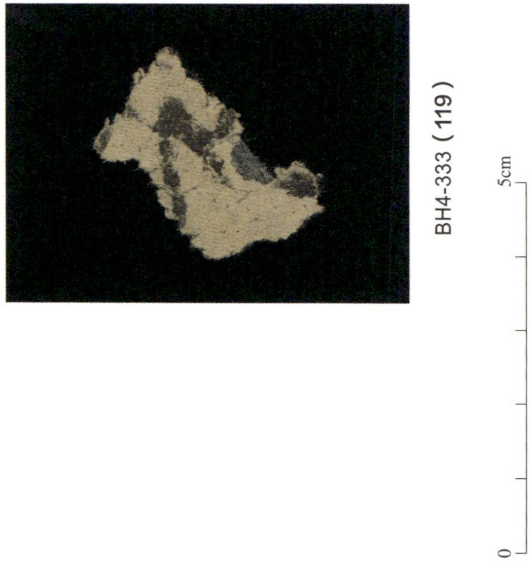

BH4-333（119）

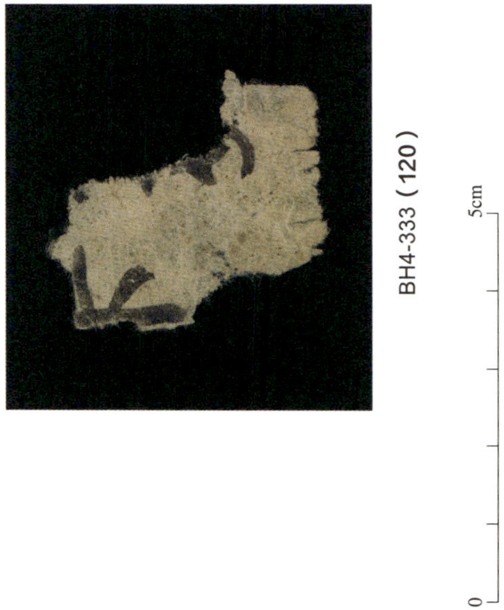

BH4-333（120）

BH4-333（121）

參考文獻與縮略語

艾再孜·阿布都熱西提 1998.《和田地區發現漢文、于闐文雙語木簡》,《新疆文物》1998 年第 3 期,104 頁。

段晴 2010.《關於古代于闐的「村」》,《張廣達先生八十華誕祝壽論文集》,新文豐出版公司,2010 年,581—604 頁。

段晴 2022.《吕珍胡書——對中國國家圖書館藏西域文書 BH1-17 于闐語文書的釋讀》,《西域研究》2022 年第 2 期,73—88 頁。

段晴、李建强 2014.《錢與帛——中國人民大學博物館藏三件于闐語—漢語雙語文書解析》,《西域研究》2014 年第 1 期,29—32 頁。

國家圖書館古籍館 2017.《國家圖書館藏西域文獻的修復與保護》,國家圖書館出版社,2017 年。

侯郁然 2016.《BH2-1 瓷青色紙西域文獻修復案例》,《文津學志》第 9 輯,國家圖書館出版社,2016 年,343—349 頁。

侯郁然、胡玉清 2013.《西域文書 BH4-269 殘片修復案例》,《文津學志》第 6 輯,國家圖書館出版社,2013 年,323—331 頁。

荒川正晴 2006.《調査の概略とコータン新出漢文文書》,荒川正晴(代表)《東トルキスタン出土〈胡漢文書〉の総合調査》,非賣品,2006 年,1—29 頁。

李丹婕 2020.《和田地區新出鄭玄〈孝經注〉殘葉考釋》,《敦煌學》第 36 期(張廣達先生九秩華誕頌壽特刊),2020 年,177—191 頁。

李吟屏 2001.《新發現於新疆洛浦縣的兩件唐代文書殘頁考釋》,《西域研究》2001 年第 2 期,57—61 頁。

李吟屏 2004.《近年發現於新疆和田的四件唐代漢文文書殘頁考釋》,《西域研究》2004 年第 3 期,83—90 頁。

李吟屏 2007a.《發現於新疆策勒縣的四件唐代漢文文書殘頁考釋》,《西域研究》2007 年第 4 期,17—23 頁。

李吟屏 2007b.《發現於新疆策勒縣的 C8 號至 C11 號唐代漢文文書考釋及研究》,《新疆師範大學學報》2007 年第 4 期,

11—16頁。
林世田、劉波 2011.《國圖藏西域出土〈觀世音菩薩勸攘灾經〉研究》，樊錦詩、榮新江、林世田主編《敦煌文獻、考古、藝術綜合研究——紀念向達先生誕辰 110 週年國際學術研討會論文集》，中華書局，2011 年，306—318 頁。
孟憲實 2012.《于闐：從鎮戍到軍鎮的演變》，《北京大學學報》2012 年第 4 期，120—128 頁。
慶昭蓉、榮新江 2022a.《和田出土大曆建中年間稅糧相關文書考釋》，朱玉麒主編《西域文史》第 16 輯，科學出版社，2022 年，125—156 頁。
慶昭蓉、榮新江 2022b.《和田出土唐貞元年間傑謝稅糧及相關文書考釋》，《敦煌吐魯番研究》第 21 卷，上海古籍出版社，2022 年，165—209 頁。
慶昭蓉、榮新江 2022c.《唐代磧西「稅糧」制度鈎沉》，《西域研究》2022 年第 2 期，47—72 頁。
榮新江 2009.《和田出土文獻刊佈與研究的新進展》，《敦煌吐魯番研究》第 11 卷，上海古籍出版社，2009 年，1—9 頁。
榮新江 2011a.《〈蘭亭序〉在西域》，中國人民大學國學院編《國學學刊》2011 年第 1 期，65—71 頁。
榮新江 2011b.《唐代于闐史新探——和田新發現的漢文文書研究概說》，吕紹理、周惠民主編《中原與域外：慶祝張廣達教授八十嵩壽研討會論文集》，臺灣政治大學歷史學系，2011 年，43—55 頁。
榮新江 2012.《漢語—于闐語雙語文書的歷史學考察》，新疆吐魯番學研究院編《語言背後的歷史——西域古典語言學高峰論壇論文集》，上海古籍出版社，2012 年，20—31 頁。
榮新江 2014a.《〈蘭亭序〉與〈尚想黄綺帖〉在西域的流傳》，故宫博物院編《2011 年蘭亭國際學術研討會論文集》，故宫出版社，2014 年，26—35 頁。
榮新江 2014b.《〈蘭亭序〉および〈尚想黄綺〉帖の西域における流傳》（村井恭子譯），東方學研究論集刊行會編《高田時雄教授退職記念東方學研究論集》（日英文分册），臨川書店，2014 年，89—104 頁。
榮新江 2015a.《接受與排斥——唐朝時期漢籍的西域流佈》，李奭學、胡曉真主編《圖書、知識建構與文化傳播》，漢學研究中心，2015 年，1—23 頁。
榮新江 2015b.《唐朝時期における漢籍の西域流佈》（西村陽子譯），《内陸アジア言語の研究》第 30 號（吉田豊教

授・荒川正晴教授還曆記念特集號)",2015年,113—130頁。

榮新江 2018.《新發現の唐代コータン地方軍鎮關係官文書》(白玉冬譯),《内陸アジア言語の研究》第33號(特集:ユーラシア東部地域における公文書の史的展開),2018年,1—10頁。

榮新江 2020.《新見唐代于闐地方軍鎮的官文書》,北京大學歷史學系、北京大學中國古代史研究中心編《祝總斌先生九十華誕頌壽論文集》,中華書局,2020年,366—378頁。

榮新江、文欣 2009.《和田新出漢語—于闐語雙語木簡考釋》,《敦煌吐魯番研究》第11卷,上海古籍出版社,2009年,45—69頁。

文欣 2008.《于闐國「六城」(*kṣa au*)新考》,朱玉麒主編《西域文史》第3輯,科學出版社,2008年,109—126頁。

文欣 2009a.《和田新出〈唐于闐鎮守軍勘印曆〉考釋》,沈衛榮主編《西域歷史語言研究集刊》第2輯,科學出版社,2009年,111—123頁。

文欣 2009b.《于闐國官號考》,《敦煌吐魯番研究》第11卷,上海古籍出版社,2009年,121—146頁。

朱麗雙 2012.《唐代于闐的羈縻州與地理區劃研究》,《中國史研究》2012年第2期,71—90頁。

Duan Qing 2009. "Bisā- and Hālaa- in a New Chinese-Khotanese Bilingual Document" , *Journal of Inner Asian Art and Archaeology*, III, ed. J. Lerner and L. Russel-Smith, pp. 65-73.

Rong Xinjiang 2016. "Khotan under the Tang Dynasty according to Recently Found Chinese Documents" (tr. Fu Ma), *Sergey Fedorovich Oldenburg: Scholar and Academic Research Organizer -Proceeding of the International conference dedicated to the 150th anniversary of Sergey F. Oldenburg, Member of the Russian Academy of Sciences*, Moscow, 2016, pp.110-121.

Rong Xinjiang and Wen Xin 2009. "Newly Discovered Chinese-Khotanese Bilingual Tallies", *Journal of Inner Asian Art and Archaeology*, III, ed. J. Lerner and L. Russel–Smith, pp. 99-118.